HEYNE BÜCHER SACHBUCH

Werner Maser

ADOLF HITLER

Legende - Mythos - Wirklichkeit

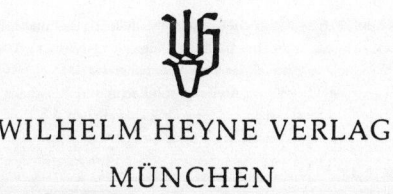

WILHELM HEYNE VERLAG
MÜNCHEN

HEYNE SACHBUCH
Nr. 19/421

Dieser Titel erschien bereits in der Reihe Heyne Biographien
unter der Bandnummer 12/15

16. Auflage
3. Auflage dieser Ausgabe

Genehmigte und erweiterte Taschenbuchausgabe

Die Zeittafel der Taschenbuchausgabe wurde verarbeitet
von Hubert Fritz
Printed in Germany 1997
Umschlagfoto: Zeitgeschichtliches Bildarchiv Heinrich Hoffmann, München
Bildnachweis: Zeitgeschichtliches Bildarchiv Heinrich Hoffmann, München (18),
Hans-Peter Kruse, München (4)
Umschlaggestaltung: Atelier Adolf Bachmann, Reischach
Bildteildruck: Aldus-Druck, München
Gesamtherstellung: Presse-Druck Augsburg

ISBN 3-453-09110-8

INHALT

VORWORT

Die Bücher, die sich mit Adolf Hitler befassen, sind ungezählt. Bereits vor fünfzehn Jahren wurden rund 50.000 bemerkenswerte Titel allein über den Zweiten Weltkrieg registriert. Hitler-Biographien dagegen sind relativ dünn gesät. Zu viel in Hitlers Leben galt bisher als ungesichert, zu wenig als beweisbar. Wesentliche Strecken seines Weges wurden übergangen oder – je nach dem Standort des Biographen – phantasievoll ausgemalt, bekannte Einzelheiten immer wieder nur neu und »interessant« gedeutet. Die Dokumente des Bundesarchivs Koblenz und die den Historikern, den deutschen und ausländischen Hitler-Biographen darüber hinaus zugänglichen Unterlagen reichen nicht aus, um Lücken zu schließen. Andere Quellen fließen seit je nur sehr spärlich. Ein Teil von ihnen, so zum Beispiel die Unterlagen der Hitler-Ärzte, die in keinem Archiv zu finden sind, galten bis zur Veröffentlichung der ersten deutschen Auflage dieses Buches als verschollen. Von Dokumenten der Familie Hitler war gar nichts bekannt. Maßgebliche Leute aus Hitlers Umgebung schwiegen – zum Teil aus gutem Grund, ebenso seine Verwandten, seine Schwester, die Halbgeschwister, seine Vettern und Basen, Neffen und Nichten, obwohl gerade sie dem Historiker zu helfen in der Lage waren. Ich hatte Glück und konnte nach rund zwanzig Jahren intensiver Forschungsarbeit endlich ganz bestimmte Früchte meiner Bemühungen ernten: nach der Veröffentlichung meiner Bücher »Die Frühgeschichte der NSDAP. Hitlers Weg bis 1924« (1965) und »Hitlers Mein Kampf« (1966) taten sich – wie von selbst – Fundgruben auf: wichtige Zeugen meldeten sich, Mitschüler Hitlers, Jugendfreunde, Kriegskameraden, »Kampfgenossen«, Gegner und Feinde, Verwandte und Erben, die Nachlässe und andere Dokumente zur Verfügung stellten. Auf dem Speicher eines Hitler-Cousins, von der Familie unbeachtet, fand sich ein Teil der Unterlagen, nach denen Historiker und Biographen 50 Jahre vergeblich suchten. Zahlreiche handschriftliche Hitler-Briefe und Hitler-Notizen konnten erstmals ausgewertet werden, ebenso die als unauffindbar geltenden Aufzeichnungen und Aussagen der Ärzte, die Hitler behandelten.

Das Leben Adolf Hitlers ist nun, rund drei Jahrzehnte nach seinem Tod, lückenlos nachzeichenbar. Vieles von dem, was bekannt ist, habe ich weggelassen, einiges nur erwähnt, ausführlicher wiederholt nur, was zum Verständnis des neuen Bildes nötig ist. Die Tatsache, daß von Ende 1971 bis 1975 fast 2 Dutzend Ausgaben und Übersetzungen dieser Hitler-Biographie erschienen, daß dieses Werk zu dem am meisten übersetzten Hitler-Buch der Welt machte, spricht so für sich, daß sich jeder weitere Kommentar erübrigt.

Dr. Werner Maser
München, am 17. Mai 1975

1. KAPITEL

Abstammung und Familie

Am 20. April 1889, einem trüben Samstag, das Thermometer zeigte bei 89 Prozent Luftfeuchtigkeit 7 Grad Celsius über Null, wurde dem österreichischen Ehepaar Alois und Klara Hitler um sechs Uhr dreißig nachmittags, kurz vor Beginn der Osternacht, in Braunau am Inn im »Gasthof zum Pommer« ein Sohn geboren. Zwei Tage später, am Ostermontag um drei Uhr fünfzehn, im nahegelegenen Landestheater in Linz hatte gerade die Millöcker-Operette *Das verwunschene Schloß* mit dem in Österreich sehr populären Lied »a bisserl Liab und a bisserl Treu« begonnen, taufte der in Braunau amtierende katholische Geistliche Ignaz Probst dieses Kind auf den Namen Adolf Hitler. Die Hebamme Franziska Pointecker und die unverheiratete Johanna Pölzl, eine Schwester Klara Hitlers, sahen den schwächlichen, dunkelhaarigen und auffallend blauäugigen Menschen zuerst, den schließlich seine ganze Generation kennenlernte. Nach einem beispiellosen Lebensweg legte er am 30. April 1945 Hand an sich, nachdem er einigen Getreuen befohlen hatte, seine Leiche zu verbrennen *. Weder ein Arzt noch ein Priester konnten ihm in den letzten Augenblicken seines Lebens hilfreich zur Seite stehen, und niemand aus seiner unmittelbaren Umgebung wäre in der Lage gewesen, ihn im Moment der Bestattung als Adolf Hitler zu identifizieren.
In dem Braunauer katholischen Taufbuch mit der Aufschrift »Tomus XIX, 30. 6. 1881 bis 1891« befinden sich über Adolf Hitler zwei Eintragungen von der Hand katholischer Priester verschiedener Generationen: es sind die allgemein üblichen Beurkundungen von Geburt und Taufe und die später und verspätet eingetragene Bestätigung des Todes.
In jenem Taufbuch heißt ** es:
»Adolf Hitler geb(oren) am 20. 4. 1889 um 1/2 7 Uhr, getauft am 22. 4. um 1/4 4 Uhr v. Ignaz Probst; wohn(haft) in der Vor(stadt) 219 (neu 19); ehel(ich), kath(olisch). Vater: Alois Hitler, k. k. Zoll-

* Vgl. S. 522 ff. Sein Leichnam verschwand spurlos aus seinem Zeitalter.
** Ergänzungen in den Klammern vom Autor.

amtsoffizial. Mutter: Clara, Tochter des Johann Pölzl, Bauers in Spital in Niederösterr(eich) u. der Johanna, geb(orene) Hitler, ehel(iche) Tochter.
Pathen: Johann u. Johanna Prinz, Privat in Wien III, Löweng(asse) 28; horum levavit: Johanna Pölzl, Schwester der Kindesmutter; Hebamme Franziska Pointecker. Laut Taufschein des Pfarramtes Döllersheim dt. 7. 6. 1876 unterzeichnet von Pfarrer Josef Zahnschirm, ist Alois Hitler, geb(oren) am 7. 6. 1837 als ehel(icher) Sohn des Georg Hitler, Inwohner in Spital u. der Maria Anna seiner Ehegattin, einer ehel(ichen) Tochter des Johann Schicklgruber, Bauers in Strones und seiner Ehegattin Theresia, geb(orene) Pfeisinger, alle kath(olisch).
Alois Hitler ist geb(oren) zu Strones 3 u(nd) wurde am Geburtstage v. Pf(arrer) Ignaz Rueskuefer im Beisein des Johann Trummelschlager und seiner Gattin Josefa als Pathen getauft. In 1. Ehe verh(eiratet) mit Anna, geb(orene) Glassl-Hörer, † 6. 4. 1883 hier. In 2. Ehe mit Franziska Matzelsberger, getr(aut) am 22. 5. 1883.
Tr. B. T. XIII in Ranshofen 268.
In 3. Ehe mit Clara Pölzl, getr(aut) am 7. 1. 1885, 1. Tr. B. T. XIII. p. 68, p. 281.«

Selbst wenn Adolf Hitler ein Katholik wie Millionen andere auch gewesen wäre, hätten die kirchliche Beurkundung seines Todesdatums und ein Nachtrag über die Herkunft seines Vaters doch skeptische Fragen wach werden lassen. Adolf Hitler nahm sich am 30. April 1945 das Leben. Erst 12 Jahre später, am 11. Januar 1957, trug der Dechant und Stadtpfarrer Johann Ludwig in das alte Braunauer Taufbuch ein: »Durch Beschluß des Amtsgerichts Berchtesgaden vom 25. Oktober 1956, II 48/52 für tot erklärt in fid publ. Stadtpfarramt Braunau am 11. 1. 1957. Johann Ludwig [1].«
Am 17. Februar 1960 stellte das Amtsgericht München unter dem Zeichen 2994/48 einen »Erbschein über die Erbfolge von Adolf Hitler« nach dem »am 30. 4. 1945 in Berlin verstorbene(n) Reichskanzler Adolf Hitler auf Grund Testaments und Ausschlagung nach Wegfall der Vorerbin, der NSDAP [2]«, für Paula Hitler aus, der einzigen Schwester des Toten, die jedoch bereits am 1. Juni 1960 verstarb, ohne ihr Erbe, zwei Drittel des Hitler-Besitzes [3], erhalten zu haben. »Mein sehnlichster Wunsch wäre«, so hatte sie noch am 10. Januar 1960 geschrieben, »daß ich endlich den Erbschein erhalten

würde, der mir die Möglichkeit gibt, eine gesunde, sonnige Wohnung zu beziehen, damit der Rest des Lebens vielleicht doch noch einen freundlichen Schimmer ausstrahlen würde, auf den ich bisher vergeblich gehofft habe [4].« Es erfüllte sich, was Adolf Hitler seinem Neffen Patrick Hitler bereits vor dem Zweiten Weltkrieg erklärt hatte: niemand dürfe davon profitieren, daß er Hitler heiße [5].

Sowohl Adolf Hitlers Halbschwester Angela als auch sein Halbbruder Alois waren in der Zwischenzeit gestorben, Angela am 30. Oktober 1949, Alois am 20. Mai 1956.

Adolf Hitlers Leben war ein Glied zwischen dunkler Herkunft und schaurigem Ende, nicht nur für ihn; denn »Si monumentum requiris, circumspice«: Wenn du sein Denkmal suchst, blicke umher!

Die Abstammung Adolf Hitlers wurde von einigen Eingeweihten bereits in dem Augenblick als dunkel und umstritten bezeichnet, in dem er öffentlich als Parteipolitiker auftrat und programmatisch von jedem Deutschen einen über Generationen zurückreichenden Nachweis der Abstammung forderte. In den Kirchenbüchern von Braunau werden Alois Hitler und Klara Hitler, geborene Pölzl, als seine Eltern angeführt [6], was den Tatsachen entspricht. Auf der Hitler-Generation davor lastet in dokumentarischer Hinsicht jedoch ein Makel. Adolf Hitlers Vater war außerehelich zur Welt gekommen, was er bis zu seinem 39. Lebensjahr auch formal blieb. Die Eintragungen im katholischen Taufbuch der Stadt Braunau sind nur teilweise wahr; denn dort heißt es, wie bereits zitiert:

»Laut Taufschein des Pfarramtes Döllersheim ... 7. 6. 1876 unterzeichnet von Pfarrer Josef Zahnschirm, ist Alois Hitler, geb(oren) am 7. 6. 1837 als ehel(icher) Sohn des Georg Hitler, Inwohner in Spital u(nd) der Maria Anna seiner Ehegattin, einer ehel(ichen) Tochter des Johann Schicklgruber, Bauers in Strones und seiner Ehegattin Theresia, geb(orene) Pfeisinger, alle kath(olisch).

Alois Hitler ist geb(oren) zu Strones 3 u(nd) wurde am Geburtstage v(on) Pf(arrer) Ignaz Rueskuefer im Beisein des Johann Trummelschlager und seiner Gattin Josefa als Pathen getauft. In 1. Ehe verh(eiratet) mit Anna, geb(orene) Glassl-Hörer, † 6. 4. 1883 hier.

In 2. Ehe mit Franziska Matzelsberger, getr(aut) am 22. 5. 1883.

Tr. B. T. XIII in Ranshofen 268.

In 3. Ehe mit Clara Pölzl, getr(aut) am 7. 1. 1885, 1. Tr(auung) B. T. XIII. p. 68, p. 281 [7].«

Trotz der aufwendigen Bemühungen zahlreicher Historiker, Genealogen und Hitler-Biographen war bisher nicht bekannt [8], wer Hitlers Großvater väterlicherseits gewesen ist. Die Vermutungen und Behauptungen reichten von dem Wiener Baron Rothschild über einen Juden Frankenberger aus Graz bis zu einem Mitglied der Herrschaft Ottenstein aus dem Waldviertel in Niederösterreich. Fest stand für einige Biographen lediglich, daß der offizielle Großvater Adolf Hitlers, der Müllergeselle Johann Georg Hiedler, nicht der Vater von Adolf Hitlers Vater war. Über den 1837 geborenen Vater Adolf Hitlers war bekannt, daß er erst seit 1876 Hitler hieß. Was diesem Namenswechsel vorausgegangen ist, lag bisher im Dunkel der Vergangenheit. Und Unsicherheit artikulierte auch jede Darstellung und Beurteilung der Großmutter Adolf Hitlers, Maria Anna Schicklgruber.

Bereits zu Beginn der zwanziger Jahre, als Hitlers parteipolitische Karriere die ersten entscheidenden und richtungweisenden Erfolge aufwies, hatten einige seiner findigsten politischen Gegner öffentlich die Frage aufgeworfen, woher er, der laute »Apostel reinen Deutschtums« denn eigentlich stamme, wer sein Großvater väterlicherseits sei und ob er beweisen könne, nicht zum Teil jüdischer Herkunft zu sein *.

Nur zu gern hätten die Gegner und Feinde des fanatischen Antisemiten Hitler stichhaltige Beweise für die Vermutungen und Behauptungen gefunden, daß Adolf Hitlers Vater von einem Juden abstammte. Da Belege jedoch nicht existierten, wurden allerlei Legenden ersonnen und zu möglichen Geschichten zusammengefügt. Hitler selbst hat sich in *Mein Kampf* nur auffällig knapp und ungenau über seine Eltern und deren Vorfahren geäußert. Er, der im Sinne des NSDAP-Programms [9] von jedem Deutschen verlangte, daß er dokumentarisch nachweise, wer seine Ahnen seien, was bei »jüdischer Versippung« tragische Folgen hatte, blieb diese Antwort letzten En-

* Im Sommer 1921, kurz bevor Hitler (Ende Juli) die Macht im Rahmen der Partei an sich riß (vgl. Maser, *Die Frühgeschichte der NSDAP*, S. 270 ff.) und sich von Hermann Esser als »unser Führer« vorstellen ließ, tuschelten leitende NSDAP-Führer in Hitlers Umgebung, Hitler sei jüdischer Abstammung. Ein frühes NSDAP-Mitglied (Mitglieds-Nr. 923) namens Ernst Ehrensperger verfaßte ein Flugblatt, das die *Münchner Post* mit einer Glosse von 10 Zeilen versah und veröffentlichte. In dem Flugblatt hieß es u. a.: »Er (Hitler) glaubt die Zeit gekommen, um im Auftrag seiner dunklen Hintermänner Uneinigkeit und Zersplitterung in unsere Reihen zu tragen und dadurch die Geschäfte des Judentums und seiner Helfer zu besorgen ... und wie führt er diesen Kampf? Echt jüdisch« (Maser, *Die Frühgeschichte der NSDAP*, S. 271). Zwischen Juli 1921 und Dezember 1921 wurde in München häufig behauptet, daß Hitler Jude sei.

des selbst schuldig. Er überlieferte über seine Abstammung lediglich, daß sein Vater österreichischer Zollbeamter war, »pflichtgetreuer Staatsbeamter« und »Sohn eines armen, kleinen Häuslers[10]«, seine Mutter eine treusorgende Gattin ihres Mannes und der gütige und opferfreudige Elternteil, den er »geliebt[11]« habe. Was darüber hinausgeht, sind Phrasen[12], die der Legendenbildung gezielt Vorschub leisten und der nationalsozialistischen Propaganda dienen sollten.

Hitler, der sowohl detaillierte Darstellungen der griechischen und römischen Geschichte, Geistesgeschichte und Mythologie mit ihren zahlreichen Gottheiten und Heroen als auch die Bibel, vor allem das Alte Testament, erstaunlich gut kannte * und in kleinem Kreis, besonders während des Zweiten Weltkrieges, nicht selten seine Gedanken aufdringlich memorierend um Aspekte kreisen ließ, die bei den ihm ohnehin treu ergebenen Zuhörern eindeutig beziehungsreiche Übereinstimmungen erzeugen sollten, stellte sich selbst, seine Abstammung und soziale Herkunft, raffiniert artikuliert in einen Rahmen **, der als »Geschichte« leicht manipuliert werden konnte. Systematisch hat er seine Herkunft seit Ende 1921 *** umgewertet, verdunkelt – und erwartet, daß er, der wie viele griechische Heroen und Gottheiten einer dichten Inzucht entsproß ****, ohne Konfrontation mit seinen Eltern oder Großeltern, als Gesandter der Geschichte und als Inkarnation der nach seiner Auffassung legitimen und guten Wünsche des deutschen Volkes aufgefaßt würde. Die systematische Analogienkonstruktion zu den nur literarisch greifbaren großen historischen Gestalten durch führende Männer in seiner unmittelbaren Umgebung unterstützten diese Versionen wirkungsvoll. In einem solchen Prisma konnten detailliert dargestellte verwandtschaftliche Beziehungen keine positive oder auch nur nennenswerte Rolle spielen, selbst dann nicht, wenn es sich dabei um eine direkte Verwandtschaft mit allgemein bekannten Repräsentanten aus Wissenschaft und Literatur handelte, wie es bei Hitler tatsächlich der Fall war *****. Seinen Vater und seinen Großvater väterlicherseits hat er, weil es anders

* Vgl. u. a. S. 190 f.

** Wenn Hitler zuweilen auch äußerte, nicht wie die mythologischen Gestalten der griechischen und römischen Antike mit übermenschlichen Gaben und Kräften bedacht zu sein, so unterband er doch nicht die peinlich lauten Bestrebungen u. a. von Heß, Goebbels und Himmler, die ihm gerade solche Eigenschaften zuschrieben.

*** Vgl. u. a. S. 19 und 24.

**** Vgl. S. 35 f.

***** Vgl. S. 36.

kaum möglich war, nur mit wenigen Sätzen erwähnt *. Für Hitler war das genug. Er war mächtig, wob seine Legende nach rationellen Prinzipien selbst und duldete keine nüchternen Historiker, die sie zerstörten.

Nach dem 30. Januar 1933, nachdem Hitler die »Macht übernommen« und systematisch ausgebaut hatte, verstummten im Deutschen Reich zwangsläufig die Stimmen, die offen über seine Abstammung diskutierten **. Insgeheim wurden jedoch weiterhin Gerüchte und angebliche Dokumente über eine jüdische Abstammung Hitlers verbreitet. So kursierte beispielsweise bereits im Oktober 1933 ein Artikel aus dem *Daily Mirror* vom 14. Oktober 1933 mit einem Bild, das ein Grab zeigte, dessen hebräisch beschrifteter Grabstein den Namen »Adolf Hittler« trug ***. Phantasiereiche Journalisten, die erfahren hatten, daß sich auf dem Bukarester jüdischen Friedhof in der 7. Reihe der 18. Gruppe ein Grab (Nr. 9) mit dieser Aufschrift befand [13], hatten den dort bestatteten Toten just zum Großvater des »Führers und Reichskanzlers« Adolf Hitler gemacht. Der amerikanisch-jüdische *Forward* und die polnisch-jüdische Zeitung *Haynt* kolportierten die Behauptung des *Daily Mirror*, daß es sich bei jener jüdischen Ruhestätte um das »Grab ... von Deutschlands antisemitischem Kanzler [14]« handele. Daß jener Jude aus Bukarest, der laut Totenschein und Epitaph 1832 zur Welt gekommen, 1892 gestorben und nach den Beerdigungsurkunden auf Kosten der jüdischen Gesellschaft »Filantropia« bestattet worden war, mit jüdischem Namen Avraham Eyliyohn hieß und nur fünf Jahre älter als Adolf Hitlers Vater gewesen war, so daß er in keinem Fall Hitlers Großvater sein konnte, hat weder die Erfinder dieser »Geschichte« noch die Leute gestört, die sie glaubten – oder glauben wollten. »Vor kurzer Zeit«, so hieß es im *Forward*, »haben wir ein Telegramm unseres Warschauer Korrespondenten erhalten, daß die dortige jüdische Zeitung *Haynt* ein Foto der Grabstätte von Hitlers jüdischem Großvater veröffentlichte ... Es ist nun offenbar, daß die Nachricht über den jüdischen Ursprung des modernen Hamann, Adolf Hitler, nicht falsch war [15].« Jüdische Träger des Namens Hitler, unter Ostjuden durch-

* Seine Mutter erwähnte er in Gesprächen dagegen häufig.

** Konrad Heidens populäre Hitler-Biographie, die eine ganze Historiker- und Biographen-Generation entscheidend beeinflußte und auf eine mögliche jüdische Abstammung Hitlers hinwies, erschien in Zürich. Vgl. die diesbezüglichen Angaben in der Bibliographie.

*** Vgl. dazu auch S. 25 ff.

aus keine Seltenheit, fürchteten sich und waren bestürzt. Einige, wie zum Beispiel der aus Sosnowiec in Polen stammende Jude Abraham Hitler, legten sich andere Namen zu [16].

Den führenden Nationalsozialisten blieben solche Einzelheiten nicht verborgen. So leitete beispielsweise die Gauschulungsbeauftragte der Gauleitung Weser-Ems der NS-Frauenschaft am 19. 9. 1934 dem Reichsschulungsamt der NSDAP den *Mirror*-Artikel mit der Bemerkung zu, daß er möglicherweise »einigen Wert für das Parteiarchiv« haben könne [17]. Männer mit Macht und Einfluß wie Heinrich Himmler und Joseph Goebbels wurden unruhig und versuchten, die Frage mit ihren Mitteln, Möglichkeiten und Zielsetzungen zu beantworten. Himmler, der seine Position stets zielstrebig auszubauen trachtete und früh schon eine streng geheim gehaltene »Führer-Mappe« anlegte, in der Unterlagen über Hitler aufbewahrt wurden [18], die er vielleicht eines Tages einmal verwenden zu können meinte *, was er später auch tat, als er plante, Hitler mit Hilfe der SS gefangenzusetzen und sich den westlichen Alliierten als Partner in einem Krieg gegen die Sowjetunion anzubieten **, beauftragte am 4. August 1942 die Gestapo, Untersuchungen über »die Abstammung des Führers« anzustellen. Was die Gestapo indes in Österreich fand, war nicht der Rede wert ***. Am 14. Oktober 1942 meldete sie dem »Reichsführer SS« unter dem ausdrücklichen Hinweis »Geheim« unter dem Zeichen B/23/h 22 so belanglose Fakten wie die Feststellungen, daß Adolf Hitlers Vater dreimal verheiratet war und zur Schließung der dritten Ehe, der Adolf entsproß, »wegen Verwandtschaft im 2.–3. Grad« einen Ehedispens der katholischen Kirche benötigte **** –, weil er und seine Braut nahe verwandt waren.

* Vgl. dazu auch S. 392ff. Abdruck eines Teiles des Dok. auf der Titelseite von *Der Spiegel* 31/67.

** Nach unveröffentlichten Tagebuch-Aufzeichnungen des deutschen Botschafters in Madrid. Dok. im Besitz des Bechtle Verlages. Vgl. auch den diesbezüglichen Hinweis in *Der Spiegel* 31/67, S. 42. Vgl. auch Besymenski, Der Tod des Adolf Hitler, S. 37.

*** Die schriftlichen Berichte der Himmler-Rechercheure, die über Himmlers Absichten nicht informiert waren (persönliche Auskunft eines hohen SS-Führers, der namentlich nicht genannt zu werden wünscht; März 1966, Februar und Juni 1967 und Juli 1968; seine diesbezügliche Tätigkeit ist aktenkundig und wird darüber hinaus auch in einigen Büchern, so z. B. bei Kubizek, erwähnt), verraten, daß die Beauftragten Himmlers lediglich in Braunau am Inn gewesen sind, wo sie mit einer ausdrücklichen Genehmigung Himmlers das zu der Zeit nicht mehr jedermann zugängliche Taufbuch eingesehen haben. Persönliche Auskunft des Braunauer Stadtpfarrers Johann Ludwig (März 1967).

**** Vgl. dazu auch S. 40.

Eineinhalb Jahre nach dem Tode Adolf Hitlers begann eine Quelle alte Vermutungen mit neuen Argumenten zu speisen und glaubwürdige Fakten zu liefern, die auch seriösen Historikern und Biographen akzeptabel erschienen: Hans Frank, Hitlers Generalgouverneur von 1939 bis 1945 in Polen. Am 31. August 1946 hatte er in seinem Schlußwort vor dem Internationalen Militärtribunal in Nürnberg beteuert, »auf der Welt keine versteckte Schuld unerledigt zurücklassen[19]« zu wollen. Kurz zuvor hatte er in seiner Zelle im Nürnberger Justizgefängnis mit der »entscheidenden« Hilfe des amerikanischen Franziskanerpaters und Armeepfarrers Sixtus O'Connor ein Manuskript[20] verfaßt, das seit 1953 allen Hitler-Forschern ein schier unlösbares Rätsel aufgab. Auf Papierbogen, die der in Nürnberg zum römisch-katholischen Glauben übergetretene Frank dem Pater mit der Bitte schenkte, sie einem Klosterarchiv zu übergeben, hatte der einstige nationalsozialistische Reichstagsabgeordnete (1930) und Rechtsberater des Katholiken Adolf Hitler geschrieben: »Eines Tages, etwa Ende 1930 muß es gewesen sein, wurde ich zu Hitler gerufen ... Er sagte mir unter Vorlage eines Briefes, daß hier eine ›ekelhafte Erpressergeschichte‹ eines seiner widerlichsten Verwandten vorliege, die seine, Hitlers, Abstammung betreffe. Wenn ich nicht irre, war es ein Sohn seines Stiefbruders Alois Hitler (aus der zweiten Ehe von Hitlers Vater), der leise Andeutungen machte, daß sicher ›im Zusammenhang mit gewissen Presseäußerungen ein Interesse daran bestünde, sehr gewisse Umstände unserer Familiengeschichte nicht an die große Glocke zu hängen‹. Diese Presseäußerungen, auf die hier angespielt wurde, lauteten dahin, daß ›Hitler Judenblut in seinen Adern hätte, und er daher eine geringe Legitimation hätte, Antisemit zu sein‹. Aber sie waren zu allgemein gehalten, um irgendwie Anlaß zu weiteren Schritten zu geben. Im Rahmen des Kampfgewoges ging das auch alles unter. Aber diese erpresserhaften Hinweise aus dem Verwandtenkreis waren doch irgendwie bedenklich. Und ich ging im Auftrag Hitlers der Sache vertraulich nach. Insgesamt habe ich zu alledem folgendes aus allen möglichen Quellen festgestellt: der Vater Hitlers war das uneheliche Kind einer in einem Grazer Haushalt angestellten Köchin namens Schicklgruber aus Leonding bei Linz. Er trug daher, entsprechend dem Gesetz, wonach das uneheliche Kind den Familiennamen der Mutter führt, bis etwa zu seinem vierzehnten Lebensjahr auch den Namen Schicklgruber. Als nun seine Mutter, also Adolf Hitlers Großmutter heiratete, nämlich einen

Herrn Hitler, wurde ihr uneheliches Kind, der Vater Adolf Hitlers, durch Rechtsakt per matrimonium subsequens als eheliches Kind der Ehe Hitler-Schicklgruber legitimiert. Insoweit ist alles klar und eigentlich durchaus nichts Ungewöhnliches. Aber das ganz über alle Maßen merkwürdige an der Geschichte ist folgendes: diese Köchin Schicklgruber, Großmutter Adolf Hitlers, war in einem jüdischen Familienhaushalt mit Namen Frankenberger bedienstet, als sie ihr Kind gebar. Und dieser Frankenberger hat für seinen damals ... etwa neunzehnjährigen Sohn, mit der Geburt beginnend, bis in das vierzehnte Lebensjahr dieses Kindes der Schicklgruber Alimente bezahlt. Es gab auch einen jahrelangen Briefwechsel zwischen diesen Frankenbergers und der Großmutter Hitlers, dessen Gesamttendenz die stillschweigende gemeinsame Kenntnis der Beteiligten war, daß das uneheliche Kind der Schicklgruber unter den Frankenberger alimentenpflichtig machenden Umständen gezeugt worden war. Dieser Briefwechsel befand sich jahrelang im Besitz einer über die Raubals mit Adolf Hitler verwandten Dame, die in Wetzelsdorf bei Graz lebte ... Ich muß also sagen, daß es nicht vollkommen ausgeschlossen ist, daß der Vater Hitlers demnach ein Halbjude war, aus der außerehelichen Beziehung der Schicklgruber zu dem Grazer Juden entsprungen. Demnach wäre dann Hitler selbst ein Vierteljude gewesen [21].«

Hans Franks Behauptungen haben eine ganze Generation von Hitler-Biographen beschäftigt und zu den kühnsten Vermutungen inspiriert. Ob Adolf Hitlers Karriere als Parteiführer indes beendet gewesen wäre, wie vielfach vermutet wird, wenn die Version Franks bereits 1930 allgemein bekannt geworden wäre, ist durchaus fraglich, obwohl Juden und »Judenabkömmlinge« nach den Forderungen des NSDAP-Programms nicht deutsche Staatsbürger (Punkt 4) sein durften, »nur als Gast in Deutschland« (Punkt 5) leben sollten und nicht berechtigt waren, ein öffentliches Amt, »gleichgültig welcher Art, gleich ob im Reich, Land und Gemeinde« (Punkt 6), zu bekleiden. Als der populäre Hitler-Biograph Konrad Heiden, selbst Sohn einer jüdischen Mutter, in seinen 1932 und 1936 erschienenen – und viel beachteten – Büchern auf einige mögliche Belege für eine jüdische Abstammung Hitlers hinwies, geschah buchstäblich nichts.

Franz Jetzinger, ein in den Laienstand zurückversetzter katholischer Priester mit politischen Ambitionen und provinziellen Erfahrungen, behauptete in seinem teilweise aufschlußreichen, aber sehr unsachlich

geschriebenen Buch *Hitlers Jugend. Phantasien, Lügen und die Wahrheit*, daß in der französischen Zeitung *Paris Soir* (Pariser Abend) vom 5. August 1939 ein Artikel von Adolf Hitlers Neffen Patrick erschienen sei, der festgestellt habe, daß sein Onkel der Enkel eines Grazer Juden namens Frankenreither sei [22].
Der *Paris Soir* existiert nicht mehr; nirgendwo wurde der Zeitungsartikel von 1939 nachgedruckt. Kaum einer der Hitler-Biographen hat ihn offensichtlich je zu Gesicht bekommen; denn anders sind die phantasiereichen Erzählungen nicht erklärbar. Immer wurde er nur aus zweiter Hand zitiert oder erwähnt *. Dennoch hat er besonders infolge der Jetzinger-Behauptungen den Rang einer Quelle erhalten. Die Angaben Jetzingers, der diese Nummer des *Paris Soir* ebenfalls niemals gesehen haben kann, haben mit der Wahrheit nichts zu tun, die Feststellungen der Autoren, die sich auf seine Behauptungen stützen, ebenfalls nicht. In dem zwei Seiten umfassenden und mit sechs Bildern versehenen Artikel Patrick Hitlers im *Paris Soir* vom 5. August 1939 werden weder die Namen Frankenberger noch Frankenreither genannt, und auch Maria Anna Schicklgruber, Adolf Hitlers Großmutter, wird nicht erwähnt. Ebenso fehlt jeder Hinweis auf Graz und auf eine mögliche jüdische Abstammung Adolf Hitlers. Dieser Artikel bestätigt zunächst eindeutig, was die Verwandten Hitlers übereinstimmend auch bezeugen: Patrick Hitler, ein Sohn aus der Ehe von Adolf Hitlers Halbbruder Alois mit einer Engländerin, war ein Faulpelz und Drückeberger, der aus der Tatsache Profit zu schlagen versuchte, daß Adolf Hitler sein Onkel war. Im *Paris Soir* gab er selbst zu, Hitler ständig um Geld gebeten und nicht verstanden zu haben, daß jener ihm verärgert erklärte, daß niemand aus verwandtschaftlichen Beziehungen profitieren dürfe. Patricks Formulierungen sind beredt genug: »Er (Adolf Hitler, der Verf.) könne nicht allen denen helfen, die durch Zufall seinen Namen trügen (wie A. Hitler ihm erklärt hatte, der Verf.) ... obwohl es genügt hätte, ein Handzeichen zu geben, um die Taschen seiner nächsten Verwandten zu füllen, machte er nicht die geringste Geste.« Aufschlußreich ist ferner, was Patrick Hitler über den Familiensinn und über die Herkunft Adolf Hitlers schrieb. Nachdem er englischen Zeitungen ohne Wissen Hitlers Interviews über seinen berühmten und zu der Zeit von ihm

* Nur sehr wenige Autoren tun es so vorsichtig wie Bradley F. Smith (S. 158): »Dieser Artikel steht nicht zur Verfügung, aber er soll versteckte Anspielungen auf Hitlers Abstammung enthalten.«

sehr verehrten Onkel gegeben hatte, war dieser zunächst wütend geworden und hatte ihm während eines Besuches vorgeworfen, Familiengeschichten an die Öffentlichkeit getragen und seiner (Adolf Hitlers) Karriere empfindlich geschadet zu haben. »Mit welcher Vorsicht habe ich«, soll Adolf Hitler erklärt haben, »immer meine persönlichen Affären vor der Presse verborgen! Diese Leute dürfen nicht wissen, wer ich bin. Sie dürfen nicht wissen, woher ich komme und aus welcher Familie ich stamme ... Selbst in meinem Buch habe ich mir nicht ein Wort über diese Dinge erlaubt, nicht ein Wort, und zufällig entdeckt man nun meinen Neffen. Man stellt Untersuchungen an, und man schickt Spitzel auf die Fährte unserer Vergangenheit.« Um sich des faulen Neffen zu erwehren, soll Hitler ihm in Anwesenheit seines Stiefbruders schließlich verärgert erklärt haben, daß er in Wirklichkeit gar nicht mit ihm verwandt sei, was Patricks Vater (Adolfs Stiefbruder) genau wisse; denn er, Alois Hitler, sei lediglich von Adolf Hitlers Vater adoptiert worden. Der junge Deutschengländer, der davon schwärmte, »mit dem großen Staatschef verwandt zu sein«, wollte das nicht wahrhaben. Er suchte in Österreich Mitte 1933 nach Belegen für die Behauptungen Adolf Hitlers, fand jedoch nichts. Seine Reaktion: »Es gab keinen Zweifel mehr darüber: ich war doch der Neffe Adolf Hitlers.« Im Oktober 1933 war er dann wieder in Berlin und informierte Adolf Hitler über das Ergebnis seiner »Nachforschungen«. Bis Winter 1938 änderte sich an dem Verhältnis zwischen Onkel und Neffen nichts. Bis dahin sind Adolf und Patrick Hitler, der sich gern in vornehmer russischer Gesellschaft bewegte und mit Baronen und Grafen verkehrte, mehrfach zusammengetroffen. Adolf Hitler hat den ständig um Geld bettelnden Sohn seines Stiefbruders gelegentlich bewirtet, ihn mit den führenden Männern der NSDAP und mit anderen Gästen in Berchtesgaden bekanntgemacht, ihn beruflich zu fördern versucht und ihm auch kleinere Geldsummen (einmal 100 Mark und einmal 500 Mark) geschenkt, wie Patrick Hitler zugibt. Im Winter 1938 verließ Patrick Hitler schließlich Deutschland, weil sein Onkel ihn energisch aufgefordert hatte, endlich einmal konsequent zu arbeiten, was Patrick Hitler nicht wollte. »Ich sollte 125 Mark im Monat verdienen«, berichtet er, »ein Hungerlohn, mit dem ich weder leben noch sterben konnte ... schließlich wurde ich in eine Bank gesteckt. Aber es war mir unmöglich, meiner Mutter (die in England lebte, der Verf.) Geld zu schicken. Die deutschen Gesetze verboten das ...

Schließlich schrieb ich Hitler selbst ... Er sagte: ›Ich habe leider nicht die Möglichkeit, Dir besondere Privilegien zuzubilligen [23].‹«
Davon, daß Patrick Hitler seinen Onkel 1930 habe erpressen wollen, wie Frank behauptet, kann nicht die Rede sein. Nicht nur Patrick Hitlers Artikel im *Paris Soir* widerlegt diese Behauptung eindeutig *.
Die von Patrick Hitler zitierte angebliche Behauptung Adolf Hitlers, daß sein Stiefbruder Alois gar nicht der tatsächliche Sohn seines (also Adolfs) Vater sei, ist nach außenhin durchaus nicht so absurd, wie sie Patrick Hitler seinerzeit vorkam; denn Alois Hitler, Patricks Vater, erklärte am 10. April 1953 in einem Brief an den Braunauer Stadtpfarrer: »Ich bin am 13. 1. 1882 in Wien unehelich geboren, am gleichen Tag in der Pfarrkirche St. Othmer III/2 in Wien getauft und am 13. 8. 1883 legitimiert unter der Prot. Nr. 276 [24].«
Ohne Respekt vor den historischen Tatsachen erweckt Jetzinger den Eindruck, daß Hitler das Kirchdorf Döllersheim, in dem sein Vater im Juni 1837 getauft worden war, habe zerstören lassen, nicht zuletzt auch, weil sich dort die Dokumente befanden, die über seine Abstammung Auskunft geben konnten. Phantasiereich behauptete er: »Döllersheim und dessen weitere Umgebung (mit Strones, wo Alois Hitler im Juni 1837 geboren wurde, der Verf.) existieren nicht mehr! Es wurde zu einem großen Truppenübungsplatz umgewandelt; dieses einst blühende und fruchtbare Land ist heute eine verwahrloste Stätte des Grauens, wo überall der heimtückische Tod in Form von Blindgängern lauert, die einstigen Bewohner sind in alle Winde zerstreut. Hitler konnte noch durch mehrere Jahre den Triumph auskosten, daß die Geburtsstätte seines Vaters und die Grabstelle seiner Großmutter von seiner Wehrmacht zerschossen und niedergewalzt wurden. Ob für die Auswahl gerade dieser Gegend militärische Gründe den Ausschlag gaben, muß man bezweifeln, zumal einwandfrei feststeht, daß der Befehl zur Bodenschätzung bei den Grundbuchämtern in Allentsteig und Weitra schon Mitte Mai 1938, also knapp zwei Monate nach der Besetzung Österreichs, vorlag ... Es hat ganz den Anschein, daß die Vernichtung Döllersheims direkt über Auftrag des

* Die Behauptung, daß ein jahrelanger Briefwechsel zwischen Maria Anna Schicklgruber und einer Familie Frankenberger (vgl. Frank, S. 330 f.) stattgefunden habe und von einer über die Raubals mit Hitler verwandten Dame aufbewahrt worden sei, wie es bei Frank (S. 330 f.) heißt, wird von der Familie Raubal als Erfindung bezeichnet. Persönliche Auskunft von Leo Raubal (seit Mai 1967) in mehreren Gesprächen.

Führers erfolgte – aus irrsinnigem Haß gegen seinen Vater, der vielleicht einen Juden zum Vater hatte [25].«

Abgesehen davon, daß es sich bei dem Gebiet um Döllersheim niemals um ein »blühendes und fruchtbares Land« gehandelt hat, sondern um eine Landschaft mit sehr kargem Wuchs auf lehmigem Boden, der im Frühjahr und Herbst nur schwer passierbar ist, stimmt nicht, daß die Ortschaften bereits 1938 zu einem Truppenübungsplatz umgewandelt werden sollten. Im »Gemeindeverzeichnis von Österreich« [26] heißt es unter ausdrücklichem Hinweis auf die Sonderausgabe des Verordnungs- und Amtsblattes [27] für den Reichsgau Niederdonau: »Der ehemalige Truppenübungsplatz Döllersheim wurde im Jahre 1941 gebildet. Mit Wirkung vom 1. April 1941 wurden durch Verfügung des damaligen Reichsstatthalters in Niederdonau nachstehende Ortsgemeinden und Teile von Ortsgemeinden zum Heeresgutbezirk ›Truppenübungsplatz Döllersheim‹ erklärt [28].« Bis 1945 standen die Einzelhäuser und Gehöfte in den von der Deutschen Ansiedlungsgesellschaft für die Wehrmacht angekauften [29] Ortschaften oft nur relativ geringfügig beschädigt auf dem Döllersheimer Übungsplatz in der Nähe des Neunzer Militärlagers »Kaufholz«. 1945, nach Hitlers Tod, wurden sie ausgeschlachtet, die für Neubauten und Reparaturzwecke noch geeigneten Baumaterialien von der Bevölkerung der Nachbarschaft abgefahren. Die restlose Zerstörung besorgten erst die Sowjets, die bis 1955 im Lande waren und einige der männlichen Verwandten Adolf Hitlers – ihm zum Teil zwar äußerlich sehr ähnliche, aber von der geistigen Potenz her unvergleichbare Bauern, die von ihrer Verwandtschaft mit Hitler zwischen 1938 und 1945 weder Schaden noch Nutzen hatten – verhafteten und in die Sowjetunion verschleppten [30]. Wie absurd Jetzingers Behauptungen sind, bezeugt nicht zuletzt auch die Tatsache, daß Maria Anna Schicklgruber nach dem »Anschluß« ein Ehrengrab mit einem Kreuz erhielt, auf dem zu lesen war: »Hier ruht die Großmutter des Führers – Maria A. Hitler, geborene Schicklgruber [31].« Dieses Grab wurde stets besonders gepflegt und vor allem von Schulen und Hitler-Jugend-Gruppen besucht [32]. Der von Parteistellen offiziell arrangierte Heroenkult ging in Döllersheim sogar so weit, daß am Schulgebäude eine Tafel mit der unzutreffenden Behauptung prangen durfte, daß Alois Hitler, »der Vater des Führers«, dort zur Schule gegangen [33] sei.

Bis zum Zeitpunkt der Umsiedlung der Bevölkerung von Döllers-

heim und Strones, die besondere Besitztümer in anderen Gegenden erhielt [34], so beispielsweise in Krenglbach in Oberösterreich, wohin die mit Hitler verwandte Familie Sillip * umgesiedelt wurde, waren sämtliche Kirchenmatriken, Dokumente der politischen Gemeinde und die archivierten Bücher von Gerichten weisungsgemäß sowohl aus Döllersheim als auch aus den übrigen betroffenen Orten entfernt worden. Die Taufmatrik Adolf Hitlers befand sich stets in Braunau am Inn; die Taufmatrik seines Vaters Alois Schicklgruber (seit 1876: Hitler) wurde zunächst in das niederösterreichische Landesarchiv nach Wien – und später nach Rastenfeld – gebracht, in ein kleines Dorf in der Nähe der einstigen Pfarrgemeinde Döllersheim.
Die vielfach verbreitete Behauptung, daß nach 1938 Änderungen an den ursprünglichen Eintragungen vorgenommen – oder die entsprechenden Seiten sogar aus den Büchern entfernt worden seien, deckt sich ebenfalls nicht mit den Tatsachen. Die einzige »Änderung«, die nachträglich stattfand, war eine Ergänzung: die auf einen Gerichtsentscheid verweisende Registrierung des Todes von Adolf Hitler. Sie wurde am 11. Januar 1957, 12 Jahre nach dem Selbstmord der eingetragenen »Person«, von Konsistorialrat Johann Ludwig, dem Braunauer Dechanten und Stadtpfarrer, eingetragen und lautete, wie bereits festgestellt: »Durch Beschluß des Amtsgerichts Berchtesgaden vom 25. Oktober 1956, II 48/52 für tot erklärt in fid publ. Stadtpfarramt Braunau am 11. 1. 1957. Johann Ludwig [35].«
Gegen eine Dokumentation über Döllersheim und Umgebung hat Hitler niemals etwas eingewandt. Im Gegenteil: 1942 erschien mit seiner Billigung zum Beispiel in der Sudetendeutschen Verlags- und Druckkerei GmbH in Eger ein aufwendiges Buch unter dem Titel *Die alte Heimat. Beschreibung des Waldviertels um Döllersheim.* Dort sind die Ortschaften und ihre Geschichte – mit den Vorfahren Hitlers, den Schicklgrubers und Hiedlers als Mittelpunkt – ausführlich dargestellt und mit zahlreichen Fotos versehen. Bereits zu der Zeit war es unmöglich festzustellen, in welchem Haus Alois Hitler 1837 geboren worden war. »Verschiedentlich«, so hieß es in jenem Heimatbuch, das ausführlich auch über das Grab de. »Großmutter des Führers« berichtet, »hat man versucht, die Häuser der Schicklgruber festzustellen. Dies erwies sich deshalb als besonders schwierig, weil bei der Anle-

* Schriftliche Mitteilung von Frau Elfriede Binder, der Sekretärin von Theodor Fabian (vgl. Anm. 34) vom 13. 9. 1967. Vgl. dazu auch die ausführliche Genealogie in diesem Buch.

gung neuer Grundbücher anläßlich der Aufhebung des Patrimonialgerichts (1848, der Verf.) gerade in Strones eine völlige Neubezeichnung der Gehöfte erfolgte. Aufzeichnungen darüber, welche Nummer die Gehöfte vorher getragen haben, sind nicht gemacht worden oder aber nicht erhalten [36].«

Hitler kümmerten die von ihm bis 1919 offensichtlich gern gepflegten Beziehungen familiärer Art zu den Verwandten im Waldviertel *, das von 1938 bis 1945 als »Ahnengau« bezeichnet wurde, seit seinem parteipolitischen Engagement im September 1919 nicht mehr [37]. Seine in Spital lebenden Tanten, Onkel und Vettern, Basen, Neffen und Nichten haben ihn seit seinem letzten Heimaturlaub von der Front vom 10. bis 27. September 1918 nicht mehr persönlich zu sehen bekommen. Nur Paula Hitler, seine Schwester, war noch »einmal oder zweimal« in Spital, wo sie die Familie der Schwester ihrer (und Adolfs) Mutter besuchte [38]. Die Begegnung mit den meisten Verwandten mied Adolf Hitler, nicht, weil sie ihm nicht mehr »fein genug« erschienen, sondern weil er fürchtete, von ihnen um Zugeständnisse oder Gefälligkeiten gebeten zu werden **, die in »verderblichen Fa-

* Dort, in Spital, heilte er seine Krankheit aus, nachdem er aus Krankheitsgründen die Realschule hatte verlassen müssen (Untersuchungsbericht der österreichischen Landesamtsdirektion vom 12. März 1932, Pr. II – 1110/1; Niederösterreichisches Landesarchiv Wien – und persönliche Auskunft von Anton Schmidt, Spital, August 1969. Vgl. auch S. 72). Nach handschriftlichen Eintragungen in der Kriegsstammrolle des 3. Res.-Inf.-Regts. 16 (Blatt 50, lfd. Nr. 718, durchgestrichen und durch die Nr. 1062 ersetzt) hat er seinen Onkel, den »Gutsbesitzer« Anton Schmidt aus Spital, sogar in die Rubrik »Vor- und Familienname der Ehegattin ...« eintragen lassen. Hitler hielt sich in Spital auf: 1905/06 (Krankheit), 1908 (»Sommerfrische«), 1917 (30. 9.–17. 10., Heimaturlaub von der Front) und 1918 (10.–27. 9., Heimaturlaub von der Front).

** Nur einige wenige seiner Verwandten hatten Zugang zu ihm: seine Schwester Paula, seine Halbschwester Angela und deren Kinder Leo und »Geli«, eine Zeitlang auch der Sohn seines Halbbruders Alois, Patrick Hitler. Sie forderten (außer Patrick Hitler, vgl. S. 18 f.) nichts von ihm. »Geli« liebte er (vgl. S. 305 ff.), Leo mochte er gern. Im Gegensatz zu seinem sonstigen Verhalten war er sogar bereit, ihn nach dem Fall von Stalingrad, wo der Pionier-Leutnant in Gefangenschaft geraten war, gegen den bereits 1941 in deutsche Gefangenschaft geratenen Stalin-Sohn Jakob auszutauschen, was Stalin jedoch nicht akzeptierte. Stalins Tochter Swetlana schrieb 1967 (vgl. Swetlana Allilujewa, *20 Briefe an einen Freund*, Wien 1967, S. 232): »Im Winter 1943/44, also nach dem Sieg bei Stalingrad, sagte mir Vater gelegentlich einer unserer schon so seltenen Begegnungen: ›Die Deutschen haben den Vorschlag gemacht, Jascha (russischer Kosename für Jakob, der Verf.) gegen irgendeinen der Ihrigen auszutauschen ... Soll ich mich auf einen solchen Handel mit ihnen einlassen? Nein – Krieg ist Krieg.‹« Bei dem »Ihrigen« handelte es sich, was Swetlana nicht wußte, um Leo Raubal. Leo Raubal erfuhr von dieser Angelegenheit erst 1967 durch den Autor.

miliensinn[39]« ausarten könnten, den er besonders Napoleon I. als groben politischen Fehler vorwarf *.
Eine innere Beziehung zu den Stätten seiner Kindheit und Jugendzeit bekundete Hitler (außer zu Linz) nur zu Leonding, dem einstigen kleinen Bauerndorf bei Linz, auf dessen katholischem Friedhof vor der Tür seines ehemaligen Elternhauses seine Eltern bestattet sind. Diesem Dörfchen, das er nicht selten verklärt schilderte, stattete er nicht nur im Jahr 1938, sondern auch später zwei Besuche ab[40]. 1938 übernachtete er sogar in Leonding[41]. Eine Bild-Postkarte, die ihn in betont nachdenklicher Haltung am Grab seiner Eltern zeigt, berichtete aller Welt darüber. Die anderen Orte scheinen ihn auch insgeheim nicht interessiert zu haben. In Braunau am Inn wollte er nicht einmal sein Geburtshaus sehen, als er während der Besetzung Österreichs im März 1938 dorthin kam. Strones bei Döllersheim, wo die Mutter seines Vaters geboren, mit Johann Georg Hiedler getraut und schließlich auch gestorben und beerdigt worden war, hat er niemals besucht. Hitler wünschte nicht, seine Abstammung und verwandtschaftlichen Beziehungen detailliert dargestellt zu sehen **. Mit Kenntnislosigkeit oder mangelndem Interesse hatte sein Verhältnis zu Strones, dem Geburtsort seines Vaters, zu Maria Anna Schicklgruber und Döllersheim, wo sie beerdigt wurde, nichts zu tun. Im Gegenteil. Das Motiv für seine anscheinende Gleichgültigkeit hing zweifellos mit den Gesprächen zusammen, die er im September 1918 mit seinen Spitaler Verwandten geführt hatte, die er seitdem auch niemals mehr besuchte[42]. Dennoch sprach er in vertrautem Kreise häufiger über seine Mutter, wogegen er seinen Vater nicht so oft und Johann Nepomuk Hüttler ohne Nennung des Namens nur sehr selten erwähnte.
Die Stadt Graz und der 1946 von Hans Frank besonders artikuliert ins Spiel gebrachte Familienname Frankenberger sind spätestens seit dem Nürnberger Prozeß Angelpunkte der Untersuchungen über die Herkunft der Familie Schicklgruber. Verständlich ist daher das Engagement der Grazer städtischen Behörden und einiger Grazer Historiker und Amateurhistoriker, die allerdings keine nennenswerten Ergebnisse erzielten. So erklärte der Grazer Bürgermeister: »Die Vermutung, daß das ledige Kind der Anna Maria Schicklgruber in Graz einen Kindesvater namens Frankenberger hatte, ließ die Grazer Stellen begreiflicherweise nicht ruhen, auch ihrerseits Nachforschungen zu

* Vgl. dazu die Darstellung im 5. Kapitel.
** Vgl. S. 19.

betreiben ... Das Archiv der Landeshauptstadt Graz hat sich sehr bemüht, Unterlagen zu erarbeiten, doch ist das Ergebnis recht gering *.«

Wenn die Angaben Hans Franks (und die davon abgeleiteten Behauptungen) zuträfen, müßte ein Jude namens Frankenberger 1836 in Graz gelebt haben. Ferner müßte nachgewiesen werden, daß 1930 in Wetzelsdorf bei Graz »eine über die Raubals mit Hitler verwandte Dame« wohnte, wie Frank behauptete. Und nachgewiesen werden müßte auch, daß Hitlers Großmutter Maria Anna Schicklgruber 1836 in Graz angestellt war. Alles das kann nicht bewiesen werden. Und bewiesen werden kann auch nicht, daß es im 19. Jahrhundert deutsche Juden mit dem Namen Frankenberger gegeben hat. Gerhard Kessler fand 1935 (unter Berücksichtigung aller Abwandlungen im Lauf des 19. Jahrhunderts) nicht einen einzigen Träger des Namens Frankenberger [43]. Und nicht zuletzt auch ist von Bedeutung, daß Alimentenverpflichtungen zur Zeit der Patrimonialgewalt ** in Österreich

* Schriftliche Mitteilung des Grazer Bürgermeisters Gustav Scherbaum vom 17. 2. 1967. Von nur geringem wissenschaftlichen Wert ist auch die im Rahmen des Historischen Jahrbuches der Stadt Graz (Nr. 2, S. 7–30) 1970 erschienene Studie *Hitlers dunkler Punkt in Graz?* Der Autor (Anton Adalbert Klein) kennt ganz offensichtlich nur einen geringen Teil der wesentlichen Dokumente, Einzelheiten und Zusammenhänge und beschäftigt sich mit Fragen, die mit dem Titel seines wortreichen Aufsatzes nichts zu tun haben. Wichtigtuerei und falscher Ehrgeiz haben die Erforschung vieler Einzelheiten um Hitler seit 1945 erschwert. So berichtete 1966 beispielsweise der amerikanische Historiker Robert Weit vom William College im Rahmen der Jahreskonferenz der Amerikanischen Historischen Gesellschaft in San Franzisko, er wisse – aus einer von ihm verschwiegenen Quelle – zweifelsfrei, daß Adolf Hitler vermutet habe, sein Großvater sei möglicherweise Jude gewesen (Bericht von I. Shmulevitch im *Vorwärts.* Mitteilung von Robert M. W. Kempner, dem der Bericht am 2. 12. 1966 zugeleitet wurde). Unschwer zu erkennen ist, daß Hans Franks Behauptungen von 1946 Weits Quelle darstellen.

** Bis 1853 wurde die Zivilgerichtsbarkeit über Döllersheim durch Patrimonialgerichte ausgeübt. Die Zivilgerichtsbarkeit war in Österreich bis 1868 in erster Instanz nahezu einhellig mit der Verwaltung vereinigt. Sie wurde nach der Aufhebung der Patrimonialgerichte (Stadt-, Markt-, Dorf- und Grundgerichte) im Jahre 1849 von den sogenannten Gemischten Bezirksämtern ausgeübt. Durch die Verordnung der Minister des Innern, der Justiz und der Finanzen vom 25. 11. 1853, RGBl. Nr. 249, wurde das Erzherzogtum Österreich unter der Enns in vier Kreise, jeder Kreis in Bezirke, unterteilt. Döllersheim gehörte dem Gemischten Bezirksamt Allentsteig an. In Ausführung des Staatsgrundgesetzes vom 21. 12. 1867, RGBl. Nr. 144, über die richterliche Gewalt, bestimmte das Gesetz vom 11. 6. 1868, RGBl. Nr. 59, die Organisierung der Bezirksgerichte betreffend, daß die Justizgeschäfte, die bis dahin von den Gemischten Bezirksämtern wahrgenommen wurden, künftig durch selbständige Bezirksgerichte zu besorgen seien und daß an jedem Ort, an dem ein Gemischtes Bezirksamt bestand, ein Bezirksgericht für den Umfang des Bezirksamtssprengels nach den bestehenden Gesetzen auszuüben habe.

grundsätzlich nicht üblich waren. Die festgestellten Väter unehelicher Kinder erstatteten allgemein lediglich die Kosten für das »Kindbett« oder nahmen die unehelichen Kinder nicht selten auch in ihren Haushalt auf *. Bei der Aufteilung des Erbes wurden sie zuweilen ebenso berücksichtigt wie die sogenannten »eheleiblichen« Kinder **. So heißt es zum Beispiel in einem handschriftlich verfaßten Nachlaß vom 13. Januar 1848, daß auch die »uneheleiblichen Kinder ... nach dem Wunsche der Verstorbenen« erben sollten [44].

Keiner der nachweisbaren Grazer Frankenberger kommt als Vater Alois Schicklgrubers in Frage. Der im Volkszählungsprotokollbuch des Jahres 1900 unter der Nr. 82 348 eingetragene (Alois) Frankenberger, von dem sich ein handschriftlicher Brief vom 20. April 1913 an den Pfarrer von Sulzbach am Inn mit genauen Angaben zur Person und Herkunft findet ***, war jünger als Adolf Hitlers Vater. Er wurde am 10. 7. 1854 in Sulzbach geboren und war nach den Sulzbacher Kirchenmatriken der unehelich geborene Sohn einer Maria Frankenberger aus Engertsham ****. In den Zweitbüchern der Grazer Israelitischen Kultusgemeinde (1864–1938) ist kein Frankenberger verzeichnet, und auch in den Grazer »Geburtenzweitbüchern« der anderen Religionsgemeinschaften der Jahrgänge 1838 bis 1900 findet sich kein Frankenberger, ebensowenig in den bis 1837 vorgenommenen Eintragungen, wie auch der Name Frankenberger in dem 1938 eingemeindeten Gebiet in den pfarramtlichen Matriken nicht festzustellen ist. Ebenso fehlt der Name Frankenberger auch in der Heimatrolle von Groß-Graz, in der Einwohnermeldekartei von 1936 und in den Volkszählungsprotokollen der Jahrgänge 1910, 1890 und 1880.

* Zahlreiche Belege im Nö. Landesarchiv in Wien.

** Wobei vom Erbe gewöhnlich die Auslagen für das »Kindbett« abgezogen wurden, wenn der Vater sie nicht erstattet hatte.

*** Unterlagen der kath. Kirche von Sulzbach (1967). In diesen Kirchenbüchern (Taufbücher) der kath. Pfarrgemeinde Sulzbach ab 1741 fand sich ferner ein Johann Nepomuk Frankenberger, der vom 15. 5. 1796 bis zum 8. 3. 1866 lebte. Nur er oder sein (1791 ebenfalls katholisch getrauter) Vater Blasius Frankenberger kämen als Väter in Frage, wenn Franks Version zuträfe. Nach den Angaben in den Büchern der Gemeindeverwaltung Sulzbach ist die Familie Frankenberger am 3. 5. 1952 (in Heigerding in Bayern) ausgestorben. Der letzte Sproß war Andreas Frankenberger. Er lebte vom 22. 4. 1886 bis zum 3. 5. 1952.

**** Nach Angaben der Bundespolizeidirektion Graz sind auch gegenwärtig keine Träger des Namens Frankenberger gemeldet. Ein Georg Frankenberger (geb. am 9. 12. 1912 in Meran) verzog nach Zeltweg, ein Richard Frankenberger (geb. am 18. 7. 1947 in Hohenegg) wurde 1966 Soldat in Zeltweg in Österreich. Schriftliche Auskunft der Polizeidirektion (1967).

In Graz gab es seit dem Ende des 15. Jahrhunderts bis ein Jahrzehnt nach dem Tode Maria Anna Schicklgrubers keinen einzigen ansässigen Juden. Seit dem Vertrag, den Kaiser Maximilian I. am 19. März 1496 mit den steirischen Städten schloß [45], wurden die Juden mit Wirkung vom 6. Januar 1497 des Landes verwiesen, wofür der Kaiser vom Landtag eine einmalige Entschädigung von 38 000 Gulden erhielt. Erst unter Joseph II. ist ihnen zunächst 1781 wieder gestattet worden, um Mittfasten und St. Ägydi im Herzogtum Steiermark zu erscheinen und die jeweils drei bis vier Wochen dauernden Jahrmärkte in Graz, Klagenfurt, Laibach und Linz gegen Entrichtung einer festgesetzten Gebühr zu besuchen *. Aber schon am 9. September 1783 wurden die Rechte der Juden wieder eingeschränkt, was differenzierende Bestimmungen von 1797, 1819, 1823 und 1828 immer wieder neu bekräftigten. Die Juden, die kurzfristig zu den Märkten nach Graz kamen, stammten vor allem aus Westungarn, aus Güssing, Schlaining, Rechnitz und Olsnitz, gelegentlich jedoch auch aus Mähren **. So blieb es bis zum Beginn der sechziger Jahre des 19. Jahrhunderts.
Wenn Adolf Hitlers Großvater tatsächlich ein Frankenberger gewesen wäre, wie Frank es als möglich erscheinen ließ, hätte es dennoch zu Beziehungen Schicklgruber-Frankenberger in Graz nicht kommen können ***, da Maria Anna Schicklgruber 1836 nicht in Graz angestellt

* Nach Lage der Dinge hätte 1836 immerhin ein Frankenberger von auswärts zu dem September-Markt (St. Ägydi) nach Graz kommen und dort mit Maria Anna Schicklgruber zusammentreffen können. Alois Schicklgruber(-Hitler) wurde am 7. Juni 1837 geboren. Die »Hochzeit«, im September 1836, könnte ein Hinweis sein; aber auch diese Version hat nur fiktiven Charakter. M. A. Schicklgruber lebte nicht in Graz. Nach Graz gereist ist sie ganz offensichtlich auch nicht.

** Infolge der Napoleonischen Kriege hielten sich vorübergehend in Graz jüdische Kriegslieferanten auf, die mit jüdischen Kaufleuten aus München, Augsburg, Stuttgart und Amsterdam handelten.

*** Da ein Frankenberger 1836/37 weder in Graz noch im niederösterreichischen Waldviertel lebte, hätte es immerhin sein können, daß Träger ähnlich klingender Namen in der Nähe von Döllersheim und Strones als Schicklgruber-Partner in Frage gekommen wären. In den Akten (Bd. 7) des Kreisgerichtsarchivs Krems in Niederösterreich ist eine Familie Fraberger verzeichnet, deren männliche Mitglieder sich zwischen 1830 und 1845 durch Rauhbeinigkeit, Aggressivität und rücksichtslose Streitsüchtigkeit hervorgetan haben. Einer von ihnen, Anton Fraberger, wurde 1834 auf Gerichtsbeschluß (Archiv Krems, Nr. 115, Bd. 4, Nr. 72) sogar aus Krems, rund 25 km von Strones, dem Heimatort der Maria Anna Schicklgruber, »abgeschoben«. Er, Michl, Mathias, Bernd und Josef Fraberger sind in den Hinterlassenschaftsakten des Gerichts immer wieder anzutreffen. Angriffe »gegen die körperliche Sicherheit« (Bernd F., 1831) und »gegen die Sicherheit der Ehre« (Josef F., 1831) sind für ihr Verhalten bezeichnend. Beziehungen zwischen Maria Anna Schicklgruber und einem Fraberger sind jedoch nicht feststellbar.

war und ein Frankenberger zu der Zeit in Graz auch gar nicht existierte. Maria Anna Schicklgruber von Strones ist weder im Grazer »Dienstbotenbuch« noch im »Bürgerbuch« registriert [46]. Die Eintragungen der jährlichen Zinsen für die ihr laut Nachlaß zustehende elterliche Erbschaft wurden von 1821 bis 1838 beim Bezirksgericht Allentsteig vorgenommen [47], das für Strones zuständig war, wo Maria Anna Schicklgruber im Juni 1837 ihr Kind gebar. In den Unterlagen der Waisenkasse [48] sind weder 1836 noch 1837 Änderungen vorgenommen worden. Da sie Untertanin der »Hochgräflichen Herrschaft Ottenstein« war, konnte sie sich nicht einfach auf eine lange Wanderschaft von Strones nach Graz begeben, um sich womöglich mit einem Mann zu treffen.

Jetzinger behauptete 1956 wahrheitswidrig: »Nach Angaben des William Patrick Hitler im *Paris Soir* ... hieß der Grazer Dienstgeber Leopold Frankenreither *«. Ein Träger dieses Namens lebte 1836 tatsächlich in Graz als Fleischhauer und Flecksieder. Er war zu der Zeit 42 Jahre alt und stammte aus Stadtberg in der Nähe von Passau, wo seine Eltern, der Schuhmacher Josef Frankenreither aus Stadtberg und dessen Ehefrau Margaretha Frankenreither, geborene Schieferin aus Tiefenbach, in den Matriken der zuständigen Pfarre Tiefenbach eingetragen sind [49]. Abgesehen von der Tatsache, daß auch diese Version voraussetzt, was nicht nachweisbar ist, nämlich daß Maria Anna Schicklgruber 1836 in Graz lebte, fehlen auch jederlei Beweise dafür, daß jemals eine Bekanntschaft zwischen ihr und einem (oder gar diesem) Frankenreither bestand.

Alois Schicklgruber, Adolf Hitlers Vater, war 39 Jahre alt, als er erstmals mit »Hitler« unterschrieb, 40 Jahre, als er den Kontakt zur Schicklgruber-Verwandtschaft aufgab und ganz ein Hitler wurde. Sowohl die Motive für die ungewöhnlich späte Legitimierung und Namensänderung als auch das genaue Datum waren bislang unbekannt. Nach Untersuchungsergebnissen einer österreichischen Landesamtsdirektion von 1932 erhielt Alois Schicklgruber 1842 den Namen Hitler [50]. Karl Friedrich von Frank, der im Frühjahr 1932 [51] als erster Genealoge eine Ahnentafel Hitlers veröffentlichte, war nicht nur bis 1945 überzeugt, daß Alois Hitler bereits vor 1857 (vermutlich 1851) legitimiert wurde. »Es wäre ... gar nicht plausibel«, erklärte er 1967, »daß Johann Georg Hiedler sich nicht nur als Kindesvater bekannt,

* Jetzinger, S. 32. Im *Paris Soir* ist davon mit keinem Wort die Rede.

sondern sogar die Eintragung seines Namens ›nachgesucht‹ hätte, wenn die Möglichkeit einer anderen Vaterschaft bestanden hätte [52].« Hans Frank behauptete kurz vor seiner Hinrichtung [53], daß die Legitimierung etwa im Jahre 1851 vonstatten gegangen sei. Adolf Hitlers (Halb-)Bruder Alois Hitler, der am 13. Januar 1882 unehelich in Wien geboren und am 13. August 1883 von Adolf Hitlers Vater legitimiert wurde [54], schrieb am 10. April 1953 in einem Brief an den katholischen Stadtpfarrer von Braunau am Inn: »Ich bin der älteste Sohn des (nachmaligen) ... Zollamtsoberoffizials Alois Hitler, der am 17. 6. 1837 in Strones Nr. 13 unehelich als Alois Schicklgruber geboren und am 6. Jänner 1877 legitimiert per matrimonium subsequens auf den Namen Hitler umgeschrieben ... worden ist *.« Dieses Datum hatte Rudolf Koppensteiner, der Verfasser der »Ahnentafel des Führers« bereits 1937 genannt. »Alois«, so erklärte er, »wurde per matrimonium subsequens legitimiert und am 6. Jänner 1877 auf den Namen des Vaters umgeschrieben [55].« Alan Bullock erklärte 1953 in seiner anfänglich viel beachteten Hitler-Biographie: »Als vierundachtzigjähriger Greis erschien ... (Johann Georg Hiedler, der Verf.) am 6. Juni 1876 vor einem Notar in ... Weitra und bekundete ... in Gegenwart von Zeugen, daß er der Vater des unehelichen Kindes Alois Schicklgruber sei, dessen Mutter er später geheiratet habe [56].« Bullocks Darstellungen sowohl von 1953 als auch von 1967 sind ungenau und falsch, ebenso die Version William Lawrence Shirers, der noch 1963 [57] nahezu wörtlich wiederholte, was Bullock 1953 behauptet hatte. Bereits diese Daten bestätigen, daß die meisten Feststellungen nur sehr wenig mit den Tatsachen zu tun haben. Daß Alois Schicklgruber-Hitler seinen Namen nicht vor 1874 geändert haben kann, beweist eine handschriftliche Eintragung vom 21. September 1874 im Braunauer »Trauungsbuch«, in dem er anläßlich der Trauung des österreichischen Finanzwachoberaufsehers Karl Fischer als Trauzeuge fungierte und als Alois Schicklgruber unterschrieben hat [58].

Karl Dietrich Brachers Feststellung von 1969, daß Alois Schicklgruber »die nachträgliche Legitimierung« durch »eine gesetzwidrige Manipulation seines Stiefonkels mit Hilfe eines leichtgläubigen Dorfpfarrers ... erreichte [59]«, ist nicht korrekt. Zwar wurden die vom Gesetz für derartige Amtshandlungen geforderten Voraussetzungen – eine rechtskräftige Urkunde von Johann Georg Hiedler [60] oder dessen

* Vgl. S. 20 und S. 59 f.

persönliche Anwesenheit[61] – von den Antragstellern mit Sicherheit nicht erfüllt; aber die Amtshandlung des Pfarrers wurde von den staatlichen Stellen anerkannt. Nachweisbar ist, daß die Bezirkshauptmannschaft Mistelbach sofort von der Legitimierung erfuhr, deswegen mit der Braunauer Finanzdirektion korrespondierte und sich sowohl beim bischöflichen Sekretariat von St. Pölten als auch bei der Wiener Statthalterei über die Rechtmäßigkeit der Döllersheimer Amtshandlung orientierte und einen bestätigenden Bescheid erhielt. So fragte sie die Wiener Statthalterei am 6. Oktober 1876: »... übermittelt die durch die k. k. Finanz-Bezirks-Direktion in Braunau unter dem 6. September 1876 ... gestellte Anfrage, ob der k. k. Zollamtsoffizial Alois Schicklgruber den Namen ›Alois Hitler‹ führen dürfe[62].« Die Statthalterei versah dieses Schreiben mit einer »Note« und leitete es am 16. Oktober an das bischöfliche Ordinariat in St. Pölten weiter. Die in der »Note« enthaltenen Fragen nach dem Beweismaterial für die Legitimation – und ob »dieselbe ... von dem dortigen Pfarrer im Sinne der Verordnung des Herrn Ministers des Innern vom 12. September 1868 ... vorgenommen worden[63]« sei, beantwortete das bischöfliche Ordinariat rund 10 Tage später. In dem vom Bischof Matthaeus Joseph am 25. November unterschriebenen und an die Wiener Statthalterei gesandten Brief hieß es unter anderem: »In Entsprechung der hochverehrlichen Note ... beehrt sich das bischöfliche Ordinariat ... die ergebenste Mittheilung hiermit zu machen, daß die Legitimations-Vorschreibung des am 7. Juni 1837 geborenen ... Alois Schicklgruber der Eheleute Georg Hitler und der M. Anna Hitler geb. Schicklgruber in der Taufmatrik der Pfarre Döllersheim von dem dortigen Pfarrer im Sinne der ... Verordnung des Herrn Ministers des Innern vom 12. September 1868 ... im eigenen Wirkungskreise vollzogen worden ist[64].« Nachdem die Statthalterei dem Ordinariat St. Pölten am 25. November mitgeteilt hatte, daß Alois Schicklgruber sich infolge der durch den Döllersheimer Pfarrer »im eigenen Wirkungskreise legal[65]« vollzogenen Legitimation Alois Hitler nenne, erklärte es der Bezirkshauptmannschaft Mistelbach am 30. November: »Laut der Note des bischöfl. Ordinariats in St. Pölten vom 25. November 1876 ... wurde die ... (Legitimierung) vollzogen (an dieser Stelle folgt ein Satz, der von einer anderen Hand durchgestrichen und durch eine knappere Formulierung mit gleichem Inhalt ersetzt worden ist. Sie lautet:) Auf Grund dieser Legitimation-Vorschreibung ist demnach (hier schließt der ursprüngliche Text an) der k. k. Zollamtsoffizial Alois Schicklgruber vollkommen berechtigt, den Geschlechtsnamen seines Vaters ›Hitler‹ zu führen. Hievon werden E. Hochw. in Erledigung der Berichte vom 6. Oktober und 2. November d. J. ... zur weiteren Verständigung der Partei in die Kenntniß gesetzt [66].« Damit war die Angelegenheit nicht nur für Alois Hitler erledigt. Als die Bezirkshauptmannschaft Mistelbach die Wiener Statthalterei am 8. Dezember fragte, ob nunmehr auch die Dokumente Alois Schicklgrubers »auf Hitler« umgeschrieben werden dürften, wurde ihr am 27. Dezember mitgeteilt: »zurück mit dem Bemerken, daß die mit dem Berichte vom 8. Dezember 1876 ... wiederholt gestellte Anfrage schon ... (am) 30. November 1876 ... ihre Beantwortung gefunden hat [67].«

Alois nannte sich zu der Zeit bereits seit einem halben Jahr nicht mehr Schicklgruber, sondern Hitler. Schon im Juni 1876 hatte der Braunauer katholische Pfarrer von seinem Amtsbruder aus Döllersheim erfahren, daß Alois Schicklgruber nunmehr Hitler heiße [68].

Daß der 39jährige Alois Schicklgruber nicht den Namen des Mannes annahm, den seine Mutter 1842 nach kirchlichen »Verkündigungen« vom 17. und 24. April und 9. Mai 1842 in der Döllersheimer Kirche geheiratet hatte, war weder ein Irrtum noch ein Zufall. Er nannte sich »Hitler«, wie Johann Nepomuk Hüttler den 1876 eben erst nach Döllersheim versetzten Pfarrer Josef Zahnschirm, der als Vater auch nicht Georg Hiedler, sondern »Georg Hitler« eintrug *, entweder schreiben ließ – oder zu schreiben bewog. Da die Zeugen weder schreiben noch lesen konnten, waren sie nicht in der Lage, die Eintragung des Pfarrers zu korrigieren. Hätte Johann Nepomuk den Namen seines Bruder so ausgesprochen, wie jener sich zeitlebens genannt hatte, nämlich »Hiedler«, hätte der Pfarrer kaum »Hitler« geschrieben. Johann Nepomuk wollte ganz offensichtlich, daß Alois die Schreibweise seines eigenen Namens (Hüttler) übernahm. In diesem Falle konnte dem Pfarrer leicht ein Hörfehler unterlaufen.

Aus der Eintragung geht zwar weder hervor, wer der Initiator dieser Aktion war, noch auf wessen Veranlassung die »Zeugen« erschienen, doch ist absolut sicher, daß die Namensänderung im Sinne der

* Ohne Nennung des Datums und seines Namens trug Zahnschirm in das »Geburtsbuch« ein, daß »der als Vater eingetragene Georg Hitler, welcher den gefertigten Zeugen wohl bekannt ist, sich als den von der Kindesmutter Anna Schicklgruber angegebene Vater des Kindes Alois bekannt, und die Eintragung seines Namens in das hiesige Taufbuch nachgesucht habe, wird durch die Gefertigten bestätigt: Josef Rommeder, Zeuge Johann Breiteneder + + +, Engelbert Paukh + + +«.

1847 verstorbenen Maria Anna Schicklgruber auf gemeinsamen Wunsch von Johann Nepomuk Hüttler und Alois Schicklgruber vorgenommen wurde; denn Alois erhielt von seinem Onkel Franz Schicklgruber, der die Nachlaßinteressen seiner Schwester Maria Anna vertrat, 1876 den zu der Zeit bemerkenswerten Betrag von 230 Gulden ausgehändigt [69]. Welche Vereinbarungen vorausgegangen sind, ist nicht mehr genau feststellbar; aber die Tatsache des Engagements der Schicklgruber-Familie, die allen Grund hatte, auf Alois stolz zu sein, läßt nicht daran zweifeln, daß frühzeitig konkrete Absprachen zwischen Johann Nepomuk Hüttler, Johann Georg Hiedler, Maria Anna Schicklgruber, Georg und Franz Schicklgruber und Alois Schicklgruber/Hitler bestanden haben. Alois Hitlers Version, die er im September 1876 einer aus der Familie seiner Mutter stammenden Cousine namens Veit mitteilte, daß er im Grunde ja bereits durch die Heirat der Mutter mit Johann Georg Hiedler, mit der »Anerkennung meines Vaters [70]«, legitimiert worden sei [71], ist unzutreffend; denn der Ehemann seiner Mutter hat ihn zeitlebens nicht als sein Kind anerkannt *. Auch die Behauptung des amerikanischen Historikers Bradley Smith, daß Alois seinen Familiennamen änderte, um »die Ehe ungültig [72]« zu machen und Klara Pölzl, Adolfs Mutter, ohne größere formale Schwierigkeiten heiraten zu können, ist unzutreffend; denn Klara Pölzl, seine dritte Frau, heiratete er erst 1885. 1876, zur Zeit der Legitimierung, war er mit Anna Glassl verheiratet, die 1883 verstarb und infolge ihrer Bemühungen 1880 von ihm »von Tisch und Bett« geschieden wurde. Franziska Matzelsberger, seine zweite Ehefrau, die 1884 starb, heiratete er 1883, sechs Jahre nach der Legitimierung **.

Da Maria Anna Schicklgruber und ihr Ehemann seit Jahrzehnten tot waren, ist die oft geäußerte Vermutung abwegig, daß Johann Nepomuk Hüttler Alois Schicklgruber nur mit der Absicht legitimieren ließ, den Namen »Hitler« zu erhalten [73]. Auch die Vermutung, daß Alois Schicklgruber die Legitimierung zu dem Zeitpunkt anstrebte, weil er als katholischer Staatsbeamter unter dem »Makel« gelitten habe, unehelich geboren zu sein, ist absurd. Seine Karriere zeigt eindeutig, daß davon nicht die Rede sein kann. Darüber hinaus war Alois im Hin-

* Vgl. u. a. S. 49.

** Vgl. die Übersicht, S. 39 ff. Smith' Feststellung (S. 35), daß die Legitimierung die Eheschließung mit Klara Pölzl erleichtern sollte, ist infolge dieser Daten und Fakten absurd.

blick auf allgemeine moralische Auffassungen keineswegs kleinlich, was nicht nur sein Verhalten im Zusammenhang mit seiner ersten und zweiten Ehefrau und dem von Franziska Matzelsberger von ihm außerehelich geborenen Sohn Alois beweisen, den er 1883 legitimierte *.

Die Frage nach den Motiven für die späte Legitimierung Alois Schicklgrubers ist mit der Frage nach seinem Vater identisch. Einige Genealogen und Biographen vermuteten, daß der Vater Adolf Hitlers ein unehelicher Sohn des Bauern Trummelschlager aus Strones gewesen sein könne; denn in seinem Hause, nicht im Elternhaus, gebar Maria Anna Schicklgruber ihren Sohn, als dessen Patenonkel Trummelschlager fungierte. So schrieb Görlitz beispielsweise: »Alois Schicklgruber-Hitler kam schon als Kind zu dem Bruder des Johann Georg in Pflege ... War dieser Bruder der Vater des Kindes der Maria Anna ... Oder kam dafür auch der Bauer Trummelschlager in Strones in Frage, in dessen Haus das alternde Mädchen ihre Frucht zur Welt gebracht hatte [74]?« Ob auch Koppensteiner diese Vermutung bereits 1937 mit der Bemerkung andeuten wollte: »... ist zu schließen, daß die Kindesmutter bei dem Paten des Kindes im Dienst stand [75]«, ist unsicher. Jetzinger erzählte: »... um das Jahr 1837 tauchte die ... 41jährige Marianne ... in ihrem Heimatdorf auf – in schwangerem Zustande ... Es nahm sie daher ihr Vater, ›weil sie ihm die Schande angetan‹, nicht in seine Ausgedingewohnung ... auch ihr einstiges Elternhaus ... blieb ihr verschlossen. Sie fand schließlich Zuflucht beim Kleinbauern Trummelschlager [76].«

Für eine eventuelle Vaterschaft des Analphabeten Johann Trummelschlager, der während der Taufe als Pate fungierte und anstelle seiner Unterschrift ein Kreuz machte [77], gibt es weder Beweise noch diskutable Hinweise. Er hat weder Alois noch Maria Anna Schicklgruber etwas hinterlassen. Daß Alois in seinem Hause geboren wurde, hatte einen einfachen Grund: am 21. Oktober 1817 hatten die Eltern seiner Mutter, Johann und Theresia Schicklgruber, ihren Hof mit dem Haus an ihren Sohn Josef (Bruder der Maria Anna) für die sehr hohe Summe von 3000 Gulden verkauft. Im Kaufvertrag hieß es im Zusammenhang mit den Obligationen des Käufers (kostenlos Mehl, Stroh, Kartoffeln usw. an die Verkäufer zu liefern und Hand- und Spanndienste zu leisten): »zum Ausnahm bedingen mit Verkauffer

* Vgl. S. 29.

auf ihre beiderseitige Lebenszeit die unentgeldliche Wohnung, im von Verkauffern und dem Käuffer gemeinschaftlich zu erbauenden, und bey Bau zu erhaltenden Stübl [78].« Im November 1821 war die Mutter Maria Annas gestorben. Johann Schicklgruber wohnte also zur Zeit der Entbindung seiner Tochter bereits seit 16 Jahren allein in dem ihm seit 1817 zustehenden »bey Bau zu erhaltenden Stübl« (Strones 22), während sein Sohn Josef den von ihm erworbenen Hof (Strones Nr. 1) bewirtschaftete, den er, Johann Schicklgruber, nach den handschriftlichen Dokumenten des Archivs des Bezirksgerichts Allentsteig [79] im Jahre 1789 mit 19 $^3/_4$ Joch Acker, Wiesen, Garten, Weiden und Hausrat von seinem Vater Jakob Schicklgruber (der vor seiner Heirat schon ein Haus von der gräflichen Herrschaft Waldreichs erwarb) für 250 Gulden gekauft hatte. Für eine 42jährige unverheiratete Frau mit einem unehelichen Kind war unter solchen Umständen kein Platz in einem frauenlosen »Stübl«, und im väterlichen Hause, im Haushalt ihres Bruders und der Schwägerin, sah es nicht anders aus.

Daß Maria Anna Schicklgruber bis kurz vor ihrer Niederkunft nicht in Strones gewesen sei, ist eine reine Erfindung, die von Franks Behauptungen ausgeht.

Nach der Auswertung aller wesentlichen und bisher nahezu ausnahmslos unveröffentlichten Dokumente und Angaben der Verwandten Hitlers ist es jetzt möglich, Adolf Hitlers Großvater väterlicherseits mit an absoluter Sicherheit grenzenden Wahrscheinlichkeit zu identifizieren. Danach war Adolf Hitler das Produkt einer dichten Inzucht; denn alle Belege weisen eindeutig auf Johann Nepomuk Hüttler, den Bruder des offiziellen Hitler-Großvaters Johann Georg Hiedler, als tatsächlichen Großvater hin, was heißt, daß Johann Nepomuk nicht nur Adolf Hitlers Großvater väterlicherseits, sondern als Großvater seiner Mutter zugleich auch sein Urgroßvater mütterlicherseits und Adolf Hitler das Kind einer Verbindung zwischen Alois Hitler und der Tochter seiner Halbschwester gewesen ist.

Von besonderer Bedeutung erscheint in diesem Zusammenhang zunächst eine Feststellung Adolf Hitlers in *Mein Kampf*, wo er über seinen Vater schreibt: »Als Sohn eines armen, kleinen Häuslers hatte es ihn (Alois, der Verf.) schon einst nicht zu Hause gelitten [80].« Von den nationalsozialistischen Biographen wurde Alois Hitler denn auch ahnungslos als Bauernsohn aus Spital bezeichnet. So schrieb beispielsweise Johann von Leers, der aus dem »kleinen Häusler« einen »ar-

Die Inzucht in der Hitler-Sippe

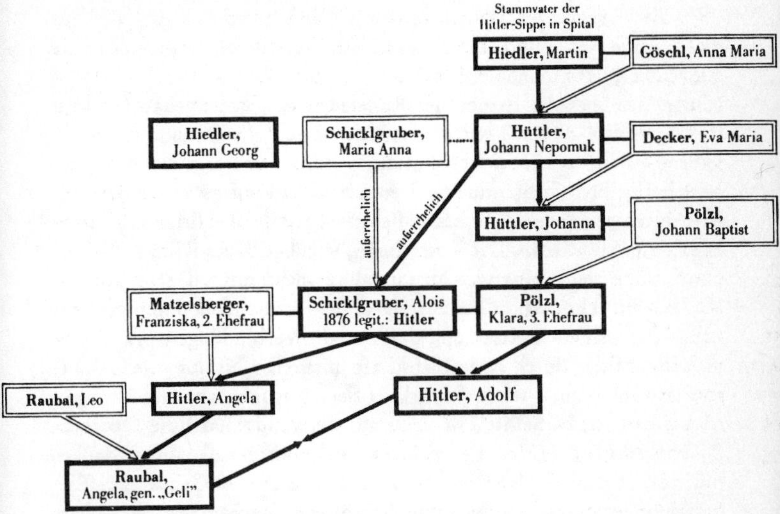

men Häusler« machte: »Aufstiegswille hatte Hitlers Vater einmal als Knaben aus dem engen Dörfchen, wo er als Sohn eines armen Häuslers aufwuchs ... nach Wien geführt [81].« Der offizielle Großvater Adolf Hitlers, Johann Georg Hiedler, war niemals »Häusler«. Er zog stets im Lande umher und lebte bei Leuten, denen Häuser gehörten. Im Elternhaus Maria Anna Schicklgrubers in Strones hielt er sich schon vor der Eheschließung auf, da er wohnungslos war. Adolf Hitler, der 1905, 1906, 1908 und als »Fronturlauber« während des Ersten Weltkrieges * jeweils vorübergehend in Spital weilte und über seine Abstammung genau informiert war, hat seine Feststellung über den »kleinen Häusler« zweifellos weder irrtümlich noch zufällig getroffen. Während seines letzten Besuches bei den Spitaler Verwandten, deren Anschrift er zur Zeit des Ersten Weltkrieges sogar als Heimatadresse angegeben hatte **, wurde über Johann Nepomuk Hüttler als dem gemeinsamen Ahnen gesprochen [82]. Vielleicht hat er die Inzucht des-

* Vgl. S. 135 f.
** Vgl. u. a. S. 135 f.

halb so positiv beurteilt. So schrieb er beispielsweise am 16. September 1919, genau ein Jahr nach seinem letzten Aufenthalt in Spital vom 10. bis 27. September 1918 * in einem dienstlichen »Gutachten« über die Judenfrage: »Durch tausendjährige Inzucht ... hat der Jude ... seine Rasse und ihre Eigenart schärfer bewahrt, als zahlreiche der Völker, unter denen er lebt [83].«
Hitler, der über die Inzucht im Rahmen seiner Sippe genau Bescheid wußte, wollte dieses Thema gemieden sehen. Wie Patrick Hitler in seinem *Paris Soir*-Artikel berichtete, wurde er von seinem Onkel bereits heftig beschimpft, nur weil er sich in Interviews auch über dessen Abstammung geäußert hatte. Belegt ist auch, daß Hitler sich fürchtete, Vater zu werden. Die Vorstellung, womöglich ein Kind zu haben, das infolge seiner Inzucht-Abstammung nicht normal sein könnte, quälte ihn. Die von Genealogen unter Inzest-Abkömmlingen als üblich bezeichnete Fortsetzung der Inzucht-Verbindungen praktizierte Adolf Hitler durch seine Liebschaft mit seiner Nichte »Geli« Raubal, die von ihm – wenn Patrick Hitlers Angaben zutreffen – 1931 schwanger war [84]. Selbst Hinweise auf verwandtschaftliche Querverbindungen mied Hitler, der zum Beispiel auch genau wußte, daß er sowohl mit dem in Österreich besonders angesehenen Genealogen Rudolf Koppensteiner als auch mit dem österreichischen Dichter Robert Hamerling ** (1830 bis 1889) verwandt war, mit dem er einige Vorfahren (u. a. Joseph Fux, 1615–1695, Andreas Stumpner ... bis 1699 und Stefan Stumpner, Mitte des 17. Jahrhunderts) gemeinsam hatte.
Wie der 1888 verstorbene Nepomuk Hüttler ausgesehen hat, ist nicht überliefert. Nicht einmal seine unmittelbaren Nachkommen wissen es [85]. Feststellbar ist nur, daß die Schmidts und Koppensteiners, die Verwandten Adolf Hitlers in Spital, Mistelbach und Langfeld, die dokumentarisch lückenlos belegt, in direkter Linie von Johann Nepomuk abstammen, übereinstimmende Äußerlichkeiten und andere gemeinsame Erbmerkmale aufweisen. Daß sie auch Adolf Hitler teilweise überraschend ähnlich sehen, ist leicht erklärbar; denn Adolfs

* Vgl. S. 135 f.
** Eigentlich Rupert Hamerling, geb. in Kirchberg am Walde, Niederösterreich. 24. 3. 1830–13. 7. 1889 (in Graz). 1852: Lehrer in Wien und Graz. 1855–1866: Prof. am Gymnasium in Triest, lebte danach in Graz. Hauptwerke Hamerlings: *Sangesgruß von der Adria* (1857), *Venus im Exil* (1858), *Schwanenlied der Romantik* (1862), *Aspasia* (Schilderung des perikleischen Zeitalters, 3 Bde., 1876). Hamerling hinterließ insgesamt 16 Bde., hrsg. 1912).

Mutter *, Klara Pölzl, war eine Enkelin Johann Nepomuk Hüttlers und eine Schwester der Theresia Schmidt, einer geborenen Pölzl aus Spital, der »Ahnfrau« der heutigen Waldviertel-»Hitler«. Die Tatsache jedoch, daß auch der 1906 geborene Leo Rudolf Raubal, der Sohn der (Adolf) Hitler-Schwester Angela aus der zweiten Ehe des Hitler-Vaters mit der absolut blutsfremden Franziska Matzelsberger, nicht nur dem über die Mutter von Johann Nepomuk Hüttler abstammenden Adolf Hitler, sondern auch den dokumentarisch lückenlos nachweisbaren Johann Nepomuk Hüttler-Nachfahren im Waldviertel verblüffend ähnlich sieht, muß als eines der wichtigsten Kriterien im Rahmen dieser Beweisführung angesehen werden; denn diese Ähnlichkeit ist ohne Zweifel nur so zu erklären, daß Leo Rudolf Raubal (über Adolfs Vater Alois Hitler) und die Hitler-Verwandten im Waldviertel (über Adolfs Großmutter mütterlicherseits: Johanna Hüttler-Pölzl) einen Ahnen gemeinsam hatten: Johann Nepomuk Hüttler.

Nach diesen Feststellungen ist nicht zuletzt auch das im folgenden zitierte graphologische Urteil über die Schriftzüge zweier (Adolf) Hitler-Neffen interessant: eines Neffen aus der Verwandtschaft der Hitler-Mutter Klara Pölzl und eines Nachkommen aus der Ehe des Hitler-Vaters Alois Hitler mit Franziska Matzelsberger. Bei dem Neffen aus der Verwandtschaft Klara Pölzls handelt es sich um einen 59jährigen Bauern. Über seine Unterschrift urteilte eine angesehene Graphologin: »Die Unterschrift zeigt einen zuverlässigen Arbeiter von großer Bestimmtheit, einiger Reizbarkeit und starkem Durchsetzungsdrang. Schreiber ist von gewisser Schwerfälligkeit, vorsichtig auf die eigene Person bedacht, verschlossen und nicht leicht zu durchschauen. Er erschließt sich erst bei näherem Kennenlernen. Bei einmal gefestigter Beziehung kann man auf seine Zuverlässigkeit rechnen, wenn auch die Gemütsbeziehungen im Hintergrund stehen.« Der Nachkomme aus der Ehe Alois Schicklgrubers mit Franziska Matzelsberger ist ein 61jähriger leitender Angestellter mit akademischer Ausbildung. In der Analyse seiner Schrift heißt es: »Die Unterschrift

* Ihr glich Adolf Hitler spürbar: er hatte die ungewöhnliche Wirkung der Augen, die Augenbrauen-, Mund- und Ohrenform mit ihr gemeinsam. Daß er auch wesentliche Züge ihres Charakters geerbt hatte, deutete er gelegentlich an, so z. B. am 24. 6. 1942 in der »Wolfsschanze« (vgl. Picker, S. 413), wo er verallgemeinernd behauptete, daß sich die »Charaktereigenschaften der Mutter ... ja meist beim Sohne« fänden.

zeigt eine den Menschen zugewandte Persönlichkeit. Schreiber ist gewandt, aufgeschlossen und außerordentlich rührig und schwungvoll. Bei ihm verbinden sich gewisser Herrschtrieb und Ehrgeiz mit dem Streben nach Ausgleich und Mitmenschlichkeit. Seine mitmenschlichen Beziehungen sind gemütsbetont. Allerdings muß gesagt sein, daß ... (er, der Verf.) vergleichsweise zu (dem oben genannten Verwandten, der Verf.) labiler, nervöser, störbarer ist *.« Das graphologische Urteil bezeugt, daß beide Johann Nepomuk Hüttler-Nachkommen einige der wesentlichsten Charakterzüge, die bei ihrem Verwandten Adolf Hitler überdies am krassesten ausgebildet waren, gemeinsam haben: große Bestimmtheit, Reizbarkeit, starken Durchsetzungsdrang, Herrschtrieb und Ehrgeiz, Nervosität und Störbarkeit. Adolf Hitlers Vater war aus gleichem Holz geschnitzt. Über sein Beharrungs- und Durchsetzungsvermögen berichtet Adolf Hitler unter anderem in *Mein Kampf*: »So hart und entschlossen auch der Vater sein mochte in der Durchsetzung einmal ins Auge gefaßter Pläne und Absichten ... [86]« Ebenso schildert er die Reizbarkeit und große Bestimmtheit [87], den ausgesprochenen Ehrgeiz [88] und den Durchsetzungsdrang [89]. Fremde Zeitgenossen Alois Hitlers nahmen die Angaben und Urteile seines Sohnes vorweg. Selbst aus Nachrufen auf Alois Hitler lassen sich einige Charakterzüge deutlich herauslesen. So schrieb beispielsweise die freisinnige Linzer *Tagespost* am 8. Januar 1903: »... Er hatte, nur mit Volksschulbildung ausgestattet, ursprünglich das Schuhmacherhandwerk gelernt, sich aber in der Folge auf autodidaktischem Wege für die Beamtenlaufbahn vorbereitet und auf diesem Gebiete Ersprießliches geleistet, außerdem auch als Ökonom seinen Mann gestellt ... Alois Hitler war ein durch und durch fortschrittlich gesinnter Mann und als solcher ein warmer Freund der Freien Schule. In der Gesellschaft war er stets heiter, ja von geradezu jugendlichem Frohsinn. Fiel auch ab und zu ein schroffes Wort aus seinem Munde, unter einer rauhen Hülle barg sich ein gutes Herz. Für Recht und Rechtlichkeit trat er jederzeit mit aller Energie ein. In allen Dingen unterrichtet, konnte er überall ein entscheidendes Wort mitsprechen ... Nicht zum wenigsten zeichneten ihn große Genügsamkeit und ein sparsamer, haushälterischer Sinn aus. Alles in allem: Hitlers Heimgang riß eine große Lücke ...«

* Das Original der Schriftanalyse befindet sich im Bechtle Verlag. Die Graphologin erfuhr nicht, um wen es sich bei den beiden Männern handelte, und ihr wurde auch nicht mitgeteilt, daß sie miteinander verwandt sind.

1837: Als unehelicher Sohn von Maria Anna Schicklgruber in Strones bei Döllersheim geboren. Nach der Heirat seiner Mutter mit Johann Georg Hiedler verlebt er die Kindheit und frühe Jugend an der österreichischen Landesgrenze in Spital (Nr. 36) bei Johann Nepomuk Hüttler.

1851–1855: Schuhmacherlehre bei dem mit ihm verwandten Schuhmachermeister Ledermüller in Spital und Wien (seit 1853). Begegnung mit Zollbeamten in Spital und Umgebung.
Übersiedelung nach Wien und Arbeit als Schuhmachergeselle.

1855: Eintritt in die k. k. Finanzwache.

1860: Versetzung nach Wels bei Linz. Wichtige Station im Rahmen seiner Karriere.
Intensive autodidaktische Weiterbildung.

1861: Beförderung.

1862: Versetzung nach Saalfelden bei Salzburg.

1864: Beförderung und Versetzung nach Linz.
Verbindliche Übernahme in den Zolldienst (mit Beamtencharakter).

1870: Amtsassistent mit dem Titel »Kontrollassistent«.
Die Finanz-Landesbehörde Linz ernennt ihn zum »Einnehmer« beim Nebenzollamt »Mariahilf« bei Passau (Rangklasse XI).

1871: Ernennung zum »Controlör bei dem Nebenzollamt I. Klasse in Braunau am Inn« (Rangklasse X).
Obwohl Alois Schicklgruber nur Volksschüler ist, macht er in seinem Beruf infolge seiner persönlichen Ausstrahlung, seiner Fähigkeiten und Kenntnisse ebenso rasch Karriere wie seine Kollegen mit Abitur.

1873: Eheschließung mit der 14 Jahre älteren Zollbeamtentochter Anna Glassl.
Krankheit der Ehefrau und Beschäftigung seiner Verwandten und Jugendfreundin Klara Pölzl aus Spital im Haushalt.

1876: Amtlich genehmigte und bestätigte Änderung des Namens Alois Schicklgruber in Alois Hitler.

1876: Ostentative Entfaltung des Selbstbewußtseins. Brief an eine Verwandte aus der Sippe seiner Mutter: »Seit Du mich vor 16 Jahren zuletzt gesehen hast, bin ich ... sehr hoch aufgestiegen.«

1877: Abbruch der brieflichen Beziehungen zu den Schicklgruber-Verwandten.

1880: Liebesbeziehungen zu der 19jährigen Franziska Matzelsberger. Scheidung (»von Tisch und Bett«) von Anna Glassl auf Betreiben von Anna Glassl. Hitler nimmt F. Matzelsberger als Hausangestellte in sein Haus auf.

1882: Außereheliche Geburt des Sohnes (Alois) von Franziska Matzelsberger am 13. 1. 1882.

1883: Legitimierung des Sohnes Alois am 13. 7. 1883.

1883: Tod von Anna Hitler (geb. Glassl) und Eheschließung mit Franziska Matzelsberger am 6. 4. 1883.

1883: Geburt von Angela Hitler, der Mutter der späteren Geliebten Adolf Hitlers (»Geli«) am 28. 7. 1883.

1884: Tod der Franziska Hitler, geborene Matzelsberger (Lungentuberkulose) am 10. 8. 1884.
Klara Pölzl, die das Hitler-Haus auf Betreiben von Franziska Hitler verlassen und wieder nach Spital zurückgehen mußte, ist bereits vor dem Tod Franziska Hitlers wieder im Hause – und wahrscheinlich schon an Franziskas Todestag von Alois Hitler schwanger.

27. X. 1884: Obwohl Alois Hitler als Sohn von Johann Georg Hiedler angesehen wird, darf er Klara Pölzl nicht ohne Schwierigkeiten heiraten. Er und Klara Pölzl wenden sich daher an das Bischöfliche Ordinariat in Linz und bitten um die Aufhebung des Heiratsverbots wegen zu naher Verwandtschaft.
Die katholische kirchliche Behörde in Linz erklärt, eine Heiratserlaubnis nicht erteilen zu können und leitet das Gesuch nach Rom weiter. Von dort wird die Heiratserlaubnis schließlich erteilt.

17. V. 1885: 280 Tage nach Franziskas Tod Geburt von Gustav Hitler.

1885: Eheschließung mit Klara Pölzl.
Dieser Ehe entstammen folgende Kinder:

1. Gustav Hitler (1885–1887)
2. Ida Hitler (1886–1888)
3. Otto Hitler († kurz nach der Geburt)
4. ADOLF HITLER (1889–1945)
5. Edmund Hitler (1894–1900)
6. Paula Hitler (1896–1960)

1895: Vorzeitige Pensionierung »wegen der durch das staatsärztlich bestätigte Zeugnis nachgewiesenen Untauglichkeit zur ferneren Dienstleistung«, jedoch volle Pensionsbezüge infolge der mehr als 40jährigen Dienstzeit.
1903: Tod und Beisetzung in Leonding.

Geschäftliche Aktivitäten:

1888: Kauf eines Gehöftes und Grundstücks in Wörnharts (Nr. 9) bei Spital.
1895: Erwerb eines Hauses und Grundstücks in Lambach an der Traun.
1897: Kauf eines Hauses und Grundstücks in Leonding (Michaelsbergstraße 16) bei Linz.
Den Wörnhartser und Lambacher Besitz verkaufte Alois Hitler selbst, das Leondinger Haus Klara Hitler nach dem Tode ihres Mannes.

Als der wohlhabende, seit 35 Jahren in Spital auf seinem Altenteil sitzende und ein geruhsames Privatierdasein führende Johann Nepomuk Hüttler, der nicht nur geschickte »Hausmachtspolitik« in Form von Heiratsarrangements betrieben, sondern im Laufe der Zeit auch das einzige Spitaler Gasthaus in den Besitz seiner Familie gebracht hatte [90], am 17. September 1888 verstarb, fanden die auf Geld hoffenden Erben zu ihrer Überraschung * im Nachlaß die Eintragung: »Vermögen: nichts vorhanden [91].« Es war offensichtlich kurz zuvor demjenigen ausgehändigt worden, den offenbar nicht nur Johann Nepomuks Tochter Walburga und deren Mann Josef Rommeder ** spätestens seit 1876 als »Universalerben« ansehen mußten: Alois Hitler. Ob er das Barvermögen tatsächlich bekommen hatte, wie auch die späteren Nachkommen – wohl zu Recht – vermuten ***, ist durch

* 1969 übergaben seine dokumentarisch gesicherten Nachkommen dem Autor einen nicht eingelösten, erst später entdeckten Nachlaß mit der Bitte, zu erklären, ob es sich dabei womöglich um das Geld handele, das 1888 nach dem Tode Johann Nepomuks nicht an die als Erben auftretenden Nachkommen ausgezahlt wurde. Vgl. dazu S. 43.

** Josef Rommeder, Johann Nepomuks Schwiegersohn, war 1876 einer der Zeugen bei der Legitimierung Alois Schicklgruber/Hitlers. Vgl. dazu auch S. 81.

*** Vgl. weiter unten.

zuverlässige Dokumente nicht belegt. Für die Vermutung, daß Adolf Hitlers Vater das Bargeld erbte, spricht jedoch die Tatsache, daß er – bis dahin nachweisbar ohne Vermögen – im Todesjahr Johann Nepomuks in Wörnharts, einem kleinen, in einer schmalen Schlucht versteckten Dorf in der Nähe von Spital, ein auch gegenwärtig noch verhältnismäßig repräsentatives, massiv gebautes Wohnhaus mit Stall, Scheune, großem Hof, Garten und Landwirtschaft von dem Bauern Franz Weber zu einem Preis von 4000 bis 5000 Gulden kaufte [92].

Daß Alois Hitler über Barvermögen bis dahin nicht verfügte, ist bezeugt. Er verdiente als Beamter zwar relativ viel; aber er hatte auch ebenso viel Pech mit seiner Familie, die ihn bis 1888 finanziell auf keinen grünen Zweig kommen ließ. Als er sieben Jahre nach dem Tode Nepomuks aus gesundheitlichen Gründen vorzeitig pensioniert wurde, verfügte er jährlich über 1100 Gulden [93], wozu in Passau 220 und in Linz 250 Gulden als Ortszuschlag hinzukamen *. Nicht nur bis 1888 mußte er Miete zahlen, da er kein eigenes Haus besaß und auch zwischen 1888 und 1892 nicht in Wörnharts wohnte. Wie hoch die Miete war, ist nicht belegt. Wahrscheinlich waren es zwischen 8 und 10 Gulden monatlich, so daß ihm jährlich jeweils rund 1000 Gulden von seinem Gehalt verblieben. Die Steuern fielen kaum ins Gewicht [94]. Alois, der mit seiner Frau und seinen Kindern Alois und Angela noch 1895 mit jährlich knapp 1000 Gulden leben mußte, war zwar nicht gezwungen, Entbehrungen auf sich zu nehmen, zumal beispielsweise Direktoren von Bürgerschulen, die als Repräsentanten des gehobenen und gut situierten Mittelstandes galten, erheblich geringere Gehälter bezogen **; aber er hatte zwischen 1885 und 1888 seine Kinder Gustav und Ida als Zweijährige und vor Adolfs Geburt auch noch einen Sohn namens Otto kurz nach der Geburt durch den Tod verloren ***, seine Scheidung von Anna Glassl und die Krankheit und Beerdigung seiner Ehefrau Franziska Matzelsberger hinter sich. Die Krankheiten zweier Kinder und Franziskas brauchten eventuelle Ersparnisse mit Sicherheit auf. Als seine dritte Ehefrau Klara Pölzl im Dezember 1907 verstarb, mußte der 18jährige »Familienvorstand« Adolf Hitler für die Überführung von Linz nach Leonding und die Beerdigung 369,62 Kronen [95] entrichten. Wenn die Begräbnisse zwi-

* Mit der Pensionierung entfielen die Ortszuschläge.

** Vgl. dazu auch S. 81.

*** Vgl. u. a. S. 40.

schen 1885 und 1888 sicherlich auch nicht mit so großen Unkosten verbunden waren, zumal Adolf seiner Mutter einen Sarg mit Metalleinsatz für 110 Kronen gekauft hatte [96], so verschlangen sie doch erhebliche Beträge, die sich infolge von Arztkosten, Arzneien und Krankenhausbehandlungen mindestens in entsprechender Höhe bewegten. So war von den 230 Gulden, die er 1876 von seinem Onkel Franz Schicklgruber bekommen hatte *, 1888 sicher nichts mehr vorhanden; denn 1888 sah Alois sich genötigt, sich 800 Gulden aus der Erbschaft seiner Kinder Alois und Angela (angeblich zum Ankauf des Wörnhartser Besitzes) zu leihen [97]. Erst seit dem Tod Johann Nepomuk Hüttlers änderte sich alles schlagartig. Seitdem hatte Alois stets nicht nur Geld, sondern auch Häuser und Grundstücke: zunächst in Wörnharts, dann in Lambach und Leonding [98]. Im Oktober 1892, drei Jahre vor seiner Pensionierung, konnte er sich als 55jähriger leisten, dem Bauern Johann Hobiger, dem er das Wörnhartser Anwesen ** für 7000 Gulden verkaufte, 4000 Gulden als Kredit und Darlehen zu gewähren [99]. Seine buckelige Schwägerin, die am 29. März 1911 an »Koma diabeticum« verstorbene Johanna Pölzl, hatte den Hof nach seinen Weisungen bewirtschaftet. Ob sie ihm 1888 einen Teil ihrer Erbschaft geliehen hat, ist nicht feststellbar. Sicher aber ist, daß sie ihrem Liebling Adolf Hitler, dessen Geburt sie miterlebte, den größten Teil ihres Vermögens hinterließ, so daß es ihm bis 1914 in Wien und München möglich war, ein sorgenfreies Leben zu führen *** und im Frühjahr 1911 selbst auf die ihm nach dem Gesetz noch bis April 1913 zustehende Waisenpension zugunsten seiner Schwester Paula zu verzichten ****.

Nach alledem liegen die Gründe, weshalb die Legitimierung Alois Schicklgrubers erst so auffallend spät vorgenommen wurde, auf der Hand. Zu Lebzeiten seiner 15 Jahre älteren und selbstbewußt bäuerlich-matriarchalisch »regierenden« Ehefrau Eva Maria, die Johann Nepomuk Hüttler 1829 als 22jähriger Jüngling geheiratet hatte, konnte er die Legitimierung ganz offensichtlich nicht vornehmen. So lange mußte Alois den Namen seiner Mutter tragen, obwohl der Anteil der zu der Zeit in Niederösterreich unehelich geborenen Kinder

* Vgl. S. 32.

** Vertrag vom 27. Oktober 1892, Rg. Post Nr. 546 1892. Gegenwärtig (1969) gehört das Anwesen dem Johann-Hobiger-Enkel Ludwig Hobiger.

*** Vgl. auch die Anm. 12 im 4. Kapitel.

**** Vgl. Anm. 12 im 4. Kapitel.

rund 40 Prozent aller Geburten betrug [100] und nachträgliche Legitimierungen und Adoptionen zur Regel gehörten, über die sich niemand ereiferte. Nicht nur die unehelichen Kinder der Männer, sondern auch der Frauen wurden gewöhnlich in die spätere Ehe aufgenommen und adoptiert. So heißt es beispielsweise in der »Heiratsabrede« des Lehrers Georg Schicklgruber, eines Verwandten Maria Anna Schicklgrubers: »Sind aber leibl(iche) Kinder vorhanden, worunter auch jener von der Braut unehelich erzeugter Sohn Franz, welchen der Bräutigam als sein eigenes Kind anzunehmen« bereit ist »und zu adoptieren [101]«, haben sie zu gleichen Teilen zu erben. Johann Nepomuk Hüttler sah sich dagegen jedoch erst nach dem Tode seiner Ehefrau in der Lage, offiziell zu legalisieren, was er bis dahin insgeheim und stets ungewöhnlich aufwendig getan hatte. Die Frage, wie es möglich war, daß Alois Schicklgruber dennoch bis zu seinem 16. Lebensjahr im Hause Johann Nepomuk Hüttlers leben konnte, ohne von dessen Ehefrau als ein während ihrer Ehe gezeugtes außereheliches Kind ihres Mannes identifiziert (oder doch als solches vermutet) zu werden, was auch in Niederösterreich keine Ehefrau leichten Herzens hinnahm, ist infolge der Tatsachen ebenso einfach zu beantworten. Zweifellos glaubte Eva Maria Hüttler, daß Alois das Kind ihres zunächst in Strones und dann in Klein-Motten mit Maria Anna Schicklgruber in ehelicher Gemeinschaft lebenden 50jährigen Schwagers Johann Georg war. Daß ihr Mann seinen Bruder ganz offensichtlich angestiftet hatte, die Mutter zu heiraten, damit er selbst Alois ohne Schwierigkeiten offiziell als Kind seines Bruders in sein Haus aufzunehmen vermochte, konnte sie nicht wissen.

Nach dem Ergebnis dieser Untersuchungen bleibt die Frage, wieso Hans Frank vor seiner Hinrichtung so schwerwiegende Behauptungen hinterließ. Möglicherweise wollte er, der sich in Nürnberg unter der seelsorgerischen Obhut des robusten katholischen amerikanischen Armeepfarrers Sixtus O'Connor ostentativ reumütig und gläubig zeigte, die Katholiken für alle Zukunft von dem millionenfachen »katholischen« Mörder Adolf Hitler »befreien« und unter »den Juden« bleibende Unruhe, Unsicherheit und Schuldbewußtsein stiften. Die Sicherheit, mit der er seine Behauptungen im »Angesicht des Galgens« formulierte, hat kaum Zweifel am Wahrheitsgehalt seiner Feststellungen aufkommen lassen [102]. Nach der Konfrontation mit den abgesicherten Tatsachen zeigt sich auf Schritt und Tritt, daß seine Behauptungen keiner Untersuchung standhalten. Wie absurd sie sind und welcher Wahrheitsgehalt ihnen zuzubilligen ist, zeigt folgendes Beispiel exemplarisch. Hitler habe ihm, so behauptete er, zur Zeit des angeblichen Erpressungsversuches erklärt, er wisse, »daß sein Vater nicht von dem geschlechtlichen Verkehr der Schicklgruber mit dem Grazer Juden herstamme. Er wußte es von seines Vaters und der Großmutter Erzählungen [103].« Daß Adolf Hitler von seiner Großmutter informiert worden sei, ist absoluter Unsinn; denn sie war bereits 42 Jahre tot, als er geboren wurde. Als sein Vater starb, war er noch nicht 14 Jahre alt.

Infolge der Tatsache, daß niemand etwas über Maria Anna Schicklgruber wußte, wurde sie einfach als arme »Stallmagd«, als mittelloses »Dienstmädchen« und als bedauernswerte »Bauernmagd« bezeichnet, die 1842 froh sein mußte, als 47jährige mit einem fünfjährigen unehelichen Kind überhaupt geheiratet zu werden. Sie wird in der Literatur als eine Frau dargestellt, die aus ärmsten Verhältnissen stammte und aus einer Gegend kam, die ihrem Enkel Adolf Hitler gerade gut genug für einen Truppenübungsplatz war. Seit Adolf Hitler von sich reden machte und 1933 schließlich Reichskanzler wurde, waren nur ihre Lebensdaten und darüber hinaus die Tatsache bekannt, daß Adolf Hitler ihr Enkel war.

Diese Frau, Maria Anna Schicklgruber, in den Tauf-, Trau- und Sterbematrikeln in Döllersheim registriert und in der Literatur als Großmutter Adolf Hitlers genannt, ist bislang ebenso unbekannt geblieben wie der Vater ihres Sohnes. Im Döllersheimer »Geburts-Buch [104]« heißt es am 7. Juni 1837, dem Tag der Taufe ihres Sohnes Alois: »Maria Anna Schicklgruber, unverheiratete Tochter des Johann Schicklgruber, Bauers in Strones Nr. 1, und dessen Eheweib Theresia, gebornen Johann Pfeisinger von Dietreichs.« Das »Trauungs-Buch« der Pfarre Döllersheim enthält am 10. Mai 1842 in der Rubrik »Brautleute« über Maria Anna Schicklgruber (bei ihrer Trauung mit Johann Georg Hiedler) unter »Braut« folgende Eintragung des Pfarrers Johann Oppolzer: »Anna Schicklgruber, wohnhaft im väterlichen Hause, eheliche Tochter des noch lebenden Johann Schicklgruber ... in hiesiger Pfarre und der seligen Theresia einer geborenen Pfeisinger von Dietreichs [105].« Und im sogenannten »Sterb-Buch [106]« ist am 3. Januar 1847 eingetragen: »Hiedler Maria, Eheweib des Hiedler Georg, Inwohners in Klein-Motten Nr. 4, eheliche Tochter des Johann Schicklgruber, gewesenen Bauers in Strones und der Theresia, gebornen Pfeisinger von Dietreichs [106].« Als Todesursache wurde

(neben der Eintragung »... am 3. Jänner ... mit den ... Sterbesakramenten versehen«) vermerkt: »Auszehrung infolge einer Brustwassersucht [107].«
Diese Daten und Fakten sind dürftig und für eine biographische Skizze oder gar Darstellung völlig unzulänglich. So mag es großzügigen Lesern denn auch verzeihlich erscheinen, daß die meisten Autoren ihre Phantasie bemühten. Franz Jetzinger formulierte ganz allgemein, was über Maria Anna Schicklgruber überliefert war: »Von ihr weiß man bis zu ihrem 42. Lebensjahr gar nichts Authentisches [108].« Bekannt war nur, was in den Kirchenmatriken stand: 1795 war Maria Anna Schicklgruber geboren, mit 42 hatte sie ihr einziges Kind Alois, den Vater Adolf Hitlers, in Strones unehelich zur Welt gebracht, 5 Jahre danach Johann Georg Hiedler geheiratet; 5 Jahre später war sie gestorben. Im Prisma der meisten Hitler-Biographen erscheint ihr gemeinsames Leben mit Johann Georg Hiedler in erbarmenswürdigem Licht. So schrieb Jetzinger: »Das Ehepaar Hiedler-Schicklgruber verarmte vollständig; sie sollen so arm gewesen sein, daß sie schließlich nicht einmal mehr eine Bettstelle hatten, sondern in einem Viehtrog schliefen [109].« In Übereinstimmung mit Jetzinger hieß es 1960 bei Görlitz: »Dem alternden Paar war kein Glück beschieden. Die Frau starb bereits 1847 ... der Mann zehn Jahre darauf. Sie lebten in großer Armut; die Sage geht, sie hätten zuletzt nur einen Viehtrog als Schlafstätte gehabt, was in jedem Falle nicht für Alimentenzahlungen eines wohlhabenden Kindesvaters, sondern nur für die unrettbare Arbeitsscheu und die Lebensunfähigkeit des Johann Georg Hiedler spricht [110].« Und Hans Bernd Gisevius stellte im Zusammenhang mit der von ihm als »Schicklgruber-Affäre« bezeichneten Darstellung fest: »Noch in jungen Jahren geht Anna ... in die Stadt in Stellung *. Erst in ihrem zweiundvierzigsten Lebensjahr taucht sie im heimatlichen Dorfe wieder auf. Weil sie ›in Schande‹ ist, will sie der sittenstrenge Vater nicht zu sich nehmen. Sie findet im Hause eines Kleinbauern ... Zuflucht, wo sie ... den Vater des großen ›Trommlers‹ Adolf Hitler gebiert ... Fünf Jahre später heiratet sie den ... Müllergesellen Georg Hiedler ... mit dem sie in dürftigsten Verhältnissen ihre letzten fünf Lebensjahre verlebt [111].« Bei Jetzinger hatte es richtungweisend ge-

* Vor 1933 wurde u. a. auch das Gerücht verbreitet, daß Maria Anna Schicklgruber in Wien im Hause des Barons Rothschild gearbeitet habe und von dessen Sohn geschwängert worden sei.

lautet: ».. . um das Jahr 1837 tauchte die 42jährige Marianne wieder in ihrem Heimatdorf auf – in schwangerem Zustande. Da wurde sie . . . von allen Seiten angefeindet . . . Es nahm sie daher ihr Vater, ›weil sie ihm die Schande angetan‹, nicht in seine Ausgedingewohnung . . . auch ihr einstiges Elternhaus in Strones . . . blieb ihr verschlossen. Sie fand schließlich Zuflucht beim Kleinbauern Trummelschlager . . . Im Hause Trummelschlagers brachte sie ihr Kind zur Welt [112].« Dafür, daß Maria Anna Schicklgruber »in die Stadt in Stellung« gegangen sei, gibt es keine Beweise. Daß ihr Vater sie nicht habe »zu sich nehmen« wollen, weil sie schwanger war, ist nicht wahr. Maria Anna Schicklgruber war alles andere mehr als ein armes und bedauernswertes Geschöpf. Nach dem Tode ihrer Mutter, im November 1821, hatte sie 74,25 Gulden aus der »elterlichen Erbschaft« zu beanspruchen, die sie, in den handschriftlichen Dokumenten fälschlich als »A.(-nna) Maria« bezeichnet [113], bis 1838 auf der Waisenkasse liegen ließ, die ihr fünf Prozent Zinsen gab und 1838, kurz nachdem sie ihren Sohn Alois geboren hatte, weit mehr als den doppelten Betrag bestätigte: 165 Gulden [114]. In jener Zeit kostete eine Kuh 10 bis 12 Gulden, ein Zuchtschwein 4 Gulden, ein Bett mit Bettzeug 2 Gulden. Für einen Wirtshof mit Stallungen wurden 450 bis 500 Gulden bezahlt.

Maria Annas Eltern, Adolf Hitlers Urgroßeltern, Johannes und Theresia Schicklgruber, waren Bauernkinder, die – wie Maria Anna auch – jederzeit genau wußten, was sie wollten. Im »Geschäfts-Prothocoll der Hochgräfl.(-ichen) Herrschaft Ottenstein für das Jahr 1793« [115] findet sich ihre Heiratsabsprache von Januar 1793, in der sie sich »bis auf priesterliche Coopulation« verpflichten, unter anderem folgende Übereinkunft einzuhalten:

»1. Verheuratet die Braut ihren angehenden Ehewirth nebst komlicher Liebe, und Treue das ihr von ihrer Mutter . . . erhaltene Erbteil pr. 100 fl *. Dann von ihrem Vater frei zu seinem Heuratgut geschenkt: 200 fl., dann an Einrichtung, 1 Beth: 20 fl., 1 Kasten: 7 fl., 1 Truchen: 1 fl. 30 kr., 1 Khue: 20 fl., 70 Schett Haar a 6 Kr. 7 fl. Zus. 355 fl. 30 kr. Welche 355 fl. 30 kr.,

2. der Bräutigam mit seinem von seinen Eltern zu einem frei geschenkten Heuratgut erhalten a 100 fl., deren Ersparten 100 fl., zu

* 1 fl. = 1 Gulden. Die »Heiratsabrede« wurde hier durchgehend zitiert, anstelle der punktierten Zeilen (zwischen Gegenstand und Wert) jeweils ein Doppelpunkt gesetzt.

sammen 200 fl. dergestalten widerlegt, daß alles dasjenige, was sie jetzt zusammenbringen, als auch dieses, was sie sich während der Ehe erwerben, ererben oder anderen reichen Seegen Gottes an sich bringen, soll ein gleich vermischtes Gut seyn, heißen und verbleiben. 3. In Ereignung eines Todesfall bei nicht vorhandenen Leibeserben, soll den nächsten Befreundten der 3. Theil von reinem inventirten Vermögen herausbezahlt, bei vorhandenen Leibeserben, einen oder mehreren, die Helffte ... [116]«

Bereits im Jahre 1788 hatte der am 29. Mai 1764 geborene Johannes Schicklgruber die »Ganzlehensbehausung« seines Vaters Jakob Schicklgruber in Strones (Nr. 1) übernommen [117]. 1817, als seine Frau, Theresia Schicklgruber, geborene Pfeisinger, nach dem Tode ihres Vaters noch einmal 210 Gulden aus der Gesamthinterlassenschaft von 1054 Gulden erbte [118], sah er sich in der Lage, sich aufs Altenteil zurückzuziehen, obwohl er erst 53 Jahre alt war. Er übergab seinen Hof – allerdings für einen Kaufpreis von 3000 Gulden – an seinen Sohn Josef, einen Bruder Maria Annas. Im Kaufvertrag zwischen Vater und Sohn hieß es: »Verkauffen und übergeben Johann und Theresia Schicklgruber, ihre bisher eigenthumlich beseßene zu Stroneß, neben Leopold Kohl und Johann Kögler liegende, laut Grundb.(-uch) mit 1 fl. 3 kr. zur Herrschaft Waldreichs dienstbare Ganzlehensbehausung, samt ein paar Ochsen, Pflug, Egge, Stadl und Stallzeug, dann 1 1/4 Joch Hausüberländ in Franzenäckern (Äcker im Dorf Franzen in der Nähe von Strones, der Verf.) zusammen um einen bedungenen Kaufschilling von dreitausend Gulden [119].«

Franz Jetzinger, der irgendwo das Datum der Übergabe des Anwesens vom Vater an den Sohn feststellte, mutmaßte in krasser Abweichung von den Tatsachen: »Da muß inzwischen mit dem Schicklgruber-Gut irgend etwas vorgegangen sein; es hat den Anschein, daß ... Josef ... abhauste ... von Josef Schicklgruber findet sich ... keinerlei weitere Eintragung, nichts von einer Ehe, die er geschlossen, nichts von Kindern aus dieser Ehe, nichts davon, daß er gestorben sei [120].« Ein Kommentar erübrigt sich. Daß Maria Anna Schicklgruber am 7. Januar 1847 nicht in Strones, sondern im Nachbarort Klein-Motten starb, hatte mit Armut nichts zu tun. Da weder sie noch ihr Ehemann einen Bauernhof oder ein Haus geerbt oder gekauft hatten, wohnten sie im Haus der mit ihnen verwandten Familie Sillip in Klein-Motten.

Die konsequente, sparsame, schweigsame und keineswegs bloß »bauernschlaue« Großmutter Hitlers, die trotz all dieser Dokumente weitgehend anonym bleibt, hat den Namen des Vaters ihres Kindes weder bei der Geburt noch bei der Taufe preisgegeben *, so daß der Döllersheimer Pfarrer bei der Taufe nur »unehelich« in die Matriken-Rubrik »Vater« eintragen konnte und der Familienname Schicklgruber lauten mußte. Wäre Johann Georg Hiedler der Vater ihres Sohnes gewesen, hätte sie ihn zweifellos – spätestens während ihrer Eheschließung mit ihm – als Vater genannt; aber sie tat es nicht, und er war es nicht. Die Eintragung im Döllersheimer Taufbuch, wo es heißt, daß die »Kindesmutter« Johann Georg Hiedler als Vater angegeben habe, enthält eine unberechtigte Beschuldigung; denn nicht sie, die seit 30 Jahren nicht mehr am Leben war, hat die Unwahrheit behauptet, sondern Johann Nepomuk Hüttler und die nicht schriftkundigen Zeugen der Legitimierung, von denen einer, Josef Rommeder, der Schwiegersohn des Mitinitiators der Namensänderung war **. Daß sie ihr einziges Kind nicht bei sich behielt, obwohl sie dazu – nicht nur finanziell – mühelos in der Lage war ***, läßt vermuten, daß ihr im Hause untätig herumsitzender Ehemann, der bereits vor der Eheschließung mit ihr in ihrem Elternhause lebte, das fremde Kind nicht in seiner Umgebung duldete und ihr Schwierigkeiten bereitete.

Maria Anna starb jünger als ihre Ahnen; aber sie muß bis um 1840 gesund gewesen sein, was nicht nur die Tatsache bezeugt, daß sie ihr einziges Kind als 42jährige zur Welt brachte, was zu dieser Zeit gewiß nicht alltäglich war. Johannes Schicklgruber wurde 90, Johann Schicklgruber 83 Jahre alt. Das Durchschnittsalter der Vorfahren Adolf Hitlers bis zu den Ururgroßeltern beträgt 70 Jahre, wobei die Altersunterschiede innerhalb der Familien zum Teil jedoch erheblich sind. So starben seine Ururgroßmutter Anna Maria Hiedler (-Göschl) mit 94 Jahren, die Urgroßmutter Theresia Schicklgruber (-Pfeisinger) wie ihre Tochter Maria Anna mit 52 Jahren. Jünger als Adolf Hitlers Vater, der kurz nach Adolfs Geburt bereits 52 wurde, war am Tage des Todes nur der Urgroßvater Martin Hiedler: 63 Jahre. Klara Pölzl hatte, als sie mit 48 Jahren starb, kaum die Lebensmitte ihrer Mutter, Großmutter und Urgroßmutter überschritten, deren Durchschnittsalter 83 Jahre betrug; dennoch starben ihre sämtlichen

* Vgl. auch S. 45 f.

** Vgl. S. 16 ff. und S. 28 ff.

*** Vgl. u. a. S. 28 und S. 47.

Geschwister (bis auf zwei Schwestern) noch sehr viel jünger *. Durchgehend stammten die direkten Vorfahren der Schicklgruber-Linie wie auch der Hitler-Sippe aus Bauernfamilien. Erst Adolf Hitlers Vater, der nach »oben« wollte, scherte aus dieser Tradition aus, die im Stammdorf der »Hitlers« jedoch nach wie vor ungebrochen existiert.

* Von Klara Pölzls zehn Geschwistern überlebten mit ihr zusammen nur drei das 19. Jahrhundert. Ihre Brüder starben sehr jung: Johann im ersten Lebensjahr (1849), Franz ebenfalls im ersten Lebensjahr (1855), Josef wurde 21 Jahre alt (1857–1878), Anton 5 Jahre (1858–1863) und Karl Boris ein Jahr (1864–1865). Ihre Schwester Maria lebte von 1851–1855; Barbara starb 1855 2jährig; Johanna lebte von 1863 bis 1911; Maria starb 1867 während des ersten Lebensjahres; Theresia lebte von 1868 bis 1935. Theresia heiratete den Bauern Anton Schmidt, wodurch die Hitler-Familie in der Familie Schmidt fortlebt.

2. KAPITEL

Kindheit und Jugendzeit

Adolf Hitlers Leben ist lückenlos und so dicht rekonstruierbar *, daß sich für die Darstellung seiner Lebensgeschichte die Stilform des Präsens geradezu aufdrängte. Die Umstände seines Lebens unterscheiden sich kraß von denen seines Vaters, dem er in vieler Hinsicht glich. Beide waren, wenn auch auf ganz unterschiedliche Weise, ausgesprochene Herrschernaturen und verfügten über ein ungewöhnliches Charisma, schüttelten ihre Herkunft skrupellos und so vollkommen ab, daß eigentlich nur Gegner und Feinde glaubten, bestimmte Erklärungen in ihr finden zu können, waren unbeirrbar, außergewöhnlich intelligent, ungeduldig, ruhelos und bildungshungrig, eigneten sich im Handumdrehen Kenntnisse an, die Laien und Fachleute gleichermaßen staunen ließen, verfolgten ihre Ziele konsequent, herrschten kalt und berechnend, wußten Macht zu gewinnen und zu handhaben, ihre Umgebung, die sie gering schätzten, zu beeindrucken und nachhaltig zu überzeugen. Beiden gelang ein ungewöhnlicher Aufstieg: Alois, der uneheliche Sohn einer ältlichen Bauerntochter aus einem kleinen Dorf, in dem nur wenige Einwohner ihren Namen schreiben konnten **, wurde zunächst ohne ausreichende Schulbildung ein hochangesehener Staatsbeamter, der sich in seinen Wohnorten leisten konnte, gesellschaftliche Gepflogenheiten zu mißachten und die Meinung seiner alltäglichen Umwelt zu ignorieren. Adolf, der in einem kleinen Grenzstädtchen geborene Beamtensohn, ebenfalls ohne hinreichende Ausbildung, wurde für einige Zeit der mächtigste Mann der Erde. Die frühe Kindheit, von Psychologen als besonders wichtig für die Entwicklung des Charakters angesehen, verlebten Vater und Sohn unter ganz verschiedenen Einflüssen. Während der Vater bis zu seinem fünften Lebensjahr im kleinen Dörfchen Strones unter der Obhut seines 73 Jahre älteren Großvaters und seiner nur 31 Jahre jüngeren Mutter aufwuchs, ehe er als noch nicht Schulpflichtiger in das »Hit-

* Für die Geschichte der NSDAP und des Dritten Reiches gilt das jedoch nicht.

** Einige Mitglieder der Familie Schicklgruber aus Strones haben im 19. Jahrhundert amtliche Schriftstücke unterschrieben. Dok. im Niederösterreichischen Landesarchiv in Wien. Vgl. dazu die diesbezüglichen Angaben im 1. Kapitel.

ler«-Haus nach Spital kam, wo sein Leben »normal« zu verlaufen begann, fand sein Sohn eine total anders strukturierte Umgebung vor. Die bei seiner Geburt 29jährige Mutter liebte ihn besonders und innig. Alois hatte sich in Strones als »Fremder« in einer überalterten Welt fühlen müssen, Adolf in Braunau als umhätschelter Mittelpunkt einer noch relativ jungen Mutter, die innerhalb eines Jahres drei Kinder verloren hatte * und daher ihre ganze Sorge und Liebe auf eben dieses Kind konzentrierte.

Was Alois in Spital nach seinem Weggang von Strones als glückliche Wendung seines Schicksals empfunden haben muß, die Nestwärme und liebende Hand des nur 30 Jahre älteren Johann Nepomuk, der zu seinem Kummer keinen ehelich geborenen Stammhalter, sondern nur Töchter hatte, die spielerisch anregende Umgebung anderer Kinder im Hause und das hübsche Dorf, in dem er sich und seine Fähigkeiten entfalten konnte, bot er seinem Sohn seit dessen Geburt. Adolf wurde von seiner Mutter, die ihn für kränklich und anfällig hielt, geradezu ängstlich behütet, umhegt und gepflegt [1]. Daß sein Vater zuweilen lospolterte und ihn anscheinend hart anfaßte, hatte mit Lieblosigkeit gar nichts zu tun. Alois hatte früh seinen Mann gegen eine überalterte und sicher nicht besonders flexible Welt stehen müssen: gegen den greisen Großvater, gegen die alte Mutter und in letzter Zeit in Strones auch noch gegen den 45 Jahre älteren, gescheiterten und verbitterten Stiefvater – und in Spital gegen die drei Johann-Nepomuk-Töchter Johanna, Walburga und Josefa. Er war zwar unter Analphabeten aufgewachsen, hatte selbst aber begierig und schließlich gut schreiben und lesen gelernt. Adolf dagegen lernte schon als Sechsjähriger lesen und schreiben. Sein Vater las Bücher und Zeitungen und äußerte sich gern und fachmännisch über Fragen der Bienenzucht **. Adolf hörte als kleiner Junge schon, was »in der Welt« geschah, und die prononcierten Kommentare seines eigenwillig selbstbewußten Vaters regten ihn an, Ereignisse auf eigene Weise zu deuten. Alois lebte in Spital, wenn in der »Hitler«-Familie als einziger Junge sicher auch ein wenig verhätschelt, als gleicher unter gleichen, Adolf als bevorzugter Sprößling seiner Mutter, die ihm

* Gustav Hitler war am 8. 12. 1887, Ida Hitler 25 Tage später, am 2. 1. 1888, an Diphtherie gestorben. Otto Hitler lebte (1887) nur ein paar Tage.

** Angeblich hat er darüber sogar in Fachzeitschriften geschrieben. Beweise liegen nicht vor. Auch seine Spitaler und Linzer Verwandten wissen nur vom »Hören-Sagen« davon (Persönliche Auskunft von 1967 und 1969).

ihre ängstlich artikulierte Liebe schenkte, nachdem sie ihre vorher geborenen Kinder Gustav (1885) und Ida (1886) innerhalb von 25 Tagen und den Sohn Otto 1887 kurz nach der Geburt verloren hatte. Dem intelligenten und stets hellwachen Adolf war es vermutlich hauptsächlich deshalb möglich, sich früh schon – und stets – gegen die sehr nachsichtige und warmherzige Mutter durchzusetzen [2]. Daß ihre Liebe für Adolf Hitler möglicherweise nicht ausgereicht habe, wie gelegentlich argumentiert wird, trifft ganz sicher nicht zu. Die vor allem in den USA verbreitete Theorie, daß in den ersten zwei Lebensjahren Adolf Hitlers etwas nicht in Ordnung gewesen sein könne, läßt sich durch Tatsachen nicht belegen.

Die Lebensbedingungen für eine Familie mit dem Kleinkind Adolf und den größeren Halbgeschwistern Alois und Angela waren im Gasthaus »Zum Pommer«, dem repräsentativsten Haus der Vorstadt, nahezu ideal. Die Kinder konnten auf einem großen Platz unmittelbar hinter dem Anwesen spielen und sich am nahen Inn austoben. Infolge der dicken Hauswände drang der gelegentliche abendliche Lärm der Gäste nicht ins Obergeschoß, in dem sich die Hitler-Wohnung befand. Dennoch hat Braunau keinen nachhaltigen Einfluß auf Adolf Hitler hinterlassen *. Daß sein Buch *Mein Kampf* mit dem Satz beginnt, »Als glückliche Bestimmung gilt es mir heute, daß das Schicksal mir zum Geburtsort gerade Braunau am Inn zuwies [3]«, bezeugt nicht das Gegenteil. Bereits der nächste Hitler-Satz zeigt deutlich, worauf es Hitler hierbei ankam. »Liegt doch dieses Städtchen«, so heißt es in *Mein Kampf*, »an der Grenze jener zwei deutschen Staaten, deren Wiedervereinigung mindestens uns Jüngeren als eine mit allen Mitteln durchzuführende Lebensaufgabe erscheint [4].«

Bis 1892 geschieht im Hitler-Haus nichts, was bemerkenswert oder im Zusammenhang mit Adolf wichtig ist. Im Mai 1892, Adolf ist gerade drei Jahre alt geworden, fährt sein Vater nach Wien [5], wo er bis zum 6. Juni bleibt. Was er dort tat, ist durch Dokumente und Zeugenberichte nicht eindeutig zu belegen. Smiths Vermutung, daß die Reise »vielleicht mit« Alois Hitlers letzter »Beförderung [6]« zu tun hatte, trifft möglicherweise den Sachverhalt, ist jedoch nicht wesentlich. Von weitaus größerer Bedeutung ist dagegen die Tatsache, daß Alois sich zu der Zeit 600 Gulden, ungefähr die Hälfte seines Jahresgehalts, lieh, die er durch seinen Besitz in Wörnharts absicher-

* Vgl. die diesbezüglichen Ausführungen im 5. Kapitel.

te [7]. Wahrscheinlich ist, daß Alois, der neben seinen ersten beiden Ehefrauen stets eine Geliebte hatte, diesen Betrag seiner außerehelich geborenen Tochter Therese Schmidt aushändigte, die zu der Zeit in Schwertberg einen Sohn namens Fritz Rammer bekam, der seinem Sohn Alois überraschend ähnlich sah [8].
Im August 1892 wurde Alois Hitler zum provisorischen Zollamtsoberoffizial befördert, was eine Versetzung zur Folge hatte, da ein so hohes Amt in Braunau, wo Alois 21 Jahre seines Lebens zugebracht hatte, nicht zur Verfügung stand. In Braunau gab es zu der Zeit lediglich einen Zollamtsleiter, einen Kontrolleur, einen Offizial und einen Assistenten. Im Oktober 1892, als die Familie bereits in Passau wohnte, verkaufte Alois sein Haus in Wörnharts *.
Am 24. März 1894 wurde Adolfs Bruder Edmund geboren, was Adolf in der Familie möglicherweise für kurze Zeit aus dem Mittelpunkt verdrängte. Daß dieses Ereignis ihm die Position gekostet habe, unangefochten Mutters Liebling zu sein [9], wie Smith behauptet, ist eine reine Vermutung. Adolf ist 5 Jahre, als der Vater am 1. April 1894 den Dienst in Linz antritt, während die Familie zunächst weiterhin – wohl weil Klara die Fahrt mit dem Baby noch nicht wagt – in Passau bleibt. Die kurze Zeit, in der die Familie dort zusammen war, hatte Adolf seinen Vater häufiger als zuvor um sich gehabt. Alois hatte mehr Zeit, zu Hause zu sein und sich mit seinem Sohn zu beschäftigen, der vermutlich naturgemäß versuchte, die Aufmerksamkeit aller Familienmitglieder auf sich zu lenken und unbewußt zu prüfen, wie stark er in diesem Rahmen war. Smiths Feststellung, daß Alois »diese Herausforderungen ganz offenbar nicht als Entwicklungsstadium aufgefaßt hat (der Verf.), sondern als Bedrohung seiner Position [10]«, wirkt konstruiert. Einen Mann wie Alois Hitler, der tagaus tagein als Herr über wetterfeste Zöllner fungierte und von angesehenen Persönlichkeiten respektiert wurde, dürfte die Provokation des noch nicht einmal schulpflichtigen Jungen kaum zu solchen Reaktionen verleitet haben.
Alois hielt es nicht im Hause. Er weilte gern bei seinen Bienen, in deren Nähe er sich zuweilen nicht nur an einzelnen Abenden aufhielt. Während seiner Tätigkeit in Braunau wohnte er im Sommer ihretwegen zeitweise sogar nicht einmal mit seiner Familie zusammen. Monatelang hatte er sich in der Braunauer Altstadt einquartiert, um

* Vgl. S. 42.

seine Bienenvölker im benachbarten Tal mit wenig Zeitaufwand erreichen zu können [11]. Von Passau aus spazierte er täglich »nach Österreich«, nach Hailbach, wo sich seine Bienen befanden, und kam immer erst am späten Abend wieder zu seiner Familie zurück. Adolf dürfte seinen Vater nicht sehr oft gesehen haben. Die von seinem Jugendfreund August Kubizek nach Alois' Tod beobachtete Gewohnheit der Mutter Adolfs, ihren Wünschen und Ausführungen dadurch Nachdruck zu verleihen, daß sie auf die in der Küche an einem Gestell lehnenden Pfeifen des verstorbenen Hausherrn wies [12], dürfte schon zu dessen Lebzeiten Erziehungshilfe gewesen sein.
Daß Adolfs Vater ein Trinker gewesen sei, der in Restaurants herumgesessen habe, wie häufig behauptet wird, trifft nicht zu. Sowohl in Braunau als auch in Lambach, Passau, Leonding und Linz trank er nicht mehr als ihm guttat [13]. Nicht nur seine Karriere, sondern auch seine Handschrift noch zur Zeit der Pensionierung beweisen eindeutig, daß er niemals ein Säufer gewesen sein kann *. Smiths Feststellung, daß Franz Schicklgruber, Alois' Onkel, als »saufender Gelegenheitsarbeiter [14]« endete, ist mindestens fraglich; denn 1876, als Alois legitimiert wurde, war er es, der seinem Neffen 230 Gulden aushändigte **.
Ein Jahr lang lebten die Hitler-Kinder gewissermaßen ohne Vater; denn sie sahen ihn nur gelegentlich als Gast. Adolf befand sich also außerhalb seines unmittelbaren Einflußbereiches. Während Alois und Angela die letzten Klassen der Schule besuchten und unter der Aufsicht ihrer Stiefmutter vermutlich im Hause helfen mußten, konnte Adolf tun und lassen, was ihm gefiel. Aus dieser Zeit auf deutschem Boden stammte seine mental verwurzelte bayerisch-österreichische Dialekt-Abhängigkeit, die später Millionen buchstäblich verzauberte. Wenn er rund 40 Jahre nach seiner Passauer Zeit zu bayerischen Bauarbeitern wie von selbst »ein ganzes Monat [15]« sagte und bei anderer Gelegenheit »Der Junge ist ein ganz ein fauler Junge [16]«, waren das keine rasch »eingelernten« bayerischen Formulierungen, die in der Umgebung besonders vertraut klingen sollten, sondern augenblicklich freigewordene Erinnerungen an den »Heimat«-Dialekt.
Im April 1895 trafen sich die Hitlers in Linz, um sich von da aus nach Hafeld bei Lambach an der Traun zu begeben [17], wo Alois

* Vgl. u. a. S. 58.
** Vgl. S. 32.

ein Haus mit einem 38 000 Quadratmeter großen Grundstück [18] gekauft hatte. Adolfs Leben erfährt hier eine wichtige Zäsur. Am 1. Mai 1895 [19] kommt er in die einklassige Volksschule von Fischlham bei Lambach, was nicht nur eine spürbare Einschränkung seiner Unabhängigkeit bedeutet. Er muß außerhalb des Elternhauses Disziplin üben, nachgeben, sich einordnen und andere Kinder wenigstens zeitweilig zwangsläufig als gleichberechtigt akzeptieren. Hinzu kommt, daß sein Vater sich am 25. Juni 1895 nach 40 Dienstjahren infolge seines schlechten Gesundheitszustandes vorzeitig * zur Ruhe setzt und damit – trotz seiner Imkerei und Landwirtschaft – viel mehr Zeit als zuvor hat, sich um seinen Sohn zu kümmern, der einmal studieren und Staatsbeamter werden soll [20]. Adolf ist ein sehr guter Schüler, der seinen ehrgeizigen Vater hoffen läßt und von seinem Lehrer Karl Mittermaier ausschließlich »Einser« als Zensuren erhält. 1896 kommt er zu dem Lehrer Franz Rechberger in die zweite Klasse der Lambacher Klosterschule des alten Benediktinerstifts, die er bis Frühjahr 1898 besucht. Auch dort bekommt er stets die besten Zensuren. Er ist, woran er sich später gern erinnert [21], Chorknabe am Sängerknaben-Institut und nimmt in seiner Freizeit am Gesangunterricht teil [22]. Als Mitglied des Stiftsknabenchors und Ministrant hört er viel über den in Lambach jedermann bekannten Abt Hagen, in dessen Wappen und Ring sich ein stilisiertes Hakenkreuz (Wolfsangel) befand, das er auch in die Kanzel schnitzen ließ **. In *Mein Kampf* bekennt Hitler, daß der differenziert organisierte und feierliche Prunk der glanzvollen kirchlichen Feste ihn im Beruf des katholischen Geistlichen das höchst erstrebenswerte Ideal erblicken ließ [23]. Mitschüler und Schulfreunde taten, was er vorübergehend einmal zu tun erwog. Priester ist sein Schulkamerad Balduin Wiesmayr geworden – der spätere Abt von Wilhering bei Linz –, und Priester wurden auch der Bruder seines Lambacher Schulfreundes Weinberger und sein Linzer Spielkamerad Johann Haudum [24], der von 1938 bis 1943 Pfarrer in Leonding war und für die Pflege des »für alle Ewigkeit« von der längst fälligen Einebnung freigekauften [25] Grabes der Eltern Hitlers sorgte.

Das repräsentative Elternhaus in Hafeld, das im Frühjahr 1897 der Wiener Adelige Dr. Ritter Conrad von Zdekauer kaufte, der

* Vgl. S. 41.

** Abb. des betreffenden Teiles des Schnitzwerkes der Kanzel im Vorabdruck von Maser, *Hitlers Mein Kampf* in *Der Spiegel* Nr. 34/66, S. 43.

betont ehrfurchtsvolle Respekt, den die Dorfbewohner dem Staatsbeamten Alois Hitler entgegenbrachten, die hohe Wertschätzung, die seine Familie täglich erfuhr, und die ausgezeichneten und von den Lehrern von Fischlham und Lambach anerkannten eigenen Leistungen in der Schule, vermittelten Adolf Hitler früh schon einen Einblick in die politische Welt, in der Besitz, Leistung, Einfluß, Schein und Ansehen eine entscheidende Rolle spielen. Daß das altbenediktinische Motto »discretio est mater omnium virtutum« und das liberale und lebenbejahende Klima des Lambacher Benediktinerstifts seinen Charakter entscheidend geprägt hätten, wie zuweilen behauptet wird, ist nichts weiter als die phantasievolle Deutung eines Hintergrundes, von dem der 7- bis 9jährige Schüler noch nicht die geringste Ahnung hatte. An Lambach erinnert Hitler sich manchmal; aber Fischlham, wo er von 1895 bis 1896 schreiben und lesen zu lernen begonnen hat, vergißt er niemals. 1939 fährt er dorthin, setzt sich in seine einstige Schulbank, kauft »seine« alte Schule und läßt im Ort ein neues Schulgebäude errichten [26].

Am 21. Januar 1896 war Adolfs Schwester Paula zur Welt gekommen. Daß sie Edmund vom Platz des jüngsten Kindes verdrängte, kann Adolfs Entwicklung nur positiv beeinflußt haben. Ihr war er zeitlebens und ohne Unterbrechung besonders gewogen und geradezu väterlich besorgt zugeneigt *, obwohl sie, seit er der mächtigste Mann Deutschlands war, im Rahmen ihrer spärlichen Möglichkeiten insgeheim Leuten half, die im Namen Hitlers verurteilt worden waren **. Die gelegentlich kolportierte Behauptung, daß ihr Bruder, dessen Haushalt sie nach 1936 als »Paula Wolf« geführt hatte, sie 1945 habe umbringen lassen wollen, ist eine Erfindung ***.

Seit 1896 sind fünf Kinder im Hitler-Haus. Bei sieben Familienan-

* Er betreute sie, als seine Mutter 1907 krank war und verzichtete 1911 zu ihren Gunsten auf eine monatliche Waisenpension von 25 Kronen.

** So rettete sie beispielsweise einem zum Tode verurteilten österreichischen Ingenieur das Leben, der sie nach 1945 nach Leonding brachte (persönliche Mitteilung von Msgr. Haudum, Aug. 1969), wo sie, wie in Spital (persönliche Mitteilung der Spitaler Verwandten, Aug. 1969) und selbst im Ausland auch, hilfreiche Freunde hatte. So erhielt sie nach 1945 beispielsweise von einer holländischen Familie aus Rotterdam Pakete mit Lebensmitteln. Schriftliche Mitteilung der holländischen Familie, die dem Autor ihren Briefwechsel mit Paula Hitler zur Verfügung stellte.

*** Die SS-Leute, die sie im Auftrage Hitlers 1945 suchten, ohne sie allerdings anzutreffen, hatten nicht den Befehl, sie zu beseitigen, sondern ihr einen größeren Geldbetrag auszuhändigen. Persönliche Mitteilung ihres Neffen Leo Raubal (1967 und 1969).

gehörigen unter einem Dach ist Adolf nun in einen lebhaften Tagesablauf eingespannt. Alois flüchtete sich gern ins Gasthaus, wo er Wein oder Bier trank und Zeitungen las. Er hatte viel in seinem Leben erreicht, trug demonstrativ und stolz die Barttracht seines Kaisers und genoß seinen frühen Lebensabend nach 40 erfolgreichen Dienstjahren. Sein ganzes Leben lang hatte er sich und seine Familie vorwärtsgetrieben, Karriere gemacht und ein Selbstgefühl zur Schau getragen, das seine von überflüssigen Fremdwörtern durchsetzte Sprache eindrucksvoll widerspiegelt. Wie die meisten Autodidakten und Emporkömmlinge, die sich gern »akademisch« geben, war auch er überzeugt, seine gesellschaftliche Position durch den ostentativen Gebrauch lateinischer und latinisierter Wörter bekunden zu müssen. »Der ehrfurchtsvollst Gefertigte«, schrieb er beispielsweise am 19. September 1895 an die Linzer Finanzdirektion, »wurde mit dem hohen Dekrete vom 25. Juni 1895 ... in den dauernden Ruhestand versetzt. Nachdem derselbe nicht verantwortlicher Rechnungsleger war, erlaubt er sich, um gnädige Erfolglassung, beziehungsweise Devinkulierungsbewilligung seiner Dienstkaution, welche Eigentum des Johann Murauer, Hausbesitzer in der Theatergasse Nr. 7 zu Braunau a. Inn ist, ehrfurchtsvollst zu bitten. Zu diesem Behufe überreicht derselbe in der Anlage ehrfurchtsvoll die auf dessen Namen als Dienstkaution vinkulierte Silberrente-Obligation ... per 900 Gulden nebst 1 Stück Zinsenzahlungsbogen, sowie die Kassaquittung über die erlegte Barkaution per 200 Gulden [27]«. Dieser Emporkömmlings-Defekt war Adolf Hitler, der die meisten Dialekte und Spracheigenheiten meisterhaft zu kopieren vermochte, stets fremd. Fremdwörter gebrauchte er richtig, und immer benutzte er sie nur, wenn sie besonders geeignet waren, unscharfe deutschsprachige Umschreibungen genauer auszudrücken.

Alois Hitler hatte in Hafeld 38 000 Quadratmeter Land zu bewirtschaften, was ihm nicht leichtfiel, da seine bäuerlichen Erfahrungen 35 Jahre zurücklagen und seine Kinder ihm noch nicht nennenswert helfen konnten. Nicht zufällig schrieb er am 29. Dezember 1901 an seinen einstigen Nachbarn: »... ich habe erfahren, daß Frau von Zdekauer das Rauschergut (Alois' einstiger Hafelder Besitz, der Verf.) wieder zu verkaufen gedenkt ... an eine Wiener Herrschaft. Für solche Leute ist es auf einige Jahre wieder eine Abwechslung und sie werden wieder um eine Erfahrung reicher, nämlich um die Erfahrung, daß alles gelernt sein muß [28].«

Adolf erlebt seit seinem Schulbeginn einen unwilligen Vater, der an seinem 14jährigen Sohn Alois * so herumnörgelt, daß es ihn 1896 schließlich aus dem Haus treibt. Seitdem ist Adolf zwar nicht das älteste Hitler-Kind; aber er wird vom Vater, der fürchtet, daß auch er ein Nichtsnutz wie Alois werden könne [29], so behandelt. Er wird zum Mittelpunkt der väterlichen Sorge, die sich in ungeduldigem Drängen äußert. Alois' Unzufriedenheit über die politische Entwicklung in Österreich, wo die Deutschen gerade zu der Zeit um ihren Einfluß bangten, haben Adolf in diesem Alter mit Sicherheit noch nicht beeinflußt.

Die Rolle, die die Halbgeschwister Alois und Angela in Adolfs früher Entwicklung spielten, ist nicht zuverlässig nachzeichenbar. Angela, deren Tochter »Geli« seine große Liebe wurde **, genoß zwar rund 30 Jahre lang sein Vertrauen und führte von 1928 bis 1935 sogar unauffällig und unaufdringlich seinen Haushalt, bevor sie eines Tages »über Nacht« aus seiner Umgebung verschwand; aber ob und wie ihre Existenz frühe Konturen seines Charakters mitzuprägen half, ist unsicher. Patrick Hitler, ihr Neffe, gab in seinem *Paris Soir*-Artikel an, daß egoistische Interessen ihn radikal, plötzlich, unpersönlich und fremd reagieren ließen. »Im Jahre 1935 empfing Adolf Hitler«, schrieb William Patrick, »Angela außerhalb seines Hauses in Berchtesgaden und gab ihr genau 24 Stunden, um die Koffer zu packen ... Er beschuldigte sie, Göring geholfen zu haben, ein Grundstück in Berchtesgaden zu erwerben, das ... dem seinen gegenüber lag, und auf welchem Göring ein Haus zu bauen vorhatte [30].« Er tat es, obwohl »Geli« sich vier Jahre zuvor in seiner Münchener Wohnung erschossen hatte, was er bis an sein Lebensende narbenlos weder aus seinem Gedächtnis noch aus seinem Herzen zu tilgen vermochte ***. Alois, dessen Sohn William Patrick ihm 1939 durch seinen *Paris Soir*-Artikel Ärger bereitete, war ihm stets fremd. Als er das Hitler-Haus

* Adolfs Halbbruder arbeitete zunächst als Kellner, kam zwischen 1900 und 1902 zweimal wegen Diebstahls ins Gefängnis. 1907 war er in Paris beschäftigt, von wo er 1909 nach Irland ging, wo er heiratete und den Sohn William Patrick bekam. In den 20er Jahren lebte er in Deutschland, wurde in Hamburg wegen Bigamie zu Gefängnis verurteilt und ging danach wieder nach England zurück. Als Adolf Hitler zur wichtigsten politischen Figur in Deutschland avanciert war, versuchte Alois davon zu profitieren. Er eröffnete kurz vor Kriegsausbruch am Wittenbergplatz in Berlin das Restaurant »Alois«; aber Adolf ignorierte ihn völlig und verbat sich sogar, den Namen seines Halbbruders in seiner Gegenwart zu erwähnen.

** Vgl. die Feststellungen im 6. Kapitel.

*** Vgl. ebenda.

verließ, ging Adolf gerade erst zwei Jahre zur Schule; als er ihn nach vielen Jahren wiedersah, traf er einen Mann, der Gefängnisse nicht nur von außen kannte *. Er hatte sich innerlich so weit von ihm entfernt, daß er sicher kaum zu schauspielern brauchte, als er seinem Neffen Patrick erklärte, daß sein Vater in Wirklichkeit gar nicht mit ihm verwandt sei **. Alois hat er immer wohl nur als einen mißratenen Halbbruder angesehen. Sein Sohn aus zweiter Ehe, Heinz Hitler, der 1938 nach dem Besuch der Nationalpolitischen Erziehungsanstalt (NPEA) in Ballenstedt im Harz Berufsoffizier werden wollte, was Adolf Hitler jedoch nicht wünschte, da er fürchtete, daß allein der Name Offiziere und Untergebene zur Liebedienerei verleiten würde [31], fiel 1942 als Unteroffizier des Potsdamer Artillerieregiments 23 in Rußland [32] und zerriß das Band, das die Halbbrüder ohnehin nur ganz lose verband, ein für allemal.

Daß sowohl Alois als auch Adolf nicht das ärmliche Dorf Strones besuchten, wo Maria Anna Schicklgruber gelebt hatte und Alois geboren worden war, sondern nur Spital, hatte logische und zwingende Gründe. Während in Spital ihre direkten und nahen Verwandten lebten, gab es in Strones nur noch die über eine Seitenlinie mit den Urgroßeltern Adolfs verwandten Sillips, deren Nachkommen bei der Räumung des Döllersheim-Bezirks nach Weißengut bei Krenglbach umgesiedelt wurden ***. In Strones, wo die Schicklgrubers mit Maria Annas kinderlosem Bruder Josef ausgestorben waren, wären sie Fremde gewesen. Seit Alois »Hitler« hieß, war sein Kontakt auch zu den in den anderen österreichischen Orten lebenden Schicklgruber-Verwandten abgerissen. Von Franz Schicklgruber hatte er 1876 noch 230 Gulden bekommen ****, mit den Veits noch korrespondiert [33]. Dann hörte die Verbindung auf, und weder Alois noch Adolf erfuhren je etwas von der Seite der Verwandtschaft, die nur aus den Nachkommen der Maria Anna-Geschwister Josefa und Leopold Schicklgruber in Fünfhaus und Hernals bestand, was wohl nur Alois wußte [34]. Es ist infolge der Namensänderung Alois Schicklgrubers nicht einmal sicher, ob die Schicklgrubers, die im Sommer 1938 das Leondinger Hitler-Haus besuchten und sich ins Gästebuch

* Vgl. Fußnote * S. 59.
** *Paris Soir* vom 5. 8. 1939.
*** Vgl. S. 1.
**** Vgl. S. 32.

eintrugen [35], überhaupt über ihre ferne Verwandtschaft mit Adolf Hitler orientiert waren.

Im Juli 1897 verkaufte Alois sein Hafelder Anwesen und siedelte in das rund 1700 Einwohner zählende Lambach an der Traun über [36], wo er und seine Familie zunächst rund ein halbes Jahr lang im Haus Nr. 58 (dem späteren Gasthof Leingartner) und danach – bis Spätherbst 1898 – bei dem Müller Zoebl wohnten, in dessen Haus der 9jährige Adolf täglich sowohl den unruhigen Mühlenbetrieb als auch die laute Arbeit des Hufschmiedes Preisinger [37] beobachten konnte und hören mußte. Die neue Umgebung kam zwar seinem Vater entgegen, der jetzt andere Menschen kennenlernte und damit zunächst vollauf beschäftigt war, zumal er seiner liebsten Freizeitbeschäftigung, der Bienenzucht, hier nicht nachzugehen vermochte; aber der lärmempfindliche Adolf scheint aus dieser Zeit keine besonders guten Eindrücke mitgenommen zu haben. Ob auch seine merkwürdig begründete Ablehnung, die er zeitlebens gegenüber Pferden und der Reiterei empfand, dort ihren Ursprung hatte, kann allerdings nur vermutet werden.

In dieser Zeit begann Hitler nach seinen eigenen Worten »mehr und mehr für alles« zu schwärmen, »was irgendwie mit Krieg oder doch mit Soldatentum zusammenhing [38]«. Kubizeks Feststellung von 1938, daß der junge Hitler »nicht das geringste [39]« von dem wissen wollte, »was irgendwie mit Krieg oder doch Soldatentum zusammenhing [40]«, ging von der propagandistisch artikulierten Absicht aus, der Welt einen im Grunde friedliebenden Hitler vorzustellen. Hitlers Mitschüler Balduin Wiesmayr bestätigte Hitlers Feststellung mit den Worten »Kriegspiel'n war ihm das liebste [41]«. Sein Leondinger Schulkamerad Franz Winter äußerte nach 1939 oft: »Als Bub hat er uns gejagt, und jetzt tut er es wieder [42].« Ein anderer Schüler der Hitler-Klasse, Johann Weinberger, bezeugte den besonderen Hang des jungen Hitler zu kriegerischen Spielen mit der Erklärung, daß die Schüler von Leonding und Untergaumberg auf Hitlers Initiative häufig gegeneinander »Krieg« führten: »Wir Leondinger waren unter Führung Hitlers die Buren, die Untergaumberger waren die Engländer [43].« Es kann nicht daran gezweifelt werden, daß Hitler seine charismatische Ausstrahlungskraft bereits zu der Zeit kennenlernte. Seine Hinweise auf die bei ihm schon während der Schulzeit vorhandenen besonderen rednerischen Fähigkeiten werden von Mitschülern ausnahmslos bestätigt. Er selbst sagt: »Ich glaube, daß schon

damals mein rednerisches Talent sich in Form mehr oder minder eindringlicher Auseinandersetzungen mit meinen Kameraden schulte. Ich war ein kleiner Rädelsführer geworden [44].«
Im November 1898, Adolf ist noch nicht ganz zehn Jahre alt, erwirbt sein Vater in dem Dorf Leonding bei Linz ein in unmittelbarer Nähe des Friedhofs liegendes Haus, wohin die Familie im Februar 1899 zieht, unmittelbar bevor Adolf in die vierte Klasse seiner nun schon dritten Schule kommt, die er bis September 1900 besucht. Dieses Haus, das ein Amerikaner 1938 nach dem »Anschluß« kaufen und in den USA als besondere Attraktion aufstellen wollte *, galt lange Zeit als »das Elternhaus des Führers« und wurde seit 1938 zum Wallfahrtsort gemacht und von Tausenden aus aller Welt besucht, die sich in das dort ausgelegte Gästebuch [45] eintrugen. Verwandte Adolf Hitlers, die Schmidts [46] und einige Schicklgrubers, Bekannte Alois Hitlers [47], Adolfs Schulkameraden [48] und sein Amtsvormund Mayrhofer [49], Angehörige des Adels, des Bürgertums und der Arbeiterschaft, Akademiker, Beamte, Geschäftsleute, Soldaten, Studenten und andere Leonding-»Pilger« gelobten Adolf Hitler ihre Treue bis zum Tod und knüpften religiös artikulierte Lobeshymnen und Danksagungen an seinen Namen **.
Ab September 1900 kommt Adolf, der seinen Bruder Edmund am 2. Februar infolge einer Masern-Erkrankung verloren hat, seitdem der einzige noch lebende Klara Hitler-Sohn ist und nun auch wieder die ganze Hoffnung des ehrgeizigen Vaters auf sich konzentriert, auf die Staats-Realschule nach Linz, wo 20 Jahre später auch die hübsche Tochter Angela seiner gleichnamigen Halbschwester die Oberschule besucht, durch ihr »nettes Wesen« auffällt [50] und das Abitur macht. Wie sich in Adolfs Habitus diese Zäsur seines Lebens bemerkbar machte, bezeugen zwei Schulfotos ***. Eines zeigt ihn als Schüler der vierten Klasse der Leondinger Volksschule, eines als Schüler der ersten Klasse der Linzer Realschule. Das Leondinger Foto läßt einen sehr selbstbewußten Jungen erkennen, der die Blicke auf sich zieht und schon ganz »der Führer« ist. Hitler steht über seinem Lehrer, stolz und aufrecht in der Mitte der oberen Reihe, die Arme vor der Brust verschränkt,

* Persönliche Auskünfte von Bürgermeister Finster von Leonding und Msgr. Haudum; August 1969.
** Sehr oft wurde er als »Retter« und »Heilbringer« bezeichnet.
*** Die Fotos sind so oft veröffentlicht worden, daß es sich erübrigt, sie auch hier noch einmal abzudrucken.

die später berühmte Stirnlocke bereits angedeutet. Auf dem Linzer Bild aus dem Jahre 1901 wirkt er, zwar auch in der oberen Reihe (jedoch ganz außen) stehend, nicht besonders selbstsicher. Er sieht unzufrieden aus, scheint sich geradezu zu ducken und keinen besonderen Wert darauf zu legen, überhaupt gesehen zu werden.
Während seiner Linzer Schulzeit wohnt Hitler bis zum überraschend frühen Tod seines Vaters (im Januar 1903) weiterhin im Leondinger Elternhaus. Danach, im Frühjahr 1903, kommt er in ein Linzer Schülerheim und heckt mit dem nachmaligen Regierungsbeamten Fritz Seidl und den Haudum-Söhnen, von denen einer später Pfarrer in Leonding wurde, »Heldenstücke[51]« aus, die er rund 20 Jahre danach in *Mein Kampf* als typische Ausdrucksformen seines Charakters bezeichnet[52].
In Leonding, das er bis an sein Lebensende immer wieder gern in Gesprächen erwähnt, dem auffällig ordentlichen und handwerklich-bäuerlichen Dorf in unübersichtlicher Landschaft, rund 4 km von Linz entfernt, glaubte Alois Hitler endlich das Ziel seiner Wünsche erreicht zu haben. Er besaß in der unmittelbaren Nähe einer Stadt ein schönes Haus und einen hübschen Garten, so daß seine Bienen jetzt nicht mehr kilometerweit entfernt zu stehen brauchten, wie es in Braunau und Passau der Fall gewesen war, sondern nur ein paar Meter neben seinem Schlafzimmer. Seine Untermieterin Elisabeth Plöckinger[53] bestritt durch ihre Mietbeträge einen Teil der Unkosten, die er auch als Hausbesitzer monatlich aufbringen mußte. Zahlreiche spätere Äußerungen Adolf Hitlers bezeugen, daß seine kritische Haltung gegenüber der Kirche * ihren Ursprung in Leonding hatte, wo er Einzelheiten, die er in Lambach noch außerordentlich positiv registriert hatte, im Sinne seines Vaters zu beurteilen begann **.
Trotz der ausgezeichneten Leistungen in den Volksschulen von Fischlham, Lambach und Leonding und seiner zunächst auch in der Realschule guten Leistungen in Geschichte, Geographie und Zeichnen, den Fächern, in denen er nach der Meinung seines Schulprofessors Sixtl mehr als mancher Lehrer wußte[54], bleibt Hitler in der ersten Klasse der Linzer Realschule sitzen. An Sixtl erinnert er sich rund 40 Jahre später in der »Wolfsschanze«: »Ich war fünfzehn auf sechzehn. Es war das Zeitalter, wo man auch gedichtet hat. Ich bin in alle Panoptiken und überall hin, wo stand: Nur für Erwachsene! Man will alles ergründen in einer gewissen Zeit. Da bin ich einmal in Linz am Süd-

* Vgl. die Feststellungen im 5. Kapitel
** Vgl. ebenda.

bahnhof abends in ein Filmtheater: ein unglaublicher Kitsch! In einer Wohltätigkeitsvorstellung wurden zweideutige Filme gezeigt. An sich war es ein Mist. Aber es ist eigenartig, wie großzügig der österreichische Staat da war. Mein Lehrer Sixtl war auch drin und sagte zu mir: ›Sie spenden also auch für's Rote Kreuz!‹ – ›Ja, Herr Professor.‹ Er hat gelacht, aber es war mir doch ein bissel unangenehm in der zwielichtigen Bude *.«

Der Wechsel von der vertrauten Dorfschule zur großen und fremden Realschule in der Stadt hat Hitler nicht behagt. Nur der 5 bis 6 km lange Schulweg vom Elternhaus zur Steingasse, in der das Schulhaus steht, gefällt ihm [55]. Das Zeugnis, das er nach dem Abschluß des ersten Schuljahrs in Linz bekommt, bescheinigt ihm und seinen Eltern, daß er »ungleichmäßig« fleißig gewesen ist und seine Leistungen in Mathematik und Naturgeschichte für eine Versetzung nicht ausreichen, so daß er die erste Klasse wiederholen muß. In *Mein Kampf* sagt er über diese Zeit: »Meine Zeugnisse in dieser Zeit stellten je nach dem Gegenstand und seiner Einschätzung immer Extreme dar. Neben ›lobenswert‹ und ›vorzüglich‹ ›genügend‹ oder auch ›nicht genügend‹. Am weitaus besten waren meine Leistungen in Geographie und mehr noch in Weltgeschichte. Die beiden Lieblingsfächer, in denen ich der Klasse vorschoß [56].« Hitlers Erklärung klingt einfach und stimmt sehr wahrscheinlich auch mit den Tatsachen überein: »Was mich freute, lernte ich ... was mir ... bedeutungslos erschien oder mich auch sonst nicht so anzog, sabotierte ich vollkommen [57].«

Alois Hitler, der aus sich etwas gemacht und enttäuscht festgestellt hat, daß sein ältester Sohn (Alois) weder fähig noch bereit gewesen ist, ihm nachzueifern, drängt nun den intelligenten Adolf mit solcher Ungeduld, daß auch ihm bald die Lust vergeht. »Ich sollte studieren«, sagt Hitler und fährt fort: »Aus meinem ganzen Wesen und noch mehr aus meinem Temperament glaubte der Vater den Schluß ziehen zu können, daß das humanistische Gymnasium einen Widerspruch zu meiner Veranlagung darstellen würde. Besser schien ihm eine Realschule zu entsprechen. Besonders wurde er in dieser Meinung noch bestärkt durch meine ersichtliche Fähigkeit zum Zeichnen; ein Gegenstand, der in den österreichischen Gymnasien seiner Überzeugung nach vernach-

* Zit. nach der von Heinrich Heim beglaubigten Reproduktion vom Originalmanuskript des Heim-Protokolls vom 8. zum 9. 1. 1942 (Repro. im Besitz des Autors). Kubizek behauptet (S. 67) fälschlich, daß Sixtl Lehrer der Leondinger Volksschule gewesen sei.

lässigt wurde. Vielleicht war aber auch seine eigene schwere Lebensarbeit noch mitbestimmend, die ihn das humanistische Studium, als in seinen Augen unpraktisch, weniger schätzen ließ. Grundsätzlich war er aber der Willensmeinung, daß ... sein Sohn Staatsbeamter werden ... müßte. Seine bittere Jugend ließ ihm ganz natürlich das später Erreichte um so größer erscheinen, als dieses doch nur ausschließlich Ergebnis seines eisernen Fleißes und eigener Tatkraft war. Es war der Stolz des Selbstgewordenen, der ihn bewog, auch seinen Sohn in die gleiche, wenn möglich natürlich höhere Lebensstellung bringen zu wollen ... Der Gedanke einer Ablehnung dessen, was ihm einst zum Inhalt eines ganzen Lebens wurde, erschien ihm ... unfaßbar. So war der Entschluß des Vaters einfach bestimmt und klar ... Endlich wäre es seiner in dem bitteren Existenzkampfe ... herrisch gewordenen Natur aber auch ganz unerträglich vorgekommen, in solchen Dingen etwa die letzte Entscheidung dem in seinen Augen unerfahrenen und damit eben noch nicht verantwortlichen Jungen selber zu überlassen. Es würde dies auch als ... verwerfliche Schwäche in der Ausübung der ... väterlichen Autorität und Verantwortung für das spätere Leben seines Kindes unmöglich zu seiner sonstigen Auffassung von Pflichterfüllung gepaßt haben ... Zum ersten Male in meinem Leben wurde ich ... in Opposition gedrängt. So hart und entschlossen auch der Vater sein mochte in der Durchsetzung einmal ins Auge gefaßter Pläne und Absichten, so verbohrt und widerspenstig war aber auch sein Junge in der Ablehnung eines ihm nicht oder nur wenig zusagenden Gedankens. Ich wollte nicht Beamter werden. Weder Zureden noch ›ernste‹ Vorstellungen vermochten an diesem Widerstande etwas zu ändern. Ich wollte nicht Beamter werden ... Alle Versuche, mir durch Schilderungen aus des Vaters eigenem Leben Liebe oder Lust zu diesem Berufe erwecken zu wollen, schlugen in das Gegenteil um. Mir wurde gähnend übel bei dem Gedanken, als unfreier Mann einst in einem Bureau sitzen zu dürfen; nicht Herr sein zu können der eigenen Zeit [58].«

Hitler stellt seine schlechten Leistungen 20 Jahre danach als beabsichtigten Protest gegen die väterlichen Wünsche hin und behauptet, daß ihm ein deutlicher Mißerfolg in der Realschule letzten Endes nur behilflich sein sollte, sich gegen den Vater durchzusetzen und Maler werden zu dürfen: »Ich glaubte«, sagt er, »daß, wenn der Vater erst den mangelnden Fortschritt in der Realschule sähe, er gut oder übel eben doch mich meinem erträumten Glück würde zugehen lassen [59].« Der beharrliche Wille Alois Hitlers, aus seinem Sohn einen erfolgreichen Staatsbeamten zu machen, wie er es geworden war, hatte Adolf, wie er später selbst bemerkte, schon als Elfjährigen in »Opposition« gedrängt, verbohrt und widerspenstig [60] gemacht. Wie auch immer Hitler die Sache darstellte: alle Details und Zusammenhänge zeigen eindeutig, daß bereits der junge Hitler systematische Arbeit als Zwang und Bevormundung auffaßte, wenn er sie selbst leisten sollte. An seiner Intelligenz und Begabung lag es mit absoluter Sicherheit nicht, daß er in der Realschule so schlechte Zensuren erhielt. Neben dem Widerwillen gegen Zwang und Bevormundung sind jedoch auch schon zu der Zeit die Anzeichen für die Abneigung Hitlers gegen eine reguläre und kontinuierlich intensive Arbeit zu erkennen, sobald er nicht die Normen und Akzente setzen durfte. Alle Fächer, die neben der Begabung solide Arbeit voraussetzen, wurden von ihm mit unzureichenden Erfolgen absolviert. Er brillierte nur auf Gebieten, die eine intensive Auseinandersetzung mit dem Inhalt der Fächer nicht voraussetzten. Seine Leistungen wurden eindeutig von Veranlagung, Interesse und improvisiertem Engagement bestimmt. Während Adolf die zweite Klasse der Linzer Realschule besucht, verliert er am 3. Januar 1903 überraschend seinen Vater. Er ist im Gasthaus zusammengebrochen und tot nach Hause gebracht worden. Adolf Hitler, der in *Mein Kampf* schreibt, daß er seinen Vater trotz aller Streitereien und Spannungen sehr geliebt habe [61], bricht an seiner Bahre in fassungsloses Schluchzen aus [62]. Seitdem folgt er zwar dem Rat und der Bitte der Mutter, die ihres Mannes Vermächtnis erfüllen will [63] und geht weiterhin zur Schule; aber seitdem ist er auch sicherer als je zuvor, daß er niemals Beamter, sondern Künstler wird. Daß sein Vater ihn noch kurz vor seinem Tod in das Linzer Hauptzollamt mitnahm, um ihm seinen künftigen Wirkungskreis zu zeigen [64], sieht er jetzt erst recht als zwecklos an. Nach dem Tode des Vaters fühlt sich Adolf zunächst offenbar freier. Er bummelt und arbeitet während des Unterrichts in der Schule nur ungleichmäßig mit. Mit seiner Mutter, der Schwester Paula, seiner Tante Johanna Pölzl und der Untermieterin Elisabeth Plöckinger, lebt er als einziger »Mann« im Leondinger Haus, das die Mutter am 21. Juni 1905 für 10 000 Kronen verkaufte und danach mit ihren Kindern nach Linz zog [65]. Angela hatte am 14. September 1903 den Beamten Leo Raubal geheiratet und das Elternhaus verlassen. Adolfs Mutter, die sich über ihren schweren Verlust durch einen Besuch im Elternhaus in Spital und durch liebende Beschäftigung mit

ihren Kindern Adolf und Paula hinwegzuhelfen versuchte, war vom Schicksal nicht besonders gnädig bedacht worden. Was sie von der Ehe mit ihrem 23 Jahre älteren, klugen, gewandten und herrisch selbstbewußten Jugendfreund, Nachbarskind und Verwandten aus Spital erwartet hatte [66], war für sie nicht in Erfüllung gegangen. Als August Kubizek sie kennenlernte, war sie Mitte vierzig, noch nicht lange Witwe und Mutter von sechs Kindern, von denen nur Adolf und Paula den Vater überlebten. Ihr Antlitz wirkte abgehärmt, ihre Erscheinung müde, ihr Auftreten bescheiden und zurückhaltend. Der Bauerntochter fehlte die Vitalität ihres Mannes, der sie von ihrer Kindheit bis zu seinem Tode so erdrückend und übermächtig beherrscht hatte, daß ihre Anlagen niemals zur Entfaltung kommen konnten.
Am 22. Mai 1904, Adolf ist 4 Wochen zuvor gerade 15 geworden und geht die letzten Wochen in die dritte Klasse der Linzer Staatsrealschule, wird er in Linz gefirmt und sieht danach den ersten Film seines Lebens [67]. Da er stets ein »freier Mann« sein und bleiben will, interessiert ihn nicht, daß in Österreich der Abschluß der vierten Klasse der Realschule als Voraussetzung für den staatlich finanzierten Besuch der Kadettenschule ausreicht. Die Schule besucht er gleichbleibend widerwillig. Am meisten mißfällt ihm der Französisch-Unterricht. Er engagiert sich nicht und weist daher zu dieser Zeit auch keine ausreichenden Leistungen auf, was zur Folge hat, daß er im Herbst nur in die vierte Klasse versetzt werden kann, wenn er die Französisch-Prüfung wiederholt und ein besseres Ergebnis erzielt. Im Herbst 1904 unterzieht er sich denn auch der Wiederholungsprüfung und besteht sie; aber er muß Professor Dr. Eduard Huemer, der diese Prüfung vornimmt und Hitler für »entschieden begabt« hält, ausdrücklich versprechen, nach bestandener Prüfung die vierte Klasse einer anderen Schule zu besuchen [68]. Huemer, von dem Hitler nicht nur in Französisch, sondern auch in Deutsch unterrichtet wurde, kannte seinen Schüler, über den er 1924 während des Hitler-Prozesses in München sagte: »Hitler war entschieden begabt, wenn auch einseitig, hatte sich aber wenig in der Gewalt, zum mindesten galt er auch für widerborstig, eigenmächtig, rechthaberisch und jähzornig, und es fiel ihm sicherlich schwer, sich in den Rahmen einer Schule zu fügen. Er war auch nicht fleißig; denn sonst hätte er bei seinen unbestreitbaren Anlagen viel bessere Erfolge erzielen können [69]«.
Im September 1904 erscheint Hitler in der Staatsoberrealschule in Steyr beim Direktor Alois Lebeda, zu dessen besten Schülern er bis

September 1905 gehört *, und meldet sich für die vierte Klasse an. Der Grund für diesen Schulwechsel lag lange im dunkeln und gab zu den verschiedensten Vermutungen Anlaß. So behaupteten politische Gegner 1923 beispielsweise, daß Hitler die Linzer Schule habe verlassen müssen, weil er bei einer Schülerkommunion die Hostie ausgespuckt und in seine Tasche gesteckt habe. Nachdem die *Münchner Post* vom 27. November 1923 über jenen angeblichen Hostienfrevel ** des jungen Hitler geschrieben hatte, hieß es im *Bayerischen Kurier* vom 30. November 1923 phantasiereich, daß dieser Vorfall seinerzeit »in Linz größtes Aufsehen« erregt habe [70].
In Steyr wohnt Hitler im Hause des Kaufmanns Ignaz Kammerhofer bei dem Gerichtsbeamten Conrad Edler von Cichini am »Grünmarkt« 19, dem späteren »Adolf-Hitler-Platz [71]«. 37 Jahre nach dem Verlassen der Schule erinnert er sich an jene Zeit wie folgt: »Nun war Steyr für mich ein unangenehmer Platz: Der Gegensatz von Linz; Linz war national, Steyr schwarz und rot. Ich habe ... in einem Zimmerchen nach rückwärts heraus mit einem Kameraden (gewohnt, der Verf.), er hieß Gustav; den (Nach-)Namen weiß ich nicht mehr. Das Zimmer war sehr nett, aber ganz unheimlich war es im Hof. Da habe ich immer Ratten geschossen. Die Quartierfrau hat uns sehr gern gehabt; sie hat eigentlich immer mehr zu uns gehalten als zu ihrem Mann. Der hatte gar nichts zu reden zu Hause. Sie hat ihn immer angefahren wie eine Viper. Einmal hat es einen Krach gegeben. Ich hatte ihr vorweg gesagt: ›Gnädige Frau, Sie dürfen den Kaffee nicht so heiß machen, ich bin morgens immer knapp dran in der Zeit und kann ihn sonst nicht mehr trinken.‹ Eines Morgens erklärte ich ihr: es ist schon halb und der Kaffee ist noch nicht da! Sie meinte, es sei noch nicht halb! Darauf ihr Mann: ›Petronella, es ist wirklich schon fünf Minuten über halb vorbei.‹ Da fuhr sie auf, und das hat sich nicht beruhigt bis gegen Abend. Am Abend hat es sich zu einer richtigen Katastrophe gesteigert. Er mußte hinaus. Wir zwei haben gelernt. Er wollte, daß jemand mitgeht. Es mußte ihm immer jemand leuchten, weil er vor den Ratten Angst hatte. Wie er draußen war, sperrt sie zu. Wir sagten uns: Jetzt geht's los! Wir haben sie ganz gern gehabt. Er: ›Petronella, mach' auf!‹ Sie lacht, trällert ein Lied,

* Lebeda erteilte den Turnunterricht. Vgl. weiter unten.
** Hitler hat sich sowohl unter seinen Parteigenossen als auch in der Öffentlichkeit gegen diese Behauptungen gewandt. Eine seiner Stellungnahmen veröffentlichte der *Bayerische Kurier* vom 5. 12. 1923.

geht auf und nieder und tut nichts. Er verlegt sich auf Ermahnungen, endlich aufs Betteln. ›Petronella, ich bitte Dich, öffne!‹ – ›Petronella, Du kannst doch nicht!‹ – ›Doch, ich kann.‹ Auf einmal: ›Adolf! machen Sie sofort auf!‹ Sie zu mir: ›Sie machen nicht auf!‹ – ›Die gnädige Frau hat es verboten!‹ Bis 7 Uhr früh hat sie ihn draußen gelassen. Wie er mit der Milch hereinkam, hatte er nur einen leidenden Blick. Ach, wir haben ihn so verachtet! Sie war so 33 Jahre, er hatte einen Vollbart, das ist jetzt sehr schwer zu sagen, ich würde sagen, er war 45 Jahre. Er entstammte einem verarmten Adelsgeschlecht ... Österreich hat ja ungezählte verarmte Adlige gehabt ... die Frau ... hat uns immer etwas zugesteckt. Die Studentenmütter hießen in Österreich Crux. Ach, das war eine schöne, sonnige Zeit! Aber für mich mit sehr viel Sorge verbunden, weil ich die größten Schwierigkeiten hatte, mich durch die Schlingen der Schule hindurchzuwinden, besonders wenn die Prüfungen nahten ... Auf dem Damberg habe ich Skifahren gelernt. Nach Semester-Schluß haben wir immer eine große Feier veranstaltet. Dabei ging es sehr lustig zu: es wurde gezecht. Da war es auch, das einzige Mal in meinem Leben, wo ich einen Rausch gehabt habe. Wir hatten die Zeugnisse bekommen und sollten an sich fortfahren. Die Crux war, wenn das vorbei war, immer ein bissel gerührt. Wir sind im Geheimen zu einer Bauernwirtschaft hinaus und haben dort Mordssprüche gerissen und getrunken. Wie es genau war, weiß ich nicht, ich konnte es ... hinterher nur rekonstruieren. Ich hatte mein Zeugnis in der Tasche. Den nächsten Tag wurde ich aufgeweckt von einer Milchfrau, die mich auf dem Weg ... fand. Ich war in derangiertem Zustand, komme zu meiner Crux: ›Um Gottes willen, Adolf, wie sehen Sie denn aus!‹ Ich bade, sie gibt mir schwarzen Kaffee und dann fragt sie: ›Was haben Sie denn überhaupt für ein Zeugnis gekriegt?‹ Ich greife in die Tasche: das Zeugnis fehlt! ›Um Gottes willen! Ich muß der Mutter doch etwas zeigen!‹ Ich sage mir, du sagst, du hast es auf der Eisenbahn gezeigt, der Wind ist gekommen und hat es weggerissen! Die Crux dringt in mich: ›Wo ist es denn hingekommen?‹ – ›Es muß mir einer genommen haben!‹ – ›Da gibt es nur etwas: Sie müssen sofort hinein und sehen, daß Sie ein Duplikat kriegen. Haben Sie denn überhaupt noch Geld bei sich?‹ – ›Nichts mehr.‹ – Sie gibt mir 5 Gulden. Ich komme herein. Der Direktor läßt mich erst einmal warten. Unterdessen waren die vier Elemente dieses Zeugnisses schon in der Schule eingeliefert. In der Gedankenlosigkeit hatte ich das verwechselt mit einem Klosettpapier. Es war niederschmetternd. Was der Rektor gesagt hat, kann ich gar nicht erzählen. Es war furchtbar. Ich habe einen heiligen Schwur getan, in meinem Leben niemals mehr zu trinken. Ich habe ein Duplikat bekommen ... ich habe mich so geniert! Wie ich zur Crux kam, frug sie mich: ›Ja, was hat er denn gesagt?‹ – ›Das kann ich nicht sagen, gnädige Frau. Aber eines kann ich Ihnen sagen: Ich werde nie in meinem Leben mehr trinken.‹ Es war sicherlich eine Erziehung, die mich niemals mehr hat zum Trinken kommen lassen. Dann bin ich fröhlichen Herzens heim, ganz fröhlich auch nicht, weil das Zeugnis nicht ganz wunderbar ausgesehen hat *.«

Das von Adolf als Toilettenpapier benutzte Zeugnis vom 11. Februar 1905 sah nicht nur »nicht ganz wunderbar«, sondern miserabel aus. Seine Leistungen in den Fächern Deutsch, Französisch, Mathematik und Stenographie waren mit »nicht genügend« bewertet worden. Außer im Freihandzeichnen und Turnen, wofür er »lobenswert« und »vorzüglich« erhielt, hatte er nur »befriedigend« und »genügend« bekommen [72].

In der Schule, an der 1904/1905 der jüdische Lehrer Robert Siegfried Nagel den Deutschunterricht erteilt, werden die Leistungen Adolfs, der sich über die Voraussetzungen und über seine tägliche Umgebung nicht beklagen kann, nach anfänglicher Stagnation besser. Nur in Physik (Prof. Dr. Bernhard Batscha) verschlechtern sie sich; in Chemie (Batscha) bleiben sie gleich schlecht: »genügend«, in Zeichnen (bei Prof. Emil Heythum) und Turnen (beim Direktor Alois Lebeda) gleich gut: »vorzüglich [73]«. Damit ist Hitler offenbar zufrieden. Er fehlt allein innerhalb des ersten Halbjahres 30 Tage »ohne Rechtfertigung [74]«. Am 3. März 1942 wiederholt Hitler vor seinen Tischgästen in der »Wolfsschanze« in Übereinstimmung mit seinen Feststellungen in *Mein Kampf*: »Ich habe im allgemeinen nicht mehr wie 10 Prozent von dem gelernt, das die anderen gelernt haben. Ich war mit meiner Vorbereitung immer sehr rasch fertig. Dennoch, Geschichte habe ich kapiert. Oft habe ich Mitleid mit den Mitschülern gehabt. ›Kommst mit spielen?‹ – ›Nein, ich hab' noch zu tun!‹ Er macht die Prüfung. Er hat es geschafft! Kommt dann einer von der Seite in den Paternoster-Aufzug herein, so ist die Entrüstung groß: Wieso? Wir haben gelernt! – Ja mein Gott, einer hat es halt in sich, der andere nicht [75].«

* Zit. nach dem Heim-Protokoll vom 8. zum 9. 1. 1942 (Kopie im Besitz des Autors).

In Steyr bleibt Hitler ein ebenso aufsässiger und respektloser Schüler, wie er es in Linz gewesen ist. In der Nacht vom 8. zum 9. Januar 1942 erinnert er sich: »Wenn wir nicht ein paar Professoren gehabt hätten, die ... für mich gesprochen haben, wäre es mir schlecht gegangen ... Einer unserer Professoren ... (König, bei dem Hitler Französisch-Unterricht hatte, der Verf.) war k. k. Dampfkesselprüfungs-Kommissar gewesen ... Bei einer Explosion hat es ihm die Sprache verschlagen, so konnte er Bestimmtes nicht aussprechen. Wie wir zu ihm in die Klasse kamen, saß ich ganz vorn. Er begann die Namen zu verlesen. Als er an mich kam, habe ich ihn angesehen, ohne mich zu rühren. Ungehalten stellte er mich zur Rede. ›Ich heiße nicht Itler, ich heiße Hitler, Herr Professor!‹ – Das H konnte er nicht aussprechen [76].« Dennoch gibt König ihm im Herbst 1905 nicht mehr »nicht genügend« in Französisch, wie er es im Februar noch getan hatte, sondern »genügend [77]«. Hitler bekommt am 16. September 1905 folgende Abschluß-Zensuren: Sittliches Betragen: befriedigend, Fleiß: hinreichend, Religionslehre: befriedigend, Mathematik: genügend, Chemie und Physik: genügend, Geometrisches Zeichnen und darstellende Geometrie: genügend (nach Wiederholungsprüfung), Freihandzeichnen: vorzüglich, Turnen: vorzüglich, Gesang: befriedigend [78]. In der Staatsoberrealschule fällt den Lehrern im Laufe des Jahres auf, daß der ausgezeichnete Turner [79] Adolf Hitler, der als Kind lediglich eine Mandeloperation und die Masern hatte [80], nicht nur nicht gut aussieht und »kränkelt [81]«, sondern auch ein Außenseiter bleibt. Der Schulprofessor Gregor Goldbacher, der ihn in Geometrie und geometrischem Zeichnen unterrichtete [82], erklärte am 29. Januar 1941, daß Hitler »wohl infolge des Todes seines Vaters und durch den ... Aufenthalt in der Fremde ... ein etwas scheues, gedrücktes Benehmen an den Tag« gelegt habe, und »daß der junge Student damals kränkelte« und als Fremder in der Schule dieses Städtchens nur schwer Anschluß fand [83]. Wie er zu der Zeit aussah, überliefert eine Skizze seines Mitschülers Sturmberger, der ihn im Profil zeichnete. Das Porträt zeigt einen – für einen Fünfzehnjährigen zu alt und viel zu ernst wirkenden – schmalen jungen Mann mit fliehender hoher Stirn, starker spitzer Nase, langem ausgeprägten Kinn und aufdringlichem, das asketisch wirkende Gesicht beherrschendem Auge. Das schlecht gekämmte Haar hängt von rechts nach links gescheitelt in die Stirn. Das Bild des jungen Hitler, von dem Kubizek sagt, daß er »ein auffallend blasser, schmächtiger Jüngling ... mit leuchtenden Augen [84]«

gewesen sei, deckt sich in seinen Konturen mit der dilettantisch dargestellten Physiognomie auf der Sturmberger-Zeichnung.

Trotz des Widerwillens gegen die Schule ist Adolf notgedrungen bereit, der Mutter zu gehorchen und das Abitur zu machen. Er verspricht es ihr wenigstens[85]. Daß er ernsthaft daran dachte, erscheint sehr zweifelhaft. Allerdings verläßt er die Schule im Herbst 1905 nur infolge einer Krankheit *. Er selbst berichtet vielsagend: »Da kam mir plötzlich eine Krankheit zu Hilfe und entschied in wenigen Wochen über meine Zukunft und die dauernde Streitfrage des väterlichen Hauses. Mein schweres Lungenleiden ließ einen Arzt der Mutter auf das dringendste anraten, mich später ... unter keinen Umständen in ein Bureau zu geben. Der Besuch der Realschule mußte ebenfalls auf mindestens ein Jahr eingestellt werden. Was ich so lange im stillen ersehnt, für was ich immer gestritten hatte, war nun durch dieses Ereignis ... fast von selber zur Wirklichkeit geworden. Unter dem Eindruck meiner Erkrankung willigte die Mutter endlich ein, mich später aus der Realschule nehmen zu wollen und die (Kunst-)Akademie besuchen zu lassen[86].« Hitler ist glücklich und fährt zusammen mit seiner inzwischen nicht mehr gesunden Mutter mit der Bahn von Linz nach Gmünd, von wo die Schmidts, ihre Spitaler Verwandten, sie mit einem Ochsengespann abholen[87]. In Spital, wo ihn der Arzt Dr. Karl Keiss aus Weitra behandelt[88], trinkt er viel Milch, ißt gut[89] und erholt sich rasch wieder. Aber er hält sich abseits, spielt häufig auf einer Zither, zeichnet, malt, streift durch die schöne Gegend und schaut den Verwandten bei der Feldarbeit zu, ohne sich daran zu beteiligen. Er wird weder mit seiner Tante, der Schwester seiner Mutter, noch mit den Jugendlichen des Dorfes warm. So sehr sie sich für den »Hochschüler« aus der Stadt interessieren, so wenig kümmern sie ihn[90].

Mit der Schule, die er, wie sein Jugendfreund Kubizek aus zahlreichen Unterhaltungen von ihm erfuhr, mit elementarem Haß verlassen hat[91], ist er endgültig fertig. Für das Studium an der Wiener Akademie der Bildenden Künste reichen sowohl seine Schulbildung als auch sein letztes Zeugnis aus **. Im Herbst 1905 hat der Sechzehn-

* Was Hitler fehlte, ist nicht nachweisbar. Eine Aufzählung der zahlreichen und verschiedenen Behauptungen erübrigt sich. Sicher ist nur, daß er 1905 tatsächlich krank war.

** Vgl. die diesbezüglichen Feststellungen im 4. Kapitel. Erst als ihm an der Akademie geraten wurde, Architektur zu studieren, was er zunächst nicht beabsichtigt hatte, mußte er feststellen, daß er das Abitur (oder wenigstens bessere Noten in Mathematik und darstellender Geometrie) brauchte.

jährige erreicht, was er schon zu Lebzeiten seines Vaters als Zielvorstellung durchzusetzen versuchte. Aber jetzt läßt er sich Zeit. Die Tatsache, daß er eben erst krank war, hindert die Mutter daran, ihn zum baldigen Beginn des Studiums zu drängen, zumal die Aufnahmeprüfungen für 1905 bereits stattfanden, als er noch zur Schule ging. Er kann sich frühestens im Herbst 1906 an der Aufnahmeprüfung der Akademie beteiligen, und er erwägt es auch. Im Mai 1906 fährt er nach Wien, wo er sich bis Juni aufhält und sich die Museen und anderen Sehenswürdigkeiten der Stadt anschaut [92]. Auf die Prüfung wartet er jedoch nicht. Er verschiebt sie auf das nächste Jahr. Schon am 7. Mai schreibt er seinem Freund: »Ich bin ... gut angekommen und steige nun fleißig umher. Morgen gehe ich in die Oper in ›Tristan‹ übermorgen in ›Fliegenden Holländer‹ usw. Trotzdem ich alles sehr schön finde sehne ich mich wieder nach Linz [93].« Vielleicht hat das Studium der Wiener Kunstwerke ihn zunächst unsicher gemacht [94]. Wahrscheinlicher ist jedoch, daß er keine Lust hatte, schon so früh sein Bummelleben aufzugeben und sich wieder – wie bis September 1905 – in einen Rhythmus einzuordnen, den nicht er selbst bestimmen konnte. Während seine Steyrer Schulkameraden sich auf ihre Beamtenlaufbahn vorbereiten *, genießt er, das »Muttersöhnchen [95]«, wie er 20 Jahre später selbst schreibt, die Freiheit und das Nichtstun, die »Hohlheit des gemächlichen Lebens [96]«. Das Leondinger Haus hat seine Mutter bereits im Juni 1905 verkauft [97]. Klara, Adolf und Paula Hitler wohnen nun in der Humboldtstraße 31 in Linz, so daß Adolf nicht mehr – wie etwa bis Frühjahr 1903 – in die Stadt zu laufen braucht. In Linz wird er Mitglied der Bücherei des Volksbildungsvereins und des Musealvereins [98], nimmt vom 2. Oktober 1906 bis zum 31. Januar 1907 Klavierunterricht bei dem ehemaligen Militärmusiker Prewatzky-Wendt [99], geht regelmäßig ins Landschaftliche Theater [100], besucht sämtliche Wagner-Aufführungen, zeichnet, malt, schreibt Gedichte, komponiert, entwirft Theater-, Brücken-, Städte- und Straßenbauten und diskutiert mit dem Musikschüler Kubizek große und phantastische Pläne **. Jetzt braucht er sich keiner

* Rudolf Bachleiter, Franz Eder und Karl Ehler wurden Bahnbeamte, Ferdinand Höflinger und Engelbert Schnurpfeil Lehrer, Otto Kiderle Beamter im Wiener Tierpark, Johann Schreiberhuber Postbeamter und Karl Plochberger Angestellter der Steyrwerke in Steyr. Handschriftlicher Bericht von Goldbacher vom 29. 1. 1941. Vgl. Anm.

** Vgl. die Darstellungen im 5. Kapitel.

Ordnung zu unterwerfen und bestimmt selbst, was er tun und lassen will. Seine Mutter wird sichtlich älter und auch hinfälliger. Am 18. Januar 1907 mußte sie sich im Linzer Krankenhaus der Barmherzigen Schwestern einer einstündigen schweren Operation durch den Chirurgen Dr. Karl Urban unterziehen [101], der danach in die Krankengeschichte [102] eintrug: Sarcoma musculi pectoralis minoris (bösartige Geschwulst im kleinen Brustmuskel). Klara überstand diese Operation zwar, lebte jedoch nur noch rund 11 Monate – mit der quälenden Gewißheit, daß Adolf rücksichtslos und unbelehrbar »seinen Weg weiter«-gehen würde, »als wäre er allein auf der Welt [103]«. Um ihn jedoch nicht zu beunruhigen, spielte sie ihm eine Besserung ihres Befindens vor, obwohl sie wußte, daß sie nicht mehr lange zu leben hatte. Adolf scheint ihr Verhalten falsch gedeutet zu haben. Jedenfalls ließ er sie allein mit seiner Schwester und fuhr nach Wien. Als Kubizek sie im Spätsommer 1907 besuchte, während Adolf sich in Wien befand, um die Aufnahmeprüfung an der Akademie der Bildenden Künste abzulegen, erschien sie ihm als eine alte und kranke Frau. Sie »kam mir«, schrieb er, »bekümmerter vor als sonst. Tiefe Furchen standen in ihrem Antlitz. Die Augen waren verschleiert, die Stimme klang müde und resigniert. Ich hatte den Eindruck, daß sie sich jetzt, da Adolf nicht mehr bei ihr war, völlig gehen ließ und älter, kränklicher aussah als sonst. Gewiß hatte sie, um ihrem Sohne den Abschied leichter zu machen, diesem verschwiegen, wie es um sie stand ... Nun aber, da sie allein war, erschien sie mir als eine alte, kranke Frau [104].«

3. KAPITEL

Künstler und Architekt

Im September 1907, als sich der Gesundheitszustand der seit Jahren kränkelnden Mutter gebessert zu haben scheint, fährt der achtzehnjährige Hitler nach Wien, um an der Allgemeinen Malerschule der »Akademie der Bildenden Künste« die Aufnahmeprüfung abzulegen. »Ausgerüstet mit einem dicken Pack Zeichnungen«, hat er sich auf den Weg gemacht, »überzeugt, die Prüfung spielend leicht bestehen zu können [1]«. Immer wieder haben Biographen auf diese Prüfung hingewiesen, richtungweisend Konrad Heiden *, ausführlicher Josef Greiner, der sie kurz vor Hitler ebenfalls absolviert zu haben vorgibt [2]. Hitler selbst berichtet nur, daß ihn seine »eigene Zufriedenheit« vor der Prüfung »stolz und glücklich das beste hoffen ließ«, und daß er danach »mit brennender Ungeduld, aber auch stolzer Zuversicht auf das Ergebnis gewartet habe [3]«.

112 Kandidaten findet der sehr selbstbewußte, von sich und seinen Fähigkeiten überzeugte Hitler vor, als er in der Akademie der Bildenden Künste auf dem Schillerplatz in Wien erscheint, um sich der Prüfung zu unterziehen [4], die von den meisten Bewerbern infolge der hohen Anforderungen weithin mit Recht gefürchtet wird. Bereits die erste Pflichtaufgabe beweist, daß die traditionsreiche Akademie

* Konrad Heiden (1901–1966), der 1933 aus Deutschland emigrierte deutsche Journalist, der seine Arbeiten über Hitler und den Nationalsozialismus (vgl. Bibliographie) als sein eigentliches Lebenswerk ansah, beeinflußte bis zu seinem Tode alle deutschen und ausländischen Darstellungen über Hitler und den Nationalsozialismus. Seine – von den meisten Autoren kritiklos übernommenen – Darstellungen, die er selbst als Kampfschriften verstand, bildeten die (oft allerdings verschwiegene) Quelle. Da ihm nur sehr wenige Dokumente zur Verfügung standen, wertete er Angaben von Zeugen aus, deren Berichte er nur selten auf ihren Wahrheitsgehalt prüfen konnte. Sein Haupt-»Gewährsmann« für die Darstellung z. B. des jungen Hitler war der Landstreicher Reinhold Hanisch (vgl. weiter unten in diesem Kapitel), dessen phantasievoll ausgeschmückten Erzählungen Heidens Urteilsgrundlage auch für die spätere Zeit bildeten. Auf ihn geht (über Heiden) beispielsweise die u. a. auch von Bullock, Shirer, Gisevius, Heiber und Jetzinger übernommene Version zurück, daß der junge Hitler ein fauler Nichtsnutz gewesen sei, im Asyl und im Freien kampiert, vagabundiert und ziellos in den Tag hineingelebt habe. Zu Heiden vgl. auch die Feststellungen in Maser, *Die Frühgeschichte der NSDAP*, S. 512 und Maser: *Neue Deutsche Biographie*, Berlin 1969, Bd. 8, S. 246 f.

von ihren künftigen Studenten nicht nur viel Talent, sondern auch schon bemerkenswerte Fertigkeiten erwartet. So umfassen die »Kompositions-Aufgaben« für die Prüflinge einen Themen-Katalog, der Respekt einflößt. Die Studienbewerber haben aus verbindlichen Themen-Vorschlägen jeweils zwei Aufgaben für Kompositionen zu wählen, die sie in Klausurarbeiten von zweimal drei Stunden Dauer bewältigen müssen [5].

Für den ersten Prüfungstag waren zur Auswahl vorgesehen:

1. »Austreibung aus dem Paradiese«, »Jagd«, »Frühling«, »Bauarbeiter«, »Tod« und »Regen«.
2. »Rückkehr des verlorenen Sohnes«, »Flucht«, »Sommer«, »Holzknechte«, »Trauer« und »Feuer«.
3. »Kain erschlägt Abel«, »Heimkehr«, »Herbst«, »Fuhrknechte«, »Freude« und »Mondnacht«.
4. »Adam und Eva finden den Leichnam Abels«, »Abschied«, »Winter«, »Hirten« und »Tanz und Gewitter«.

Am 2. Tag mußten die Kandidaten aus folgenden Gruppen wählen:

1. »Episode aus der Sindfluth«, »Hinterhalt«, »Morgen«, »Landsknechte«, »Musik« und »Gebet«.
2. »Die Heiligen Drei Könige«, »Flucht« (Verfolgung), »Mittag«, »Bettler«, »Wahrsagerin« und »Verunglückt«.
3. »Der barmherzige Samariter«, »Wallfahrer«, »Feierabend«, »Fischer«, »Märchenerzählerin« und »Schatzgräber«.
4. »Simsons Fesselung«, »Spaziergang«, »Nacht«, »Sklaven«, »Friede« und »Der Lehrer« [6].

Aus welcher Gruppe Hitler zu wählen hatte und wer ihn prüfte, belegen die Dokumente nicht. Er kann sowohl von Christian Griepenkerl, dem Leiter der Allgemeinen Malerschule, als auch von den Professoren Rudolf Bacher, Alois Delug und Siegmund l'Allemand (oder sogar vom ganzen Lehrkörper der Akademie der Bildenden Künste) geprüft worden sein [7]. Entscheidender als die Antwort auf diese Frage ist, daß Hitler diesen schwierigen Teil der Prüfung bestand, wogegen 33 Bewerber scheiterten *.

Wer den ersten Teil der Aufnahmeprüfung unter der Aufsicht der akademischen Lehrer bestand, mußte im Rahmen einer sogenannten

* Schriftliche Mitteilung der Wiener Akademie der Bildenden Künste vom 6. 9. 1969. Am 10. 5. 1942 meditierte Hitler im Zusammenhang mit der Erwähnung seiner Prüfung, »daß sich in ein Genie wohl nur ein Genie ganz hineinversetzen« könne. Picker, S. 324.

»Probezeichnung« nachweisen, was er außerhalb dieser Prüfung geleistet hatte. Hitler legte sein »Pack Zeichnungen« aus Urfahr und Linz vor. Unter diesen Arbeiten befanden sich relativ wenig Köpfe, was den Professor, der ihn prüfte, zu der Entscheidung veranlaßte, Hitler zum Studium an der Akademie nicht zuzulassen. In der »Klassifikationsliste der Allgemeinen Malerschule 1905–1911« findet sich die Eintragung: »Adolf Hitler, geb. in Braunau/Inn, Oberösterreich am 20. April 1889, deutsch, kath. Eltern: k. u. k. Oberoffizial, Probez. ungenügend, wenig Köpfe [8].«

Mit Hitler fielen weitere 51 »Probezeichner« durch. Einer von ihnen war Robin Christian Andersen, von 1945 bis 1965 an der Wiener Akademie der Bildenden Künste Leiter einer Meisterschule für Malerei, von 1957 bis 1958 und 1961 bis 1962 Leiter der Meisterschule für Kunsterziehung, von 1946 bis 1948 Rektor und von 1948 bis 1951 Prorektor der Akademie der Bildenden Künste [8a].

Nur 28 von 113 Kandidaten bestanden die Aufnahmeprüfung. »Geschlagen verließ ich«, sagt Hitler in *Mein Kampf,* »den Hasenschen Prachtbau am Schillerplatz, zum ersten Male in meinem jungen Leben uneins mit mir selber. Denn was ich über meine Fähigkeit gehört hatte, schien mir nun auf einmal wie ein greller Blitz einen Zwiespalt aufzudecken, unter dem ich schon längst gelitten hatte, ohne bisher mir eine klare Rechenschaft über das Warum und Weshalb geben zu können [9].« Was wäre der Welt möglicherweise erspart geblieben, wenn Hitler 1907 ein paar »Köpfe« mehr in seine Auswahl einbezogen hätte? Heute noch existieren von seiner Hand Porträts und Porträtstudien aus jener Zeit, die den Anforderungen der Akademie zweifellos genügt hätten.

Nach Hitlers Darstellung wurde ihm vom Rektor der Akademie (von 1907 bis 1909 war es Siegmund l'Allemand), dem er sich nach der Prüfung vorstellen ließ, erklärt, daß aus seinen »mitgebrachten Zeichnungen einwandfrei« die »Nichteignung zum Maler hervorgehe« und daß seine »Fähigkeit doch ersichtlich auf dem Gebiete der Architektur [10]« liege. Diese Feststellung deckt sich sehr wahrscheinlich mit den Tatsachen; denn Hitlers Zeichnungen und Malstudien beweisen in der Tat weit mehr eine betonte Beziehung zur Architektur als ein besonders ausgeprägtes Talent für schöpferische Malerei. Auffallend wenige Menschen bevölkern seine unter deutlicher Anlehnung an den 1905 verstorbenen österreichischen Landschaftsmaler Rudolf von Alt nicht selten ausgezeichnet gemalten und gezeichneten Straßen-Details. Wenn Personen vorhanden sind, haben sie meist nur dekorativen Charakter. Steif und gezwungen stehen sie – wie Schaufensterpuppen – auf den Straßen. Während die Gebäude- und Städteansichten bei Rudolf von Alt stets von zahlreichen gravitätisch schreitenden Personen, von Hunden und Pferdekutschen im Vordergrund belebt sind, beschränkte Hitler sich darauf, die Bauwerke darzustellen. Seine betonte Kopie des Altstils mag die Professoren der Akademie besonders auf die Schwäche seiner Darstellungen, auf die fehlenden Menschen und Tiere, aufmerksam gemacht haben.

Nach der Ablehnung durch die Allgemeine Malerschule der Akademie bewirbt sich Hitler um die Zulassung zum Studium an der Architekturschule der Akademie, obwohl ihm dafür die grundsätzlichen Voraussetzungen fehlen. Das Abitur, das er nicht besitzt, hätte ihm sehr nützlich sein können. Sechzehn Jahre später schreibt er: »Was ich bisher aus Trotz in der Realschule versäumt hatte, sollte sich nun bitter rächen [11]«. Die Erfüllung seines bisherigen Künstlertraumes, der Eintritt in die Bauschule der Technik, scheitert an der Tatsache, daß er es abgelehnt hat, die Oberschule ordnungsgemäß mit dem Abitur abzuschließen. »Die Bekannten, bei denen er in Wien wohnte, wurden nun ... energisch und setzten ihm zu, nach Linz zurückzukehren und das Abitur zu machen [12].« Ob Hitler selbst diesen Gedanken ernstlich erwogen hat, ist fraglich. Sein elementarer Haß gegen die Schule und seine Abneigung gegen systematische Arbeit, seine Gleichgültigkeit gegenüber einigen Schulfächern und die Erkenntnis, daß die von ihm infolge seines Engagements nicht einmal mit halbem Herzen gebotenen Leistungen in der Realschule den Anforderungen der Reifeprüfung nicht genügt hätten, sprechen nicht dafür. Nicht Schulen interessieren ihn, sondern die Museen und Bauwerke in Wien, wo er noch ein paar Wochen bleibt.

Im November 1907 geht er wieder nach Urfahr bei Linz zurück und übernimmt die Pflege seiner von dem jüdischen Arzt Dr. Eduard Bloch bereits als unheilbar aufgegebenen und vom Tod gezeichneten Mutter. Er führt den Haushalt, überwacht die Schularbeiten seiner Schwester Paula, wäscht, scheuert, kocht das Essen für die Mutter, für seine Schwester und für sich und versieht die Funktion des Familienvorstands. Dr. Bloch, der nicht nur Klara Hitler, sondern auch Adolf Hitler bereits vorher persönlich kannte, erklärte im November 1938: »In innigster Liebe hing er (Adolf Hitler, der Verf.) an seiner Mutter, jede ihrer Bewegungen beobachtend, um rasch ihr kleine Hilfeleistungen angedeihen lassen zu können. Sein sonst traurig in die Ferne blickendes Auge hellte sich auf, wenn die Mutter sich schmerzfrei fühlte [13].« Am 23. Dezember 1907, einen Tag vor Heiligabend, läßt Hitler seine Mutter auf dem Friedhof in Leonding neben seinem Vater bestatten. Bloch erinnerte sich: »Ich habe in meiner beinahe 40jährigen ärztlichen Tätigkeit nie einen jungen Menschen so schmerzgebrochen und leiderfüllt gesehen, wie es der junge Adolf Hitler gewesen ist [14]«. »Adolf und Paula Hitler« läßt Hitler in der Linzer Druckerei Kolndorffer auf die Todesanzeige drukken, »geben in ihrem eigenen sowie im Namen der übrigen Verwandten von dem Ableben ihrer innigstgeliebten, unvergeßlichen Mutter, beziehungsweise Schwiegermutter, Großmutter und Schwester, der Frau Klara Hitler, k. u. k. Zollamts-Oberoffizials-Witwe« Nachricht, die »am 21. Dezember 1907 um 2 Uhr früh ... entschlafen ist [15].«

Adolf und Paula waren nun Vollwaisen. Hitler übertrieb jedoch erheblich, als er später in *Mein Kampf* schrieb: »Not und harte Wirklichkeit zwangen mich nun, einen schnellen Entschluß zu fassen. Die geringen väterlichen Mittel waren durch die schwere Krankheit der Mutter zum großen Teile verbraucht worden, die mir zukommende Waisenpension genügte nicht, um auch nur leben zu können, also war ich nun angewiesen, mir irgendwie mein Brot selber zu verdienen [16].« Über die Wiener Zeit bis 1913, die er in *Mein Kampf* als »Wiener Lehr- und Leidensjahre [17]« bezeichnete, schrieb er: »Das danke ich der damaligen Zeit, daß ich hart geworden bin und hart sein kann. Und mehr noch als dies preise ich sie dafür, daß sie mich losriß von der Hohlheit des gemächlichen Lebens [18].« Nach den Behauptungen einiger angeblicher Zeugen* waren Hitlers Jahre in

* Wozu besonders die Verfasser von »Enthüllungsliteratur« wie Greiner und von »Erinnerungen« (an die gemeinsam verlebte Zeit mit Hitler) – wie Kubizek – gehören. Kubizeks Erinnerungen sind eine Mischung aus Dichtung und Wahrheit, wobei der Anteil der Wahrheit gelegentlich eindeutig zu kurz gekommen ist. Dokumentarischen Wert haben die Angaben nur dort, wo Kubizek Faksimiles in seine »Erinnerungen« einfügt. Wo seine Angaben nachprüfbar sind, werden sie zitiert. Greiners Darstellung ist unseriös. Trotz seiner anderslautenden Behauptungen hat er Hitler möglicherweise niemals persönlich kennengelernt. Er wird hier nur zitiert, wenn seine Angaben zur Vervollständigung einiger dokumentarisch belegbarer Zusammenhänge und Details beitragen. In einem Briefwechsel des ehemaligen Hauptarchivs der NSDAP (30. August 1938) wird auf eine Publikation Greiners hingewiesen (Ehemaliges Hauptarchiv der NSDAP, Bundesarchiv Koblenz, NS 26/36)

Wien, die er selbst die »gründlichste Schule [19]« seines Lebens nannte, ein zielloses Vegetieren unter Landstreichern und Tagedieben, unter heruntergekommenen, verkrachten und gestrandeten Elementen, was alle Biographen kritiklos übernahmen. Selbst Kubizek schloß sich diesen Feststellungen über die Zeit nach 1908 an, obwohl er nur bis Herbst 1908, bis zu seiner Einberufung zum Militär, mit Hitler zusammen war und über die spätere Zeit nur etwas vom Hörensagen wußte. Seine Formulierung, »es war der Weg in die Einsamkeit, in die Wüste, in das Nichts [20]«, trägt denn auch deutlich den Charakter eines Berichts aus zweiter Hand.

Weder Hitler noch Kubizek haben überliefert, wie es wirklich gewesen ist.

Zunächst stimmt nicht, was Hitler behauptet. Es trifft nicht zu, daß die »väterlichen Mittel« durch die Krankheit der Mutter »zum großen Teile verbraucht« waren [21]. Daß er 1908 auch aus dem Nachlaß seiner Mutter noch mit einer erklecklichen Summe bedacht worden ist, hat er niemals erwähnt. Im Juni 1905, 2 1/2 Jahre vor ihrem Tode, hatte Klara Hitler das Leondinger Haus für 10 000 Kronen verkauft [22], wobei der Käufer allerdings nur 7480 Kronen an sie zu zahlen brauchte, da das Gehöft noch vom Vorgänger mit einer Hypothek von 2520 Kronen belastet war. 1304 Kronen waren als Erbteil für Adolf und Paula abzurechnen [23], so daß Adolfs Mutter der immer noch erhebliche Betrag von 5500 Kronen verblieb. Darüber hinaus hatte sie seit 1903 eine jährliche Witwenpension von 1200 Kronen erhalten, wozu seit 1905 jährlich mindestens 220 Kronen kamen, die sie als Zinsen allein für das Bargeld aus dem Hausverkauf erhielt, so daß sie ohne Schmälerung des Barvermögens über mehr Geld verfügte, als sie, Adolf und Paula verbrauchten. Alois Hitler hatte vor seiner Pensionierung ein Jahresgehalt von 2600 Kronen und danach eine Pension von 2196 Kronen bezogen. Frau Hitler und ihren Kindern Adolf und Paula standen (neben dem Barvermögen aus dem Verkauf des Hauses) monatlich rund 120 Kronen zur Verfügung [24], wozu nennenswerte Zinsen aus einem Erbe von ihrer Tante Walburga Hitler aus Spital hinzugekommen sein dürften *.

* Die Höhe des Betrages ist nicht feststellbar. Die 1911 verstorbene Johanna Pölzl, eine der 3 Miterbinnen, hinterließ um 3800 Kronen. Vgl. *Die Frühgeschichte der NSDAP*, S. 80 f. und 482 f.: Dok. des Bezirksgerichts Linz. Aktenzeichen PV 49/3 – 24 vom 4. Mai 1911. Der Betrag, den Klara Hitler erbte, muß sich in der gleichen Höhe bewegt haben.

Erst im August 1969 fand sich bei einem der Vettern Adolf Hitlers ein zwischen 1897 und 1903 von einem Gerichtsschreiber aus Weitra im Waldviertel verfaßtes und vom Autor im August 1969 identifiziertes handschriftliches Testament [25] der Bäuerin Walburga Hitler, die im Jahre 1853 Josef Rommeder * geheiratet hatte und im Haus 36 des »Hitler-Dorfes« Spital kinderlos und vermögend verstorben war. In diesem Testament hatte die im Januar 1832 geborene Erblasserin bestimmt, daß ihre 1830 geborene Schwester Johanna nach ihrem Tode ihr gesamtes Vermögen erben solle. Für den Fall, daß diese Schwester vor ihr verstürbe – so hatte sie weiter verfügt –, sollten deren Töchter Klara, Johanna und Theresia erbberechtigt sein. Johanna, die Universalerbin Walburgas, starb am 8. Februar 1906, womit das Vermögen auf ihre drei Töchter überging, von denen Klara, Adolf Hitlers Mutter, bereits im Dezember 1907 verschied, so daß dieser Teil des Erbes ausschließlich an Adolf und Paula Hitler fiel **. Monatlich erhielt Hitler 58 Kronen aus dem väterlichen Erbteil, wozu 25 Kronen Waisenrente kamen ***. Die sehr hohen Beträge aus den (Walburga-Hitler-)Erbschaften von seiner Tante Johanna Pölzl und seiner Mutter, die er darüber hinaus erhielt, machten ihn zu einem ausgesprochen vermögenden Mann.

Für seine Wiener Zimmer zahlte Hitler durchschnittlich monatlich 10 Kronen Miete. Ein Jurist bekam nach einer einjährigen Tätigkeit am Gericht monatlich 70 Kronen, ein junger Lehrer in den ersten 5 Dienstjahren monatlich 66 Kronen, ein Postangestellter 60 Kronen. Ein k. u. k. Supplent (Assessor) an einer Wiener Realschule erhielt vor 1914 ein Monatsgehalt von 82 Kronen [26]. Benito Mussolini, der 1909 als Chefredakteur des *L'Avenire del Lavoratore* in dem damals österreichischen Trient lebte und zugleich auch Sekretär der Sozialisten der Arbeitskammer war, erhielt für beide Tätigkeiten zusammen 120 Kronen [27].

Das »harte Schicksal«, von dem Hitler im Zusammenhang mit seiner Wiener Zeit gern sprach, hatte mit wirtschaftlicher Not nichts zu tun.

Anfang 1908, während Hitler seine Erbschaftsangelegenheiten regelt, hat die offensichtlich gutsituierte Hausbesitzerin, in deren Haus

* Vgl. die genealogische Tafel.

** Walburga Hitler hatte in diesem Testament ausdrücklich verfügt, daß nur die »legitimen Kinder« der von ihr eingesetzten Erbinnen (oder deren »legitime Kinder«) erben dürften.

*** Vgl. § 9 des österreichischen Gehaltsgesetzes von 1896.

Hitlers Mutter bis zu ihrem Tod mit Adolf und Paula wohnte, sich bei einem weithin bekannten Künstler für Adolf eingesetzt. Ihrer in Wien lebenden Mutter, die den Bühnenbildner der Wiener Kunstgewerbeschule (heute Akademie für angewandte Kunst), Prof. Alfred Roller, persönlich kannte, schrieb sie Anfang 1908 einen (für die Beurteilung des jungen Hitler) sehr aufschlußreichen Brief, in dem es unter anderem heißt:

»Meine liebe Mutti ... Heute habe ich an Dich eine Bitte, die Du mir verzeihen magst, wenn Du Dich vielleicht darüber ärgerst! Es handelt sich um ein Empfehlungsschreiben an Direktor Alfred Roller, um das ich Dich herzlich bitte! Der Sohn einer Partei von mir wird Maler, studiert in Wien seit Herbst, er wollte in die k. u. k. Akademie der Bildenden Künste, fand aber dort keine Aufnahme mehr und ging dann in eine Privatanstalt ... Er ist ein ernster, strebsamer junger Mensch, 19 Jahre alt, reifer, gesetzter über sein Alter, nett und solid, aus hochanständiger Familie. Die Mutter ist vor Weihnachten gestorben ... Die Familie heißt Hitler, der Sohn, für den ich bitte, heißt Adolf Hitler.

Zufällig sprachen wir neulich über Kunst und Künstler, und er erwähnte unter anderem, daß Professor Roller eine Berühmtheit unter den Künstlern sei, nicht nur in Wien, sondern man kann sagen, sogar einen Weltruf besitze ... und er verehre ihn in seinen Werken.

Hitler hatte keine Ahnung, daß mir der Name Roller bekannt ist, und als ich ihm sagte, daß ich einen Bruder des berühmten Roller gekannt habe, und ihn fragte, ob es ihm vielleicht nützlich sein könnte in seinem Fortkommen, wenn er eine Empfehlung an den Direktor des Ausstattungswesens der Hofoper bekäme, da leuchteten dem jungen Menschen die Augen; er wurde dunkelrot ... Gern wäre ich dem jungen Menschen behilflich; er hat eben niemand, der ein Wort für ihn einlegt oder ihm mit Rat und Tat beisteht; er kam ganz fremd und allein nach Wien, mußte allein, ohne Anleitung, überall hingehen, um aufgenommen zu werden. Er hat den festen Vorsatz, etwas Ordentliches zu lernen! Soweit ich ihn jetzt kenne, wird er sich nicht ›verbummeln‹, da er ein ernstes Ziel vor Augen hat; ich hoffe, Du verwendest Dich für keinen Unwürdigen! Tust vielleicht ein gutes Werk.

Wenn es Dir, liebste Mutti, möglich ist, bitte ich Dich recht herzlich, schreibe einige empfehlende Zeilen an Direktor Alfred Roller ... ich schicke dieselben dann wieder an den jungen Hitler nach Wien.

Würdest Du Besucher empfangen können, hätte ich ihn zu Dir geschickt, mit einem Brief von mir: so aber geht das nicht, und darum ist es für Dich vielleicht weniger unangenehm, wenn Du einige Worte schreibst, als (wenn Du, der Verf.) durch ... einen Besuch belästigt wirst. Nochmals bitte ich Dich, liebste Mutti, sei nicht böse, wenn ich vielleicht etwas damit verlange, was Dir Beschwerden macht ... er (Hitler, der Verf.) wartet nun einen Bescheid von der Obervormundschaft ab, wegen der Pension für sich und seine Schwester [28]«.

Die Mutter tat mit Erfolg, worum sie gebeten worden war. Prof. Roller erklärte, daß er bereit sei, den jungen Hitler zu empfangen. Bereits am 8. Februar 1908 dankte die Tochter ihrer Mutter, indem sie unter anderem feststellte:

»Du wärst für Deine Mühe belohnt gewesen, wenn Du das glückliche Gesicht des jungen Menschen gesehen hättest, als ich ihn herüberrufen ließ und ihm sagte, daß Du ihn an Direktor Roller empfohlen hast, daß er sich bei ihm vorstellen darf!

Ich gab ihm Deine Karte und ließ ihn Direktor Rollers Brief lesen! Da hättest Du den Jungen sehen sollen. Langsam, Wort für Wort, als ob er den Brief auswendig lernen wollte, wie mit Andacht, ein glückliches Lächeln im Gesicht, so las er den Brief, still für sich. Mit innigem Dank legte er ihn dann wieder vor mich hin. Er fragte mich, ob er Dir schreiben dürfe, um seinen Dank auszusprechen; ich sagte ihm: ja!

Vergelte Dir's Gott, daß Du Dich bemüht hast ... Obwohl von der Obervormundschaft noch immer kein Bescheid da ist, will Hitler jetzt nicht mehr hier warten und in einer Woche doch nach Wien gehen. Der Vormund ist ein ganz einfacher Wirtschaftsbesitzer, ein sehr braver Mann, aber so wie ich glaube, versteht er nicht viel; er ist nicht hier, sondern in Leonding ansässig. Der Junge muß alle Gänge machen, die sonst einem Vormund zukommen. Beiliegend folgt Direktor Rollers Brief zurück. Wenn Du den Herrn einmal siehst, sage ihm meinen verbindlichsten Dank für seine Güte, daß er trotz vieler Arbeit in seiner Stellung doch den jungen Hitler empfangen und beraten will. Ein solches Glück hat nicht jeder junge Mensch, Hitler wird es wohl zu schätzen wissen *!«

* Fotokopie des Briefes im Besitz des Verfassers. Die Fehler wurden vom Verfasser korrigiert. Am 10. 5. 1942 sagte Hitler im Rahmen eines Monologs über die Wiener Akademie und seine Prüfung, daß er von sich aus nicht gewagt habe, »an einen großen Mann heranzutreten«. Picker, S. 323.

Bereits zwei Tage später bedankt sich Adolf Hitler bei der alten Dame mit dem im folgenden zitierten Brief:
»Drücke Ihnen hiermit, hochverehrte gnädige Frau, für Ihre Bemühungen, mir Zutritt zum großen Meister der Bühnendekoration, Prof. Roller, zu verschaffen, meinen innigsten Dank aus. Es war wohl etwas unverschämt von mir, Ihre Güte, gnädigste Frau, so stark in Anspruch zu nehmen, wo Sie dies doch einem für Sie ganz Fremden tun mußten. Um so mehr aber bitte ich auch meinen innigsten Dank für Ihre Schritte, die von solchen Erfolgen begleitet waren, sowie für die Karte, welche mir gnädige Frau so liebenswürdig zur Verfügung stellten, entgegennehmen zu wollen. Ich werde von der glücklichen Möglichkeit sofort Gebrauch machen.
Also nochmals meinen tiefgefühltesten Dank, und ich zeichne mit ehrerbietigem Handkuß

Adolf Hitler [29]«

Nachdem Hitlers Amts-Vormund Josef Mayrhofer, der Bürgermeister von Leonding, ein robuster, praktisch denkender, in dörflichen Vorstellungen befangener, ungebildeter Bauer, einige Tage später das Nachlaßprotokoll von Hitler hat unterschreiben lassen und dieser Teil der Erbschaftsangelegenheit erledigt ist, verläßt Hitler Linz und geht wieder nach Wien, wo er bis September mit seinem Freund August Kubizek bei einer Polin namens Zakreys in der Stumpergasse 29 wohnt. »Der frühe Trotz war wiedergekommen und mein Ziel endgültig ins Auge gefaßt. Ich wollte Baumeister werden [30]«, berichtet er. Daß diese Feststellung keine Phrase ist, beweisen einwandfreie Dokumente.
Der 19jährige Hitler hat seinen Traum, einmal ein berühmter Maler oder Architekt zu werden, auch nach der mißlungenen Aufnahmeprüfung von 1907 nicht aufgegeben. Was er in der Schule angeblich absichtlich nicht wollte, tat er jetzt: er arbeitet emsig, konsequent und zielgerichtet. Bei dem in Wien lebenden Bildhauer Panholzer, der hauptberuflich Lehrer an einer Oberschule und erfahrener Pädagoge ist, nimmt er Kunst-Unterricht [31], um die Zeit bis zur nächsten Aufnahmeprüfung an der Akademie nicht ungenutzt verstreichen zu lassen. Wie er mit Panholzer bekannt geworden ist, läßt sich nicht ermitteln. Wahrscheinlich wurde Panholzer ihm von Roller empfohlen, den er rund 30 Jahre später in seinem Führerhauptquartier als einen seiner Lehrer bezeichnete [32]. Als Rollers Sohn

Anfang 1942 an der Ostfront fiel, meditierte Hitler in der »Wolfsschanze« über die Unersetzbarkeit von Künstlern und warf Baldur von Schirach vor, den Einsatz des jungen Bühnenbildners nicht verhindert zu haben. »Schießt so ein russischer Idiot einen solchen Mann über den Haufen«, schimpfte er und fuhr fort: »Ein solcher Mann ist nicht zu ersetzen [33]«.

Im Herbst 1908 unterzieht er sich der Prüfungsprozedur noch einmal. Da inzwischen weder der Rektor noch das Lehrer-Kollegium der Akademie gewechselt haben, kennen die Professoren ihn noch vom Jahr zuvor, was ihm mehr schadet als nützt. Diesmal akzeptieren sie – anders als 1907 – seine Klausur-Kompositionen nicht. Die Arbeiten, die er seit der letzten Prüfung unter Panholzers Anleitung mit großem Fleiß und Eifer geschaffen hat, darf er gar nicht erst vorlegen. Er wird »nicht zur Probe zugelassen [34]«, wie es in der »Klassifikationsliste« des Schuljahres 1908/1909 heißt. Die krasse Änderung der familiären Verhältnisse seit Dezember 1907 ist nicht spurlos an ihm vorübergegangen. Der Tod seiner relativ jungen Mutter und die damit verbundene Tatsache, daß er – trotz der Diagnosen und Indikationen des erfahrenen Linzer Arztes Dr. Bloch – »plötzlich«, im wesentlichen unvorbereitet, »erwachsen« und selbständig sein und für sich und seine sieben Jahre jüngere Schwester Paula sorgen muß, haben sich so gravierend auf seine Mentalität und seine künstlerische Leistungsfähigkeit ausgewirkt, daß er, seit Weihnachten 1907 ein totaler Einzelgänger ohne Kontakt zu den von ihm abgelehnten Verwandten, während der Prüfung gänzlich versagt. Hinzu kommt, daß die bis dahin ungewohnt straffe und konsequente Schularbeit im Bildhauer-Atelier Panholzers die in ihm angelegten malerischen Auffassungen und Fertigkeiten nicht geschult und entfaltet, sondern das Gegenteil bewirkt hat. Sein 1907 bereits von den Professoren der Akademie bestätigtes und als ausbildungswürdig bezeichnetes Verhältnis zur Architektur ist jetzt sowohl im zeichnerischen Strich als auch in der Bildkomposition noch profilierter ausgeprägt als im Herbst 1907.

Hitler läßt sich jedoch weder durch die harten familiären Schicksalsschläge noch durch die neuerlichen persönlichen Mißerfolge entmutigen. Im Gegenteil. Er glaubt nach wie vor an sich und wechselt zunächst nicht einmal die Wohnung, obwohl er zumindest damit rechnen muß, daß seine einfach-brave Zimmervermieterin in ihm nicht mehr den »feinen Herrn« und in jeder Hinsicht gesicherten

Sohn des Staatsbeamten aus der bäuerlich artikulierten Provinz sieht. Erst kurz bevor August Kubizek, mit dem er seit Beginn der Wiener Zeit das Zimmer teilt, von seiner kurzfristigen Militärübung zurückkehrt, zieht Hitler um. Dem Freund, der seine intimsten Wünsche und Vorstellungen genau kennt, will er nach diesem entscheidenden Erlebnis offenbar nicht mehr begegnen. Ihm hinterläßt er nicht einmal seine neue Anschrift [35]. Er flieht aus der Welt, die ihn kennt, und er entzieht sich denen, die ihn suchen, wozu von Herbst 1909 bis 1914 nicht zuletzt auch die österreichischen Militärbehörden gehören, die ihn nicht zum Militärdienst zwingen können, weil sie nicht wissen, wo er sich befindet [36].

Trotz aller negativen Erfahrungen etabliert Hitler sich kurzerhand und selbstbewußt als »akademischer Maler« und seit 1909 gelegentlich auch als Schriftsteller [37]. Nun zeichnet, malt und verkauft er Bilder in der Stadt, die er zeitlebens mehr haßt als liebt. Erst 1913 geht er nach München, wo sechs Jahre später seine beispiellose Karriere beginnt.

In Wien malt und zeichnet Hitler bis Mitte 1910 sehr viele kleinformatige Bilder; zuweilen sind es sechs bis sieben in der Woche [38]. Meist kopiert er Postkarten und alte Stiche, die Darstellungen des Wiener Parlamentsgebäudes, des Kärntnerthortheaters, der Minoritenkirche, Michaelerkirche, Alserkirche, Karlskirche, der Kirche Maria am Gestade, des Rathauses, der alten Ferdinandsbrücke, des Heiligen Kreuzerhofes, »Fischer-Thors«, Michaelerplatzes, Dreilauferhauses, der Hofburg und anderer Bauten enthalten [39]. Landschaften und Bildnisse von Personen, Ölgemälde, Tuschzeichnungen und Aquarelle, selbst technisch schwierige Druckgraphiken (vor allem Radierungen), Plakate und illustrierte Werbetexte beispielsweise für Kosmetika, Puderfabrikate, Schuhe, Schuhputzmittel, Damenunterwäsche und sogar architektonische Beratungen kommen in unregelmäßiger Folge hinzu. Reinhold Hanisch, den Hitler Ende 1909 während seines kurzfristigen Aufenthalts im Obdachlosenasyl in Meidling kennengelernt hat, verkauft die rasch und meist gefällig gezeichneten und gemalten Bilder – vornehmlich sind es Aquarelle – an Händler und Endkäufer. Den Erlös teilen sich er und Hitler je zur Hälfte [40]. In *Mein Kampf* berichtet Hitler: »In den Jahren 1909 auf 1910 hatte sich ... meine ... Lage ... etwas geändert ... Ich arbeitete damals schon selbständig als kleiner Zeichner und Aquarellist [41].« Hanisch bestätigt diese Angabe mit der Feststellung, daß er

»mitunter eine ganz gute Bestellung erreichen« konnte, so daß beide »schlecht und recht[42]« hätten leben können. Aber Hitler, der nicht Maler, sondern Architekt werden will, wird mit zunehmendem Erfolg bequemer, nachlässiger und oberflächlicher. Er malt und zeichnet nur noch, um sein reichlich bemessenes Budget aufbessern zu können *. Sein Kompagnon Hanisch dagegen kann weder mit Zuwendungen aus Erbschaften noch mit ständigen Rentenzahlungen des Staates rechnen. Hanisch's Appelle an Hitlers künstlerische Fähigkeiten und an seine eigene Lage überhört Hitler. Er nimmt auf die Situation seines Helfers, der ihm nicht nur die deprimierenden Erlebnisse der gelegentlichen Zurückweisung der Bilder abnimmt, keine Rücksicht und behandelt ihn wie ein Werkzeug, so daß Hanisch sich schließlich um eine neue Verdienstmöglichkeit bemüht: »Um diese Zeit erhielt ich«, schrieb er später, »einige Aufträge in Radierung, die ich selbst versuchte, da Hitler die Arbeit gänzlich vernachlässigte[43]«. Schließlich findet die Geschäftsverbindung Hitler–Hanisch im Sommer 1910 ein jähes Ende. Anfang August erstattet Hitler beim Wiener Polizeikommissariat Brigittenau Anzeige gegen seinen Geschäftspartner, der verschwunden ist und ihm angeblich seinen Teil eines ihm zustehenden Verkaufserlöses unterschlagen und ein Bild veruntreut hat[44]. Hitler gibt an, von Hanisch nach dem Verkauf eines querformatigen, fotografisch genau gemalten Aquarells mit plastisch wirkenden Architektur- und Dekor-Details ** um 19 Kronen betrogen worden zu sein – und darüber hinaus ein weiteres Aquarell im Werte von 9 Kronen durch Hanisch eingebüßt zu haben. Hanisch mußte 7 Tage ins Gefängnis[45]. »Ich habe die Aussage (Hitlers) nicht entkräftet, weil ich vom Privatkäufer des ›Parlament‹ eine mehrwöchentliche Bestellung erhalten hatte, die Hitler bekommen hätte, wenn ich den Ort des Verkaufs angegeben hätte[46]«, behauptet Hanisch im Mai 1933. Diese Erklärung ist durchsichtig und deckt sich sehr wahrscheinlich nicht mit den Tatsachen[47].

Die Käufer der Bilder Hitlers, der seine gewöhnlich mit »A. Hitler«, »Hitler«, »A. H.« oder »Hitler Adolf« signierten Arbeiten seit August 1910 in vielen Fällen selbst den Auftraggebern aushändigt, sind häufig jüdische Intellektuelle und Geschäftsleute. Noch 1938,

* Vgl. auch S. 81 und 94.

** Bei dem Bild handelt es sich um eine Darstellung des Wiener Parlamentsgebäudes, das nach Hitlers Angaben einen Handelswert von mindestens 50 Kronen hatte. Repro. des ehemal. Hauptarchivs der NSDAP, Nr. 213/2, Archiv Dr. Priesack.

als Hitler-Aquarelle zu Preisen zwischen 2000 bis 8000 Mark verkauft wurden [48], besaßen Hitler-Bilder aus der Zeit von 1909 bis 1913 unter anderem der jüdische Arzt Dr. Bloch, der sowohl Hitlers Mutter als auch Hitler selbst behandelt hatte, der ungarisch-jüdische Oberingenieur Retschay, der Wiener Rechtsanwalt Dr. Josef Feingold, der zwischen 1910 und 1914 junge begabte Maler unterstützte [49], und der (Bilder-)Rahmenhändler Morgenstern [50]. Einige Linzer und Wiener Hoteliers, Geschäftsinhaber und Akademiker hatten 1938 nicht nur ein oder zwei Hitler-Bilder aus Hitlers angeblichen »Wiener Lehr- und Leidensjahren *«. Im Schloß Longleat des englischen Kunstsammlers Henry Frederick Thynne, Lord of Bath, hängen nach wie vor 46 von Hitler signierte Gemälde aus der Zeit vor 1914 [51].

Acht Monate lang hat Hanisch sich sowohl zu seinem eigenen als auch zum Nutzen Hitlers für die »Verbreitung« der Hitler-Arbeiten eingesetzt. Er berichtet unter anderem in sehr fehlerhafter Schreibweise: »Da er (Hitler, der Verf.) mir erzählte daß er Academie besucht habe sagte ich ihm er solle Postkarten malen. Ich gieng diese verkaufen. Er malte auch Ansichten von Wien die ich bei Bilderhändlern und Tapezirern verkaufte. Ich konnte mitunter eine ganz gute Bestellung erreichen. So daß wir schlecht und recht leben konnten. Doch in besseren Geschäften des Kunsthandels wurden die Arbeiten immer abgewiesen. Ich redete Hitler zu sich mehr Mühe zu geben. Zum Zweck des weiteren Fortschritts besuchten wir die Museen. Architektur begeisterte Hitler besonders. Und wenn er von Gottfried Semper sprach konnte mann ihm stundenlang zuhören [52].« Nach der Hanisch-Affäre findet Hitler in einem ungarisch-jüdischen Händler namens Neumann, der zeitweilig ebenfalls im Männerheim in der Meldemannstraße wohnt, einen wenigstens gelegentlichen Verkäufer seiner Bilder. Während Hanisch seine »Existenz« eingebüßt hat, schränkt Hitler seine künstlerische Arbeit ein, liest erheblich mehr als vorher und beginnt immer intensiver auch in seiner bisherigen Arbeitszeit bei Tag zu politisieren. Er malt weiter; aber es entstehen längst nicht mehr so viele Arbeiten wie zuvor. Von nun an verkauft entweder der ungarische Jude Neumann Hitlers Bilder, oder

* Titel des zweiten Kapitels von *Mein Kampf* (S. 18 ff.). Ein Damenfriseur namens Mock besaß z. B. 4 Aquarelle, ein Hotelier 5 (Gedächtnisprotokoll von Hannele Lohmann, Masch.-Text vom 23. 5. 1938. Bundesarchiv Koblenz, NS 26/36).

Hitler macht sich selbst auf den Weg zu seinen Kunden – was die Produktion ebenfalls einschränkt.
Hanisch, der Hitler erst wieder 1913 zufällig begegnet, während Hitler einem Käufer ein Aquarell bringt [53], hat sich für die sieben Tage Gefängnis und für den Verlust seines Zwischenhändlerpostens vor 1933 auf billige Weise durch negative Tendenzberichte an Hitler gerächt. Konrad Heiden, Rudolf Olden und ungezählte Journalisten, die später über Hitler schrieben, fanden in Hanisch einen »Zeugen«, der die Erlebnisse seines vorherigen und späteren Landstreicherlebens als Schilderungen über Hitler verkaufte. In einem undatierten Brief an Franz Feiler, mit dem Hanisch seit 1924 befreundet war, berichtet er, daß er große Not leide, von insgesamt nur 3 Schillingen in der Woche lebe, die Miete nicht bezahlen könne und nicht wisse, »wie das enden soll, es ist ja ganz gleich wo man verreckt [54]«. Im Mai 1933 jedoch, kaum daß Hitler in Deutschland die »Macht ergriffen« hatte, erbot er sich unter Vorlage von Skizzen, für den Preis von 150 bis 170 Schillingen exponierten Mitgliedern der NSDAP zu helfen, falls sie Hitler durch Erlebnisberichte über dessen Beziehungen zur Kunst, vor allem über seine Vorliebe für Gottfried Semper, »eine Freude« [55] bereiten wollten. Er prostituierte sich vergeblich. Die Gestapo präsentierte ihm 1938 für seine früheren Erzählungen Hitlers Rechnung auf Martin Bormanns Anweisung. Unmittelbar nach dem Einmarsch der deutschen Wehrmacht in Österreich wurde Hanisch verhaftet. Am 11. Mai 1938 erklärte Feiler in einem mutigen Brief an das Hauptarchiv der NSDAP, daß Hanisch während der Untersuchungshaft an Lungenentzündung gestorben sei [56]. Martin Bormann behauptete dagegen am 17. Februar 1944: »Nach der Übernahme Österreichs hat sich Hanisch erhängt [57].« »Es war mir nicht unbekannt«, schrieb Feiler, der die Ehre seines Freundes retten wollte, »daß gewisse Zeitungsleute Hanisch des öfteren über Adolf Hitler ausgefragt haben, die erfahrene Wahrheit mit den ihnen notwendig erscheinenden Zwecklügen ergänzten und Hanisch mußte dann für das Ganze mit seinem Namen einstehen [58].«
Die meisten Lügen über Hitlers Wiener Zeit bis 1913 haben eine Wurzel: Reinhold Hanisch. Den Tendenzgeschichten Hanischs, der selbstfabrizierte Bilder als Hitler-Arbeiten aus der Zeit vor 1913 anbot und verkaufte *, als Hitler ein berühmter Mann geworden

* Martin Bormann hielt die Tatsache noch im Februar 1944, während Hitler große Sorgen mit den Fronten hatte und an seinem rechten Auge laborierte, für so wich-

war, sind jedoch nicht nur Zeitungsleute gefolgt, sondern auch Biographen wie Rudolf Olden und Konrad Heiden – und nach ihnen eine ganze Historikergeneration. Bullocks Hitler-Biographie [59] ist ein treffender Beweis dafür.

Hitlers spätere Neigung zur ostentativen Demonstration von Macht, zur Errichtung monumentaler Bau- und Kunstwerke, seine »Gewohnheit«, unduldsam und besserwisserisch sachkundige Äußerungen von Fachleuten zu »korrigieren«, seine oft penetrante Exaktheit in nebensächlichen Dingen und nicht zuletzt vielleicht auch die rücksichtslose Härte, Grausamkeit und Bösartigkeit gegen andere gehen zum Teil auf die Wiener Jahre zurück. Die Stadt, in der seine Hoffnung auf die Verwirklichung der erträumten künstlerischen Laufbahn bereits beim ersten Anlauf jäh zerstört worden ist, wurde zum negativen Ausgangspunkt seiner »Weltanschauung«, die richtungsmäßig allerdings bereits festlag, seit er Linz verließ. Hitler erlebt die vielschichtig kulturträchtige Stadt, die er in *Mein Kampf* verächtlich »diese Phäakenstadt [60]« nennt, nicht primär als politisch besonders interessierter Bürgersohn, der es sich trotz seiner Berufslosigkeit als gutsituierter Bohemien leisten kann, radikalkonservative bürgerliche Vorstellungen zu verfechten, sondern als gescheiterter Kunststudent, der die negativen Tatsachen verdrängt, seine Situation zwar als deklassierende Zwischenstation erkennt, sich jedoch die Tatsachen nicht eingestehen will, die Schuld bei anderen sucht, auf ein ordentliches Studium hofft und sich durch eine höchst eigenwillige Beschäftigung mit Literatur, Kunst und Architektur darauf vorbereitet. »In dieser Zeit«, sagt er in *Mein Kampf*, »bildete sich mir ein Weltbild und eine Weltanschauung, die zum granitenen Fundament meines derzeitigen Handelns wurden [61].« Seit September 1908 nährt und artikuliert er seinen Haß gegen die Hauptstadt der Donaumonarchie mit ihren bunt zusammengewürfelten Völkerschaften, als ob sie schuld daran sei, daß ihm nicht gelungen ist, was er sich schon als Kind voller Illusionen gegen den Willen seines Vaters vorgenommen hat. Er ist überzeugt, daß sein Talent in Wien nicht richtig erkannt worden ist. »Wenn unsere Schulmeister das angehende ... Genie in der Regel nicht [62]« erkennen und zum Teil sogar als untalentiert ablehnen, sagt er noch am 10. Mai 1942, liegt es wohl daran, daß ein Genie im Grunde nur von Menschen gleichen Formats erkannt werde. Die Tatsache, daß die Akademie der

tig, daß er einen Aktenvermerk diktierte und unterschrieb, in dem er auf Hanischs Bilderfälschungen verwies. Masch.-Text, Bundesarchiv Koblenz, NS 26/64.

Bildenden Künste ihn abgewiesen hat, empfindet er als einen Irrtum, zumal er täglich bestätigt sieht, daß er von den Ergebnissen seiner selbst nur flüchtigen Arbeiten existieren könnte, wenn er darauf angewiesen wäre. Daß die etablierten Kunsthändler seine zu sorglos und zu laienhaft gemalten Bilder in vielen Fällen zurückweisen, erfährt er nur mittelbar. Andere Leute, zum Beispiel Hanisch und Neumann, läßt er diese Erfahrung unmittelbar machen. Sie schirmen ihn von der Realität ab und fördern unbewußt die Etablierung eines schiefen Verhältnisses zur Wirklichkeit, auch wenn ihn Anstöße zur Korrektur über seine Zwischenhändler erreichen. Später, seit er über Mittel und Macht verfügt, will er beweisen, daß er bauen kann wie niemand sonst. In der Hauptstadt der Donaumonarchie hat er erfahren, daß sowohl seine künstlerischen Leistungen als auch seine schulischen Voraussetzungen zur Realisierung seines Wunschtraums nicht ausreichen. Ein Vierteljahrhundert danach beginnt er zu zeigen, daß er alles »besser« als alle anderen weiß. Seine 1942 geäußerte Auffassung, daß nicht das Studium an den traditionellen Akademien, sondern die Lehre in den Werkstätten großer Könner »wirkliche Künstler« [63] hervorbringe, ist eine Folge seiner Wiener Erfahrungen. Ob seine häßlichen Verhaltensweisen nicht nur eingefahrene Reaktionen auf die Wiener Erlebnis- und Umwelteinflüsse waren, sondern beispielsweise auch sowohl Beweise für eine traumatische Störung der Trieb-Entwicklung als auch Folgen einer prägenitalen Libido-Entwicklung, eines narzißtisch überformten Charakters in früher Kindheit und Variationen einer »Ersatzbefriedigung«, kann der Historiker nicht beurteilen.

Infolge seiner »Broterwerbs«-Beschäftigung, wie Hitler später seine damalige Tätigkeit nennt, fühlt er sich zwangsläufig als Maler, als »kleiner Maler [64]«, wie er sich in *Mein Kampf* ausdrückt. Wie sehr viele Maler seit der Jahrhundertwende besonders in Paris und Wien, so drückt auch er durch eine betont unregelmäßige Lebensführung demonstrativ aus, daß er sich nicht einfach einordnen lassen will. Er, der »akademische Maler«, zeigt offen, daß er sich mit seiner Umwelt nicht identifizieren möchte, die er für rückständig, verfallen, überlebt und gleichgültig hält, geringschätzt und verachtet [65]. Dennoch trifft nicht zu, was Hanisch und Greiner über seine Erscheinung während der Wiener Zeit behaupten. Sie beschreiben den jungen Hitler in Wien als einen Mann, der äußerlich genau dem Bild entspricht, das die bürgerliche Welt sich normalerweise von einem Künstler macht: unordentlicher Haarschnitt, vollbärtiges, ungepflegtes Gesicht und schmutzige und schlechte Kleidung [66].

Hitler, der von Dezember 1909 bis Mai 1913 im Männerheim wohnte und dort bei Tageslicht zeichnete und malte, trug während der Arbeit an seinen Bildern einen abgetragenen Anzug *. Mit seiner wirtschaftlichen Lage hatte sein Erscheinungsbild während des Tages und seiner Arbeit nichts zu tun. Ein Maler, der mit Aquarell- und Ölfarben umgeht, wie Hitler es vorzugsweise tat, ist nicht in der Lage, jedermann stets in gepflegter Kleidung zu begegnen. Auch wenn der Wiener Hitler darauf bedacht gewesen wäre, äußerlich im Stile seines Vaters oder wie er selbst seinerzeit in Linz entsprechend mit Frack, Zylinder, Spazierstock und weißen Handschuhen aufzutreten, hätte ihm seine Malerei dies nur zeitweise erlaubt. Daß der Achtzehnjährige, der in Wien zunächst viel malt, sich auf dem Wege zum Architekten sieht, sagt er nicht nur jedem, der nach seinen Zielen fragt, sondern versucht es auch, durch sein Auftreten auszudrücken **.

Als der Erste Weltkrieg ausbrach, glaubte Hitler nach sehr viel späteren Bemerkungen angeblich, bereits an der Pforte zur Zukunft zu stehen, die die Wiener Niederlage endgültig vergessen machen sollte. Wenn der Krieg nicht gekommen wäre, meditierte er am 10. Mai 1942 im Führerhauptquartier, wäre »ich sicher Architekt geworden, vielleicht – ja, vielleicht sogar – einer der ersten Architekten, wenn nicht der erste Architekt Deutschlands [67]«. Bis zum Ausbruch des Ersten Weltkriegs lebt Hitler sowohl in Wien als auch in München auf sein Ziel hin, Architekt zu werden; aber was er skizziert, entwirft, plant und umrißhaft durchdenkt, spiegelt die Wiener Zeit und sein negatives Verhältnis zu dieser Stadt wider. Was er jedoch in Wien selbst – auch nach 1938 – neu gestalten und im Sinne seiner Intuitionen und Pläne ändern zu müssen meint, ist sehr wenig. Seine Behauptung vom 26. April 1942, daß er nicht beabsichtige,

* Karl Honisch, der eine Zeitlang ebenfalls im Männerheim wohnte, berichtete, daß Hitler während seiner Arbeit einen »abgetragenen dunklen Anzug trug«. Handschriftlich (Original). Ehemaliges Hauptarchiv der NSDAP, Bundesarchiv Koblenz, NS 26/17 a.

** Als er im Mai 1913 bei seinem Münchner Vermieter Popp einzog, der als Modeschneider zweifellos auch Wert darauf legen mußte, daß sein Untermieter gut gekleidet war, fielen Popp und seiner Familie auf, daß der junge Hitler kein einziges abgetragenes Kleidungsstück bei sich hatte. Sein Frack, seine Anzüge, Mäntel und Unterwäsche waren in ordentlichem und gepflegtem Zustand. Persönliche Auskunft von Josef und Elisabeth Popp (1966–1969).

»Wiens Stellung zu schmälern«, ist durchsichtig, was bereits seine in indirekter Rede zitierte Bemerkung bestätigt: »Wenn die Wiener sich daran störten, daß sie ... in ihrer Monopolstellung und in den Möglichkeiten zur gouvernantenhaften kulturellen Betreuung der Alpen- und Donaugaue beschränkt würden ... sei das unberechtigt [68].« »Berlin« dagegen, sagt er am 11. März 1942, »wird als Welthauptstadt nur mit dem alten Ägypten, Babylon oder Rom vergleichbar sein [69]«, wenn dort, was er in dem Zusammenhang nicht ausspricht, der überdimensionale Monumentalbau errichtet sein werde, den er 1924 skizziert hat [70]. Mit inniger Zuneigung hängt er – buchstäblich bis zur letzten Stunde [71] seines Lebens – nur an Linz, das er, falls er dazu in der Lage ist, in spätestens zehn Jahren nach dem gewonnenen Krieg zur schönsten deutschen Donaustadt machen will [72]. Schrankenloser Wille zur Macht, Repräsentationsbedürfnis [73], Haß und Negationssucht stehen seit der Wiener Zeit – in der er zum Beispiel auch zum Antisemiten wird, obwohl gerade dort viele Juden seine Bilder kaufen und ihn als Maler weiterempfehlen [74] – an der Schwelle seiner immer wieder bekundeten Absicht, Großes zu schaffen. Und sie sind seitdem oft auch als Stimulantien hinter seinem Drang zur Umgestaltung der Wirklichkeit zu spüren, soweit er sie nicht selbst schon umgeformt hat.

Als Hitler im Mai 1913 24jährig nach München geht, ist sein Standort in großen Zügen fixiert.

In München, der deutschen Stadt, die ihn als jungen Künstler verständlicherweise besonders anzieht, ist Hitler zunächst allein. Hier wohnt er nicht in einem Heim, dessen Leitung und Insassen ihm einen Tagesrhythmus aufzwingen, der ihm womöglich nicht behagt. Hier kann er kommen und gehen, schlafen und wachen, arbeiten, studieren und faulenzen, wann immer er es will. Die wenigen Menschen seiner nächsten Umgebung, der Schneidermeister Popp und dessen Familie, die sehen und »wissen«, daß ihr zurückhaltender Hausgenosse »akademischer Maler« [75] ist und seine Bilder verkauft, wissen bis August 1914 nicht, wovon er lebt. In seinem Zimmer in der Schleißheimer Straße malt er, meist am Fenster zum gegenüberliegenden Schulhof sitzend [76], vor allem Aquarelle und gelegentlich auch Ölbilder nach fotografischen Vorlagen und verkauft die Arbeiten – vornehmlich in der »Kunsthandlung Stuffle« am Maximilianplatz – mit gutem Erfolg. Sein versteuertes Monatseinkommen von durchschnittlich 100 Mark [77] bezeugt sicher nicht nur Geschäftssinn.

Die Motive seiner Architektur-Darstellungen, der am häufigsten verwendeten Sujets, unterscheiden sich in München zwangsläufig von den Wiener Vorlagen. Hier zieht ihn besonders »die wunderbare Vermählung urwüchsiger Kraft und ... künstlerischer Stimmung, diese einzige Linie vom Hofbräuhaus zum Odeon, Oktoberfest zur Pinakothek ... an [78].« Was er in München bevorzugt, zeichnet und malt und welche Formate er hier wählt und für leicht verkäuflich hält, zeigen die Titel und Formate der im folgenden angeführten 13 Hitler-Bilder: »Hofbräuhaus I« (29,4 x 30,9 cm), »Hofbräuhaus II« (27,7 x 22 cm), »Johanniskirche und Asamhaus« (20,6 x 29,5 cm), »Alter Hof« (26,9 x 36,8 cm), »Sendlinger Tor« (27,4 x 37,8 cm), »Nationaltheater« (26,8 x 41 cm), »Feldherrnhalle« (27,6 x 41,7 cm), »Alter Hof« (27 x 37 cm), »Petersbergl I« (28,2 x 22 cm), »Petersbergl II« (26 x 39 cm), »Altes Rathaus« (32,5 x 25 cm), »Johanniskirche und Asamhaus« (22 x 35 cm) und »Viktualienmarkt und Peterskirche« (Öl auf Holz, 13 x 18 cm) *.

Wie viele Bilder er während der rund 13 Monate malt und verkauft, ist nicht feststellbar. Mehr als zwei Dutzend haben nicht nur die Zeit der Namenlosigkeit ihres Schöpfers überdauert, der am 12. März 1944 zu Heinrich Hoffmann sagt: »Ich wollte ja kein Maler werden, ich habe diese Sachen nur gemalt, damit ich meinen Lebensunterhalt bestreiten und studieren konnte ... Gemalt habe ich immer nur so viel, damit ich gerade das Notwendigste zum Leben hatte [79].« Nicht zufällig wurden bei Käufern von Hitler-Bildern nur sehr wenige Architekturzeichnungen aus der Zeit vor 1914 gefunden. Die architektonischen Zeichnungen, sein »kostbarster Besitz [80]«, hat er nach seinen eigenen Worten nicht »hergegeben«, wie er »die Bilder losgab [81]«, die er – was bereits das Format deutlich beweist – systematisch für den Verkauf produzierte.

Wie Hanisch und Neumann vor 1913 in Wien, so handelte Hitlers einstiger Kriegskamerad Hans Mend nach 1918 gelegentlich mit Hitler-Bildern **, die durch einen Erlaß des Reichsministers des Inneren

* Titel, Technik und Bildformate nach einer handschriftlichen Liste (und nach einer Liste mit Preisen, Maschinentext) des ehemaligen Hauptarchivs der NSDAP. Bundesarchiv Koblenz, NS 26/36. Im Mai 1938 wurden für das Aquarell »Großes Standesamt« 6000 Mark, im Juli 1938 für das Aquarell »Peterskirche« 8000 Mark gezahlt.

** 1938 berichtete er als Strafgefangener dem Lagerleiter III (um welches Lager es sich dabei handelte, ist aus dem Dokument, Abschrift, Maschinentext, ehemaliges Hauptarchiv der NSDAP, Bundesarchiv Koblenz, NS 26/64, nicht zu ersehen), vom 21. Januar 1942 zu »national wertvollem Kunstgut« erklärt und meldepflichtig wurden und ohne Genehmigung des Reichsministers des Inneren nicht ins Ausland verkauft werden durften *.

Die in Biographien und biographischen Skizzen formulierten Porträts über Adolf Hitler als Künstler sind ausnahmslos unbrauchbar. Sie tendieren zwischen peinlichen Glorifizierungen und primitiven Abwertungen. Pauschalurteile ohne akzeptable Begründungen, Wiederholungen populärer Versionen ohne Detail- und Fachkenntnisse bestimmen ihre Tendenz. Einige exemplarische Beispiele genügen als Beweis. So schrieb Hermann Nasse (1936), Professor an der Akademie der Bildenden Künste in München, daß Hitlers Aquarelle, die er während des Ersten Weltkriegs an der Front malte, »ein Zeugnis für die künstlerische Begabung« Hitlers »nicht nur als Zeichner, sondern auch als Maler« lieferten, wobei zwei Blätter aus dem Jahre 1914, der »Hohlweg bei Wytschaete« und die »Klosterruine in Messines«, folgendes Urteil geboten erscheinen ließen: »Hier ist das gewaltige Erleben der Zerstörung zu einer farbigen Vision geworden. Das ist nicht etwa Ruinenromantik oder Kriegsromantik, sondern ein in seiner flüssigen, rein malerischen Behandlung ernstes und erschütterndes Mahnmal [82].« Über die weiteren – tatsächlich sehr guten – »Frontaquarelle« Hitlers, die der »Reichsbildberichterstatter der NSDAP«, Prof. Heinrich Hoffmann, als farbige Lichtdrucke herausbrachte, schrieb Nasse: »1915 gehört das in lichten, leuchtenden Farben gehaltene Blatt der ›Verbandstelle Fromelles‹ an. In zartesten Tönen und Tonabstufungen schimmern die breitgelagerten Baulichkeiten. Ganz entzückend ist die Malerei in dem Aquarell ›Haubourdin‹ des Jahres 1916. Mit den Augen eines deutschen Landschaftsmalers erfaßt, wird hier das Fremde zum intimen, trauten und beseelten, ja

in wessen Besitz sich von Hitler gemalte Bilder befanden. Mend gab als Besitzer an: einen »Herrn Mund«, München, Dachauer Straße (Mend: »Hausnummer ist mir unbekannt«), den Besitzer einer Steinschneiderei in der Theatiner Straße in der Nähe des Rathauses und eine Frau Inkofer, die Ehefrau eines Kriegskameraden von Hitler, der bei ihr »oft zu Gast« gewesen sein soll. Außerdem empfahl er, bei Hitlers Kriegskameraden Ernst Schmid »anzufragen«. Ferner vermutete er, daß ein Mann namens Brandmeier, der ein Buch über den Frontsoldaten Hitler unter dem Titel *Der Meldegänger* veröffentlicht haben soll, Bilder (Kohlezeichnungen aus dem Kriege) von Hitler besäße.

* Mitteilung des Reichsstatthalters in Hessen (Abt. VII) vom 16. 2. 1942 an den Besitzer des Hitler-Aquarells »Altes Hofbräuhaus«. Maschinentext. Vorgang Nr. VII/V. 33 414. Kopie im Besitz des Autors. Das Aquarell wurde 1970 für 30 000,– DM zum Kauf angeboten.

zum dichterischen Erlebnis. Man könnte sich in die Mauern Nürnbergs oder Rothenburgs versetzt fühlen. Die Malerei ist besonders aufgelockert, bewegt und strömend geworden. Die prachtvolle Bleistiftzeichnung ›Ardoye in Flandern‹ stammt aus dem Sommer 1917. Diesen datierten Blättern reihen sich zwei nicht datierte ›Unterstand in Tournes‹ und ›Haus mit weißem Zaun‹ an. Man erkennt in allen Blättern den geborenen und geschulten Architekten. Der Baumeister des Dritten Reiches beschämt die damalige Wiener Akademie. In allen Blättern aber ergreift uns vor allem die echte, deutsche, aufrechte, ehrliche, liebevolle Hingabe an das Ganze und an alle geringsten Einzelheiten [83].« Franz Jetzinger schrieb rund 20 Jahre später: Hitlers Arbeit in Wien »bestand hauptsächlich in Malen und Zeichnen, und zwar nur nach Vorlagen; es läßt sich kaum ein Anzeichen dafür finden, daß er nach der Natur gezeichnet habe. ›Die ganz Untalentierten zeichneten nach Vorlagen‹, schrieb Rabitsch und hat damit unbeabsichtigt den Hitler unter die Untalentierten eingereiht [84].« Keines dieser Urteile ist objektiv. Hitler kopierte Vorlagen, nicht weil er talentlos war – wie nicht nur Rabitsch und Jetzinger fälschlich behaupten –, sondern ganz einfach, weil er zu faul war, sich auf die Straße zu stellen und zu malen. Er machte sich die Arbeit leicht. Daß alle »im Atelier gemalten Bilder ... nichts (taugen) gegen die im Freien gemalten«, wie der ein halbes Dutzend Jahre zuvor verstorbene Paul Cézanne 1866 seinem Jugendfreund Émile Zola schrieb [85], weiß Hitler auch, dessen wenige nach der Natur gemalten Bilder ein ungewöhnliches Talent verraten; aber es ist ihm gleichgültig. Seine Feststellung, daß er »ja nicht Maler *«, sondern Architekt habe werden wollen und nur malte, um sich zusätzlich Geld zu verdienen, entspricht zweifellos der Wahrheit. Er selbst hat oft genug geäußert, kein guter Maler zu sein, was nicht nur Heinrich Hoffmann bezeugte **. So gestand er 1941/42 beispielsweise dem bekannten deutschen Bühnenbildner Siewert, daß er dessen Arbeiten bewundere und an ihrer Vollkommenheit ablese, wie schlecht seine eigenen Bühnenbilder gewesen seien, die er vor 1914 entworfen habe, obwohl er »doch ein Schüler von Roller gewesen ***« sei. Dennoch sind Hitlers beste Aquarelle, die er nicht nach Vorlagen, sondern nach der Natur malte, durchaus akzeptabel [86], wenn auch nicht überragend – was

* Vgl. u. a. S. 87.
** Vgl. dazu auch S. 91 ff.
*** Vgl. S. 82 ff.

Das Hitler-Haus in Leonding bei Linz.

Alois Hitler, der Vater Adolf Hitlers.

Klara Hitler, die Mutter Adolf Hitlers.

er zweifelsfrei einsah. Daß er gelegentlich allerdings auch mit der Vorstellung gespielt hat, daß er eventuell doch ein bedeutender Maler geworden wäre – etwa wie Rudolf von Alt, den er als einen seiner Lehrer ansah –, wenn er sich nach 1907 trotz der Ablehnung durch die Wiener Akademie konsequent mit der Malerei beschäftigt hätte, ist ebenso zuverlässig verbürgt *.

Die Tatsache, daß Arbeiten von Hitler aus der Zeit vor 1914 Jahrzehnte überdauerten, spricht nicht zuletzt auch dafür, daß sie sich durchaus sehen lassen konnten, zumal es sich bei einigen Käufern und Besitzern um bekannte und versierte Kunstsammler handelte **. Auch der jüdische Arzt Dr. Bloch hat die Aquarelle, die Hitler ihm nach der Behandlung seiner Mutter schenkte, gewiß nicht bis nach 1938 aufgehoben, weil Adolf und Klara Hitler bis 1907 seine Patienten waren ***. Der englische Schriftsteller, (Bühnen-)Maler und Regisseur Edward Gordon Craig, der sich besonders auch für »den Maler Hitler« interessierte, bemerkte nach dem Studium der Weltkriegs-Aquarelle Hitlers in seinem unveröffentlichten Tagebuch, daß er die Arbeiten für bemerkenswerte künstlerische Leistungen halte ****. Nicht wenige große Maler haben schlechtere Bilder und Skizzen hinterlassen als Hitler. Daß Hitler kein wirklich bedeutendes Werk der bildenden Kunst schuf, unterscheidet ihn jedoch grundsätzlich von

* Wie wenig es vielen Hitler-Biographen, Historikern und Publizisten darum geht, Hitlers künstlerische Fähigkeiten sachlich zu beurteilen, zeigt exemplarisch die bildliche Wiedergabe von Hitler-Arbeiten. Joseph Wulf *(Die Bildenden Künste im Dritten Reich)*, um hier nur ein Beispiel anzuführen, veröffentlicht (im Bildteil zwischen S. 256 und S. 258) 2 Skizzen von Hitler, die von ihm nicht als künstlerische Arbeiten gedacht waren. Die von Wulf (und von zahlreichen anderen Autoren) als »Porträt« von Hitlers Hand bezeichnete Skizze eines Kopfes entstand während des Telefonierens auf einem Papierfetzen. Wenn Telefonate ihn langweilten, kritzelte er gern Köpfe (überraschenderweise nicht selten in kubistischer Manier), wobei er gelegentlich Richard Wagner, Heinrich Schliemann, Wallenstein und sich selbst (zuweilen mit Vollbart) karikierte (persönliche Auskünfte u. a. von Henriette von Schirach, 1966). Der von Wulf reproduzierte SA-Mann (ebenda) ist ebenfalls kein Hitler-»Gemälde«, sondern lediglich eine Skizze, die seinen Unterführern zeigen sollte, wie er sich seine SA-Männer vorstellte.

** Vgl. S. 16 f. Vgl. Anm. 49–51 in diesem Kapitel.

*** Vgl. S. 16.

**** Schriftliche Mitteilung von Edward Craig (des als Maler berühmten Sohnes von Edward Gordon Craig) an Ministerialrat Heinrich Heim. Heinrich Heim legte dem Autor am 6. 7. 1968 die von E. C. beglaubigte Kopie der Tagebuchseite von E. G. C. mit weiteren Dokumenten zur Auswertung vor. Alfred Rosenberg, der in Moskau Architektur studiert hatte, schrieb über diese Aquarelle in seinen letzten Aufzeichnungen in Nürnberg: »Sie verrieten natürliche Begabung, Betonung des Wesentlichen und ausgeprägten malerischen Sinn.« Rosenberg *Letzte Aufzeichnungen*, S. 333.

den Künstlern, die ihren festen Platz in der Kunstgeschichte gefunden haben.

Die intensive kunstgeschichtliche, teilweise technisch-»handwerkliche« Beschäftigung mit Motiven und »Modellen« – nach 1907/08 waren es vornehmlich historische Bauwerke – hat Hitlers architektonische Detailkenntnisse erweitert und erhärtet, zumal er bestimmte Vorlagen nachweisbar immer wieder kopierte. 1939 befanden sich beispielsweise im Besitz eines Dr. Alfred Detig in Wien Hitler-Bilder mit folgenden Titeln: »Heiliger Kreuzerhof«, »Rotenturmtor«, »Michaeler-Platz und Dreilauferhaus«, »Hofburg mit altem Durchlaß 1890«, »Michaelerkirche«, »Minoriten-Kirche«, »Fischer-Thor« und »Kärntnerthortheater«, und der Wiener Dr. Walter Lohmann, der als Mitarbeiter des Hauptarchivs der NSDAP tätig war, besaß das »Alte Burgtheater«, das »Auersperg-Palais« und die »Schönbrunner Linie« von Hitlers Hand [87]. Das Wiener Parlament und das Münchner »Hofbräuhaus« malte Hitler schließlich so oft (nicht wie verschiedene Landschaften nach der Natur, die er gelegentlich abstrahierte), daß er sie fotografisch genau aus dem Kopf darstellen konnte. Die Maße berühmter Brücken, Türme, Tore und Fassaden kannte er – nicht zuletzt daher – auch auswendig, was nicht nur Fachleute wie Albert Speer bezeugen. So berichtet der Bildhauer und Architekt Arno Breker, der zwischen 1924 und 1934 mit Unterbrechungen in Paris lebte und ein Kenner der Kunst in Frankreich war, daß er über Hitlers Detailkenntnisse mehr als überrascht gewesen sei. Im Juni 1940 hatte Hitler ihn nach der Einnahme von Paris in der Erwartung zu sich holen lassen, daß er, der einen Teil seiner bedeutendsten Werke vor 1934 in Paris geschaffen hatte und 1937 von einem internationalen Gremium in die Jury der Weltausstellung gewählt worden war, ihm die Kunst- und Bauwerke von Paris differenziert erklären könne. »Wir fahren um die Oper herum und halten an der Treppe der Hauptfassade«, erinnert sich Breker und fährt fort: »Die Stil-Elemente Garniers, des Erbauers, Ausdruck des Zweiten Kaiserreiches, sind ihm (Hitler) ... durch immerwährendes Studium eng vertraut. Die Besichtigung beginnt unverzüglich ... Zunächst machen wir einen äußeren Rundgang und betreten dann das Innere ... Er kennt den Grundriß, die genauen Ausmaße im Großen wie im Detail, wie sie ausführlicher und präziser nicht im Baedeker zu finden sind ... Was wir hören, ist ein einziger Hymnus auf Garnier. Es ist nicht die Begeisterung eines hingerissenen Laien, hier spricht jemand, dem die Probleme der Architektur bis ins letzte geläufig sind [88].« Und weiter heißt es bei Breker: »Am Cluny vorbei zeigt Hitler auf eine Kuppel auf der linken Seite des Boulevard und fragt mich, ob es die des Chambre de Commerce sei. Ich verneinte und glaubte die Kuppel vom Institut de France zu sehen. Nach wenigen Augenblicken fahren wir am Gebäude vorbei. Hitler schaut nach links und sagt schmunzelnd: ›Na schauen Sie, was da geschrieben steht: Chambre de Commerce‹. Ein alter ›Pariser‹ wurde von ihm, der die Stadt nur aus theoretischem Studium kannte, zurechtgewiesen [89].« Als Hitler während des Paris-Besuchs mit seiner als fachkundig ausgewiesenen deutschen und französischen Begleitung den »ovalen Saal« der Oper besichtigen will, wird ihm entgegnet, daß in der Oper ein »ovaler Saal« überhaupt nicht existiere, was Hitler nicht beirrt. Im Vertrauen auf seine Kenntnisse aus der Architektur-Literatur ist er überzeugt, daß er recht hat. Zur Verblüffung seiner betroffenen Umgebung weist er schließlich auf die Stelle, an der sich nach den Angaben in der zwar einschlägigen, aber in der Zwischenzeit überholten Fachliteratur die Tür zum »ovalen Saal« befinden müsse. Der einstige »ovale Saal« war, was weder die anwesenden Franzosen noch die deutschen Begleiter Hitlers wußten, nach der Veröffentlichung der von Hitler in seiner Jugend studierten Literatur in mehrere Räume aufgeteilt – die Tür zugemauert – worden. Daß Hitler nicht nur die Pariser Architektur genau kannte, beweisen zahlreiche Beispiele. Als der Nürnberger Polizeipräsident Dr. Martin nach dem »Anschluß« Österreichs aus Graz zurückkehrt und Hitler trifft, dem er von seinem Besuch im dortigen Theater berichtet, muß er sich von ihm, der bis dahin niemals in Graz war, auf die nur wenigen Spezialisten bekannte Tatsache hinweisen lassen, daß der Übergang von der Bühne zum Zuschauerraum ungünstig angelegt worden ist *.

* Persönliche Auskunft eines beteiligten deutschen Diplomaten, der nicht genannt werden möchte. Vgl. auch P. Schramm in *Der Spiegel* Nr. 6/64, S. 49 und spätere Publikationen, die hier nicht weiter angeführt werden müssen. Bezeichnend für Hitlers Detailkenntnisse in diesem Zusammenhang (und für seine Bewertung solcher Kenntnisse) ist z. B. folgende Episode: Während eines Festessens mit Hitler – im März 1938 – wurde der Wiener Bürgermeister Neubacher von einem Teilnehmer gefragt, wie breit die Donau an einer bestimmten Stelle in Wien sei, was Neubacher nicht wußte. Darauf war der bis dahin aufgeräumte Hitler, der augenblicklich die genaue Meterzahl nannte, über Neubachers Unkenntnis so empört, daß er den ganzen Abend trotz seines eben erst bestätigten politischen Erfolges schlechter Laune war. Persönliche Mitteilung (18. 3. 1969) von Dr. Paul Schmidt(-Carell), der sich während dieses Vorfalls in Hitlers Nähe befand.

Dem an einem ordentlichen Kunststudium gehinderten Hitler schweben spätestens seit Herbst 1907, seit er – trotz der zunächst unzureichenden Voraussetzungen – hofft, einmal Architekt werden zu können, gewaltige, monumentale Bauten vor. Bis 1945 entwirft er sie im Stile des 19. und beginnenden 20. Jahrhunderts nach historischen Vorbildern, wobei die in den Bauformen des frühen 20. Jahrhunderts in Europa allgemein zum Ausdruck gebrachte Trennung von Mensch und Natur in seinen Entwürfen einen radikalen Akzent erhält.

Nicht freie Grundrisse und organische Raumgliederung, sondern Symmetrie, Fassade und neoklassizistische Ordnungen bestimmten das Prisma seiner Architektur. Den Einzelelementen ordnete er nicht einen organischen, sondern lediglich einen technischen Ausdruck zu. Linearer, nackter, steifer und flächenhafter Charakter waren für seine Entwürfe bezeichnend. »Bewegung« und »Dekoration« hatten in seiner Vorstellung nur einen sehr schmalen Raum. Nicht zufällig stammt aus Österreich die – von Adolf Loos »klassisch« formulierte – Version, daß Ornamente »Verbrechen« seien und sexuelle Perversionen verrieten [90]. Hitlers (romantisch-)klassizistischer Rationalismus (diese Bezeichnung trifft seine Vorstellungen umrißhaft) spiegelt die Auflehnung gegen den Jugendstil, wie sie sich in Wiener Architektur-Diskussionen äußerte. Darüber ist er auch als der »erste Geldbeschaffer für Deutschlands beste Architekten [91]« nicht hinausgelangt. In seinem Prisma erscheint der Mensch – vor allem nach 1919 – als ein von genialen Einzelgängern jederzeit manipulierbares, sklavisch gehorsames, kritikloses Wesen ohne eigenen Willen. Der von ihm während seiner Haft in Landsberg am Lech skizzierte und von Speer später als Modell angefertigte Kuppelbau für Berlin, den Speer schließlich errichten sollte, wies jedoch trotz seiner Ausmaße nicht die kalte Maßlosigkeit auf, die Speers Modell charakterisiert *. Speers halbherziges »Bekenntnis«, »Mir waren die beiden Dinger ** etwas unheimlich, aber ich hielt sie nicht für zu groß, weder den Kosten nach noch – nehmen wir mal das abgedroschene Wort – wegen der monumentalen Größe. In jeder Periode der Architekturgeschichte gab es Monumentalbauten [92]«, verdreht den Sachverhalt.

»Jede große Zeit«, erklärte Hitler 1938 bei der Eröffnung der Deutschen Architektur- und Kunsthandwerksausstellung in München, »fin-

* Vgl. Maser, *Hitlers Briefe und Notizen* ..., S. 133 ff.

** Speer meint mit »Dinger« die Volkshalle und einen Triumphbogen. Vgl. S. 111 f.

det ihren abschließenden Wertausdruck in ihren Bauwerken. Wenn Völker große Zeiten innerlich erleben, so gestalten sie diese Zeiten auch äußerlich. Ihr Wort ist dann überzeugender als das gesprochene: Es ist das Wort aus Stein ... Diese Ausstellung steht an der Wende einer Zeit. In ihr dokumentiert sich der Beginn eines neuen Zeitalters ... Seit der Entstehung unserer Dombauten sehen wir hier zum erstenmal eine wahrhaft große Architektur ausgestellt, d. h. eine Architektur, die sich nicht selbst verbraucht im Dienst kleiner Alltagsaufträge und Bedürfnisse, sondern eine Architektur, die über den Alltag und seine Bedürfnisse weit hinausreicht. Sie kann beanspruchen, der kritischen Prüfung von Jahrtausenden standzuhalten und für Jahrtausende der Stolz des Volkes zu sein, das diese Werke geschaffen hat ... Es gibt Dinge, über die nicht diskutiert werden kann. Dazu gehören alle Ewigkeitswerte. Wer könnte sich vermessen, an das Werk der ganz großen gottgesegneten Naturen seinen kleinen Alltagsverstand anlegen zu wollen! Die großen Künstler und Baumeister haben ein Anrecht, der kritischen Betrachtung kleiner Zeitgenossen entzogen zu werden. Ihre Werke werden endgültig beurteilt und bewertet von Jahrhunderten und nicht von der Einsicht kleiner Tageserscheinungen ... In diesen Stunden wird vor den Augen der breiten Öffentlichkeit zum ersten Male der Vorhang weggezogen vor Werken, die bestimmt sind, nicht Jahrzehnten, sondern Jahrhunderten den Stempel aufzuprägen! In diesem Augenblick soll über sie jene Weihe kommen, die in den ›Meistersingern‹ so schön empfunden ist: ›Ein Kind ward hier geboren‹. Es sind hier architektonische Leistungen, die in sich einen Ewigkeitswert tragen und die nach menschlichen Maßstäben ewig stehen werden, fest und unerschütterlich, unvergänglich in ihrer Schönheit und in ihren harmonischen Maßen [93]!«

Bei Hitler war nicht nur – wie bei den meisten Diktatoren – das Bedürfnis vorhanden, die tatsächlich einmalige Macht, über die er verfügte, in den Werken der Architektur sinnbildhaft zu »verewigen«, sondern – sich selbst auch als Künstler bestätigend – auf eine besondere Weise nachzuholen, was ihm bis 1933 nicht möglich gewesen war: die Verwirklichung seiner architektonischen Entwürfe. Statt seine Baupläne selbst in die Tat umsetzen zu können, sah er sich in der Lage, »nur« der »erste Geldbeschaffer für Deutschlands beste Architekten« [94] zu sein, wie er mit gespielter Wehmut selbst äußerte. Die Macht und ihre Widerspiegelung im Kunstwerk als wahrhaftiges Abbild realer Verhältnisse bildeten für ihn eine unerläßliche Einheit. Schopenhauers Forderung an die Kunst, das Dasein mit den Mitteln des Künstlers darzustellen und zuletzt zu sagen: »Seht her, so ist das Leben!«, wurde von Hitler ebenso artikuliert und umgesetzt, wie er es mit bestimmten philosophischen, historischen und biologischen Lehren tat. In seinem Prisma hatte die Kunst die Aufgabe, die Naturgesetze und das, was er als solche bezeichnete, fotografisch genau bildhaft zu machen. So leitete er denn nicht zuletzt auch den »Ewigkeits«-Anspruch, den er für besondere Werke der Kunst und Architektur geltend machte, von den »ewig gültigen Gesetzen« der Natur ab. Da nach seiner Auffassung nur der rücksichtslose Kampf, die rohe Gewalt und die konsequente Brutalität ohne moralische Skrupel – als vermeintliche Gesetze der Natur, die nicht straflos mißachtet werden könnten – das Leben erhielten, war nur konsequent, von der bildenden Kunst zu verlangen, daß sie ausschließlich die konkret erfaßbaren »Gesetzmäßigkeiten« unverfälscht offenbare. Widersprüche ließ er grundsätzlich nicht gelten. So erklärte er beispielsweise 1933 auf der Kulturtagung des Parteitags der NSDAP in Nürnberg: »So wie zur Aufrechterhaltung jeder menschlichen Gesellschaft gewisse Prinzipien vertreten werden müssen, ohne Rücksicht darauf, ob alle einzelnen sich damit einverstanden erklären, so muß auch das kulturelle Bild eines Volkes geformt werden nach seinen besten Bestandteilen und dank ihrer Art einzig dazu geborenen Trägern der Kultur [95].« Daß die Architektur sich am besten dazu eignen mußte, Hitlers Vorstellungen nicht nur mitzuteilen, sondern jedermann aufzudrängen, liegt auf der Hand. Sie erschien ihm denn auch als die höchste aller Künste. Ihr folgten in seinem Prisma die Bildhauerei und die Malerei, was wiederum Schopenhauers Einfluß verrät.

Mit Schopenhauer teilte Hitler die Vorstellung, daß der Mensch sich den Werken der Kunst demütig (wie einem Fürsten) zu nähern und sie als Offenbarung des Daseins zu begreifen habe. Auch in seinem Bild sollte das Individuum – wie bei Schopenhauer – darauf warten, was das Kunstwerk ihm zu sagen habe. Diese »Antwort« hat Hitler, der sich zeitlebens als Künstler fühlte, von vornherein eindeutig zum tragenden Element der künstlerischen Schöpfungen erhoben. Er, der nicht nur Atlas sein wollte, die mythologische Gestalt, die die Erde nur auf ihren Schultern trug, sondern der Herr der Welt, der die Erde nach seinen eigenen Vorstellungen gestalten könnte, sah als

»Führer und Reichskanzler«, wie auch Albert Speer bestätigte [96], in der Politik und der politischen Macht ein Mittel zur Umsetzung seiner künstlerischen Vorstellungen. So erklärte Hitler denn auch während der Eröffnung der Deutschen Kunstausstellung 1939: »Die Denkmäler der Architektur sind heute gewaltige Zeugen für die Kraft der neuen deutschen Erscheinung auch auf kulturpolitischem Gebiet. So wie die einzelnen Stadien der nationalen Wiedererhebung, die in der Schaffung des Großdeutschen Reiches ihre stolze Bekrönung erhielten, den politischen Nörgler erledigten, so erledigen die unvergänglichen Bauwerke des neuen Reiches den kulturellen. Daß die Architektur aber nunmehr auch eine immer würdigere Ergänzung auf dem Gebiet der Plastik und der Malerei findet, kann nicht bestritten werden [97].«

Die gegenstandslose Malerei, eine der Architektur extrem entgegengesetzte Schöpfung, lehnte Hitler infolge seines Verhältnisses zur Macht als vermeintlicher konkreter Spiegelung der Naturgesetze ab. Anstöße für individuelle Interpretationsmöglichkeiten haben Diktatoren niemals geduldet. Menschen, die nach den Gedanken der Wesen fragen, die die Schatten an die Wände der Höhle werfen, die Platon in seinem »Höhlengleichnis« beschreibt, sind immer Sand im Getriebe der Machtapparate und ihrer genormten Mechanik. Für Hitler waren sie offiziell »schwindsüchtige Ästheten« [98], deren Meinungen konsequent unterdrückt werden müßten. Seine persönliche Auffassung, die er gelegentlich preisgab, wenn er niemanden beeinflussen zu müssen meinte, deckte sich jedoch nicht immer fugenlos mit seinen propagandistisch zielgerichteten offiziellen und halboffiziellen Äußerungen. Wie verschiedene seiner Arbeiten bezeugen, war er der abstrakten Malerei, die weder er noch Mussolini und Stalin offiziell duldeten, nicht unbedingt abgeneigt. Einige Porträts und Menschen mit Tieren ließen sich abstrakt malenden Künstlern zuschreiben, wenn sie nicht Hitlers Signatur trügen und zweifelsfrei als Hitler-Bilder nachgewiesen werden könnten. Nicht in allen Bereichen der bildenden Kunst war er konservativ und der Tradition verhaftet. Eßbestecke, die er selbst entworfen hatte und herstellen ließ, wurden in den 50er Jahren, kaum abgewandelt und mit Städtenamen versehen, mit großem Erfolg als Beispiele moderner Formgebung in den Handel gebracht. Ob es sich dabei um Kopien der Hitler-Entwürfe oder um Schöpfungen handelte, die ohne Kenntnis der Hitler-Bestekke entstanden sind, ist in diesem Zusammenhang unwichtig.

Der radikal-konservative Hitler, dessen Geschmack stets der »gehobenen gutbürgerlichen« Vorstellung und Tradition entsprach, liebte alte Bilder, kostbare Teppiche und eindrucksvolle alte Möbel, stand aber auch modernen Wohnungseinrichtungen nicht ablehnend gegenüber, wenn sie nicht »zu modern« waren. Während sich die traditionalistische Führungs- und Bildungsschicht bereits vor 1914, in der Zeit in der Hitler nach eigenen Angaben seine »Weltanschauung« ausformte, dem Impressionismus und zum Teil sogar schon dem Expressionismus zugewandt hatte, war diese Entwicklung von Hitler nicht mitvollzogen worden. Wieweit in seinen Vorstellungen die 1907 konzeptionell formulierten Forderungen des Münchener Deutschen Werkbundes nachwirkten, ist nicht nachweisbar. Die Tatsache, daß er, wie die Anhänger des Deutschen Werkbundes, Stuck, Balkons und von Säulen eingerahmte Fenster nicht als Bau- und Stilelemente akzeptierte und den Naturstein grundsätzlich bevorzugte, reicht für ein verbindliches Urteil darüber nicht aus.
Unter Anlehnung an seine gelegentlich bekundete Auffassung, daß »wir unsere Ahnen« im alten Griechenland und Rom zu suchen hätten, war er überzeugt, daß auch die bildende Kunst Griechenlands und Roms den Höhepunkt der Malerei und Bildhauerei darstellte. Die moderne italienische Malerei, den Futurismus, lehnte er ab und kritisierte ihn, der expressionistischen und impressionistischen Kunst zu nahe zu stehen, die ihre Bedeutung jüdischen Manipulationen verdankten [99]. Die Antike, die Romanik und das Barock erschienen ihm als Epochen wahrer Kunst. Er war besonders stolz darauf, daß er z. B. Hans Makarts »Pest in Florenz« [100] und durch Mussolinis Vermittlung die berühmte Diskuswerfer-Kopie des griechischen Bildhauers Myron von Elentherai aus der Zeit um 450 v. Chr. erworben hatte [101]. Die Renaissance hielt er für zu sehr mit dem christlichen Kult verwandt, die Gotik als zu stark von der christlichen Mystik durchtränkt. Auch die deutsche zeitgenössische Malerei ließ er nicht gelten, kaufte sie jedoch, um die Maler zur Arbeit anzuregen [102]. In der Malerei, die im Gegensatz zur sichtbaren Entwicklung in der Technik der Interpretation bedarf, erkannte er eine Fortentwicklung nicht an. Zu seinen Lieblingsmalern gehörten Carl Spitzweg (1808 bis 1885), Hans Thoma (1839–1924), Wilhelm Leibl (1844–1900) und Eduard Grützner (1846–1925), deren Bilder er fachmännisch zu expertisieren vermochte. Als Heinrich Hoffmann beispielsweise einem Schwindler aufgesessen war, der ihm falsche Spitzwegs verkauft hat-

te, erkannte Hitler es auf den ersten Blick, verschwieg es jedoch gegenüber Hoffmann, um ihm die Freude nicht zu nehmen [103]. Gern ließ er sich als Staatsmann rühmen, der Künstler ans Licht holte, die weithin als vergessen galten. Die Maler Friedrich Stahl und Karl Leipold gehörten zu ihnen. Über 20 Arbeiten von Stahl und mehr als ein Dutzend Leipolds erwarb er [104]. Ständig an Werken der bildenden Kunst interessiert, entschloß er sich nicht selten auch zum Kauf. Wie im Zusammenhang mit den Literaturkenntnissen, gab Hitler an, auch seine Vorstellungen, Auffassungen und Urteile über bildende Kunst und Architektur bereits vor 1914 bis ins Detail hinein entwickelt zu haben. Nicht zufällig war er zeitlebens überzeugt, daß die größten Leistungen der bildenden Kunst im deutschsprachigen Raum vor 1910 hervorgebracht worden seien [105]. Was Hitler als Architekt anstrebte, erkannte sein Kritiker Albert Speer erst während seiner zwanzigjährigen Haft im Spandauer Kriegsverbrechergefängnis. »Was ihm vorschwebte«, erklärte Speer 1966, »entsprach ungefähr der Kunstwelt kurz vor dem Ersten Weltkrieg. Ich habe mir in Spandau die alten Jahrgänge der deutschen Bauzeitungen von 1890 bis 1916 alle kommen lassen, um dieses Problem ... zu studieren [106].« Die »Welt« Hitlers war primär das 19. Jahrhundert mit seinen Hinterlassenschaften, die er gern mit antiken griechischen und römischen historischen und kunsthistorischen Zeugnissen konfrontierte. Sein vielschichtig, aber einseitig ausgerichtetes Literaturstudium, seine kleinbürgerliche Herkunft, sein Lebensweg und seine besonderen Erfahrungen in Wien haben einen Rahmen für sein kün tlerisches Urteil gesteckt, den er für absolut und zeitlos hielt und niemals sprengte. Seine Absicht, die bildende Kunst des 19. und 20. Jahrhunderts einmal in besonderen Galerien zusammenzufassen und den zeitgenössischen Meistern zum Studium zur Verfügung zu stellen [107], verrät deutlich, woher er kam. Was er in Wien gesehen, schätzen und bewundern gelernt hat, bleibt für ihn zeitlebens Richtschnur für sein Kunsturteil. 1924 meinte er einen sichtbaren Beginn für einen »Verfall« der bildenden Kunst vor der Jahrhundertwende entdecken zu können. »Schon vor der Jahrhundertwende begann sich in unsere Kunst ein Element einzuschieben«, urteilte er in *Mein Kampf*, »das bis dorthin als vollkommen fremd und unbekannt gelten durfte [108].« Es erschien ihm im Gegensatz zu gelegentlichen »Verwirrungen des Geschmacks« in »früheren Zeiten« als eindeutig geistige Entartung, in der sich der »politische Zusammenbruch schon kulturell anzuzeigen[109]« begann. 18 Jahre später, als er das deutsche Kunstleben mit Brachialgewalt auf ein Prokrustesbett gezwungen hat, läßt er noch ein Vierteljahrhundert notfalls gelten. »Bis 1910 hatten wir«, sagt er am 27. März 1942, »doch ein außerordentliches Niveau in unseren künstlerischen Leistungen aufzuweisen. Seitdem ist es leider in immer stärkerem Maße bergab gegangen ... was seit 1922 (bis 1933, der Verf.) dem deutschen Volk als Kunst aufgeschwätzt wurde, ist auf dem Gebiet der Malerei ein einziges verkrüppeltes Geklecksе[110].« Emil Nolde, der sich der NSDAP nicht viel später als Hitler anschloß, Karl Schmidt-Rottluff, Erich Heckel, Otto Dix und Conrad Felixmüller, um nur einige Namen zu nennen, die in der Kunstgeschichte ihren Platz behalten werden, sind »entartet«, werden verdammt und zum Teil nicht nur aus dem Kunstleben ausgeschaltet.

Die künstlerischen, architektonischen und kunsthistorischen Vorbilder, an denen Hitler sich schulte, hat er nicht nur genannt, sondern auch in zahlreichen Bildern und Skizzen überliefert. Der Stil der von ihm kopierten und gelegentlich entwurfsweise umgestalteten Bauwerke und die kulturgeschichtlichen Positionen ihrer Schöpfer liefern entscheidende Hinweise und Antworten auf Fragen, die bisher nirgendwo angemessen beachtet worden sind. Zu den Vorbildern gehörten in architektonischer Hinsicht vor allem die bedeutendsten Bauwerke der zwischen 1858 und 1865 erbauten, 4 km langen und 57 m breiten Wiener Ringstraße: das Museum für angewandte Kunst, die Oper, das Kunsthistorische Museum, das Naturhistorische Museum, die Neue Burg, das Parlament, das Rathaus, die Universität, das Burgtheater, die Börse und das Gartenbaugebäude, um nur die wichtigsten Hitler-Modelle und Vorbilder aufzuzählen.

August Kubizek berichtete über die Zeit bis 1908: »Ich begriff ... allmählich, weshalb mein Freund mit so einseitiger Vorliebe an ... (den, der Verf.) Ringstraßenbauten hing, obwohl meiner Ansicht nach der Eindruck älterer, in ihrem Stile ursprünglicher Bauten, wie etwa des Stephansdomes oder des Belvedere, viel echter, stärker, überzeugender war. Aber die Bauten der Barockzeit liebte Adolf überhaupt nicht, sie waren ihm zu überladen. Die Prunkbauten der Ringstraße waren erst nach Niederlegung der die Innenstadt umgebenden Befestigungen errichtet worden, stammten also erst aus der zweiten Hälfte des vorigen Jahrhunderts und besaßen keineswegs einen einheitlichen Stil. Im Gegenteil! Nahezu alle in früherer Zeit entwickelten Stile wurden in diesen Bauten wiederholt. Das Parlament war in klassischem, besser gesagt in pseudo-hellenischem Stile erbaut worden, das Rathaus war neugotisch, das Burgtheater, das Adolf besonders bewunderte, war Spätrenaissance. Freilich war ihnen allen ein Zug ins Große, Repräsentative eigen, der meinen Freund besonders anzog. Was ihn aber dazu führte, sich immer wieder mit diesen Bauten zu beschäftigen, ja die Ringstraße sozusagen zu seinem beruflichen Praktikum zu proklamieren, war der Umstand, daß er an diesen von der vorhergehenden Generation geschaffenen Bauten noch ohne Schwierigkeiten die Entstehungsgeschichte studieren, die Pläne rekonstruieren, sozusagen jedes einzelne Bauwerk nochmals für sich erbauen konnte und sich Schicksal und Leistung der großen Baumeister jener Zeit, eines Theophil Hansen, Semper, Hansenauer, eines Siccardsburg, eines van der Nüll, vergegenwärtigen konnte [111].«

Dem jungen Hitler, der in Wien nahezu jedes Theaterstück sah, hatte es neben den Museen und dem Parlament besonders das Burgtheater angetan, das der Pächter des alten »Kärntnerthortheaters« auf eigene Kosten mit Erlaubnis Maria Theresias nach den Entwürfen Weißkerns aus dem Hofballhaus 1741 umzugestalten begann. Das von Hitler nach alten Stichen gern gezeichnete und gemalte Theater, das zunächst ein französisches Repertoire bevorzugte, seit 1776 auf Weisung Josephs II. als deutsches Hoftheater geführt und als Nationaltheater bezeichnet werden mußte, bot dem Autodidakten Hitler als Bauwerk und Hort bedeutender Kunstschätze ein Ehrfurcht heischendes Studienfeld. Über der Attika des Mittelbaus thronte eine vielbewunderte Kolossalgruppe, die Apollo mit der Muse des tragischen und komischen Dramas darstellte. Den Fries über dem Haupteingang zierte ein »Triumphbogen des Bacchus und der Ariadne« von Rudolf Weyr. Allegorien von Benk an den Stirnseiten der Flügeltrakte personifizierten die Leidenschaften und Tugenden, die das Leben und das Drama beherrschen: Liebe, Haß, Heroismus, Egoismus, Demut und Herrschsucht. Statuen von Prometheus und Genoveva, Josef Gasser, Hanswurst, Falstaff, Phaedra und die Richter von Zalamea von Viktor Tilgner in den Nischen der Steinfassaden lenkten den Blick des suchenden Jünglings auf kulturgeschichtliche Denkmäler, über deren Geschichte er sich in Wiener Bibliotheken und Büchereien informierte. Calderón, Shakespeare, Molière, Schiller, Goethe, Lessing, Halm, Grillparzer und Hebbel, Kolossalbüsten (ebenfalls von Tilgner) über den Fenstern des Mittelbaus, wiesen seinem Bildungs- und Lesehunger konkrete Ziele.

Im Frühsommer 1919, nachdem der Krieg seit einem halben Jahr zu Ende ist und Hitler wieder in München lebt, wo er bis Frühjahr 1920 noch besonders exponierter Angehöriger der Bayerischen Armee ist, versucht er noch einmal, inzwischen in mancher Hinsicht erfahrener als 1907 und 1908, einen Teil seines Kindheits- und Jugendtraumes, den er auch im April 1945 noch nicht ganz ausgeträumt hat, zu realisieren. Er denkt jetzt jedoch nicht an das Studium der Architektur, sondern an ein ordentliches Kunststudium in München. Mit dem Maler Ernst Schmidt, den er später auch in *Mein Kampf* erwähnt [112], arbeitet er einige Zeit zusammen und diskutiert mit ihm über bildende Kunst und Architektur [113]. Schmidt, Inkofer, Mund * und andere Kriegskameraden Hitlers, die Ölgemälde, Pastelle, Kohlezeichnungen, Bleistift- und Federzeichnungen von Hitler aus dem Kriege mitgebracht haben [114] und von Hitlers künstlerischen Fähigkeiten überzeugt sind, bestärken ihn in seiner Absicht. Während Hitler an der Münchener Universität unter anderem bei Alexander von Müller, Karl Graf von Bothmer und Michael Horlacher Vorlesungen über Geschichte, Politik und Wirtschaftsgeschichte hört ** und Seminare besucht, legt er einige seiner jüngsten Arbeiten dem bekannten und angesehenen Maler Max Zaeper zur Beurteilung vor. Zaeper ist von Hitlers Aquarellen und Zeichnungen so überrascht, daß er sich an seinen aus Trebitsch in der Tschechoslowakei stammenden Kollegen Professor Ferdinand Staeger wendet, um sicherheitshalber auch noch sein Urteil zu hören. Staeger, dessen in naturalistischer Manier gemalten romantisch-mystischen Bilder Hitler in der 1898 als Protest gegen die konservative Richtung des Künstlerhauses eröffneten »Secession« in der Friedrichstraße 12 in Wien kennengelernt hat, prüft die Hitler-Arbeiten und urteilt: »... ein ganz außergewöhnliches Talent [115].« Hitler, der dieser »Prüfung« nicht persönlich beiwohnte, empfing Staeger nach 1933, kaufte von ihm im Lauf der Jahre sechs Bilder, saß ihm für eine Porträt-Radierung Modell, aber sprach nicht über die Details und Zusammenhänge von 1919 [116].

Das Urteil der »Meister« hat Hitler, während der Bildungsarbeit in

* Hitler hat sie gelegentlich gezeichnet und karikiert.

** Hitler hörte bei Alexander von Müller »Die deutsche Geschichte seit der Reformation« und »Die politische Geschichte des Krieges«, bei Karl Graf von Bothmer »Der Sozialismus in Theorie und Praxis« und »Der Zusammenhang zwischen innerer und äußerer Politik« und bei Michael Horlacher »Unsere wirtschaftliche Lage und die Friedensbedingungen«.

der Armee nur mit halbem Herzen bei der Kunst, nicht dazu bewegen können, nun auch endlich nachzuholen, was ihm bis dahin unmöglich gewesen war. Die Politik, von der er bis April 1920 in der Reichswehr lebt, nimmt ihn auch innerlich anscheinend ganz gefangen; die Malerei wird zur gelegentlichen Nebenbeschäftigung degradiert. Nur manchmal noch, in Augenblicken der Ruhe oder Spannung, wenn er wartet, vor dem Essen im Restaurant, beim Telefonieren, zeichnet er auf Speisekarten und fliegende Zettel. Porträts von Max Schliemann, Richard Wagner, Wallenstein – und Adolf Hitler selbst – kommen zuweilen dabei heraus, Karikaturen, die treffen, was er meint. Bis an sein Lebensende liegen Stifte und Papier für diesen Zweck auf seinem Tisch. Als der zwanzigjährige Jurastudent Heinrich Heim, der kunstinteressierte Nachkomme des berühmten Chemikers Justus von Liebig und spätere Stenograph des größten Teils der *Tischgespräche*, den elf Jahre älteren DAP-Propagandaobmann Hitler im Juli 1920, drei Monate nach seinem Ausscheiden aus dem Heeresdienst, kennenlernt, hat er allerdings nicht den Eindruck, daß Hitler ein infolge des Kriegsausganges nur vorübergehend und im Grunde gegen seinen Willen aktiv politisch tätiger Künstler ist [117].

Albert Speer, der wie Troost, Giesler und Breker auch, Hitler nicht selten als »Kollegen« erlebte, als verhinderten Künstler und Architekten, der »zu seinem Leidwesen Politik machen und Krieg führen müßte«, war auch nach seiner Entlassung aus dem Spandauer Kriegsverbrechergefängnis noch überzeugt, daß Hitler zeitlebens immer und von ganzem Herzen primär Künstler gewesen ist [118].

»Gegen meinen Willen«, sagte Hitler in der Nacht vom 25. zum 26. Januar 1942 in der »Wolfsschanze«, »bin ich Politiker geworden. Die Politik ist mir nur ein Mittel zum Zweck. Es gibt Leute, die glauben, es werde mir einmal hart ankommen, nicht mehr wie jetzt tätig zu sein. Nein! Der soll der schönste Tag meines Lebens werden, wenn ich aus dem politischen Leben ausscheide und alle die Kümmernisse, die Plage und den Ärger hinter mir lasse. Ich will das tun, sobald ich nach Beendigung des Krieges meine politischen Aufgaben erledigt habe. So 5 bis 10 Jahre möchte ich dann meinen Gedanken nachhängen und sie niederlegen. Kriege kommen und vergehen. Was bleibt, sind einzig die Werte der Kultur. Daher meine Liebe zur Kunst. Musik, Architektur, sind das nicht Kräfte, die der kommenden Menschheit den Weg weisen [119]?« Bereits im ersten Teil von *Mein Kampf* hatte er angedeutet, was ihm vorschwebte: »Was im Altertum in der

Akropolis oder dem Pantheon seinen Ausdruck fand«, schrieb er 1924, während er das größte Bauwerk aller Zeiten zu skizzieren und zu berechnen begann, »hüllte sich nun (im Mittelalter) in die Formen des gotischen Domes. Wie Riesen ragten die Monumentalbauten über das kleine Gewimmel von Fachwerk-, Holz- oder Ziegelbauten der mittelalterlichen Stadt empor und wurden so zu Wahrzeichen, die selbst heute noch, da neben ihnen die Mietskasernen immer höher emporklettern, den Charakter und das Bild dieser Orte bestimmen. Münster, Rathäuser und Schrannenhallen sowie Wehrtürme sind das sichtbare Zeichen einer Auffassung, die im letzten Grunde wieder nur der der Antike entsprach. Wie wahrhaft jammervoll aber ist das Verhältnis zwischen Staats- und Privatbau heute geworden. Würde das Schicksal Roms Berlin treffen, so könnten die Nachkommen als gewaltigste Werke unserer Zeit dereinst die Warenhäuser einiger Juden und die Hotels einiger Gesellschaften als charakteristischen Ausdruck der Kultur unserer Tage bewundern[120].« Gelegentlich könnte es scheinen, als sei Hitler tatsächlich nur Politiker geworden, um seine gigantischen und maßlosen Architekturpläne zu verwirklichen.

Wie sehr er tatsächlich immer Architekt gewesen ist, bezeugt nicht zuletzt auch die Tatsache, daß er selbst während des Zweiten Weltkriegs ständig neue und zu der Zeit besonders überflüssige Pläne schmiedete und alte umzusetzen versuchte. »Selbst in der aufregenden Zeit seines staatsmännischen Daseins«, berichtet Christa Schröder, »fand er die Muße, sein Talent zu üben. Er hatte stets auf dem Schreibtisch in Handnähe einen Haufen Skizzenpapier liegen, auf dem er in den Mußestunden aufzeichnete, was ihm der Augenblick eingab[121].« Während er nach Stalingrad auf die bis dahin üblichen Schallplattenabende mit Symphonien von Beethoven, Bruckner und Liszt, Liedern von Hugo Wolf und Brahms, Operetten von Lehár und Johann Strauß und Opern von Wagner verzichtete[122], die er zum Teil 140mal gehört hatte, gab er die Beschäftigung mit Malerei und Architektur nicht auf. Noch im März 1945, vier Wochen vor seinem Selbstmord, beschäftigte er sich, versunken, mit dem Holzmodell, das Linz zeigte, wie er es einmal hatte aus- und aufbauen wollen[123]. Wollte man Hitlers Verhältnis zur Architektur nach der Methode der Biographen schildern, die sich nicht primär darum bemühen, neue Quellen und eindeutig belegbare historische Fakten zu erschließen, sondern überlieferte Behauptungen nur »neu interpretieren«, obwohl sie sich längst als Verzeichnungen, phantasievoll gedeutete Details, Erfindungen, Vermutungen und Fälschungen herausgestellt haben, könnte man den von Hitler 1941 vom Zaun gebrochenen Rußlandfeldzug sogar als besondere Maßnahme zur Sicherung seines Architektur-Wunschtraums bezeichnen. Mehr als die nicht gerade nebensächlichen Probleme, die der Krieg aufwarf, schien ihn bis Juni 1941 beispielsweise die Tatsache zu beunruhigen, daß Stalin zu Ehren Lenins in Moskau einen über 300 m * hohen Kongreßbau errichten wollte. Infolge seines Verhältnisses zur Architektur und seinen alten Plänen begriff er Stalins Absicht als eine Durchkreuzung seines eigenen Wunsches, das mächtigste Bauwerk der Welt zu errichten: den von ihm bereits 1924/25 – während er an seinem Buch *Mein Kampf* arbeitete – entworfenen monumentalen Kuppelbau mit einer Lichtöffnung von 46 m und einer Höhe von 220 m, dessen Innenraum einen nahezu unvorstellbaren Durchmesser von 250 m haben, 150 000 bis 180 000 stehenden Menschen Platz bieten sollte und mit solchen Ausmaßen ungefähr das Siebzehnfache des Inhalts der Peterskirche umfaßt hätte. Erst nach Beginn des Kriegs gegen die Sowjetunion fand er seine Ruhe wieder, wie Speer berichtet, dem er sichtlich erleichtert erklärte, daß es nun mit dem von Stalin für Moskau geplanten »Bau für immer Schluß [124]« sei.

Speer, den es später, als sein Herr und Meister nicht mehr neben ihm stand, zwar vor den Ausmaßen schauderte, die Hitler und ihm einst vorschwebten, meinte noch 1966: »Die Halle war keineswegs ein Wahnprodukt ohne Aussicht auf Verwirklichung [125].« Während er das äußerte, errichteten seine amerikanischen Kollegen Lloyd, Morgan, Wilson, Morris, Crain & Associates unter Beratung der im Zusammenhang mit Monstrabauten besonders erfahrenen New Yorker Architekten Praeger, Kavenaugh und Waterbury in Houston in Texas eine Kuppelhalle, die von der Fachwelt als »aufsehenerregend auch für amerikanische Verhältnisse [126]« bezeichnet und mit Superlativen wie »first« und »biggest« bedacht wurde, obwohl sie die Ausmaße des von Hitler mehr als 40 Jahre zuvor geplanten Kuppelbaus lange nicht erreicht hat und im Vergleich zum Hitler-Bau sehr einfach und relativ unauffällig wirkt.

Hitlers Kuppelhalle sollte einen Durchmesser von 250 m haben, das »Astrodome« von Houston weist 214 m auf [127]. Hitlers Bau für

* Das 1931 von William Frederick Lamp erbaute und 102 Stockwerke aufweisende Empire State Building in New York mißt 380 m.

Berlin, in dem ein Hochhaus mit 56 Stockwerken hätte stehen können, sollte die Höhe von 220 m aufweisen, die Kuppel allein 122 m hoch sein. Der Texas-Bau ist vom Boden bis zur Kuppelspitze insgesamt nur 70 m hoch. In der Halle in Berlin sollten 150 000 bis 180 000 Menschen Platz finden, in Houston sind es 66 000 [128].

Daß Hitler sein monumentales Bauwerk, das 1940 begonnen und 1950 fertig sein sollte, nicht nur als Bild interessierte, sondern auch als technisches und architektonisches Problem, ist kein Geheimnis; ebenso sicher ist heute bekannt, daß er sich für solche Einzelheiten nicht nur interessierte, sondern sie zum Teil auch differenziert beherrschte *. Einige Jahre nachdem er seine Kuppelhalle entworfen hatte, war den Brückenkonstrukteuren die vergleichbare Technik und Konstruktion in Stahl und Eisenbeton vertraut, Hallen mit solchen Ausmaßen frei zu überwölben. Als Speer, der unter anderem die neue Reichskanzlei in Berlin, die Gebäude für den Reichsparteitag in Nürnberg und den Deutschen Pavillon auf der Pariser Weltausstellung von 1937 errichtete und nicht nur von Hitler als genialer Architekt bezeichnet wurde, die Absicht äußerte, die Kuppel ohne Verwendung von Stahl zu errichten, mußte er sich von Hitler darüber belehren lassen, daß Reparaturen nach Schäden beispielsweise durch Fliegerbomben ausgeschlossen seien, wenn keine Stahlgerippe verwendet würden, was Speer schließlich einsah und berücksichtigte [129].

Über Hitlers Fähigkeiten als Architekt urteilten namhafte Baumeister, die mit ihm nach 1933 arbeiteten und von ihm beeinflußt wurden, keineswegs negativ, auch nach 1945 nicht. So waren Paul Troost, Paul Giesler und Albert Speer, um nur einige zu nennen, von Hitlers konkreten Kenntnissen, Intuitionen und Konzeptionen überrascht. Speer, obwohl unmittelbar nach der Entlassung aus dem Kriegsverbrechergefängnis noch besonders ängstlich darum bemüht, seine Äußerungen über Hitler auf seine Aussagen während des Nürnberger Prozesses abzustimmen, erklärte 1966: »Ich will nicht...

* Ein ganzer Katalog von Beispielen für Hitlers differenzierte Sachkenntnis läßt sich anführen, dokumentarisch absicherbar allerdings erst für die Zeit ab 1924/25. Aus seiner Frühzeit existieren nur wenige Belege dafür. Daß sich jedoch auch der junge Hitler bereits vor 1914 in den praktischen Details der Architektur ausgekannt haben dürfte, kann mit einiger Wahrscheinlichkeit vorausgesetzt werden. So ist eine Architekturzeichnung von ihm erhalten, die er im Jahre 1911 im Auftrag des Wiener Baumeisters Florian Müller aus der Penzinger Straße 115 für einen mehrstöckigen, attraktiven Villenbau entwarf. Zeichnung veröffentl. in: *Die Lösung des Rätsels Hitler*, Verlag zur Förderung wissenschaftlicher Forschung, Wien o. J., S. 107.

ausschließen, daß er (Hitler, der Verf.) in der Menge der anderen Architekten ... eine gute Figur gemacht hätte. Er hat ja seine Talente gehabt [130].« Hitlers Sekretärin, die vielen Gesprächen beiwohnte und einen Großteil der Leute erlebte, die nach Hitlers Tod »vergaßen«, wie es wirklich gewesen ist, gewann den Eindruck, das Hitlers Kenntnisse in Architektur-Fragen »erstaunlich« [131] waren. »Ich habe«, berichtet sie vielsagend, »bedeutende Architekten gesehen, die von seinem Können ... förmlich verblüfft waren [132].«

Rund ein Vierteljahrhundert lang waren bei der Verwirklichung von Hitlers Architektur-Plänen »zügelnde« Hände spürbar. Dann, seit 1937 deutlich feststellbar, begann Hitler damit, auch in diesem Bereich sein »Genie« rücksichtslos auszuspielen und seine visionären Jugendvorstellungen umzusetzen, die konzeptionell zwischen 1906 und 1913 in der Wiener Ringstraße geboren worden waren. Jene Träume, drei Jahrzehnte später in ihren Umrissen multipliziert, jedoch von der Technik her realisierbar artikuliert, verdrängten den Einfluß so namhafter Fachleute wie Paul Troost in zunehmendem Maße aus der Welt Hitlers, der bereits vier Jahre nach seiner Machtübernahme auch als Architekt und Bauherr beispiellos selbstbewußt und maßlos war. Der sehr begabte und ebenso ehrgeizige [133] Speer, der trotz seiner ungewöhnlichen Erfahrungen 30 Jahre später noch von »unseren Entwürfen« (»... wir entwarfen«) spricht [134], wurde Hitlers Schüler, der seiner Lehre gläubig und ergeben folgte und unter die Pläne für die gigantischen Bauwerke »ausgearbeitet nach den Ideen des Führers [135]« schrieb. »... meine Entwürfe dieser Zeit«, formulierte er 1969, »hatten immer weniger mit dem zu tun, was ich als ›meinen Stil‹ ansah. Diese Abwendung von meinen Anfängen zeigte sich nicht nur in der repräsentativen Übergröße meiner Bauten. Sie hatten auch nichts mehr vom ursprünglich angestrebten dorischen Charakter ... Der Reichtum, die unerschöpflich mir zu Verfügung stehenden Mittel, aber auch die Partei-Ideologie Hitlers hatten mich auf den Weg zu einem Stil gebracht, der eher auf die Prunkpaläste orientalischer Despoten zurückgriff [136].«

So verhielt es sich »rundum«, nicht nur bei Speer, und so trug denn auch alles, was als offizielle Architektur des Dritten Reiches (und ebenso als offizielle Leistung der Malerei und Bildhauerei) entstand, die Handschrift des Mannes, der auf diesen Gebieten niemals eigentlich Schüler, sondern immer nur Lehrer gewesen ist.

Thomas Mann, der in *Bruder Hitler* skeptisch fragte, »ob die abergläubischen Vorstellungen, die sonst den Begriff ›Genie‹ umgeben, noch stark genug sind, daß sie uns hindern sollten, unsern Freund (Adolf Hitler) ein Genie zu nennen [187]«, entdeckte mit entsetzter Verwunderung, daß seine eigene Vorstellung von einem wirklichen Künstlertum mit der Existenz und Auffassung Hitlers grundsätzlich und eng verwandt war.

Hitler in Wien und München bis 1914

Mai und Juni 1906:	Erster Aufenthalt in Wien.
September 1907:	Beteiligung mit weiteren 112 Kandidaten an der Aufnahmeprüfung der Allgemeinen Malerschule der »Akademie der Bildenden Künste«. 33 Prüflinge scheitern am ersten Teil der Prüfung (Klausur-Komposition), den Hitler besteht. Er fällt (wie 51 weitere Kandidaten) beim »Probezeichnen« durch. Von insgesamt 113 Studienbewerbern bestehen nur 28 die Prüfung.
November 1907:	Hitler geht nach Linz (Urfahr) zurück, um seine vom Tod gezeichnete Mutter zu pflegen.
21. Dezember 1907:	Tod der Mutter und Beisetzung (23. 12.) in Leonding.
Februar 1908:	Nach Regelung der Nachlaßangelegenheiten Umzug nach Wien. Hitler wohnt zusammen mit seinem Linzer Freund August Kubizek in der Stumpergasse 29. Besuch bei Prof. Alfred Roller an der Kunstgewerbeschule; seitdem durch Vermittlung Rollers Kunstunterricht bei dem Bildhauer Panholzer.
16. September 1908:	Hitler wohnt allein in der Stumpergasse. August Kubizek kommt der gesetzlich vorgeschriebenen Wehrpflicht nach.
September 1908:	Wiederholte Beteiligung an der Aufnahmeprüfung der Akademie der Bildenden Künste. Infolge des Todes seiner Mutter und der Lebensumstellung ist Hitler unkonzentriert. Seine Klausur-Komposition ist diesmal nicht ausreichend.

	Er wird (im Gegensatz zu 1907) nicht zur »Probezeichnung« zugelassen.
Bis 20. August 1909:	Seit dem 18. November 1908 bewohnt Hitler ein Zimmer in der Felberstraße 22/III. Er entzieht sich der nach dem Gesetz-Blatt Nr. 41 des österreichischen Wehrgesetzes vom 11. April 1889 wahrzunehmenden »Verzeichnung« zum Wehrdienst und wechselt seine Wohnung kurzfristig.
20. August bis 16. September 1909:	Er bewohnt ein Zimmer in der Sechshauser Straße 58/II.
16. September bis im November 1909:	Er lebt als Untermieter in der Simon-Denk-Gasse.
Ende 1909:	Hitler übernachtet im Obdachlosenasyl in Meidling, wo er den als Graphiker ausgebildeten Reinhold Hanisch kennenlernt. In dieser Zeit (wahrscheinlich gelegentlich) Hilfsarbeiter auf Baustellen, da die Insassen das Asyl bei Tage räumen müssen.
Dezember 1909:	Hitler zieht in das Männerheim in der Meldemannstraße 27. Dort malt und zeichnet er Bilder und Werbeplakate, entwirft Bauten und führt selbstentworfene Reliefarbeiten an Wänden aus. Reinhold Hanisch verkauft die Bilder und teilt den Erlös mit Hitler.
August 1910:	Hitler erstattet Anzeige gegen Hanisch, dem er Betrug vorwirft. Hanisch wird vom Gericht zu einer Woche Gefängnis verurteilt. Hitler trennt sich von ihm und verkauft seine Arbeiten von da an selbst. Er arbeitet vormittags, malt zeitweise täglich ein kleineres Bild und liefert die Arbeiten an den späten Nachmittagen bei den Kunden (oft jüdische Kunstmäzene, Akademiker und Geschäftsleute) ab, die sie gewöhnlich bestellt haben.
	Seine Arbeiten bringen ihm (zusätzlich zu seinen Erbschaften) so viel Geld ein, daß er von sich aus im Mai 1911 auf die ihm bis einschließlich April 1913 zustehende Waisenrente von monat-

lich 25 Kronen zugunsten seiner Schwester Paula verzichten kann.

24. Mai 1913: Hitler meldet sich in Wien ab und geht nach München, wo er bei dem Schneidermeister und Geschäftsinhaber Josef Popp in der Schleißheimer Straße ein Zimmer mietet, das er bis Kriegsausbruch bewohnt.

29. Dezember 1913: Die österreichische Polizei bittet die Münchner Polizeidirektion um die Feststellung der Anschrift des stellungsflüchtigen Hitler.

10. Januar 1914: Die Münchner Polizei teilt nach Linz mit: Adolf Hitler wohnt in der Schleißheimer Straße in München.

19. Januar 1914: Vorführung Hitlers beim österreichischen Konsulat in München durch Beamte der Münchner Kriminalpolizei.

5. Februar 1914: Hitler fährt zur Musterung nach Salzburg, wo er als »waffenunfähig« beurteilt und vom Militärdienst zurückgestellt wird.

1. August 1914: Beginn des Ersten Weltkriegs.

16. August 1914: Hitler tritt als Freiwilliger in das Reserve-Infanterie-Regiment 16 (List) ein.

4. KAPITEL

Soldat für das Reich

»Im Frühjahr 1912 kam ich«, schreibt Hitler in *Mein Kampf*, »endgültig nach München [1].« Nach seiner »Machtübernahme« bezeugte ein großes, von einem Hoheitszeichen mit Hakenkreuz gekröntes Schild am Haus Nr. 34 in der Schleißheimer Straße in München: »In diesem Haus wohnte Adolf Hitler in der Zeit vom Frühjahr 1912 bis zum Tage seines freiwilligen Eintritts in den Kriegsdienst im August 1914 [2].« Beide Angaben decken sich nicht mit den Tatsachen *. Hitler wohnte bis zum 24. Mai 1913 in der Meldemannstraße 27 in Wien.

Am 24. Mai 1913 meldet sich Hitler in Wien ab und fährt, mit 80 Kronen in der Tasche [3], nach München. In der Nacht vom 24. zum 25. Mai erschießt sich in Wien der Generalstabschef des 8. Korps, der vom russischen Geheimdienst erpreßte homosexuelle Oberst Alfred Redl, nachdem er jahrelang für Rußland spioniert und den Russen wichtige militärische Geheimnisse verraten hatte. Hitler erfährt davon im Hause seines Münchner Zimmervermieters Josef Popp durch Münchner Zeitungsberichte [4], nachdem am 25. Mai in seiner Heimat ein »Dementi« von Egon Erwin Kisch erschienen ist. Er reagiert geradezu erfreut und sieht seine Auffassung bestätigt [5], daß es sich nicht lohne, im österreichischen Heer Soldat zu sein [6]. Josef Popp, der in seinen jungen Jahren als Herrenschneider in vornehmen Pariser Ateliers gearbeitet hat **, französisch spricht und überzeugt ist,

* Vgl. Maser, *Die Frühgeschichte der NSDAP*, S. 115. Bereits am 29. November 1921 behauptete Hitler in einem Brief an einen nicht namentlich bezeichneten Empfänger, der ein besonderes Interesse an seiner »Entwicklung zum Parteiführer« zeigte: »1912 ging ich ... nach München.« Abschrift (Maschinenschrift) vom 26. August 1941. Links unten befindet sich ein Stempel des Hauptarchivs der NSDAP und unter »F. d. R. der Abschrift«: der (nicht zweifelsfrei zu entziffernde) Name Richter. Ehemaliges Hauptarchiv der NSDAP, Bundesarchiv Koblenz, NS 26/17 a. Bullock hält es fälschlicherweise für möglich, daß Hitler über seine Übersiedlung von Wien nach München nicht absichtlich falsche Angaben machte. In seiner Hitler-Biographie stellt er fest: »Daten und Tatsachen behandelt Hitler in seinem Buch so unachtsam, daß man das spätere Datum (1913; der Verf.) für das richtige halten muß.« Bullock, S. 43. Diese Feststellung findet sich auch in der englischen Ausgabe von 1965, S. 46.

** Unterlagen der Familie Popp.

etwas »von der Welt« gesehen zu haben, erlebt im Zusammenhang mit der Redl-Affäre bereits am 26. Mai, an dem Tag, an dem sein neuer Untermieter bei ihm einzieht, daß er politische Ereignisse rasch, bestimmt und eigenwillig artikuliert. Jeden Abend gibt es politische Diskussionen, die ein weiterer Untermieter, der mit Hitler ein Zimmer teilt, nicht ertragen kann und Hitler und die Familie Popp verläßt [7]. In der ersten Zeit seines Aufenthalts in München konfrontiert und vergleicht Hitler zunächst seine Literaturkenntnisse mit der Wirklichkeit. In *Mein Kampf* schreibt er 1924: »Die Stadt selber war mir so gut bekannt, als ob ich schon seit Jahren in ihren Mauern geweilt hätte. Es lag dies begründet in meinem Studium, das mich auf Schritt und Tritt ja auf diese Metropole der deutschen Kunst hinwies. Man hat ... Deutschland nicht gesehen, wenn man München nicht kennt ... man kennt vor allem die deutsche Kunst nicht, wenn man München nicht sah [8].« Erst in zweiter Linie ist er wieder Maler [9].

In München geht es Hitler mindestens ebenso gut wie in Wien. Nicht zufällig erschien ihm die Münchner Zeit von 1913 bis 1914 aus der Rückschau als »die (›vor dem Kriege‹) glücklichste und weitaus zufriedenste ... (seines, der Verf.) Lebens [10].« Er nimmt als Maler monatlich die zu der Zeit beträchtliche Summe von durchschnittlich 100 Mark ein, was er dem Linzer Magistrat, der eine zwangsweise Vorführung zur mehrfach versäumten Musterung eingeleitet hat, im Januar 1914 durch Vorlage seines Steuerbescheids nachweist [11]. »Wohl verdiene ich«, schreibt er der Linzer Behörde, »meinen Unterhalt als selbständiger Kunstmaler jedoch nur, um mir, da ich ja gänzlich vermögenslos bin, (mein Vater war Staatsbeamter) meine weitere Fortbildung zu ermöglichen. Nur einen Bruchteil meiner Zeit kann ich zum Broterwerb verwenden, da ich mich als Architektur Maler noch immer erst ausbilde. So ist denn auch mein Einkommen nur ein sehr bescheidenes, gerade so groß daß ich eben mein Auskommen finde. Ich lege als Zeugnis dessen meinen Steuerausweis bei, und bitte gleich hier ihn mir wieder gütig zusenden zu wollen. Mein Einkommen ist hier mit 1200 M(ark) angenommen, eher zu viel als zu wenig, und es ist dies nicht so zu verstehn, daß da nun genau auf den Monat 100 M(ark) fallen [12].« In *Mein Kampf* schrieb er rund zehn Jahre später übereinstimmend: »Wenn auch mein Verdienst immer noch sehr kärglich war, so lebte ich ja nicht, um malen zu können, sondern malte, um mir dadurch nur die Möglichkeit meines Lebens zu sichern, besser, um mir damit mein weiteres Studium zu gestatten [13].« Sein amtlich festgestelltes jährliches Mindesteinkommen von 1200 Mark lag noch über dem Betrag, den er in Wien monatlich durchschnittlich verdiente. Zudem waren die Verhältnisse in München günstiger. Für das Mittagessen in einem bürgerlichen Gasthaus bezahlte Hitler zu der Zeit in Wien monatlich rund 25 Kronen, in München dagegen nur 18 bis 25 Mark. Der Zimmerpreis in einer Privatwohnung in Wien betrug 10 Kronen (für kurzfristige Gäste sogar 15 Kronen); in München entrichtete Hitler für sein gut bürgerlich möbliertes Zimmer mit separatem Eingang 20 Mark Miete [14]. Nach Abzug der Kosten für Frühstück und Abendessen blieben ihm monatlich noch mindestens rund 30 Mark für andere Ausgaben. Die damals relativ teuren Zeitungen las er nach eigenen Angaben stets in Cafés. Da er anspruchslos war, hatte er mehr Geld, als er brauchte. Ein in seinem Alter stehender Bankangestellter beispielsweise erhielt 1913 in München ein Monatsgehalt von nur rund 70 Mark. Zu Heinrich Hoffmann sagt Hitler am 12. März 1944: »Mehr als etwa 80 Mark habe ich im Monat nicht gebraucht *.« Für das tägliche Mittag- und Abendessen reichte eine Mark aus **. Josef Popp, dem Sohn des Hauses, konnte er denn auch stets Geld oder Süßigkeiten schenken, wenn dieser ihm Bücher beschaffte oder andere Besorgungen abnahm [15].

Wie in Wien, so ist Hitler auch in München ein Einzelgänger. Seine Umgebung versteht ihn nicht, was ihm allerdings absolut gleichgültig ist. Nähere Kontakte – oder gar Freundschaften – lehnt er ab, weil er sich niemandem offenbaren will. In den Augen »normaler« Bürger lebt der Künstler Adolf Hitler sinn- und ziellos in den Tag hinein. Seine Zeit verbringt er zum größten Teil mit der Lektüre von Büchern und Schriften. Er malt und zeichnet nur bei Tage – und auch dann nur stundenweise ***. Gelegentlich geht er in ein Café an der nächsten Straßenecke, um die dort ausliegenden Tageszeitungen zu lesen und Kuchen zu essen [16]. An den Abenden diskutiert er mit Josef Popp (sen.), trägt ihm seine Vorstellungen und Ideen vor und läßt sich vom Sohn des Hauses abhören, während er aus Fachbüchern über Kriegsfragen rezitiert [17]. Ein »Beruf« oder das, was normalerweise

* Zit. nach dem Original-Protokoll, ehemaliges Hauptarchiv der NSDAP, Bundesarchiv Koblenz, NS 26/36.
** Ebenda.
*** Eine Gewohnheit nahezu aller Maler.

darunter verstanden wird, interessiert ihn nicht, worin er sich allerdings nur von sehr wenigen Malern unterscheidet. So bekannte Oskar Kokoschka, der die Wiener Kunstgewerbeschule besuchte, bevor Hitler dort von Professor Roller empfangen wurde *, anläßlich seines 85. Geburtstages: »Ich war immer ein Vagabund, schon in meiner Jugend [18].«

Hitler lebt als Bohemien; aber er ist stets so gewählt gekleidet, daß der sensible, intellektuell wirkende [19] und bei den Kunden wegen seines besonders in Paris geschulten Geschmacks geschätzte Herrenschneider Popp an seinem Aufzug niemals etwas auszusetzen hat **. Popp sieht in ihm darüber hinaus schon zu der Zeit eine Persönlichkeit, deren Fähigkeiten zu großen Hoffnungen berechtigen. Nicht zufällig schließt er sich bereits 1919 der Deutschen Arbeiterpartei (Mitgliedsnr. 609) an, in der Hitler 1919 »Propagandaobmann« war ***.

Hitler, der weiß, daß ihn seine nächste Umwelt für einen Sonderling hält [20], liest sehr viel, arbeitet als Maler kontinuierlich nur, wenn Bestellungen vorliegen und besondere Umstände ihn dazu zwingen, politisiert sehr gern und leidenschaftlich und verfügt über ein ungewöhnliches Talent, durch Sprache, Argumente und Gestik zu überzeugen. Einstimmig bekunden die Linzer, Spitaler, Leondinger, Wiener und Münchner Weggefährten, daß die Zuhörer manchmal nicht wußten, ob sie über den leidenschaftlich redenden und gestikulierenden Hitler lachen oder betroffen sein sollten [21]. Nach den Schilderungen der Verwandten und fremden Augenzeugen wies sein Wesen schroffe Gegensätzlichkeiten auf. Sein Geltungsbedürfnis, seine Aggressionsbereitschaft und sein Machtstreben wirkten übersteigert, seine Aktivität überwiegend impulsiv und ichbezogen. Vertraulichkeiten duldete er nicht. Freunden und Gegnern erschien er gleichermaßen als unbeirrbar, starrsinnig, überempfindlich, launisch und streitsüchtig, aber auch als zurückhaltend, linkisch und verschlossen. Wer mit ihm unmittelbar zu tun hatte, war von seinem manchmal krankhaften Ehrgeiz, von seinen phantastisch anmutenden Plänen,

* Vgl. S. 81 ff.

** Nach Angaben von Josef Popp (jun.) und Elisabeth Popp (1966/67) trug Hitler gern einen makellosen Frack, der gelegentlich von Josef Popp (sen.) aufbereitet und bei Beginn des Ersten Weltkrieges von Hitler, fein säuberlich verpackt, in der Popp-Wohnung zurückgelassen wurde.

*** Popp folgen andere Handwerker und Geschäftsinhaber aus der Schleißheimer Straße, so z. B. der Maler Ernst Schmidt (Mitgl.-Nr. 885) und ein Fleischermeister. Vgl. Maser, *Die Frühgeschichte der NSDAP*, S. 117.

seinem scheinbar unerschütterlichen Selbstbewußtsein und seiner rastlosen Energie überrascht. Viele seiner Vorstellungen erschienen kritischen Beobachtern bereits vor 1914 ins Maßlose vergrößert und vergröbert.

Die Zeugenberichte lassen den Schluß zu, daß bereits der junge Hitler eindeutig psychopathische Züge aufwies. Die landläufige und von zahlreichen Biographen variierte Behauptung, daß Hitler »einfach nicht normal« gewesen sei, stellt jedoch eine voreingenommene, grobe und zum Teil auch primitive Verzeichnung dar. Michelangelo, Luther, Tasso, Jean Jacques Rousseau, Napoleon, Beethoven, Hölderlin, Kleist, Lenau, Hebbel, Marx, Bismarck, Strindberg, Maupassant, Van Gogh und Nietzsche waren Psychopathen, um hier nur einige bedeutende Namen aufzuzählen. Welche Wirkungen Psychopathie haben kann, erklärt die im wesentlichen unwidersprochene Analyse Wilhelm Lange-Eichbaums, in der es unter anderem heißt: »... eine psychopathische Affektivität (kann, der Verf.) zur Triebfeder werden, die eine Begabungsanlage entwickelt, erweitert, vertieft. Alles psychopathische Erleben antwortet schon auf feinste Reize; seine Erfahrung ist darum erweitert. Die innere Unrast im Blut, die Ruhelosigkeit, die vielfach veränderte Stimmungslage läßt viele Dinge erleben und in den verschiedensten Beleuchtungen. So wird der Blick für das Wiederkehrende, Bleibende, der Blick für das Wesentliche ... verschärft. Der Psychopath mit seiner großen Beweglichkeit des Vorstellungslebens, seinem ewigen Reizhunger, seiner Gier nach Neuem lugt in zahlreiche Gebiete hinein. Das erweitert den Horizont, entwickelt seelische Möglichkeiten, stöbert sogar eigene, bisher verborgene Begabungen auf. So werden weitgetrennte Gebiete in einer Seele vereint – Grenzgebiete, Grenzwissenschaften und -künste, springen als hochbedeutsame Quellen ... auf. Durch die rücksichtslose Stärke des Gefühlslebens, durch die größere Unvernunft, durch den Mangel an Selbstbeherrschung und all seine Folgen kommt es zu Erfahrungen, die andere niemals sammeln [22].«

Ob der junge Hitler unbefangen humorvoll sein konnte und über ausgesprochen liebenswerte »menschliche« Züge verfügte, ist nicht sicher festzustellen. Er selbst beschrieb sich in der Nacht vom 8. zum 9. Januar 1942 als boshaften, Schwächen der Mitmenschen kalt beobachtenden und ausnutzenden Jüngling in Linz und Steyr *. Die Zeugen

* Vgl. S. 62 ff.

und Weggefährten waren in den meisten Fällen befangen. Bemerkenswert erscheint in diesem Zusammenhang jedoch, daß der junge Hitler den Personen, die ihm nahestanden oder die häufiger mit ihm zu tun hatten, liebenswert erschien, wenn er sich »vergaß« und die – eine »Persönlichkeit« kopierende – kalte Pose von ihm abfiel, auf die er bereits als Schüler ostentativ bedacht war. So war zum Beispiel der Arzt Dr. Bloch geradezu betroffen von dem – nach dem Tod seiner Mutter – plötzlich »menschliche« Regungen offenbarenden Hitler, der ihm bis dahin immer nur unzugänglich und verschlossen erschienen war *. Sein Klavierlehrer Prewatzky-Wendt hat ihn niemals aufgeschlossen und zu näheren Kontakten bereit erlebt **. Seinen Verwandten, die er nach dem Verlassen der Schule im niederösterreichischen Waldviertel besuchte, erschien er mehr fremd als freundlich [23]. Nicht nur ihnen ist der junge Hitler als zu betont auf Form und Hochachtung heischende Würde bedacht, als zu »altklug« vorgekommen, unter gar keinen Umständen bereit, Schwächen zu zeigen und fehlende Kenntnisse einzugestehen. Josef und Elisabeth Popp schildern den 25jährigen Hitler als einen »österreichischen Charmeur«, der hilfsbereit, liebenswürdig und großzügig, aber auch stets ungewöhnlich und immer auf Distanz bedacht war. Sie und ihre Eltern haben den jungen Hitler »sehr gern gehabt, doch niemals erfahren, was in ihm wirklich vorging. Er war nicht zu durchschauen. Von seinem Elternhaus sprach er niemals, von Freunden oder Freundinnen auch nicht. Meist saß er daheim und las mit bedrückendem Ernst. Zwischendurch malte er [24].«
Mit wem Hitler 1913/14 in München verkehrte, haben weder Josef Popp noch dessen Kinder erfahren, die Hitler besonders gern mochte, in seinen Briefen von der Front stets mit ihren Kosenamen anredete und mit Sondergrüßen bedachte [25]. Gäste empfing er nicht, obwohl Besucher die Familie des Vermieters nicht belästigt hätten, da sein Zimmer mit einem separaten Eingang außerhalb der Wohnung versehen war. Daß er vor 1914 in München dennoch nicht ohne persönliche Kontakte mit Personen außerhalb der Familie Popp lebte, ist nachweisbar. So hat er zum Beispiel mit dem Juristen Ernst Hepp und dessen Frau offensichtlich recht vertraulich verkehrt, was ein langer Hitler-Brief von der Front an Hepp bezeugt ***.

* Vgl. dazu auch S. 71 ff.
** Vgl. dazu u. a. Maser, Die Frühgeschichte der NSDAP, S. 62.
*** Vgl. S. 128 ff.

»Aus politischen Gründen hatte ich Österreich in erster Linie verlassen«, schrieb Hitler 1924 und gab zugleich zu: »Ich wollte nicht für den habsburgischen Staat fechten [26].« Daß diese diplomatische Formulierung eine peinliche Episode umschrieb, die er in München erlebt hatte, wurde erst sehr viel später entdeckt. Am 29. Dezember 1913 hatte sich die österreichische Polizei an die Münchner Polizeidirektion mit der Bitte gewandt, festzustellen, ob Hitler in der bayerischen Landeshauptstadt gemeldet sei. »Der im Jahre 1889 in Braunau am Inn ... Donau zuständige Kunstmaler Adolf Hietler ist«, teilten die Österreicher mit, »am 24. Mai 1913 von Wien nach München übersiedelt. – Es wird dienstfreundlichst ersucht ... bekannt zu geben, ob Genannter dort gemeldet ist [27].« Die Münchner fanden ihn. Am 10. Januar 1914 teilten sie ihren Linzer Kollegen mit: »Der Gesuchte ist seit 26. V. 1913 Schleißheimer Straße 34/III. bei Popp gemeldet [28].« Bereits 8 Tage danach hatte Hitler von der Münchner Kriminalpolizei eine Vorladung mit der Weisung erhalten, sich am 20. Januar in Linz zur Musterung einzufinden. Am 19. Januar führte ihn die Münchner Kriminalpolizei dem österreichischen Konsulat in München vor, wo ein Protokoll aufgenommen wurde. Das k. u. k. Konsulat München befürwortete wohlwollend die Angaben Hitlers, der während seines Besuchs wahrscheinlich einen alten und mit Farbe beschmierten »Maleranzug« trug, von einem Leiden redete und offensichtlich einen geradezu bemitleidenswerten Eindruck zu erwecken verstand und erklärte: »Nach den Beobachtungen der Polizei der nach dem hieramts gewonnenen Eindruck, dürften seine im beiliegenden Rechtfertigungsschreiben gemachten Angaben vollkommen der Wahrheit entsprechen. Auch soll er mit einem Leiden behaftet sein, das ihn zum Militärdienst untauglich macht ... Da Hietler sehr berücksichtigungswert erscheint, wurde von der Durchführung der Auslieferung vorläufig Abstand genommen und Genannter angewiesen, unbedingt bei der Nachstellung am 5. Februar in Linz zu erscheinen ... Hietler wird also die Reise nach Linz antreten, falls sich der Magistrat durch die vorgeschilderte Sachlage und die Armut desselben sich nicht veranlaßt sieht, ihm die Nachstellung in Salzburg zu bewilligen [29].« Hitler bat den Linzer Magistrat telegrafisch um den Aufschub der Musterung bis zum 5. Februar 1914. Die Heimatbehörde entsprach seiner Bitte jedoch nicht: »Hat ... zu erscheinen [30]«, lautete die offensichtlich sehr verärgerte amtliche Antwort aus Linz, die Hitler allerdings erst am 21. Januar erhielt. Daraufhin bat er den Linzer

Magistrat, ihm aus finanziellen Gründen zu gestatten, sich in dem näher bei München liegenden Salzburg zur Musterung stellen zu dürfen. In seinem sehr höflich gehaltenen Schreiben heißt es u. a.: »Ich sende dieses Schreiben unabhängig von einem ebenfalls heute abgefaßten Protokoll daß ich am Konsulate unterzeichnete. Ich bitte auch daß man mir die weiteren Verfügungen durch das Konsulat zugehen läßt, und bitte überzeugt zu sein daß ich Ihre pünktliche Erfüllung nicht versäumen werde. Was endlich meine Angaben in der Stellungs Vorlage anlangen so werden diese durch die Konsulatsbehörde bestätigt. Diese war großherzig genug, und sprach mir die Hoffnung aus sich dafür zu verwenden, daß ich meiner Stellungspflicht in Salzburg genügen könne. Wenn ich dies nun auch kaum mehr zu hoffen wage, so bitte ich doch mir die Sache nicht unnötig zu erschweren.
Ich bitte sehr ergeben dieses Schreiben gütig zur Kenntniß nehmen zu wollen, und unterzeichne

sehr ehrerbietig
Adolf Hitler
Kunstmaler ...[31]«

Obwohl Hitler »kaum mehr zu hoffen« wagte, daß die Linzer Behörde seiner Bitte entsprechen würde, hatte er Erfolg. Am 5. Februar 1914 fuhr er nach Salzburg zur Musterung – und wurde, wie er gehofft hatte, vom Militärdienst befreit. »Es wird bestätigt«, erklärte das Landesevidenzreferat der oberösterreichischen Landesregierung am 23. 2. 1932, »dass der am 20. April 1889 in Braunau am Inn geborene und in Linz, Oberösterreich, heimatberechtigte Adolf Hitler, Sohn des Alois und der Klara, geborene Pölzl, laut Stellungsliste bei der Nachstellung in der 3. Altersklasse am 5. Februar 1914 zu Salzburg ›zum Waffen- und Hilfsdienst untauglich, zu schwach‹ befunden worden ist und der Beschluss auf ›Waffenunfähig‹ gefällt wurde[32].«
»... soll er mit einem Leiden behaftet sein«, hat der österreichische Konsulatsbeamte am 19. Januar vorsorglich zweifelnd formuliert, was vermuten läßt, daß Hitler während der Vernehmung sein inzwischen längst ausgeheiltes Lungenleiden heraufbeschwor, das seine Mutter im Herbst 1905 bewogen hatte, ihn von der Schule zu nehmen[33]. Jedenfalls mußte der Stellungsflüchtling Adolf Hitler seiner Dienstpflicht auch nachträglich nicht genügen. Was Hitler Kubizek

im Spätsommer 1908 beschwörend geraten hat, setzt er nun selbst in die Tat um. Mit Tschechen und Juden will er nicht in einer Armee dienen, für den habsburgischen Staat nicht »fechten«, ist jedoch jederzeit bereit, für das Deutsche Reich zu sterben [34]. Hitler, der fanatische Alldeutsche, will im Deutschen Reich leben, in einer Umgebung, die ihm eine verehrungswürdige und liebenswerte Heimat bietet, und wenn er schon Soldat werden muß, dann eben nur dort. Er darf 1914 weiterhin in München bleiben, als Bohemien leben und verächtlich auf sein österreichisch-ungarisches Vaterland schimpfen.

In München gilt Hitlers Interesse – anders als in Wien – nicht vornehmlich dem Antisemitismus und dem Marxismus, sondern der deutsch-österreichischen Außenpolitik und dem Österreichverständnis der deutschen Bevölkerung. Die deutsche Bündnispolitik, das österreichisch-deutsche Bündnis vom 7. Oktober 1879, das Dreikaiserbündnis vom 18. Juni 1881 und den Dreibund zwischen Deutschland, Österreich-Ungarn und Italien vom 20. Mai 1882 [35] hielt er – nach eigenen Angaben – bereits in Wien für »unbedingt falsch [36]«. Hitler gelangt in München zu der Überzeugung, daß die Deutschen den Bündnispartner Österreich-Ungarn allgemein für »eine ernste Macht [37]« halten, die »in der Stunde der Not sicher sofort ihren Mann [38]« stehen werde, was er als Österreicher nicht glaubt, da die Doppelmonarchie nach seiner Auffassung »längst aufgehört« hat, »ein deutsches Staatswesen zu sein [39]«. Er verficht die Ansicht, daß die »inneren Verhältnisse« Österreich-Ungarns »von Stunde zu Stunde mehr der Auflösung [40]« entgegendrängen. Den österreichisch-ungarischen Versicherungen mißtraut er. Nach seiner Auffassung sind die »Träger des Bündnisgedankens ... in Österreich nur die Habsburger und die Deutschen. Die Habsburger aus Berechnung und Zwang, die Deutschen aus gutem Glauben und politischer Dummheit [41]«. Er zweifelt nicht daran, daß Deutschland sich durch den Dreibund »an einen Staatskadaver [42]« gekettet hat, der »beide (Vertragspartner, der Verf.) in den Abgrund reißen [43]« muß, und ist überzeugt, daß er »besser ... als (die) sogenannte offizielle ›Diplomatie‹« erkennt, daß die »deutsche Bündnispolitik ebenso sinnlos wie gefährlich [45]« sei. Den alldeutsch eingestellten jungen Österreicher verblüfft in München das mangelnde Interesse der Bevölkerung für die Situation der Deutschen in der Donaumonarchie. »Zu meinem Erstaunen mußte ich überall feststellen«, sagte er, »daß über das Wesen der Habsburger-Monarchie selbst in den sonst gut unterrichteten Kreisen aber auch kein blasser Schimmer vorhanden war [46].« »In den Jahren 1913 und 1914 habe ich ... zum ersten Male in verschiedenen Kreisen ... die Überzeugung ausgesprochen«, stellt Hitler in *Mein Kampf* fest, »daß die Frage der Zukunft der deutschen Nation die Frage der Vernichtung des Marxismus ist [47].« Daß es sich bei diesen Feststellungen von 1924 nicht um nachträgliche Stilisierungen handelt, beweisen nicht nur Zeugenberichte [48], sondern auch schriftliche Äußerungen [49] Hitlers aus der Zeit.

Als Hitler erfährt, daß der österreichische Thronfolger Franz Ferdinand und dessen Frau am 28. Juni 1914 in Sarajewo ermordet worden sind, erfaßt ihn, wie er 1924 berichtet, »zunächst Sorge, die Kugeln möchten vielleicht aus den Pistolen deutscher Studenten stammen, die aus Empörung über die dauernde Verslawungsarbeit des Thronfolgers das deutsche Volk von diesem inneren Feinde befreien wollten ... Als ich jedoch gleich darauf schon die Namen der vermutlichen Täter hörte und außerdem ihre Feststellung als Serben las, begann mich leises Grauen zu beschleichen über diese Rache des unerforschlichen Schicksals. Der größte Slawenfreund fiel unter den Kugeln slawischer Fanatiker [50].« Aber das »leise Grauen« währt nicht lange. Auf einem Foto, das Hitler am 1. August 1914 unter den Menschen zeigt, die auf dem Münchner Odeonsplatz stehen und die Proklamation der Kriegserklärung erfahren, ist zu erkennen, daß seine Augen leuchten und dem freudig erregten Gesicht einen geradezu merkwürdigen Glanz verleihen. Wie sehr viele Angehörige des deutschen Bildungsbürgertums, wie Thomas Mann *, Ludwig Thoma und zahlreiche Universitätsprofessoren, ist auch Hitler glücklich über die Nachricht, daß der Krieg ausgebrochen ist. »Mir ... kamen die damaligen Stunden«, schreibt er in *Mein Kampf*, »wie eine Erlösung aus den ärgerlichen Empfindungen der Jugend vor. Ich schäme mich ... nicht, es zu sagen, daß ich, überwältigt vor stürmischer Be-

* Noch 1916 schrieb Thomas Mann an seinen Verleger Samuel Fischer: »Aber wozu die Politisierung, Verwestlichung, Enthumanisierung, Entdeutschung und Verflachung, die seit 50 Jahren im Gange ist, wenn nicht einmal Macht dabei herauskommen soll? ... Ganz unerträglich aber ... ist mir der Gedanke, daß uns der demokratische Fortschritt ... von außen her, durch die Niederlage sollte aufgezwungen werden ... Unsere Demokratisierung muß die Folge unseres Sieges, die Begleiterscheinung unseres Eintritts in die Weltpolitik sein.«
Der Brief wurde 1966 auf der Herbstauktion bei Stargardt in Marburg versteigert. Ausschnitt-Veröffentlichung von Iring Fetscher am 24. 11. 1966 in: *Frankfurter Allgemeine Zeitung.*

geisterung, in die Knie gesunken war und dem Himmel aus übervollem Herzen dankte, daß er mir das Glück geschenkt, in dieser Zeit leben zu dürfen [51].« Sofort reichte er, der von einer österreichischen Musterungskommission erst vor einigen Monaten noch als »waffenunfähig« beurteilt worden war, ein Immediatgesuch an Ludwig III. ein, um als Österreicher in das bayerische Heer eintreten zu dürfen. Bereits am nächsten Tag erhält er von der Kabinettskanzlei die Mitteilung, daß er sich bei einem bayerischen Regiment melden könne. Hitler entscheidet sich für das Reserve-Infanterie-Regiment Nr. 16, das nach seinem Ende Oktober 1914 gefallenen Kommandeur Oberst List, den Beinamen »List« erhielt. Am 16. August, an dem Tag, an dem die vielgelesene *Berliner Illustrierte Zeitung* auf ihrer Titelseite einen mit Soldaten stürmenden und »Drauf!« rufenden Infanterieoffizier mit Pickelhaube und gezogenem Degen abgebildet hat, tritt er in der Münchner »Elisabeth-Schule« in das 6. Rekruten-Ersatz-Batl. des 2. bayerischen Infanterie-Regiments Nr. 16 ein. Dort wird er am 8. Oktober 1914 zunächst auf den König von Bayern und anschließend auf seinen Kaiser Franz Joseph vereidigt. Hans Mend, zeitweilig sein Rekrutenausbilder *, berichtete 1931, welchen Eindruck Hitler 1914 auf ihn machte. »In Schwabmünchen«, gab er an, »sah ich Adolf Hitler zum erstenmal. Ich kannte ihn nicht, er ist mir jedoch beim Vorübergehen durch seinen energischen Blick und sein besonderes Wesen aufgefallen. Ich hielt ihn für einen Akademiker, deren so viele dem Regiment ›List‹ angehörten **.« Nach einer unzureichenden Ausbildung kommt Hitler bereits Mitte Oktober 1914 an die Front. Rund 20 Wochen später, im Februar 1915, schildert er mit der Beobachtungsgabe eines Malers seinem Münchner Bekannten Ernst Hepp in einem – im folgenden zitierten – aufschlußreichen Feldpost-Brief ***, wie er diese Tage erlebt hat ****.

* Schriftliche Mitteilung von Schmid-Noerr vom 1. 4. 1967.
** Ebenda.
*** Bundesarchiv Koblenz, NS 26/4. Hitlers Text wird ohne Korrektur der Interpunktion und Rechtschreibung zitiert, seine Gewohnheit, anstelle von 2 Konsonanten einen Strich über einem Konsonanten zu machen, nicht berücksichtigt. Leerzeilen im Text bezeichnen den jeweiligen Seitenbeginn im Original.
**** Seine Feststellung wurde von Angehörigen des Regiments bestätigt, die Hitlers Brief nicht kannten. Vgl. z. B. Meyer, S. 18 f.

»Geehrter Herr Assessor!

Glücklich darüber daß Sie meine letzte Karte erreicht hat, danke ich gleich hier herzlich für den lieben Brief – den geehrter Herr Assessor mir zur Antwort gaben.
Ich hatte schon einmal ausführlich geschrieben, muß dies nun wohl nachholen. Vorerst teile ich Ihnen geehrter Herr Assessor gleich jetzt mit, daß ich schon am 2ten Dezember das ›Eiserne Kreuz‹ erhielt. Gelegenheit zur Erwerbung gab es Gott sei dank mehr als genug. Unser Regiment kam eben nicht, wie wir dachten, in die Reserve, sondern gleich am 29. Oktober früh morgens in die Schlacht und seit drei (unleserlich) liegen wir den Burschen ununterbrochen in den Haaren, wenn nicht als Angreifer dann als Verteidiger. Nach einer beispiellos schönen Rheinfahrt kamen wir am 23 Oktober in Lille an. Schon durch Belgien konnten wir den Krieg sehen. Löven war ein Schutt- und Brandhaufen. Bis (folgt unleserlicher Ortsname) gieng die Fahrt ziemlich

ruhig und sicher. Dann aber kam Störung um Störung. An einigen Stellen waren die Bahngeleise trotz strengster Bewachung gelockert worden. Immer zahlreicher kamen jetzt gesprengte Brücken, zertrümmerte Lokomotiven. Obwohl der Zug im richtigen Schneckentempo fuhr kamen die Folterpausen immer öfter. Aus der Ferne hörten wir auch schon das monotone Rollen unserer schweren Mörser. Gegen abend kamen wir in einer ziemlich zerschossenen Liller Vorstadt an, wir wurden ausgeladen, und lungerten dann bei den Gewehrpyramiden herum. Etwas vor Mitternacht marschierten wir endlich in die eigentliche Stadt. Ein endloser eintöniger Weg, links und rechts niedrige Fabrikhäuser, endlose Ruß und rußgeschwärzte Backkästen, das Pflaster ist gemein schlecht, und schmutzig. Bewohner gibt es nach 9^{h} nicht mehr auf der Straße, desto mehr Militär. Wir winden uns fast unter Lebensgefahr zwischen den Train und Munitionskolonnen durch bis wir endlich zu den inneren Festungstoren gelangen. Das eigentliche Lille ist nun allerdings etwas besser. Leitmotiv aber ist auch hier, ›außen hui, innen pfui‹. Immer wieder mußte ich an Deutschland denken. Die Nacht verbrachten wir dann im Hof des Börsengebäudes. Der protzige Bau ist noch nicht vollendet. Da wir mit vollem Gepäck uns niederlegen mußten, wir waren in Alarmbereitschaft, es außerdem auf dem Steinpflaster sehr kalt war, konnte ich in keinen Schlaf kommen. Am nächsten Tag änderten wir das Quartier. Dieses mal kamen wir in eine sehr große Glashalle. An

Luft war kein Mangel da zurzeit nur mehr das Eisengerippe stand. Unter der Wucht deutscher Granaten war das Glas in Millionen Scherben zersplittert. Tagsüber wurde noch etwas geübt, die Stadt besichtigt, und vor allem der gewaltige Heeresapparat bewundert, der ganz Lille seinen Stempel aufdrückte, und in seinen riesigen Formen sich vor unseren erstaunten Augen abrollte. Nachts wurde noch gesungen, für viele das letztemal. In der dritten Nacht um 2 h kam plötzlich Alarm und um 3 h marschierten wir feldmäßig vom Sammelplatz ab. Bestimmtes wußte niemand. Jedenfalls aber hielten wir es für einen Probealarm. Es war eine ziemlich finstere Nacht. Kaum waren wir 20 Minuten marschiert, so hieß es wieder seitwärts treten und dann kamen Trainkolonnen, Kavallerie, und s. wt. und versperrten die Straße, bis endlich wieder für uns Platz wurde. Endlich wurde es Morgen. Wir waren weit außer Lille. Der Kanonendonner war almählich stärker geworden. Wie eine Riesenschlange wand sich unsere Marschkolonne vorwärts. In einem Schloßpark kam um 9 h dan Halt. Zwei Stunden Rast, und dann geht es wieder weiter bis 8 h abends. Das Regiment ist jetzt verschwunden, es hat sich jetzt aufgelöst in seine Kompanien, und von denen nimmt jede Deckung gegen Flieger. um 9 h abends erhalten wir die Menage.

Ich kann leider nicht schlafen. 4 Schritte von meinem Strohbündel liegt ein toter Gaul. Dem Äußeren nach zu schließen mindestens schon 2 Wochen. Das Vieh ist schon in halber Verwesung. Endlich liegt knapp hinter uns eine Deutsche Haubitzbatterie, und jagd alle 15 Minuten 2 Granaten über unsere Köpfe hinweg in die schwarze Nacht hinaus. Das heult und pfaucht durch die Luft und dann hört man weit in der Ferne 2 dumpfe Schläge. Jeder von uns horcht nach. Das erstemal im Leben hört man das ja. Und während wir so leise flüsternd eng aneinander gepresst daliegen und zum Sternenhimmel emporsehen geht in der Ferne ein Lärmen los erst noch weit dann immer näher und näher rattert es und die einzelnen Schläge der Kanonen werden immer zahlreicher bis zum Schluße ein einziges Rollen daraus wird. Jedem von uns zuckt es durch die Adern. Die Engländer machen einen ihrer Nachtangriffe, heißt es. Bange warten wir, ungewiß von dem was da eigentlich vorgeht. Dann aber wird es wieder ruhiger, und endlich hört der Höllenlärm ganz auf, nur unsere Batterie dröhnt alle 15 Minuten ihren Eisengruß in die Nacht hinaus. Am Morgen finden wir ein großes Granatloch.

Nach langen Mühen findet der Gaul darin seine letzte Ruhe. Eben wollen wir uns etwas häuslich einrichten als es um 10^{h} wieder Alarm gibt. 15 Minuten später marschieren wir ab. Nach längerem Hin und Her kommen wir in ein zerschossenes Gehöft und nehmen wieder Bivak. Ich hatte diese Nacht Wache. Um 1^{h} nachts kommt plötzlich wieder Alarm und um 3^{h} marschieren wir ab. Vorher fassen wir neuerdings Munition. Während wir eben den Abmarschbefehl erwarten reitet Major Graf Zech vorbei: Morgen werden wir die Engländer angreifen. Endlich, jubelt es in jedem von uns auf. Der Major schritt nach dieser Ankündigung zu Fuß an der Spitze der Kolonne. Um 6^{h} früh treffen wir bei einem Gasthof mit den anderen Kompagnien zusammen, und um 7^{h} geht der Tanz los. Zugsweise durchschreiten wir einen rechts von uns liegenden Wald, und kommen in bester Ordnung auf einer hochgelegenen Waldwiese an. Vor uns sind vier Geschütze eingegraben. Hinter diesen, in großen Erdlöchern nehmen wir Stellung und warten. Jetzt sausen auch die ersten Schrapnelle über uns und platzen am Waldsaum und zerfetzen Bäume als ob sie Strohwische wären. Neugierig sehen wir zu. Wir haben noch keine rechte Ahnung von der Gefahr. Keiner von uns hat Furcht. Jeder wartet

ungeduldig auf das ›Vorwärts‹. Und jetzt wird auch das Spektakel immer ärger. Es soll schon Verwundete geben. 5 oder 6 lehmbraune Kerle die von links kommen machen uns plötzlich alle aufjubeln. 6 Engländer und ein Maschinengewehr. Wir schauen zur Begleitmannschaft hinüber. Die geht stolz hinter der Beute, und wir müssen noch immer warten, und sehen kaum hinein in den nebeligen, brodelnden Hexenkessel vor uns. Endlich heißt es ›vor‹. Wir schwärmen aus und jagen über die Felder die nun kommen dahin, auf ein kleines Gehöft zu. Links und rechts platzen die Schrapnells und dazwischen singen die englischen Kugeln durch, aber wir achten nicht darauf. Zehn Minuten liegen wir hier und dann heißt es wieder vor. Ich bin ganz vorn, und bin nicht mehr bei unserem Zug. Da heißt es plötzlich Zugführer Stöwer angeschossen. O weh, denk ich noch schnell, das fängt schön an. Da wir aber in freiem Feld sind, heißt es schnell vorwärtsspringen. Der Hauptmann ist an der Spitze. Jetzt fallen auch die ersten unter uns. Die Engländer haben jetzt Maschinengewehre auf uns eingestellt. Wir werfen uns also nieder und kriechen durch eine Rinne langsam vor.

Manchmal stockt es, dann ist immer wieder einer angeschossen, kann nicht mehr vor, und wir müssen ihn aus der Furche herausheben. So kriechen wir weiter bis auch diese Rinne aufhört, und jetzt müssen wir wieder über freies Feld. 15 bis 20 meter dann kommen wir zu einem großen Wassertümpel. Einer nach dem Anderen saust da hinein, nimmt Deckung und schnauft sich aus. Aber hier gibt es kein Liegenbleiben. Also schnell raus und marsch, marsch auf einen etwa 100 meter vor uns liegenden Wald. Dort treffen wir uns so nach und nach wieder. Freilich – es sieht schon stark gelichtes. Jetzt kommandiert uns nur mehr ein Vizefeldwebel ›Schmidt‹, ein baumlanger prächtiger Kerl. Wir kriechen auf dem Boden bis zum Waldrand vor. Über uns heult und saust es, in Fetzen fliegen Baumstämme und Äste um uns herum. Dann wieder krachen Granaten in den Waldsaum hinein und schleudern Wolken von Steinen, Erde und Sand empor heben die schwersten Bäume aus den Wurzeln und ersticken alles in einem gelbgrünen, scheußlichen, stinkigen Dampf. Ewig können wir hier nicht liegen, und wenn wir schon fallen, dann nur noch besser draußen. Da kommt unser Major.

Es geht wieder vorwärts. Ich springe und laufe so gut es geht, über die Wiesen und Rübenfelder springe über Gräben, komme über Drat und lebende Hecken und dann höre ich vor mir schrein ›Hier herein, alles hier herein‹. Ein langer Schützengraben liegt nun vor mir, einen Augenblick später springe ich hinein vor mir, hinter mir, links und rechts folgen unzählige Andere. Neben mir sind Würtenberger, unter mir tote und verwundete Engländer. Die Würtenberger hatten den Graben schon vor uns erstürmt. Jetzt wußte ich auch, weshalb ich so weich aufgesprungen war. 240–280 m links vor uns waren noch englische Gräben rechts war noch die Straße nach (folgt unleserliches Wort) in ihrem Besitz. Über unserem Graben sauste ein ununterbrochener Eisenhagel hinweg. Endlich um 10^h griff unsere Artillerie auch hier ein. 1-2-3-5 usw. fort. Immer wieder schlug eine Granate von uns in den vor uns liegenden engl. Schützengraben ein. Wie

aus einem Ameisenhaufen quollen die Kerle daraus hervor und nun geht es bei uns zum Sturm.
Wir kommen blitzschnell über die Felder vor, und nach stellenweise blutigem Zweikampf werfen wir die Burschen aus einem Graben nach dem anderen heraus. Viele heben die Hände hoch. Was sich nicht ergibt

wird niedergemacht. Graben um Graben räumen wir so. Endlich sind wir auf der großen Straße angelangt. Links und rechts von uns ist junger Wald. Also vorwärts hinein. Rudelweise treiben wir die Burschen heraus. So kommen wir bis an die Stelle da der Wald endet, und die Straße frei weiterführt. Links liegen einige Gehöfte die sind jetzt noch besetzt und wir bekommen furchtbares Feuer. Einer nach dem Anderen bricht von uns zusammen. Da kommt tollkühn unser Major, ruhig rauchend, mit ihm sein Adjudant Ltn. Pyloty. Der Major übersieht schnell die Lage und befiehlt links und rechts der Straße zum Sturm zu sammeln. Offiziere haben wir keine mehr, kaum noch Unteroffiziere. So springt dann jeder von uns, der auch nur etwas Kerl ist zurück und holt Verstärkungen ran. Als ich das zweitemal mit einem Trupp zersprengter Würtenberger zurückkomme, liegt der Major mit aufgerissener Brust am Boden. Ein Haufen Leichen um ihn herum. Nun ist noch ein Offizier übrig, sein Adjudant. In uns kocht die Wut. ›Herr Leutenant führen Sie uns zum Sturm‹, schreit alles. Also dann vorwärts durch den Wald links hinein: auf der Straße kommen wir nicht vor 4 mal dringen

wir vor und müssen wieder zurück, von meinem ganzen Haufen bleibt nur mehr einer übrig außer mir, endlich fällt auch der. Mir reißt ein Schuß den ganzen rechten Rockärmel herunter aber wie durch ein Wunder bleibe ich gesund und heil, um 2 h endlich gehen wir ein 5tes mal vor, und diesesmal besetzen wir den Waldrand und die Gehöfte. Am Abend um 5 h sammeln wir, und graben uns hundert meter vor der Straße ein. 3 Tage kämpfen wir so bis endlich am 3ten die Engländer geworfen wurden. Am 4ten abends marschierten wir zurück nach (folgt unleserlicher Ortsname). Dort sahen wir erst unsere schweren Opfer. In 4 Tagen war unser Regiment von 3 1/2 tausend Mann auf 600 zusammengeschmolzen. Das ganze Regiment zählte nur mehr 3 Offiziere. 4 Kompagnien mußten aufgelassen werden. Aber stolz waren wir alle darauf, daß wir die Engländer geworfen hatten. Seitdem liegen wir immer in erster Front. In Messines wurde ich zum erstenmal in Wytschaete zum zweitenmal zum Eisernen Kreuz vorgeschlagen, diesesmal, mit (unleserliches Wort) anderen, von Herrn Obstlt. Engelhardt, unserem Regimentskommandeur. Am 2ten Dezember erhielt ich es dann endlich. Ich bin jetzt

beim Stab als Gefechtsmeldegänger. In Bezug auf Schmutz ist es da etwas besser, dafür aber auch gefährlicher. In Wytschaete allein wurden am Tag des ersten Sturmes 3, von uns 8 Mann, abgeschossen, einer schwer verwundet. Wir vier Überlebenden und der Verwundete wurden nun ausgezeichnet. Damals rettete uns unsere Auszeichnung das Leben. Als nämlich die Liste der Vorschläge zum ›Kreuz‹ besprochen wurde, kamen auch 4 Kompagnieführer in das Zelt, bzws. Unterstand. Infolge Platzmangels mußten wir vier einen Augenblick hinaustreten. Wir waren kaum 5 Minuten draußen als eine Granate in das Zelt schlug, den Herrn Obstl. Engelhardt schwer verwundete und den gesammten sonstigen Stab teils tötete, teils verwundete. Es war der furchtbarste Augenblick meines Lebens. Oberstleutenant Engelhardt wurde von uns vergöttert.
Ich muß nun leider schließen, und bitte Sie geehrter Herr Assessor mir meine schlechte Schreibweise zu verzeihn, und entschuldigen zu wollen. Ich bin jetzt sehr nervös. Tag für Tag liegen wir von 8 h früh bis 5 h nachmittg. im schwersten Artilleriefeuer, das macht mit der Zeit auch die stärksten Nerven kaput. Für die beiden Pakete die Herr Assessor so gut waren für mich abzuschicken

sage ich Ihnen sowie Ihrer geehrten Frau Gemahlin meinen herzlichen Dank. Ich denke so oft an München, und jeder von uns hat nur den einen Wunsch, daß es bald zur endgiltigen Abrechnung mit der Bande kommen möge, zum Daraufgehen, koste es was es wolle, und daß die, die von uns das Glück besitzen werden, die Heimat wiederzusehen, sie reiner und von der Fremdländerei gereinigter finden werden, daß durch die Opfer und Leiden die nun täglich so viele Hunderttausende von uns bringen daß durch den Strom von Blut der hier Tag für Tag fließt gegen eine internationale Welt von Feinden, nicht nur Deutschlands Feinde im Äußeren zerschmettert werden, sondern daß auch unser innerer Internationalismuß zerbricht. Das wäre mehr wert, als aller Ländergewinn. Mit Österreich wird die Sach kommen, wie ich es immer sagte.

Indem ich nun nochmals meinen hrzl. Dank ausspreche verbleibe ich mit ehrerbietigen Handkuß an Ihre geehrte Frau Mutter und Gemahlin

Ihr sehr ergebener dankbarer
Adolf Hitler«

Hitlers Beteiligung an Schlachten und Gefechten, seine Auszeichnungen, Verwundungen, Lazarett-Aufenthalte und Urlaubszeiten sind durch Dokumente lückenlos belegbar:

1914:

16. 8.: Eintritt in das 6. Rekruten-Ersatz-Batl. des 2. bayerischen Inf.-Regts. Nr. 16 (List) in der Elisabeth-Schule in München.
1. 9.: Versetzung zur 1. Kompanie des bayerischen Res.-Inf.-Regts. Nr. 16.
21. 10.: Transport an die Front.
29. 10.: Schlacht an der Yser.
30. 10.–24. 11.: Schlacht bei Ypern.
1. 11.: Beförderung zum Gefreiten.
9. 11.: Versetzung zum Regts.-Stab.
25. 11.–13. 12.: Stellungskampf in Flandern.
2. 12.: Auszeichnung mit dem Eisernen Kreuz II. Klasse.
14. 12.–24. 12.: Dezemberschlacht in Französisch-Flandern.
25. 12. 1914–9. 3. 1915: Stellungskämpfe in Französisch-Flandern.

1915:

10.–14. 3.: Schlacht bei Neuve-Chapelle.
15. 3.–8. 5.: Stellungskämpfe in Französisch-Flandern.
9. 5.–23. 7.: Schlacht bei La Bassée und Arras.
24. 7.–24. 9.: Stellungskämpfe in Französisch-Flandern.
25. 9.–13. 10.: Herbstschlacht bei La Bassée und Arras.
7. 10.: Versetzung zur 3. Kompanie des Res.-Inf.-Regts. Nr. 16.
14. 10. 1915–29. 2. 1916: Stellungskämpfe in Flandern.

1916:

1. 3.–23. 6.: Stellungskämpfe in Flandern (im Artois).
24. 6.–7. 7.: Erkundungs- und Demonstrationsgefechte der 6. Armee im Zusammenhang mit der Schlacht an der Somme.

8.–18. 7.: Stellungskampf in Französisch-Flandern.
19.–20. 7.: Gefecht bei Fromelles.
21. 7.–25. 9.: Stellungskämpfe in Französisch-Flandern.
26. 9.–5. 10.: Schlacht an der Somme.
5. 10.: Verwundung am linken Oberschenkel bei Le Bargur.
9. 10.–1. 12.: Rotes-Kreuz-Lazarett in Beelitz.
3. 12.: Versetzung zur 4. Komp. des I. Ersatz-Batls. des bayerischen Inf.-Regts. 16 in München.

1917:
5. 3.: Frontdienst bei der 3. Komp. des bayerischen Res.-Inf.-Regts. Nr. 16.
5. 3.–26. 4.: Stellungskämpfe in Französisch-Flandern.
27. 4.–20. 5.: Frühjahrsschlacht bei Arras.
21. 5.–24. 6.: Stellungskämpfe im Artois.
25. 6.–21. 7.: 1. Teil der Schlacht in Flandern.
22. 7.–3. 8.: 2. Teil der Schlacht in Flandern.
4. 8.–10. 9.: Stellungskämpfe im Oberelsaß.
17. 9.: Auszeichnung mit dem Militärverdienstkreuz III. Klasse mit Schwertern.
30. 9.–17. 10.: Heimaturlaub in Spital.
17. 10.–2. 11.: Nachhutgefechte südlich der Ailette.
3. 11. 1917–25. 3. 1918: Stellungskampf nördlich der Ailette.

1918:
26. 3.–6. 4.: Große Schlacht in Frankreich.
7.–27. 4.: Kämpfe bei der Avre und bei Montdidier.
28. 4.–26. 5.: Stellungskampf nördlich der Ailette.
9. 5.: Auszeichnung durch ein Regimentsdiplom für hervorragende Tapferkeit bei Fontaine.
18. 5.: Verwundetenabzeichen in Schwarz.
27. 5.–13. 6.: Schlacht bei Soissons und Reims.
14.–30. 6.: Stellungskämpfe zwischen Oise und Marne.
5.–14. 7.: Stellungskämpfe zwischen Aisne und Marne.
15.–17. 7.: Angriffsschlacht an der Marne und in der Champagne.
18.–25. 7.: Abwehrschlacht zwischen Soissons und Reims.
25.–29. 7.: Bewegliche Abwehrschlacht an der Marne.
4. 8.: Auszeichnung mit dem Eisernen Kreuz I. Klasse.
21.–23. 8.: Schlacht bei Monchy-Bapaume.

23.–30. 8.: Diensturlaub nach Nürnberg.
25. 8.: Dienstauszeichnung III. Klasse.
10. 9.–27. 9.: Heimaturlaub in Spital.
28. 9.–15. 10.: Abwehrschlacht in Flandern.
15. 10.: Gasvergiftung der Augen bei La Montagne. Erste Behandlung im bayerischen Feldlazarett in Oudenaarde.
21. 10.–19. 11.: Preußisches Res.-Lazarett in Pasewalk.
21. 11.: Versetzung zur 7. Komp. des I. Ers.-Batls. des 2. bayerischen Inf.-Regts. *.

Hitler war nachweislich ein kameradschaftlicher, umsichtiger, besonders tapferer und von mehreren Kommandeuren hervorragend ausgezeichneter Soldat. Dennoch haben politische Gegner zur Zeit der Weimarer Republik ein – nach 1945 erneut verbreitetes – Gerücht konstruiert, nach dem Hitler das Eiserne Kreuz I. Klasse zu Unrecht getragen habe **. Er selbst hat niemandem berichtet, wie er das EK I erhielt. Anders verhält es sich dagegen im Zusammenhang mit der Verleihung des EK II, das er bereits im Dezember 1914 bekam. Von der Front schrieb er Josef Popp einen bisher unveröffentlichten vierseitigen Brief, in dem es u. a. heißt: »... Ich wurde Gefreiter und blieb wie durch ein Wunder gesund nach 3 tägiger Rast ginng es wieder vor wir kämpften bei Messines und dan bei Wytschaete. Dort hatten wir noch 2 Stürme. Aber es ginng nur mehr schwer. Meine Kompanie hat nur mehr 42 Mann die 11te Kompan. nur mehr 17. Jetzt haben wir

* Kriegsstammrolle der 7. Komp. I. Ers. Batl. 2. bayr. Inf. Regts., Bd. XXII (Bundesarchiv Koblenz, NS 26/12; ebenda, Blatt 249, lfd. Nr. e 7111; Kriegsstammrolle 4./I. E./2. Inf. Regts., lfd. Nr. 204, ebenda; Kriegsstammrolle 3./Res. Inf. Regts. 16, Blatt 50, lfd. Nr. 718, ebenda; Kriegsstammrolle 1./Res. Inf. Regt. 16, Blatt 65, lfd. Nr. 166/148, ebenda; Verlustliste Nr. 424 der Bayer. Armee, 12. 4. 1919, S. 31 288, ebenda; 2 Zählkarten der Lazarette an das Nachweisbüro des Kgl. Bayer. Kriegsministeriums, ebenda; Namentliche Verlustliste, lfd. Nr. 78, ebenda; Verlustliste Nr. 320, ebenda; Namentliche Verlustliste, lfd. Nr. 233, ebenda; Verordnungs-Blatt Nr. 51 vom 25. 11. 1916, S. 15 366, ebenda.
Die Angaben über den Zeitpunkt der Verwundungen Hitlers differieren um ein bis zwei Tage. Hitler gab z. B. am 29. 11. 1921 im Rahmen einer knappen Autobiographie an, am 7. 10. 1916 und am 13./14. 10. 1918 verwundet worden zu sein (Abschrift des Hitler-Schreibens: Bundesarchiv Koblenz, NS 26/17 a), was (ohne Bedeutung für die Sache) mit den Angaben in den Dokumenten nicht genau übereinstimmt.
** Aufschlußreich ist in diesem Zusammenhang z. B. auch das Urteil des Landgerichts Hamburg (Z. II. 313/32, Eingangsstempel vom 10. März 1932) in Sachen Hitler gegen Heinrich Braune und Fa. Auer & Co. (Original. Maschinenschrift). Ehemaliges Hauptarchiv der NSDAP, Bundesarchiv Koblenz, NS 26/17 a.

3 Ergänzungs Transporte von zusammen 1200 Mann erhalten. Ich selber wurde schon nach dem 2ten Kampf zum Eisernen Kreuz vorgeschlagen. Aber der Kompanie-führer wurde noch am selben Tag schwer verwundet und die Sache schlief ein. Ich kam dafür als Gefechts Ordonanz zum Stab. Seitdem habe ich so darf ich sagen wohl jeden Tag mein Leben aufs Spiel gesetzt und dem Tod ins Auge gesehen. Oberst Leutnant Engelhardt schlug mich dann selber zum Eisernen Kreuz vor. Aber am selben Tag wurde er auch schwer verletzt. Es war schon unser 2ter Regimentskomandeur den der Erste war am Dritten Tag schon gefallen. Jetzt wurde ich neuerdings vorgeschlagen durch den Adjutanten Eichelsdörfer und gestern den 2. Dezember erhielt ich das eiserne Kreuz wirklich. Es war der glücklichste Tag meines Lebens. Freilich, meine Kameraden die es auch verdient hatten, sind fast alle tod. Ich bitte Sie lieber Herr Popp, heben Sie mir die Zeitung in der die Auszeichnung steht auf. Ich möchte sie später, wenn mir der Herrgott das Leben läßt zur Erinnerung bewahren [52].« Und am Schluß des Briefes gestand Hitler, der offensichtlich erst etwas hatte vorweisen wollen: »Ich denke sehr oft an München und besonders an Sie lieber Herr Popp ... Manchesmal habe ich doch schwere Sehnsucht nach Hause. Ich schließe nun lieber Herr Popp und bitte nochmals zu verzeihn daß ich solange nicht schrieb. Schuld daran ist das eiserne Kreuz [53].« Eichelsdörfer, der diesen Hitler-Brief nicht kannte, schrieb 1932 in seinem Bericht *Vier Jahre Westfront. Geschichte des Regiments List R. I. R. 16*, daß Hitler ein umsichtiger Frontsoldat gewesen sei und Engelhardt, den Nachfolger des bereits am 31. Oktober 1914 gefallenen Regimentskommandeurs List, mutig und entschlossen davor bewahrte, evtl. ebenfalls sofort ein Opfer des feindlichen Feuers zu werden.

Daß Hitler im Zusammenhang mit seinen Kriegserlebnissen gelegentlich falsche Angaben machte und übertrieb, ist allerdings nachweisbar. So schrieb er zum Beispiel seinem Münchner Hauswirt, daß sein Regiment innerhalb von 4 Tagen durch Feindeinwirkungen von 3600 Mann auf 611 Mann zusammengeschmolzen sei [54]. Die Zusammenstellung der durch Tod bedingten Verluste des ganzen Regiments List ergibt jedoch, daß am 29. Oktober 1914, am Tage der »Feuertaufe«, vom Regiment 349 Mann und in der Zeit vom 30. Oktober 1914 bis zum 24. November 1914 insgesamt 373 Mann fielen. Während des ganzen Krieges fielen vom Regiment 3754 Offiziere, Unteroffiziere und Mannschaften [55]. Wieweit es sich bei Hitlers Feststellungen um ab-

sichtliche Übertreibungen oder um Fehleinschätzungen infolge falscher oder unzureichender Informationen handelte, ist nicht feststellbar. Im Zusammenhang mit seinen Auszeichnungen hielt er sich – bis auf ein Detail * – jedoch stets streng an die Tatsachen.
Die Gerüchte und Legenden um Hitlers EK I gehen hauptsächlich auf Hitlers Kompaniefeldwebel Georg Schnell und auf Hitlers zeitweiligen Unteroffizier Hans Mend zurück. Schnell erklärte beispielsweise: »... Hitler hat die Auszeichnung EK I zu Unrecht getragen. Am 8. August 1918 wurde durch Regimentsbefehl bekanntgegeben: ›Ausgezeichnet mit dem EK I werden unter anderem Hitler Adolf, überzähliger Gefreiter der 3. Kompanie‹. Nachdem von seiten der Kompanie ein Vorschlag zu dieser Auszeichnung nicht gemacht wurde, habe ich mich sofort mit dem damaligen Regiments-Schreiber Vizefeldwebel Amann ... (später Reichsleiter der NSDAP) telefonisch ins Benehmen gesetzt. Auch habe ich dem derzeitigen Kompanieführer Rudolf Hess ... Meldung gemacht. Alle Monate am 1. war Termin zum Vorschlag zum Bayerischen Verdienstkreuz. Und am 5. (jedes Monats) Vorschlag zu EK I. Diese Vorschläge gingen zum Regiment, und auf dieses Vorschlagsverzeichnis hat Amann seinen und Hitlers Namen mit vermerkt. Also ein ganz gemeiner Betrug ** ...«
Hitlers einstiger Unteroffizier Hans Mend, ein aus der Nähe von Rothenburg ob der Tauber stammender Bauernsohn, verbreitete nach dem Ersten Weltkrieg, in dem er sich unter seinen Kameraden als verwegener Meldereiter (»Schimmelreiter«) einen guten Namen gemacht hatte, in einem sogenannten »Mend-Protokoll« außerordentlich negative und sehr peinliche – angeblich persönliche – Erfahrungen mit dem Soldaten Hitler. Er konstruierte über die Verleihung des EK I an Hitler (hier von einem Zeugen wiederholt) folgende Geschichte: »Als endlich ausgebildeter Frontsoldat erhielt er von Hauptmann von Godin die Erlaubnis, einem Gruppenmeldegang von zwei Mann sich als Dritter anzuschließen, übungshalber.« Mends Bericht über den Verlauf des Vorgangs ... lautete:
»Gleich zu Anfang des Meldegangs fiel ein Kamerad aus wegen Streifschuß. Mit dem zweiten zusammen machte er eine Granatlochbresche aus, in der sich was regte. Darauf losgehend fiel der zweite

* Vgl. S. 142.
** Schriftliche Mitteilung von Georg Schnell vom 8. Dezember 1952. Die Behauptungen Schnells decken sich nicht mit den Tatsachen. Nicht einmal die Angabe stimmt, daß Rudolf Hess zu der Zeit Kompanieführer im Regiment List gewesen sei.

Mann. Hitler tat die paar Schritte laufend zu dem verlassenen Graben und fand dort zusammengeduckt eine Gruppe von verängstigten Franzosen; befahl sofortiges Aufstehen, Waffen fortwerfen, Schritt fassen unter schußfertig erhobenem Gewehr und schadloser Ablieferung. Hauptmann von Godin bewunderte nach aufgebauschtem Bericht die Heldentat eines Rekruten von so kurzer Frontdienstzeit und verlieh Hitler spontan das EK I *«.

Der letzte Mend-Satz allein bezeugt schon, daß Mend die Details nicht kannte. Das EK I erhielt Hitler nach vierjähriger Fronterfahrung, nachdem er an rund drei Dutzend Gefechten teilgenommen hatte, was unter gar keinen Umständen als »kurze Frontdienstzeit« bezeichnet werden kann.

Die Behauptungen Schnells und Mends, die auch nach Hitlers Machtübernahme insgeheim verbreitet wurden und im Zusammenhang mit dem 20. Juli 1944 nach den Angaben von Freunden und Bekannten Mends sogar eine wesentliche Rolle gespielt haben sollen[56], dienten eindeutig politisch artikulierten Zielen und Zwecken. Hitler sollte vor dem Volk, dem er von der Propaganda als tapferer Soldat des Ersten Weltkrieges und genialer Feldherr des Zweiten gepriesen wurde, lächerlich gemacht werden und den Militärs suspekt erscheinen. Mit den Tatsachen haben die angeblichen »Erinnerungen« Hans Mends nachweislich ebensowenig zu tun wie die Hanisch-Behauptungen über Hitlers Leben vor 1914, die Mend möglicherweise in München gehört hat, wo er nach dem Kriege als Reitlehrer lebte und sich nebenbei (wie Reinhold Hanisch vor 1914 in Wien auch) mit Kunstgeschäften befaßte[57]. 1931 hatte der von einem seiner Bekannten als »nicht sympathischer ... echter, maulfertiger Franke« mit »grober, fränkisch-schlagfertiger, oft rücksichtsloser Ausdrucksweise[58]« geschilderte Mend noch in einer Broschüre unter dem Titel *Adolf Hitler im Felde 1914–1918* geschrieben: »Als Kamerad habe ich oft Gelegenheit gehabt, seine (Hitlers, der Verf.) Äußerungen über den Krieg zu hören, seine Tapferkeit zu sehen und seine glänzenden Charaktereigenschaften kennenzulernen[59].« In seinem sogenannten »Mend-Protokoll« nach 1933 soll Mend, der Hitler 1931 noch ausdrücklich als

* Bericht Mends an Prof. Dr. Schmid-Noerr. Gedächtnisprotokoll von Schmid-Noerr vom 1. 4. 1967. Dem Journalisten Walther Kleffel, der 1967 behauptete, noch im Besitze eines »Mend-Protokolls« zu sein, hatte Mend dagegen erzählt, daß Hitler das EK I von einem jüdischen Stabsarzt erhalten habe. Schriftliche Mitteilung von W. Kleffel vom 27. 1. 1967.

einen »geborenen Soldaten[60]« geschildert hatte, behauptet haben, wie sein gelegentlicher Gesprächspartner Schmid-Noerr in einem Gedächtnisprotokoll berichtet: »Bald nach Kriegsbeginn wurde ihm (Mend, der Verf.) der freiwillige Rekrut Adolf Hitler als ›Stiefelwichser‹ zugeteilt ... und zunächst erst einmal ›entlaust‹; als ›österreichischer Schlawiner‹ ... hatte er sich in München dem Thronfolger Rupprecht in den Weg gestellt und in Tiraden sich als begeisterten Deutschen und Kampfwilligen empfohlen. Der Kronprinz ließ den Lästigen durch eine Ordonnanz zum nächsten Bezirkskommando weisen und dort wurde er als ›direkt empfohlen‹, wie er sich nannte, registriert.

Im Feld machte er unter Kameraden sehr bald den Eindruck eines Wichtigtuers, dem allerhand Läuse im Kopf den Verstand beunruhigen. Er hielt außer den Ausbildungsstunden verworrene Ansprachen an die Leute. Seine Bildung erwarb er sich durch eifrige Lektüre von Reclam-Heftchen. Als er zum Grabendienst an die Front befohlen wurde, machte er sich aus Lehm kleine Männchen, stellte sie auf den Grabenrand und hielt Reden an sie ... die nach Sieg und Veränderung der Gesellschaftsordnung von Errichtung eines freien Volksstaates kündeten. Seinen Kameraden erschien er zunehmend als verrückter Schwätzer und als lächerliches Großmaul, doch nahm ihn keiner ernst *.«

* Gedächtnisprotokoll von Schmid-Noerr vom 1.4.1967. Auf welche Weise Mend, der plötzlich spurlos verschwand, ums Leben kam, ist nicht erwiesen. Mends einstiger Freund Walther Kleffel fragte den Autor am 27. 1. 1967: »Vorweg erbitte ich ... nur eine kurze Orientierung über Mends Schicksal, besonders über sein evtl. Ende. Zu wissen, ob er noch lebt – was ich nicht glaube, denn dann hätte ich bestimmt schon mal wieder von ihm gehört – und auch ob Sie etwas über seine Angehörigen wissen.« Schmid-Noerr erklärte am 1.4.1967: »Ich ging mit Mend in München in kunsthändlerischer Absicht durch die Karlstraße. Dort kam uns ein Herr entgegen, der auf Mend zuschritt und ihn in meiner Gegenwart ersuchte, ihm einen Augenblick zu folgen. Ich blieb stehen und erwartete Mend baldigst zurück, jedoch Mend kam nicht wieder und ich habe ihn nie wieder gesehen. Ich erfuhr von seiner Haushälterin in Berg, daß ihn die Hitlersche Gestapo nach Würzburg überführen ließ und dort dem Gauleiter vorführen ließ. Der Gauleiter empfing Mend mit den Worten: ›Na, sind Sie nun endlich auch bei uns, wir haben Sie schon lange erwartet. Was haben Sie denn ausgefressen?‹ Bald darauf wurde Mend nach München ins Braune Haus gebracht und von dort an einen unbekannt gebliebenen Ort am Chiemsee überführt ... Am Chiemsee wurde er bald darauf auf persönlichen Befehl Hitlers ›liquidiert‹.« Schmid-Noerr behauptet (1.4.1967), daß Mend »niemals« in einem KZ gewesen, jedoch »auf persönlichen Befehl Hitlers (am Chiemsee) ›liquidiert‹« worden sei. Dokumente bezeugen jedoch, daß Mend sich bis Weihnachten 1938 in Haft befand. Nach einem Bericht des Beauf-

Im Frühjahr 1922, in einer Zeit also, in der es den Zwang noch nicht gab, Hitler hervorragend beurteilen zu müssen, bezeichneten Oberstleutnant von Lüneschloß, Generalmajor Friedrich Petz, ein ehemaliger Kommandeur des Res.-Inf.-Regiments 16, Oberst Spatny und der Max-Josef-Ritter, Oberstleutnant Anton Freiherr von Tubeuf, den ehemaligen Meldegänger und Radfahrer ihres Regiments [61], Adolf Hitler, übereinstimmend als schneidig, opferbereit, kaltblütig und unerschrocken. Lüneschloß erklärte: »Hitler hat niemals versagt und war besonders für solche Aufträge geeignet, welche man den anderen Ordonnanzen nicht übertragen konnte [62]«, und bei Petz hieß es: »Hitler ... zeigte sich geistig sehr geweckt und körperlich frisch, gewandt und ausdauernd. Besonders ist sein persönlicher Schneid und der rücksichtslose Mut, mit dem er in gefährlichen Lagen und im Gefecht allen Gefahren entgegengetreten ist [63].« Spatny erinnerte sich am 20. März 1922: »Die stets unruhige und scharfe Kampffront (Nordfrankreich, Belgien), in der das Regiment immer war, stellten an jeden Angehörigen des Regiments die höchsten Anforderungen in bezug auf Opferwilligkeit und persönliche Tapferkeit. In dieser Beziehung war Hitler für seine Umgebung ein musterhaftes Vorbild. Sein persönlicher Schneid, sein vorbildliches, mustergültiges Verhalten in allen Gefechtslagen übten eine mächtige Wirkung auf seine Kameraden aus, weshalb er in Verbindung mit seinem bescheidenen Wesen und seiner bewundernswerten persönlichen Anspruchslosigkeit sowohl bei seinen Vorgesetzten wie Gleichgestellten eine hohe Achtung genossen hat [64].« Entsprechend wurde Hitler auch von Tubeuf beurteilt, der Hitler 1918 das EK I verlieh. »Unermüdlich dienst- und hilfsbereit«, erklärte er, »gab es keinen Grund und keine Lage, in der er sich nicht stets freiwillig gemeldet hätte zu den schwierigsten, mühevollsten und gefährlichsten Aufträgen, immer bereit, für andere und für sein Vaterland Ruhe und Leben zu opfern. Er ist mir von den Mannschaften auch menschlich am meisten nahe gekommen, und ich freute mich im Privatgespräch über seine von hervorragender Va-

tragten des Reichsministers der Justiz für die Strafgefangenenlager im Emsland vom 23. Januar 1939 an das Hauptarchiv der NSDAP, dessen Mitarbeiter sich um einige Auskünfte von Mend über Hitler bemühten, ist der »Strafgefangene Hans Mend« am 24. 12. 1938 »auf Grund eines Gnadenerweises aus der Strafhaft entlassen worden«. Maschinentext, Original, ehemaliges Hauptarchiv der NSDAP, Bundesarchiv Koblenz, NS 26/64. In der Haft schrieb Mend auch den in der Fußnote ** S. 94 erwähnten Bericht über die Besitzer von Hitler-Bildern. Ob Mend danach »liquidiert« wurde, wie Schmid-Noerr behauptet, ist nicht feststellbar.

terlandsliebe und anständigster, ehrbarster Gesinnung zeugenden Ansichten [65].« Im Verleihungsantrag des Oberstleutnants Freiherr von Godin vom 31. Juli 1918, der an die kgl. bayer. 12. Reserve-Infanterie-Brigade weitergeleitet wurde, heißt es:

»Als Meldegänger leistete er sowohl im Stellungskrieg als auch im Bewegungskrieg Vorbildliches an Kaltblütigkeit und Schneid und war stets freiwillig bereit, Meldungen in schwierigsten Lagen unter größter Lebensgefahr durchzubringen. Nach Abreißen aller Verbindungen in schwierigen Gefechtslagen war es der unermüdlichen und opferbereiten Tätigkeit des Hitler zu verdanken, daß wichtige Meldungen trotz aller Schwierigkeiten durchdringen konnten. Hitler erhielt das EK II für tapferes Verhalten in der Schlacht bei Wytschaete am 2. 12. 14. Ich halte Hitler für vollends würdig zur Auszeichnung mit dem EK I [66].«

Zu der Entstehung und Förderung der negativen Gerüchte, die sich im Laufe der Zeit um Hitlers EK I rankten, haben die Nationalsozialisten in erheblichem Maße selbst beigetragen. Sie wollten nicht eingestehen (oder wußten nicht), daß Hitler diese Auszeichnung, die er stolz bis an sein Lebensende trug, ausgerechnet einem Juden verdankte. Das EK I wurde Hitler auf Vorschlag des jüdischen Regimentsadjutanten Hugo Gutmann verliehen, nachdem er (was Godins Verleihungsantrag andeutet) unter besonders schwierigen Bedingungen mit einer Meldung zur deutschen Artilleriestellung gelangte und dadurch verhinderte, daß die eigene Artillerie die inzwischen vorgedrungene deutsche Infanterie unter Feuer nahm [67].

Als Melder beim Regimentsstab ist Hitler fortwährend in der Umgebung der mehrfach wechselnden Kommandeure und Offiziere des Stabes, hört und sieht mehr als die Offiziere, die Bataillone, Kompanien und Züge führen. Denen, die ihm gelegentlich begegnen, fällt er auf. Einem von ihnen, dem Führer der 9. Kompanie, rettet er am 17. Juli 1918 das Leben. Er findet ihn, bei Gefechten südlich von Courthiezy von einer amerikanischen Granate schwer verwundet – und schleppt ihn zurück [68]. Zwei Wochen danach wird ihm das EK I verliehen. Drei Wochen später ist er auf Dienstурlaub in Nürnberg, erhält am 25. August die Dienstauszeichnung III. Klasse und fährt am 10. September auf Heimaturlaub nach Spital, dem Herkunftsort der Hitler-Sippe.

Im Laufe der vier Jahre bekommt er in den Kämpfen um Ypern, Fromelles, Messines, Wytschaete, an der Somme, im Artois und um

La Bassée, Arras, Chemin des Dames, an der Marne und bei La Montagne einen Einblick in die Führung eines Regiments und sammelt Erfahrungen und Einsichten, die ein Generalstabsoffizier im Frieden nicht erwerben kann. Später, während des Zweiten Weltkriegs, hat er vielen seiner Generale auch daher manches voraus *. Aber er bleibt trotz bemerkenswerter Einfälle, Intuitionen und Entscheidungen zeitlebens im Grunde auch als Feldherr und Stratege der Regimentskommandeur, der alles bis ins Detail hinein wissen, hören und bis in alle Einzelheiten hinein entscheiden zu müssen meint.

Die Befehle, die Hitler als Oberster Befehlshaber der Wehrmacht erteilt, und die Begründungen, die er für seine Entscheidungen gibt, spiegeln nicht selten persönliche Erfahrungen aus der Zeit des Ersten Weltkriegs wider. So sagt er zum Beispiel in der Abend-Lagebesprechung vom 18. Juni 1944 bei einer Erörterung des Luftkriegs in Italien: »An keinem Platz haben wir im Weltkrieg (eine solche Unterlegenheit in der Luft gehabt). Das weiß ich. Z. B. bei unserer Offensive, bei der großen Schlacht in Frankreich, haben wir eigentlich die Engländer völlig vom Kampfplatz verjagt gehabt. So eine jämmerliche Lage haben wir im Weltkrieg nicht gehabt. Noch im Jahre 1917 war die Lage so, daß bei der Arras-Schlacht das Richthofen-Geschwader den Himmel völlig sauber geputzt hat. Englische Geschwader sind da nicht durchgekommen und sind absolut abgewehrt worden. Ich habe zum Teil selber gesehen, daß die letzten Reste von 10 Flugzeugen bis zum letzten heruntergeholt worden sind. Da hatten wir völlige Freiheit. Auch die Flandern-Schlacht, wo die ersten ganz großen Luftkämpfe für die damalige Zeit waren, wo immerhin schon 70 bis 100 Maschinen auf jeder Seite eingesetzt worden sind – das war eine Mordswürgerei; aber daß man sagen konnte, der Gegner beherrscht hier ganz allein die Luft und fliegt herum, so ist es nie gewesen. Sie sind natürlich auch schon frech geworden, und 1918 ist es dann schlechter geworden [69].« Und am 29. Dezember 1944 knüpft er im Anschluß an eine Kritik am Verhalten einzelner Truppenteile im Zusammenhang mit Nachschubfragen an Weltkriegserlebnisse an, die er bis in alle Einzelheiten hinein parat hat. »Mir ist gerade etwas eingefallen«, erzählt er, »weil die Leute immer jammern, daß sie den Ersatz zu spät bekommen. Wir sind für die zweite Offensive im Jahre 1918 am 25. abends abmarschiert. Am 26. über-

* Vgl. die Ausführungen im 8. Kapitel.

nachteten wir in einem Wald, und am 27. morgens traten wir an. Um 5 Uhr sind wir abmarschiert. Einen Tag vorher, am Nachmittag, haben wir den Nachersatz für die große Offensive am Chemin des Dames bekommen [70].«

Gelegentlich rechtfertigt er als Oberster Befehlshaber Entscheidungen, indem er sie auf Erfahrungen zurückführt, die er zwischen 1914 und 1918 gemacht hat. »Es ist nun einmal ... beim Menschen so«, erzählt er Ende 1944, »ich habe es früher erlebt, ich war Meldegänger, wenn zum Beispiel ein Kommandeur vorn eine Ansichtspostkarte bekommen hat, so mußte wegen der Ansichtspostkarte mindestens noch im Jahre 1915 und 1916 bei unserem Regiment, ehe wir endlich einen Regimentskommandeur von Format bekamen, ein Mann vorlaufen und mußte dem bei Tag eine Ansichtspostkarte bringen, die er in der Stellung von rückwärts telefonisch angekündigt bekommen hat. Das kostete unter Umständen einem Menschen das Leben und gefährdete die Stäbe selber, weil bei Tag von oben gesehen wurde, wo die Leute hingingen. Also direkt ein Wahnsinn! Es mußte aber erst von oben allmählich unterbunden werden, daß dieser Unfug des Verbrauchs von Menschen ein Ende nahm. Mit Pferden hat man es genauso gemacht. Man ist damals zum Beispiel von Messines wegen eines Pfundes Butter nach Fourne gefahren und hat von Fourne ein Pfund Butter nach Messines vorgebracht. Das ist natürlich ein Unfug. Ich habe es in der Wirtschaft genauso gehabt: ein Lkw mit 4,5 t fährt, damit er irgendwo ein Maschinchen abholt, das 12 kg Gewicht hat. Das haben wir jetzt allmählich abgestellt [71].«

Auch Hitlers Verbot, Stellungen rechtzeitig aufzugeben, die nicht mehr zu halten waren, und seine – von wenigen Ausnahmen abgesehen – starrsinnige Ablehnung der Vorschläge führender Militärs, in bestimmten Situationen rückwärtige Stellungen erkunden und ausbauen zu lassen *, resultieren im Grunde aus Einsichten, die er mehr als 25 Jahre zuvor gewonnen hatte. Im Frühjahr 1917 erfuhr er nach der Rückkehr an die Front aus dem preußischen Lazarett in Beelitz bei Stettin, daß die Absetzbewegung der deutschen Truppen bei der Zurücknahme des eigenen Frontbogens zwischen Arras und Soissons auf die »Siegfried-Stellung« schneller vor sich ging als die Oberste Heeresleitung es geplant hatte. Seitdem war er überzeugt,

* Vgl. die diesbezüglichen Feststellungen im 8. Kapitel.

daß kämpfende Truppen durch ausgebaute Stellungen und Befestigungsanlagen im Hinterland unsicher gemacht und buchstäblich »magnetisch« angezogen würden. Sein Verzicht auf eine operative Führung in der zweiten Hälfte des Zweiten Weltkriegs, als derartige Maßnahmen in verschiedenen Fällen mit Sicherheit entscheidenden Nutzen gebracht hätten *, kann jedoch nicht ausschließlich auf diese Weltkriegserfahrung zurückgeführt werden. Mindestens gleichrangig wirkte sich die propagandistisch artikulierte Überzeugung aus, daß es wichtig sei, auch im Kriege unbedingt auf die »Weltmeinung« Rücksicht zu nehmen und wesentliche militärische Maßnahmen darauf abzustellen. Auch sie entstand während des Ersten Weltkrieges. »Zu welch ungeheuren Ergebnissen ... eine richtig angewendete Propaganda zu führen vermag«, gestand Hitler in *Mein Kampf*, »konnte man erst während des Krieges ersehen ... den praktischen Unterricht ... erteilte uns der Feind ... was bei uns ... versäumt ward, holte der Gegner mit unerhörter Geschicklichkeit und wahrhaft genialer Berechnung ein. An dieser ... Kriegspropaganda habe ... ich unendlich gelernt [72].« Zu den wichtigsten diesbezüglichen Lehren zählte Hitler in *Mein Kampf*, daß die Propaganda im Kriege, in dem Humanität keinen Platz haben dürfe [73], »aus der Heimat kommen [74]« müsse und ausschließlich ein »Mittel zum Zweck [75]« sei, dem man alles unterzuordnen habe [76].

So meisterhaft Hitler im Zweiten Weltkrieg die Wehrmacht und das deutsche Volk propagandistisch beeinflußt, so sehr erweist sich doch sein Versuch, zugleich auch den Feind und die ganze »Weltmeinung« schlechthin beeinflussen zu wollen und die eigenen militärischen Entscheidungen und Maßnahmen darauf abzustellen, als ein grober Fehler. Hitlers vielfach bestätigte Gewohnheit, eigene – durch Tatsachen gelegentlich bestätigte – Erkenntnisse zu Naturgesetzen zu erheben, mußte in diesem Zusammenhang katastrophale Folgen haben.

Da Hitler nach seiner »Machtübernahme« nicht nur »Führer und Reichskanzler« und Oberster Befehlshaber der Wehrmacht, sondern im Grunde zugleich auch Außenminister und Propagandaminister und seit Dezember 1941 auch noch Oberster Befehlshaber des Heeres ist und die Militärs, Ribbentrop und Goebbels nur als Vollzugsorgane benutzt, verquickt er politische, militärische und propagandistische Entschlüsse und Maßnahmen und fällt in der zweiten Kriegshälfte

* Vgl. die Darstellungen im 8. Kapitel.

wichtige militärische Entscheidungen im Hinblick auf ihre propagandistische Wirkung. Sein Krieg verlangte zwar, daß er als Oberster Befehlshaber der Wehrmacht politische, wirtschaftliche und propagandistische Erwägungen in seine Strategie einzubeziehen hatte; aber er ging so weit darüber hinaus, daß die Proportionen in unzulässiger Weise zugunsten der Propaganda verschoben wurden. So unterließ er während der Schlacht um Stalingrad und während des Kampfes um die Krim den Befehl zum Rückzug zu geben, als es militärisch unbedingt geboten erschien. Die Rücksicht auf eventuelle negative propagandistische Folgen hindert ihn seit 1942 in wesentlichen Situationen daran, militärische Maßnahmen auf lange Sicht zu planen und operativ zu führen. Die Krim ließ er 1944 halten, weil er fürchtete, daß die Türkei eine Preisgabe der Halbinsel zur Aufgabe ihrer Neutralität bewegen würde und sie sich im Zuge des zunehmenden sowjetischen Druckes im Raume des Schwarzen Meeres an die Seite der Alliierten stellen könnte. Seine Strategie wurde schließlich zu einer primär auf propagandistische Effekte ausgerichteten Führung des Kriegspotentials. Er nahm auf Kosten tatsächlicher strategischer Erfolge propagandistische Scheinerfolge in Kauf, nur weil er die »Weltmeinung« in seinem Sinne – wenigstens kurzfristig – beeinflussen wollte. Diese Überschätzung propagandistischer Effekte mußte ihn zwangsläufig daran hindern, strategische Entscheidungen – wie die Zurücknahme von Frontlinien – zu fällen, die in Momenten ihrer Realisierung auf den ersten Blick wie Niederlagen aussahen. Daß diese Prestige-Strategie – trotz aller hervorragenden Leistungen der Truppe und der Heimat – die schlechteste aller möglichen Alternativen sein mußte, liegt auf der Hand. Im »militärischen Bereich kann man auf die Dauer nicht bluffen, und wenn man es versucht, dann wird der Kampf nicht nur das tatsächliche Kräfteverhältnis bloßlegen, sondern dadurch gleich den nächsten Rückschlag unvermeidlich machen, der – bei rein strategischem Vorgehen – vorher hätte aufgefangen werden können: Friedrich der Große hat Kolin, Hochkirch, Kunersdorf überstanden [77].«
Bei Fromelles, dessen Ruinen Bild-Motive nicht nur für Hitler, sondern auch für die bereits bekannteren Kunstmaler Otto Ammann und Max Märtens waren, die sich neben ihren Kollegen Birk und Hennig * ebenfalls im Regiment »List« befanden, hat Hitler An-

* Am bekanntesten war nach 1933 Hennig.

fang 1915 den Einsatz von Indern auf englischer Seite erlebt [78]. Er hat gesehen, daß sie nicht als »Engländer«, sondern als »Inder« eingesetzt wurden und an der Front wenig taugten. Dreißig Jahre später, am 27. Januar 1945, sagt er: »Dem Engländer fällt es nicht ein, einen Inder englisch anzuziehen. Die Schamlosigkeit ist nur bei uns, weil kein Charakter drinsteckt ... Die Engländer lassen die Inder als Eingeborene laufen [79].« Und am 23. März 1945 sagt er in seiner Berliner Führerwohnung: »Es gibt Inder, die können keine Laus umbringen, die lassen sich lieber auffressen ... Ich glaube, wenn man die Inder verwenden würde, um Gebetsmühlen zu drehen, oder zu so irgend etwas, wären sie die unermüdlichsten Soldaten der Welt. Aber sie in einem Blutkampf einzusetzen, ist lächerlich [80].«

Gelegentlich hat Hitler dagegen absolut realistisch umgesetzte Weltkriegserfahrungen mißachtet und im Laufe der Jahre ins absolute Gegenteil verkehrt, was eine seiner Feststellungen von 1924 exemplarisch bezeugt. »Seit dem September 1914«, schrieb er in *Mein Kampf*, »da sich zum ersten Male die endlosen Haufen russischer Gefangener aus der Schlacht von Tannenberg auf Straßen und Bahnen nach Deutschland zu wälzen begannen, nahm dieser Strom kaum mehr ein Ende – allein für jede geschlagene und vernichtete Armee stand eine neue auf. Unerschöpflich gab das Riesenreich dem Zaren immer neue Soldaten und dem Kriege seine neuen Opfer. Wie lange konnte Deutschland dieses Rennen mitmachen? Mußte nicht einmal der Tag kommen, an dem nach einem letzten deutschen Siege immer noch nicht die letzten russischen Armeen zur allerletzten Schlacht antreten würden? Und was dann? Nach menschlichem Ermessen konnte der Sieg Rußlands wohl hinausgeschoben werden, aber er mußte kommen [81].« 1941 hoffte er, die Sowjetunion – trotz dieser Erfahrungen – in wenigen Wochen oder Monaten überlaufen zu können *.

Mitte Oktober 1918 wird Hitler bei La Montagne verwundet. Am 29. November 1921 schreibt er: »In der Nacht vom 13./14. Oktober 1918 erhielt ich eine sehr schwere Gelbkreuzvergiftung, im Verlaufe deren ich zunächst vollständig erblindete [82].« Während er, zunächst im bayerischen Feldlazarett in Oudenaarde [83] und ab 21. Oktober im preußischen Reserve-Lazarett in Pasewalk [84] in Pommern einerseits von der Furcht gepeinigt wird, eventuell blind zu bleiben oder künftig nur unzureichend sehen zu können, quält ihn andererseits die Sorge

* Vgl. die diesbezüglichen Feststellungen im 10. Kapitel.

um die Entwicklung der politischen Lage in der kriegsmüde gewordenen Heimat, in der er – trotz aller Auszeichnungen als Soldat – als blinder oder halbblinder Künstler ohne abgeschlossene Ausbildung wahrscheinlich betteln gehen muß, wenn eine Revolution die Verhältnisse ändert. »Ungünstige Gerüchte kamen dauernd aus der Marine«, erinnert sich Hitler, »in der es gären sollte [85].« Er glaubt jedoch, daß es nur Gerüchte seien: »... mir (schien das, der Verf.) mehr die Ausgeburt der Phantasie einzelner Burschen als Angelegenheit größerer Massen zu sein. Im Lazarett selbst redete wohl jeder von der hoffentlich doch bald herbeieilenden Beendigung des Krieges, allein auf ein ›Sofort‹ rechnete niemand. Zeitungen konnte ich nicht lesen [86].« Doch die Unsicherheit währte nicht lange: »Im November nahm die allgemeine Spannung zu. Und dann brach eines Tages plötzlich und unvermittelt das Unglück herein. Matrosen kamen auf Lastkraftwagen und riefen zur Revolution auf, ein paar Judenjungen waren die ›Führer‹ in diesem Kampfe um die ›Freiheit, Schönheit und Würde‹ unseres Volksdaseins. Keiner von ihnen war an der Front gewesen. Auf dem Umweg eines sogenannten ›Tripperlazaretts‹ waren die drei Orientalen aus der Etappe der Heimat zurückgegeben worden. Nun zogen sie in ihr den roten Fetzen auf [87].« Was folgte, »waren entsetzliche Tage und noch bösere Nächte – ich wußte, daß alles verloren war. Auf die Gnade des Feindes zu hoffen, konnten höchstens Narren fertigbringen oder – Lügner und Verbrecher. In diesen Nächten wuchs mir der Haß, der Haß gegen die Urheber dieser Tat. In den Tagen darauf wurde mir auch mein Schicksal bewußt. Ich mußte nun lachen bei dem Gedanken an meine eigene Zukunft, die mir vor kurzer Zeit noch so bittere Sorgen bereitet hatte. War es nicht zum Lachen, Häuser bauen zu wollen auf solchem Grunde? Endlich wurde mir auch klar, daß doch nur eingetreten war, was ich so schon befürchtete, nur gefühlsmäßig nie zu glauben vermochte [88].« Am 7. November 1918 erfährt er im Lazarett in Pasewalk, daß der Krieg beendet und Bayern Republik geworden ist [89]. Drei Jahre später erinnert er sich: »Da meine Erblindung in verhältnismäßig kurzer Zeit wieder wich, und das Augenlicht allmählich wieder zurückkehrte, außerdem ja am 9. November die Revolution ausgebrochen war, ersuchte ich um möglichst schnelle Überführung nach München und war seit Dez.(-ember 19)18 wieder beim Ers. Batl. 2. Inf. Reg. [90].«

Ähnlich wie mit der Behauptung, daß Hitlers EK I erschwindelt worden sei, verhält es sich mit der hauptsächlich auf General von Bredow

zurückgehenden Darstellung [91], daß seine vorübergehende Erblindung ausschließlich »hysterischer Art« gewesen sei. Selbst Morell hielt es – nach 1945 – für möglich, daß es sich so verhalten haben könne [92]. Sicherlich hat Hitler, der seine Zukunft im Oktober 1918 noch in der Gestaltung künstlerischer Werte sah, nach der Gelbkreuzvergiftung seelisch besonders gelitten und »unter dem Schrecken, für immer zu erblinden, einen Augenblick [93]« tatsächlich seine Fassung verloren. Daß seine Erblindung eine Folge des feindlichen Gasbeschusses bei La Montagne war, wo nicht nur Hitler als »gaskrank« ins Lazarett mußte, beweisen einwandfreie Dokumente * und Zeugenberichte **.
Am 21. November 1918 wird Hitler aus dem Lazarett entlassen, in dem er sich nach einer vielzitierten Formulierung von 1924 entschlossen hat, »Politiker zu werden [94]«. Bereits an der Front hat er mit seinem Kriegskameraden Ernst Schmidt, den er in *Mein Kampf* fälschlich »Schmiedt« nennt [95], über seine berufliche Zukunft diskutiert. Bis Kriegsende ist er sich nicht klar darüber gewesen, ob er nach dem Krieg Architekt oder Politiker werden würde [96].
Von Pasewalk fährt er nach München zur 7. Komp. des 1. Ersatz-Batls. des 2. bayer. Infanterie-Regiments, das sich seit Eisners Revolution »in der Hand von ›Soldatenräten‹ befand [97]«. Als Hitler in München eintrifft, findet er politische Verhältnisse vor, die ihn unsicher machen. Der nach eigenen Angaben in Berlin geborene Jude [98] Kurt Eisner, ein ehemaliger Sozialdemokrat und *Vorwärts*-Redakteur, hat am 7. November durch einen »Kosakenritt«, wie er selbst seine Revolution ironisch nennt, die Republik ausgerufen und die Regierungsgeschäfte übernommen. Im Gegensatz zu Hitler kennen ihn die Bayern, wo er als Journalist und Theaterkritiker bekannt ist, im Januar 1918 maßgeblich an den Münchner Streiks beteiligt war, verhaftet und Anfang 1918 in ein Hochverratsverfahren verwickelt wurde, bevor er auf Betreiben der Sozialdemokraten im September 1918 wieder politisch aktiv werden konnte [99]. Der bayerische König, auf den Hitler am 8. Oktober 1914 seinen Eid leistete, hat den Thron fluchtartig und kampflos aufgegeben, sein Oberster Kriegsherr, Kaiser Wilhelm II., ist sogar ins Ausland geflohen. Bereits am 13. November,

* Vgl. auch die folgende Anm.
** Persönliche Mitteilung von Prof. Dr. Fridolin Solleder (1953), der später die Geschichte des Regiments List herausgab. Bereits 1917 kamen zahlreiche Angehörige des Regiments als »gasvergiftet« ins Lazarett. So berichtet Adolf Meyer (S. 72), daß innerhalb weniger Tage rund 400 Soldaten als »gasvergiftet« ins Lazarett mußten.

eine Woche bevor Hitler in München eingetroffen ist, hat der geflohene König »allen Beamten, Offizieren und Soldaten die Weiterarbeit unter den gegebenen Verhältnissen[100]« freigestellt und sie vom Treueid entbunden[101]. In den meisten Fällen sind die Offiziere und Unteroffiziere froh, von den neuen politischen Machthabern Weisungen entgegennehmen und weiterhin Dienst tun zu dürfen, was Hitler in der Kaserne augenblicklich erfährt[102]. General Freiherr von Speidel, der Wortführer des Offizierskorps, hat schon am 8. November versichert, daß die Offiziere sich unter »Wahrnehmung ihrer Überzeugung rückhaltlos und aufrichtig in den Dienst des Volksstaates[103]« stellen werden. Infolge der politischen Situation haben sie den offiziellen Kontakt zur Krone abgebrochen und sich nolens volens der neuen Situation angepaßt. Weder sie noch die Polizei und die übrige Beamtenschaft, die ihren Dienst nach wie vor versieht, haben sich zur aktiven Parteinahme mit der Waffe in der Hand für das angestammte Herrscherhaus entschließen können.

Hitler kommt »der ganze Betrieb ... widerlich[104]« vor; aber er bleibt dennoch in der Kaserne seiner Einheit, wo er – zusammen mit Schmidt – zum Wachdienst herangezogen wird. Um sich zusätzlich Geld zu verdienen, melden er und Ernst Schmidt sich zur Sortierung militärischer Bekleidungsstücke[105]. Dennoch findet er Zeit, seine Studien fortzusetzen, die er im August 1914 unterbrechen mußte. Und er glaubt in München eindringlich bestätigt zu sehen, daß seine in Wien gewonnene Auffassung über »die Juden« ein tatsächliches Spiegelbild der Wirklichkeit darstellt[106]. Den deutschen Kaiser, von 1900 bis 1914 in Leonding, Linz, Steyr, Wien und München Sinnbild seiner Reichsauffassung, hat er bereits im November in Pasewalk aus seiner »Weltanschauung« eliminiert. Seine in *Mein Kampf* als Erkenntnis aus der Pasewalker Zeit geschilderte Auffassung, daß die deutsche Niederlage eingetreten sei, weil Wilhelm II. als »erster deutscher Kaiser den Führern des Marxismus die Hand zur Versöhnung gereicht[107]« habe und nicht ahnte, »daß Schurken keine Ehre besitzen[108]«, verficht er bereits zwischen Dezember 1918 und Februar 1919[109]. Er sucht die Schuld nicht allein beim Kaiser. Nach seiner Auffassung ist Wilhelm II. »von den Juden« getäuscht und betrogen worden. Er beschuldigt die »Marxisten«, »die kaiserliche Hand ... in der ihren« gehalten und mit der anderen »schon nach dem Dolche[110]« gegriffen zu haben, um ihre »jüdische Mission zu erfüllen[111].« In München stehen ihm 1918 zuerst Flugblätter deutschvölkischer Herausgeber und andere Pamphlete zur Verfügung, die ein krankhaft verzeichnetes Nationalbewußtsein antisemitisch artikulieren und als erstrebenswerte Haltung erscheinen lassen. Die Schuld an der deutschen Niederlage geben sie »den Juden«. Ihnen unterstellen sie, Deutschland durch »Herrsch- und Geldgier ... in der ganzen Welt unbeliebt gemacht [112]«, während des Krieges bei Heereslieferungen und durch die Kriegswirtschaft Milliarden verdient [113], Deutschland systematisch zermürbt, auf die »Judenherrschaft« vorbereitet [114] und die Revolution lediglich zur Ablenkung von der Entdeckung dieser angeblichen Tatsachen inszeniert zu haben. Überall, nicht nur in Bayern, regen sich die aktivistischen Antisemiten mit fanatischem Eifer in Wort und Tat und versuchen, das durch die Niederlage und ihre Folgen belastete deutsche Nationalgefühl durch neurotisch artikulierte Ausflüchte von dem Vorwurf zu befreien, diese Situation zum großen Teil selbst verschuldet zu haben.

Hitler will als Soldat auch jetzt noch »nicht politisieren [115]«. »Ich wollte«, berichtet er in *Mein Kampf* über seine Einstellung während des Krieges, »von Politik nichts wissen, konnte aber doch nicht anders, als zu gewissen Erscheinungen Stellung zu nehmen [116].« In der Kaserne fällt er nicht auf. Er liest viel, beobachtet seine Umgebung und meidet – außer zu Ernst Schmidt – engere Kontakte zu Kameraden und Zivilisten [117].

Als Anfang Februar 1919 während eines Kompanie-Appells der 7. Kompanie des I. Ersatz-Bataillons [118] bekanntgegeben wird, daß sich rund zwei Dutzend Soldaten zur Bewachung von Kriegsgefangenen nach Traunstein melden können, weil die dort als Wachsoldaten eingesetzten alten Landsturmleute entlassen werden sollen, melden sich auch Hitler und Schmidt freiwillig für den von der 2. Demobilmachungs-Kompanie des 2. bayerischen Infanterie-Regiments eingerichteten Dienst [119]. Am 12. Februar treten sie in Traunstein an, wo sich anfänglich französische und russische und später nur noch russische Kriegsgefangene befinden, die zum Teil außerhalb des Lagers arbeiten [120].

Am 16. Februar 1919 befiehlt Marschall Foch die Einstellung der deutschen Gegenoffensive in Polen und setzt die Demarkationslinie im Osten fest, die auch bei der Grenzbestimmung im Rahmen des Friedensvertrags entscheidende Grundlage bleibt. Am 20. Februar 1919 muß die in Weimar zusammengetretene Nationalversammlung der Entscheidung der Alliierten nachgeben [121] und die Unterzeich-

nung des Friedensvertrags beschließen, der die Geschichte der Weimarer Republik – und der NSDAP bestimmt. Der überwiegende Teil der deutschen Bevölkerung ist – anders als Hitler – über die überraschend harten alliierten Bedingungen empört. So lautet beispielsweise der Paragraph 231 des Versailler Vertrages, dessen Text Hitler während seiner späteren Vortragsreisen über den »Schandfrieden« meist – mit Randbemerkungen[122] versehen – bei sich trug: »Die alliierten und assoziierten Regierungen erklären und Deutschland erkennt an, daß Deutschland und seine Verbündeten als Urheber für alle Verluste und Schäden verantwortlich sind, die die alliierten und assoziierten Regierungen und ihre Staatsangehörigen infolge des Krieges, der ihnen durch den Angriff Deutschlands und seiner Verbündeten aufgezwungen wurde, erlitten haben *.«
Am 21. Februar 1919, fünf Tage nach Bekanntgabe des Foch-Befehls, wird Kurt Eisner von dem in zahlreichen zeitgenössischen Publikationen als »zweiter Tell[123]«, als eine »andere Charlotte Corday[124]«, als ein Held gefeierten adeligen Offizier Arco-Valley, dem Sohn einer Jüdin[125] und Neffen des Generals von Speidel, der sich gegenüber Eisner am 8. November mit seinem Wort für die Loyalität des bayerischen Offizierskorps verbürgte[126], von hinten niedergeschossen **. Hitlers Reaktion ist weder überliefert noch feststellbar. Die Quellenlage läßt jedoch die Vermutung zu, daß er den Mord an Eisner zu der Zeit nicht gutgeheißen hat. Noch in *Mein Kampf* schreibt er: »Der Tod Eisners beschleunigte ... die Entwicklung und führte ... zur Rätediktatur ... zu einer ... Judenherrschaft, wie sie ursprünglich den Urhebern der ganzen Revolution als Ziel vor Augen schwebte[127].« Am 7. März[128] muß er zur 7. Kompanie des I. Ersatz-Bataillons des 2. bayerischen Infanterie-Regiments nach München zurückkehren, da das Lager in Traunstein aufgelöst wird[129]. »In dieser Zeit«, erinnert er sich 1924, »jagten in meinem Kopfe endlose Pläne einander. Tagelang überlegte ich, was man nur überhaupt tun könne, allein, immer war das Ende jeder Erwägung die nüchterne Feststellung, daß ich als Namenloser selbst die geringste Voraussetzung zu irgendeinem zweckmäßigen Handeln nicht besaß[130].«

* § 231 des Vertragstextes.
** Arco-Valley wurde am 16. Januar 1920 zwar zum Tode verurteilt, aber bereits am folgenden Tage durch einen Beschluß des Gesamtministeriums zu einer lebenslänglichen Festungshaft in Landsberg am Lech begnadigt, wo Hitler nach seinem Putsch vom 8. und 9. November 1923 saß. Am 13. April 1924 endete Arco-Valleys

69 politisch turbulente Tage erlebt Hitler Anfang 1919 in München. Er engagiert sich nicht, bleibt Zuschauer, ist auf seine persönliche Sicherheit bedacht und läßt andere handeln. Er liest Aufrufe und Flugblätter aller Art, orientiert sich, heißt den mit Hakenkreuzen versehenen und inzwischen längst »alten« Aufruf des Deutschvölkischen Schutz- und Trutzbundes gut [131], der sich gegen »jüdische Weltmachtgier« wendet, »fort mit den Ostjuden« und die Todesstrafe für Schieber und bolschewistische Agitatoren fordert [132] und akzeptiert die plakatierte Warnung des Generalkommandos der Räte vom 7. April 1919 *, in der es heißt: »Wer tätlich gegen die Vertreter der Räte-Republik vorgeht ... wird erschossen [133]«.

Anfang März wird in Nürnberg über die Wahl des neuen Ministerpräsidenten verhandelt. Am 17. März, zehn Tage nach seiner Rückkehr aus Traunstein, erfährt Hitler, daß der sozialdemokratische Kultusminister Johannes Hoffmann, der sich bereits während des Kaiserreichs als Land- und Reichstagsabgeordneter der Sozialdemokraten einen Namen gemacht hat, innerhalb weniger Minuten [134] zum Ministerpräsidenten gewählt worden ist. Er sieht, was er im Prinzip gutheißt [135], daß die erste nach dem Sturz der Wittelsbacher-Monarchie gewählte Regierung ohne Parlament zu regieren beginnt **. Ende März breiten sich, von nervös gewordenen Räten geschürt, Verwirrung und Unsicherheit in allen Parteien und unter der Bevölkerung aus. Eine Krise bahnt sich an, die die Kommunisten und Unabhängigen Sozialdemokraten nur durch eine Räteregierung abfangen zu können meinen, wie es Ende März durch Béla Khun in Ungarn geschehen ist. Streiks werden inszeniert, Arbeiterversammlungen abgehalten, von Demagogen artikulierter Unfrieden kolportiert. Die Ausrufung der Räterepublik halten viele für die Losung des Tages. In der Nacht vom 4. zum 5. April findet im Kriegsministerium denn auch eine Konferenz statt, in der sich die rund 80 bis 100 Teilnehmer

Haft infolge eines Ministerbeschlusses. Vgl. dazu Maser, *Die Frühgeschichte der NSDAP*, S. 26.

* Die »Befreier« Münchens verfuhren nach der Niederwerfung der Räte im Mai in gleicher Weise. So wurden am 16. Mai beispielsweise 77 Deutsche und 58 Russen erschossen, weil sie Waffen bei sich hatten. Vgl. dazu S. 158.

** Infolge einer »privaten Abmachung« zwischen dem Zentralrat der Arbeiter-, Bauern- und Soldatenräte und dem Kabinett Hoffmann sollte das Parlament vorerst nicht einberufen werden. »Das Kabinett sollte auf Grund besonderer Vollmachten, die ihm die Fraktionsvorsitzenden auf eigene Verantwortung zugestanden hatten, einige Zeit ohne Parlament regieren.« Persönliche Auskunft von Ernst Niekisch (1965). Vgl. auch Niekisch, *Gewagtes Leben*, S. 63.

von der SPD und USPD, vom Bayerischen Bauernbund, dem Zentralrat, den Gewerkschaften, einer liberal-demokratischen Oppositionsgruppe und die Minister Schneppenhorst, Unterleitner und Simon nach einem agitatorischen Auftritt des erst während der Diskussion erscheinenden russischen Kommunisten Eugen Leviné, der eine Zusammenarbeit mit der SPD ablehnt, gegen eine Ausrufung der Räterepublik entscheiden. Aber in der Nacht vom 6. zum 7. April gehen nach einer Beratung der gleichen Teilnehmer und einem neuerlichen Ausfall Levinés (im Wittelsbacher Palais) Telegramme an alle Bezirksämter hinaus und verkünden die Umbildung Bayerns zur (ersten) Räterepublik.

Bayern ist in diesem Augenblick zu einem Staat ohne eigentliche politische Spitze geworden. Die Räteregierung, neben der in Bamberg auch noch Hoffmann und Innenminister Endres amtieren, setzt sich aus Mitgliedern zusammen, deren Fähigkeiten als Minister (oder Volksbeauftragte, wie sie genannt werden wollen) nicht erprobt sind. Durch die Wahl ihrer »Volksbeauftragten« haben die Räte von vornherein eine viel zu hohe Hypothek auf sich genommen. So hat beispielsweise der Außenminister Dr. Lipp einige Zeit in einer Irrenanstalt zugebracht. Jetzt, nach der Übernahme eines Ministeramts, ist er wieder völlig verwirrt. Er sendet ein Telegramm nach Moskau, in dem er den Bolschewisten unter Bezugnahme auf Kants Traktat *Vom Ewigen Frieden* (Thesen 2–5) mitteilt, daß das liberale Bürgertum als »preußischer Agent« entwaffnet worden sei, Hoffmann in dieser ereignisreichen Stunde den »Abortschlüssel« mitgenommen habe, »die haarigen Gorillahände Gustav Noskes von Blut« trieften und Preußen den »Waffenstillstand zur Vorbereitung des Rachekrieges [136]« wolle.

Aber weder der notgedrungen in Bamberg residierende Ministerpräsident Hoffmann noch der Kriegsminister Schneppenhorst sind bereit, die von Noske schon am 4. April 1919 [137] angebotene Reichshilfe zu akzeptieren. Sie verbieten die Einrichtung von Werbestellen für freiwillige Verbände, die Veröffentlichung von Werbeofferten in den Tageszeitungen und auf Plakaten [138]. Der rechtsradikale, antibolschewistische und antisemitische Kampfbund der Thule-Gesellschaft [139] wirbt dennoch, schleust Hunderte von Freiwilligen aus München aus (darunter auch Rudolf Heß, den späteren Stellvertreter Hitlers), beschafft Waffen und unterstützt das in Ohrdruf in Thüringen auf Reichskosten aufgestellte bayerische Freikorps Epp [140]

Der zwielichtige Kriegsminister Schneppenhorst will »kein Blut fließen lassen[141]«. »Ruhe und Ordnung« sollen nicht »mit Waffengewalt, auch nicht mit Preußen oder Epp[142]« hergestellt werden. Er wartet auf einen Handstreich des Kommandanten der republikanischen Schutzwehr gegen die Räteregierung in München[143]. Doch seine Rechnung geht nicht auf. Zwar kommt es am 13. April 1919 tatsächlich zu einem besonders vom Kampfbund der Thule-Gesellschaft inszenierten Putsch, bei dem Lipp, Mühsam, Hagemeister und der linksradikale Rechtsanwalt Wadler verhaftet werden[144]; aber durch einen Gegenstoß der plötzlich zum Kampf für die »Schein-Räterepublik« bereiten Spartakisten gelangt München wieder in die Hand der Räte[145].

Am 13. April erklären sich die im Hofbräuhaus tagenden Betriebsräte unter Levins und Levinés Leitung als oberste Instanz in Bayern, beseitigen den Zentralrat und proklamieren die (zweite) kommunistische Räterepublik. Der Russe Dr. Leviné stellt sich an die Spitze des neugebildeten Aktionsausschusses. Zwei weitere Russen, Max Levin und Tobias Axelrod, treten an seine Seite. Gustav Landauer wird ausgebootet, Egelhofer, ein 21jähriger Matrose, zum Stadtkommandanten und Oberbefehlshaber der Roten Armee ernannt. Die Skala der nunmehr bekanntgegebenen Verbote füllt einen umfangreichen Katalog. Bürgerliche Zeitungen dürfen nicht mehr erscheinen. Nach einem nicht immer durchschaubaren System werden Geiseln verhaftet und ebenso wieder freigelassen, Lebensmittel und Brennmaterial den Bürgern vorenthalten, Schmuck und Wohnungen beschlagnahmt, alte Banknoten einfach nachgedruckt. Die Wohnungsmieten sind unmittelbar an die Räteregierung zu entrichten. Nicht einmal mehr Kuchen sollen gebacken werden dürfen[146]. Milch gibt es nur noch gegen ärztlich bescheinigte akute Lebensgefahr. Offen erklärt Eugen Leviné: »Was tut's, wenn auch auf einige Wochen weniger Milch nach München kommt. Die Milch erhalten ja doch nur zumeist die Kinder der Bourgeoisie. An ihrem Leben haben wir kein Interesse. Es schadet nichts, wenn sie sterben, aus ihnen werden ja doch nur Feinde des Proletariats[147].« Die angestrebte, aber so rasch und mit so unzureichenden Mitteln nicht erzwingbare empfindliche Einschränkung der persönlichen Freiheit für Angehörige des Bürgertums, die (im Gegensatz zum Proletariat) anfänglich um 19 Uhr, dann um 20 Uhr in ihren Wohnungen sein müssen, Plünderungen und räuberische, den Räteorganen nicht selten von Thule-Mitgliedern unterschobene Maßnahmen *, schüren zunehmend Unruhe, Unsicherheit und Unwillen unter der Bevölkerung. Die Bauern liefern kaum noch Lebensmittel in die Hauptstadt. Hunger und Not breiten sich rasch aus, so daß Hoffmann sich schließlich doch dazu entschließt, die Reichsregierung um Hilfe zu bitten. Da die Aufstellung von Freiwilligenverbänden in Bayern bis dahin verboten ist, hat Oberst Ritter von Epp, der in Bayern als königstreuer und kampfbewährter Offizier verehrte Kommandeur des bayerischen Infanterie-Leibregiments, auf Gustav Noskes Rat [148] und Weisung [149] auf Reichskosten in Ohrdruf das bayerische Freikorps Epp aufgestellt. Zahlreiche Bayern bringt die Thule-Gesellschaft nach Ohrdruf. Dieses Freikorps bietet Noske zunächst als Hilfe an. Hoffmann lehnt das Angebot jedoch ab [150] und behauptet, daß die bayerische Volksseele den Einmarsch preußischer Exekutionstruppen in München nicht ertragen würde. Am 14. April 1919 ruft er das bayerische Volk zu den Waffen. Gleichzeitig wird eine »Volkswehrproklamation« zur Bildung von Volkswehren erlassen [151], aus denen sich die Einwohnerwehren entwickeln sollen [152].

Während Hoffmann zu den Waffen ruft, verfügt Egelhofer am 14. April: »Sämtliche Bürger haben binnen 12 Stunden jede Art Waffen in der Stadtkommandantur abzuliefern. Wer innerhalb dieser Zeit die Waffen nicht abgegeben hat, wird erschossen [153].« Gleichzeitig gibt der aus Samotschin bei Bromberg stammende jüdische Schriftsteller Ernst Toller, der das Oberkommando über den Nordabschnitt führt, bekannt: »Alle bewaffneten Arbeiter und alle diejenigen Arbeiter, deren Waffen in den Betrieben lagern, finden sich heute, Sonntag, vormittags 9 Uhr, in ihren Betrieben ein [154].«

Hoffmann, der den Räten zuvorkommen will, läßt die Bamberger Truppen angreifen. Am 15. April kommt es bei Freising und Dachau zur ersten »Schlacht«, in der die kampfesmüden und undisziplinierten Soldaten Hoffmanns ihre Waffen den Rätetruppen übergeben und nach Hause gehen. Rosenheim, Kaufbeuren, Schongau, Kochel und Starnberg fallen in die Hände der Roten Armee. Nach diesem Waterloo wollen schließlich auch Hoffmann und Schneppenhorst, daß »die Preußen kommen!« Kleinlaut ist Hoffmann jetzt zur Annahme

* Zur Kompromittierung der Räte und zum Teil auch zur eigenen Bereicherung stellten sie Beschlagnahmeverordnungen mit Faksimile-Stempel des kommunistischen Stadtkommandanten Egelhofer her.

der Reichshilfe bereit. Noske, Ritter von Epp und Kapitän Hermann Ehrhardt, Preußen, Württemberger und Bayern, rücken mit insgesamt etwa 15 000 Mann * auf München vor. Dadurch ändert sich die Situation schlagartig. Am 17. April fordert ein von allen politischen Parteien (außer von der USPD) akzeptiertes Flugblatt die Bayern zum sofortigen Eintritt in die freiwillige Volkswehr auf [155]. Und auch der Obergeometer Kanzler, der seit Dezember 1918 über ein gerüttelt Maß von Erfahrungen im Umgang mit Landsknechten verfügt [156], erhält von der Regierung Hoffmann am 17. April die Vollmacht zur Aufstellung eines Freikorps [157]. Das erzbischöfliche Generalvikariat Bamberg fordert alle Pfarrämter Bayerns telegrafisch auf, die von Weihbischof Senger am 19. April 1919 empfohlene Unterstützung der Erlasse der Regierung Hoffmann »kräftigst« zu vertreten [158]. Obwohl die Regierung und die Kirche die Bayern zu den Waffen rufen, sind auch jetzt nicht sehr viele zum Kampf mit der Waffe in der Hand bereit. Die Münchner Bürger wollen ihr Leben nicht durch einen Ausfall aufs Spiel setzen, zumal sie sowohl Hoffmann als auch seinen Truppen nicht trauen. Auch Hitler tut nichts. Er wartet die Entwicklung der Dinge in der Kaserne ab. Nur in wenigen Orten, wie zum Beispiel in Rosenheim, kommt es zu spontanen Handstreichen gegen die Rätetruppen. Nachdem die katholische Kirche sich öffentlich für die Regierung Hoffmann eingesetzt hat, erläßt das »Oberkommando der Roten Armee«, das Kardinal Faulhaber wegen der kirchlichen Einmischung Geiselhaft androht [159], einen von Egelhofer gezeichneten Aufruf, in dem es neben der Aufforderung zum sofortigen Generalstreik, zum Kampf mit der Waffe in der Hand und zum Haß gegen die »Kapitalisten« unter anderem heißt, daß der Feind vor den Toren Münchens stehe und die Offiziere, Studenten, »Bourgeoissöhne und weißgardistische Söldner des Kapitalismus« die Revolution bedrohen [160].

Grauenhafte Exzesse sind nun auf beiden Seiten an der Tagesordnung. So werden beispielsweise von den »Weißen« bei Puchheim, in der Nähe von München, 52 russische Arbeiter – von den Räten freigelassene Kriegsgefangene – in einen Steinbruch getrieben und er-

* Gustav von Kahr übertrieb maßlos, als er am 2. Dezember 1920 (nach Unterlagen in der reponierten Registratur A. V. XIX., VII. 99 Conv. 1) in einem Schreiben an die Reichsregierung behauptete, daß 35 000 Mann zur Eroberung Münchens nötig gewesen seien. Vgl. dazu u. a. auch Pitrof, S. 89 f., Busching, S. 224, Galéra, Bd. 1, S. 128, Noske, S. 97 und 315 und Maser, *Die Frühgeschichte der NSDAP*, S. 37.

schossen, bei Starnberg rund 20 Arbeiter-Sanitäter ermordet. Empörung breitet sich unter der rätefeindlichen Bevölkerung und unter den »weißen« Truppen aus, als bekannt wird, daß am 29. April im Luitpold-Gymnasium von Rätesoldaten 10 Mitglieder der Thule-Gesellschaft [161], darunter die Gräfin von Westarp, Baron von Teikert, Prof. Berger, Prinz Maria von Thurn und Taxis und Baron von Seydlitz [162], als Geiseln erschossen worden sind.
In erbitterten Kämpfen wird München gestürmt. Am 1. und 2. Mai rücken Noskes Truppen in die Stadt ein. Auf beiden Seiten kommt es zu furchtbaren Bürgerkriegsgreueln [163]. Am 4. Mai ist das Räteregime gestürzt; aber die Massaker sind noch nicht beendet. Die Befreier Münchens, vom Siegestaumel berauscht, räumen in barbarischer Weise mit den »Roten« auf. Bestialisch hauen, schießen und stechen die Sieger auf ihre Opfer ein, gleichgültig, ob es sich um Kommunisten, Russen oder harmlose Bürger handelt. In einem katholischen Heim finden sie 21 katholische Gesellen, die sie aus ihrem Haus herausholen und ins Gefängnis am Karolinenplatz bringen, wo sie am 6. Mai von Angehörigen der 2. Gardedivision kurzerhand ermordet werden [164]. Zwölf unschuldige Arbeiter aus Perlach [165], die am 4. und 5. Mai festgenommen wurden, werden von Angehörigen des Freikorps Lützow in München umgebracht [166]. 77 Deutsche und 58 Russen werden in München nach Angaben des Generalkommandos Oven vom 16. Mai 1919 erschossen, weil sie mit der Waffe in der Hand angetroffen worden sind [167]. 433 Tote und Verwundete sollen Egelhofers Truppen eingebüßt haben [168]. Mehr als 180 Menschen werden infolge leichtfertiger Beschuldigungen von bayerischen Standgerichten illegal zum Tode verurteilt und hingerichtet [169], viele ohne ordentliche Verfahren ermordet.
Nachdem Noskes Truppen Dachau genommen haben, wo mit Egelhofers Zustimmung 40 Geiseln erschossen werden sollten [170], rükken sie auf München vor. Vom Süden greifen Ritter von Epp und die Württemberger an. In dieser Situation, viel zu spät, sind die Räte zu Verhandlungen mit Hoffmann bereit. Erst in dem Augenblick, in dem sich die regulären Truppen und Freikorps München nähern, fordert Egelhofer die Münchner Garnisonstruppen auf, sich an die Seite der kommunistischen Räte zu stellen und München zusammen mit der Roten Armee gegen die »Weißen« zu verteidigen. In einigen Einheiten wird abgestimmt, welche Haltung die Truppe einnehmen solle. Auch in der Max II-Kaserne, in der sich Hitler befindet, geschieht

es nach einer Stellungnahme eines Feldwebels namens Rudolf Schüssler. Während die Soldaten abwägen, was zu tun sei, steigt Hitler auf einen Stuhl und erklärt: »Kameraden, wir sind doch keine Revolutionsgarde für die hergelaufenen Juden. Feldwebel Schüssler hat ganz recht, wenn er vorschlägt, daß wir neutral bleiben [171].« Wie gering die Bereitschaft der Soldaten ist, Egelhofers Aufruf zu folgen, beweist die Tatsache, daß diese beiden Sätze Hitlers genügen, die Kameraden seines Bataillons davon abzuhalten, sich den Räten zur Verfügung zu stellen [172].

Hitler behauptete 1921, daß sein Name »während der Räteperiode auf der Konskriptionsliste [173]« gestanden habe, und in *Mein Kampf* gab er an, daß er infolge eines den Räten unliebsam erscheinenden Auftritts am 27. April 1919 auf Befehl des Zentralrates in München verhaftet werden sollte [174], was unmöglich ist, da der »Zentralrat« seit dem 13. April 1919 nicht mehr existierte. »Wenn Hitler behauptet«, sagte Ernst Niekisch, der am 7. April zurückgetretene Präsident des Zentralrats, »einige Bauftragte des Zentralrats ... hätten ihn am 27. April 1919 festnehmen wollen, so hat er die Geschichte ... erdichtet. Der Zentralrat trat nach dem 7. April 1919 überhaupt nicht mehr in Funktion. Außerdem kann ich mit Sicherheit sagen, daß der Zentralrat, solange ich ihm angehörte, niemals die Anweisung gegeben hat, eine Verhaftung Hitlers vorzunehmen [175].«

Hitler hat sich vom 7. März 1919 bis zu dem Tage in der Max II-Kaserne in München-Oberwiesenfeld aufgehalten, an dem die Truppen und Freikorps von Epp und Noske in München einzogen und der »roten« Herrschaft ein Ende bereiteten [176]. Das konnte er jedoch nur, wenn er sich den gegebenen Verhältnissen anpaßte. Da die Truppen der kommunistischen Roten Armee rote Armbinden trugen, dürfte auch Adolf Hitler die rote Armbinde der Kommunisten getragen haben *. Auch die Tatsache, daß er nach dem Einmarsch des Freikorps Epp sogar verhaftet wurde, spricht dafür. Seine Freilassung verdankte er der Fürsprache einiger Offiziere, die ihn kannten [177]. Nachdem diese Tatsache in dem politischen Terrain suspekt erscheinen mußte, dem er sich verbunden fühlte, wandelte er einfach die Festnahme durch Epps Soldaten in einen Verhaftungsversuch durch Egelhofersche Rotarmisten um. Ob er, wie Ernst Deuerlein behauptet, vor

* Nach schriftlichen Angaben von Otto Strasser (1952) trug Hitler die rote Armbinde. Auch Hermann Esser erklärte (persönl. 1953), daß es der Fall gewesen sein könne.

der Niederwerfung der Räte vergeblich versucht hat, sich sowohl der USPD als auch den Kommunisten anzuschließen [178], ist nicht erwiesen *.

»Wenige Tage nach der Befreiung Münchens«, wo die eigentliche militärische, politische und verwaltungsmäßige Macht dann in den Händen des Reichswehrgruppenkommandos 4 lag, »wurde ich«, so berichtet Hitler, »zur Untersuchungskommission über die Revolutionsvorgänge beim 2. Infanterieregiment kommandiert [179].« Der gut informierte Ernst Schmidt vermutet, daß die Offiziere dafür gesorgt haben, die Hitlers Freilassung nach der Verhaftung durch Epp-Soldaten bewirkten [180]. Hitlers »rein politische aktive Tätigkeit [181]« hat spätestens damit begonnen. Ein einstiger Bewunderer Hitlers, Adolf Viktor von Koerber, sagte über Hitlers Tätigkeit unmittelbar nach der Niederwerfung der Räte: »Zur Untersuchungskommission kommandiert, bringen seine Anklageschriften rücksichtslose Klarheit in die unsagbare Schändlichkeit militärischer Verrätereien der Judendiktatur der Rätezeit Münchens [182].«

Da Hitler eine juristische Ausbildung nicht besaß, konnte er von den bayerischen Militärgerichten mit rein juristischen Aufgaben auch nicht betraut werden. Er selbst hat später nicht einmal seinen vor ihm aus der Armee ausgeschiedenen Freund Schmidt über Einzelheiten informiert, als er ihn während dieser Zeit in München besuchte [183]. Was Wunder, daß seine Gegner ihn argwöhnisch betrachteten und als »Spitzel«, »Schnüffler« und »Agent« und seine Freunde ihn als »Patrioten« bezeichneten. Mit Sicherheit war Hitler damit beauftragt, die Unteroffiziere und Mannschaften ausfindig zu machen, die während der Rätezeit, die er in München erlebte, auf der Seite der kommunistischen Räte gestanden hatten. Die ihm übertragene Aufgabe erfüllt Hitler zur vollen Zufriedenheit seiner vorgesetzten Dienststelle und wird vom 5. bis 12. Juni 1919 schließlich zu einem Aufklärungskurs kommandiert, in dem die zu demobilisierenden und aus der Gefangenschaft heimkehrenden Soldaten »bestimmte Grundlagen zu staatsbürgerlichem Denken [184]« erhalten sollen.

Für diese antibolschewistisch ausgerichteten Lehrgänge, die vom Reichswehrgruppenkommando 4 der bayerischen Reichswehr sowohl

* Selbst wenn Hitler tatsächlich versucht haben sollte, sich der USPD oder den Kommunisten anzuschließen, wäre damit nichts über seine Einstellung gesagt. Nur wenige haben in der Situation nicht versucht, sich dem Schein nach anzupasssen und ihre Existenz oder den Kopf zu retten.

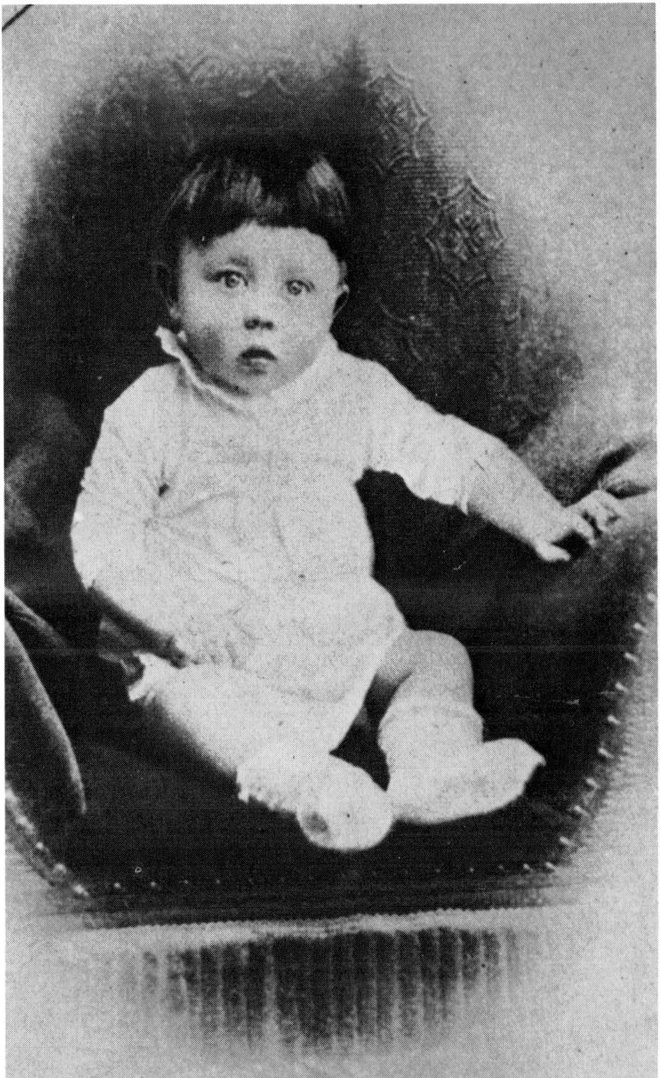

Adolf Hitler als Baby.

Hitler in seiner Schulklasse in Leonding.

mit Mitteln der Berliner Reichswehrverwaltung als auch mit privaten Zuwendungen [185] für besonders geeignete und ausgewählte Offiziere und Mannschaften eingerichtet wurden, galten folgende Grundsätze: »Unter dem Schutz der jungen Reichswehr muß eine sinnvolle Neubegründung aller innerstaatlichen Verhältnisse unseres Vaterlandes durchgesetzt werden können; erst wenn der Staat wieder Herr im eigenen Haus ist, wird eine Besserung der außenpolitischen Verhältnisse möglich werden. Die Reichswehr ist also der Eckpfeiler, an dem die ... Reste und die ... Anfänge unseres sozialen, wirtschaftlichen und staatlichen Selbstbestimmungsrechtes festgeknüpft werden müssen. So ergibt sich die Notwendigkeit, in der Reichswehrtruppe ein hochgesteigertes Gefühl der Verantwortlichkeit und Selbstlosigkeit einerseits, das Verständnis für die politischen Grundgedanken und nationales Selbstvertrauen andererseits zu wecken. Die politische Aufklärung im Heer muß über den Parteien stehen, sie muß volkstümlich, aber wissenschaftlich einwandfrei sein ... [186].«

»Für mich«, schreibt Hitler, »lag der Wert der ganzen Veranstaltung darin, daß ich die Möglichkeit erhielt, einige gleichgesinnte Kameraden kennenzulernen, mit denen ich die augenblickliche Lage gründlich durchzusprechen vermochte [187].« Zu den »gleichgesinnten Kameraden« gehörte vor allem der seit Herbst 1918 in der Zeitschrift *Süddeutsche Monatshefte* hervorgetretene rechtsradikale Dozent, der Finanz-»Fachmann« Diplom-Ingenieur Gottfried Feder, dessen politische Karriere in der Thule-Gesellschaft begonnen hatte. Feder hielt in den Aufklärungskursen Vorträge über Wirtschaftsfragen und bemühte sich gleichzeitig, die von ihm entwickelte Theorie zur »Brechung der Zinsknechtschaft [188]« populär zu machen. Hitler informiert sich im Rahmen der vorgeschriebenen Vorlesungen und Seminare in der Universität über folgende Themen und Probleme:

1. Die deutsche Geschichte seit der Reformation (Prof. Karl Alexander von Müller).
2. Die politische Geschichte des Krieges (derselbe).
3. Der Sozialismus in Theorie und Praxis (Karl Graf von Bothmer, Schriftsteller und Journalist).
4. Unsere wirtschaftliche Lage und die Friedensbedingungen (Dr. Michael Horlacher, Geschäftsführer des Zweckverbandes landwirtschaftlicher Vereine und der Agrarindustrie in Bayern).
5. Der Zusammenhang zwischen innerer und äußerer Politik (Graf von Bothmer).

Im 2. Kurs, der vom 26. Juni bis zum 5. Juli dauerte und von Hitler ebenfalls besucht werden konnte und wahrscheinlich auch besucht worden ist, lasen Graf von Bothmer über die auswärtige Politik seit dem Kriegsende, Dr. Pius Dirr (bayerischer Abgeordneter und Leiter des Münchner Stadtarchivs) über »Rußland und die Bolschewikiherrschaft«, Dr. Hasselberger (Regierungsassessor) über die »Zwangswirtschaft in Brot und Getreide«, Prof. Erich Marcks über »Deutschland von 1870 bis 1900«, Hauptmann i. G. Karl Mayr über die Bedeutung der Reichswehr, Dr. Merz (Regierungsassessor) über »Preispolitik in der Volkswirtschaft« und Prof. Zahn (Präsident des Statistischen Landesamtes) über »Bayern und die Reichseinheit [189]«.

»Zum ersten Male« in seinem Leben, sagt Hitler, habe er in den Kursen »eine prinzipielle Auseinandersetzung mit dem internationalen Börsen- und Leihkapital [190]« erlebt. Damit hatte er sich im Rahmen seiner Marxismusstudien in Wien nicht auseinandergesetzt, wie er auch später die Beschäftigung mit Finanzfragen nach Möglichkeit mied *. Was er immer nur geahnt und »gefühlt« hatte, wurde hier »wissenschaftlich einwandfrei **« »bewiesen« und in einprägsame Worte gekleidet. Mehr noch, es wurden, besonders von Gottfried Feder, Formeln und Schablonen geliefert, die einen unbestreitbaren Eindruck auf die durch den Krieg ruinierten Bevölkerungsschichten hinterließen, wenn sie sicher und überzeugend vorgetragen wurden.

Einige der profiliertesten Angehörigen dieses Kreises, zu denen besonders Hitler und Gottfried Feder gehörten, waren sich einig, daß »Deutschland durch die Parteien des Novemberverbrechens [191]«, durch das Zentrum, durch die Sozialdemokratie und durch die bürgerlich-nationalen Parteien nicht »mehr aus dem heranreifenden Zusammenbruche gerettet werden würde [192]«, und so wurde in kleinem Kreise die »Bildung einer neuen (sozialrevolutionären) Partei erörtert [193].« Um an die »Masse heranzukommen«, sollte ein neuer Name für die Partei, eine neue Bezeichnung gefunden werden, die schon äußerlich etwas grundsätzlich Neues ahnen und erwarten ließ. »So kamen wir«, erinnerte sich Hitler später, »auf den Namen ›Sozialrevolutionäre Partei [194]‹«. Doch zu der geplanten Parteigründung, die Hitler erstmals nach einem Vortrag von Gottfried Feder erwog [195],

* Vgl. die diesbezüglichen Feststellungen im nächsten Kapitel.

** Das Reichswehrgruppen-Kdo. 4 wünschte: »Die politische Aufklärung im Heer muß über den Parteien stehen, sie muß volkstümlich, aber wissenschaftlich einwandfrei sein.« Vgl. Maser, *Die Frühgeschichte der NSDAP*, S. 134.

ist es nicht gekommen. Hitler hat in dieser Umgebung allerdings Eindrücke und vor allem Startmöglichkeiten gefunden, die für seinen Lebensweg mitbestimmend wurden.

Hitler, der später erklärte, gegen seinen »Willen ... Politiker geworden [196]« zu sein, war 1918 heimatlos. Er hatte weder eine amtlich bescheinigte, abgeschlossene Berufsausbildung noch eine zivile Existenz. Jetzt drängte sich ihm der Gedanke auf, sich parteipolitisch zu betätigen, eventuell Berufsredner werden zu wollen und seine Zukunft in der praktischen Politik zu suchen.

Prof. Alexander von Müller, der im 1. Aufklärungskurs über die deutsche Geschichte seit der Reformation und über die politische Geschichte des Krieges referierte und Hitlers rhetorisches Naturtalent zuerst bemerkte, schilderte seine erste Begegnung mit ihm wie folgt: »Nach dem Schluß meines Vortrags und der folgenden lebhaften Erörterung stieß ich in dem sich leerenden Saal auf eine kleine Gruppe, die mich aufhielt. Sie schien festgebannt um einen Mann in ihrer Mitte, der mit einer seltsam gutturalen Stimme unaufhaltsam und mit wachsender Leidenschaft auf sie einsprach: Ich hatte das sonderbare Gefühl, als ob ihre Erregung sein Werk wäre und zugleich wieder ihm selbst die Stimme gäbe. Ich sah ein bleiches, mageres Gesicht unter einer unsoldatisch hereinhängenden Haarsträhne, mit kurzgeschnittenem Schnurrbart und auffällig großen, hellblauen, fanatisch kalt aufglänzenden Augen [197].«

Entscheidend für Hitlers Leben wird sein unbeirrbares Bekenntnis zum Antisemitismus. Als »eines Tages ... einer der Teilnehmer ... (des Kurses) für die Juden eine Lanze brechen zu müssen« meint und »sie in längeren Ausführungen zu verteidigen [198]« beginnt, meldet sich Hitler zur Aussprache und überfährt seinen Kriegskameraden mit Argumenten, die seine Umgebung staunen lassen. Jetzt zeigt er, was er in Linz, Wien und München gelesen und gelernt und was er im Kriege für Überzeugungen gewonnen hat. Sein überzeugend vorgetragener antisemitischer Diskussionsbeitrag hinterläßt einen so imponierenden Eindruck, daß der Leiter der Aufklärungsabteilung des Bayerischen Reichswehrgruppenkommandos 4, das am 11. Mai 1919 die Nachfolge des Oberkommandos Möhl in München angetreten hatte *, ihn dazu ausersieht, im Rahmen der Reichswehr eine

* Generalleutnant Möhl war Oberbefehlshaber des Reichswehrgruppenkommandos 4.

politische Funktion zu übernehmen. Das »Ergebnis ... war«, so heißt es bei Hitler, »daß ich wenige Tage später dazu bestimmt wurde, zu einem damaligen Münchner Regiment als sogenannter ›Bildungsoffizier‹ einzurücken [199]«. 1921 berichtete er über seine Tätigkeit: »Ich hielt in diesem Regiment (Schützenregiment 41, der Verf.) sowie in anderen Formationen nun zahlreiche Aufklärungsvorträge über den Wahnsinn der roten Blutdiktatur und konnte mit Freude erleben, daß aus den infolge der allgemeinen Reichswehrverminderung aus dieser ausscheidenden Heeresangehörige (sic!) die 1. Truppe meiner späteren Anhänger entstand [200].«

Im Rahmen der Abteilung I b/P, die wechselweise als »Nachrichtenabteilung«, »Presse- und Propagandaabteilung« und »Aufklärungsabteilung« bezeichnet wird und unter der Leitung des bayerischen Richtersohnes Hauptmann i. G. (im Generalstab) Karl Mayr (1883 bis 1945, gestorben im KZ Buchenwald) steht, wird Hitler nicht als »Bildungsoffizier«, wie er behauptet, sondern als »Vertrauensmann« (»V-Mann«) eingesetzt *, was seine Wirkungsmöglichkeit jedoch nicht einschränkt.

Am 22. Juli 1919 erließ das Gruppenkommando 4/I b/P einen Befehl zur Aufstellung eines Aufklärungskommandos unter Leitung von Rudolf Beyschlag für das Militärlager Lechfeld, durch das die aus der Gefangenschaft heimkehrenden Soldaten geschleust wurden. In dem vom Chef des Generalstabes Major von Prager gezeichneten Befehl hieß es unter anderem: »Im Durchgangslager Lechfeld ist ... mit dem regelmäßigen Eintreffen ... von Heimkehrern zu rechnen ... Die derzeitigen Verhältnisse im Lager ... scheinen ... nicht günstig zu sein. Die zurückkehrenden Kriegsgefangenen ... ebenso die vielen Zivilarbeiter, die sich in dem jedermann zugänglichen Lager befinden, sollen unzuverlässig sein ... Dem im Lager eingeteilten Wachkommando ... wird ein Aufklärungskommando zugeteilt.« Es wird »gebeten, nachstehende Leute, die an den Kursen des Gruppenkommandos beteiligt waren, abzustellen ... Bei der besonderen Bedeutung der Vorsorge für die Kriegsgefangenen, auch im Interesse der Reichswehr, muß die Notwendigkeit der Abstellung besonders betont werden [201]...«

Unter den insgesamt 23 aufgeführten Namen der Männer des ausge-

* Bildungsoffiziere waren gewöhnlich vom Heeresdienst beurlaubte Offiziere, die in München studierten.

wählten Aufklärungskommandos findet sich als Nr. 17 die Eintragung: »Inf. Hitler Adolf, 2. Inf. Regt. Abwicklungsstelle (I. A. K.)[202]«.
Die Tätigkeit des Aufklärungskommandos ist durch Akten belegt, die Rolle Hitlers, den der profilierte Generalstabs-Offizier Karl Mayr in einem Brief vom 10. September 1919 respektvoll mit »Sehr verehrter Herr Hitler[203]« anredete, zweifelsfrei bezeugt.
Die bayerischen Militärs wurden nicht enttäuscht. Hitler löste seine Aufgaben meisterhaft. Er »entpuppte sich«, schrieb ein Mitglied des Aufklärungskommandos in einem Bericht an seine Dienststelle, »als hervorragender und temperamentvoller Redner und fesselte die Aufmerksamkeit der ganzen Zuhörer[204]«, die Hitler im Rahmen von »Rede und Gegenrede ... mitriß[205]«, wie sich einer seiner anderen Kameraden ausdrückte. »Herr Hitler ist«, urteilte Lorenz Frank am 23. August 1919, »ein geborener Volksredner, der durch seinen Fanatismus und sein populäres Auftreten ... die Zuhörer unbedingt zur Aufmerksamkeit und zum Mitdenken zwingt[206].« Entsprechend beurteilte auch Oberleutnant Bendt – der Führer des Wachkommandos – Hitlers Fähigkeiten und Erfolge in seinen Berichten vom 21. und 25. August 1919 an das Gruppenkommando 4[207].
Hitler, der auf Weisung seiner höchsten Dienststelle einen Soldaten für den praktischen Hilfsdienst (z. B. zur Verteilung von Flugblättern) beanspruchen durfte[208], verstand es, so berichteten Vertrauensmänner der Truppe, »die Leute in geradezu begeisterte Stimmung zu bringen[209]«. Er heimste »den Heldenanteil[210]« des Erfolgs ein, wußte die kriegsmüden und demoralisierten Soldaten anzusprechen, zum Engagement zu bewegen und sie, fanatisch engagiert, mit neuen Hoffnungen zu erfüllen, aber auch mit Ungeduld, Haß und Rachsucht.

Am 30. Mai 1942 erinnerte er sich im Rahmen einer Geheimrede vor dem Offiziersnachwuchs an seine Tätigkeit im Jahre 1919: »... als im Jahre 1918 die Fahnen sich senkten, da hat mein Glaube sich erhoben. Aber nicht nur mein Glaube, sondern auch mein ganzer Trotz gegen den Gedanken einer Kapitulation vor einem scheinbar unvermeidlichen Schicksal. Ich war im Gegensatz zu den anderen der Überzeugung, daß damit nicht etwa die Geschichte des deutschen Volkes ihren Abschluß würde finden können, es sei denn, das deutsche Volk wollte Verzicht leisten auf seine ganze Zukunft. So habe ich damals sofort in meinem Rahmen und nach meinem Vermögen einen Kampf wieder begonnen, der ganz meiner Überzeugung entsprach, daß auch im Inneren unseres Volkes am Ende nur durch Kampf die Bewegung würde siegreich hervorgehen können, die geeignet sein konnte, das deutsche Volk auch nach außen wieder einmal zu erheben [211].«

Krieg, Kampf, Rücksichtslosigkeit, grausame Härte, unbedingter Wille zum Überleben und Siegen und der Verzicht auf Humanität artikulieren seine Vorstellungen. Seine Auffassung, daß die Geschichte die Summe rücksichtsloser Kriege der einzelnen Rassen gegeneinander und des Sieges und Überlebens der Rücksichtslosesten, Stärksten und Grausamsten sei, was er als Frucht seines Studiums vor allem von Malthus, Darwin, Bölsche, Ploetz und Tille begreift, ist spätestens seit 1914/18 Mittelpunkt seiner Weltanschauung. »Ein zutiefst ernster Satz eines großen Militärphilosophen besagt«, belehrt er seinen Offiziersnachwuchs am 30. Mai 1942, »daß der Kampf und damit der Krieg der Vater aller Dinge sei *. Wer einen Blick in die Natur wirft... wird diesen Satz bestätigt finden als gültig für alle Lebewesen und für alles Geschehen ... Das ganze Universum scheint nur von diesem einen Gedanken beherrscht zu sein, daß eine ewige Auslese stattfindet, bei der der Stärkere am Ende das Leben und das Recht zu leben behält und der Schwächere fällt. Der eine sagt, die Natur sei deshalb grausam und unbarmherzig, der andere aber wird begreifen, daß diese Natur damit nur einem eisernen Gesetz der Logik gehorcht ... Wer glaubt, aus seinem Leid heraus, aus seiner Empfindung oder seiner Einstellung sich gegen dieses Gesetz auflehnen zu können, beseitigt nicht das Gesetz, sondern nur sich selbst. Die Geschichte beweist uns, daß Völker schwach geworden sind. Sie haben nicht das Gesetz beseitigt, sondern sie ... sind spurlos vergangen ... Es ist notwendig, daß zunächst diese fundamentale Einsicht denjenigen beherrscht, der ... gezwungen ist, im Angesicht des allmächtigen Schöpfers dieser Welten zu dem Gericht anzutreten, bei dem entschieden wird über die Güte oder die Schwäche der Menschen ... Dieser Kampf, der uns überall umgibt ... der bestimmt, daß, wenn einer fällt, ein anderer sofort an seine Stelle tritt, der ... als sicher erscheinen läßt, daß, wenn Völker schwach werden, andere Völker sie ablösen, der es ohne Zweifel selbst im Falle des Versagens der ganzen Menschheit nicht zulassen würde, daß etwa die Erde leer würde oder andere Wesen an ihre Stelle treten würden – dieser Kampf führt in der Folge zu einer un-

* Vgl. Hitlers Ausführungen im Zusammenhang mit Clausewitz.

entwegten ... Auslese ... der Besseren und Härteren. Wir sehen daher in diesem Kampf ein Element des Aufbaues alles Lebenden und Lebendigen überhaupt ... Wir wissen ... daß dieser Kampf immer nur den Schwächeren beseitigt, den Stärkeren aber noch mehr stärkt, ihn noch härter macht und daß dadurch die einzelnen Lebewesen selbst befähigt werden ... eine Vorwärtsentwicklung durchzumachen. Es ist das die Weltordnung der Kraft und der Stärke. Es gibt keine Weltordnung der Schwäche und Ergebung, sondern nur ein Schicksal der Ergebung. Dieses Schicksal heißt Auslöschen und Vergehen. Seit es eine Welt gibt, herrscht dieses Gesetz ... Und so schwer es auch dem einzelnen fallen mag, es ist gut, daß er weiß, daß sein Schicksal kein anderes ist als das Schicksal ... das ihn trifft, Generationen vor ihm auch nicht anders getroffen hat, daß sich der einzelne diesem Leben theoretisch entziehen kann, daß er aber dadurch das Leid nur auf die anderen abbürdet. So schwer auch im Einzelfall die Last auf einem Manne liegen mag, er muß sich doch darüber klar sein, daß diese Last vor ihm zahllose Generationen und Millionen von Männern genauso zu tragen hatten und daß, wenn diese damals nicht bereit gewesen wären, die Last zu tragen, er heute überhaupt nicht in der Lage wäre, als Repräsentant seines Volkes zu leben und ... zu kämpfen [212].«

Kämpfer gegen das Judentum und gegen den Bolschewismus, »Retter des Vaterlandes«, finden sich nach der Niederwerfung der Räte allerorts in Deutschland. Unruhen, Streiks, kommunistische Umsturzversuche, die allgemeine wirtschaftliche Not, der neue, noch ungewohnte politische Status, die aggressive Ablehnung der Siegermächte durch die Bevölkerung, die soziale Umschichtung und der Einfluß der Landsknechtsorganisationen nähren Unfrieden und sorgen dafür, daß den Antisemiten und unverbesserlichen Chauvinisten der Atem nicht ausgeht. Politische Parteien, Bünde, Interessengemeinschaften, Verbände und Organisationen, die häufig militärisch oder halbmilitärisch organisiert werden, entstehen überall in bunter Folge. Antisemitische und antikommunistische Konzepte und Programme finden rasch lebendige Zellen zur Verwirklichung. Deutschland, besonders Bayern, ist ein Heerlager von militanten Freikorps und Selbstschutzverbänden, von denen die meisten als rechtsextremistisch bezeichnet werden müssen. Allein in Bayern gibt es unter anderem den (Thule-) Bund Oberland, den Deutschvölkischen Schutz- und Trutzbund, die Organisation Escherich, die Organisation Kanzler, den Verband Altreichsflagge, den Nationalverband deutscher Offiziere, den Bund Schwarzweißrot, die Jungbayern, die Volkswehr, die Eiserne Faust, das Freikorps Epp *, die Detachements Bogendörfer und Probstmayr, die Freikorps Würzburg, Bayreuth, Berthold, Wolf und zahlreiche Kavallerie- und Artillerieverbände. Die Dienststelle I b/P läßt allein in München 49 registrierte politische Parteien und Organisationen überwachen **.

Zu den Organisationen, die die »neue« Formel zur »rechten Zeit« propagieren, gehört in diesem Augenblick ganz besonders die eigentliche Mutter der NSDAP, die in Bayern rund 220 Mitglieder zählende Thule-Gesellschaft, eine Tarnorganisation des 1912 gegründeten (symbolhaft dem von den West- und Nordgermanen als Kriegs- und Totengott verehrten Wotan huldigenden) Germanenordens, dessen bayerische Ordensprovinz Rudolf Freiherr von Sebottendorff bereits im Sommer 1918 ins Leben gerufen und unter die unmißverständliche programmatische Formel gestellt hat: »... jetzt wollen wir sagen, daß der Jude der Todfeind ist, von heute ab werden wir handeln [213].« Daß die Thule-Gesellschaft bei ihrem »Handeln« vor nichts zurückschreckt und sich jederzeit auch mit der Staatsmacht anlegt, wenn diese nicht in ihrem Sinne wirkt, haben die Bayern bis zum Sommer 1919 *** nicht selten erlebt. Eine an den Münchner Polizeipräsidenten gerichtete schriftliche Warnung Sebottendorffs, daß er kurzen Prozeß machen und offenen Terror ausüben werde, falls die Polizei Mitglieder des Thule-Verbandes verhafte, zeigt beispielhaft, wie gefährlich die Macht der »Thule« zu jener Zeit in München ist. Falls die Polizei nicht akzeptiere, was die Thule-Gesellschaft wolle, droht der geheimnisumwitterte Freiherr, der eigentlich Adam Alfred Rudolph Glauer **** heißt, ein sächsischer Emporkömmling

* Dem Freikorps Epp waren im Juli 1919 die Regimenter Haack, Herrgott und der Bund Oberland eingegliedert worden.

** Dazu gehörten nach HStA. Mü., Abt. II, Gruppen-Kdo. 4, Bd. 46/6, 46/7, 46/8 und 46/9: die »Kommunistische Arbeiter-Partei«, »Roter Soldatenbund«, »Syndikalisten« (Anarchisten) und ihre Jugendorganisation, »Verein Kommunistischer Sozialisten«, aber auch »Bibelforscher«, »Schutz- und Trutzbund«, »Siegfriedring«, »DAP« und auch die großen Parteien, wie z. B. die Bayerische Volkspartei, die Bayerische Mittelpartei, die Bayerische Königspartei und der Bauernbund, ebenso ein »Ostara-Bund«.

*** Im Juni 1919 mußte Sebottendorff Deutschland verlassen. Vgl. die nächste Anm.

**** Geburtsurkunde Nr. 87/1 875 beim Standesamt in Hoyerswerda; Repro. der Urkunde (vom 7. 1. 1966) im Besitz des Autors. Glauer/Sebottendorff wurde 1875 in Sachsen geboren, wanderte vor dem Ersten Weltkrieg in den Vorderen Orient

kleinbürgerlicher Herkunft ist und wie der Chef eines Geheimdiensts stets eine »Legende«, mehr ein Gerücht als eine konkret greifbare Gestalt blieb, »... dann nehmen meine Leute, wo immer sie einen finden, einen Juden hoch, schleifen ihn durch die Straßen und behaupten, er habe eine Hostie gestohlen. Dann, Herr Polizeipräsident, haben Sie einen Pogrom, der auch Sie hinwegfegen wird [214].« Über seine Vorstellungen, die im Prinzip für die gesamte völkische »Bewegung« auch nach 1919 typisch blieben, gibt einer seiner Aufsätze hinreichende Auskunft: »Begünstigt vom Christentum«, schrieb er in dem von ihm für angeblich 1000 Mark von der Witwe Franz Ehers erworbenen [215] Vorläufer des Völkischen Beobachters der NSDAP, »verbreitete man die Lehre von der Gleichheit der Menschen. Zigeuner, Hottentotten, Botokuden, Germanen seien völlig gleichwertig. Nur schade, daß die große Lehrmeisterin, die Natur, es anders lehrt, daß sie lehrt: diese Gleichheit ist Widersinn ... Es gibt

aus, wurde von einem dort lebenden Träger des Namens Freiherr von Sebottendorff adoptiert, spielte während des Balkankrieges 1912/13 als Leiter des türkischen Roten Halbmonds eine maßgebliche Rolle, avancierte unter der Betreuung eines jüdischen Kaufmanns namens Termudi zum Meister des Rosenkranz-Ordens, war überzeugter Astrologe mit schriftstellerischen Ambitionen und kam 1917 mit viel Geld aus unbekannten Quellen nach Deutschland zurück. Sebottendorff mußte Deutschland im Juni 1919 verlassen. Er ging in die Türkei und kam nach dem 30. Januar 1933 wieder nach Deutschland zurück, wo er 1934 ein Buch unter dem Titel *Bevor Hitler kam* veröffentlichte. Es wurde verboten, und Sebottendorff verließ 1934 Deutschland. Heinrich Himmler, mit dem Sebottendorff sich nicht verstand, verlangte angeblich von ihm, in Wien eine deutsche Spionagezentrale zu organisieren, was er abgelehnt haben soll (persönliche Auskunft – 4. März 1968 – eines SS-Standartenführers, der nicht genannt zu werden wünscht. Er war 1919 zusammen mit Hitler V-Mann, später Generaldirektor eines Syndikats und nach 1945 im Rahmen der US-Armee mit einem Forschungsauftrag beschäftigt). Während des Zweiten Weltkrieges war Sebottendorff (zunächst unter P. Leverkuehn, dann unter Herbert Rittlinger) V-Mann in Istanbul, wo er sich nicht Freiherr, sondern Baron nannte. Sein Chef, der ihn für absolut untauglich für den Dienst in der Abwehr (bei Canaris) hielt und vermutete, daß er nicht nur für die deutsche Abwehr, sondern auch für die Briten arbeitete, gab ihm den beziehungsreichen Funkdecknamen: »Hakawaki«: »Märchenerzähler«. Nach Rittlingers Angaben (schriftl. Mitteilung vom 22. 6. 1968) war »seine Tätigkeit für uns ... völlig wertlos«. Am 9. Mai 1945, dem Tag der deutschen Kapitulation, hat Sebottendorff, den Rittlinger als »Nazihasser« bezeichnet, sich in den Bosporus gestürzt. Über die Gründe sagt Rittlinger: »Ich glaube, daß der zwar noch rüstige, aber alt gewordene, alleinlebende Baron einfach am Ende war. Und zwar schlicht materiell: Kein Geld mehr und, von allem abgeschnitten, nicht die geringste Möglichkeit, sein Leben auch nur auf die bescheidenste Weise zu fristen. Der Tag der Unterzeichnung des Waffenstillstands mit Implizierung der totalen Niederlage wird ihn zusätzlich deprimiert haben.« (Schriftl. Mitteilung vom 22. 6. 1968) Andere Abwehroffiziere der deutschen Wehrmacht behaupten (März 1968), daß Sebottendorff im Mai 1945 im Marmara-Meer ertränkt worden ist.

höhere und niedere Rassen! Wertet man den Rassenmischmasch, die Tschandalen den Ariern, den Edelmenschen, gleich, so begeht man ein Verbrechen an der Menschheit. Diese braucht Führer, auch führende Völker zu ihrer Höherentwicklung. Unter den Rassen der Erde ist die germanische Rasse . . . zu dieser Führerstelle berufen [216]«.

In der »Thule-Gesellschaft« ging es (seit November 1918, der Verf.) zu wie in einem Taubenschlag: Hier konstituierte sich von neuem die Nationalliberale Partei unter Hans Dahn, hier tagten die Alldeutschen unter Verlagsbuchhändler Lehmann, der deutsche Schulverein unter Rohmeder, die Fahrenden Gesellen, der Hammerbund, dessen aktivstes Mitglied Dannehl war, kurz, es gab keinen Verein in München, der irgendwelche nationale Belange vertrat, der nicht in der Thule Unterkunft fand [217]. Gottfried Feder verfocht hier erstmals seine Theorien, der Verleger Lehmann, der Führer der Münchner Alldeutschen, spielte eine maßgebliche Rolle. Die Thule-Gesellschaft stellte nationalen Kreisen nicht nur ihr Hotel Vier Jahreszeiten zur Verfügung. Sie steuerte zahlreiche politische Vereinsgründungen unter harmlosen Tarnbezeichnungen und unterstützte antisemitische und antikommunistische Publikationen und aufwendige Maßnahmen. Walter Daumenlang gründete in ihrem Schoß »einen Ring für Familienforschung und Wappenkunde, Walter Neuhaus . . . erweiterte seinen Ring für norddeutsche Kultur, Johann Hering bildete einen Ring zur Erforschung alten deutschen Rechts (dem sich 1919 der spätere Nationalsozialist Hans Frank anschloß, der Verf.). Im Dezember 1918 wurden . . . Flugblätter antisemitischen Inhalts verteilt, neben periodisch erscheinenden Druckschriften. Der *Münchener Beobachter* war seit Juli 1918 völkisches Organ im Besitz Sebottendorffs. Dietrich Ekkart (Hitlers Freund und Mentor, der Verf.) verteilte am 7. Dezember 1918 die erste Nummer seiner radikal antisemitischen Zeitschrift *Auf gut deutsch*, die *Rote Hand* wurde herausgegeben, und Dannehl verfaßte die ersten Flugblätter [218]«. Bei der Gründung der »Bürgerwehr« (Ende 1918), die in dem von der Thule-Gesellschaft betriebenen Sabotage- und Nachrichtendienst eingesetzt wurde, hatten von Sebottendorff und die Thule-Gesellschaft eine Schlüsselstellung inne; das politisch und militärisch bedeutsame Freikorps »Oberland« stellte Sebottendorff mit finanzieller Unterstützung des Münchner Papierfabrikanten Theodor Heuss * auf, der zu den ersten Mitgliedern

* Nicht identisch mit dem ersten Präsidenten der Bundesrepublik Deutschland.

der Hitler-Partei gehörte. Alle Vereinigungen, die bereit waren, gegen »die Juden« zu kämpfen, wurden von der »Thule« gefördert.
Die Blicke der rückwärts orientierten militärisch aktionsbereiten Männer sind in Bayern nach dem Sturz der Monarchie und der Niederwerfung der kommunistischen Räte vornehmlich auf General Ritter von Epp, von Möhl, Mayr, Escherich, Kanzler, Xylander, Pittinger und bis Juni 1919 auf von Sebottendorff gerichtet, der seine Hände überall im Spiele hat. Den weniger militaristisch Gesonnenen erscheinen Heim, Kahr, Held und Bothmer wegweisend.
Im September 1919 findet in München der Geiselmordprozeß statt, der das besondere Interesse der bayerischen Bevölkerung auf sich lenkt, da die Angeklagten die Verantwortung für die Geiselmorde tragen, die zur Zeit des Kampfs gegen die Räte von den Rotgardisten begangen worden sind. Am 18. September 1919 werden sechs von ihnen zum Tode verurteilt und einen Tag später erschossen [219].
Der im Schoß der Thule-Gesellschaft entstandenen und Anfang September 1919 nur rund vier Dutzend Mitglieder zählenden Deutschen Arbeiterpartei (DAP) kommen die politischen Verhältnisse in Bayern – nach der vorübergehenden Stagnation während der Rätezeit – insofern zugute, als sie nicht mehr durch militante Linksradikale in ihrem Wirken eingeschränkt wird; aber nicht das bringt sie voran. Erst nachdem Hitler am 12. September 1919 als »V-Mann« auf Armee-Befehl zu ihr gestoßen ist und sich ihr als Propagandaobmann zur Verfügung stellt, beginnt ihre eigentliche Geschichte. Wie es zu der folgenschweren Begegnung zwischen Hitler und der DAP kam, nachdem in München längst wieder »normale« politische Verhältnisse herrschten, berichtet Hitler: »Eines Tages erhielt ich«, schreibt er in *Mein Kampf*, »von der mir vorgesetzten Dienststelle den Befehl, nachzusehen, was es für eine Bewandtnis mit einem anscheinend politischen Verein habe, der unter dem Namen ›Deutsche Arbeiterpartei‹ in den nächsten Tagen eine Versammlung abzuhalten beabsichtige, und in der ebenfalls Gottfried Feder sprechen sollte. Ich müßte hingehen und mir den Verband einmal ansehen und dann Bericht erstatten [220].« 45 Personen, 1 Arzt, 1 Chemiker, 2 Geschäftsinhaber, 2 Kaufleute, 2 Bankangestellte, 1 Maler, 2 Ingenieure, 1 Schriftsteller und 1 Landrichterstochter, 16 Handwerker, 6 Soldaten, 5 Studenten und 5 Teilnehmer, die nicht angegeben haben, welchen Beruf sie ausüben, befinden sich am 12. September im »Leiberzimmer« des »Sterneckerbräu«, als Adolf Hitler in Zivil erscheint und sich nicht

als Bildungsoffizier oder als Beauftragter der Truppe, sondern als »Gefreiter« in die ausgelegte Liste einträgt und als Wohnort den Truppenteil angibt [221]. Gelangweilt folgt Hitler dem Vortrag des Redners Gottfried Feder, den er seit Ende Juni 1919 aus dem politischen Kurs für demobilisierte Soldaten kennt. Er bleibt nur, weil ihn die angesetzte Diskussion interessiert. Als jedoch ein Professor namens Baumann das Wort ergreift, die Trennung Bayerns vom Reich und eine Union zwischen Bayern und Österreich fordert, packt es Hitler. »Da konnte ich denn nicht anders«, schreibt er in *Mein Kampf*, »als mich ... zum Wort zu melden und dem ... Herrn meine Meinung über diesen Punkt zu sagen [222]«. Zwei Tage zuvor, am 10. September 1919, war in St. Germain-en-Laye der Friedensvertrag zwischen Deutsch-Österreich und den Ententestaaten unterzeichnet worden, der die Trennung Ungarns von Österreich besiegelt und die mit Gebietsabtretungen verbundene Anerkennung der Tschechoslowakei, Polens, Ungarns und Jugoslawiens als selbständige Staaten durch Österreich erzwang, das sich nun auch nicht mehr »Deutsch-Österreich« nennen durfte. Der von Hitler schon in Wien so sehnlichst gewünschte Zerfall des österreichischen »Staatskadavers« war durch den Krieg eingetreten. Daß ausgerechnet ein deutscher Professor in dieser Stunde empfiehlt, einen Teil Deutschlands vom Reich zu trennen und sich für eine Union mit dem Österreich einzusetzen, das Hitler bereits vor dem Kriege als ein sterbendes Staatsgebilde ansah, hat den alldeutsch eingeschworenen Hitler geradezu aus der Fassung gebracht. Als er unmittelbar nach seinem affektgeladenen Diskussionsbeitrag, der die meisten Teilnehmer stumm werden und staunen und den Professor bestürzt »flüchten« läßt, aus dem Saal geht, folgt ihm der von solcher brillanter Redegewandtheit ebenso sichtlich betroffene Erste Vorsitzende der DAP, der Werkzeugschlosser Anton Drexler, und überreicht ihm ein Exemplar der von ihm verfaßten Broschüre *Mein politisches Erwachen*, die Hitler in der Kaserne liest, für anspruchslos hält, aber inhaltlich akzeptiert [223].

Einige Tage nach diesem Abend im »Sterneckerbräu« erhält Hitler vom Parteiausschuß der DAP eine Postkarte, auf der ihm mitgeteilt wird, daß am 16. September im Gasthaus »Altes Rosenbad« in der Herrnstraße 48 eine Ausschuß-Sitzung der DAP stattfinde, daß der Vorstand ihn daran teilzunehmen bitte und daß er bereits »in die Deutsche Arbeiterpartei aufgenommen [224]« worden sei. »Nach zweitägigem qualvollen Nachgrübeln und Überlegen«, erinnerte Hitler sich 1924, »kam ich ... zur Überzeugung, den Schritt tun zu müssen ... Ein Zurück konnte und durfte es nicht mehr geben. So meldete ich mich als Mitglied der Deutschen Arbeiterpartei an und erhielt einen provisorischen Mitgliedsschein mit der Nummer: sieben [225].« Er ist – zunächst ungefragt – Mitglied einer Partei geworden, die nur in München existiert und – am 16. September 1919 mit ihm zusammen – 55 Mitglieder zählt [226]. Zu dieser Zeit, in der Hitler den entscheidenden Entschluß seines Lebens faßt, wie er sich später ausdrückt, gilt er bei den zuständigen Militärs des Gruppenkommandos infolge seiner Kenntnisse und seiner Fähigkeit, sie sowohl zu simplifizieren als auch zu multiplizieren, als ein Mann, dessen Vorstellungen über wesentliche politische Fragen sie als programmatisch anerkennen und für publikationswürdig halten [227]. So bestätigte der Generalstabsoffizier Mayr beispielsweise am 10. September 1919, die von ihm akzeptierten Ausführungen Hitlers über Siedlungsfragen erhalten zu haben und bat Hitler gleichzeitig ungewöhnlich ehrfürchtig, sich im Laufe der nächsten Tage programmatisch auch über die Judenfrage zu äußern.

An dem Tage, an dem Hitler die Ausschuß-Sitzung der DAP besucht, hat er sein Juden-»Gutachten« geschrieben, in dem er die »Entfernung der Juden überhaupt« fordert, das Schriftstück mit seinem Namen unterzeichnet und abgeliefert *. In ihm heißt es unter anderem (hier ohne Korrektur zitiert): »Wenn die Gefahr die das Judentum für unser Volk heute bildet seinen Ausdruck findet in einer nicht wegzuleugnenden Abneigung großer Teile unseres Volkes, so ist die Ursache dieser Abneigung meist nicht zu suchen in der klaren Erkenntnis des bewußt oder unbewußt planmäßig verderblichen Wirkens der Juden als Gesamtheit auf unsere Nation, sondern sie entsteht meist durch den persönlichen Verkehr, unter dem Eindruck, den der Jude als einzelner zurückläßt ... Dadurch erhält der Antisemitismus nur zu leicht den Charakter einer bloßen Gefühlserscheinung. Und doch ist dies unrichtig. Der Antisemitismus als politische Bewegung darf nicht und kann nicht bestimmt werden durch Momente des Gefühls, sondern durch die Erkenntnis von Tatsachen ... :

* Mayr leitete Hitlers Feststellungen weiter und fügte u. a. hinzu: »Ich bin mit dem Herrn Hitler durchaus der Anschauung, daß das, was man Regierungssozialdemokratie heißt, vollständig an der Kette der Judenheit liegt ... Alle schädlichen Elemente müssen wie Krankheitserreger ausgestoßen oder ›verkapselt‹ werden. So auch die Juden.«

Zunächst ist das Judentum unbedingt Rasse und nicht Religionsgenossenschaft. Und der Jude selbst bezeichnet sich nie als jüdischen Deutschen, jüdischen Polen oder etwa jüdischen Amerikaner, sondern stets als deutschen, polnischen oder amerikanischen Juden. Noch nie hat der Jude von fremden Völkern ... viel mehr angenommen als die Sprache ... Selbst der mosaische Glaube kann ... nicht als ausschließlich bestimmend für die Frage, ob Jude oder Nichtjude gelten ... Durch tausendjährige Innzucht, häufig vorgenommen im engsten Kreise, hat der Jude im allgemeinen seine Rasse und ihre Eigenart schärfer bewahrt, als zahlreiche der Völker unter denen er lebt. Und damit ergibt sich die Tatsache, daß zwischen uns eine nichtdeutsche, fremde Rasse lebt, nicht gewillt und auch nicht im Stande, ihre Rasseneigenarten zu opfern, ihr eigenes Fühlen, Denken und Streben zu verleugnen, und die dennoch politisch alle Rechte besitzt wie wir selber. Bewegt sich schon das Gefühl des Juden im rein Materiellen, so noch mehr sein Denken und Streben. Der Tanz ums goldene Kalb wird zum erbarmungslosen Kampf um alle jene Güter, die nach unserm ... Gefühl nicht die Höchsten und einzig erstrebenswerten ... sein sollen. Der Wert des Einzelnen wird nicht mehr bestimmt durch seinen Charakter, der Bedeutung seiner Leistungen für die Gesamtheit, sondern ausschließlich durch die Größe seines Vermögens ... Die Höhe der Nation soll nicht mehr gemessen werden nach der Summe ihrer sittlichen und geistigen Kräfte, sondern nur mehr nach dem Reichtum ihrer materiellen Güter. Aus diesem Fühlen ergibt sich jenes Denken und Streben nach Geld, nach Macht, die dieses schützt, das den Juden skrupellos werden läßt in der Wahl der Mittel, erbarmungslos in ihrer Verwendung zu diesem Zweck. Er winselt im autokratisch regierten Staat um die Gunst der ›Majestät‹ des Fürsten und mißbraucht sie als Blutegel an seinen Völkern. Er buhlt in der Demokratie um die Gunst der Masse, kriecht vor der ›Majestät des Volkes‹ und kennt doch nur die Majestät des Geldes. Er zerstört den Charakter des Fürsten durch byzantinische Schmeichelei, den nationalen Stolz, die Kraft eines Volkes, durch Spott und schamloses Erziehen zum Laster. Sein Mittel zum Kampf ist jene öffentliche Meinung, die ... durch die Presse ... geführt und gefälscht wird. Seine Macht ist die Macht des Geldes, das sich in Form des Zinses in seinen Händen mühe- und endlos vermehrt ... Alles was Menschen zu Höherem streben läßt, sei es Religion, Sozialismus, Demokratie, es ist ihm alles nur Mittel zum Zweck, Geld und

Herrschgier zu befriedigen. Sein Wirken wird zur Rassentuberkulose der Völker. Und daraus ergibt sich folgendes: Der Antisemitismus aus rein gefühlsmäßigen Gründen wird seinen letzten Ausdruck finden in der Form von Progromen (sic). Der Antisemitismus der Vernunft jedoch muß führen zur planmäßigen gesetzlichen Bekämpfung und Beseitigung der Vorrechte des Juden, die er nur zum Unterschied der anderen zwischen uns lebenden Fremden besitzt (Fremdengesetzgebung). Sein letztes Ziel aber muß unverrückbar die Entfernung der Juden überhaupt sein [228].«

5. KAPITEL

Die geistige Welt

Als sich der dreißigjährige Hitler nach dem Ersten Weltkrieg, den er im Zusammenhang mit »Problemen des Lebens« für wichtiger hält »als dreißig Jahre Universität [1]«, in München exponiert, verfügt er über ein seit Jahren in Umrissen angelegtes Weltbild. »Wien ... war und blieb für mich die ... Schule meines Lebens«, schreibt er in Landsberg: »Ich erhielt in ihr die Grundlage für eine Weltanschauung im großen und eine politische Betrachtungsweise im kleinen, die ich später nur noch im einzelnen zu ergänzen brauchte, die mich aber nie mehr verließen [2].« Entstanden ist diese »Weltanschauung«, ein Begriff, den Hitler bereits vor 1908 ständig im Munde führte [3], ansatzweise in Linz, Steyr, Wien und München. Sein Elternhaus und seine Umgebung, einige seiner Lehrer *, theoretische Studien in Linz, Wien und München, die Auseinandersetzung mit den meist aggressiv artikulierten Vorstellungen der bunt zusammengewürfelten Mitbewohner im Wiener Männerheim von 1909 bis 1913, Erfahrungen als Soldat im Felde von 1914 bis 1918, als »V-Mann« im Rahmen der Reichswehr und als Parteiführer und seine Literaturstudien seit 1905, sind die Quellen seiner »Weltanschauung **«, die ihre endgültige Ausformung jedoch erst zwischen 1922 und 1925 erfuhr.

»Ich ging«, sagt Hitler während des Hitler-Prozesses nach seinem Putsch im November 1923 in München »von Wien weg als absoluter Antisemit, als Todfeind der gesamten marxistischen Weltanschauung, als alldeutsch in meiner Gesinnung [4]« und bestätigt kurz vor der Niederschrift seines Buchs *Mein Kampf* auch vor Gericht, daß Anti-Haltungen und die Demonstration einer unsinnigen Kampfbereitschaft der tragende Inhalt seiner »Weltanschauung« sind. Er haßt, als er 1913 nach Deutschland kommt, sein Vaterland, die Juden, die Sozialdemokratie, die Gewerkschaften, das Parlament, die Demokratie, die »Masse« und die Menschen schlechthin. Er haßt al-

* Vgl. die späteren Ausführungen in diesem Kapitel.

** Sein Literaturstudium nach 1919 und vor allem auch während der Landsberger Festungshaft, die er seine »Hochschule auf Staatskosten« nannte, vertieften lediglich einige bereits vorhandene und längst eindeutig artikulierte Kenntnisse.

les – ohne Mitgefühl. Daß er während seiner »Studien«-Besuche in der Gegend des Meidlinger Obdachlosenasyls keine Bekanntschaften schloß *, ist kein Zufall. Nur brutale Gewalt und Rücksichtslosigkeit imponieren ihm. »Wenn die Kraft zum Kampfe um die eigene Gesundheit nicht mehr vorhanden ist«, schreibt er in *Mein Kampf*, »endet das Recht zum Leben in dieser Welt des Kampfes [5]«. Und vier Jahre danach, am 2. April 1928, erklärt er: »Welches Ziel auch immer der Mensch erreicht hat, er verdankt es seiner Schöpferkraft und seiner Brutalität [6].« Seine so artikulierten Feststellungen gelten in der Literatur als Folge angeblich schlechter Erfahrungen mit Obdachlosenasylbewohnern, mit Taugenichtsen und Tagedieben in Wien **. Daß diese Schlüsse Ergebnisse intensiver Literaturstudien gewesen sind, hat in kein Konzept gepaßt, obwohl sich zweifelsfrei belegen läßt, daß die Vorstellungen auf literarische »Quellen« zurückgeführt werden müssen. Hitler hat die Ergebnisse seines Selbststudiums nicht nur registriert, sondern auch konsequent ausgewertet, besonders artikuliert und schließlich zu grundsätzlichen Richtlinien nicht nur für sein eigenes Leben erhoben. Daher ist von entscheidender Bedeutung, was er gelesen und in Frage gestellt, woran er sich gebildet und woran er geglaubt hat. Nahezu ausnahmslos wurde er bislang von den Biographen auf einige wenige Exponenten der Geistesgeschichte oder Trivialliteratur festgelegt und lückenlos beim Wort genommen, obwohl seine Äußerungen in sehr vielen Fällen nicht seine tatsächlichen Auffassungen wiedergeben, auch wenn sie ausdrücklich als feststehende »Überzeugungen«, endgültige »Entschlüsse«, »Entscheidungen« und »Absichten« oder wahrheitsgetreue Berichte erscheinen. Darüber hinaus finden sich immer wieder Hitlers Ansichten aus der Wiener Zeit fugenlos im Rahmen von Vorstellungen, die er sehr viel später und anders nuanciert formulierte und nicht selten auch völlig anders meinte. Nur sehr wenige Autoren haben sich die Mühe gegeben, seine Literaturkenntnisse und geistige Welt unvoreingenommen zu analysieren. Eigentlich nur Ernst Nolte und Percy Ernst Schramm bilden Ausnahmen ***; aber auch sie zwingen Hitler in einen zu engen Rahmen. So erscheint Hitler bei Schramm ausschließlich als ein geistiges Kind des 19. Jahrhunderts, was nur zum Teil zutrifft. Bereits die Tatsache,

* Vgl. dazu die Angaben im 3. und 4. Kapitel.

** So u. a. von Heiden, Olden, Bullock, Shirer, Gisevius, Heiber und Jetzinger.

*** Vgl. Bibliographie. Daß Analysen, die sich kritiklos auf alte, lückenhafte und unzutreffende Angaben stützen, zwangsläufig an den Tatsachen vorbeigehen müssen und daher nicht nur überflüssig sind, liegt auf der Hand. Exemplarisch sind dafür die

daß seine Vorstellungen über Religion von den Stoikern beeinflußt wurden und sein Verhältnis zur Kirche eine relativ enge Beziehung zur Aufklärung bezeugt, machen dies deutlich. Kraß und bis zur absoluten Unkenntlichkeit wird Hitler indes von Biographen verzeichnet, denen der Abstand des Historikers fehlt. So heißt es beispielsweise bei Hans Bernd Gisevius: »Fragt sich, wie weit es mit dem Wissen her ist. Die Kritik spricht gern von seiner Halbbildung, wofür er selber am unermüdlichsten Material beisteuerte... Sein erstaunliches Gedächtnis mag ihm helfen, zuvor jedoch muß er intensive Lektüre aufgespeichert haben ... Das Verwirrende und Beunruhigende an diesem Manne ist nicht seine Unwissenheit – sondern daß er viel zuviel ausweisbares Wissen in sich aufgenommen hat und jederzeit in der Lage ist, seine politischen Zwangsvorstellungen in einer für gebildete Menschen überzeugenden oder sie wenigstens zeitweise entwaffnenden Weise zu vertreten [7].«

Damit ist nur wenig zu beginnen. Und noch unergiebiger ist die Feststellung Michael Freunds: »In der freien Zeit und in den Tagen und Wochen der Arbeitslosigkeit verschlingt er wahllos politische und populärwissenschaftliche Literatur, wie sie in Broschüren, Traktaten, Pamphleten und in schnell zerfledderten Büchern mit schnell verwischtem Druck auf schnell vergilbtem Papier den Bildungshunger der Ungebildeten stillt [8].« Auch Percy Ernst Schramm hat seine Äußerungen von 1965 nicht grundsätzlich anders begründet. »Es fehlte ihm (Hitler, der Verf.) das Geld, um Bücher zu kaufen [9]«, schrieb er fälschlich und folgerte ebenso unzutreffend, daß der junge Hitler aus Geldmangel nur Zeitungen, Zeitschriften und Broschüren habe lesen können, die zur Konzeption eines »seriösen« Wissens nicht

Feststellungen des Schweizer Pfarrers Wolfgang Hammer in seinem Buch mit dem anspruchsvollen Titel *Adolf Hitler – ein deutscher Messias?* Er bezeichnet, um hier nur einige Beispiele anzuführen, Hitler (S. 117) als einen Schulkameraden Kubizeks, nennt Dietrich Eckart einen gescheiterten Schwabinger Poeten (Anm. 140, S. 119) und wertet Rauschning als zuverlässige Primärquelle. Daß Kubizek und Hitler niemals, weder zusammen noch getrennt, die gleiche Schule besucht haben, ist seit 1965 nachgewiesen, ebenso die Tatsache, daß Eckart ein vermögender und erfolgreicher Dichter war. So wurden seine dramatischen Bühnenstücke *Froschkönig*, *Familienväter* und *Heinrich der Hohenstaufe* von zahlreichen deutschen Bühnen aufgeführt, seine während des Weltkrieges auch ins Holländische, Tschechische und Ungarische übersetzte Nachdichtung von Ibsens *Peer Gynt*, den er als das Spiegelbild seines eigenen Wesens verstand, im Berliner Staatstheater allein bis November 1923, bis zur Verhaftung Eckarts nach dem Hitler-Putsch, 500mal gespielt. Es wäre müßig, an dieser Stelle die zahlreichen und Hitler unmittelbar betreffenden Fehler Hammers aufzuzählen und zu korrigieren.

ausgereicht haben dürften. Seine Argumente, die sich nicht auf Fakten, sondern auf Vermutungen stützen, verzeichnen die nachweisbaren Tatsachen. Daß der junge Hilter nur las, »was ihm der Zufall zuspielte[10]«, und daß er »wohl« nur »Bücher von zweifelhaftem Wert[11]« gekauft »hätte«, wenn er, was der Fall war, dazu in der Lage gewesen wäre, sind Vermutungen, gegen die viele Tatsachen sprechen. Eindeutig unzutreffend ist Schramms Feststellung: »Bis zu dem Augenblick, in dem er ... Soldat wurde, hat er wohl nie Gelegenheit gehabt, mit einem Menschen von wirklicher Bildung zu diskutieren und an einem Beispiel zu erleben, was diszipliniertes Fragen und Antworten, was systematischer Gedankenaufbau bedeuten[12].«
Weder von den Biographen noch von Hitler selbst ist – von einigen Ausnahmen abgesehen – zu erfahren, was Hitler zeitlebens gelesen hat. Seine Überlieferungen sind außerordentlich sparsam, zumindest soweit es sich um konkrete Angaben, um Autorennamen und Titel handelt. So erwähnt er in *Mein Kampf* beispielsweise als Kinderlektüre lediglich einige Bücher militärischen Inhalts und eine Volksausgabe des Deutsch-Französischen Krieges von 1870/71[13]. An Zeitungen, die ihn nach der Schulentlassung beeindruckten oder interessierten, nennt er die österreichische *Neue Freie Presse*, das *Wiener Tageblatt* und das *Deutsche Volksblatt*[14]. Daß er sich in Wien die ersten antisemitischen Schriften gekauft und sich dort mit dem Judentum auseinanderzusetzen begonnen habe[15], ist eine ebenso pauschale und unzureichende Mitteilung. Dennoch hat diese Feststellung Hitlers, dessen politisches Schlagwortrepertoire im Zusammenhang mit Österreich und Deutschland in auffallender Weise die Ausdrucksweise des österreichischen *Alldeutschen Tageblattes* widerspiegelt, nicht wenige Autoren[16] zu der Behauptung verleitet, daß seine antisemitischen Vorstellungen von den unglaublich primitiven *Ostera*-Schriften des Georg (Jörg) Lanz von Liebenfels bestimmt worden seien, was mit Sicherheit nicht zutrifft[17].
August Kubizek schloß sich den allgemein gehaltenen Äußerungen Hitlers[18] an und erklärte, daß sein Freund sowohl in Linz als auch in Wien »ungeheuer viel« gelesen habe und daß sie beide fast täglich ins Theater und in die Oper gegangen seien. Detaillierte Angaben über Autoren und Werke, mit denen Hitler sich beschäftigte, hinterließ Kubizek kaum mehr als umrißhaft. Entschuldigend erklärte er: »Wenn ich nun aus der ungeheuren Fülle dessen, was Adolf in Linz und später in Wien gelesen hat, aufzählen soll, welche Bücher ihm be-

sonders Eindruck machten, gerate ich in Verlegenheit [19].« Zwar werden von ihm einige Namen genannt und gelegentlich auch ergänzende Bemerkungen gemacht, doch besonders aufschlußreich sind seine Hinweise nicht, was 40 bis 50 Jahre nach der gemeinsam mit Hitler verlebten Zeit nicht verwunderlich ist, zumal er selbst zwischen 1904 und 1908 über nennenswerte Literaturkenntnisse nicht verfügte und daher sicher Mühe hatte, sich die ihm meist fremden Namen zu merken *. Dem Leser begegnen zum Beispiel Frank Wedekind, Otto Ernst, Arthur Schopenhauer, Friedrich Nietzsche, Stifter, Schiller, Gotthold Ephraim Lessing, Peter Rosegger und einige andere Namen des 19. und beginnenden 20. Jahrhunderts. Von Ibsen, der in diesem Zusammenhang ebenfalls genannt wird, hat Hitler 1908 noch keinen besonderen Eindruck empfangen. Hitler, der später immer wieder boshaft gegen die »verrottete bürgerliche Gesellschaft« polemisierte und sich als ihr ärgster Feind ausgab, obwohl er im Grunde einer ihrer radikalsten Interessenverfechter war, empfand die Lehren des Autors der *Stützen der Gesellschaft* bis 1908 ganz offensichtlich noch als bloße Dichtung ohne Beziehungen zur Wirklichkeit. Kubizeks Bemerkung, daß er Hitler »kaum ... mit naturwissenschaftlichen Büchern gesehen [20]« habe und Hitlers »sonst so unstillbarer Wissensdrang ... hier an eine deutliche Grenze gekommen zu sein [21]« schien, sagt bestenfalls, daß der 19jährige Hitler sich für naturwissenschaftliche Fragen – im Gegensatz zur späteren Zeit – noch nicht besonders interessierte. Josef Greiner, der die von identifizierten Augen-

* Kubizek berichtet S. 224 f.: »So war es bei meinem Freunde: Bücher, immer wieder Bücher! Ich kann mir Adolf gar nicht ohne Bücher vorstellen. Daheim stapelte er sie um sich auf. Er mußte ein Buch, das ihn beschäftigte, immer um sich haben. Auch wenn er nicht gerade darin las, mußte es doch für ihn gegenwärtig sein. Wenn er von daheim fortging, hatte er mindestens ein Buch unter dem Arm. Manchmal wurde ihm das Mitnehmen der Bücher zum Problem. Dann verzichtete er lieber auf Natur und freien Himmel als auf das Buch. Bücher waren seine Welt. In Linz hatte er sich, um jedes gewünschte Buch erreichen zu können, gleichzeitig in drei Büchereien einschreiben lassen. In Wien benutzte er die Hofbibliothek und zwar so eifrig, daß ich ihn einmal allen Ernstes fragte, ob er sich denn vorgenommen habe, die ganze Bibliothek auszulesen, wofür ich natürlich nur grob angefahren wurde. Einmal nahm er mich in die Hofbibliothek mit und führte mich in den großen Saal. Ich war von diesen ungeheuren, zu ganzen Wänden aufgestapelten Büchern fast erschlagen und fragte ihn, wie er denn angesichts dieser Überfülle von Büchern gerade die bekäme, die er brauchte. Da wollte er mich in die Handhabung des Katalogs einführen. Aber ich wurde nur noch mehr verwirrt. Wenn er las, konnte ihn kaum etwas stören. Aber er störte sich mitunter selbst; denn sobald ihn ein Buch ergriff, begann er darüber zu sprechen. Dann mußte ich geduldig zuhören, einerlei, ob mich das Thema interessierte oder nicht.«

zeugen überlieferten Werk- und Autorennamen im Rahmen eines als Erlebnisbericht veröffentlichten Buches aufzählt, das nirgendwo auch nur den Versuch der Bemühung um Objektivität verrät und Hitler phantasievoll verteufelt, berichtet unter anderem: Hitler »vergrub sich in Übersetzungen der altgriechischen und altrömischen Literatur, wie Sophokles, Homer und Aristophanes sowie Horaz und Ovid. Besonders liebte er die Göttersagen der altgermanischen Literatur, und den Inhalt der 25 000 Verse des ›Parzival‹ hatte er besser im Gedächtnis als ... mancher Professor. Sehr am Herzen lag ihm Martin Luther und die ganze Reformationsgeschichte, auch der Dominikaner Savonarola begegnete seinem lebhaften Interesse. Er wußte Bescheid über die Tätigkeit Zwinglis in Zürich und Calvins in Genf, und die Lehre des Konfuzius hatte er genauso gelesen wie die Buddhas und ihrer Epochen. Mit den Lehren des Moses und Jesus sowie mit der Entstehungsgeschichte des jüdisch-christlichen Glaubens machte er sich aus umfangreichen Büchern vertraut und studierte in diesem Zusammenhang auch die Werke Renans und Rosaltis. Von den Klassikern las er Shakespeare, Goethe, Schiller, Herder, Wieland, Rückert und Dante, dann Scheffel, Stifter, Hamerling, Hebbel, Rosegger, Hauptmann, Sudermann, Ibsen und Zola [22].« Otto Dietrich erinnerte sich, daß Hitler häufig berichtete, nicht nur als Kind und Jugendlicher eine besondere Vorliebe für Karl May empfunden zu haben. 1933/34 las er alle Bände von Karl May, insgesamt mehr als 60, angeblich »noch einmal [23].« Hitler hat Karl May offenbar nicht nur als unterhaltsame Lektüre angesehen. Seinem Neffen Heinz Hitler, dem Sohn seines Halbbruders Alois, schenkte er während dessen Schulzeit an einer *Nationalpolitischen Bildungsanstalt* eine vollständige Karl-May-Ausgabe [24]. Ein ebenso kritikloser Bewunderer Hitlers wie August Kubizek, Hans Severus Ziegler, berichtete: Hitler beherrschte Musik, Kunstgeschichte und »weite Gebiete der Weltgeschichte, der älteren und der neueren, der germanisch-deutschen und der europäischen und nicht zuletzt der amerikanischen. Und zwar mit ungewöhnlichen Einzelheiten. Gerade die Geschichte Amerikas hat ihn in besonderem Maß gefesselt [25].« Hans Frank hinterließ die Mitteilung, daß Hitler während seiner Landsberger Festungshaft, die er gelegentlich als seine »Hochschule auf Staatskosten« bezeichnete [26], sehr viel las und sich besonders mit Nietzsche, Treitschke, Chamberlain, Ranke, Marx, Bismarck (*Gedanken und Erinnerungen*) und anderen Denkern und Politikern befaßte und zahlreiche »Kriegserinnerungen deutscher und alliierter Feldherren und Staatsmänner [27]« studierte.

Obwohl die Überlieferungen sowohl der Hitler-Gegner als auch der Hitler-Bewunderer aller Schattierungen, die Hitler persönlich kannten, vielfach selbst im Detail übereinstimmen, können die Angaben infolge der Studierweise Hitlers stets nur bedingt als verläßliche Widerspiegelung Hitlerscher Detailkenntnisse allgemeiner Art und Literatur- und Geschichtskenntnisse im besonderen angesehen werden. Da Hitler stets darum bemüht war, die durch sein Selbststudium erworbenen und von ihm für »richtig« gehaltenen Kenntnisse und Vorstellungen konsequent umzusetzen, d. h. die Feststellungen und Urteile seiner jeweiligen Vorbilder (nicht selten gänzlich anders artikuliert) in seine »Weltanschauung« einzuordnen, läßt sich nur gelegentlich ablesen, daß Zeugen-Berichte einer Konfrontation mit den Tatsachen nicht standhalten. So erscheint beispielsweise die Behauptung Zieglers fragwürdig, daß Hitler die Geschichte Amerikas besonders gut kannte. Hitlers Feststellungen über Amerika in *Mein Kampf*, in seinem Zweiten Buch, in seinen privaten Äußerungen und geheimen und öffentlichen Reden bezeugen, daß die USA bis 1940 völlig außerhalb seines »Weltbildes« lagen. Er, der in geistiger Hinsicht ausgesprochene Kontinental-Europäer *, der nicht einmal die englische Geschichte zuverlässig beherrschte und daher ihre in die Gegenwart hineinwirkenden Folgen – zu seinem Nachteil – auch nicht berücksichtigte [28], dürfte sich mit der Geschichte Amerikas erst in dem Augenblick befaßt haben, in dem die politischen Ereignisse, die er heraufbeschworen hatte, dazu zwangen. Fünfzehn Jahre nach der Niederschrift von *Mein Kampf*, Ende Sommer 1939, war sich in seiner unmittelbaren Umgebung nur Göring bewußt, welche Rolle Amerika im Falle seines Eintritts in den Krieg gegen Deutschland spielen könnte [29]. Hitler selbst war 1939 überzeugt, eine aktive Einmischung der USA in seinen Krieg nicht befürchten zu brauchen. Er glaubte, die kontinentalen Gegner des Reiches (einschließlich Großbritannien) rasch niederwerfen, einen europäischen Block unter deutscher Führung bilden und dadurch den amerikanischen Isolationismus

* Hitler war zeitlebens sogar nur ein ausgesprochener Binnendeutscher, der mit dem Meer kaum etwas zu beginnen wußte. Seine Raumvorstellungen bewegten sich im alten Limes-Bereich. Die Mittelmeerkultur stand ihm näher als die Kultur des europäischen Ostraumes. Lieber wollte er, wie Heim am 4. 2. 1942 notierte, »zu Fuß nach Flandern als zu Rade nach dem Osten« gehen (zit. bei Picker, S. 174).

so maßgeblich verstärken zu können, daß ein amerikanischer Eingriff in Europa nicht zu befürchten wäre. Bis Sommer 1940 hat Hitler die USA falsch beurteilt, was allerdings nicht besagt, daß auch seine Amerika-Politik a priori und grundsätzlich falsch gewesen sei. Saul Friedländer urteilte 1965: »Jedenfalls kann die von Hitler verfolgte Politik (gegenüber Amerika, der Verf.) nicht, selbst a posteriori nicht, für falsch gehalten werden [30].« Erst seit Sommer 1940 spielten in Hitlers Plänen die Vereinigten Staaten eine konkrete Rolle. Erst seitdem kalkulierte er mögliche amerikanische Aktionen und Reaktionen in seine Entscheidungen und Maßnahmen ein.

Hitler hat zwar selbst häufig davon gesprochen, daß er »sehr viel gelesen« und »studiert« habe; aber in fast allen Fällen handelte es sich bei solchen Äußerungen um recht allgemeine Andeutungen, die eine solide Grundlage für eine verbindliche Schlußfolgerung nicht bieten können. Nachdem er von 1919 bis 1921 die sehr umfangreiche, penetrant antisemitisch ausgerichtete »nationalsozialistische Bibliothek« des Münchner Nationalsozialisten Dr. Friedrich Krohn durchgearbeitet hatte, erklärte er beispielsweise am 29. November 1921: »... von 20 bis 24 hatte ich mich mehr und mehr mit politischen Dingen beschäftigt, weniger durch Besuch von Versammlungen als vielmehr durch gründliches Studium volkswirtschaftlicher Lehren, so wie der damals zur Verfügung stehenden gesamten antisemitischen Literatur... Seit meinem 22. Jahr warf ich mich mit besonderem Feuereifer über militärpolitische Schriften und unterließ die ganzen Jahre niemals, mich in sehr eindringlicher Weise mit der allgemeinen Weltgeschichte zu beschäftigen [31].« Davor, so behauptet er im selben Zusammenhang, habe er sich mit Kunstgeschichte, Kulturgeschichte, Baugeschichte und mit politischen Problemen auseinandergesetzt. Nach den dokumentarisch belegbaren Zeugenberichten hat Hitler bereits während seiner späteren Schulzeit damit begonnen, Werke der Fachliteratur autodidaktisch zu studieren, die von der Sache her mit dem verbindlichen Schulstoff und von der Auffassung her mit den offiziellen Schulansichten nichts oder nur wenig zu tun hatten. Daher war er bei der Befriedigung seiner metaphysischen Bedürfnisse schon vor 1905 auf sich allein angewiesen, zumal sein Vater 1903 verstorben war und besondere Beziehungen zwischen ihm und Lehrern der Oberschulen weder in Linz noch in Steyr bestanden. Von 1910 bis 1914 diskutierte er, seit 1919 dilettierte er »lehrend« auf nahezu allen Gebieten. Bis 1913 hat er sich um literarische Bildung bemüht, die

deutschen Klassiker gelesen und auf den Bühnen in Linz und Wien erlebt und sich mit der deutschsprachigen Lyrik beschäftigt, als 15jähriger ein Theaterstück über den Linzer »Verein der von Tisch und Bett Getrennten« verfaßt [32], Gedichte, Novellen und Schauspiele geschrieben [33] und in Anlehnung an die Wieland-Sage und Richard Wagner das Libretto für eine Oper gedichtet und die Ouvertüre komponiert [34]. Spätestens seit 1919 gilt sein Engagement der »nützlichen« Literatur, die er praktisch umsetzen kann. Roman-Lektüre sieht er, nachdem er sich als Politiker engagiert hat, nur noch als Zeitverschwendung an und betrachtet Gedichte und Lyrik als (für sich) überflüssig. Am besten kennt Hitler sich, im Laufe der Zeit zunehmend, in der Architektur, Kunst, Militär- und Kriegsgeschichte, Geschichte und Technik aus; aber auch in der Musik, Kulturgeschichte, Religionsgeschichte, Biologie und Medizin fühlt er sich zu Hause und überrascht nicht selten mit soliden Detailkenntnissen. So protokollierte beispielsweise sein kurzfristiger Hals-, Nasen- und Ohrenarzt Dr. Erwin Giesing am 11. 11. 1945: Hitler »hatte ... ein gutes Verständnis für neue ... medizinische Dinge, wie ich an der Unterhaltung über das einmal von ihm durchgelesene Ohrenheilkundebuch feststellen konnte ... Hitlers medizinische Allgemeinbildung und gute Orientierung war bemerkenswert. Er kannte den Zusammenhang zwischen Blutgerinnung und Thrombocyten, sowie den Einfluß des Nikotins auf die Herzkranzgefäße und den möglichen Zusammenhang einer Kieferhöhlenentzündung mit dem Zahnsystem. Auch über die Sulfonamide und das Penicillin kannte er das ... Wichtigste [35].«
Mit sicherem Instinkt findet Hitler die schwachen Stellen seiner Gesprächspartner heraus und zieht sie in Diskussionen gerade über Fragen und Probleme dieser Bereiche hinein. Allerdings weicht er auch Gesprächen mit anerkannten Fachleuten nicht aus. Nicht gerade selten müssen die Militärs, Architekten und Künstler die Überlegenheit – mindestens aber die Gleichrangigkeit – ihres »Kollegen« Hitler anerkennen. Besser als er haben die meisten »es« immer erst viel später gewußt. Albert Speer, der selbst nach seiner Haftentlassung nur einen Teil der architektonischen Hitler-Entwürfe kannte *, ist ein exemplarisches Beispiel dafür.

* Speer erklärte am 6. 12. 1966 im Rahmen eines ausführlichen Gesprächs, daß er über Hitlers Frühzeit niemals etwas erfahren habe, Hitlers *Mein Kampf* gar nicht kenne und überrascht sei, daß so viele Hitler-Arbeiten (Zeichnungen und Skizzen usw.) erhalten geblieben seien. Einen Teil der architektonischen Entwürfe Hitlers kannte er nicht einmal.

Wie Hitler las, der einen großen Teil der Literatur über Architektur und Kunst, Krieg und Technik nicht erst nach seiner »Machtergreifung« oft besser als die jeweiligen Fachleute seiner Umgebung kannte, haben nicht nur er selbst, sondern auch gut informierte Zeugen berichtet. Er »blätterte« in den Büchern gewöhnlich zunächst von hinten nach vorn und prüfte, ob sich die Lektüre lohnte. War es der Fall, las er, was er »brauchte«, um seine seit Wien und München feststehenden Vorstellungen durch weitere Beispiele auf seine Weise absichern zu können. Intensiv arbeitete er Publikationen nur durch, wenn sie Fakten vermittelten, die er irgendwann einmal als Beweis parat haben zu müssen meinte. Und das Arsenal war groß. Er selbst gab – in Übereinstimmung mit zuverlässigen Zeugenberichten – an, nahezu täglich, am frühen Morgen und in den späten Abendstunden, ein wesentliches Buch durchzuarbeiten [37].

Ein grundsätzlich universal angelegtes Studium betrieb er nicht, und er studierte auch niemals ohne Zorn und Eifer. Ruhig wog er gegeneinander nur ab, was er anerkannte. Was er ablehnte, wurde kurzerhand abgetan. Sein Leibarzt Theo Morell gab nach 1945 unter der Überschrift *Psychiatrische Daten* zu Protokoll: »Hitlers Allgemeinbildung war durch ihren Mangel an Universitäts-Ausbildung gekennzeichnet, den er jedoch durch Aneignung einer großen Menge von Allgemeinwissen durch Lektüre kompensierte [38].« Seine durch autodidaktisches Studium entstandenen Kenntnisse und Vorstellungen waren verblüffend, was sowohl für den Umfang als auch für die Qualität seiner Literaturkenntnisse galt. Generaloberst Jodl, der als Chef des OKW nahezu ebensooft wie Morell mit Hitler zusammen war und ihn – nicht nur nach großen Erfolgen – in Diskussionen erlebte, erklärte kurz vor seiner Hinrichtung in Nürnberg: »Sein Wissen und sein Intellekt, seine Rhetorik und sein Wille triumphierten letzten Endes bei jeder geistigen Auseinandersetzung gegenüber jedermann [39].« Bereits für den jungen Parteipolitiker Hitler läßt sich einwandfrei nachweisen, daß er nicht nur die billige Trivialliteratur kannte. So werden zum Beispiel in der 1924 erschienenen Broschüre *Der Bolschewismus von Moses bis Lenin. Zwiegespräch zwischen Adolf Hitler und mir*, einer nicht abgeschlossenen Aufzeichnung des intimen Hitler-Freundes Dietrich Eckart, sechs größere Werke über Fragen des Judentums als allgemein bekannt vorausgesetzt und entsprechend erwähnt. Dabei handelt es sich um Otto Hausers *Geschichte des Judentums*, Werner Sombarts *Die Juden und das Wirtschaftsleben*, Henry Fords *Der internationale Jude*, Gougenot des Mousseaux' *Der Jude, das Judentum und die Verjudung der christlichen Völker* (1920 von Alfred Rosenberg ins Deutsche übersetzt), Theodor Fritschs *Handbuch der Judenfrage* und Friedrich Delitzschs *Die große Täuschung*. Darüber hinaus zitiert Eckart, dessen literarisches Engagement spätestens seit 1916 gegen »die Juden« fixiert war, die *Archives Israelites*, den *Jewish Chronicle* und die *Jewish World* als jüdische Zeitungen, die Hitler zu der Zeit bereits bekannt gewesen sind*. Die in dem rund vier Jahrzehnte lang nicht beachteten *Zwiegespräch* enthaltenen mehrfachen Hinweise auf das Alte Testament und auf den Talmud bestätigen lediglich, was Hitler bis dahin öffentlich und im Rahmen privater Gespräche überzeugend bewiesen hatte: die bemerkenswerte Kenntnis der Bibel und des Talmud. Dagegen sagen die von Eckart überlieferten Hitler-Zitate aus Werken von Cicero, Thomas von Aquin, Luther, Goethe** und Fourier relativ wenig über den Grad der Vertrautheit mit den Zitatquellen, was spätere Hitler-Äußerungen zum Beispiel über Luther und Goethe allerdings in einem für ihn positiven Sinn beurteilen lassen. Daß er das 1883 in Innsbruck erschienene Buch *Der Rassenkampf* des österreichischen Juden Ludwig Gumplowicz und vermutlich auch Georges Vacher de Lapouges Publikation L'Aryen, son rôle social *** schon vor 1923 sorgfältig gelesen hat, kann als sicher gelten. Lapouges Lehre »Der Gedanke der Gerechtigkeit ... ist ein Trug. Es gibt nichts als Gewalt« (S. 349) und »Die Rasse, die Nation ist alles« (S. 340), ist seit 1919 in Hitlers Vorstellung nachweisbar.

Die eindeutigsten frühen Quellen Hitlers im Zusammenhang mit seinen auch von politischen Gegnern und Feinden buchstäblich bewunderten Propagandaerfolgen, seiner meisterhaften Beeinflussung der Massen, ihrer Geringschätzung und Verachtung sind Le Bons

* Die These von Margarete Plewnia (*Auf dem Wege zu Hitler. Der »völkische« Publizist Dietrich Eckart.* Diss. Bremen 1970), daß dieses Gespräch von Eckart nur fingiert worden sei und der Text ausschließlich von ihm stamme, ist nicht haltbar. M. Plewnia weiß über Hitler viel zu wenig, so daß ihre Urteile zuletzt nur den Rang von Behauptungen haben. Vgl. dazu auch Nolte, *Eine frühe Quelle zu Hitlers Antisemitismus* (Bibliographie). Bereits die Nationalsozialisten behaupteten, daß die Eckart-Feststellungen eine »freie Dichtung« Eckarts gewesen sei. Vgl. dazu u. a. Wilhelm Gruen in *Dietrich Eckart als Publizist. I. Teil: Einführung. Mit einer Ahnentafel bis 1938*, München 1941.

** Vgl. S. 190.

*** Titel der deutschen Übersetzung von 1939: Der Arier und seine Bedeutung für die Gemeinschaft.

Psychologie der Massen * und McDougalls *The Group Mind. A Sketch of the Principles of collective Psychology* **.
Daß Hitler auch mit Ratzels, Haushofers und Mackinders Theorien vom Lebensraum spätestens seit 1924 gut vertraut war, beweisen nicht nur zahlreiche Äußerungen in *Mein Kampf*, sondern auch Aspekte seiner Weltherrschaftsvorstellungen und späteren Japanpolitik. Dagegen bezeugt die gelegentliche Wiedergabe des Mommsen-Worts über die Juden als Ferment der Dekomposition (in *Mein Kampf* z. B. S. 743) noch nicht, daß er auch Mommsens Werk wirklich kannte. Inwieweit er mit Treitschke und Fichte vertraut war, läßt sich ebenfalls nicht zweifelsfrei nachweisen, wie auch nicht zu belegen ist, was er von Friedrich Nietzsche wirklich wußte, in seine Vorstellungen einbezog und wissentlich umsetzte. Die gelegentlich geäußerte Vermutung, daß ihm möglicherweise nur die Titel der Nietzsche-Werke *Der Wille zur Macht* und *Jenseits von Gut und Böse* als wirkungsvoll verwendbare Formeln imponiert haben mögen [40], kann weder bewiesen noch widerlegt werden. Nach der Sandvoss-Untersuchung *Nietzsche und Hitler* erscheint diese Feststellung auf den ersten Blick zwar als eine Verzeichnung der tatsächlichen Zusammenhänge, doch Sandvoss' Darstellung klärt diese Frage infolge der Tatsache, daß Hitlers »Weltanschauung« nicht monokausal aus einem Leitbild abgeleitet werden kann, nicht in der Weise, die von oberflächlichen Betrachtern erwartet wird. Geistig-ideologische Gemeinsamkeiten bei Nietzsche und Hitler, gleichnamige Affekte wie beispielsweise Rache, Haß, Ekel, Ehrgeiz, Eifersucht, Eitelkeit, Neid und Grausamkeit, gleichklingende Äußerungen über Gott, die Seele, das Christentum und die Menschen und die in einigen Punkten übereinstimmenden persönlichen Ansprüche, die an dieser Stelle nicht aufgezählt zu werden brauchen, machen Nietzsche noch nicht zu einem Lehrer Hitlers, so daß denn auch die Sandvoss-Feststellung »Was Hitler im einzelnen von ... Nietzsche ... übernahm, läßt sich kaum feststellen [41]«, einer weiteren Ergänzung nicht bedarf.
Josef Popp hat Hitler zwischen Juni 1913 und Anfang 1914 häufiger bei der Lektüre von Werken Schopenhauers und Platos angetroffen [42]. Daß Schopenhauer zu den von Hitler am meisten genannten Denkern gehört, ist unbestritten [43]. Ihn pries er gern als Sprachvor-

* Es erschien 1920 in Cambridge. Vgl. dazu auch Maser, *Hitlers Mein Kampf*, S. 91 f.
** Hitler las sehr wahrscheinlich bereits in Wien die 1912 erschienene 2. Auflage des Le Bon-Buches.

bild [44] und zitierte ihn gelegentlich nahezu wörtlich aus dem Kopf, meist jedoch ohne darauf hinzuweisen, daß es sich um die Wiedergabe von Feststellungen und Formulierungen Schopenhauers handele. Wie Hans Frank überlieferte, hat Hitler ihm erzählt, daß er sogar während des Ersten Weltkriegs ständig Reclam-Bändchen mit Schopenhauers *Welt als Wille und Vorstellung* bei sich getragen und studiert habe [45]. Hitlers Kriegskamerad Hans Mend gab an, daß Hitler in der freien Zeit an der Front sehr viel in Reclam-Bändchen las *, was die von Frank überlieferte Version bestätigen könnte.

Im Zusammenhang mit dem Plato-Studium fehlen derartige Belege und Konfrontationen. Es erscheint jedoch völlig ausgeschlossen, daß Plato, den Schopenhauer sehr oft zitiert, »kommentiert« und umdeutet, Hitler gänzlich fremd gewesen ist. Daß er den griechischen Philosophen womöglich nur aus Schopenhauers Schriften – und durch Schopenhauers Prisma – kennengelernt habe, ist kaum anzunehmen. Bereits Schopenhauers Feststellung in der »Vorrede zur ersten Auflage« seines Werkes *Die Welt als Wille und Vorstellung*, daß »der Leser«, der »in der Schule des göttlichen Plato geweilt [46]« habe, besonders in der Lage sein werde, ihn zu verstehen und ihm bereitwillig zu folgen, muß den jungen Hitler bewogen haben, sich Platos Lehren wenigstens »anzusehen«. Schon der junge Hitler sah sich als literarisch und philosophisch informierten Künstler. Schopenhauers drittes Buch seines Werks *Die Welt als Wille und Vorstellung* trägt bereits im Untertitel Hinweise auf Platos Idee und das Objekt der Kunst [47], die Schopenhauer richtungweisend analysierte. Aspekte aus Schopenhauers Deutung des inneren Wesens der Kunst [48] und seine »Bemerkungen zur Ästhetik der bildenden Künste [49]«, in denen Plato ebenfalls eine wesentliche Rolle spielt [50], hat Hitler sich bei Äußerungen über künstlerische Leistungen, die seinen – von Schopenhauer mitbestimmten – Auffassungen entsprachen, zu eigen gemacht **.

Infolge seiner – Plato total entgegengesetzten – Vorstellung über die Natur und seines Verhältnisses zur Malerei und Architektur, hat Hitler Platos Lehren, in denen die Kunst nur als Nachahmung und Abbild von Abschattungen der Idee als dem wirklich Seienden (Tim.

* Bericht Mends an Prof. Dr. Schmid-Noerr. Gedächtnisprotokoll von Schmid-Noerr vom 1. 4. 1967.

** Vgl. die Ausführungen S. 104 und Hitlers »Kulturrede« während des Reichsparteitages 1937. Abgedruckt bei Ziegler, S. 269 ff.

52 und Phaed. 79) von zweitrangiger Bedeutung erscheint, nicht zu einem maßgeblichen Leitbild erheben können. Wieweit er wirklich mit Plato vertraut war, ist daher nicht zu belegen. Feststellungen Hitlers, die eine mindestens umrißhafte Kenntnis der Philosophie Platos verraten, existieren besonders aus der Zeit nach der Niederschrift und Veröffentlichung von *Mein Kampf*. So sagt er beispielsweise am 13. Dezember 1941 im Rahmen eines Gespräches mit Tischgästen: »Geist und Seele gehen gewiß wieder zurück in das Gesamtreservoir wie der Körper. Wir düngen damit als Grundstoff den Fundus, aus dem neues Leben entsteht [51].« In Platos *Timäus* und *Phaedon* sind die von Hitler knapp formulierten Vorstellungen begründet und entwickelt. Für Plato (*Tim.* 42. c. d.) kehrt die Seele nach der Überwindung der Leiblichkeit in ihren »Urzustand« zurück, und der Kreislauf des Lebens (*Phaed.* 70, c.–72) findet ein unausweichliches Ende, wenn der so konzipierte Wechsel zwischen Tod und Leben, Leben und Tod aufhört. Was Hitler »den Fundus« nannte, »aus dem neues Leben entsteht«, ist für Plato die »Weltseele«, das Prinzip, das die Welt bewegt, die alles bewegende Kraft, die ideelle Einheit und das Bewußtsein der Welt (*Tim.*, p. 37, a. ff. und 30, b.). Platos Idee des Schönen, das »Schöne selbst«, das ewig währet, wie es in Platos *Gastmahl* (S. 211) heißt, hat Hitler im Zusammenhang mit der Kunst und mit Fragen der Schulbildung gelegentlich umgeformt und als eigene Zielsetzung proklamiert. So erklärte er am 11. November 1941: »Das Schöne soll Gewalt haben über die Menschen, es will in seiner Macht bestehen bleiben [52].« Und am 3. März 1942 stellte er fest: »Das war sicherlich das Ideal in der griechischen Hochblüte, daß man die Menschen zur Schönheit erzogen hat [53].«

Niemals gab Hitler sich bei Gesprächen über literarische und geistesgeschichtliche Fragen augenfällige »Blößen« – wenn von seiner radikalen Besessenheit im Hinblick auf die Richtigkeit seiner Urteile und von seiner Ignoranz gegenüber relativierenden Feststellungen abgesehen wird. Möglicherweise fürchtete er, daß ihm trotz seines hervorragenden Gedächtnisses bei der Nennung der Quellen seiner Vorstellungen Verwechslungen unterlaufen könnten, was nach seiner Auffassung seiner Autorität geschadet hätte.

Auch in persönlichen Briefen hielt Hitler sich an sein bewährtes Rezept. So schrieb er am 20. Mai 1931 einer namentlich nicht genannten Exzellenz, die in einem Brief an ihn offensichtlich kritisierte, daß er Rosenbergs *Mythus des 20. Jahrhunderts* hatte erscheinen lassen:

»So wie es dem Staatsminister Goethe freistand, als Dichter kirchengegnerisch zu betrachtende Aussprüche zu schreiben und er dennoch nicht mit dem Großherzog in Konflikt geriet – und solche Fälle ließen sich zu Dutzenden auch bei anderen Schriftstellern, die gleichzeitig politischen Rang hatten, nachweisen ... *« Selbst literarische und mythologische Gestalten umschrieb er. Am 27. Dezember 1943 äußerte er zum Beispiel zu Generaloberst Zeitzler über Stalin unter deutlicher Anspielung auf die griechische Gottheit Antäus: »Man darf nicht annehmen, daß das ein antiker Riese ist, der jedesmal, wenn er auf die Erde fällt, stärker wird [54].« Sehr wahrscheinlich wollte Hitler jedoch, daß die Ergebnisse seines Literaturstudiums als die ausschließliche und originelle Bilanz seiner eigenen Überlegungen akzeptiert würden, was schließlich auch weithin geschehen ist. In der Tat waren die Analysen geschichtlicher Zusammenhänge durch Hitler, der im Gegensatz zu seinen völlig anders artikulierten Behauptungen gegenrevolutionär und radikalkonservativ dachte ** und in der Existenz »der Juden« und deren vermeintlich »wirklicher Kenntnis« den Schlüssel zum Verständnis der Geschichte und Politik erblickte, gelegentlich so originell, daß nicht leicht herauszulesen ist, woher die Einflüsse wirkten. So erscheint in seiner auf *Jesaja* 19, 2–3 und *Exodus* 12, 38 hinweisenden und in Eckarts »Zwiegespräch« publizierten Deutung der Auszug der Josephstämme unter Moses Führung aus Ägypten als Folge eines hinterhältigen revolutionären Anschlages der Juden auf die ägyptische Führungsschicht und Moses als der erste Führer des Bolschewismus (S. 6–7). Und in ebenso »origineller« Weise hat er auch rund 20 Jahre später noch, am 15. Mai 1942, diese Bibelstellen ausgelegt. Sie erscheinen zu der Zeit als Quelle und Beweis für seine Behauptungen, daß »die« Juden die »klimafestesten Menschen

* Maschinenschrift, Diktatzeichen: H/W. (Repro.). Original im Besitz eines holländischen Autographen-Sammlers. Hermann Rauschning behauptet (*Gespräche mit Hitler*, Zürich/Wien/New York 1939, S. 56), daß Hitler über die Überwindung des Christentums gesagt habe: »Da (in der Großstadt, der Verf.) geraten wir in die dumme Gottlosenpropaganda der Marxisten hinein: Bölsche, das Liebesleben in der Natur und solche Abgeschmacktheiten ...« Rauschnings Angaben können bestenfalls als zweitrangige Quelle angesehen werden. Dokumentarischen Wert haben sie nicht. Vgl. dazu auch die Ausführungen über Bölsche in diesem Buch.

** So erklärte er z. B. in *Mein Kampf* (S. 533), daß die Französische Revolution »durch Demagogen größten Stils«, durch eine »Armee von Hetzern« vorbereitet worden sei – und daß auch »die größte revolutionäre Umwälzung der neuesten Zeit, die bolschewistische Revolution in Rußland«, nur durch »die Haß aufwühlende ... Betätigung zahlloser größter und kleinster Hetzapostel« zustande gekommen sei.

der Erde« seien und sich als »Parasiten« * im Gegensatz zu den arischen Menschen überall, sowohl in den Tropen als auch in Lappland, sofort einlebten. Nach seiner Auffassung belegte der alttestamentliche Bericht eindeutig, daß »dem Juden weder ein Aufenthalt in der Wüste noch ein Marsch durchs Rote Meer etwas anhaben [55]« könne.

Der Einfluß Dietrich Eckarts auf Hitlers geistige und gesellschaftliche Entwicklung bis zur Zeit der Niederschrift von *Mein Kampf* ist nicht zu übersehen. Aus Hitlers unmittelbarer Umgebung haben andere intellektuelle Gefolgsleute und Freunde eine so maßgebliche Rolle nicht gespielt. Daß Hitler von dem aus Würzburg stammenden Diplom-Ingenieur Gottfried Feder einiges gelernt hatte, gab er freimütig zu [56]. Doch dieses Eingeständnis bezog sich auf die Zeit, in der er an den antibolschewistischen Lehrgängen (mit Feder als Dozent) teilnahm, die 1919 vom Reichswehrgruppenkommando 4 mit Mitteln der Berliner Reichswehrverwaltung und mit privaten Zuwendungen für besonders geeignete Offiziere, Unteroffiziere und Mannschaften eingerichtet worden waren [57]. Nicht zugegeben hat Hitler dagegen, daß der am Ende des Ersten Weltkriegs bereits namhafte Münchner Historiker Alexander von Müller **, dessen »Schüler« er 1919 kurzfristig war ***, sowohl seine Geschichtsvorstellung als auch seine sprachlichen Formulierungen beeinflußt hat. Für beide, sowohl für Hitler als auch für Müller, bildete der »Grundbegriff der Wurzel, des weiblich-passiv mit dem Boden Verflochtenen [58]« eine wesentliche Grundlage allen Geschehens. Für sie (für Müller bereits vor 1914) »wurzelten« sowohl positive kulturgeschichtliche Ergebnisse wie zum Beispiel die »Bildung« als auch die Menschen und Dynastien im

* Vgl. dazu die Ausführungen über Bölsche.

** Müller, dessen Vater 1879/80 Kabinettssekretär König Ludwigs II. und später Polizeipräsident von München und bayerischer Kultusminister gewesen war, galt unter seinen Kollegen bereits vor dem Ersten Weltkrieg als große Begabung (vgl. HZ 109, 1911, S. 584). 1910 war er Mitarbeiter der Historischen Kommission, 1917 Privatdozent, dann Honorarprofessor in München, 1916 außerordentliches, 1923 ordentliches Mitglied der Kommission für Bayerische Landesgeschichte (und 1917 auch Syndikus der Bayerischen Akademie der Wissenschaften) geworden. Von 1928 bis 1945 war er ordentliches Mitglied der Bayerischen Akademie der Wissenschaften, von 1936 bis 1944 ihr Präsident. Der Katalog seiner Veröffentlichungen bis 1964 ist außerordentlich umfangreich. Seit 1928 war Müller Ordinarius für mittlere, neuere und bayerische Geschichte in München und von 1935 bis 1944 Herausgeber der HZ. Nach 1933 bot Hitler ihm das Reichskultusministerium an. Nach einer kurzen Bedenkzeit lehnte von Müller ab. Pers. Auskunft von Prof. Priesack (1969).

*** Vgl. S. 163 ff.

Boden *, im »völkisch« bestellten »Volksboden«, der Substanz, die alles speise. Die oft gewollt »unliterarische« und betont bayerisch-volkstümliche Sprache Müllers, der sich in erster Linie als Mann der Feder begriff, hat Hitler, der die bayerische Sprache besonders liebte, nicht nur bei seinen Vorträgen vor Soldaten im Jahre 1919 in Bayern und in seinen Reden vor bayerischen Versammlungsbesuchern »kopiert«. Die Anwendung des Hilfsverbums »sein« in Zusammenhang beispielsweise mit den Wörtern »stehen«, »liegen«, »laufen« und die rein bayerischen Dialektformen wie »ums Eck« und »drunten«, ist nicht nur für Müller typisch. Müllers Vorliebe für Wörter, die in bestimmten Zusammenhängen programmatische Bedeutung hatten, findet sich bei Hitler ebenso besonders betont wieder wie die gern gebrauchten Wendungen »bodenständig«, »überzeugt«, »leidenschaftlich« (häufig in Verbindung mit deutsch wie: »leidenschaftlicher Deutscher«), »gesund« und »zersetzen«. Beide sprachen von den »zersetzenden Einflüsse(n) des Judentums [59]«, wie Müller sich 1912 in einem Aufsatz über Freiherr vom Stein ausdrückte, was Hitler im September 1919 als Müller-»Schüler« auch schrieb **.

Die gelegentlich geäußerte Behauptung, daß der einstige Generalstabsoffizier Hermann Kriebel und der Tierarzt Dr. Weber, mit denen Hitler in dem als »Feldherrnflügel« bezeichneten Trakt der Haftanstalt Landsberg am Lech »wohnte«, während er am ersten Band von *Mein Kampf* arbeitete, spürbar auf Hitlers Vorstellungen eingewirkt hätten, entbehrt jeder Grundlage. Und auch Rudolf Hess, der spätere »Stellvertreter des Führers«, der wissenschaftlicher Assistent bei dem Geopolitiker (General) Professor Haushofer an der Universität München und Organisator nationalsozialistischer Studentengruppen war [60], bevor er zusammen mit Hitler zu Festungshaft verurteilt wurde, hat trotz seiner (nur nebensächlichen) Korrekturarbeiten an *Mein Kampf* auf Hitlers Vorstellungen nicht den geringsten Einfluß ausgeübt. Die Gruppe der exponierten NSDAP-Führer Hess, Göring, Esser, Streicher, Rosenberg, von Scheubner-Richter, Luedecke, Amann,

* So schrieb von Müller 1932 z. B.: »Jedes organische Leben, auch das der Völker, bleibt auf der Erde verwurzelt und mit ihr an bestimmte natürliche Grenzen gebunden« (*Die Geltung des Bauern in der Volksgemeinschaft*, 1932, S. 247). 1933 forderte er »... das ganze Leben unseres Volkes, auf allen seinen Fehlern, von der Wurzel her, in seinem Kern zu erneuern: und zwar von seinen tiefsten volkstümlichen Wurzeln her, in seinem innersten völkischen Kern« (*Volkserziehung und Volksgemeinschaft*, 1933, S. 269).

** Vgl. dazu auch S. 174 f.

Röhm und Frank [61], sind seit Beginn nicht Hitlers Lehrer, sondern stets nur seine Schüler gewesen, denen er jedoch sehr wichtige Beziehungen verdankte: so unter anderem zu seinen früheren Geldgebern und Gönnern Bruckmann, Bechstein, von Seidlitz, Hanfstaengl, Borsig, Grandel, Thyssen, Kirdorf, Prinz Arenberg, Heinrich Claß, Prinz Kyrill (-Koburg), zu Fabrikanten, reichen Adeligen, hohen Staatsbeamten, Diplomaten und Politikern, ausländischen Organisationen und einflußreichen Persönlichkeiten [62]. Allein bei Elsa Bruckmann traf er gelegentlich mit Professor Alexander von Müller, mit Ludwig Klages, Geheimrat Domhöfer, dem Direktor der Pinakothek und Ludwig Troost zusammen, der später in München das »Braune Haus« ausbaute. Auch der Einfluß von Alfred Schuler (1865–1923) auf Hitlers Vorstellungen wird in den meisten Darstellungen weit übertrieben. So schreibt beispielsweise Robert Boehringer, ein enger Freund Stefan Georges: »Wolfskehl hat mir gesagt, zum Umgang Schulers ... gehört ... ein (Mann, der Verf.) ... namens Adolf. Im ersten seiner Vorträge, die Schuler 1922 im Hause Bruckmann in München hielt, steht der Satz: ›Im Zentrum des alten Lebens steht als Symbol die Swastika, das sich drehende Rad‹, und dazu habe Schuler sich aus dem Stegreif eindringlich über dieses verbreitet. Man weiß, wer damals zu den Besuchern des Hauses Bruckmann gehörte. Dort hat ein maniakischer Rabulist, der doch ›ein tief gütiger, liebenswürdiger Mensch von beinah gewählten Formen weltmännischer Höflichkeit gegen jedermann‹ gewesen sein soll, seine verwirrenden Behauptungen in das arme Hirn eines hybriden Tölpels gesenkt. Es war Schulers Saat, die aufgegangen ist und zur Zerstörung Deutschlands geführt hat [63].« Dieses Zitat zeigt exemplarisch, daß den Autor nicht genaue Sachkenntnis und die Auswertung erwiesener Tatsachen zu dem Urteil bewogen, sondern ganz offensichtlich die Absicht, Hitlers »Weltanschauung«, die Schulers Auffassung in einigen Punkten verwandt ist, monokausal aus einem bekannten und vielfach apostrophierten Konzept abzuleiten. 1922 brauchte Hitler von Schuler, von dem überdies außer *Einige Gedanken über Ibsens neuestes Werk »Baumeister Solness«* (1893) zu seinen Lebzeiten nichts veröffentlicht wurde (so daß Hitler von ihm nichts hatte lesen können), nichts mehr zu lernen. Das Hakenkreuz kannte er bereits als Kind – und zeichnete es in seine Schulhefte [64]. Das Haus Bruckmann besuchte er, nicht um anderen zuzuhören, sondern um selbst zu reden und gehört zu werden.

Aufschlußreich ist, wie mehr als ein Dutzend seiner maßgeblichen Militärs, Berater und Minister, von denen die Hälfte zum Tode durch den Strang verurteilt wurde, ihn rund ein Vierteljahrhundert später während des Nürnberger Prozesses beurteilte. Zur besseren Übersicht werden sie im folgenden nacheinander zitiert:

Karl Dönitz (Großadmiral; OB der Reichskriegsmarine):

Eine »gewaltige Persönlichkeit ... mit einer außerordentlichen Intelligenz und Tatkraft, mit einer geradezu universalen Bildung und einem kraftausströmenden Wesen und mit einer ungeheuer suggestiven Kraft. Ich habe ... bewußt nur selten meinen Weg ins Hauptquartier genommen, weil ich das Gefühl hatte, daß ich so am besten meine Stoßkraft behalte und ... weil ich nach mehreren Tagen ... Aufenthalt im Hauptquartier das Gefühl hatte, mich von seiner suggestiven Kraft wieder absetzen zu müssen.« (IMT, Bd. XIII, S. 334)

»Von einer allgemeinen Beratung ist beim Führer ... grundsätzlich keine Rede gewesen.« (IMT, Bd. XIII, S. 333)

Hans Frank (Reichsminister und Generalgouverneur in Polen):

»Er stand innerlich gegen die Juristen, das war eine der schwersten Schattenseiten dieses so gewaltig großen Mannes. Er wollte keine formelle Verantwortung anerkennen. Das gilt leider auch für seine Politik ... Für ihn war jeder Jurist ein Störungsfaktor.« (IMT, Bd. XII, S. 20)

Walter Funk (Reichsbankpräsident):

»Er machte (bei der ersten Begegnung, der Verf.) auf mich sofort den Eindruck einer außergewöhnlichen Persönlichkeit. Er faßte blitzschnell alle Probleme auf und verstand es, sie außerordentlich eindrucksvoll mit großer Beredsamkeit und auch mit ausdrucksvollen Gesten vorzutragen.« (IMT, Bd. XIII, S. 94)

Hermann Göring (Reichsmarschall):

»Ich habe nach einer gewissen Zeit, als ich mehr Einblick in die Persönlichkeit des Führers bekam, ihm meine Hand gegeben und gesagt: ›Ich verbinde mein Schicksal auf Gedeih und Verderb mit dem Ihren ... in guten und schlechten Zeiten, und (ich) ... nehme ... auch meinen Kopf nicht aus.« (IMT, Bd. IX, S. 489)

»Bei der dynamischen Persönlichkeit des Führers war unerwünschter Rat gar nicht angebracht, und man mußte schon sehr gut mit ihm stehen, beziehungsweise einen sehr großen Einfluß haben, wie ich ... ihn ... für ... viele Jahre gehabt habe ...« Er tat »dort die Vorschläge und die Beratungen kurz ab, wo er selbst schon seine Entschlüsse ...

gefaßt« hatte oder ... »den Beratenden nicht zu jenem Einfluß oder zu jener einflußreichen Position ... kommen lassen wollte.« (IMT, Bd. IX, S. 413) »Vor allem die Außenpolitik war das ureigenste Gebiet des Führers ... die Außenpolitik einerseits und die Führung der Wehrmacht andererseits nahmen das größte Interesse und die Hauptarbeit des Führers in Anspruch.« (IMT, Bd. IX. S. 446) »Er hat sich hier außerordentlich um die Einzelheiten angenommen.« (IMT, Bd. IX, S. 446) »In einzelnen Fällen ließ er sich ... Unterlagen geben, ohne daß die Experten genau erkennen konnten, aus welchem Grunde; in anderen Fällen hat er seinen Fachberatern gegenüber ausgesprochen, was er beabsichtigte, und von ihnen diesbezügliche Unterlagen und Beurteilungen eingeholt. Entschieden hat er ... selbst.« (IMT, Bd. IX, S. 684)

»... meine Meinung ist, daß der Führer über Einzelheiten in den Konzentrationslagern, über die ... Grausamkeiten, nicht unterrichtet gewesen ist; so wie ich ihn kenne, glaube ich das jedenfalls nicht ...« (IMT, Bd. IX, S. 678)

Alfred Jodl (Generaloberst, Chef OKW/Wehrmachtsführungsstab):

»Hitler war eine Führerpersönlichkeit von ungewöhnlichem Ausmaß. Sein Wissen und sein Intellekt, seine Rhetorik und sein Wille triumphierten letzten Endes bei jeder geistigen Auseinandersetzung gegenüber jedermann. In einer seltenen Weise mischte sich bei ihm Logik und Nüchternheit im Denken, Skepsis mit einer ausschweifenden Phantasie, die sehr oft das Kommende erahnte, aber auch sehr oft irre ging. Geradezu bewundert habe ich ihn, als er im Winter 1941/42 mit seinem Glauben und seiner Energie die wankende Ostfront zum Stehen brachte ...« (IMT, Bd. XV, S. 333)

»Sein Leben im Führerhauptquartier war nichts als Pflicht und Arbeit. Die Bescheidenheit in seiner Lebensführung war ›imponierend‹.« (IMT, Bd. XV, S. 333) Hitler war (in den Jahren 1933–1938) »kein Scharlatan, sondern eine gigantische Persönlichkeit, die letzten Endes allerdings zu einer infernalischen Größe geworden ist, aber eine Größe war er damals unbedingt ... eine gigantische Persönlichkeit ... wenn auch mit gewissen Vorbehalten.« (IMT, Bd. XV, S. 602) »... mein Einfluß auf den Führer war leider nicht im geringsten so groß, wie er nach meiner Stellung eigentlich hätte sein können oder vielleicht auch hätte sein müssen. Der Grund liegt in der gewaltigen Persönlichkeit dieses Machtmenschen, der Berater überhaupt sehr schlecht vertrug.« (IMT, Bd. XV, S. 411)

Wilhelm Keitel (Generalfeldmarschall):
Hitler studierte in nahezu unvorstellbarer Form Generalstabswerke, Militärliteratur, taktische und operative und strategische Studien. Sein Wissen auf militärischem Gebiet war staunenswert. Er war über »Organisation, Bewaffnung, Führung und Ausrüstung sämtlicher Armeen und aller Flotten der Erde so unterrichtet, daß es unmöglich war, ihm auch nur einen Irrtum nachzuweisen. Er studierte auch während des Krieges in Nächten in all den großen Generalstabswerken von Moltke, Schlieffen und Clausewitz ... Daher für uns die Vorstellung: Das kann nur ein Genie.« (IMT, Bd. X, S. 671 f.) Selbst »in einfacheren alltäglichen Organisations- und sonstigen Rüstungsfragen der Wehrmacht und den betreffenden Dingen« war ich »der Belehrte ... und nicht der Belehrende«. (IMT, Bd. X, S. 672) »Bei Entscheidungen akzeptierte er keine Einwände und Einflüsse von anderen, sobald seine Entscheidung feststand. Seit 1938 ist keine der maßgebenden Entschließungen in Gemeinsamkeit und Beratung zustande gekommen. Es war Hitlers Eigenart, jeden Ressortchef in der Regel allein und unter vier Augen zu sprechen. Zusammenkünfte, in denen Entscheidungen getroffen wurden, waren letzten Endes Befehlsausgaben und nicht Beratungen.« (IMT, Bd. X, S. 545)
Albert Kesselring (Generalfeldmarschall):
»Befehle grundsätzlicher Art gingen nur von einer Person aus, das war Adolf Hitler. Die anderen Persönlichkeiten waren Exekutionsorgane.« (IMT, Bd. IX, S. 220)
Erhard Milch (Generalfeldmarschall):
»Die Abnormalität war nicht so zu erkennen, daß man sagen konnte, der Mann ist nicht mehr geistesanwesend, der Mann ist geistesgestört. Soweit braucht das ja nicht zu gehen, sondern Abnormalitäten können sich ja für die Masse und auch für den Nächsten oft unsichtbar zeigen. Ich glaube, daß darüber ein Arzt eher Auskunft geben kann, wie ich.« (IMT, Bd. IX, S. 107)
Konstantin von Neurath (Reichsaußenminister von 1932 bis 1938; Reichsprotektor von Böhmen und Mähren von 1939 bis 1941):
»Ich hatte damals ja schon die Erfahrung gemacht, daß Hitler keinerlei Widersprüche vertragen konnte oder irgendwelchen Vorstellungen zugänglich war, wenn dies in einem größeren Kreise geschah, weil er dann immer den Komplex hatte, er stünde irgendwie einer Opposition gegenüber, gegen die er sich zur Wehr setzen müßte. Anders war es, wenn man ihm allein gegenüberstand. Er war dann, jeden-

falls in den ersten Jahren, vernünftigen Argumenten gegenüber durchaus zugänglich, und es ließ sich vieles im Sinne einer Mäßigung, einer Abschwächung radikaler Maßnahmen erreichen.« (IMT, Bd. XVII, S. 107)

Erich Raeder (Großadmiral, OB der Reichskriegsmarine):
»Hitler sprach ... außerordentlich viel, er holte sehr weit aus ... verfolgte vor allem mit jeder Rede einen besonderen Zweck, je nach dem Zuhörerkreis, den er hatte. Er war ... wie er ein Meister der Dialektik war, auch ein Meister des Bluffs. Er brauchte starke Ausdrücke, ebenfalls je nach dem Zweck, den er verfolgte; er ließ seiner Phantasie außerordentlich starkes Spiel, er widersprach sich auch häufig in aufeinanderfolgenden Reden. Man wußte nie, welches seine letzten Ziele und Absichten waren ... Es handelte sich nie um eine Beratung, sondern stets um eine Befehlsausgabe ohne Diskussion.« (IMT, Bd. XIV, S. 44)

Joachim von Ribbentrop (Reichsaußenminister):
Seine »Gedankenäußerungen hatten etwas immer Abschließendes und Definitives, und sie schienen aus seinem innersten Wesen zu kommen. Ich hatte den Eindruck, hier einem Mann gegenüber zu sein, der wußte, was er wollte und der einen unerschütterlichen Willen besaß und eine sehr starke Persönlichkeit war«. (IMT, Bd. X, S. 257)

Alfred Rosenberg (Reichsleiter; seit 1941 Reichsminister für die Ostgebiete):
»Adolf Hitler zog in steigendem Maße Personen heran, die nicht meine Kameraden, sondern meine Gegner waren.« (Schlußwort vor dem IMT)

Hjalmar Schacht (Reichswirtschaftsminister von 1934 bis 1937):
Hitler hat »unendlich viel gelesen, hat sich ein großes Wissen angeeignet und jonglierte mit diesen Kenntnissen in einer virtuosen Weise in allen Debatten und Vorträgen. Er war zweifellos ein genialer Mensch in gewisser Beziehung. Er hatte Einfälle, auf die ein anderer nicht kam und die geeignet waren, zuweilen aus großen Schwierigkeiten durch verblüffende Einfachheit, manchmal auch durch verblüffende Brutalität, aber doch sicher herauszufinden. Er war ein Massenpsychologe von geradezu diabolischer Genialität«.
»Ich glaube, daß er ursprünglich nicht von nur schlechten Trieben erfüllt war. Er hat ursprünglich zweifellos geglaubt, etwas Gutes zu wollen; aber er ist nach und nach diesem Zauber, den er auf die Massen ausübte, selber erlegen ... Er war ein Mann von einer un-

beugsamen Energie, von einem Willen, der alle Widerstände über den Haufen rannte. Nur diesen beiden Eigenschaften der Massenpsychologie und seiner Willensenergie verdankte Hitler ... daß er bis zu 40 Prozent und nachher beinahe 50 Prozent des ganzen deutschen Volkes hinter sich scharen konnte.« (IMT, Bd. XII, S. 492)

Albert Speer (Reichsminister):

»Hitler war ein fanatischer Bauherr ...« »Wenn ... (er) überhaupt Freunde gehabt hätte, wäre ich bestimmt einer seiner engen Freunde gewesen.« (IMT, Bd. XVI, S. 476) »Spätestens ab Januar oder Februar 1945 hielt er dem Volke nicht mehr die Treue.« »Er hatte kein Recht, mit seinem Schicksal auch das Schicksal des Volkes zu verspielen.« (IMT, Bd. XVI, S. 554) »Die Diktatur Hitlers war die erste Diktatur, die sich zur Beherrschung des eigenen Volkes der technischen Mittel in vollkommener Weise bediente und sich dadurch Millionen Menschen dem Willen eines einzigen hörig machte.« (Schlußwort vor dem IMT)

Julius Streicher (Gauleiter, Herausgeber des *Stürmer*):

»Adolf Hitler war nun einmal etwas Absonderliches in jeder Beziehung, und ich glaube sagen zu können, eine Freundschaft zwischen ihm und anderen Männern gab es nicht, eine Freundschaft, von der man hätte sagen können, das ist nun wirklich eine Herzensfreundschaft ... wer ihm nahe kommen wollte, der kam ihm nur nahe durch eine männliche Tat.« (IMT, Bd. XII, S. 340)

»Der Führer war unbeeinflußbar.« (IMT, Bd. XII, S. 352)

Bei aller Belesenheit Hitlers waren seine Interessen, die sich in den letzten 10 bis 15 Jahren seines Lebens sowohl in der Auswahl der Lektüre als auch in der Zusammenstellung der Bibliothek widerspiegelten, relativ einseitig und im Grunde auch nicht primär praktisch politisch ausgerichtet. Nach den Angaben seiner Sekretärin enthielt seine Privatbibliothek weder Klassiker noch ein einziges von Menschlichkeit und Geistigkeit geprägtes Werk [65], was er gelegentlich allerdings selbst mit der Bemerkung bedauert haben soll, leider dazu verdammt zu sein, auf die Lektüre schöngeistiger Werke verzichten zu müssen und nur noch wissenschaftliche Literatur lesen zu können [66]. In seiner Frühzeit war das nicht der Fall. Da las Hitler, was ihm in die Hände fiel. Christa Schröder erzählte er, vor 1913 in Wien wahllos alle 500 Bücher einer Städtischen Bücherei »verschlungen« zu haben [67]. Ernst Hanfstaengl gibt dagegen an, in Hitlers Bibliothek u. a. Hermann Stegemanns *Geschichte des Ersten Weltkrieges*, Ludendorffs *Publikationen über den Krieg*, Treitschkes *Deutsche Geschichte*, Spamers *Illustrierte Weltgeschichte*, Clausewitz' Hauptwerk *Vom Kriege*, Kuglers *Geschichte Friedrich des Großen*, Chamberlains *Wagner-Biographie*, Wartenburgs *Weltgeschichte*, August Wilhelm Grubes *Geographische Charakterbilder*, Gustav Schwabs *Schönste Sagen des klassischen Altertums*, Sven Hedins *Kriegserinnerungen*, Unterhaltungsromane, Kriminalromane und sowohl Eduard Fuchs' *Geschichte der erotischen Kunst* als die *Illustrierte Sittengeschichte* dieses jüdischen Autors gesehen zu haben [68]. Seitdem Hitler weniger Zeit hatte, nicht mehr durch Literaturkenntnisse zu brillieren und gelegentlich nur zu bluffen brauchte, seit er »oben« war und »Führer und Reichskanzler« mit ungezählten Verpflichtungen sein mußte, erfuhr seine Interessenskala eine eindeutige Bescheidung auf bestimmte Problemkreise. Abhandlungen über das Finanzwesen, über Verfassungsfragen und Verwaltungsprobleme, über die Gebiete, die einem Politiker im Rahmen der Industriegesellschaft besonders interessieren sollten, waren ihm seitdem ebenso unbehaglich wie juristische Diskussionen, was schließlich zur Folge hatte, daß seine Unterführer, Gauleiter und höheren Beamten in vielen Dingen tun und lassen konnten, was ihnen gefiel und auch Martin Bormann zu einem – tatsächlich unberechenbaren – Machtfaktor an der Spitze des Staates werden konnte. Spätestens seit 1930, seitdem im ersten Band von *Mein Kampf* – prinzipiell anders als in den Ausgaben von 1925 – richtungweisend und verbindlich festgelegt worden war *, daß die Führer von Ortsgruppen, Bezirken, Kreisen und Gauen »durch den nächsthöchsten Führer« einzusetzen und »mit unbeschränkter Vollmacht und Autorität [69]« auszurüsten seien, fühlten sich viele von ihnen als wahre »Halbgötter«, was nicht wenige auch durch ihre äußere Erscheinung zu zeigen versuchten. Wie ein Teil des deutschen Bürgertums zur Zeit Kaiser Wilhelms II. betont demonstrativ die Bartform des Monarchen kopierte und eine bewußte Identifizierung mit dem Souverän zur Schau stellte, so hielten viele Nationalsozialisten es auch, indem sie die von

* Zunächst hatte es in *Mein Kampf* geheißen, daß die Unterführer nach den Grundsätzen »einer germanischen Demokratie« zu wählen und ihnen nach der Wahl alle Ausschüsse zu unterstellen seien. Seit der Ausgabe von 1930 war von der »germanischen Demokratie« nicht mehr die Rede. Seitdem hieß es: »Die Bewegung vertritt im kleinsten wie im größten den Grundsatz der unbedingten Führerautorität, gepaart mit höchster Verantwortung.« (Hitler, S. 378). Zum folgenden vgl. oben.

Hitler rund 25 Jahre lang »kultivierte« und von ihm zunächst nur als Kaschierung seiner zu breiten Nase gedachte »Fliegen«-Bartform wählten *. Allein von den Gauleitern trugen Peter Gemeinder (Hessen und Nassau), Karl Weinrich (Kurhessen), Wilhelm Kube (Kurmark), Julius Streicher (Franken), Erich Koch (Ostpreußen), Franz Schwede (Pommern), Josef Wagner (Schlesien), Heinrich Lohse (Schleswig-Holstein) und Fritz Sauckel (Thüringen) einen Hitler-Bart.

Zeit zum Lesen nahm Hitler sich stets. Selbst während des Zweiten Weltkriegs las er trotz der ungeheuren Beanspruchung seiner Nerven und der zuletzt durch Krankheiten empfindlich geschwächten Physis **, wann immer es ihm möglich war. Sein Begleitarzt Prof. von Hasselbach berichtet, daß er nach eigenen Angaben kaum einen Tag vergehen ließ, ohne nicht wenigstens ein wichtiges Werk durchgearbeitet [70] zu haben: eine *Geschichte der Menschheit*, Franz Petris wissenschaftlich verfaßtes Buch *Germanisches Volkserbe in Wallonien und Nordfrankreich*, Karl Pagels *Geschichte der Hanse*, General Walther Scherffs vierbändige Ausgabe der Reden Kaiser Wilhelms II., Ernst Kantorowicz' Biographie des Hohenstaufenkaisers Friedrich II. – und medizinische Bücher *** gehörten dazu.

Bis 1945 spielten in Hitlers »Weltanschauung« – neben und in dem beherrschend wirkenden Geschichtsbild – der Biologismus, besonders der Pseudo-Darwinismus, der religiöse Monotheismus und der kirchenfeindliche Vulgärliberalismus eine wesentliche Rolle. Hitlers Feststellung, daß sein geistiger Standort entscheidend vor 1914 gebildet wurde, bezeichnet den tatsächlichen Sachverhalt; denn was später hinzukam, nach der »Wiener Schule« und dem Krieg, wurde gewöhnlich nur noch in das umrißhaft »fertige« Bild (manchmal vereinfachend, oft gewaltsam) eingefügt, was zwischen 1921 und 1925 allerdings in mancher Hinsicht zu Differenzierungen und Umdeutungen führte, wie es zum Beispiel mit den Lehren Darwins, Bölsches und Malthus' und mit seinem Antisemitismus der Fall war ****.

* Hitler retuschierte seine zu breite Nase (wahrscheinlich unter Anlehnung an Dietrich Eckarts Bartform) durch eine Bart-»Fliege«, die seiner nächsten Umgebung zunächst nicht sonderlich gefiel; aber er ließ sie sich nicht ausreden, zeichnete und karikierte sich bis 1930 insgeheim jedoch gelegentlich selbst mit einem anderen Bart.

** Vgl. die Darstellung im 7. Kapitel.

*** Vgl. die diesbezüglichen Feststellungen im 7. Kapitel.

**** Vgl. dazu die entsprechenden Darstellungen in diesem Kapitel.

Die Überzeugung, die durch die autodidaktischen Literaturstudien gewonnenen Vorstellungen und Urteile als unumstößlich [71] aufrechterhalten und zurückdatieren zu müssen, hat Hitler gehindert, zu akzeptieren, daß ein Teil seiner Auffassungen und Kenntnisse im Laufe der Zeit zwangsläufig überholt waren und an Zuverlässigkeit verloren, was besonders für Fragen auf dem Gebiet der Naturwissenschaften zutraf. Seine »Genie«-Intuition stellte er (zumindest im Rahmen der Geisteswissenschaften) über Forschungsergebnisse und wissenschaftliche Erfahrungen, wenn sie seinen Kompositionen zuwiderliefen, die an die Stoa angelehnte eigene Sagen- und Mythendeutung über Urgeschichtsforschung und Archäologie. Zeitlebens begriff er die Denkergebnisse und Vorstellungen der Geistesheroen des – Genies »produzierenden« – 19. Jahrhunderts (außer im Zusammenhang mit der Religion und Kirche und im Rahmen der Technik und Kriegswirtschaft) als Endpunkt, Bestätigung und Interpretationsmodell auch für seine Zeit.

Exemplarisch für Hitlers geistige Bindung vornehmlich an das 19. Jahrhundert ist nicht zuletzt auch seine Auffassung über die geschichtliche Rolle Europas und über die Einordnung Amerikas und Rußlands. Die Wirkung Georg Wilhelm Friedrich Hegels, der nicht nur in erheblichem Maße die philosophischen Vorstellungen des 19. Jahrhunderts beeinflußt, die Geschichtsschreibung befruchtet und den Staat als »den erscheinenden Gott« zu begreifen gelehrt hatte, sondern mit seiner dialektischen Methode auch die Grundlage für die materialistische Geschichtsauffassung von Karl Marx und Friedrich Engels lieferte, die ihrerseits wiederum entscheidend die (Welt-)Geschichte des 20. Jahrhunderts bestimmten, ist auch an Hitler nicht spurlos vorübergegangen. Amerika und Rußland erschienen in der Vorstellung von Hegel, Marx, Engels * und Hitler, wenn jeweils auch anders artikuliert, gleichermaßen als nebensächliche Größen. In seinen *Vorlesungen über die Geschichte der Philosophie* hatte Hegel Amerika aus dem historischen Terrain ausgeklammert, »auf welchem sich ... die Weltgeschichte begab. Was bis jetzt sich hier ereignet, ist nur der Widerhall der Alten Welt und der Ausdruck fremder Lebendigkeit [72]«. Rußland hielt er, der 1831 an der Cholera starb, für neben-

* Die überhebliche Haltung von Marx und Engels gegenüber Rußland darf als allgemein bekannt vorausgesetzt werden. Vgl. dazu u. a.: Maser, »Marx und Lenin. Versuch einer Konfrontation«, in: *Moderne Welt. Zeitschrift f. vergl. geistesgesch. und sozialwissenschaftl. Forschung*, Köln 1959/60, H. 3/4, S. 254 ff.

sächlich, »weil (es) bisher nicht als ein selbständiges Moment in der Reihe der Gestaltungen der Vernunft in der Welt aufgetreten ist [73].«
Auch für Hitler, der die USA verachtete und geringschätzte, lag Amerika kulturgeschichtlich außerhalb der »Welt«, die nach seiner Auffassung schöpferisch und erhaltend wirkte [74]. Daß er die USA, von der mit ihm befreundeten Münchner Familie Hanfstaengl beeinflußt, um 1923 einmal persönlich kennenlernen wollte [75], spricht nicht gegen diese Feststellung, ebensowenig die Tatsache, daß er sich seit Dezember 1941 zwangsläufig mit den USA als Kriegsgegner befassen mußte. Von den Russen behauptete er, daß ihnen grundsätzlich die staatsbildende Kraft fehle [76]. Hegels Geringschätzung gegenüber Amerika und Rußland fand sich bei Hitler in geradezu pervertierter Weise wieder.
Unwichtig ist in diesem Zusammenhang, ob Hitler sich mit Hegel selbst befaßt hat oder nicht. Und unwesentlich ist auch, ob er Hegel so begriff, wie der Philosoph sein Werk verstanden wissen wollte. Selbst Lenin, der sich als Schüler von Marx und Engels bezeichnete, als besonders guter Kenner der Philosophie gilt und den Namen Hegels sehr oft im Munde führte, hat Hegel wahrscheinlich nicht im Hegelschen Sinne verstanden *.
Aufschlußreich für Hitlers geistigen Standort ist das Ergebnis einer »Umfrage«, die die *Berliner Illustrirte Zeitung* Ende 1898 unter ihren Lesern veranstaltete, zu der Zeit, in der Hitler sich in Leonding auf den Besuch der Staatsrealschule in Linz vorbereitete. Über 6000 »Illustrirten«-Leser beantworteten im Rahmen dieser vielleicht ersten demoskopischen Befragung größeren Umfangs einen mit 27 Punkten versehenen »Fragebogen« der »Illustrirten«, deren Herausgeber und Redakteure wissen wollten, wie die Deutschen das 19. Jahrhundert und seine Größen aus Politik, Wissenschaft, Literatur und Kunst beurteilten und was sie vom 20. Jahrhundert erwarteten. Die Auffassung der Majorität der bürgerlichen »Illustrirten«-Leser spiegelte die geistige Welt wider, in die der junge Bürgersohn Hitler sich einzutreten anschickte. Was er später als das Ergebnis seines Schulunterrichtes

* Lenin gab zu, Hegel »materialistisch« (!) gelesen zu haben. Typisch für ihn sind seine im *Philosophischen Nachlaß* häufig an den Rand gekritzelten Bemerkungen: »der Idealist ist ertappt«, »haha! er fürchtet sich«, »feige Ausflucht vor dem Materialismus«, »Ein Muster an Verleumdung und Verdrehung«, »Um Gott ist es ihm leid«, »idealistisches Gesindel«, »Unsinn! Lüge! Verleumdung« usw. Vgl. dazu: Maser »Marx und Lenin«, S. 266.

und Selbststudiums vor allem in Linz und Wien bezeichnete, deckte sich jedoch nicht mit den Vorstellungen der Mehrzahl der deutschen Illustrirten-Leser zur Zeit der Jahrhundertwende. So hätte er trotz seiner Bewertung des Krieges und der ursprünglichen Bewunderung des deutschen Kaisers sicher nicht behauptet, daß Hellmuth von Moltke »der größte Denker des Jahrhunderts« (mit 1200 Stimmen vor Kant mit 1000, Darwin mit 800 und Schopenhauer mit 700 Stimmen) und Kaiser Wilhelm I. der Held des Jahrhunderts (2400 gegen 1600 Stimmen für Bismarck) gewesen sei *. Seine nach 1919 schriftlich formulierten Wünsche, die seine »Weltanschauung« artikulierten, waren im wesentlichen mit der Meinung zweier »Illustrirten«-Leser identisch, die infolge ihrer extrem maßlosen politischen Forderungen so aus dem Rahmen fielen, daß sie von den Redakteuren der »Illustrirten« ausdrücklich als »böse Menschen« und »Eisenfresser« bezeichnet wurden. »Doch auch böse Menschen giebt es, wie jener beweist«, schrieben sie (in der alten Schreibweise zitiert): »der nichts weniger wünscht, als ›die Eroberung der Vereinigten Staaten von Nordamerika‹. Beide werden in ihren Wünschen nur noch übertroffen von einem Bramarbas und Eisenfresser, dessen Wünsche für das kommende Jahr noch weitergehen. Dieser hofft auf nichts weniger als: die Niederwerfung Englands und Frankreichs, auch Oesterreichs und Rußlands, Verhinderung einer größeren Ausdehnung Amerikas und dann die Aufrichtung der Weltherrschaft Deutschlands, nebenbei noch schnell die Vernichtung der Sozialdemokratie [77].« Was 1899/1900, zur Zeit, als Hitler zehn Jahre alt war, im Deutschen Reich noch als extrem selten (2 von 6000), als absurd und irreal galt, wurde durch den Österreicher Hitler Allgemeingut sehr vieler Menschen in Deutschland und in Österreich – und blieb es auch nach seinem Ende und der Katastrophe, die er über die Welt gebracht hat. So stellte zum Beispiel die Arbeitsgruppe für empirisch vergleichende Erziehungswissenschaften der Pädagogischen Hochschule Göttingen, die 5000 Hauptschüler, Realschüler und Gymnasiasten, 5000 Studierende von 45 pädagogischen Hochschulen, Dozenten, Lehrer

* Vgl. *Berliner Illustrirte Zeitung* vom 10. 2. 1899. Unter den Denkern wurden zwar auch Alexander von Humboldt, Nietzsche, Hegel und Helmholtz genannt; aber sie spielten in der Vorstellung der Leser (neben dem ebenfalls erwähnten Papst Leo XIII.) keine entscheidende Rolle. Hitler teilte zweifellos die Auffassung der 4800 Leser, die Bismarck als »den bedeutendsten Mann Deutschlands« im 19. Jahrhundert und Richard Wagner als den »größten Musiker Deutschlands« (4200 Stimmen) bezeichneten.

und Parlamentarier befragte, 1968 fest, daß bis zu 45 Prozent der Schüler Vorurteile und Intoleranz gegenüber Minderheiten verrieten, daß sie die Ansicht verfochten, daß Zigeuner »in extra Lager« gesteckt, »erschossen« oder »vergast«, »Gammler-Pack« dingfest gemacht und zur Arbeit gezwungen und Gastarbeiter »hinausgeworfen« werden müßten [78].

Das Reservoir der Detailkenntnisse, das er durch unermüdliches Lesen zusammengetragen und jederzeit für Kombinationen aller Art parat hatte, erschien seinen Mitarbeitern schier unerschöpflich. Nicht selten kam es vor, daß er die Sachverständigen durch Informationen und exakte Kenntnisse, über die sie oft nicht verfügten, buchstäblich zur Verzweiflung trieb. Der Architekt Albert Speer und die Soldaten Karl Dönitz, Wilhelm Keitel, Alfred Jodl, Hellmuth Heye und Gerhard Engel, um hier zunächst nur einige von ihnen zu nennen, wurden gelegentlich stumm [79]. Heye erinnerte sich, daß den Berichterstattern der Kriegsmarine »nie geheuer gewesen« sei, wenn sie Hitler »berichten« mußten, da er alle Details genau kannte und lückenlos im Gedächtnis hatte [80]. Und Dönitz erklärte 1967: »Seeoffiziere, die längere Zeit in der näheren Umgebung von Hitler gewesen waren, z. B. sein Marineadjutant, der Konteradmiral von Puttkamer, haben mir erzählt, daß Hitler eine außerordentlich hohe Sachkenntnis der Schiffstypen gehabt hat, welche in Weyers Flottentaschenbuch bei den einzelnen Nationen aufgeführt sind. Er war »infolge seines sehr guten Gedächtnisses über das Deplacement, die Armierung und den Schutz dieser Typen besser unterrichtet als die genannten Marinefachleute, die bei ihm waren [81].« Er hatte die Geschichte jeder größeren militärischen Einheit studiert, kannte sie in allen Fällen genau und wußte, wo sie während des Krieges eingesetzt war [82]. Bis ins Detail waren ihm der Aufbau der deutschen Wehrmacht und die Schiffe der Kriegsmarine, einschließlich ihrer Ausrüstung, vertraut [83]. Bereits während des Polenfeldzugs verblüffte er die sonst gut informierten Militärs dadurch, daß er die Geschütztypen der Polen und Franzosen besser als sie kannte [84]. Sein technisches Wissen, »die Beherrschung der modernen Kampfverfahren«, verschafften ihm, schrieb Schramm, »eine feste Position in der Diskussion mit den Generalen und den Generalstabsoffizieren: in dieser Hinsicht war er ihnen gewachsen, oft sogar überlegen [85]«. Selbst Generalfeldmarschall Erich von Manstein gab zu: Hitler »verfügte ... über ein erstaunliches Wissen und Gedächtnis, wie über schöpferische Phantasie in bezug auf technische Fragen und auf alle Probleme der Rüstung. Er konnte mit einer verblüffenden Kenntnis der Wirkung auch neuer feindlicher Waffen wie mit eigenen und gegnerischen Produktionszahlen aufwarten ... Es unterliegt keinem Zweifel, daß er auf dem Gebiete der Rüstung vieles mit Verständnis und außerordentlicher Energie vorangetrieben hat [86]«. Schon vor 1914 hat er sich »darauf« vorbereitet. Josef Popp, der dem 24jährigen Hitler 1913 und 1914 ständig die auf Zetteln handschriftlich notierten Bücher und Schriften aus der Münchner Universitätsbibliothek und aus anderen Münchner Büchereien holte, berichtete unter anderem, daß sein Untermieter sich von ihm vor allen Dingen Bücher über volkswirtschaftliche, kunstgeschichtliche, außenpolitische und kriegsgeschichtliche Fragen und Probleme, »darunter Clausewitz' Bekenntnis-Schrift und ›Vom Kriege‹« holen ließ und den im Wilhelm Köhler Verlag in Minden herausgegebenen Illustrierten Deutschen Flotten-Kalender schließlich sogar auswendig lernte [87]. »Als es 1940 erforderlich wurde, der um Narvik kämpfenden Infanterie Pak (Panzerabwehrgeschütze) nachzuführen«, erfuhr Schramm von Ohrenzeugen, »kam dafür nur noch Transport in Unterseebooten in Frage. Die Kriegsmarine mußte jedoch melden, daß der vom Heer verwendete Typ ... sich nicht durch die Einstiegluke der U-Boote hindurchzwängen lasse. Darauf erklärte Hitler, er habe während des Einmarsches in Österreich eine Pak ... gesehen; deren Verladung müsse möglich sein. Telefongespräche, Fernsprüche: die Pak wird gefunden und läßt sich tatsächlich durch die Luke verladen. Nach der Landung im Westen (Sommer 1944) klagte die Infanterie immer wieder, sie werde durch die von den feindlichen Schiffen auf das Gelände hinter der Küste gelegte Feuerglocke so zugedeckt, daß sie sich nicht zu rühren vermöge. Als dies Hitler bei der Lagebesprechung vorgetragen wurde, fragte er, wie weit denn die Schiffsgeschütze in das Land hineinreichen könnten. Es waren drei Seeoffiziere anwesend, aber keiner wußte eine Antwort. Unwillig erklärte Hitler, er wolle sie bis zum nächsten Tage haben; doch solle beachtet werden, daß die feindlichen Schiffe einen verschiedenen Tiefgang hätten, sich also ungleich weit der Küste zu nähern vermöchten; ferner müsse die Meerestiefe vor der Küste sowie der Unterschied der feindlichen Kaliber – Hitler zählte sie aus dem Kopf auf – beachtet werden. Der ... nicht einfache Berechnungsvorgang zeichnete sich ... blitzschnell vor seinen Augen ab [88].« Doch seine technischen und naturwissenschaftlichen Kenntnisse beschränkten sich nicht nur auf Fragen, die den Krieg und die Architektur betrafen. So kannte er Autos und ihre Motoren nicht selten ebensogut wie die Fachleute. Als er kurz vor der »Machtübernahme« beispielsweise mit einem der Direktoren der Mercedes-Werke zusammentraf, der ihm einen neuen »Mercedes« vorstellte, wettete er mit ihm um das Gewicht des ihm noch unbekannten neuen Autos [89]. Daß er die Wette gewann, überraschte seine Umgebung nicht. Erich Kempka, sein Cheffahrer, berichtet über die technische Prüfung durch Hitler, der er sich vor seinem Dienstantritt unterziehen mußte: »Die Fragen kamen so schnell, daß ich blitzartig reagieren mußte. Das war nicht ganz leicht, denn gerade von diesem Manne hatte ich derartige technische Kenntnisse nicht erwartet [90].« Als Hitler von einem bekannten Autokonstrukteur die Form des in Vorbereitung befindlichen Volkswagens erläutert wurde, war er mit dem Entwurf des Ingenieurs unzufrieden. Er belehrte ihn, indem er ihm unter anderem erklärte: »Wie ein Maikäfer soll er aussehen. Man braucht ... nur die Natur zu betrachten, um zu wissen, wie sie mit der Stromlinie fertig wird [91].« Den Einwand des mit der Modellentwicklung beauftragten Konstrukteurs, daß der Maikäfer mit geschlossenen Flügeldecken, die so etwas wie eine Garage seien, nur sehr langsam krabbele, während er im Fluge schnell vorankomme, fing Hitler mit der viele verblüffenden Zurechtweisung ab: »Wo läßt denn der Maikäfer seine Garage, wenn er fliegt? Läßt er sie auf der Erde stehen [92]?« Meistens leitete Hitler, der genau beobachtende und bildhaft interpretierende Maler und Augenmensch, Formen für technische Schöpfungen modellhaft von Vorbildern aus der Natur ab, deren Gesetze er auf diese Weise am besten nutzbar machen zu können meinte. Aus dieser Sicht hielt er, um noch einige Beispiele anzuführen, das Fahrrad, dessen Speichen er bei der Fortbewegung des Rades mit dem natürlichen Gang der Menschen verglich, als richtig, den Zeppelin als falsch und »total verrückt« konstruiert, da die Natur keinen Vogel im Sinne des »leichter als Luft«-Prinzips mit einer Luftblase ausgestattet habe [93]. »Biologie«-Einflüsse verrieten besonders auch seine Urteile über Schiffe und Flugzeuge, deren Formen und Antriebseinrichtungen er den Fischen und Vögeln abzusehen empfahl [94]. Aus dieser Perspektive kritisierte er die Schiffskonstrukteure, nicht berücksichtigt zu haben, daß die – Idealformen aufweisende – Natur die Fische vorn nicht spitz wie die herkömmlichen Schiffe, sondern mit Köpfen in Form fallender Tropfen ausgestattet habe und ihre Fortbewegung nicht durch Treibrudervorrichtungen am Körperende bewerkstelligen ließe. Wenn ein Schlachtschiff von mehr als 45 000 Tonnen mit 136 000 PS in der Lage sei, 30 Knoten zu fahren und ein halb so großer Flugzeugträger mit 200 000 PS nur 35 Knoten in der Stunde schaffe, wie er dem Admiral Theodor Krancke, dem ständigen Vertreter des Oberbefehlshabers der Marine im Führerhauptquartier, am 2. Juni 1942 erklärte, könnten die Berechnungen der Marinesachverständigen nicht stimmen. Die Tatsache, daß 75 000 PS Kraftzuwachs nur fünf Knoten Schnelligkeitsvermehrung bei halber Tonnage bewirkten, interpretierte er als den besten Beweis für die Richtigkeit seiner Auffassung [95], daß die Schiffskonstrukteure die Gesetze der Natur nicht begriffen hätten, daß der Fisch, der sich durch die Bewegung seiner Flossen und des »Durch-die-Kiemen-Treibens« des Wassers fortbewege, eindeutig bezeuge, wie der Antrieb beschaffen sein müsse: vorn der Sog des luftleeren Raumes mit seiner Anziehungskraft und hinten der vorwärtsdrückende Stau *. Hitler leitete seine diesbezüglichen Urteile jedoch nicht nur von der Beobachtung der Natur ab. Er hatte zahlreiche einschlägige Sachbücher und in seiner Jugend wahrscheinlich auch die Zukunftsromane von Jules Verne, Kurt Laßwitz und anderen auf technischem Gebiet besonders begabten Autoren gelesen; er wußte, was unter bestimmten Umständen augenblicklich realisierbar war. Er plante unter anderem zweigeschossige Eisenbahnen, die mit 200 Stundenkilometern bei vier Meter Gleisbreite zum Donezbecken fahren sollten, 11 m breite Autobahnen und neue Städte mit imposanten Gouverneurspalästen für die deutschen Zwingherren in den eroberten Ostgebieten [96]. Er wollte Gummiplantagen von mehr als 1,5 Millionen Morgen Umfang anlegen, systematisch die Wasserkräfte für die chemische Industrie nutzen, Norwegen zum Elektrizitätszentrum Europas machen, durch Faulschlammverfahren Heizgas gewinnen, den Wind und die Gezeiten in den Dienst der Technik nehmen [97] und ganze Landschaften klimatisch verändern [98].

An Grenzen stieß Hitlers technisches Wissen und Interesse indes, sobald detaillierte Physik- und Chemiekenntnisse notwendig waren. Nur sehr ungern, und auch dann nur, wenn es unumgänglich schien, beschäftigte er sich damit. So stand er der Atomphysik und Hoch-

* Bei den Schiffen, erläuterte Hitler im gleichen Zusammenhang, sei der Antrieb fälschlich an das Ende verlegt, was dazu führe, daß die Schraube einen Sog erzeuge und damit bewirke, daß der Schiffskörper durch den hinten entstehenden luftleeren Raum festgehalten werde, was der am Schiffsbug entstehende Stau noch verstärke.

frequenztechnik so lange uninteressiert gegenüber, bis es zu spät war, obwohl Fachleute ihn während des Krieges rechtzeitig mit den Forschungsbemühungen und mit den kriegsentscheidenden Möglichkeiten beispielsweise einer Atombombe konfrontierten. Anfang 1945, als nicht einmal mehr Träumer ernsthaft an einen deutschen Sieg zu glauben wagten, pries Hitler die deutsche Atombombe und bezeichnete sie als »Siegwaffe«. »In allerkürzester Zeit werde ich die Siegwaffen einsetzen, und dann wird der Krieg ein glorreiches Ende nehmen«, erklärte er Erwin Giesing Mitte Februar 1945 und fuhr fort, »das Problem der Atomzertrümmerung ist seit langem gelöst, und es ist jetzt so weit ausgearbeitet, daß wir diese Energie für Rüstungszwecke benutzen können, und dann wird den Herren Hören und Sehen vergehen. Dieses ist die Waffe der Zukunft, und damit ist auch die Zukunft Deutschlands gesichert. Die Vorsehung hat mich auch diesen letzten ... Weg bereits sehen lassen [99].«

Trotz seines besonderen Verhältnisses zur Naturwissenschaft hat Hitler sich niemals der Mühe unterzogen, naturwissenschaftliche Publikationen zu studieren, für die als gelegentliche Hilfen Lexika nicht mehr ausreichten, die er selbst in so entscheidenden historischen Ereignissen wie dem Münchner Abkommen als Quelle zugrunde legen ließ. »Ich war bei den Verhandlungen zugegen«, berichtete Oberst Peterpaul von Donat: »Es ging zunächst um ein Aushandeln des Grenzverlaufs. Man einigte sich schließlich dahingehend, daß die ethnographische Karte Österreich-Ungarns im Brockhaus-Konversationslexikon von 1908, aus der das deutsche und das tschechische Siedlungs- und Sprachgebiet zu ersehen waren, für die Abtretung der sudetendeutschen Gebiete als maßgebende Grundlage angesehen wurde [100].« Während Hitler zum Beispiel Geschichtsdaten und historische Ereignisse, Maße und Grundrisse von Bauwerken, die Zusammensetzungen von Arzneien und die Erscheinungsweisen und Wirkungen von Krankheiten mit Hilfe von lexikographischen Nachschlagewerken kennenlernen konnte, mußte die Methode des Nachschlagens auf den Gebieten der exakten Naturwissenschaften versagen.

Trotz der vorherrschenden Ausrichtung seines Denkens auf die Naturwissenschaften, steht bei dem sich stets historisch einordnenden Hitler die Geschichte im Mittelpunkt der Gedankenspielereien, Überlegungen, Äußerungen und Gespräche, selbst wenn es sich um ausgesprochen naturwissenschaftliche Fragen handelt. »Wer kein Organ für Geschichte hat«, sagt er am 27. Juli 1941, »ist wie ein Mensch, der kein Gehör oder kein Gesicht hat *.« Ständig sieht er sich Geschichte »machend« in die Historie eingespannt, sucht interpretationsfreudig eigene Entschlüsse, Maßnahmen, Pläne, Zielsetzungen und Ideen aus ihr abzuleiten und das von ihm Geleistete entweder als in ihr angelegt, verheißen oder genial in sie hineinkomponiert, zu entdecken. Sein Geschichtsbild ist kontinuierlich konzipiert, klammert jedoch die Urzeit aus der lehrbaren Geschichte aus, die im Lauf des 19. Jahrhunderts chronologisch bereits einigermaßen zuverlässig dargestellt worden war. Percy Ernst Schramms Feststellung, daß Hitler »offensichtlich keine genauere Kenntnis **« über die Urgeschichte erworben habe, ist eine oberflächlich begründete Behauptung. Hitlers Bemerkung, daß die Mythologien eventuell schlüssige Auskünfte über die Urzeit zu geben vermöchten [101], bedarf einer anderen Deutung. »Ich habe jetzt«, berichtet Hitler in der Nacht vom 25. zum 26. Januar 1942, »ein Werk in der Hand gehabt über die Entstehung der Menschenrassen. Früher habe ich viel darüber nachgedacht, und ich muß sagen, wenn man die alten Überlieferungen, die Märchen und Sagen ... näher besieht ... kommt man zu ganz sonderbaren Schlüssen [102]«. Er bezeichnet seine »Schlüsse« selbst als »sonderbar«, weil er weiß, daß sie kraß von den Schulmeinungen abweichen; aber er bleibt dennoch dabei. Aus dieser Sicht will er denn auch trotz seines Verhältnisses zu Darwin nicht wahrhaben, daß der Mensch »von Uranfängen das« nicht war, »was er heute ist [103]«. Zwar gibt er zu, daß in der »Natur ... im Bereich der Pflanzen und Tiere Veränderungen und Weiterbildungen vorkommen [104]«; aber er postuliert zugleich auch: »... nirgends zeigt sich innerhalb einer Gattung eine Entwicklung von der Weise des Sprungs, den der Mensch gemacht haben müßte, sollte er sich aus einem affenartigen Zustand zu dem, was er ist, fortgebildet haben [105].« Er verengt seinen Blick und hält nur Ausschau nach dem Menschen, der Geschichte bewußt und zielstrebig gestaltet. »Sehen wir auf die Griechen«, erklärt er, »so finden wir eine Schönheit, die doch über dem liegt, was wir heute aufzuweisen haben. Das gilt für die Gedankenwelt ... wie für das Bild der Erscheinung ... die Ägypter in der Epoche vorher ... sind Menschen von der gleichen

* Zit. nach Schramm (bei Picker), S. 72. Schramms Feststellung (ebenda), daß diese Äußerung wie eine Anspielung auf Goethes Wort, daß der ein Leben lang ein Kind bleibe, der nicht von viertausend Jahren Rechenschaft abzulegen wisse, ist eine voreingenommene Behauptung.

** Ebenda, S. 73.

Hoheit[106].« Um den Menschen der Urzeit nicht aus der von Männern »gemachten« Geschichte ausklammern zu müssen, sucht Hitler nach Beweisen für die Stichhaltigkeit seiner Theorie. Immer wieder zeichnet, skizziert und karikiert er den Kopf Heinrich Schliemanns, der trotz anders lautender Schulmeinungen hinter Homers Angaben über Troja, Mykene und Tiryns verschollene historische Ereignisse suchte – und schließlich die vorhomerische Kultur des 2. Jahrtausends vor Chr. erschloß. Aber Hitler verweist zur Untermauerung seiner Theorie auch auf »Belege«, die zum Teil absurd sind. Mythologische Gestalten, Hanns Hörbigers Welteislehre*, die Vergänglichkeit metallischer Überlieferungen – im Vergleich zu Steinwerkzeugen –, die Tatsache, daß Dreiviertel der Erde mit Wasser bedeckt und »nur ein Achtel der Erdoberfläche ... (der) Forschung zugänglich[107]« sei und biblische Berichte[108], zieht er – zum Teil gewalt-

* Im Sinne der wissenschaftlich nicht anerkannten Theorie Hörbigers erklärte Hitler in der Nacht vom 25. zum 26. Januar 1942: »Ich neige der Welteislehre von Hörbiger zu. Vielleicht hat um das Jahr 10 000 vor unserer Zeitrechnung ein Einbruch des Mondes stattgefunden. Es ist nicht ausgeschlossen, daß die Erde den Mond damals in seine jetzige Bahn gezwungen hat. Möglich auch, daß das, was der Mond als Atmosphäre um sich hatte, unsere Erde an sich gerissen hat, womit sich die Lebensbedingungen der Menschheit auf der Erde von Grund auf verändert haben. Denkbar ist, daß es damals Wesen gab, die in jeder Höhe und Tiefe haben existieren können, weil es den Zwang des atmosphärischen Druckes nicht gegeben hat. Denkbar ist auch, daß die Erde aufgebrochen ist und daß der Einsturz von Wasser in die Krater zu ungeheuren Explosionen geführt hat und Regengüsse gebracht hat, vor denen sich nur ein Menschenpaar hat retten können, da es in einer höher gelegenen Höhle Unterschlupf gefunden hatte. Ich glaube, diese Fragen werden sich nur lösen, wenn eines Tages ein Mensch intuitiv Zusammenhänge schaut und der exakten Wissenschaft damit den Weg weist. Wir werden sonst nie hinter den Schleier schauen, den die Katastrophe zwischen uns und die Vorwelt hat fallen lassen.« Heim-Protokoll, zit. bei Picker, S. 167. Bereits vier Jahre zuvor hatte Himmler den Astronomen, die den Glauben an die »Welteislehre« als Rückfall in eine überwundene Vorstufe der Forschung zu bezeichnen gewagt hatten, nachdrücklich vorgeworfen, Erkenntnisse zu ignorieren, die der Menschheit nach seiner Meinung nützen könnten. »Ich trete für die freie Forschung in jeder Form ein, daher auch für die freie Forschung der Welteislehre«, schrieb er am 23. 7. 1938 an den SS-Oberführer Dr. Otto Wacker, der als kommissarischer Amtschef im Reichsministerium für Wissenschaft, Erziehung und Volksbildung fungierte, und fuhr fort: »Ich beabsichtige .. diese ... Forschung ... zu unterstützen und befinde mich hier in bester Gesellschaft, da auch der Führer ... ein überzeugter Anhänger dieser von den Handwerksgesellen der Wissenschaft verpönten Lehre ist. Ich wiederhole ... noch einmal ... daß das Reichserziehungsministerium diese eingebildete Art der Hochschulprofessoren endlich zurückweisen möge. Es gibt soviel Dinge ... über deren Erforschung – auch durch Laien – wir froh sein müssen.« Zit. bei Heiber, *Reichsführer! Briefe an und von Himmler*, S. 57. Vgl. auch Ackermann, Josef, *Himmler als Ideologe*, Göttingen, Zürich und Frankfurt 1970, S. 40 ff.

sam auslegend – heran, um seine Vorstellung zu stützen. Die mythologische Überlieferung vom Himmelsturz und »Kampf zwischen Göttern und Riesen [109]«, die in sein Bild paßt, wird den Juden abgesprochen und den Babyloniern und Assyrern als Autoren unterstellt und schließlich im Sinne der *Edda*-Überlieferung als »nordische Naturkatastrophe« ausgelegt [110]. Hitler ist überzeugt, daß die Wissenschaft niemals alles zu entschlüsseln in der Lage sein werde, was der Mensch zu wissen begehre. Die Wissenschaft sei eine Leiter, die der Forschende nach und nach erklimme, ohne allerdings jemals ihr Ende zu erreichen. Er erkenne bestenfalls, was die Stufe, auf der er stehe, ihn gerade sehen und überblicken lasse [111].

Er will als Geschichte nicht nur anerkennen, was auf traditionelle Weise als bewiesen gilt und bedauert daher, daß nicht mehr als »3000 bis 4000 Jahre [112]« schriftliche Zeugnisse vorliegen, so daß der kritische Mensch der Gegenwart schließlich gezwungen sei, die Sagen heranzuziehen und davon auszugehen, daß das Wort Sage von »sagen« komme, was zugleich heiße, daß »die Träger (dieser Überlieferungen, der Verf.) unseres Stils [113]« gewesen seien. Nicht zufällig empfiehlt er 17 Jahre nach seinem Abgang von der Schule »eine ganz neue Geschichtsschau [114]«, die Anknüpfung der Geschichtswissenschaft an das römische Weltreich und an die griechische Antike [115]. Als »Gegenstück für Friedrich Wilhelm I. und seinen Sohn, Friedrich den Großen«, erklärt er am 26. Juli 1942, müsse in einem solchen Prisma beispielsweise »Alexander der Große und sein Vater Philipp« lehrhaft herangezogen werden [116]. So fällt es ihm denn auch nicht schwer, die antike Kultur der Mittelmeerländer und bedeutende römische staatsmännische Leistungen im Jahrtausend um Chr. unbefangen anzuerkennen. »In derselben Zeit«, erklärt er am 7. Juli 1942, »in der unsere Vorfahren die Steintröge und Tonkrüge« herstellten, »von denen unsere Vorzeitforscher soviel Aufhebens machten«, wurde in Griechenland eine Akropolis gebaut. »Auch mit detaillierten Behauptungen über den Kulturstand unserer Vorfahren im ersten nachchristlichen Jahrtausend«, zitiert der Chronist Picker Hitlers Feststellungen in indirekter Redeweise, »müsse man ... vorsichtig sein. Wenn etwa in Ostpreußen eine uralte lateinische Bibel gefunden werde, sei damit durchaus nicht gesagt, daß sie auch in Ostpreußen hergestellt worden sei ... wahrscheinlich sei sie lediglich gegen Bernstein aus dem Süden eingetauscht worden. Die eigentlichen Kulturträger nicht nur in den letzten Jahrtausenden vor Christus, sondern auch im 1. Jahrtausend nach Christi Geburt seien die Mittelmeerländer gewesen. Uns erscheine das manchmal unwahrscheinlich, weil wir die Mittelmeerländer nach dem Zustand beurteilten, den wir heute in ihnen vorfänden ... Nordafrika sei einmal ein dichtbewaldetes Gebiet gewesen, und auch Griechenland. Italien und Spanien hätten zur Zeit der griechischen Vorherrschaft und zur Zeit des römischen Imperiums dichte Waldungen aufgewiesen. Auch bei unserer Beurteilung der ägyptischen Geschichte müsse man sehr vorsichtig sein. Ebenso wie Italien und Griechenland sei auch Ägypten in seiner Glanzzeit ein durchaus bewohnbares und klimatisch günstiges Gebiet gewesen. Es sei also mit ein Beweis für den kulturellen Niedergang eines Volkes, wenn seine Menschen die Wälder abholzten, ohne für entsprechende Aufforstungen zu sorgen, und dadurch die weise Wasserwirtschaft der Natur ihrer wesentlichsten Voraussetzungen beraubten [117].«

Wie die antike Welt, in der der Neoklassizist Hitler seine eigentliche Heimat sucht, zugrunde ging, beschäftigt ihn auf dem Zenit seiner Macht oft nicht nur als historisches Ereignis, sondern auch als geschichtliche Lehre für die Zukunft. Anstatt einen Fachhistoriker zu Rate zu ziehen, fragt er sich, »Oft denke ich darüber nach [118]...« und bildet sich seine eigenen Urteile. So ist er beispielsweise überzeugt, daß die »antike Welt« zugrunde ging, weil die zu Reichtum gelangte aktionslose Herrenschicht um der materiellen Hinterlassenschaft willen, von der die Etablierung und Sicherung der Macht abhing, zu wenig Kinder zeugte [119], in ein Mißverhältnis zur Anzahl der einen Teil des Vermögens darstellenden Sklaven geriet und das Christentum die »Grenzlinien zwischen den Ständen weggewischt hatte [120]«. Daß Edward Gibbons These, daß das Christentum den Untergang Roms verschuldet habe, dabei Pate stand, ist nicht nachweisbar, muß jedoch vermutet werden. Hitlers nur wenig modifizierte Einordnung des Judentums und des Bolschewismus in die Geschichte erscheint in diesem Prisma als historische Lehre, die er rechtzeitig verstanden und umgesetzt zu haben vorgibt.

Wie die Mongolen [121] und Hunnen, die Hitler gelegentlich auch für den Untergang der antiken Welt verantwortlich macht, das deutsche Volk bedrängten, seit es »in den Bannkreis der geschichtlichen Erkenntnis eintrat [122]«, so fürchtet Hitler spätestens seit 1920 als historische Parallele einen bewaffneten Ansturm des Bolschewismus, den er 1942 als eine »neue Organisation innerasiatischen Menschen-

tums [123]« bezeichnet. Ebenso originell deutet er zur gleichen Zeit die rassische Herkunft östlicher Völkerschaften. Die Bulgaren führt er auf die Turkmenen, die Tschechen auf die Mongolen zurück [124]. Die mittelalterliche Kaiserzeit, von ihm großzügig als Geschichte der »deutschen Kaiser« interpretiert, erscheint als eine historische Phase, in der »deutsche« Herrscher klug und zukunftsgerecht östliche Aggressionen abgewehrt haben und zugleich als Legitimation seiner Ostpolitik. »Wenn wir überhaupt einen Weltanspruch erheben wollen«, erklärt er, während die deutsche Wehrmacht im Osten nicht mehr weiterkommt, »müssen wir uns auf die deutsche Kaisergeschichte berufen ... Die Kaisergeschichte ist das gewaltigste Epos, das – neben dem alten Rom – die Welt je gesehen hat. Diese Kühnheit, wenn man sich vorstellt, wie oft die Kerle über die Alpen geritten sind. Die Männer haben ein Format gehabt! Von Sizilien aus sogar haben sie regiert! Wir haben nur ein Unglück: daß wir bisher nicht den Dramatiker gefunden haben, der in die deutsche Kaisergeschichte hineingeht. Ausgerechnet Schiller mußte diesen Schweizer Heckenschützen (gemeint ist Tell, der Verf.) verherrlichen. Die Engländer haben ihren Shakespeare, dabei haben sie in ihrer Geschichte doch nur Wüteriche oder Nullen [125].« Dennoch imponierten ihm Heinrich VIII. und Oliver Cromwell.
Karl der Große, von Heinrich Himmler und anderen maßgeblichen Nationalsozialisten anfänglich auch nach 1933 noch als »Sachsenschlächter« bezeichnet, ist für Hitler, der den Kaiser in *Mein Kampf* nicht erwähnt, »einer der größten Menschen der Weltgeschichte, da er es fertiggebracht hat, die deutschen Querschädel zueinander zu bringen [126]«. Aber auch Karls Nachfolgern zollt er große Anerkennung und attestiert ihnen, ein halbes Jahrtausend lang die damalige »Welt beherrscht zu haben«. Während er selbstgerecht erklärt, »wenn mir die Führer der anderen Stämme des germanischen Raums begegnen ... bin ich in einer wunderbaren Lage durch meine Heimat: Ich kann darauf hinweisen, daß sie ein ... mächtiges Reich war ... durch 5 Jahrhunderte –, daß ich aber keinen Augenblick gezögert habe, meine Heimat dem Reichsgedanken zu opfern [127]«, richtet er Heinrich den Löwen. Ihm, den einige führende Nationalsozialisten (zusammen mit Heinrich I. und Lothar von Sachsen) zum Vorläufer nationalsozialistischer Ostpolitik machen und dem Kaiser und seiner Italienpolitik vorziehen wollten, wirft er 1942 vor, ein ungehorsamer »Kleinsiedler [128]« ohne besonderes Verständnis für die Ge-

schichte gewesen zu sein und »deutsches Blut ... slawisiert [129]« zu haben. Das Klima im Altertum und Mittelalter und die politische Struktur Europas rechtfertigten für Hitler, der ausdrücklich hervorhebt, »lieber ... zu Fuß nach Flandern als zu Rade nach dem Osten [130]« zu ziehen, daß die »deutschen« Kaiser nach Süden gingen. »Heute weiß man«, sagt er am 4. Februar 1942, »warum unsere Vorfahren nicht nach dem Osten, sondern nach dem Süden gezogen sind: Das ganze ostelbische Gebiet war damals nicht um ein Haar anders, als es heute für uns Rußland ist. Umsonst hat es die Römer nicht gegraut, über die Alpen zu steigen, und ohne Grund sind die Germanen da nicht hinunter. Griechenland war ein einziger Eichen- und Buchenhain, die Oliven sind erst später hinzugekommen ... Der Germane mußte nach einem sonnigen Klima ... In Griechenland und Italien konnte sich der germanische Geist erst entfalten! Im Laufe vieler Jahrhunderte ist er dann dahin gekommen, ein menschenwürdiges Dasein auch im nordischen Klima einzurichten ... Die Versetzung nach Germanien war für den Römer etwas Ähnliches wie für uns eine Zeitlang die Versetzung nach Posen ... ewige Regenzeiten und das ganze Gebiet ... Morast ... In einer Zeit, wo die anderen schon Steinstraßen besaßen, hat unser Land Zeugnisse einer Kultur nicht aufzuweisen. Zur Kultur haben nur die Seegermanen etwas beigetragen. Die Germanen, die in Holstein geblieben sind, waren nach 2000 Jahren noch Lackel, während ihre Brüder, die nach Griechenland ausgewandert waren, zur Kultur emporstiegen ... Bei allen Funden in unseren Gegenden bin ich skeptisch ... Für ihren Bernstein haben die Germanen der Küste diese Dinge bekommen. Sie waren auf keiner höheren Kulturstufe wie (heute) die ›Maori‹ [131].«

»Ich bedaure jeden«, gibt er offen zu, »der verdammt ist (dauernd die Ungastlichkeit bestimmter Landschaften), über sich ergehen lassen zu müssen. Aber wir haben die bayerische Hochebene hingekriegt, wir bekommen auch das hin [132]«. »Wir Nationalsozialisten«, heißt es bereits in *Mein Kampf*, ziehen »bewußt einen Strich unter die außenpolitische Richtung unserer Vorkriegszeit. Wir setzen dort an, wo man vor sechs Jahrhunderten endete. Wir stoppen den ewigen Germanenzug nach dem Süden und Westen Europas und weisen den Blick nach dem Land im Osten. Wir schließen endlich ab die Kolonial- und Handelspolitik der Zukunft. Wenn wir aber heute in Europa von neuem Grund und Boden reden, können wir in erster Linie nur an Rußland und die ihm untertanen Randstaaten denken [133].« Hitlers

Feststellung, daß die Germanen ausschließlich nach dem Süden und Westen gezogen seien, ließe sich lediglich rechtfertigen, wenn die Völkerwanderung von 375 bis 568 die ganze germanische Geschichte umfaßte, was jedoch nicht der Fall ist. Die Geschichte der Heruler, die bis zum Schwarzen Meer vordrangen, der Veneter, Mordwiner, Aesten und Anten am Kaukasus und der Ostgoten läßt Hitlers Behauptung eindeutig als verfälschende Geschichtsauslegung erscheinen. Ebenso gewaltsam akzentuiert ist Hitlers Erklärung, daß die deutsche Expansion nach Osten »vor sechs Jahrhunderten« aufgegeben worden sei, was bereits durch die Ostpolitik der Habsburger und Hohenzollern widerlegt wird. Allein die drei Teilungen Polens zwischen Preußen, Rußland und Österreich in den Jahren 1772, 1793 und 1795, in denen Preußen unter Friedrich dem Großen und Friedrich Wilhelm II. Westpreußen, das Bistum Ermland und den Netzedistrikt (1772), Danzig, Thorn, Posen und Kalisch (1793), Masovien mit Warschau, das Territorium zwischen den Flüssen Weichsel, Bug und Njemen und einen Teil des Gebiets von Krakau (1795) erhielt, bezeugen, daß Hitler eine zweckgebundene Geschichtsklitterung betrieb. Und nicht zuletzt auch die Außenpolitik des Reiches im Zusammenhang mit dem Frieden von Brest-Litowsk (März 1918), in dem Rußland auf seine Hoheitsrechte in Polen, Litauen und Kurland verzichten und infolge eines Ergänzungsvertrages vom 27. August 1918 auch der Entlassung Estlands und Finnlands aus dem russischen Staatsverband zustimmen mußte, widerlegen Hitlers Feststellungen *.

Mehr als die letzten 1000 Jahre deutsche Geschichte, schreibt Hitler 1925, beweisen die Unfähigkeit der Deutschen, Politik für die Zukunft zu treiben. Nur »eigentlich ... drei Erscheinungen[134]« sieht er als positive Ergebnisse »klar bestimmter außenpolitischer und ... politischer Vorgänge[135]« in der Geschichte ungefähr seit dem Ende des Karolinger-Reiches:

»1. Die hauptsächlich von Bajuwaren betätigte Kolonisation der Ostmark,

2. die Erwerbung und Durchdringung des Gebietes östlich der Elbe und

3. die von den Hohenzollern betätigte Organisation des brandenburgisch-preußischen Staates als Vorbild und Kristallisationskern eines neuen Reiches[136].«

* Bei den diesbezüglichen Angaben handelt es sich lediglich um Beispiele, die durch weitere geschichtliche Tatsachen ergänzt werden können.

Daß diese Deutung der geschichtlichen Wahrheit Gewalt antut, steht außer Zweifel und braucht an dieser Stelle nicht noch einmal belegt zu werden. Ob Hitlers konkrete Geschichtskenntnisse zu der Zeit, in der er sein Augenmerk vor allem sowohl auf die »Arier« als vermeintlich alleinige Kulturbringer [137] als auch auf die angebliche positive Beeinflussung der Kultur und Geschichte durch deutsches Blut einengte, noch so unzureichend waren, daß er es nicht besser wußte, läßt sich nicht beweisen, ist jedoch sehr wahrscheinlich. Sicher ist dagegen, daß er, obwohl er aus dem Ersten Weltkrieg als Binneneuropäer zurückgekehrt war und das, was ihn vor 1914 in München besonders faszinierte – das Meer und die Marine* – aus seinem Blickfeld verdrängt hatte, weiterhin seine in Linz und Wien von den deutschen Alldeutschen übernommenen Vorstellungen über eine deutsche Weltmacht verfocht, die nicht nur Kaiser Wilhelm II. und nicht wenige maßgebliche Politiker der Monarchie wie beispielsweise Tirpitz und der Reichskanzler Bethmann Hollweg auch gehegt und öffentlich geäußert hatten. So war denn auch nur konsequent, daß er die Wiederherstellung der deutschen Grenzen von 1914 für völlig unzureichend und unsinnig hielt [138]. »Wir haben uns«, schreibt er in *Mein Kampf*, »im Gegensatz zum Verhalten der Repräsentanten dieser Zeit, wieder zur Vertretung des obersten Gesichtspunktes jeder Außenpolitik zu bekennen, nämlich: Den Boden in Einklang zu bringen mit der Volkszahl [139].«

Nachdem sein Versuch, sich durch eine »nationale Revolution« gewaltsam an die Spitze einer neuen Regierung zu stellen und »Gegeschichte zu machen«, im November 1923 in München blutig gescheitert war und ihn erstmals ernste Zweifel an seiner Unfehlbarkeit – und eine schwere depressive Verstimmung – geplagt hatten, war er in der Festung Landsberg am Lech nach Überprüfung seiner früheren Vorstellungen von der Zukunft des Reiches zu der Überzeugung gelangt, daß er in dieser Hinsicht doch einiges revidieren müßte, was besonders sein Verhältnis zu Bismarck, zu den Kolonien und zur Auswanderung betraf. Sein vor 1923 in Linz, Wien und München aus der Geschichte der Außenpolitik und jeweiligen Konstellation der europäischen Mächtegruppen entwickeltes Konzept für eine deutsche Außenpolitik, behielt er jedoch bei. Er erwog Kombinationen mit Italien und England als Bündnispartner, hielt Frankreich für den

* Vgl. S. 204 f.

diplomatisch durch Bündnispolitik – notfalls auch durch Krieg – auszuschaltenden Feind Deutschlands und baute auf Rußland als dem Raum, der nach seiner Okkupation die Zukunft des Deutschen Reiches gewährleisten sollte. Daß er seine politischen Zielvorstellungen nicht pragmatisch aus der jeweiligen Gegenwart, sondern aus der Geschichte entwickelt, weltanschaulich voreingenommen artikuliert und im Prinzip schon 1920 verbindlich formuliert hat, beweist nicht zuletzt auch seine – nicht nur 1924/25 in *Mein Kampf* – durch besonders rüde Beschimpfungen, krasse Verzeichnungen und Unterstellungen charakterisierte Kritik an der deutschen Außenpolitik der Nachkriegszeit, in der er weder eine sichtbare noch verständliche Richtlinie entdecken zu können meinte [140]. Infolge seiner Geschichtsstudien in Österreich und München in der Zeit bis Ende 1923 und seinem späteren messianisch gespeisten Bedürfnis, Fehler korrigieren zu wollen, die im Laufe der Geschichte nach seiner Ansicht von den Regierenden begangen wurden, resultierten seine außenpolitischen Vorstellungen aus der Beurteilung der Bündnisse zwischen Deutschland, Österreich-Ungarn, Italien und Rußland und der Rolle Englands und Frankreichs bis 1914. Am Zweibund, dem Dreibund, dem Dreikaiserbündnis, dem Rückversicherungsvertrag und dem Orient-Dreibund rekonstruierte er Geschichte und vollzog auf seine Weise historische Entscheidungen nach. Daher gab er sich nach 1918 auch nicht die geringste Mühe, die außenpolitischen Erfolge der republikanischen Reichsregierung auch nur einigermaßen gerecht zu beurteilen. So verzeichnete er den Friedensvertrag von Versailles, die Konferenzen von Spa (5. bis 16. Juni 1920) und Genua (10. April bis 19. Mai 1922), die Verträge von Rapallo (am 16. April 1922 unterzeichnet) und Locarno (1. Dezember 1925) und beschimpfte die Sozialdemokratie als »Juden [141]« im Sinne seiner antisemitischen Interpretation und bezichtigte sie, deutschfeindliche »Erfüllungspolitiker« zu sein, die »durch freiwillige Unterwerfung die Gnade der Sieger gewinnen zu können meinten [142]« und dem deutschen Volk nur schadeten. Um den nach seiner Ansicht von »den Juden« inszenierten Verfall besonders eindrucksvoll zu charakterisieren, beschwor er die Zeit zwischen 1806 bis 1813 in Preußen herauf, die siebenjährige »Zeitspanne ... (die, der Verf.) genügt hatte ... das ... zusammengebrochene Preußen mit neuer ... Kampfbereitschaft zu erfüllen [143].« Er stellte sie seiner Gegenwart gegenüber, in der sieben Jahre nach »dem November 1918« der Vertrag von Locarno unterzeichnet wurde, dessen Bestimmungen er ausschließlich negativ auslegte und als »Unterdrükkungsmaßnahmen« und »Versklavungsedikte« bezeichnete, obwohl sie einen Sicherheits-, Rhein- oder Westpakt zwischen Deutschland, Belgien, Frankreich, Großbritannien und Italien vorsahen, die Unverletzlichkeit der Grenzen zwischen Deutschland, Belgien und Frankreich garantierten, Schiedsabkommen zwischen Deutschland und Belgien einerseits und zwischen dem Reich und Frankreich andererseits und Schiedsverträge sowohl zwischen Deutschland und Polen als auch zwischen Deutschland und der Tschechoslowakei zusicherten und die alliierte Zusage zur Räumung der Kölner Zone enthielten.

Hitlers Überlegungen von 1924, wie »das Leben der deutschen Nation in einer greifbaren Zukunft sich gestalten« müßte, »und wie ... man dieser Entwicklung ... die nötigen Grundlagen und die erforderliche Sicherheit ... im Rahmen der allgemeinen europäischen Machtverhältnisse [144]« geben könnte, gingen zwangsläufig von den Vorstellungen aus, die er nach seinen Studien über die Geschichte Österreichs und Deutschlands gewonnen hatte. Schon vor 1913, so stellte er 1924 fest, habe er das österreichische »Staatsgebilde besser gekannt« als die »offizielle Diplomatie«, die »blind ... dem Verhängnis entgegentaumelte [145]«. Daß sein Österreich-Bild damals tatsächlich umrißhaft schon für alle Zeit »fertig« war, bezeugen schriftliche Äußerungen, die er bereits vor Beginn seiner politischen Karriere ohne parteipolitische Absicht formulierte *. »Hätte man in Deutschland nur etwas klarer Geschichte studiert und Völkerpsychologie getrieben«, warf er der deutschen kaiserlichen Bündnispolitik vor, nachdem er seit 10 Jahren nicht mehr in Österreich lebte, »dann hätte man wohl keine Stunde glauben können, daß jemals Quirinal und Wiener Hofburg in einer gemeinsamen Kampffront stehen würden. Italien«, auf das er seit jeher große Hoffnungen setzte, »wäre ... eher zu einem Vulkan geworden, ehe eine Regierung es hätte wagen dürfen, dem ... fanatisch verhaßten Habsburgerstaat ... auch nur einen einzigen Italiener auf das Schlachtfeld zu stellen, außer als Feind ... Für Italien gab es deshalb ... nur zwei Möglichkeiten im Zusammenleben mit Österreich: entweder Bündnis oder Krieg. Indem man das erstere wählte, vermochte man sich in Ruhe zum zweiten vorzubereiten. Besonders seitdem das Verhältnis Österreichs zu Rußland immer mehr einer kriegerischen Auseinandersetzung entge-

* Vgl. z. B. S. 133.

gentrieb, war die deutsche Bündnispolitik ebenso sinnlos wie gefährlich[146].« Seine Darstellungen der historischen Beziehungen zwischen Österreich und dem Reich einerseits und Italien und Rußland andererseits bezeugen deutlich, daß sich viele Details und Zusammenhänge in seinem Bild nicht mit den Tatsachen decken. So behauptete er 1928 beispielsweise, daß der »(Zwei-)Bund mit Österreich ... die Feindschaft mit Rußland gebracht[147]« habe und erklärte darüber hinaus: »Diese Feindschaft mit Rußland ... war der Grund, warum der Marxismus mit allen Mitteln, wenn auch nicht die deutsche Außenpolitik deckte, dann doch eine andere Wirklichkeit unmöglich machte[148].« Tatsache ist dagegen, daß der Zweibund zwischen dem Deutschen Reich und Österreich-Ungarn als Sicherung gegen russische Angriffe oder von Rußland unterstützte Angriffe nicht vor dem Beginn der »Feindschaft« Rußlands, sondern als Folge der Verschlechterung der deutsch-russischen Beziehungen im Jahre 1879 nach dem Berliner Kongreß geschlossen wurde. Daß der 1882 durch die Einbeziehung Italiens zum Dreibund erweiterte Zweibund Rußland nicht von den Mittelmächten entfernte, sondern wieder an sie heranführte, widerspricht Hitlers Geschichtsdeutung ebenfalls. Mehr als fragwürdig ist die Behauptung bezüglich der Marxisten, da die Sozialdemokraten 1881 12 und 1884, 6 Jahre nach der Verkündigung des 1890 nicht mehr verlängerten Sozialistengesetzes, insgesamt nur 24 von rund 400 Abgeordneten im Reichstag hatten. Den Rückversicherungsvertrag, den Bismarck 1887 mit Rußland als »Ersatz« für das infolge der Spannungen zwischen Österreich-Ungarn und Rußland nicht verlängerte Dreikaiserbündnis schloß, beurteilte Hitler als Schachzug des Reichskanzlers zur Befreiung Deutschlands von den Bündnisverpflichtungen gegenüber Österreich-Ungarn im Falle eines Krieges zwischen Rußland und Österreich[149]. In Wirklichkeit aber sah der Vertrag die Neutralität der Partner für den Fall eines Krieges gegen Dritte – und seine Aufhebung für den Fall vor, daß Deutschland Frankreich und Rußland Österreich angreife. Er beschuldigte das Haus Habsburg, »an der italienischen Freiheit und Unabhängigkeit im Laufe der Jahrhunderte[150]« ungeheuerlich gesündigt zu haben, obwohl davon erst nach 1820, nach dem Eingreifen österreichischer Truppen zum Beispiel in Rieti (1821), Piemont, Bologna und Parma (1831), die Rede sein kann. Wie die nationalistischen Ungarn und die meisten der 8 Millionen Deutschösterreicher der deutschen Erblande, die sich 42 Millionen Nichtdeutschen gegenübersahen, war er zeitlebens überzeugt, daß die

Habsburger, besonders Franz Ferdinand, die 13 Völkerschaften der Doppelmonarchie nicht gleichberechtigt behandelt, sondern die Deutschen und Deutschösterreicher benachteiligt hätten, was nicht zutrifft. Spätestens seit 1920 trat Hitler beharrlich für ein deutsch-italienisches Bündnis ein, das er als eine der wichtigsten Aufgaben künftiger deutscher Außenpolitik ansah [151]. Mussolini spielte in diesem Zusammenhang zunächst keine Rolle. Daß Hitler seit Mussolinis »Marsch auf Rom«, der von maßgeblicher Bedeutung auch für seine »Führer«-Karriere [152] wurde und einen seiner führenden Gefolgsleute schon am 3. November 1922 dazu bewog, ihn als »deutschen Mussolini [153]« zu feiern, den Juden und Marxisten vorwarf, von den autoritär regierten Staaten nur Italien zu bekämpfen [154], war eine propagandistische Unterstützung des Mussolini-Regimes, das in Italien seit Ende 1922 zu verwirklichen versuchte, was ihm umrißhaft auch als politische Lösung für Deutschland vorschwebte. Mussolini als Bündnispartner war eine Folge der politischen Entwicklung in Italien, die Hitler zwangsläufig begrüßte, nicht jedoch die Voraussetzung. Hitler, der in dem Faschistenführer zwar den mit Abstand besten Mann in Rom sah, obwohl er immer wieder von ihm enttäuscht wurde, nachdem es am 22. Mai 1939 durch den deutsch-italienischen Freundschafts- und Militärpakt (»Stahl-Pakt«) endlich zur Verwirklichung des Hitler-Wunsches gekommen war. Hitler hielt an seinem zu früh programmatisch formulierten außenpolitischen Konzept bis 1945 auch in den Augenblicken fest, in denen es im Zusammenhang mit Italien zu einer Last wurde: so blieb Mussolini 1939 neutral; als er nach dem französischen Kapitulationsangebot am 17. Juni 1940 aktiv in den Krieg eingriff, scheiterte sein »Frankreich-Feldzug« nach billigen Anfangserfolgen bereits schmählich in Mentone; im November 1942 in Stalingrad brachen die Russen bei den Italienern und Rumänen durch und schlossen die sechste Armee ein, und 1943 erklärte die Regierung Badoglio dem Dritten Reich den Krieg. Dieses Festhalten bestätigt, daß er die Einsichten, die er vor dem Ersten Weltkrieg gewann, selbst in diesem Falle über die Wirklichkeit stellte. Daß das Bündnis nicht hielt, was er sich davon versprochen hatte, gab er erst Anfang 1945 zu, nachdem niemand mehr daran zweifeln konnte. »Das Bündnis mit Italien«, gestand er im Februar und schob Mussolini die Schuld für die Niederlage zu, »hat ganz offensichtlich mehr unseren Feinden geholfen, als es uns genützt hat. Während ich mich nach Montoire begab, benutzte Mussolini die Gelegenheit meiner Abwesenheit, um seinen unglückseligen Griechenlandfeldzug zu starten. Gegen unseren Willen waren wir gezwungen, mit Waffengewalt in die Ereignisse auf dem Balkan einzugreifen, woraus sich die unheilvolle Verspätung des Aufmarsches gegen Rußland zwangsläufig ergab. Hätten wir Rußland schon vom 15. Mai an angegriffen, alles wäre anders gekommen [155].«

Hitlers Vorstellungen über eine deutsch-englische Allianz, die die »notwendige« deutsche Expansion im Osten abschirmen sollte, waren im wesentlichen von politischem Wunschdenken bestimmt. Mit geschichtlichen Erfahrungen hingen sie bestenfalls nur mittelbar zusammen. Die deutsch-englischen Bündnisse, die beispielsweise während des Spanischen Erbfolgekriegs (1701–1714) zwischen dem englischen König Wilhelm von Oranien, dem römisch-deutschen Kaiser, Preußen, dem Reich und später Portugal und Savoyen und im Siebenjährigen Krieg von 1756 bis 1763 zwischen England und Preußen bestanden haben, waren geschlossen worden, um das expansionslüsterne Frankreich niederzuwerfen. Hitler, der Frankreich als Erbfeind des Reiches begriff und grundsätzlich andere Ziele als Preußen und England in der Vergangenheit verfocht, hielt es offensichtlich für möglich, daß Deutschland durch ein Bündnis mit England in die Lage versetzt werden könnte, ausgerechnet das zu unternehmen, was England und Preußen durch ihre Bündnisse unterbinden wollten: Aggressionen militanter Staaten. Er war der Ansicht, die geschichtlichen Tatsachen bewiesen, daß England zur Zeit der Monarchie durch angemessene deutsche Gegenleistungen auf der Grundlage eines Geschäfts für ein Bündnis mit Deutschland zu gewinnen gewesen wäre [156], so daß das Reich seinen »Germanenzug [157]« im europäischen Rahmen, d. h. gegen Rußland, hätte führen können. In der Vergangenheit gab es in Hitlers Prisma im Zusammenhang mit England nur zwei Möglichkeiten für Deutschland »... entweder ... europäische Bodenpolitik ... gegen Rußland mit England im Bunde, (oder, der Verf.) ... umgekehrt Kolonial- und Welthandelspolitik ... gegen England mit Rußland«, was allerdings zwangsläufig zur Folge gehabt haben würde, daß das Reich »Österreich schleunigst (hätte, der Verf.) fahren« lassen müssen. »Nach jeder Richtung hin«, erklärte er 1924 in Übereinstimmung mit seiner bereits mehr als 10 Jahre alten Auffassung *, »war dieses Bündnis mit Österreich um die Jahrhun-

* Vgl. u. a. S. 133.

dertwende schon ein wahrer Wahnsinn[158].« Seit wann er England als deutschen Bündnispartner auch für die Zukunft empfahl, ist nicht auf den Tag genau feststellbar. Sicher ist lediglich, daß er am 1. August 1920, als er sich erstmals öffentlich für ein deutsches Bündnis mit Italien einsetzte, von England als möglichem deutschen Verbündeten noch nicht sprach[159]. Wahrscheinlich ist, daß er sich erst im Frühjahr 1923 für England entschied, nachdem er im Zusammenhang mit der Ruhrbesetzung durch französische und belgische Truppen mit Genugtuung registriert hatte, daß England dem Votum der Reparationskommission vom 9. Januar 1923, in dem Deutschland schuldhafte Verfehlungen im Rahmen der ihm auferlegten Kohlenlieferungen zugeschrieben wurden, nicht zugestimmt hatte und sich seitdem ostentativ von allen Repressalien gegenüber dem Reich fernhielt. Darüber hinaus setzte Hitler infolge seiner Studien über die Geschichte des 18. Jahrhunderts voraus, daß England und Frankreich trotz der Entente cordiale von 1907 und der Waffenbrüderschaft von 1914 bis 1918 im Grunde Feinde seien, weshalb es gelingen müsse, durch eine offen bekundete Feindschaft gegenüber Frankreich, England für eine Allianz mit Deutschland zu gewinnen. Von England erwartete er, daß es »das Emporsteigen einer kontinentalen Macht zu weltpolitischer Bedeutung[160]« zu verhindern versuchen werde, was sich nach seiner Auffassung zuerst gegen Frankreich richten müsse, dem England unter gar keinen Umständen die Möglichkeit bieten könne, die westeuropäischen Eisen- und Kohlengruben[161] in Besitz zu nehmen. So folgerte er als programmatische Richtlinie für eine kluge und zukunftsträchtige deutsche Außenpolitik denn auch: »England wünscht kein Deutschland als Weltmacht, Frankreich aber keine Macht, die Deutschland heißt: ein ... sehr wesentlicher Unterschied! Heute aber kämpfen wir nicht für eine Weltmachtstellung, sondern haben zu ringen um den Bestand unseres Vaterlandes, um die Einheit unserer Nation und um das tägliche Brot ... Wenn wir von diesem Gesichtspunkte aus Ausschau halten wollen nach europäischen Bundesgenossen, so bleiben nur zwei Staaten übrig: England und Italien[162].« Dieses Bündnis hat er nicht realisieren können. Als ein entscheidendes Hindernis erwiesen sich dabei nicht zuletzt die – von ihm schließlich selbst bedauerten – außenpolitischen Erörterungen in *Mein Kampf*[163]. Die Reaktion der englischen Presse auf die 1939 erschienene Übersetzung ist beredt genug. *The Daily Telegraph* vom 23. März 1939 und *The Times* vom 25. März 1939 drückten aus, wie gut die politische Führung und die englische Öffentlichkeit verstanden hatten, welche Rolle ihnen in Hitlers Konzept zugedacht war. Joachim von Ribbentrops Londoner Botschafterberichte an den Reichsaußenminister Konstantin von Neurath hatten Hitler bereits seit Dezember 1936 vor Illusionen hinsichtlich der englischen Kampfbereitschaft im Falle eines deutschen Kriegsbeginns gewarnt[164]. Die englische Kriegserklärung, die ihm am 2. Januar 1938 von Joachim von Ribbentrop im Rahmen seiner »Schlußfolgerungen« als sichere Reaktion auf eine deutsche Kriegsaktion prophezeit[165] worden war, demonstrierte Hitler am 3. September 1939 drastisch, daß er sich bei der Beurteilung Großbritanniens geirrt und der von ihm seit rund 20 Jahren propagierte Raubkrieg zur Gewinnung von Land im Osten durch seine Unterstützung (auf Kosten eines offiziellen deutschen Verzichtes auf Kolonien und auf eine besonders starke Kriegsflotte) nicht in die Tat umgesetzt werden konnte. Allerdings hatte er sich bereits am 23. Mai 1939, am Tage nach der Unterzeichnung des »Stahl-Paktes« zwischen Deutschland und Italien, von seinen ursprünglichen Richtlinien abgesetzt und erklärt: »Wir müssen alle Brücken hinter uns abbrechen« und den Krieg gegen England vorbereiten[166]. Wieweit Ribbentrops »Schlußfolgerungen« dabei eine Rolle spielten, in denen davon die Rede war, daß England kämpfe, sobald es stärker als Deutschland sei, da es das Dritte Reich nicht als starkes Machtzentrum in der Mitte Europas dulden werde[167], sei hier dahingestellt. Nach der Niederwerfung Polens versuchte er mit seinem Friedensangebot an die Westmächte zwar an seine frühere These anzuknüpfen und England ein »Geschäft« anzubieten, d. h. die Garantie für seine Aktionsfreiheit im Osten gegen das Versprechen einzutauschen, auf alle politischen Ziele im Westen zu verzichten; aber auch dann mußte er einsehen, daß er sich getäuscht hatte. Seine Hoffnungen, England schließlich durch die Niederwerfung Frankreichs in seine Arme treiben zu können, erfüllte sich auch nicht, ebensowenig die von Illusionen genährte Erwartung, daß die Russen unter der bolschewistischen Führung nicht kämpfen würden.

Frankreich ist Hitler seit Beginn seiner politischen Tätigkeit mit Mißtrauen und Feindschaft begegnet[168]. In den Rahmen seiner Äußerungen über Außenpolitik gehört bereits vor der Niederschrift von *Mein Kampf* besonders auffallend ein deutlich spürbarer antifranzösischer Affekt. Sowohl seine Argumente gegen die Friedensbestimmungen nach dem Ersten Weltkrieg als auch die Äußerungen über die

Wiedergewinnung abgetrennter deutscher Gebiete und die Erörterungen über die möglichen Bundesgenossen für Deutschland, um hier nur einige Punkte zu nennen, sind wesentlich von einer krassen antifranzösischen Haltung beeinflußt. Bereits am 6. Juni 1920 hatte er festgestellt: »Für uns sitzt der Feind jenseits des Rheins, nicht in Italien oder sonstwo [169].« Offen beschuldigte er Frankreich seitdem, Deutschland in Kleinstaaten auflösen und vernichten zu wollen und eine Hegemonie über Europa anzustreben [170]. In *Mein Kampf* warf er den Franzosen darüber hinaus vor, »den Bestand der weißen Rasse Europas« durch »die Verpestung durch Negerblut am Rhein [171] zu gefährden«. »Was Frankreich, angespornt durch eigene Rachsucht, planmäßig geführt durch den Juden, heute in Europa betreibt«, erklärt er, »ist eine Sünde wider den Bestand der weißen Menschheit und wird auf dieses Volk dereinst alle Rachegeister eines Geschlechts hetzen, das in der Rassenschande die Erbsünde der Menschheit erkannt hat. Für Deutschland ... bedeutet die französische Gefahr die Verpflichtung, unter Zurückstellung aller Gefühlsmomente, dem die Hand zu reichen, der ... Frankreichs Herrschgelüste nicht erdulden und ertragen will. In Europa wird es für Deutschland in absehbarer Zukunft nur zwei Verbündete geben können: England und Italien [172].« Er war überzeugt, daß Frankreich infolge einer grundsätzlich deutschfeindlichen Haltung und seiner Hegemoniebestrebungen von deutscher Seite niedergeworfen werden müsse, wenn die Einheit des deutschen Volkes gewahrt bleiben solle und das Reich schließlich einen freien Rücken für seine »notwendige« gewaltsame Raumgewinnung im Osten haben wolle. Übereinstimmend schrieb er auch in seinem Zweiten Buch: »... wenn für Deutschland überhaupt eine Wahl bleibt zwischen Frankreich und Italien, dann kann ... nur Italien in Frage kommen. Denn ein Sieg mit Frankreich über Italien bringt uns Südtirol und im übrigen ein stärkeres Frankreich als nachträglichen Feind. Ein Sieg Deutschlands über Frankreich mit Hilfe Italiens bringt uns Elsaß-Lothringen als mindestes und als höchstes ... die Freiheit zur Durchführung einer wirklich großzügigen Raumpolitik [173].« Niemals hat Hitler sein bereits kurz nach dem Ersten Weltkrieg öffentlich verkündetes Frankreich-Bild grundsätzlich korrigiert [174].

Eine deutsch-russische Allianz hat Hitler infolge seiner weltanschaulich bedingten Voreingenommenheit nicht nur zwischen 1924 und 1926 konsequent abgelehnt, während er *Mein Kampf* diktierte, sondern – mit im wesentlichen gleichen Argumenten – nahezu ununterbrochen

Adolf Hitlers Elternhaus von 1892 bis 1895 in Hafeld bei Lambach an der Traun.

Das Männerheim in der Wiener Meldemannstraße, in dem Hitler von Dezember 1909 bis Mai 1913 wohnte.

Hitler-Zeichnung aus dem I. Weltkrieg: Unterstand in Fournes, Frankreich

von 1920[175] bis 1939 und von 1941 bis 1945. Nur zum Schein wich er kurzfristig aus taktischen Erwägungen von seiner Linie ab. So erklärte er beispielsweise am 23. 3. 1933 vor dem Reichstag: »Gegenüber der Sowjetunion ist die Reichsregierung gewillt, freundschaftliche ... Beziehungen zu pflegen ... die Regierung der nationalen Revolution sieht sich zu einer solchen positiven Politik ... in der Lage[176].« Und am 20. August 1939 stellte er in einem Telegramm an Stalin sogar fest: »Der Abschluß eines Nichtangriffspaktes mit der Sowjetunion bedeutet für mich eine Festlegung der deutschen Politik auf lange Sicht. Deutschland nimmt damit wieder eine politische Linie auf, die in Jahrhunderten ... für beide Staaten nutzbringend war[177].« Ihm war gleichgültig, wer in Rußland die Zügel in Händen hielt. Die Tatsache, daß die von ihm als Juden bezeichneten Bolschewisten herrschten, hat seine Entscheidungen nicht wesentlich bestimmt. Ausdrücklich erklärte er 1925: »... als völkischer Mann, der den Wert des Menschentums nach rassischen Grundlagen abschätzt, darf ich schon aus der Erkenntnis der rassischen Minderwertigkeiten dieser sogenannten ›unterdrückten Nationen‹ nicht das Schicksal des eigenen Volkes mit dem ihren verketten ... Das derzeitige, seiner germanischen Oberschicht entkleidete Rußland ist ... kein Verbündeter für einen Freiheitskampf der deutschen Nation[178].« Während er von den Russen und den bis zum Ural hin lebenden anderen Völkerschaften behauptete, daß sie für ein Bündnis mit Deutschland schlechthin nicht geeignet seien, da ihnen als Slawen die staatsbildende Kraft fehlte, unterstellte er den Sowjets, ein Werkzeug »des Weltjudentums« zu sein und eine »jüdische Weltherrschaft« anzustreben. So erklärte er unter anderem: »Im russischen Bolschewismus haben wir den im zwanzigsten Jahrhundert unternommenen Versuch des Judentums zu erblicken, sich die Weltherrschaft anzueignen[179].« Ribbentrop erklärte kurz vor seiner Hinrichtung in Nürnberg: »Nach meiner Rückkehr aus Moskau (im September 1939, der Verf.) habe ich ... oft mit Adolf Hitler (über die Frage einer angeblich von jüdischer Seite betriebenen Bolschewisierung der Welt, der Verf.) gesprochen, und ich gewann den Eindruck, daß er – zumindest ... 1939 und 1940 – sich meinen Auffassungen nähere (daß das nicht der Fall sei, der Verf.). Allerdings schwankte er sehr stark in seinen Meinungsäußerungen, und ich weiß nicht, ob und inwieweit bei ihm taktische Erwägungen mir gegenüber eine Rolle spielten ... Im weiteren Verlauf des Krieges ist der Führer dann wieder immer schärfer

zu seiner Auffassung über die angebliche Wirksamkeit einer internationalen jüdischen Verschwörung zurückgekehrt [180].« Am 17. September 1944, rund 240 Tage vor seinem Selbstmord, als das Ende des Krieges mit Riesenschritten näher rückte, die ganze Südfront in der Sowjetunion bis zum Schwarzen Meer eben zusammengebrochen war, die Rote Armee (seit dem 9. September) Bulgarien besetzte, eine finnische Delegation in Moskau weilte, um den Waffenstillstand zu unterzeichnen, von den Deutschen der Peloponnes und die Ionischen Inseln geräumt waren und die deutsche Wehrmacht an allen Fronten rasch an Boden verlor, erklärte er seinem Arzt Dr. Giesing: »Ich habe ... im Juni 1941 den Kampf gegen den Moloch Bolschewismus aufgenommen, und ich werde ihn auch zu einem siegreichen Ende führen. Mein einziger Gegner ist Stalin, der mir einigermaßen ebenbürtig ist. Ich muß ihm hohe Anerkennung zollen für das, was er aus Rußland gemacht ... und für das, was er militärisch geleistet hat. Aber zum Schluß wird die Welle des Bolschewismus doch an der ehernen nationalsozialistischen Weltanschauung zerbrechen, und ich werde diese ostasiatische Brut zertreten. Meine beiden anderen Gegner, Churchill und Roosevelt, sind weder politisch noch militärisch irgendwelche Faktoren. England wird hierbei vollständig zerbrechen, und von seinem Weltreich wird nichts mehr übrigbleiben. Amerika wird sich das, was noch übrigbleibt, einverleiben, und das englische Empire wird aus der Geschichte gestrichen. Ich verstehe die Dummheit dieser Leute nicht. Sie sehen gar nicht, welche Gefahr der Bolschewismus darstellt – und daß sie selbst den Ast absägen, auf dem sie sitzen. Ich möchte wünschen, daß, bevor es zu spät ist, diese beiden Mächte ... einsehen, daß sie auf der falschen Seite kämpfen, und ich sehe ganz deutlich den Zeitpunkt vor mir, wo ich ... das Zünglein an der Waage sein werde, bei der Entscheidung zwischen den Russen einerseits und den Anglo-Amerikanern andererseits. Die Vorsehung hat mir ... gezeigt, daß es kein Paktieren mit dem Bolschewismus gibt, und ich werde niemals Rußland die Hand reichen [181].«
Das deutsch-sowjetische Bündnis, Hitlers vorübergehender »Verrat« am wesentlichsten Teil seiner außenpolitischen Lehre, war eine ausschließlich taktische Reaktion auf die politische Situation unmittelbar vor dem Zweiten Weltkrieg. Die in *Mein Kampf* formulierte und an die Adresse der Reichsregierung gerichtete Warnung, daß ein deutsch-russisches Bündnis eine Herausforderung an die Westmächte darstelle, zumal sie im Falle eines Krieges in der Lage wären, ihre Luftangriffe

auf das Gebiet des Reiches zu konzentrieren, das auf eine wirksame russische Hilfe nicht rechnen könne [182], hat Hitler selbst nicht beachtet. Seine Bereitschaft zur unmittelbaren Auslösung des Krieges gegen Polen, die Hoffnung auf ein mögliches Arrangement mit England, das zunehmende Gewicht der – an Polen grenzenden – Sowjetunion im europäischen Kräftespiel und die Tatsache, daß Japan zwar Bündnisverpflichtungen mit dem Dritten Reich einging, zu dem von Hitler beharrlich geforderten Global-Abkommen, das ein unmittelbares japanisches Engagement gegen die USA einschloß, jedoch nicht zu veranlassen war, bewog Hitler zu einer vorübergehenden Entscheidung für die Wirklichkeit auf Kosten seiner »Weltanschauung«. Sein »Gewissen« beruhigte er vorübergehend möglicherweise mit historisierenden Überlegungen, die er im Zusammenhang mit Rußland auch formuliert hatte. Es war ihm einst immerhin als der einzige Bündnispartner in der Vergangenheit erschienen, mit dessen Unterstützung das Reich gegen England hätte Weltpolitik treiben können [183]. Als er am 22. Juni 1941 dann nicht nur wieder an seine Lehre anknüpfte, die er über Rußland seit Beginn seiner politischen Laufbahn verbreitet hatte, sondern sie nun auch in die Tat umzusetzen begann, meinte er im Westen sicher zu sein und war sichtlich froh, sich nach außen hin nicht länger selbst widerlegen zu müssen *. Daß er Japan – anstatt zur Zurückhaltung gegenüber den USA – zum raschen aktiven Eingreifen ermunterte [184], war ein grober Fehler, da der japanische Angriff auf Pearl Harbour vom 7. Dezember 1941 (rund 180 Tage nach der Errichtung der von Hitler solange als verhängnisvollen Fehler bezeichneten zweiten Front) den Kriegseintritt der Vereinigten Staaten – und die deutsche Kriegserklärung an die USA – auslöste, was im Grunde bereits die Entscheidung des (damit Zweiten) Weltkrieges zugunsten seiner Feinde einleitete; aber die Winkelzüge der japanischen Außenpolitik waren kaum durchschaubar, so daß von einer Mißachtung oder Wunschdeutung der tatsächlichen Verhältnisse durch Hitler in diesem Falle nicht die Rede sein kann.

So wich die Gruppierung der Mächte im Jahre 1939, als Hitler den Beginn der letzten Phase seines Weltmacht-»Programms« auslöste, den ersten »Blitzkrieg«, erheblich von der Freund-Feind-Konstellation ab, die er seit Beginn der zwanziger Jahre als Voraussetzung für die von ihm als notwendig begriffene deutsche Expansion und Er-

* Vgl. die Feststellungen in den letzten beiden Kapiteln.

füllung der Geschichte ansah. Was er der deutschen und habsburgischen Außenpolitik nach seinen Betrachtungen in Wien und München 1913 schon als unverzeihlichen Fehler angerechnet hatte *, eine »falsche« und im Grunde geschichtsfremde Bündnispolitik [185], mußte er sich zu Beginn seines Krieges schließlich selbst als Fehler auf seine eigene Rechnung setzen. Daß er es dennoch nicht tat und die Schuld für den Mißerfolg seiner Außenpolitik auch im Laufe der Zeit nicht bei sich, sondern ausschließlich bei seinen europäischen Verbündeten suchte [186], hing mit seiner Unfähigkeit zusammen, eigene Fehler (außer z. B. im Zusammenhang mit Stalingrad) einzusehen und einzugestehen. Er wollte als Irrtum grundsätzlich nur begreifen, was mit seinen dogmatischen Vorstellungen nicht übereinstimmte. Die Tatsache, daß er fest überzeugt war, aus der Geschichte viel gelernt und sie ausschließlich richtig verstanden zu haben, mußte bei seinem Verhältnis zur Vergangenheit und ihrer Deutung – nicht nur außenpolitisch – katastrophale Folgen haben.

Hitlers Weltanschauung und sein Charakter ließen weder eine Geschichtsbetrachtung ohne Zorn und Eifer noch eine auch nur einigermaßen unbefangene Beurteilung der Rolle der verschiedenen sozialen Klassen, einzelnen Berufsschichten und Konfessionen zu. Wie er feststehende geschichtliche Fakten eigenwillig umdeutete und in sein Geschichtsbild einordnete, so mußten sich auch die Menschen Wertungen gefallen lassen, in denen sie sich in vielen Fällen nicht wiedererkannten. Er polemisierte, als er es gar nicht mehr nötig hatte, herablassend und zum Teil ausfallend gegen »die oberen Zehntausend«, gegen Könige und Fürsten und beschimpfte die Angehörigen des deutschen Kaiserhauses als »Hohenzollern-Brut«, verspottete sarkastisch die Professoren und Lehrer **, besonders die Volksschullehrer, haßte die Juristen, verdächtigte Finanzleute als Gauner und verachtete die Geistlichen beider Konfessionen. Aber auch das Bürgertum schlechthin, das ihm seit seinem parteipolitischen Engagement auffallend zahlreich folgte und rasch die Mehrheit im Rahmen der NSDAP bildete ***, mißachtete er ebenso wie »die Masse«, an die er sich von 1919

* So schrieb er im Februar 1915 in einem Feldpostbrief an den mit ihm seit 1913 bekannten Münchner Justiz-Assessor Hepp: »Mit Österreich wird die Sach(e) kommen, wie ich es immer sagte.« Vgl. Maser, *Die Frühgeschichte der NSDAP*, Tafel 4, S. 81, Dok. im Bundesarchiv Koblenz, NS 26/4.

** Darin glich er nicht zuletzt auch seinem »Lehrer« Bölsche.

*** Vgl. S. 252.

bis 1933 unentwegt wandte. Nur die Hanseaten, deren Sprache er gern und ausgezeichnet kopierte, ließ er gelegentlich gelten. Während Karl Marx der Bourgeoisie im *Kommunistischen Manifest* noch attestiert hatte, »in der Geschichte eine höchst revolutionäre Rolle gespielt [187]« zu haben, war Hitler nicht bereit, dem Bürgertum ein geschichtliches Verdienst zuzubilligen. »Keine Bevölkerungsschicht«, sagte er 1942, sei »in politischen Dingen ... blöder als dieses sogenannte Bürgertum [188]«. Ärgerlich und ironisch kritisierte er, daß es vor allen Dingen den Antisemitismus in der Form, wie er ihn praktizierte, weder begriff noch insgeheim akzeptierte [189].
Die Verfahrensweise, Hitlers Geschichtskenntnisse nach den Maßstäben eines Examens zu beurteilen, wäre fehl am Platze und ginge von Voraussetzungen aus, die mit seiner Persönlichkeit kaum etwas zu tun hätten, wenn Hitler der Geschichte nicht einen besonderen Ort im Rahmen seiner »Weltanschauung« zugeordnet hätte. Immer wieder hat er betont vorgegeben, sie recht verstanden zu haben und seine Politik als die beste und konsequenteste Weise der Umsetzung dieser »Erkenntnis« bezeichnet. »Wenn die Menschheit Geschichte studieren würde«, formuliert er am 27. Januar 1942 richtungweisend, »was für Konsequenzen würden sich ergeben [190].« Percy Schramms Feststellung, daß es »viele Politiker gegeben« habe, »die von der Geschichte nicht einmal Falsches wußten«, so daß Hitlers historisches Wissen nicht »wie nach einem Schulexamen [191]« zensiert werden dürfe, übersieht die Tatsache, daß Hitlers Politik nur schwerlich pragmatisch und seine Beschäftigung mit der Geschichte kaum als unverbindlicher müßiggängerischer Zeitvertreib bezeichnet werden können. Hitler, der sich für einen Denker hielt, sah seine Auseinandersetzung mit der Geschichte ausdrücklich als Grundlage seines politischen Denkens und Handelns an, das er als große »Geschichte machende« Politik begriffen sehen wollte. Daß er die geschichtlichen Einzelheiten wie zufällig zusammengefügt habe, wie Schramm meint [192], trifft ebenfalls nicht zu. Er hat, was durchaus legitim ist, in seinem Bild von der Geschichte die Details besonders beleuchtet, die er für wesentlich hielt. Sein Geschichtsverständnis, das er als objektives Spiegelbild der Wirklichkeit ansah, trug stark verzerrte, ohne Rücksicht auf anerkannte Forschungsergebnisse individuell und eigenwillig gewaltsam akzentuierte Züge. Da die Generale, Frontoffiziere, Künstler und anderen Gäste Hitlers, Martin Bormann, Albert Speer, die Professoren Theo Morell und Heinrich Hoffmann, die Adjutanten und

weiteren Mitarbeiter seiner Umgebung, nur wenig oder nahezu gar nichts von Geschichte verstanden, fiel während der zahlreichen Äußerungen Hitlers über historische Fragen niemandem auf, wann und wo etwas nicht stimmte. Sie hörten Neues, fühlten Hitlers Sicherheit und glaubten einen einmaligen Blick hinter den Schleier der Geschichte tun zu dürfen. Aber auch Historikern wäre es gelegentlich mit Sicherheit nicht leichtgefallen, Einzelheiten zu korrigieren oder überzeugend anders darzustellen. So behauptete Hitler, um nur einige Beispiele anzuführen, daß die römischen Externsteine im ostelbischen Gebiet »sicher nicht Kultstätten, sondern Zufluchtspunkte [193]« gewesen seien, auf die sich die Römer in Notsituationen zurückzogen. Da diese These umstritten ist, hätte Hitlers Autorität zuletzt doch jeden Diskussionspartner unterliegen lassen. Anders als die weitaus meisten Historiker wertete er das Wahlrecht im mittelalterlichen Reich, das in seinem Prisma als eine Art Republik mit germanischer Auffassung erschien, und er führte Begründungen an, über die sich diskutieren ließ. Die Erbmonarchie betrachtete er als Quelle der Degeneration, die gelegentlich dazu führte, daß Trottel und Kinder Staatsoberhäupter werden konnten. Was würde, so fragte er beispielsweise Ende März 1942, wenn der 21jährige »blitzdumme ... restlos verzogene [194]« und im Auftrage König Carols II. von Frauen erzogene König Michael von Rumänien ohne den Marschall Antonescu dastünde, und was für ein Thronfolger sei Peter von Jugoslawien gewesen, der sich, als er nach dem Staatsstreich vom 27. März 1941 zur Macht gekommen sei, in »den Keller gesetzt und geflennt [195]« habe. »Die Chancen, nicht einen totalen Idioten als Staatschef zu bekommen«, erklärt er, seien bei Wahlen geringer als im Rahmen von Erbmonarchien, was die Geschichte der deutschen Kaiser am besten beweise. Während in Erbmonarchien von zehn Regenten mindestens acht Trottel gewesen seien, habe es unter den deutschen gewählten »Riesen-Erscheinungen« niemanden gegeben, auf den eine solche Bezeichnung gepaßt hätte [196]. Napoleons Niedergang bringt Hitler nicht mit seinem Rußlandfeldzug in Zusammenhang, sondern erklärt ihn – und auch damit steht er außerhalb der Schulmeinung – als zwangsläufige Folge eines typischen korsischen Familiensinns und der »Geschmacklosigkeit«, sich zum Kaiser erhoben und mit der »Degeneration gemein gemacht [197]« zu haben. Napoleons Verwandten-Protektion, die Hitler stets konsequent unterlassen, als »Protektion des eigenen Ich [198]« und als Unterbindung des notwendigen Leistungsprinzips gedeutet hat, ist für ihn sowohl ein Beweis für eine unglaubliche menschliche Schwäche Napoleons als auch für die Herausforderung der Geschichte, die jeden strafe, der das nicht begriffen habe. Hitler setzt feststehende geschichtliche Ereignisse und deren allgemein bekannte Beurteilung voraus, beleuchtet sie auf seine Weise und stützt seine Darstellung durch Einzelheiten aus einwandfreien historischen Quellen, zitiert aus Briefen von Herrschern, zum Beispiel von Peter dem Großen und Napoleon [199] und, was in Österreich selbst seriöse Historiker tun, aus Veröffentlichungen obskurer österreichischer Sektierer, die den deutschen Fachleuten oft nicht einmal dem Namen nach bekannt waren. Daher war er in der Lage, in vielen Fragen mit »Kenntnissen« aufzuwarten, die verblüfften. Hinzu kamen für den akademisch gebildeten Sachkenner immer wieder die beharrlich und unbelehrbar vorgetragenen, entwaffnend und zum Teil absurd akzentuierten Studienergebnisse des Autodidakten, dem relativierende Gegenpositionen niemals ernsthaft entgegengehalten worden sind. Von wenigen Ausnahmen abgesehen, war Hitler buchstäblich unbelehrbar. So schrieb sein Arzt Erwin Giesing sechs Wochen nach Hitlers Tod: »Hitler glaubte einfach nicht an das Eiweißminimum trotz wissenschaftlicher Beweise. Er glaubte nicht, daß sein oft vorhandener Hunger eine Folge davon war, lieber aß er zweimal täglich zum Tee drei bis vier Stück Kuchen, um satt zu werden. Alle seine Meinungen und Äußerungen, selbst über diese nebensächlichen Dinge, waren so grundsätzlich und absolut gegeben, daß es meist eine vergebliche Mühe war, ihm wenigstens den großen Unfug als falsch zu explorieren. Dabei hatte er ein gutes Verständnis für neue, ihm bisher nicht bekannte medizinische Dinge [200].«

Schramms Behauptung, daß Hitlers Geschichtswissen »auf Heroenkult und Verherrlichung des Deutschtums *« eingeengt worden sei, trifft nicht zu. Oft genug hat Hitler den Germanenkult kritisiert [201], der alten Kultur der Griechen und Römer entgegengestellt, dort »unsere Heimat« gesucht und die Leute töricht gescholten, die nicht begriffen, daß die Germanen erst verhältnismäßig spät in die Kulturgeschichte eingetreten sind. Am »Deutschtum« kritisierte der Österrei-

* Schramm, zit. bei Picker, S. 78. Auch Wolfgang Hammers Feststellung, daß Hitler eine spezifisch österreichische Geschichte »nur im kleinsten Maße« anerkannt habe, ist eine Behauptung, die sich nicht mit den Tatsachen deckt. So sagte Hitler z. B. am 4. 2. 1942: daß »... meine Heimat ... ein ... mächtiges Reich war durch 5 Jahrhunderte«. Heim-Protokoll, zit. nach Picker, S. 173. An dieser Stelle erübrigen sich weitere Belege.

cher Hitler nach 1933 so viel, daß er sich unglaubwürdig gemacht hätte, wenn seine diesbezüglichen Äußerungen an die Öffentlichkeit gedrungen wären. »Warum stoßen wir«, sagte er verärgert, »die ganze Welt darauf, daß wir keine Vergangenheit haben? Nicht genug, daß die Römer schon große Bauten errichteten, als unsere Vorfahren noch in Lehmhütten hausten, fängt Himmler nun an, diese Lehmdörfer auszugraben und gerät in Begeisterung über jeden Tonscherben und jede Steinaxt, die er findet. Wir beweisen damit nur, daß wir noch mit Steinbeilen warfen und um offene Feuerstellen hockten, als sich Griechenland und Rom schon auf höchster Kulturstufe befanden. Wir hätten eigentlich allen Grund, über diese Vergangenheit stille zu sein [202].«

Hitlers »Weltmacht-Programm [203]«, das er niemals revidierte, die »friedliche Eroberung« europäischer Gebiete, die Errichtung eines deutschen Kontinentalimperiums auf dem Wege über »Blitzkriege«, die Gewinnung von Kolonien in Afrika und ozeanischer Stützpunkte, die Schaffung einer starken Seemacht und schließlich der wehrwirtschaftlichen Basis für einen »Weltkrieg« usw., reichen umrißhaft in seine Landsberger Zeit zurück und sind, so kurios es auch klingen mag, Teilergebnisse einer eigenwilligen Auslegung der kosmopolitisch artikulierten Philosophie der Stoiker. Praktisch-politisch, als Aufforderung zur Umsetzung, wirkten auf Hitlers Vorstellungen in dieser Hinsicht zeitgenössische politische Publikationen. In den Schriften *Großdeutschland* und *Deutsche Weltpolitik* hat er in Wien als »fanatisch« engagierter Deutschösterreicher lesen können, was er später als deutscher Soldat in den Kriegszieldiskussionen zum Teil wiederfand. In das Deutsche Reich sollten nach den Vorstellungen der deutschen Alldeutschen *, deren Anteil an der Konzeption der »Weltanschauung« Hitlers nicht zu übersehen ist, eingegliedert werden: das kleindeutsche Kaiserreich mit Luxemburg, Holland und Belgien, der deutsche Teil der Schweizer Eidgenossenschaft und das österreichische Kaiserreich [204]. Ernst Hasse, namhafter Professor für Statistik an der Universität Leipzig und Vorsitzender des deutschen Alldeutschen Verbandes, hatte bereits 1895, als Hitler in die Schule von Fischlham kam, die Ausweitung des Großreiches bis zum Persischen Golf verlangt [205]. Einbezogen wollten die Alldeutschen jedoch auch schon

* Die Vorstellungen der deutschen Alldeutschen und österreichischen Alldeutschen differierten nicht unerheblich. Vgl. Maser, *Die Frühgeschichte der NSDAP*, S. 93 ff.

die ganze Schweiz sehen, die Balkan-Halbinsel, Kleinasien und die 7 östlichen französischen Departements[206]. Was Hitler im Lauf der Zeit als Politiker und Staatsmann zu erreichen hoffte, war zur Zeit der Jahrhundertwende, während er die ersten bleibenden politischen Eindrücke empfing, nur einem von 6000 Lesern der Berliner Illustrirten Zeitung wünschenswert erschienen. Er, der Illustrirten-Leser, den die Redaktion am 12. März 1899 als »Bramarbas und Eisenfresser« bezeichnete, wünschte dem Deutschen Reich im 20. Jahrhundert – ähnlich wie Hitler später – (neben der »Vernichtung der Sozialdemokratie«) als historische Erfolge: die Niederwerfung Englands und Frankreichs, Österreichs und Rußlands, die Verhinderung einer Ausdehnung der USA und die Errichtung einer deutschen Weltherrschaft[207].

Hitlers Geschichtstheorie, hinter der die Lektüre unter anderem von Malthus, Darwin, Kjellén, Bölsche, Gobineau, Carlyle, Ploetz, Alexander von Müller und mit einiger Sicherheit auch Edward Gibbon steht, ist richtungweisend bereits während der Linzer Realschulzeit entstanden. Der als Vertreter der Deutschnationalen im Linzer Gemeinderat politisch tätige Geschichtslehrer Prof. Dr. Leopold Poetsch, dessen (deutsch-)nationalistische Einstellung im deutsch-slawischen Sprachraum, im Süden Österreichs, geformt worden war, hat seine Schüler mit den Theorien des Alldeutschen Verbandes, seiner Geschichtsbetrachtung und seiner voreingenommenen, ideologisch – zweckbestimmt artikulierten Einordnung historischer Details in das Gesamtbild infiziert und sie zu österreichfeindlichen »Landeskindern« gemacht. »Wer konnte«, sagt Hitler 1924, »unter einem solchen Lehrer deutsche Geschichte studieren, ohne zum Feind des Staates zu werden, der durch sein Herrscherhaus in so unheilvoller Weise die Schicksale der Nation beeinflußte*?« Später, auf der Höhe seiner Macht, rühmt er, obwohl er den Sieg Preußens über Österreich und die Erneuerung des Reichs durch Preußen akzeptiert, Rudolf von

* Hitler, S. 13. Poetsch ist der einzige Lehrer, den Hitler in *Mein Kampf* namentlich nennt (S. 12 ff.), charakterisiert und ehrt. Ob zwischen Poetsch und Hitler in Linz eine engere persönliche Beziehung bestanden hat, ist unsicher. Sicher scheint dagegen, daß der Schüler Hitler dem Pädagogen aufgefallen ist. Am 20. Juni 1929, 25 Jahre nach der letzten Begegnung mit Hitler, schrieb Poetsch ihm, daß er »sich mit Freude seines Schülers« erinnerte, und bat ihn, ihm eine Abschrift der ihm »gewidmeten Erinnerungsstelle« in *Mein Kampf* »als Vermächtnis« für seine Familie zu überlassen (Brief von Poetsch an Hitler vom 20. 6. 1929. Repro. ehemaliges Hauptarchiv der NSDAP, Bundesarchiv Koblenz, NS 26/15. Dok. zit. in Maser, *Hitlers Mein Kampf*, S. 264).

Habsburg, weil er sich einige Erblande gesichert, Ottokar von Böhmen geschlagen, Kirchenforderungen klug nur in beschränktem Maße erfüllt und dem Reich die Einheit wiedergegeben habe [208], und bescheinigt der habsburgischen Monarchie, für die er noch 1924 nicht viel mehr als Verachtung übrig hatte, »daß sie den deutschen Gedanken auch in der Zeit« hochhielt, »in der ... das Reich in Einzelstaaten« zerfiel »und von dynastischen Interessen förmlich auseinandergerissen [209]« wurde.

»Es wurde vielleicht bestimmend für mein Leben, daß mir das Glück einst gerade für Geschichte einen Lehrer gab, der es als einer der ganz wenigen verstand, für Unterricht und Prüfung diesen Gesichtspunkt zum beherrschenden zu machen. In ... Poetsch ... war diese Forderung in wahrhaft idealer Weise verkörpert ... Noch heute erinnere ich mich mit leiser Rührung an den grauen Mann, der uns im Feuer seiner Darstellung manchmal die Gegenwart vergessen ließ, uns zurückzauberte in vergangene Zeiten und aus dem Nebelschleier der Jahrtausende die trockene geschichtliche Erinnerung zur lebendigen Wirklichkeit formte. Wir saßen dann da, oft zu heller Glut begeistert, mitunter sogar zu Tränen gerührt. Das Glück ward um so größer, als dieser Lehrer es verstand, aus Gegenwart Vergangenes zu erleuchten, aus Vergangenheit aber die Konsequenzen für die Gegenwart zu ziehen. So brachte er denn auch ... Verständnis auf für all die Tagesprobleme, die uns damals in Atem hielten. Unser kleiner nationaler Fanatismus ward ihm ein Mittel zu unserer Erziehung ... Mir hat dieser Lehrer Geschichte zum Lieblingsfach gemacht. Freilich wurde ich, wohl ungewollt von ihm, auch ... zum jungen Revolutionär [210].« Hitler läßt dies während seiner Schulzeit selbst die Lehrer fühlen, die ihm nicht behagen. »In dem Moment«, erzählt er seinen Gästen in der Nacht vom 8. zum 9. Januar 1942 in der »Wolfsschanze«, »in dem Schwarz (der Religions-Prof., der Verf.) das Zimmer betrat, war die Klasse wie umgewechselt: es zog ein frischer Geist herein, allgemein revolutionäre Stimmung ... Ihn zu reizen, legte ich mir Bleistifte zu in den großdeutschen Farben (schwarz-rot-gold, der Verf.). ›Sie werden sofort diese Bleistifte mit den abscheulichen Farben weggeben!‹ ›Huh‹, machte die ganze Klasse. ›Das sind die nationalen Ideale!‹ rief ich. ›Ihr habt keine nationalen Ideale, sondern nur ein einziges Ideal im Herzen zu tragen, das ist unser Vaterland und unser Erzhaus Habsburg [211]‹.«

Wien und das Erzhaus Habsburg hat Hitler schon als Halbwüchsiger nicht geliebt. Seine Abneigung gegenüber Wien, die er mit sehr vielen Linzern, Innsbruckern, Vorarlbergern, Grazern und anderen Österreichern teilte, scheint bereits in Linz ihren Ausgang genommen zu haben. Gehaßt hat er die Stadt, deren Sprache er – bis auf einige wenige Elemente – zeitlebens niemals wählte, erst seit seinem Aufenthalt in Wien von 1908 bis 1913. Das deutschfreisinnig und deutschnational »regierte«, halbdörfliche, mittelbürgerliche Linz, das erst nach dem »Anschluß« industrialisiert wurde und von Hitler »nach dem Sieg« zu einer Kunst- und Kulturmetropole ohne Beispiel gemacht werden sollte *, hat Hitlers »Weltanschauung«, sein Verhältnis zur Geschichte und zu Österreich maßgeblich mitgeprägt. Dort hat er als Schüler der »alldeutsch« orientierten Realschule in der Steingasse, deren Schüler sich in den behördlich zwar verbotenen, jedoch geduldeten »Verbindungen« wie »Gothia« und »Wodan« trafen und ideologisch beeinflußt wurden, die nationalistisch artikulierten Proteste der Kleinstädter, die Arbeiter und Tschechen gleichermaßen mißtrauisch und herablassend betrachteten, gegen den bedeutenden tschechischen Geiger Jan Kubelik und gegen den in tschechischer Sprache predigenden Pater Jurasek erlebt. In *Mein Kampf* sind diese Erinnerungen nicht zu übersehen. Seine Polemik gegen die Tschechisierung der Österreicher durch die Habsburger, die oft wiederholte Schilderung des Einflusses des katholischen Klerus auf die Bevölkerung und der krankhafte Nationalismus mit der alldeutsch-antisemitischen Haupttendenz haben in Linz ihren erlebnishaften Ursprung.

Hitlers Feststellung von 1924, daß er schon während seiner Linzer Schulzeit die »Geschichte ihrem Sinne nach verstehen und begreifen [212]« gelernt – und erkannt habe, daß »Geschichte ›lernen‹ ... die Kräfte suchen und finden heißt, die als Ursachen zu jenen Wirkungen führen, die wir dann als geschichtliche Ereignisse vor unseren Augen sehen [213]«, ist eine Behauptung, die einerseits die grundsätzliche Verbindlichkeit seiner bis 1945 gültigen »Weltanschauung« voraussetzt, die geschichtliche Wirkungen und Ursachen radikal schablonenhaft erklärt und andererseits die in der Zeit registrierten Erfahrungen und Einsichten als die für die Zukunft des Reiches gültigen geschichtlichen Lehren ausgibt. So spiegeln sich sein ganzes Leben lang als Leitgedanken in seinen Plänen und Entscheidungen zum Beispiel

* Noch in den letzten Tagen seines Lebens beschäftigten ihn diese Gedanken.

die Erinnerungen und Beobachtungen wider, die er von 1904 bis 1907 in Linz und Steyr im Zusammenhang mit der englischen, französischen und russischen Einkreisungspolitik registrierte. Diese Erfahrungen des Oberschülers, der eifrig die »nationale« Presse, den Südmark-Kalender und die Linzer *Fliegenden Blätter* las *, erklären einen Teil seiner später hektisch artikulierten Furcht vor einer neuerlichen Einkreisung des Reiches **.

Daß er in Linz wirklich komplizierte Lehrmeinungen noch nicht begriff und nachzuvollziehen vermochte, gab Hitler 1942 zu. So berichtete er: »Ich habe (den Religionslehrer und katholischen Priester Sales Schwarz, der Verf.) so in die Verzweiflung getrieben, daß er oft nicht mehr ein und aus wußte. Ich hatte sehr viel gelesen, viel freigeistige Sachen, und das hat ihn ... rasend gemacht, wenn ich mit meinem z. T. auch nicht richtig verdauten Wissenskram ankam [214].« Noch in *Mein Kampf*, 20 Jahre nach dem Verlassen der Schule, sind seine historischen Ausführungen so allgemein propagandistisch und ideologisch gehalten, daß es schwerfällt, ihm gutgläubig eine intime Kenntnis der Geschichte zuzuerkennen. Seine Äußerungen wären mit einiger Sicherheit ausführlicher gewesen, wenn er zu jener Zeit bereits gekannt und gewußt hätte, was er später zum Beispiel in seinen *Tischgesprächen* erwähnte. 1925 drückte er sich zwar bereits in Übereinstimmung mit den späteren Auffassungen aus; aber die angeführten Details sind nichtssagend und geben nicht mehr als die groben Umrisse wieder, denen er die Leitbildvorstellungen seiner »Weltanschauung« verdankt. Da ist von der »Kolonisation der Ostmark« die Rede, die in der Vergangenheit »hauptsächlich von Bajuwaren [215]« vorgenommen worden sei, von der »Organisation des brandenburgisch-preußischen Staates als Vorbild und Kristallisationskern eines neuen Reiches [216]«, von der Erwerbung und Durchdringung des Gebietes östlich der Elbe [217] und von der Notwendigkeit einer Geschichtsschreibung, die das Werden, Wirken und Vergehen des »Ariers« als dem »wahrhaften Kulturbegründer dieser Erde [218]« angemessen herausstellen und die »Rassenfrage zur dominierenden Stellung [219]« erheben solle. Viele Phrasen und Allgemeinplätze und ein paar Namen, meist nur im Rahmen von Wendungen genannt, die nicht mehr als ein feststehendes Urteil verraten, füllen zu viele Seiten.

* Vgl. dazu u. a. Maser, *Die Frühgeschichte der NSDAP*, S. 99.

** Ob Hitler das 1912 erschienene Bernhardi-Buch *Deutschland und der nächste Krieg* gelesen hat, das einen Präventivkrieg empfiehlt, ist nicht nachweisbar.

Für Hitler ist die Geschichte das Werk großer Männer. Armin der Cherusker, Theoderich, Karl der Große, einige Kaiser der deutschen Kaiserzeit, Rudolf von Habsburg, Wallenstein, Friedrich der Große, ein paar Päpste, Peter der Große, Napoleon, Bismarck und Wilhelm I., sind einige der Gipfelfiguren, die er im Sinne Thomas Carlyles und der idealistisch orientierten Geschichtsschreibung des 19. Jahrhunderts »Geschichte machen« sieht, die nach seiner Äußerung vom 31. März 1942 »immer aus ihrer Zeit verstanden werden[220]« muß. Wer wisse denn, fragt er beispielsweise am 31. März 1942, ob in tausend Jahren nicht »irgendso ein verrückter Gymnasialprofessor«, »solch ein Einfaltspinsel[221]« komme und erkläre: »... was der Hitler im Osten gemacht habe, sei zwar gut gemeint, aber letzten Endes doch Unsinn gewesen[222].« Geschichte ist für ihn nicht wie für Marx, Engels und ihre Anhänger die Geschichte von Klassenkämpfen, sondern von Rassenkämpfen, in denen große Persönlichkeiten stets entscheidend die Weichen stellen; sie ist die Summe von Kampf und Krieg jeder gegen jeden schlechthin[223]. In ihr gibt es für ihn weder Barmherzigkeit noch Humanität. Unter Berufung auf Moltke erklärt er, daß »die schärfste Kampfesweise[224]« im Kriege nur das Leid abkürze und daher der Humanität am meisten entspreche und daß jeder, der zu diesem Kampf nicht bereit sei, sich selbst aus der Geschichte eliminiere. In der Natur sieht er als »eisernes Gesetz der Logik *« eine ständig sich im Kampf um Leben und Tod vollziehende Auslese walten, in der immer der Starke über den Schwachen siegt und sich so »das Recht zu leben **« sichert. »Alles Leben«, sagt er am 28. Januar 1942, »muß mit Blut erkauft werden. Das fängt bei der Geburt an. Wenn einer sagt, ein solches Leben gefällt mir nicht – ja, da kann ich ihm nur raten, sich das Leben zu nehmen[225].« »Man kann es schrecklich finden«, meditierte er acht Wochen zuvor, am 1. Dezember 1941,

* Hitler in einer Rede vom 30. 5. 1942. Zit. bei Picker, S. 493.

** ebenda. Im Hinblick auf die Zukunft des deutschen Volkes erklärte er am 28. 1. 1942 (Heim-Protokoll. Zit. bei Picker, S. 172) als Folge dieser Vorstellung: »Wenn uns dieser Krieg eine Viertel-Million Tote und 100 000 Verkrüppelte kostet, sie sind uns in dem Geburtenüberschuß wiedergeschenkt, den das deutsche Volk von der Machtübernahme an aufweisen kann. Sie werden uns in vielfacher Zahl wiedererstehen in den Siedlungen, welche ich dem deutschen Blut im Osten schaffe ... Daß wir immer Überschuß an Kindern haben, wird unser Glück sein. Denn das schafft uns Not. Und die Not zwingt, sich zu regen. Wir kommen nicht in Gefahr, in einem Zustand der Entwicklung, der uns heute die Überlegenheit gebracht hat, stecken zu bleiben. Die Not zwingt uns, uns immer an der Spitze zu halten, was den technischen Fortschritt anbelangt. Sie allein sichert den Vorsprung.«

nachdem er sich von den schweren Krankheiten der zweiten Jahreshälfte *, den quälenden Herzschmerzen, bedenklichen Schwächeanfällen, ständigen Magenbeschwerden und zermürbenden Schüttelfrost-Plagen, wieder einigermaßen erholt hatte, »wie in der Natur eines das andere verzehrt. Die Fliege wird von der Libelle, diese vom Vogel, der wieder von einem Größeren getötet. Das Größte ist, wenn es alt wird, die Beute von Bakterien. Und endlich erreicht in anderer Art auch diese das Schicksal ... Das einzige ist deshalb, die Gesetze der Natur zu erforschen, damit man sich nicht gegen sie stellt; es hieße ... sonst, sich auflehnen gegen ein Firmament! Wenn ich an ein göttliches Gebot glauben will, so kann es nur das sein: die Art zu erhalten [226].«

Staaten sind für Hitler, ähnlich wie für Alexander von Müller und Jacob Burckhardt, biologische Organismen **, die Naturgesetzen unterworfen – und für Müller und Hitler »auf der Erde verwurzelt und mit ihr an bestimmte natürliche Grenzen gebunden [227]« – sind. Während Burckhardt biologische Gesetzmäßigkeiten auf die Geschichte der Völker übertrug, denen er jeweils eine Lebensdauer bis um 1200 Jahre zugestand, endet für Hitler die Geschichte eines Staates nur dann, wenn das Volk zu kämpfen aufhört und somit das Naturgesetz mißachtet, das die Erhaltung garantiert. »Solange sich für eine Idee«, doziert er am 27. Januar 1942, »ein paar tausend Menschen finden, die bereit sind, in die Gefängnisse zu gehen, ist eine Sache nicht verloren. Erst wenn der letzte Mann daran verzweifelt, ist es aus ... Ich bin auch hier eiskalt: Wenn das deutsche Volk nicht bereit ist, für seine Selbsterhaltung sich einzusetzen, gut: dann soll es verschwinden [228]!« Überbevölkerung, Kampf und Krieg sind die Größen, die den Bestand des deutschen Volkes gewährleisten sollen.

Der 65 Jahre vor Hitlers Geburt verstorbene Thomas Robert Malthus hatte die rasch populär gewordene Auffassung verfochten, daß die Bevölkerungszahlen schneller als die möglichen Erträge des Bodens wüchsen, weshalb es unvermeidlich zur Überbevölkerung und zu Hungersnöten, Kriegen und Seuchen kommen müsse. In Hitlers Prisma erscheint das Problem der Überbevölkerung ebenfalls als ein wesentlicher Faktor; aber er sieht es anders als Malthus. Während

* Vgl. die Feststellungen im 7. Kapitel.
** Vgl. die Anm. 227 in diesem Kapitel.

Malthus die Spätehe, die Bevölkerungsbeschränkung durch Enthaltsamkeit und die intensive Förderung der Landwirtschaft als Ausweg aus dem Dilemma empfahl, sucht Hitler die Lösung ausschließlich im rücksichtslosen Kampf, Raub- und Vernichtungskrieg, den er nicht verherrlicht, sondern lediglich als Mittel zum Zweck, als eine naturgesetzliche Notwendigkeit – und geschichtlich wichtigsten Akt – zur Umsetzung seiner »weltanschaulichen« Einsichten ansieht. Anders als Malthus, warnt Hitler nicht vor einer Überbevölkerung, sondern wünscht sie, um Not erzeugt zu sehen, die das Volk zwingen werde, »sich zu regen *« und fremde Nationen zu unterwerfen. Da Hitler Kenntnisse als überflüssigen Ballast empfand **, wenn sie nicht unmittelbar nutzbar gemacht werden konnten, mußte sich die Umsetzung seiner Malthus-Deutung gefährlich auswirken. Der überwiegend emotional reagierende Hitler, der infolge seiner ungewöhnlichen Rednergabe und nahezu beispiellosen Sicherheit im Umgang mit der Macht in der Lage war, unkontrollierbar starke irrationale Kräfte im Volk freiwerden zu lassen, mußte bereits durch sein Engagement für Malthus eine Gefahr bedeuten.

Jüngste Forschungsergebnisse über Fragen der Überbevölkerung haben zu Erkenntnissen geführt, die in einem besonders interessanten Licht erscheinen, sobald sie mit Hitlers gelegentlichen Verhaltensweisen konfrontiert werden. So erklärte der schottische Psychiater George M. Carstairs 1967 von der Universität Edinburgh vor der 8. Konferenz der Internationalen Gesellschaft für geplante Elternschaft (*International Planned Parenthood Federation* – IPPE) in Santiago de Chile [229], daß viele Menschen in überbevölkerten Gebieten wie Tiere in Käfigen leben und entweder apathisch dahindämmern oder aber infolge plötzlich freigewordener ungeheurer irrationaler Kräfte explosionsartig und gewaltsam zum Ausbruch aus »dem Käfig« drängen würden. Hitlers betont emotional bestimmte Reaktionen bei der

* Hitler am 28. 1. 1942 in der Wolfsschanze. Picker, S. 172.

** Nach den Angaben Pickers (S. 190 f.) hat Hitler am 3. 3. 1942 in der »Wolfsschanze« (in Pickers Diktion zitiert) erklärt: »Man soll überhaupt einem Menschen nicht mehr beibringen, als er nötig hat! Man belastet ihn bloß! Lieber soll man ihm das Schöne zeigen ... Die Schulbildung soll nur ein allgemeines Wissen geben, auf das man dann das spezielle Wissen aufbaut. Ich muß die Erziehung auf das Große ausrichten ... Was braucht ein Junge, der Musik üben will, Geometrie, Physik, Chemie? ... Ich habe im allgemeinen nicht mehr wie 10 Prozent von dem gelernt, das die anderen gelernt haben ... Ja mein Gott, einer hat es halt in sich, der andere nicht.« Entsprechende Äußerungen finden sich auch in *Mein Kampf*.

Behandlung von Fragen, die mit Problemen des Krieges und der Raumgewinnung zusammenhängen, ließen ihn nicht selten buchstäblich als Personifizierung solcher Situationen erscheinen. Wann und wo immer er über »Volk und Raum« und Krieg sprach, wurde er augenblicklich beängstigend und peinlich heftig und erweckte den Eindruck eines leidenschaftlich engagierten Psychopathen, der instinktiv handelte und sich in einem ekstatischen Kampf befand. Das Blut stieg ihm sichtbar in den Kopf und verfärbte sein Gesicht. Sein Körper straffte, die Brust wölbte sich, seine Hände stießen nach vorn, als wollten sie einen Gegner niederschlagen oder ergreifen, während er drohend schrie und wie ein Sinnbild der Aggression erschien. Wieweit dafür allerdings sein zu hoher Blutdruck und die Wirkung der ständig eingenommenen Arzneien * »verantwortlich« waren, kann auch aus medizinischer Sicht nicht mit mathematischer Genauigkeit festgestellt werden.

Hitlers besonders artikulierte Deutung des Krieges und seine bestialische Auffassung über die »Behandlung« Schwacher und Kranker im Rahmen seiner »Weltanschauung« und Geschichtsbetrachtung, weisen deutlich auf Vorbilder hin, deren Vorstellungen er auf seine Weise auslegte und umsetzte. Eines von ihnen war der in der medizinischen Forschung anerkannte deutsche Mediziner Alfred Ploetz, der in seinem Werk *Die Tüchtigkeit unserer Rasse und der Schutz der Schwachen* [230]«, das Hitler ganz offensichtlich bereits in Wien gelesen hat, »mit Sorge auf die Gefahren« hinwies, »mit denen der ... Schutz des Schwachen die Tüchtigkeit unserer Rasse [231]« bedrohe und dabei ausdrücklich von der »arischen Rasse [232]« sprach. Die Vorstellungen von Ploetz, der nach 1933 Titular-Professor wurde, die Eugenik in Deutschland einführte und ihr die Bezeichnung »Rassenhygiene« gab, waren Hitlers Auffassungen nicht nur ähnlich, was bereits der im folgenden zitierte Passus exemplarisch beweist: »... gegen die Kriege wird der Rassenhygieniker weniger etwas haben, da sie eines der Mittel zum Kampf ums Dasein der Völker bilden ... Während des Feldzugs wäre es dann gut, die besonders zusammengereihten, schlechten Varianten an die Stellen zu bringen, wo man hauptsächlich Kanonenfutter braucht und wo es auf die individuelle Tüchtigkeit nicht so ankommt [233].«

Da der Krieg in den Vorstellungen Hitlers eine zentrale Rolle

* Vgl. die diesbezüglichen Angaben im 7. Kapitel.

spielt *, stellt sich die Frage, ob er sich bei der Ausformung seiner »Weltanschauung« auch intensiver mit dem Werk von Karl von Clausewitz auseinandergesetzt hat, das zu den Standardwerken der Weltliteratur gehört. In der Fachliteratur, die das Thema »Hitler-Clausewitz« entweder auffällig meidet ** oder nur sehr oberflächlich und am Rande behandelt, herrscht darüber keine Einigkeit. Die Militärs haben nach 1945 in der Hauptsache formuliert, was sie über Hitlers Verhältnis zu Clausewitz wußten, zu wissen glaubten oder aus politisch und standesmäßig bedingten Überlegungen für überlieferungswürdig hielten. So behaupteten die Generale Blumentritt, Warlimont und Hauck, daß bei Hitler von einem Clausewitz-»Studium« nicht gesprochen werden dürfe [234], wobei Hauck die für Soldaten seines Ranges geradezu exemplarisch überhebliche Auffassung verfocht, daß ein Clausewitz-Studium ausschließlich unter sachverständiger Leitung möglich wäre und nur »bei einem intensiven Studium mindestens eines größeren Feldzuges« erklärt und verständlich gemacht werden könne [235]. Generalfeldmarschall Keitel, der bis zu seinem Tod Hitlers Feldherrnkunst nicht nur bewunderte, sondern auch vor dem alliierten Militärtribunal pries, verfocht in Nürnberg die Auffassung, daß Hitler »auch während des Krieges ... noch in den Nächten in all den großen Generalstabswerken von Moltke, Schlieffen und Clausewitz studiert [236]« habe. Die Auswertung der Äußerungen maßgeblicher Militärs des Dritten Reiches ergibt folgendes Bild: »sorgfältig studiert« (Generalfeldmarschall Keitel), »gelesen«, jedoch »nicht studiert und durchdacht« (General Günther Blumentritt), »nicht

* Vgl. dazu S. 166. Am 30. 5. 1943 erklärte Hitler in Anlehnung an Heraklit (»Krieg ist aller Dinge Vater, aller Dinge König«): »Ein ... Satz eines großen Militärphilosophen besagt, daß der Kampf und damit der Krieg der Vater aller Dinge sei« (Zit. bei Domarus, Bd. II/4, S. 1886). Daß er mit dem »großen Militärphilosophen« ganz offensichtlich Clausewitz meinte, ist relativ sicher. Bereits 1938 soll er Schmundt gegenüber geäußert haben: »Clausewitz hat ganz recht, der Krieg ist der Vater aller Dinge.« Wiedemann, *Der Mann, der Feldherr werden wollte*, S. 170. Für Clausewitz war der Krieg »ein Akt der Gewalt, um den Gegner zur Erfüllung unseres Willens zu zwingen« (*Vom Kriege*, S. 35).

** Bezeichnend erscheint dafür nicht zuletzt auch die Tatsache, daß der von Theodor Schieder an der Universität Köln mit einer Untersuchung über Hitlers Verhältnis zu Clausewitz beauftragte Student Norbert Krüger niemanden fand, der bereit war, seine 1963/64 verfaßte Seminararbeit zu veröffentlichen (schriftl. Mitteilung von N. Krüger: 1967, 1968 und 1970). Erst 1968 erschien ein Auszug in: *Wehrwissenschaftliche Rundschau*, Berlin und Frankfurt/M., H 8/68, S. 467 ff. Die schriftlichen Informationen, die Krüger von ehemaligen maßgeblichen Militärs einholte, wurden im Rahmen der Veröffentlichung nicht zitiert. Hier werden sie ausgewertet und mit Quellenangabe zitiert.

gelesen«, (Generalmajor Ulrich Liss), »etwas« gelesen (Generaloberst Franz Halder), möglicherweise »einiges gelesen«, jedoch wohl »nur wenig« (General Alfred Gause), möglicherweise gelesen, da Hitler »fraglos bestrebt war, sich militärhistorisch zu bilden« (Generalfeldmarschall Erich von Manstein) und »nicht ausgeschlossen« (General Walter Warlimont) [237].

Walter Görlitz, Chester Wilmot und Kurt Zentner, um hier nur einige der wichtigsten Publizisten aufzuzählen, die nach Hitlers Verhältnis zu Clausewitz fragten, sind – wahrscheinlich – Keitels Angaben gefolgt, ohne für ihre diesbezügliche Entscheidung zuverlässige Quellen und überzeugende Belege anzuführen [238]. Werner Hahlweg, dem es 1969 primär nicht um Hitlers Verhältnis zu Clausewitz, sondern um Clausewitz ging, kritisierte Hitler: »Die Praxis der von Hitler bestimmten deutschen Kriegführung 1939/45 verriet ... kaum die Beherzigung Clausewitzscher Lehren. Wohl erwähnte Hitler wiederholt den Philosophen des Krieges, mit dessen Gedanken er sich nachweislich beschäftigt hatte, aber nur wenig im Zusammenhang mit konkreten Fragen der Kriegführung auf grundsätzlicher Ebene [239].« Wie Hahlweg sowohl 1952 in seiner Einleitung zum Clausewitz-Werk *Vom Kriege* als auch 1969 in seiner Clausewitz-Biographie präzise Beweise schuldig blieb, so fehlen sie auch in der Korfes-Einleitung zur Clausewitz-Ausgabe von 1957, in der es lediglich unverbindlich heißt: »Die faschistische militärische Führung hat sich oft auf Clausewitz berufen [240].« Die aus der Vorkriegszeit stammende Feststellung von Horst von Metzsch, daß bei Hitler »eine geradezu klassische Übereinstimmung mit Clausewitz« festgestellt werden müsse [241], ist für die historische Forschung ebenso nichtssagend wie Buchheits Behauptung, daß Hitler »zwar angeblich Clausewitz gelesen, aber ihn bestimmt nicht verstanden [242]« habe. Die auf eine Äußerung von Franz Halder gestützte Behauptung Bullocks, daß Hitler Nietzsche und Clausewitz zitierte, um seinen »heroischen Feldherrnentschluß zu begründen [243]«, deckt sich nicht mit den Tatsachen, wie auch Ritter von Schramms Feststellung von 1961 nicht zutrifft, daß Hitler sich »mit Clausewitz nie näher befaßt und dessen Theorien nicht durchdacht [244]« habe.

Fest steht, daß Clausewitz für Hitler bereits vor dem Ersten Weltkrieg kein Unbekannter war *. Ernst Hanfstaengl, der in Hitlers Bi-

* Vgl. die Feststellungen S. 205.

bliothek vor 1923 Clausewitz' Hauptwerk *Vom Kriege* stehen sah, erinnert sich, daß Hitler Clausewitz schon zu der Zeit »seitenweise auswendig zu zitieren wußte[245].« Daß Hitler, der nach Hanfstaengl als junger Parteiführer »schrankenlos« für Clausewitz begeistert war[246], Clausewitz nicht nur zur Überrumpelung seiner Kritiker und Gegner oder aus Imponiersucht zitierte, läßt sich leicht belegen. Nachgewiesen ist, daß er zahlreiche militärhistorische und militärtechnische Fachbücher genau kannte[247], wenn in den Publikationen, die darüber berichten, auch (außer bei Hanfstaengl) nirgendwo die jeweiligen Titel genannt werden[248]. Daß Dönitz, Blumentritt, Gause, von Manstein und Liss in den Besprechungen und Vorträgen bei Hitler niemals ein Clausewitz-Zitat aus Hitlers Mund vernahmen[249], und auch Warlimont sich im Gegensatz zum Beispiel zu Halder nicht erinnerte, von Hitler einen Hinweis auf Clausewitz gehört zu haben[250], ist dabei nicht wichtig.

Für eine differenziertere Clausewitz-Kenntnis könnte nicht zuletzt auch sprechen, daß Hitler Clausewitz, grundsätzlich anders als im Zusammenhang mit den sonstigen geistigen Vätern seiner Vorstellungen, ausdrücklich sowohl als Quelle als auch als Rechtfertigung für eigene Entscheidungen nennt – und auch im Rahmen von Reden oder Publikationen entsprechend auf ihn hinweist: so zum Beispiel am 18. 9. 1922 in einer Rede, am 27. 3. 1924 in seinem Schlußwort vor dem Volksgericht in München, (1924/25) in *Mein Kampf*, 1928 in seinem Zweiten Buch, am 27. 1. 1932, 1. 9. 1933, 8. 11. 1934, 14. 9. 1936 und 8. 11. 1938 in öffentlichen Reden, 1938 im Rahmen der von Gauleiter Wagner verlesenen Parteitags-Proklamation, am 30. 1. 1943 in einem Funkspruch an Generaloberst Paulus, am 10. 9. 1943 in einer (vorher auf Magnetophonband gesprochenen) vom Rundfunk gesendeten Rede, am 25. 4. 1945 in einer Lagebesprechung und am 29. 4. 1945 in seinem politischen Testament[251].

Hitlers vorwurfsvoll und selbstbewußt akzentuierte Feststellung vom 8. November 1934 im Münchner »Bürgerbräukeller«: »Ihr alle habt nicht Clausewitz gelesen oder, wenn ihr ihn gelesen habt, nicht begriffen, ihn anzuwenden auf die Gegenwart[252]«, seine Äußerung vom 23. August 1941 gegenüber Generalen: »Meine Generale kennen Clausewitz, aber sie verstehen nichts von Kriegswirtschaft. Außerdem kenne ich Clausewitz auch und sein Wort: Erst muß man die feindlichen Feldarmeen zerschlagen, dann seine Hauptstadt besetzen[253]«, und die von Hitlers Generalstabschef Heinz Guderian überlieferte

Hitler-Äußerung von 1944: »Ich habe Clausewitz und Moltke studiert und alle Aufmarschpläne Schlieffens gelesen. Ich bin besser im Bilde als sie[254]«, gehören neben Keitels Aussage in Nürnberg und den Berichten Hanfstaengls[255] zu den im Grunde einzigen veröffentlichten konkreten Hinweisen auf ein unmittelbares Clausewitz-Studium Hitlers, der ausdrücklich betont, Clausewitz nicht nur gelesen, sondern studiert zu haben *.

In den Rahmen seines Geschichtsbildes projiziert Hitler – wie sein vorübergehender Lehrer ** Alexander von Müller es auch getan hatte – das Judentum als zersetzendes Ferment hinein und artikuliert einen biologischen Antisemitismus, dessen Realisierung er zu einem Teil des rücksichtslosen Kampfes ums Dasein erhebt. »Ist es so«, sagt er am 1. Dezember 1941, »daß ihn (den Juden, der Verf.) die Natur geschaffen hat, damit er durch seine Dekomposition andere Völker in Bewegung bringt? Dann sind Paulus und Trotzki die achtungwürdigsten Juden, weil sie dazu am meisten beigetragen haben. Mit ihrer Tätigkeit erzeugen sie Abwehr. Diese folgt ihrer Tat, wie der Bazillus dem Körper folgt, den er zum Erliegen bringt[256].« Das Judentum ist nach seiner Aufassung darüber hinaus unter anderem »Todfeind jedes Lichts[257]«, »vergiftet das Blut der anderen[258]«, »saugt« sie aus, betrügt sie, führt sie irre, unterjocht sie, lenkt sie vom notwendigen Kampf ums Dasein ab und strebt den »Sieg der Demokratie[259]« an, die es als Mittel zur Zerstörung der Völker benutzt.

Wie Hitler zu der primitiven und krankhaften Einstellung gekommen ist, die er bezeichnenderweise den Sieg des Verstandes über das Gefühl[260] nennt, schildert er selbst relativ ausführlich. Es lohnt sich, seine Darstellung zu lesen. »Es ist für mich heute schwer ... zu sagen«, erklärt er in *Mein Kampf*, »wann mir zum ersten Male das Wort ›Jude‹ Anlaß zu besonderen Gedanken gab. Im väterlichen Hause erinnere ich mich überhaupt nicht, zu Lebzeiten des Vaters das Wort auch nur gehört zu haben. Ich glaube, der alte Herr würde schon in der besonderen Betonung dieser Bezeichnung eine kulturelle Rückständigkeit erblickt haben. Er war im Laufe seines Lebens zu ... weltbürgerlichen Anschauungen gelangt ... Auch in der Schule fand ich keine Veranlassung, die bei mir zu einer Veränderung dieses übernommenen Bildes hätte führen können.

* Vgl. die Anm. 254 in diesem Kapitel.
** Vgl. u. a. S. 192 f.

In der Realschule lernte ich wohl einen jüdischen Knaben kennen, der von uns allen mit Vorsicht behandelt wurde ... irgendein Gedanke kam mir dabei so wenig wie den anderen. Erst in meinem vierzehnten bis fünfzehnten Jahre stieß ich öfters auf das Wort Jude, zum Teil im Zusammenhange mit politischen Gesprächen. Ich empfand dagegen eine leichte Abneigung und konnte mich eines unangenehmen Gefühls nicht erwehren, das mich immer beschlich, wenn konfessionelle Stänkereien vor mir ausgetragen wurden. Als etwas anderes sah ich aber damals die Frage nicht an.

Linz besaß nur sehr wenig Juden *. Im Laufe der Jahrhunderte hatte sich ihr Äußeres europäisiert und war menschlich geworden, ja ich hielt sie sogar für Deutsche. Der Unsinn dieser Einbildung war mir wenig klar, weil ich das einzige Unterscheidungsmerkmal ja nur in der fremden Konfession erblickte. Daß sie deshalb verfolgt worden waren, wie ich glaubte, ließ manchmal meine Abneigung gegenüber ungünstigen Äußerungen über sie fast zum Abscheu werden ...

So kam ich nach Wien.

Befangen von der Fülle der Eindrücke auf architektonischem Gebiete ... besaß ich in der ersten Zeit keinen Blick für die innere Schichtung des Volkes in der Riesenstadt ... Erst als allmählich die Ruhe wiederkehrte und sich das aufgeregte Bild zu klären begann, sah ich mich in meiner neuen Welt gründlicher um und stieß nun auch auf die Judenfrage ... Noch sah ich im Juden nur die Konfession und hielt deshalb aus Gründen menschlicher Toleranz die Ablehnung religiöser Bekämpfung auch in diesem Falle aufrecht. So erschien mir der Ton, vor allem der, den die antisemitische Wiener Presse anschlug, unwürdig der kulturellen Überlieferung eines großen Volkes. Mich bedrückte die Erinnerung an gewisse Vorgänge des Mittelalters, die ich nicht gerne wiederholt sehen wollte. Da die betreffenden Zeitungen allgemein als nicht hervorragend galten ... sah ich in ihnen mehr die Produkte ärgerlichen Neides als Ergebnisse einer grundsätzlichen, wenn auch falschen Anschauung überhaupt [261].«

Soweit Hitlers eigene Darstellung. Im Gegensatz zu ihr glaubte Kubizek [262] sich zu erinnern, daß der Vater Hitlers nicht ein aufgeschlossener Weltbürger gewesen sei, sondern vielmehr ein konsequent antisemitisch eingestellter Schönerer-Anhänger [263]. Auch die Feststellung Hitlers, daß er in der Realschule antisemitische Tendenzen

* Diese Hitler-Äußerung deckt sich nicht mit den Tatsachen. Vgl. dazu S. 246 und auch Kubizek, S. 112 f.

nicht kennengelernt habe, wird von Kubizek bestritten. Kubizek behauptet, daß Hitler bereits »ausgesprochen antisemitisch eingestellt[264]« gewesen sei, als sie sich 1904 kennenlernten, also zur Zeit, in der Hitler die Realschule besuchte.
Bemerkenswert erscheinen in diesem Zusammenhang zunächst folgende Einzelheiten: im Nachruf der Linzer freisinnigen *Tagespost* vom 8. Januar 1903 auf Adolf Hitlers Vater wird Alois Hitler als »fortschrittlich gesinnter Mann ... (und, der Verf.) warmer Freund der Freien Schule« geschildert, der verhältnismäßig umfassend gebildet gewesen und stets für »Recht und Rechtlichkeit« eingetreten sei *. Adolf Hitlers Angaben scheinen sich in diesem Punkt ganz offensichtlich eher mit den Tatsachen zu decken als Kubizeks Schilderungen. Ähnlich verhält es sich mit Hitlers weiteren Feststellungen in diesem Zusammenhang. In *Mein Kampf* berichtet er, daß er in der Schule nur einen jüdischen Mitschüler kennengelernt und daß der Antisemitismus unter den Schülern der Linzer Realschule keine Rolle gespielt habe. Tatsächlich waren von den 329 Schülern der Linzer Realschule, die Hitler besuchte, jedoch 15 Kinder jüdischen Glaubens. 299 waren – wie Hitler – katholisch, 14 evangelisch und einer griechisch-orthodox. Die Klasse 1 B, in der Hitler sich 1902 befand, setzte sich im Frühjahr 1902 konfessionell wie folgt zusammen: 28 Katholiken, 6 Juden, 5 Protestanten[265].
Diese Konfrontation enthält zwei grundsätzlich verschieden auslegbare Hinweise: entweder machte Hitler absichtlich falsche Angaben, oder er überlieferte mit seiner Feststellung, daß der Antisemitismus unter den Schülern seiner Schule nicht spürbar verbreitet gewesen sei, die Wahrheit. Daß er, falls er während seiner Schulzeit bestimmte antisemitische Erfahrungen gemacht hätte, in *Mein Kampf* besonders akzentuiert herausgestellt haben würde, daß von 38 Mitschülern einer seiner Schulklassen in Linz 6 Juden waren, kann nur vermutet werden. In der »Wolfsschanze« erzählte er in der Nacht vom 8. zum 9. Januar 1942: »In Steyr haben wir einen Juden (Prof. Siegfried Nagel als Deutsch-Lehrer, der Verf.) gehabt, den haben wir eingesperrt in sein Laboratorium. Da ging es zu wie in einer Judenschule ... Er hat sich überhaupt keine Autorität verschaffen können; mir wurde erzählt, er sei früher gefürchtet gewesen, weil er schrecklich gebrüllt hat. Da hat ihn einer darnach lachen sehen und damit war's

* Vgl. S. 270.

aus ... Einmal habe ich ein Buch studiert über Pilzkrankheiten. Er saust zu mir her, reißt mir das Buch aus der Hand und haut es hin. ›Sie sollten sich an mir ein Beispiel nehmen: Ich lese wenigstens Schmöker [266]!‹«

Hitler kann nicht erst in Wien mit dem Antisemitismus in konstituierend wirksame Berührung gekommen sein, wie er behauptet. Sicher hat er sich dort nur noch ausführlicher als in Linz mit ihm beschäftigt. Nach seinen Aufzeichnungen in *Mein Kampf* las er in Wien vor seiner »Bekehrung« zum Antisemiten besonders die in jüdischem Besitz befindliche *Neue Freie Presse* und das *Wiener Tagblatt,* die ihm wegen ihres vornehmen Tones und wegen der »Objektivität der Darstellung im einzelnen [267]« zunächst imponierten. Nur fand er, daß diese Presse eine geradezu sklavische Buhlpolitik um den Hof trieb, »vor dem letzten Hofgaul noch die ehrerbietigste Verbeugung riß und über ein zufälliges Schweifwedeln außer Rand und Band geriet [268]«. Was »mir weiter auf die Nerven ging«, schrieb er, »war der ... widerliche Kult, den die große Presse schon damals mit Frankreich trieb. Man mußte sich geradezu schämen, Deutscher zu sein [269].«

So griff Hitler zu Zeitungen, die seiner Auffassung mehr entsprachen. Bei der Lektüre des betont antisemitisch eingestellten *Deutschen Volksblattes,* das ihn besonders auch auf Karl Lueger und dessen Partei aufmerksam machte, gewann er den Eindruck, daß diese Zeitung »etwas reinlicher [270]« als die große Wiener Presse sei, weil sie beispielsweise darauf verzichtete, den deutschen Kaiser anzugreifen, in dem Hitler »nicht nur den Deutschen Kaiser« sah, sondern »in erster Linie den Schöpfer einer deutschen Flotte [271]«. Aber ihm behagte, wie er später behauptete, anfänglich der scharfe antisemitische Ton des *Volksblattes* nicht. Doch begann er sich infolge der *Volksblatt*-Lektüre mit Lueger und der Christlich-Sozialen Partei zu beschäftigen, die er noch entschieden abgelehnt hatte, als er nach Wien gekommen war. Aus dem Feind [272] Luegers war durch einen besonders artikulierten Bildungsprozeß ein Bewunderer geworden [273]. Hitler, der in dieser Wandlung vor allen Dingen einen Fortschritt in der Erkenntnis und Beurteilung des Judentums erblickte [274], sagte dazu: »Wenn dadurch langsam auch meine Ansichten in bezug auf den Antisemitismus dem Wechsel der Zeit unterlagen, dann war dies wohl meine schwerste Wandlung überhaupt. Sie hat mir die meisten inneren seelischen Kämpfe gekostet, und erst nach monatelangem Ringen zwischen Verstand und Gefühl begann der Sieg sich

auf die Seite des Verstandes zu schlagen. Zwei Jahre später war das Gefühl dem Verstande gefolgt, um von nun an dessen treuester Wächter und Warner zu sein.
In der Zeit dieses bitteren Ringens zwischen seelischer Erziehung und kalter Vernunft hatte mir der Anschauungsunterricht der Wiener Straße unschätzbare Dienste geleistet. Es kam die Zeit, da ich nicht mehr wie in den ersten Tagen blind durch die mächtige Stadt wandelte, sondern mit offenem Auge außer den Bauten auch die Menschen besah. Als ich einmal so durch die innere Stadt strich, stieß ich plötzlich auf eine Erscheinung in langem Kaftan mit schwarzen Locken [275].« Kubizek, der sich bemüht, viele Darstellungen seines Jugendfreundes zu bestätigen und zu ergänzen, vervollständigt auch das Bild. Er erzählt, daß Hitler während seines Wiener »Juden-Studiums« selbst eine Synagoge besuchte und sich eines Tages bei der Polizei als Zeuge gegen einen festgenommenen »Handelee« (mit Kaftan und Stiefeln bekleidete Ostjuden, die auf Straßen und Plätzen gewöhnlich mit Knöpfen, Schnürsenkeln, Hosenträgern und entsprechenden Dingen handelten) meldete, der gebettelt hatte [276]. In seinen Taschen soll die Polizei 3000 Kronen gefunden haben [277]. Hitler gibt an, nach der Begegnung mit dem Kaftan-Juden, die einige Biographen phantasievoll ausmalten *, alle zugänglichen antisemitischen Schriften besonders engagiert »studiert« zu haben, um sich eingehend über »die Juden« zu informieren. Der in den Pamphleten verfochtene Antisemitismus »schien mir so unglaublich, die Bezichtigung so maßlos zu sein, daß ich gequält von der Furcht, Unrecht zu tun, wieder ängstlich und unsicher wurde [278]«, berichtet er. Er behauptet, daß er seit der Zeit nicht mehr an einen bloß konfessionellen Unterschied zwischen Deutschen und Juden geglaubt habe, wenn er auch die Argumente in den antisemitischen Schriften nicht immer verstand; denn sie gingen (nach Hitler) »leider nur alle von dem Standpunkt aus, daß im Prinzip der Leser wohl schon die Judenfrage bis zu einem gewissen Grade mindestens kenne oder gar begreife [279].«
Nach der Auffassung von Wilfried Daim hat es sich bei diesen Schriften um Ausgaben der seit 1905 von dem Rassenfanatiker Georg (Jörg) Lanz von Liebenfels herausgegebenen und nicht selten mit Hakenkreuz-Abbildungen versehenen Zeitschrift *Ostara* [247] gehandelt.

* Vgl. u. a. S. 264.

Die Aufgabe der Zeitschrift, die zeitweilig angeblich eine Auflagenhöhe von 100 000 Exemplaren erreicht haben soll, wurde im Heft 29 (Herbst 1908) unter Anlehnung an wegweisende Feststellungen zum Beispiel in den Heften 3 (1906), 14 (1907) und 18 (1907) wie folgt beschrieben: »Die *Ostara* ist die erste und einzige Zeitschrift zur Erforschung und Pflege des heroischen Rassentums und Mannesrechtes, die die Ergebnisse der Rassenkunde tatsächlich in Anwendung bringen will, um die heroische Edelrasse auf dem Wege der planmäßigen Reinzucht und des Menschenrechts vor der Vernichtung durch sozialistische und feministische Umstürzler zu bewahren [280].« Ein Kommentar erübrigt sich. Das Selbstzeugnis ist beredt genug. Das eigentliche Hauptwerk des publizistisch ungemein produktiven *Ostara*-Herausgebers Lanz von Liebenfels, der 1900 einen »Orden des Neuen Tempels« (ONT) gründete, dem nur »blond-blaue« Männer angehören durften, die sich verpflichten mußten, »blond-blaue« Frauen zu heiraten, war das 1905 erstmals erschienene und zwischen 1928 und 1930 noch einmal in den *Ostara*-Heften abgedruckte Pamphlet *Theozoologie oder Die Kunde von den Sodoms-Äfflingen und dem Götter-Elektron. Eine Einführung in die älteste und neueste Weltanschauung und eine Rechtfertigung des Fürstentums und des Adels.* »Sodoms-Äfflinge« waren für Lanz die dunklen »Minderrassigen«, die er als Pfuschwerk der Dämonen im Gegensatz zu den »blaublonden« Arioheroikern als Meisterwerk der Götter bezeichnete, die für ihn mit elektrischen Organen und elektrischen Kraft- und Sendestationen begnadete Wesen und ältere Stammformen des Menschengeschlechts und der Menschenrasse waren. Durch rassische »Reinzucht« wollte er die nach seiner Auffassung »in den fleischlichen Särgen der Menschenleiber [281]« zwar fortlebenden, aber schlummernden Götter zum Leben erwecken und der sich aus der arioheroischen Rasse entwickelnden neuen Menschenrasse zu den einstigen göttlichen »elektro-magnetisch-radiologischen« Organen verhelfen, durch die sie »allwissend, allweise und allmächtig [282]« würde – wie einst in der Urzeit die Götter.

Lanz, der den Anspruch erhob, maßgeblicher Lehrer weltgeschichtlich wirksamer Politiker zu sein, bezeichnete nicht nur Hitler [283], sondern auch Lenin als seinen Schüler, dem er attestierte, neben Lord Kitchener der einzige gewesen zu sein, der seine »Lehre« vor »dem Krieg ... verstanden und daraus« seine »Folgerungen [284]« gezogen habe. Diese absurde Feststellung des Lanz von Liebenfels, eines 1899 aus dem

Stift Heiligenkreuz im Wiener Wald ausgetretenen Zisterziensers, der sich selbst den Adelstitel (Baron), einen Doktortitel und einen falschen Geburtsort zulegte und sich um 2 Jahre älter machte, spricht für sich. Daims Feststellung, daß dieser Hochstapler, der in Wirklichkeit Adolf Josef Lanz (1874–1954) hieß und der Sohn eines Lehrers namens Johann Lanz aus Penzing im 14. Wiener Gemeindebezirk war, nicht nur der Verfasser der Schriften gewesen sei, die dem jungen Hitler Schwierigkeiten bereiteten, sondern auch der »Mann, der Hitler die Ideen gab[285]«, enthält zwei unbewiesene Behauptungen. Daß Hitler in Wien die Lanz-Pamphlete kennengelernt hat*, ist sehr wahrscheinlich, wenn er Lanz und dessen Publikationen auch nirgendwo erwähnt – im Gegensatz zum Beispiel zu den *Protokollen der Weisen von Zion*, als deren Schüler er 1936 von Alexander Stein** bezeichnet wurde. Die »Lehren« des Lanz dagegen, der nach dem Einmarsch der deutschen Wehrmacht in Österreich nichts mehr veröffentlichen durfte[286], waren für die Entwicklung Hitlers zum Antisemiten ohne Bedeutung.

Die ideologischen Grundlagen, Argumente und Formeln, mit denen Hitler, dokumentarisch nachweisbar spätestens seit September 1919***, seine Vorstellungen vom Judentum begründet, finden sich in ungezählten inhaltlich übereinstimmenden Büchern, Broschüren, Zeitschriften, Flugblättern und Artikeln »berühmter« und obskurer Verfasser, die bereits vor dem Ersten Weltkrieg und unmittelbar nachher besonders im deutschsprachigen Raum verhängnisvoll leitbildhaft wirkten. In Linz hat Hitler neben den Linzer *Fliegenden Blättern* und dem *Alldeutschen Tagblatt* vor allem den von Linzer Realschülern und »nationalgesinnten« Bürgern gern gelesenen *Südmark-Kalender* studiert, der für den Grenzschutz-Verein »Südmark« warb und »deutschbewußte« Politik programmatisch formulierte. So forderte er 1904 zum Beispiel, in dem Jahr, in dem Hitler von Linz nach

* Titel des Buches von Wilfried Daim (vgl. Bibliographie).

** Da August Kubizek sich auf Befragen von Daim (Daim, S. 29) nicht erinnerte, bei Hitler jemals *Ostara*-Hefte gesehen zu haben, dürfte Hitler die Bekanntschaft mit diesen Publikationen nach seiner Trennung von Kubizek im Spätsommer 1908 bis Anfang 1909 gemacht haben. In der Zeit, die als Phase der Begegnung mit den Heften als wahrscheinlich angesehen werden kann, erschienen folgende *Ostara*-Aufsätze: *Antlitz der Rasse, ein Abriß der rassenkundlichen Physiognomik* (Heft 28), *Allgemeine rassenkundliche Somatologie* (Heft 30) und *Besondere rassenkundliche Somatologie* II (Heft 31).

*** Vgl. S. 173 ff. Vgl. dazu Hitler, S. 329–362.

Steyr ging, die »Stärkung des Deutschbewußtseins«, die »Erkenntnis der Wesensbedingungen unseres Volkstums«, die Erkenntnis der »Zweckbestimmung, die von der Vorsehung dem Germanenvolke« zugewiesen worden sei, die »Erziehung völkischer Kraftnaturen« und die »tiefe Lehre der Geschichte« als »Leitstern« für alles Handeln zum »Wohl und Wehe« des »Großen deutschen Gesamtvolkes« zu wählen und anzuerkennen. Hitlers Vokabular läßt sich teilweise auf die *Südmark-Kalender*-Formulierungen zurückführen, in denen stets auch von den deutschen »Volksgenossen« die Rede war [287].

Entscheidenden Einfluß auf die Entwicklung Hitlers zum Antisemiten hatten die Schriften der österreichischen Alldeutschen, die unter dem Einfluß des betont deutschbewußten Georg Ritter von Schönerer standen, der wie Hitlers Vater aus der Nähe von Spital stammte und von Hitler schon in Linz verehrt wurde. Bevor im Februar 1908, als Hitler endgültig nach Wien ging, der antisemitische Mainzer Rechtsanwalt Heinrich Claß einstimmig zum Führer des Alldeutschen Verbandes gewählt wurde, hatte Schönerer bereits begonnen, seine österreichische Alldeutsche Bewegung antisemitisch auszurichten [288]. Aber auch den Alldeutschen des Deutschen Reiches, auf das Hitler in seiner Schulzeit sehnsüchtig blickte, waren diese Vorstellungen nicht fremd. Ernst Hasse, bis Februar 1908 Führer der Alldeutschen, hatte bereits 1897 in seiner *Deutschen Weltpolitik* festgestellt, daß »unsere Zukunft ... im Blute« liege und daß es wundersam genug sei, »daß man diese scheinbar einfache Tatsache so lange Zeit wenig beachtet [289]« habe. Seitdem der Alldeutsche Ludwig Schemann den in den fünfziger Jahren des 19. Jahrhunderts veröffentlichten *Essai sur l' inégalité des races humaines* (Versuch über die Ungleichheit der Menschenrassen) des Grafen Gobineau ins Deutsche übersetzt und Houston Stewart Chamberlains *Grundlagen des 19. Jahrhunderts* erschienen waren, hatten sich im Alldeutschen Verband sofort auch die Verfechter des Rassengedankens zu Wort gemeldet. An »die Stelle der herrschenden liberalen Lehre von der Gleichheit alles dessen, was Menschenantlitz trägt«, trat »das Verständnis für die Bedeutung der rassenmäßigen Zusammensetzung einer Nation [290].«

Die Literaur, Verbands- und »Bewegungs«-Entwicklung des Alldeutschen Verbandes hat der Schönerer-Anhänger Hitler sowohl in Linz als auch in Steyr und Wien sorgfältig beobachtet, registriert und jeweils auf seine Weise umgesetzt. Als der Alldeutsche Verband im Februar 1919, ein halbes Jahr bevor Hitler in München sein Juden-

»Gutachten *« verfaßte, auf seiner Bamberger Tagung den biologischen Antisemitismus propagierte, kannte Hitler seine Programme und Argumente seit mehr als zehn Jahren. Die im Punkt 5 des Alldeutschen Programms von 1919 formulierte Feststellung, »Bekämpfung des jüdischen, zersetzenden, verhetzenden Einflusses, einer Rassenfrage, die mit Glaubensfragen gar nichts zu tun hat [291]«, findet sich sinngemäß in Hitlers Juden-»Gutachten« von 1919 wieder.

In *Mein Kampf*, fünf Jahre nach der Niederschrift seines Juden-»Gutachtens«, gebraucht Hitler im Zusammenhang mit »den Juden« Formulierungen, Begriffe und Bilder, mit denen er 1919 wohl noch nicht vertraut war. Neu sind zum Beispiel die Ausdrücke »Parasit [292]«, »Völkerparasit [293]«, »Bazillus [294]«, »Bazillenträger [295]«, »Vampir [296]«, »Spaltpilz der Menschheit« und die Behauptung, daß die Erde »wie einst vor Jahrmillionen menschenleer durch den Äther ziehen« werde, wenn »der Jude ... über die Völker dieser Welt [297]« siege. Obwohl Hitler bereits in Linz das Begriffsreservoir des geistigen Kreises kennengelernt hat, aus dem diese Sinnbilder stammen, lehnt er sich bis 1921 gern an die Formulierungen und programmatischen Konzepte der Alldeutschen an. Die Erfahrungen mit den »freigeistigen Sachen **«, die ihm in Linz, Steyr und wohl auch in Wien vom Verständnis her noch Schwierigkeiten bereiteten ***, wirken relativ lange nach. Seit 1921 baut er diese Schranken ab. Zu der Zeit, in der seine Partei infolge seines Engagements rund 28 % Beamte und Angestellte (mit zum Teil akademischer Ausbildung), 20 % Kaufleute und Geschäftsinhaber und 7 % Angehörige eindeutiger akademischer Berufe zählt [298], kann er sich nicht mehr leisten, womöglich etwas »nicht zu verstehen«. So erscheinen in *Mein Kampf* denn auch der Darwin-»Schüler« Ernst Haeckel und sein Gefolgsmann Wilhelm Bölsche – selbstverständlich nicht namentlich erwähnt – als souverän eingeordnete Leitbildväter. 1921 hat Hitler die zweite Auflage des 1899 erstmals erschienenen Bölsche-Buches *Vom Bazillus zum Affenmenschen* [299] kennengelernt, in dem Bölsche die Vision vom »nackten Behauptungskampf der zoologischen Spezies ›Mensch [300]‹« gegen »die niedrigste Form des organischen Lebens« entfaltet und dem Menschen des 20. Jahrhunderts den »letzten Entscheidungskampf« gegen

* Vgl. S. 173 ff.
** Vgl. S. 236.
*** Vgl. S. 236.

das »dritte Reich« der Bazillen [301] prophezeit und ihm erklärt hat, daß er, der erst im 19. Jahrhundert die »volle Erdherrschaft [302]« angetreten habe, »nach aller menschlichen Wahrscheinlichkeit [303]« Sieger in diesem Kampf bleiben werde. Die Vorstellung, daß der Bazillus den Menschen gefährde, der seinen »schauerlichsten lebenden Gegner [304]« bis vor einigen Jahrzehnten gar nicht gekannt habe, hat Hitler auf seine Weise in seine »Weltanschauung« einbezogen und seinen Antisemitismus von da an so artikuliert, daß »der Jude« nicht mehr als Mensch erscheint. Die »Auffindung des jüdischen Virus (ist, der Verf.) ... eine der größten Revolutionen, die in der Welt vollbracht worden sind«. »Der Kampf«, sagt Hitler, »den wir führen, ist von derselben Natur, wie derjenige, der im vergangenen Jahrhundert von Pasteur und Koch geführt wurde. Wieviel Krankheiten finden ihren Ursprung im jüdischen Virus ... Wir werden die Gesundheit nur wiederfinden, wenn wir den Juden eliminieren [305].« In *Mein Kampf*, dessen Titel möglicherweise auch eine Folge des Bölsche-Studiums ist, heißt es: Der Jude ist »immer nur Parasit im Körper anderer Völker ... Sein Sich-Weiterverbreiten ... ist eine typische Erscheinung für alle Parasiten; er sucht immer neuen Nährboden für seine Rasse ... (er, der Verf.) bleibt ein Schmarotzer, der wie ein schädlicher Bazillus sich immer mehr ausbreitet, sowie nur ein günstiger Nährboden dazu einlädt. Die Wirkung seines Daseins aber gleicht ebenfalls der von Schmarotzern: wo er auftritt, stirbt das Wirtsvolk nach kürzerer oder längerer Zeit ab [306].« Nicht nur Hitlers Vorstellungen und Formulierungen im Zusammenhang mit dem Judentum und die ungeheuerlichen Maßnahmen gegen die Juden, die schließlich wie Ungeziefer mit dem Schädlingsbekämpfungsmittel Cyklon B vernichtet wurden, sondern auch Hitlers persönliche Furcht vor körperlicher Verschmutzung, vor ansteckenden Krankheiten und seine geradezu krankhafte Manie, sich ungewöhnlich oft die – ohnehin stets peinlich sauber gehaltenen – Hände zu waschen, gehen auf Bölsche zurück *.

Infolge seiner Wertung des Judentums sieht Hitler sich nicht womöglich als (Schreibtisch-)Mörder ungezählter Juden, sondern ausdrück-

* Die boshafte Polemik des naturwissenschaftlichen Dilettanten Bölsche gegen die anerkannten Schulmeinungen und gegen »die Weisheit gewisser Fachschulmeister und Superklugen« (S. 318), die Hitler bis ans Ende seines Lebens auch für geboten hielt, muß indes nicht unbedingt auf Bölsches Einfluß zurückgehen. Vgl. dazu z. B. auch Hitlers Äußerungen vom 12. 4. 1942 in der »Wolfsschanze«, Picker, S. 272 ff.

lich als heilsgeschichtlichter Retter der Menschheit *, deren Begriffsbezeichnung absonderliche Züge trägt. Die Juden sind total ausgeklammert, die Russen seit der pervertierten Ideologisierung des Zweiten Weltkriegs »Hunde« und »Schweine[307]«, bestenfalls »Untermenschen«, die des Mitgefühls bedürften, da es (nach Moltke) human sei, das Leiden der Feinde durch rasche Tötung abzukürzen. Die nahezu einhellig verfochtene Behauptung, daß Hitlers Hemmungsfähigkeit total verkümmert gewesen sei, geht von Voraussetzungen aus, die nicht nachgewiesen sind. Ob Hitler selbst fähig gewesen wäre, einen anderen Menschen ohne Hemmungen mit eigenen Händen zu ermorden, wie er es von anderen als selbstverständlich forderte **, ist fraglich. Selbst in der »Kampfzeit«, in der er fortwährend in »Saalschlachten« verwickelt war und ständig und demonstrativ eine lederne Hundepeitsche bei sich führte, beteiligte er sich nicht an Prügeleien. Nur einmal, am 9. August 1921, schlug er einen politischen Gegner[308]. Niemals hat er einem Mord oder einer Hinrichtung beigewohnt, wenn von seinen Fronterlebnissen von 1914 bis 1918 abgesehen wird. Nachdem einige seiner Kameraden am Nachmittag des 9. November 1923 vor der Feldherrnhalle in München getötet worden waren, kämpfte er mit Selbstmordgedanken und begann unter einer quälenden Schüttelneurose zu leiden, die ihn jahrelang plagte und sich nach der Katastrophe von Stalingrad erneut einstellte. Ernst Röhm, der Hitler seit 1919 genau kannte, forderte 1934 nicht zufällig, daß sein Führer persönlich kommen und ihn selbst erschießen solle. Wie schwierig es während des Ostfeldzugs war, Hitler zu überreden, auch nur bis zu den Kommandostellen der Heeresgruppen vorzugehen, obwohl er Tote und Verwundete dort nur in Ausnahmefällen zu sehen brauchte, ist allgemein bekannt. Nicht nur die Besorgnis, seine Illusion an den Sieg, an den er seit 1941/42 insgeheim schon nicht mehr glaubte, durch die Konfrontation mit der Wirklichkeit begraben zu müssen, hielt ihn vom Besuch der vorderen Linien ab. Auch persönliche Furcht um sein eigenes Leben war es nicht. Seine Berufung auf die Tatsache, daß die Heeresgruppen, Armeen und Front-

* 1924 schrieb Hitler (S. 70): »So glaube ich heute im Sinne des allmächtigen Schöpfers zu handeln: Indem ich mich des Juden erwehre, kämpfe ich für das Werk des Herrn.«

** So wurden, wie der Autor 1971 nachwies, in Hadamar auch deutsche Soldaten umgebracht, deren Verwundungen keine Wiederherstellung zuließen: Stukaflieger, die geistige Defekte davongetragen und andere Soldaten, die beide Arme und Beine verloren hatten.

offiziere, die gelegentlich als Gäste bei ihm weilten, ihn ausführlich informierten, so daß er sich nicht nach vorn zu begeben brauche, war eine Ausflucht. Nicht wenige Militärs und andere Personen seiner unmittelbaren Umgebung waren fest überzeugt, daß er Frontbesuchen nur auswich, weil er den Anblick Toter und Verwundeter nicht ertragen konnte [309], obwohl er eine innere Bindung zu seinen Soldaten nicht empfand, sie als Werkzeuge ansah und Verluste gelegentlich nach der Anzahl der »weggepfefferten Gewehre [310]«, abgeschossenen eigenen Panzer oder Flugzeuge berechnete.

Als ihn nach der Tat der Männer und Frauen vom 20. Juli 1944 Wut, Zorn und gnadenlose Rachsucht übermannten, wollte er die Gescheiterten wie Schlachtvieh an Fleischerhaken hängen sehen. Er befahl, die Hinrichtungen zu demütigenden Quälereien zu machen [311] und filmen und fotografieren zu lassen, was seine Umgebung allgemein als Absicht auslegte, Zauderern oder Gegnern gelegentlich diesen Film zeigen zu wollen und vor eventuellen Maßnahmen gegen sich zurückschrecken zu lassen. Daß er sich den Film dann schließlich selbst auch ansah, überraschte sie [312], zumal sie zu wissen glaubten, daß er nicht einmal die zerstörten Städte sehen konnte. »Glauben Sie«, fragte er seinen Begleitarzt Brandt im März 1945, »daß meine Vorstellungskraft nicht ausreicht, mir auszumalen, wie das aussieht [313]?«

Die Auffassung, daß Hitler, der Todesurteile ohne Zaudern bestätigte und von Gerichten in seinem Namen verhängte Freiheitsstrafen mit einem Federstrich aufhob und in Todesurteile umwandeln ließ, sicher in der Lage gewesen sei, selbst zu tun, was er befahl, stützt sich auf die Vermutung, daß er infolge seiner ungeheuren physischen und psychischen Belastung mit seinen Kräften haushalten mußte [314] und nur deshalb Konfrontationen solcher Art mied. Die nachweisbaren Fakten sprechen überzeugend gegen diese These. Die Tatsache, daß er noch nicht einmal einer seiner Diätköchinnen, bei der sich plötzlich herausstellte, daß sie jüdischer Abstammung war, ins Gesicht zu sagen vermochte, daß er sie entlasse, weil sie Jüdin sei [315], läßt darüber hinaus vermuten, daß er selbst auch im Zusammenhang mit der Ermordung von Juden »nur« unmenschlich war, solange er seinen Opfern nicht Aug' in Aug' gegenüberstand. Mit Gretl Slezak ließ er sich sogar auf eine Liebschaft ein *, obwohl er wußte, daß sie eine Jüdin zur Großmutter hatte. Hitler entschied

* Vgl. dazu auch Hanfstaengl, *Zwischen Weißem und Braunem Haus*, S. 285 f.

gegen sein Gefühl, weil er überzeugt war, daß seine Kenntnisse und absonderlichen Vorstellungen den tatsächlichen Schlüssel zur Geschichte und Wirklichkeit enthielten.

Hitler-Konzept für eine Rede [316]

»Judenherrschaft und Volksaushungerung.

Unruhe
Unzufriedenheit Erregung Mißtrauen
Eine Völkerwanderung des Geistes und der Tatsachen.
Katholiken werden zu radikalen Sozialisten –
Kommunisten wieder zu Bibelforschern.

Alles sucht
Not – Elend – Teuerung – Hunger.
Trotz des Kampfes dagegen.

Kleine Mittel

Wer ist schuld:

1. *Eine Regierung.* (Kahr, Pöhner, Heim)
in Sachsen? Preußen – Rheinland?
2. *der Preuße.* Und Österreich?
3. *das kapitalistische System* und in Rußland?

die Natur?
wirkt katastrophal nicht langsam
müßte heute zu parallelisieren (sic!) sein durch Verkehr u. s. w.
Nein das muß größere Ursachen haben

Kahr – Preußen – Kapitalismus usw. ist nicht
überall
aber
der Jude?

Altertum.

Ägypten – Rom – Palästina | *Mittelalter – Neuzeit.*

Judenherrschaft und Volksaushungerung

Wer soll nun da immer Schuld sein?
Niemals der Jude?
Erst prüfen.

Das tausendjährige Wandervolk	Ägypten Palästina Babylonien Rom Europa

immer ein Volk.
Grenzenlos ›national‹
überall ›Fremde‹, –
also immer gleich wie heute.

Der Charakter eines Volkes wie eines Menschen.

Der Jude ist ewig unsozial.
Das heißt materialistisch:

Stellung zur Arbeit

Egoismus und Pflicht

Sprungbrett zum arbeitslosen Einkommen	Immer gleich (Berliner Laubenkolonien)

Bibel

Arbeitsloses Einkommen der Einzelnen nur möglich als *Parasit* im Körper von Arbeitenden.

Arbeitsloses Einkommen von Völkern ist nur möglich bei ›Parasitenrassen‹.

Judenherrschaft und Volksaushungerung

Juden unter sich arm.
(Gedeihen nur in Fremdkörpern)

(Wirkung dann wie bei einem Schlinggewächs)

Staat im Staat zu allen Zeiten
Altertum – Mittelalter – Neuzeit –

Immer verfolgt
Immer gleich gehaßt.

Nicht weil die Völker schlecht waren sondern aus Notwehr.

Wirtschaftl.(iches) Parasitentum ist gleich mit
beherrschen.

Keine dauernde wirtschaftliche Versklavung
ohne ›politische Beherrschung‹

Darin liegt ›Trieb zur Weltherrschaft‹.

Der Jude als ›Weltfaktor = u. = Macht‹

Jahwe Prophezeiung ist nur der

Ausdruck für das selbstverständliche Ende und Ziel.

Notwendige Folge der Veranlagung des
Juden.

Keine Herrschaft oder alle
daher alle Judenschöpfungen Mittel zur
Weltherrschaft.

Wie führt er den Kampf um dieß.

wirtschaftlich und politisch

Rein geistige Vorarbeit.
Mitleid als Mittel.
im Einzelnen und im Großen.

Wirtschaftlich,
I. Auffressen der *Wirtschaft*, des *Landes*

Börsendiktatur – Preisbildung.

Rohstoffmonopol

Nicht *Bodenbesitz*, sondern *Kontrolle.*

(Bodenpächter) (Buch Esther)
Mittelalter *Kontrolle der gesamten Produktion*

Bodenbesitzverbot.

Folge des Wirtschaftskampfes ist
Teuerung – Absterben des Gastvolks
(Schlinggewächs)

Politischer Kampf

Erst Hüter der Bedrängten
(Wie im Kleinen)

Wenn Aristokratie	dann Demokratie
Wenn Demokratie	dann Diktatur
Wenn Monarchie	dann Republik
Wenn Republik	dann Diktatur

Teilen des Volkes selber.
Erst teilen dann schlagen

Der Jude als Spaltpilz.

Klassenspaltung.
Er schafft die Protzen auf der Einen Seite
die Proteste auf der anderen.

(Schoppenhauer – Meister im Lügen)
Der Jude als Zerstörer des
inneren Haltes eines
Volkes,

(Jericho) gegen

1. Charakter,
2. Anstand,
3. Moral,
4. Sitte (Mädchenhändler),
5. Religion – Bibelforscher, Vernunft,
6. Persönlichkeitswert,
7. Glaube an sich
8. *Nationalgedanken*
9. Nationale Größen

Kunst,
Wissenschaft,
Presse,
Literatur,
Teater,
Kino
u. s. w.

10. Geschäftliche Moral – (Christliche Juden)
11. zerstört das *Rechtsgefühl*

Judenrecht,

Bodenrecht,

Menschenrecht. (Arbeiter – hier folgt ein unleserliches Wort – ›Kapitalismus‹)

Vernichtung jeder Bodenständigkeit
Überall Vaterland.

Schlagwort,

der Weltstaat.

braucht

Völkervermischung
Rassenschande = Folge. –

Weltbrei
Weltpresse
Weltliteratur
Weltbörse
Weltkultur
Weltsprache

Das heißt: Die Welt unter einem Herrn,
zum Weltherrn ein Stoß

die
Weltrevolution
heißt

Niederzwingung der gesamten Erde unter
die Diktatur der Weltbörse und ihrer
Herren,
Juda.

Setzt voraus
Beseitigung jeder völkischen
Intelligenz

Rassenselbstmord
Vorbedingung hiezu ist
Massenwahnsinn

kann erzeugt werden.

durch Massennot – *Hunger.*

Der Hunger als Kampfmittel
zu allen Zeiten.

Der Hunger im Dienste der Juden,
zerstört Körperkraft und Gesundheit
verwirrt den Verstand.

Planmäßige Volksaushungerung
durch Teuerung.

1. In Deutschland vor dem Kriege,

2. Während des Krieges.

Nach dem Kriege.

Ursachen der Teuerung –

Waffenstillstand –

Luderwirtschaft,

Friedensvertrag.

Revolution
der
Börse
(unleserliches Wort)

Wie kann es gelöst werden.
Lösung der Judenfrage.

Schaffung eines sozialen Staates.

Unser Programm

Apostel einer neuen Wahrheit

Kampf gegen uns.
Berlin.

Deutschland wird dennoch frei.«

Die Entwicklung und Kontinuität des Hitlerschen Antisemitismus sind relativ leicht zu überschauen und darzustellen, doch die Frage, wie ein so ungewöhnlich eigenwilliger, begabter, belesener und kenntnisreicher Mensch wie Hitler einem so schrecklichen Irrglauben erliegen konnte, ist nicht so einfach zu beantworten. Deutliche und verschwommene Details bilden die Elemente, aus denen er sein Bild formte. Auf ein Element, das in seiner diesbezüglichen Entwicklung eine unübersehbare Rolle spielt, weist die Tatsache hin, daß der Antisemitismus in Österreich und Deutschland auf eine ganz besonders schreckliche Tradition zurückblickt.

Wesentliche Stationen des grauenhaften Martyriums der Juden, das von Hitler ausging, glichen historischen Erfahrungen des Judentums in Österreich, was nur durch einige Beispiele belegt zu werden braucht: Am 1. April 1933 wird im Deutschen Reich zum Boykott gegen jüdische Unternehmen aufgerufen. Uniformierte SA-Männer postieren sich vor den Eingängen jüdischer Geschäfte und lassen die Passanten und kaufwilligen Personen durch Schildertexte demonstrativ wissen, daß deutsche »Volksgenossen« nicht bei Juden einzukaufen haben.

Seit Sommer 1935 sind in Ortschaften, öffentlichen Anlagen, in Cafés, Gaststätten und Geschäften »Juden unerwünscht«. Seit dem 10. Oktober 1941 benötigen Juden, die ihre Wohnungen verlassen oder öffentliche Fahrzeuge benutzen wollen, eine ausdrückliche Erlaubnis.

Rund 110 Jahre zuvor, am 14. Dezember 1821, wurden alle in Karlsbad lebenden Juden aufgefordert, ». . . ihre Waaren bis zum 20ten d. M. inclusive unter den festgesetzten Strafen von hier wegzutransportieren und überhaupt diese Stadt Karlsbad zu räumen. Im Nichtbefolgungsfalle sollen ›Ihnen die Waaren konfisziert und selbe mittelst Schub dorthin wo sie hingehören befördert werden, und die diesen Israeliten Wohnung vermietenden Hausbesitzer streng bestraft werden [317]‹.« Der Bevölkerung Reichenbergs wurde bekanntgegeben: »Sind gleich nach Kundmachung . . . der Verordnung äußer den zeitlich geduldeten jüdischen Handelsleuten die übrigen Juden aus der Stadt abzuschaffen. Auch den Geduldeten darf nicht gestattet werden, daß sie das ganze Jahr hindurch in ihrer Abwesenheit gemeine Diener bei der Stadt zurücklassen und ich beauftrage zugleich mein Oberamt, den Dorfinsassen die Aufnahme der Juden aufs strengste, und zwar unter Arreststrafe zu verbieten, überhaupt aber hieramt zu invigilieren [318].«

Kein Hausbesitzer durfte »den zeitlich geduldeten und der Bürgerschaft bekannt zu machenden Juden keinen anderen Juden unter Strafe von 25 Fl. in Miete nehmen [319]«. Bei »Marktzeiten und bei ihrer Durchreise« waren sie »an die zur Aufnahme von Fremden berechtigten Gasthäuser anzuweisen und nach Verlauf von drei Tagen wieder abzuschaffen [320]«. Ausdrücklich drohten die Behörden: »Daher wird jeder Private gewarnigt und erinnert, keinem Juden unter gleicher Strafe von Fl. 25 Unterstand zu geben [321].«
Bis Frühjahr 1939 wandern rund 250 000 jüdische Deutsche zum großen Teil unter Zurücklassung ihres Vermögens aus Deutschland aus.
Seit dem 19. Juni 1941 werden namhafte deutsche Juden nach dem Osten deportiert.
Am 9. Dezember 1836 wurden 14 Juden aus Karlsbad ausgewiesen, am 16. Februar 1839 10 weitere aufgefordert, die Stadt innerhalb von 48 Stunden zu verlassen [322].
1866, nach dem Siege der Preußen über die Österreicher und Sachsen in Königgrätz, wurden die rumänischen Juden zu Ausländern erklärt [323].
Seit dem 17. August 1938, einige Monate nach dem »Anschluß« Österreichs, müssen alle Juden den boshaft glossierten Namen »Israel« und alle Jüdinnen den ebenso herabgewürdigten Namen »Sarah« führen.
Noch im 18. Jahrhundert gab es in Österreich viele Juden ohne Nachnamen, deren Wahl im 19. Jahrhundert reglementiert wurde. So kam zum Beispiel am 18. Februar 1802 ein Erlaß heraus, der den Juden verbot, hochadelige Namen anzunehmen [324]. 1887 untersagte ein weiteres Gesetz den Juden sogar, sich Namen »in der jüdischen Sprache«, z. B. Namen aus dem Alten Testament, zuzulegen oder sich nach österreichischen Orten zu nennen [325].
Trotz aller Detailkenntnisse ist die Ursache für Hitlers Antisemitismus nicht restlos klärbar. Weder die Auswertung seiner Krankengeschichte, aller geschichtlichen Fakten, Dokumente, geistesgeschichtlichen Einzelheiten und Zusammenhänge noch die psychologischen und psychiatrischen Schlußfolgerungen reichen aus, dieses Phänomen lückenlos und schlüssig zu ergründen. Exemplarisch für die zahlreichen Fehldeutungen von Psychologen und Psychiatern ist das Resultat der Überlegungen Alexander Mitscherlichs, der behauptet, daß sich zwischen 1912 und 1914 bei Hitler ein »Verfolgungswahn« (»Wahnidee«) herausgebildet und seine Entscheidungen und Verhaltenswei-

sen bis zum Tode maßgeblich bestimmt habe [326]. Er nimmt an, daß dieser »Verfolgungswahn« das Ergebnis einer von Hitler in *Mein Kampf* geschilderten [327] Begegnung mit einem Juden im langen Kaftan gewesen sei. Daß Hitlers »Bericht« im Grunde nicht viel mehr als eine »literarisch« artikulierte und auf Propagandaeffekte ausgerichtete Schilderung der Genesis eines (»welt«-)bürgerlich erzogenen jungen Menschen zum fanatischen Antisemiten ist, haben weder Mitscherlich noch seine Epigonen begriffen. Hitler war bereits Antisemit, als er nach Wien kam. In der krankhaften Weise, wie Mitscherlich glaubt oder voraussetzt, war er es erst rund ein Dutzend Jahre später. Zwischen 1909 und 1913 machte Hitler noch zahlreiche Geschäfte mit Juden, ließ einen von ihnen seine Bilder verkaufen und teilte mit ihm den Erlös. Nahezu täglich besuchten er und Kubizek die Wiener Hofoper [328], obwohl ihr einstiger Direktor, der Dirigent der Philharmoniker und Komponist Gustav Mahler, Jude war *. Wie Mitscherlich, so überschätzte auch Alan Bullock die von Kubizek wiederholte [329] Erzählung Hitlers maßlos [330]. Für ihn bildeten der im Rahmen der Hitler-Schilderung erwähnte Kaftan-Jude und die *Mein Kampf*-Version über die Begegnung und Beurteilung der Prostitution als jüdisches Geschäft und Mittel zur Zerstörung der arischen Rasse [331] die entscheidenden Zäsuren. Entsprechend folgerten William Shirer [332], Hans Bernd Gisevius [333] und Max Domarus [334]. Gisevius, der einen Abschnitt seiner Hitler-Biographie sogar mit dem Titel »Der Kaftanjude [335]« überschrieben hat, schließt – in Umkehrung der Hitler-Erzählung: »Genau umgekehrt müssen wir die Geschichte dieser schicksalhaften Begegnung lesen. Hitler ist schon längst auf der Suche nach einem Sündenbock. Jemand muß ja schließlich an seiner jetzigen Misere und dem nahen Unheil schuld sein, wohlgemerkt keine Institution, keine ungünstige Konstellation, keine Irrlehre, keine unzureichende Sachkunde, keine falsche Idee und keinesfalls persönliches Versagen, nein, einer, ein Mensch aus Fleisch und Blut [336].« Diese Deutung, die wesentlich von Hitlers Version in *Mein Kampf* ausgeht, daß er nach 1908 in Wien eine »Misere« durchzustehen hatte [337], trifft zweifellos ebensowenig die tatsächlichen Zusammenhänge wie die von Olden [338], Bullock [339] und Shirer [340] verbreitete Theorie, daß Hitler nicht zuletzt auch infolge eines (von ihnen vermuteten) Sexualneids [341] Antisemit geworden sei. Percy Ernst

* Mahler war im Oktober 1907 nach New York gegangen.

Schramms Vermutung, daß Hitlers Antisemitismus (eine Art »geistiger Kurzschluß«) seinen Ursprung »in frühen Jugendeindrükken[342]« gehabt, sich in den Wiener Jahren »natürlich« verstärkt und in der »Kampfzeit« zwangsläufig noch mehr intensiviert habe, basiert ebenfalls im wesentlichen auf Hitlers Angaben in *Mein Kampf*, die in vielen Fällen kraß von den Tatsachen abweichen. Die – auf Hans Frank zurückgehende und vor allem von Franz Jetzinger formulierten, vermeintlich sachlich fundierten – Behauptungen, daß Hitler eventuell selbst jüdischer Abstammung gewesen sei und daher so unglaublich bestialisch gegen die Juden gewütet habe, sind phantasievolle Erfindungen *. Der Versuch des amerikanischen Historikers Rudolph Binion, Hitlers Antisemitismus darauf zurückzuführen, daß Klara Hitler nach einer Operation angeblich mit »Gasnarkose« verstorben sei und Hitler selbst während des Ersten Weltkrieges infolge der schweren Gasverwundung bei La Montagne[343] ins Lazarett nach Preußen mußte, wo er die Revolution erlebte, ist ebenso abwegig und braucht nicht weiter beachtet zu werden.

Da Hitlers Leben bis zum Ausbruch des Ersten Weltkrieges in gesicherten Bahnen verlief, ist die weit verbreitete Behauptung nicht haltbar, daß er Antisemit wurde, weil er als junger Mensch gescheitert sei und zur persönlichen Rechtfertigung eines sogenannten »Schwarzen Peters« als Schuldigen bedurfte. Die Abweichungen von der allgemein als »normal« angesehenen Lebensweise bestimmten – bis auf den frühen Verlust der Eltern – durchaus keine negativen Umstände. Hitler, der Maler oder Architekt werden und gar nicht normal »bürgerlich« leben wollte, war begabt, zielstrebig und vital, wenn es ihm auch – wie dem späteren Direktor der Akademie der Bildenden Künste – nicht auf Anhieb gelang, in Wien zu studieren. Er verfügte darüber hinaus über relativ viel Geld und konnte sich ein sorgloses Leben leisten. Die Behauptung, daß er nach 1918 im geschlagenen Deutschland nur als Wortführer eines krassen und brutalen Antisemitismus Karriere habe machen können, unterstellt, daß der Antisemitismus ihm lediglich ein Mittel zum Zweck gewesen sei, was auch nicht zutrifft. Hitlers religiös artikulierte Feststellung, daß er das »Werk des Herrn« erfülle, indem er sich »der Juden erwehre[344]«, drückte aus, wovon er zutiefst überzeugt war. Daß er in »stillen Stunden« an seiner »Sendung« und Lehre gezweifelt haben

* Vgl. S. 21

soll, wie Heinrich Heim versichert, der Mann, der einige der geheimsten Gedanken Hitlers vernahm – und mit Martin Bormanns Wissen heimlich notierte, spricht nicht dagegen. Nach Heims Bericht hat Hitler auf dem Höhepunkt seiner Macht und Kriegserfolge, im Jahre 1941, in Anwesenheit eng Vertrauter bezweifelt, daß seine Politik gegenüber dem Judentum vom historischen Aspekt her richtig sei. Die nicht veröffentlichten Hitler-Äußerungen, die diese Frage betreffen, erscheinen an der Summe der historischen Fakten gemessen, nicht wesentlich. Daß ihn zuweilen der Gedanke belastet habe, mit seiner Juden-Politik dem »Sinn der Geschichte« entgegenzuwirken und damit zwangsläufig zum Scheitern verurteilt zu sein *, läßt Hitler, der – in diesem Gespräch – die Existenz des Judentums als dialektisch wirkenden Widerpart im Rahmen aller anderen Völker bezeichnet haben soll, nur noch abgründiger erscheinen. Die im selben Rahmen angeblich geäußerte Befürchtung, daß seine Juden-Politik von den künftigen Generationen womöglich nicht verstanden werden könnte, da sie ja aus eigener Anschauung »keine Juden mehr« kennen würden [345], kann kaum im gleichen Sinne ausgelegt werden. Sie zeigt vielmehr den Hitler, der entschlossen und überzeugt ist, ein judenfreies Reich zu hinterlassen – und bereits an sein Denkmal in der deutschen Geschichte denkt. Es muß als absolut sicher angesehen werden, daß Hitler niemals ernsthaft daran gezweifelt haben kann, sich in dieser Hinsicht grundsätzlich geirrt zu haben. In seinem Testament, das die Gedanken enthält, die ihn unmittelbar vor seinem Selbstmord bewegten, forderte er seine Nachfolger im Sinne seiner offiziellen Lehren auf: »Vor allem verpflichte ich die Führung der Nation und die Gefolgschaft zur peinlichen Einhaltung der Rassengesetze und zum unbarmherzigen Widerstand gegen den Weltvergifter aller Völker, das internationale Judentum [346].« Die von ihm zeitlebens verbreitete Vorstellung über die Völker des Ostens hat er in letzter Stunde noch korrigiert, sein Bild vom Judentum nicht.

»Reguliere ich auf Grund der mir von Gott gegebenen Einsicht mein Leben«, hatte er am 13. Dezember 1941 gesagt, »dann kann ich mich irren, aber ich lüge nicht [347].«

* Persönliche Auskunft von Heinrich Heim (6. 7. 1968). Ähnlich artikulierte Hitler (S. 68) seine einstigen Zweifel: »Sollte diesem Volke, das ewig nur dieser Erde lebt, die Erde als Belohnung zugesprochen sein? Haben wir ein objektives Recht zum Kampf für unsere Selbsterhaltung, oder ist auch dies nur subjektiv in uns begründet?«

Im Anschluß an diese Feststellungen ist nach Hitlers Verhältnis zur Religion und zur Kirche zu fragen. Daß er trotz seiner in diesem Zusammenhang deutlichen Korrespondenz mit den Lehren der Stoiker und den Vorstellungen der Aufklärung auch hier weder auf eine Schule noch auf einen Lehrer festgelegt werden kann, braucht nur am Rande erwähnt zu werden. Die Tatsache, daß Hitler sich für einen tief religiösen und »tiefinnerlich frommen« Menschen [348] hielt, die Religion und den religiösen Glauben positiv beurteilte und die Kirche ablehnte, sie in Gesprächen jedoch sehr oft mit der Religion identifizierte, kompliziert die Beantwortung der Frage nach den geistigen Vätern und Leitbildvorstellungen zusätzlich. Dem Scheine nach war er total irreligiös. Er wandte sich ostentativ von der Kirche ab, auch wenn er ihr bis zu seinem Tod angehörte, erklärte ihre religiösen Lehren für »ausgesprochen verrückt [349]«, drohte ihr, bekämpfte sie offen und verspottete ihre Geistlichen. Als selbstverständlich setzte er voraus, daß die heutigen Menschen, die mit der Naturforschung vertraut seien, die Kirche nicht mehr ernst nehmen könnten [350], bezeichnete den religiösen Glauben jedoch immer wieder als einen Segen für die Menschen. »Eine Verinnerlichung«, meditiert er im November 1941, als das Kriegsglück ihn zu verlassen beginnt, »ist für die Menschen etwas ganz Wunderbares [351].« Bereits im Oktober, während ihn Krankheiten plagten und er mehr als zuvor überzeugt war, nicht mehr lange zu leben, hatte er gesagt: »Tatsache ist, daß wir willenlose Geschöpfe sind, daß es eine schöpferische Kraft ... gibt. Das leugnen zu wollen, ist Dummheit. Wer etwas Falsches glaubt, steht noch höher als der, der überhaupt nichts glaubt [352].« Obwohl er seine Weltanschauung jedermann aufzwingen wollte, dachte er im Zusammenhang mit der Religion und der »wirklichen Frömmigkeit«, die er als gläubiges Verhalten des Menschen gegenüber dem Göttlichen dort angesiedelt sehen wollte, wo das »tiefste Wissen über die Unzulänglichkeit des Menschen wohnt [353]«, grundsätzlich anders. »Einem Bauernweiblein will ich«, formulierte er zur gleichen Zeit programmatisch, »meine Philosophie nicht aufzwingen. Die Lehre der Kirche ist auch eine Art der Philosophie, wenn auch nicht nach Wahrheit strebend. Da die Menschen große Dinge nicht mitdenken können, schadet das nichts. Irgendwie mündet das alles in einer Erkenntnis der Hilflosigkeit des Menschen dem ewigen Naturgesetz gegenüber. Das ist nicht schädlich, wenn wir nur zu der Erkenntnis kommen, daß die ... Rettung des Menschen darin liegt, daß er die göttliche Vorsehung zu begreifen versucht und nicht glaubt, er könne sich gegen das Gesetz aufbäumen. Wenn der Mensch sich ... demütig den Gesetzen fügt, so ist das wunderbar [354].« Gern und oft – und in den letzten Jahren seines Lebens in zunehmendem Maße – benutzte er anstelle von »Gott« den Begriff »Vorsehung«, den die Stoiker als Bezeichnung für eine über dem Weltgeschehen und Menschenleben vernunftmäßig waltende Macht gewählt hatten, und sprach von der »Schöpferkraft«. Schramms Feststellung, daß Hitler die »Vorsehung« aus seiner biologischen Gedankenwelt ableitete [355], »zu seiner Selbstgewißheit [356]« verwendete und sie »mehr und mehr mit seinem Ich-Kult [357]« verschränkt habe, stützt sich auf Äußerungen von Alfred Jodl und Karl Brandt, deren Urteile in diesem Zusammenhang keinen besonders zuverlässigen Wert besitzen. Hitler sprach von der »Vorsehung«, wie die Stoiker es taten, wenn sie die *providentia* meinten, die alles »vorsieht« und die von ihr geschaffene Welt erhält und nach ihren Zwecken lenkt. Dafür, daß Hitler sich nicht nur dem Scheine nach unter eine zwingende göttliche Macht gestellt glaubte, gibt es zahlreiche Beweise. Sowohl vor der breiten Öffentlichkeit als auch im engsten Kreis deutete er nicht nur seine Erfolge, sondern auch seine Mißerfolge unbefangen aus dieser Perspektive. So sagte er zum Beispiel zu seinem Hals-, Nasen- und Ohrenarzt Dr. Erwin Giesing am 23. August 1944 über die Niederlage bei Stalingrad, die er ausdrücklich auf sein Konto nahm *: »Solche Nackenschläge wie Stalingrad verteilt das Kriegsglück öfter, und ich weiß, daß die Vorsehung auch die gegnerische Seite bisher reichlich damit bedacht hat und auch in Zukunft noch bedenken wird [358]«, und am 21. September 1944 erklärte er dem 37jährigen Truppenarzt im Zusammenhang mit dem 20. Juli 1944: »Wenn ich jemals einen Zweifel an meiner Aufgabe gehabt hätte, die mir die Vorsehung gestellt hat, so hätte ich ihn jetzt ganz bestimmt nicht mehr. Mir kommt es täglich ... wie ein Wunder vor, daß ich aus dem Trümmerhaufen lebendig ... herausgekommen bin [359].« Im Februar 1945, kurz vor seinem Selbstmord, beruhigte er seinen inzwischen in Ungnade gefallenen Arzt mit der Äußerung: »Die Vorsehung hat mich bisher sicher geführt, und ich werde unbeirrt von allen Zwischenfällen meinen vorgeschriebenen Weg weitergehen [360].« Infolge seines negativen Verhältnisses zu den – nach seiner Ansicht den Namen Gottes miß-

* Vgl. die Feststellungen im letzten Kapitel.

brauchenden – Kirchen und des naturwissenschaftlich bestimmten Einflusses der Aufklärung auf seine Religionsvorstellung scheute er sich, die »Vorsehung« öffentlich »Gott« zu nennen. Im engen Kreise dagegen sprach er sogar vom »lieben Gott«. »Wenn man sagt«, erläutert er beispielsweise am 24. Oktober 1941, »der Blitz wird vom lieben Gott gemacht, so ist das nicht unrichtig. Sicher ist aber, daß der liebe Gott den Blitz nicht so dirigiert, wie es die Kirche behauptet. Die Definition der Kirche ist ein Mißbrauch für irdische Zwecke [361].« Für Hitler erscheint die Religion an einem nicht zuverlässig fixierbaren Punkt der Menschheitsgeschichte. Im Sinne seiner Wertung der Mythologien und Sagen glaubt er, daß sie dadurch entstand, daß die Menschen »Bilder der Erinnerung, die zu Schemen verblaßt waren, begrifflich« faßten und »intellektuell mit den Vorstellungen« umgaben, »die der Kirche dazu dienen, an der Macht zu bleiben [362]«. Diese Deutung ist nicht sehr weit von der – durch die Kritik an Ludwig Feuerbachs Auffassung vom Wesen der Religion entstandenen – Interpretation Friedrich Engels' entfernt, der für den Bereich der indoeuropäischen Völker, bei Indern, Persern, Griechen, Römern, Germanen und »soweit das Material reicht«, auch bei Kelten, Litauern und Slawen im einzelnen (wie Hitler auch) die vergleichende Mythologie als Quelle angeben zu können meint *. In der Vorstellung von Engels, der der Religion einen relativen Wahrheitsgehalt zugesteht, sie als Reflexion objektiver, wenn auch nur immanenter Faktoren begreift und sie als phantastische Widerspiegelung äußerer Mächte in den Köpfen der Menschen interpretiert, die sie als überirdische Kräfte auffassen, die ihr Dasein beherrschen [363], ist die Religion »zu einer sehr waldursprünglichen Zeit aus mißverständlichen, waldursprünglichen Vorstellungen der Menschen über ihre eigene und die sie umgebende äußere Natur [364]« entstanden. Während Engels erklärte, daß die Religion eine Zeitlang den Entwicklungsprozeß positiv mitvollzogen habe und prophezeite, daß sie infolge der grundsätzlichen Ver-

* Vgl. Engels, Friedrich, *Herrn Eugen Dührings Umwälzung der Wissenschaft.* (Ost-)Berlin 1948, S. 393 f. Karl Marx hatte dagegen in seiner *Kritik der Hegelschen Rechtsphilosophie* (1843) formuliert, daß der Mensch sich die Religion selbst mache, so daß sie das »Selbstbewußtsein und das Selbstgefühl des Menschen« darstelle, »der sich selbst entweder noch nicht erworben oder schon wieder verloren« habe und die phantastische »Verwirklichung des menschlichen Wesens« sei, da »das menschliche Wesen keine wahre Wirklichkeit« besitze. Vgl. Marx, Karl, *Die Frühschriften.* Stuttgart 1953, S. 207 f. Vgl. auch Maser, *Genossen beten nicht. Kirchenkampf des Kommunismus*, Köln 1963, S. 10 ff.

änderung der ökonomischen Verhältnisse durch den in der Geschichte zwingend angelegten Kommunismus zwangsläufig überwunden werde, war Hitler davon weder überzeugt, noch wünschte er eine solche Entwicklung. Die Religion, die nach seiner Auffassung »in ihren Anfängen ... menschlicher [365]« gewesen sei, wollte er – nicht zuletzt auch als ein Mittel zur Unterwerfung der Menschen und zur Unterstützung der Macht und ihrer Entfaltung [366] – erhalten sehen, die Kirche dagegen nicht. In seinem Prisma stand ihr ein positiver Platz in der Geschichte nicht zu. »Die Zeit von der Mitte des 3. bis zur Mitte des 17. Jahrhunderts«, urteilte er über die Kirche des Mittelalters, »das ist sicher die grausamste Epoche menschlichen Tiefstandes überhaupt gewesen. Blutdurst, Gemeinheit und Lüge haben diese Zeit beherrscht [367].« Im Gegensatz zu Engels war er überzeugt, daß es eines Tages notwendig sein werde, sie mit Gewalt auszurotten. »Ich bin nicht der Meinung«, erklärte er 1942, »daß etwas bleiben muß, was einmal war. Die Vorsehung hat dem Menschen die Einsicht gegeben, damit er nach seiner Einsicht handle. Die Einsicht zeigt mir, daß die Herrschaft der Lüge gebrochen werden will. Sie zeigt mir aber auch, daß man das jetzt nicht kann. Um die Lüge nicht mitmachen zu müssen, habe ich die Pfaffen aus der Partei herausgehalten. Ich schrecke vor dem Kampf nicht zurück, den ich, wenn es darauf ankommt, auszufechten habe, und werde sofort handeln, falls die Prüfung ergibt, daß es geschehen kann [368].« In seiner Jugend habe er, erklärte Hitler im Dezember 1941, die Ansicht verfochten, daß die Kirche augenblicklich, brachial und schonungslos wie mit »Dynamit« aus der Welt geschafft werden müßte. Jetzt aber wolle er gezielt dahin wirken, daß auf ihren Kanzeln vor »alten Weiblein« nur »lauter Deppen« stünden und die Kirche abfaule »wie ein brandiges Glied [369]«.

Nachweisbar ist, daß Hitler sein positives Verhältnis zur katholischen Kirche, die ihm während seiner Volksschulzeit in Lambach und Leonding bis um die Jahrhundertwende noch als eine solche Autorität erschienen war, daß er selbst Abt werden wollte [370], bereits in Linz unter dem Einfluß seines »fortschrittlich gesinnten« Vaters einzubüßen begann, dem die Linzer *Tagespost* am 8. Januar 1903 im Nachruf bescheinigte, ein »warmer Freund der freien Schule« gewesen zu sein. Und als erwiesen kann auch gelten, daß nicht nur Alois Hitler die Beziehung seines Sohnes zur Kirche negativ beeinflußte, sondern ausgerechnet die Religionslehrer Silizko und der Linzer Re-

ligionsprofessor Sales Schwarz, der von Hitler und seinen Schulkameraden als einfältig und instinktlos bezeichnet und dafür verantwortlich gemacht wurde, daß rund 90 Prozent der Schüler der Linzer Realschule die katholische Kirche und Religion als fremd empfanden und zum Teil schließlich total aufgaben [371]. Aufschlußreich ist Hitlers Bericht über den Religionsunterricht bei Schwarz. »Der Religionsunterricht wurde bei uns nur von Priestern gegeben«, sagte er in der Nacht vom 8. zum 9. Januar 1942 nach Heims Aufzeichnungen, die wegen der unverfälschten Wiedergabe der nicht gerade häufigen witzig-ironischen Hitler-Äußerungen nur knapp gekürzt zitiert werden: »Ich (Hitler, der Verf.) war der ewige Frager. Den reinen Prüfungsgegenstand habe ich beherrscht wie kein anderer. Man konnte mir deshalb nichts machen. In der Religion habe ich ›lobenswert‹ und ›vorzüglich‹ gehabt, dafür im sittlichen Betragen ›ungenügend‹. Aus der Bibel habe ich mit Vorliebe die bedenklichen Themen genommen: ›Bitte Herr Professor, was versteht man darunter?‹ Eine ausweichende Antwort. Ich frug wieder und wieder, bis dem Professor Schwarz schließlich die Geduld riß: ›So, und jetzt endlich setzen Sie sich!‹
Er frug mich eines Tages ...: ›Und betest du des morgens und mittags und abends?‹
›Nein, Herr Professor, ich bete nicht; ich glaube nicht, daß der liebe Gott ein Interesse daran hat, ob ein Realschüler betet!‹ ...
Schwarz besaß ein großes blaues Taschentuch, das fischte er aus dem Unterfutter seines Rockes heraus; wenn er es auseinanderzog, krachte es. Das hatte er eines Tages in der Klasse liegen lassen. Wie er eben zu anderen Lehrern trat, da kam ich auf ihn zu, das Tuch mit spitzen Fingern am äußersten Zipfel haltend: ›Bitte, Herr Professor haben ein Taschentuch vergessen.‹ Er hat es genommen und mich dabei mit bohrenden Augen angesehen. Ein Hallo in der Klasse! In dem Augenblick kam der Professor Hueber herein. ›Sie Hitler, wenn Sie noch einmal ein Taschentuch bringen, dann bringen Sie das anders!‹ Ich: ›Ich konnte das nicht anders bringen, Herr Professor.‹ ...
In der Steinstraße hatte er (Schwarz, der Verf.) eine Verwandte, die betrieb ein Geschäft ... Zu ihr sind wir herein und haben die unmöglichsten Sachen verlangt, wie Damenhosen und dergleichen. Das hätte sie nicht. Wir mit Geschrei hinaus: So eine Rückständigkeit, nichts bekommt man! ... Zu Ostern mußten wir zur Osterbeichte. Damit war ein Exerzitium verbunden. Wir haben darüber gelacht, unsere Beichte bestand darin, daß einer sagte: Ich habe Schlechtes von meinem Pro-

fessor gedacht. Ich habe den X. geärgert usw. Nun kam Schwarz: Wir machten uns schwerer Sünden schuldig, weil wir nicht in uns gingen. Jetzt haben wir uns ausgedacht, jeder gibt ein Riesen-Sündenregister an. Die tollsten Geschichten, wie sie nur ein Saubub erfindet. Während der Klassenpause habe ich an die Tafel geschrieben: Abschreiben! Und nun den tollsten Roman, was ein Dreizehnjähriger gar nicht gemacht haben kann. Während ich gerade beim Schreiben bin, pfeift es – wir hatten einen Posten ausgestellt –, ich drehe die Tafel um und fliege auf meinen Platz ... Nächsten Tag war die Osterbeichte. Die Ferien vergehen, kein Mensch denkt etwas. Einer muß auf der Tafel schreiben, kommt unten hin, dreht um und da steht das nun: Ich habe widernatürlich ... Der Professor studiert, es wird ihm ganz anders. ›Diese Schrift kenne ich doch! Sollten nicht Sie das gewesen sein, Hitler? Wie kommen Sie dazu?‹ ›Das ist nur ein Beispiel einer Gewissenserforschung, weil der Herr Professor Schwarz uns aufgefordert hat, damit genau zu sein.‹ ›Sie, behalten Sie Ihre Beispiele für sich!, sonst sperre ich Sie ein zum Beispiel!‹ Ich habe mir oft vorgenommen, daß ich mich zurückhalte, aber es hat sich immer wieder gegeben. Was ich gehaßt habe, war die Verlogenheit. Ich seh' ihn heute noch mit seiner langen Nase und das hat mich so gereizt, daß ich dann immer wieder losgegangen bin und etwas angestellt habe. Wenn die Mutter einmal hereinkam, stürzte er sich auf sie, um ihr klar zu machen, daß ich ein Verlorener wäre. ›O Du Unglückseliger‹, sagte er zu mir. ›Bitte, Herr Professor, ich bin gar nicht unglückselig.‹ ›Du wirst es einmal im Jenseits erfahren!‹ ›Bitte, Herr Professor, es gibt einen Gelehrten, der bezweifelt, daß es ein Jenseits gibt.‹ ›Willst Du vielleicht ...?‹ ›Bitte, Herr Professor, Sie haben eben Du zu mir gesagt!‹ ›Sie werden einmal nicht in den Himmel kommen!‹ ›Bitte, wenn ich aber einen Ablaß tue?‹ Ich bin nun sehr gern in den Dom gegangen, unbewußt aus Architekturgründen. Das muß ihm irgend jemand gesagt haben. Er hat sich gar nicht denken können, was ich da tue und hat eine Lumperei vermutet. Ich bin ganz ehrfürchtig drin herumgegangen. Wie ich herauskomme, stehe ich vor Schwarz! Er sagte zu mir: ›Und ich habe Dich schon für einen Verlorenen gehalten, mein Sohn; es ist doch nicht so!‹ Es war gerade zu einer Zeit, wo ich eine bessere Meinung gut brauchen konnte, weil das Zeugnis vor der Tür stand. So habe ich ihm nicht widersprochen ... Fünfzehn Jahre alt, habe ich ... meiner Schwester ein Theaterstück diktiert. In Linz gab es einen Verein der von Tisch und Bett Getrenn-

ten: Scheidung kannte man in Österreich nicht. Der Verein hat Kundgebungen abgehalten als Protest gegen diese Barbarei. Öffentliche Kundgebungen waren verboten. Erlaubt war aber die § 2-Versammlung und als geschlossen galt eine Versammlung ... wenn nur Mitglieder hereinkamen. Ich kam hinein, nachdem ich an der Pforte einen Mitgliedsschein unterschrieben hatte, habe zugehört und bin von einem heiligen Zorn ergriffen worden. Der Redner hat Männer geschildert, die ein reiner Ausbund an Gemeinheit waren und von denen die Frauen nach dem Gesetz nun nie würden loskommen können. Ich sagte mir: das muß unters Volk gebracht werden! Meine Schrift konnte man nicht lesen. So bin ich auf und ab gesaust und habe meiner Schwester diktiert. Ich habe das in zahllosen Auftritten mit einer glühenden Phantasie ausgemalt.
›Du Adolf‹, hat Frau Professor Hammitzsch zu mir gesagt, ›das kann man doch gar nicht aufführen!‹ Ich konnte nicht widersprechen und eines Tages hat sie (die Schwester, der Verf.) dann gestreikt: sie schreibt nicht mehr weiter! Ich bin auch zu keinem Ende gekommen. Das war für mich ein Thema, mit dem ich dem Prof. Schwarz auf die Nerven gehen konnte. Voll glühender Empörung habe ich den nächsten Tag gleich das Wort genommen. Er: ›Ich weiß nicht, Hitler, wie kommen Sie überhaupt zu solchen Themen?‹ ›Weil mich das interessiert!‹ – ›Das hat Sie nicht zu interessieren! Ihr seliger Herr Vater ist doch tot!‹ ›Ich bin Mitglied des Vereins.‹ ›Was bist Du? – Setzen Sie sich!‹ Ich habe ihn (Sales Schwarz, der Verf.) drei Jahre gehabt. Vorher hatten wir einen Silizko ... ein ganz großer Feind von uns [372].«
Während der Linzer Jahre, in denen seine Weltanschauung die ersten bleibenden Konturen erhielt, hat Hitler geradezu im Banne des zu der Zeit von Schönerer laut propagierten Schlagwortes »Los von Rom« (Hitler: »das gewaltigste ... Angriffsverfahren, das die feindliche Hochburg zertrümmern mußte«) gestanden und zunächst die chauvinistisch akzentuierten politischen Argumente der Alldeutschen gegen die katholische Kirche kennengelernt. Lehre und Dogmen standen in Linz und auch in Wien und München noch weitgehend außerhalb der Kritik, da ihm dafür die Voraussetzungen fehlten. Daß seine konkreten Kenntnisse in dieser Beziehung auch 1924 noch relativ dürftig waren, beweisen seine Formulierungen in *Mein Kampf*, wo er zum Beispiel im Zusammenhang mit der Los-von-Rom-Bewegung von »tschechischen Pfarreien und ihrer geistlichen Seelsorger« spricht [373]. In *Mein*

Kampf, in dem sein Anti-Habsburg-Affekt noch ungebrochen erscheint, ist im Grunde nur die Rede von einer betont antideutschen Haltung der Habsburger, dem »gewissenlosesten Herrscherhaus[374]« und seiner angeblich systematisch betriebenen Slawisierung des österreichischen Staates mit Hilfe der von Rom aus regierten katholischen Kirche, die sich zur Verwirklichung dieser Aufgabe volkstumsbewußter tschechischer Pfarrer bedient habe. Prononcierte Kritik an den Lehren und Dogmen der katholischen Kirche äußert Hitler erst, nachdem er die Veröffentlichung von *Mein Kampf* als politischen Fehler begriffen hat[375]. Bis an sein Lebensende haben nicht nur seiner Kritik standgehalten, sondern sogar seine Bewunderung hervorgerufen: die »Verfassung« der katholischen Kirche, ihre Organisation, die Würde ihrer Priester und der kirchliche Pomp. Darüber dachte er im Grunde 1945 noch ebenso wie 1905. Ihm imponierten der Zusammenhalt und die geschichtliche Kontinuität des Katholizismus, der – außer durch Martin Luther – niemals, weder durch eigene Fehler und Schwächen noch durch Aktionen politischer oder religiöser Gegner und Feinde ernsthaft in Gefahr geriet. Trotz vieler Krisen und »einer ausgesprochen verrückten geistigen Grundlage«, sagt Hitler am 31. März 1942, hat sich die »Verfassung[376]« des Papsttums bewährt. Daß er die katholische Kirche nicht als geheiligte Institution im Rahmen seines Reiches wünschen konnte, liegt auf der Hand. Eine »deutsche Kirche« als staatlich kontrollierte Organisation eines religiösen Glaubens, einer Frömmigkeit und Religion, wie er sie verstand, hätte er gern gesehen. Selbst »eine absolute Staatskirche, wie sie die Engländer haben[377]«, wäre ihm recht gewesen. Daß die römisch-katholische Kirche nicht zu einer Organisation von Staatskirchen umgemodelt werden konnte, wie sie Hitler vorschwebten, hatte er bereits als junger Mensch in Österreich aus der Beobachtung der antirömischen Schönerer-Politik gelernt. Als ein Teil dieser Lehren erscheint seine Feststellung vom 6. April 1942, daß es »ein Skandal (sei), daß die Kirchen vom Deutschen Reich ... Staatszuschüsse« in Höhe von jährlich 900 Millionen Reichsmark bekämen, eine Summe, die er, soweit es die katholische Kirche beträfe, nach dem Kriege auf 50 Millionen Mark reduzieren wollte[378]. Die evangelische Kirche, die infolge seiner konfessionellen Familientradition, elterlichen Erziehung, schulischen Erfahrungen und Umwelteinflüsse mindestens bis zu seinem 20. Lebensjahr außerhalb seiner Betrachtungen stand[379], erschien ihm für einen Kampf gegen die katholische Kirche nicht als Partner »von

Format[380]«. Auch als Kirche für nationalsozialistische Deutsche sah er sie bereits 1924 nicht als wünschenswerte Lösung an. »Der Protestantismus vertritt von sich aus die Belange des Deutschtums besser (als der Katholizismus, der Verf.), soweit dies in seiner Geburt und späteren Tradition überhaupt schon begründet liegt«, schreibt er 1924 in *Mein Kampf* und fährt sogleich kritisierend fort: »Er versagt jedoch in dem Augenblick, wo diese Verteidigung nationaler Interessen auf einem Gebiete stattfinden müßte, das in der allgemeinen Linie seiner Vorstellungswelt und traditionellen Entwicklung entweder fehlt oder gar aus irgendeinem Grunde abgelehnt wird. So wird der Protestantismus immer für die Förderung alles Deutschtums ... eintreten, sobald es sich um Dinge der inneren Sauberkeit oder auch nationalen Vertiefung, und auch deutscher Freiheit handelt ... er bekämpft aber sofort auf das feindseligste jeden Versuch, die Nation aus der Umklammerung ihres tödlichsten Feindes zu retten, da seine Stellung zum Judentum nun einmal mehr oder weniger fest dogmatisch festgelegt ist. Dabei aber dreht es sich hierbei um die Frage, ohne deren Lösung alle anderen Versuche einer deutschen Wiedergeburt oder einer Erhebung vollkommen unsinnig und unmöglich sind und bleiben[381].« Da Hitler die kirchliche Einheit des deutschen Protestantismus weder erlebte noch als geschichtliches Faktum registrieren konnte, sah er keinen Anlaß, seine Auffassungen zu korrigieren. Von der Reformation bis 1918 gab es nur unterschiedlich organisierte und vom Bekenntnis und Kirchenbrauch her verschieden ausgerichtete Landeskirchen, die sich mit den jeweiligen Landesherrschaften deckten. Die im 19. Jahrhundert gewissermaßen als Ersatz für die von deutschen Protestanten ersehnte evangelische deutsche Nationalkirche entstandene Innere Mission, der Gustav-Adolf-Verein und der Evangelische Bund, deren Geschichte Hitler vertraut war, konnte er im Sinne seiner Vorstellungen erst recht nicht als tatsächliche Alternative anerkennen. So hat er denn auch den mit dem Ende des Kaiserreiches und der Landesherrschaften im Jahre 1918 für einen Zusammenschluß der Landeskirchen frei gewordenen Weg nicht geebnet, als er dazu in der Lage war. Eine Zeitlang hoffte er mit dem evangelischen Reichsbischof Ludwig Müller einen »Papst der evangelischen Kirche[382]« inthronisieren und seine deutsche evangelische Kirche verwirklichen zu können. Nachdem er jedoch erkannte, daß seine Pläne Illusionen bleiben mußten, gab er die der evangelischen Kirche nach seiner Machtübernahme anfänglich – ähnlich wie Napoleon Bonaparte es in Deutschland auch getan hatte – entgegengebrachte Sympathie auf und verschob die »Lösung« der Kirchenfrage auf die Zeit nach dem erhofften Sieg. Die nach seinem und seines Reiches Ende zustande gekommene evangelische kirchliche Einheit in Form der Evangelischen Kirche in Deutschland (EKD), die allerdings nur rund 20 Jahre anhielt, war schließlich eine von ihm nicht gewollte Folge seiner Politik. Hitler beschuldigt Luthers Nachfolger, die er pauschal als »Epigonen« bezeichnet, der im 20. Jahrhundert tolerant gewordenen katholischen Kirche erneute Möglichkeiten zur Ausweitung geschaffen zu haben [383]. Luther selbst bezeichnet er zwar als einen »gewaltigen Mann [384]«, wirft ihm jedoch vor, die Bibel ins Deutsche übersetzt, sie mit »ihrer ganzen jüdischen Rabulistik« dadurch jedermann zugänglich gemacht, »geistigen Störungen« Vorschub geleistet und dem »religiösen Wahn« Tür und Tor geöffnet zu haben [385]. Wie Marx und Engels, so bescheinigt auch er dem Mansfelder Bergmannssohn, die katholische Kirche »in ihren Grundfesten erschüttert [386]«, jedoch nicht begriffen zu haben, daß es aus geschichtlichen Erwägungen grundsätzlich notwendig gewesen wäre, den bis zum großen Bauernkrieg beschrittenen Weg konsequent fortzusetzen.

»Wir haben ... das Unglück«, bedauert Hitler am 1. Dezember 1941 mit einem Blick auf die griechische Antike, »eine Religion zu besitzen, welche die Freude am Schönen ertötet. Ein gewisses evangelisches Muckertum ist da noch schlimmer als die katholische Kirche *.« Gleichzeitig aber beklagt er aus der Perspektive des naturwissenschaftlich engagierten Neoklassizisten: »Die ganz wesentlich auf die antiken Anschauungen aufgebaute religiöse Philosophie steht unter dem Niveau (der Wissenschaft) der heutigen Menschheit [387]« und fragt zweifelnd, ob die wissenschaftliche Erkenntnis den Menschen je glücklich machen könne, dem im 19. Jahrhundert törichterweise von einer »aufdringlichen liberalen Wissenschaft [388]« eingeredet worden sei, ein souveräner Dirigent zu sein. Als selbstverständlich läßt er jedoch zeitlebens gelten, daß verschiedene Bekenntnisse die Menschen glücklich machen, und er lehrt auch – im krassen Gegensatz zu seiner Handlungsweise – nahezu bis zum Höhepunkt seiner Macht, daß es nötig sei, als Politiker in religiösen Fragen tolerant zu sein und die

* Heim-Protokoll, zit. bei Picker, S. 153. Hitlers Bedürfnis, »Schönheit« um sich zu haben, ging so weit, daß selbst seine Adjutanten und die Bediensteten in seiner Umgebung mindestens gut aussehen mußten. Eine wesentliche Ausnahme bildete eigentlich nur sein Leibarzt Theo Morell.

Lösung konfessioneller und kirchlicher Probleme Reformatoren zu überlassen, wozu er sich nicht berufen fühle. Seitdem das Unternehmen »Barbarossa« nicht so verläuft, wie er es erhofft hat und seine Krankheiten ihm immer mehr zu schaffen machen, tauchen im Rahmen seiner Äußerungen über Kirchenfragen immer häufiger aggressiv artikulierte Vorstellungen auf. So erklärt er im Dezember 1941: »Ich kümmere mich nicht um Glaubenssätze, aber ich dulde auch nicht, daß ein Pfaffe sich um irdische Sachen kümmert. Die organisierte Lüge muß derart gebrochen werden, daß der Staat absoluter Herr ist [389].« Während er Ende Januar 1942 zur Zeit des härtesten Kampfes der deutschen Wehrmacht gegen den furchtbaren Winter in Rußland bereits erklärte, daß er vor dem offenen Kampf gegen die Kirche nicht zurückschrecken würde, wenn es an der Zeit wäre *, hatte er im November 1941 in kleinem Kreis noch versichert: »Nachdem alle Erschütterungen von Übel sind, erachte ich es für das Schönste, wenn wir die Einrichtung der Kirche allmählich durch eine geistige Aufklärung überwinden und schmerzlos machen könnten.« Den Männern der Kirche wollte er nach dem Siege jedoch auch da schon klarmachen, »daß ihr Reich nicht in dieser Welt ist [390]«. Nach »Kriegsausbruch verbot Hitler dem Auswärtigen Amt«, wie Joachim von Ribbentrop am 23. September 1946 schriftlich erklärte, »sich mit Vatikan-Protesten zu befassen, die kirchliche Angelegenheiten in den besetzten Gebieten betrafen, da der Vatikan die deutsche Kontrolle dieser Gebiete nicht anerkannte ... Bormann, der die Verfolgung der christlichen Kirchen leitete, überzeugte Hitler davon, daß das Auswärtige Amt in seinen Verhandlungen mit dem Vatikan und in der Beantwortung von Vatikan-Protesten zu nachgiebig war. Dies ging so weit, daß der Führer eines Tages dicht davorstand, die gesamten Verhandlungen mit dem Vatikan überhaupt aus dem Auswärtigen Amt herauszunehmen und der Parteikanzlei oder auch Rosenberg zu übertragen, um sich damit einer schärferen Politik in all diesen Fragen zu versichern [391].« Was Hitler sich seit dem Beginn des Rußlandfeldzugs als Ideallösung vorstellte, offenbarte er am 13. Dezember 1941, zwei Tage nachdem er den USA den Krieg erklärt hatte, Japan in den Krieg eingetreten war und die Ostfront sich in einer Krise befand, im Sinne seiner Geschichtsvorstellung: »... einen Zustand ... in dem jeder einzelne weiß: er lebt und stirbt für die Erhaltung seiner Art [392].« »Der Krieg

* Vgl. S. 270.

wird ein Ende nehmen«, sagte er zur gleichen Zeit und fuhr programmatisch fort: »Die letzte große Aufgabe unserer Zeit ist dann darin zu sehen, das Kirchenproblem noch zu klären. Erst dann wird die deutsche Nation ganz gesichert sein[393].« Innerlich war er nicht so sicher, wie er es alle Welt glauben machen wollte. Ihm war nicht einmal gleichgültig, wie die katholische Kirche auf seine Maßnahmen reagierte. »Lieber ... lasse ich mich«, bekennt er seiner nächsten Umgebung, »eine Zeitlang exkommunizieren[394]«, als der Kirche Dank schuldig zu sein. Die Seinsfrage, bald nach der Machtergreifung durch Krankheiten immer häufiger Mittelpunkt seiner Überlegungen, läßt ihn während des Krieges erst recht nicht mehr zur Ruhe kommen, die für andere programmatisch formulierte Vision, nur für die Erhaltung seiner Art leben zu sollen, nicht den inneren Frieden finden. Er ist in religiöser Hinsicht ein ständig Suchender, kokettiert mit dem »Himmel« des Mohammedanismus[395], verficht in Anlehnung an die islamischen Mutaziliten (»die sich Absondernden«), die infolge ihrer Wertung der Vernunft als religiöser Erkenntnisquelle glaubten, daß der gerechte Gott den willensgebundenen Menschen nicht zur Verantwortung ziehen könne, die – seine Entscheidungen legitimierende – Auffassung, daß er bei Fehlern, die ihm unterlaufen, nicht lüge, sondern nur irre, da er lediglich die durch Gottes Fügung bei ihm zustande gekommenen Einsichten und Erkenntnisse umsetze*. In der auf 2. Korinther, 5, 17 zurückgehenden christlichen Lehre von der »Verwandlung« sieht er »das Tollste, was je ein Menschenhirn in seinem Wahn hervorgebracht hat« und zeichnet die Metamorphose als »eine Verhöhnung von allem Göttlichen[396]«, spricht dem von den geistig anspruchsvolleren Nationalsozialisten besonders geschätzten englischen Schriftsteller und Schwiegersohn Richard Wagners, Houston Stewart Chamberlain, den er nicht nur durch die Lektüre seiner Bücher, sondern auch persönlich kennengelernt hat, die Kenntnis des Wesens des Christentums ab und wirft ihm vor, »an das Christentum als eine geistige Welt« geglaubt zu haben[397]. Er glaubt weder an – den von ihm als Arier bezeichneten und als Persönlichkeit hochgeschätzten – Jesus als Messias noch an die Trinität und »das Jenseits der Kirche«. »Ich weiß nichts über das Jenseits und bin ehrlich genug, das zu bekennen[398]«, gesteht er im November 1941. »Das körperlich gedachte Jenseits[399]«, interpretiert er mit verblüffend wirkenden Argumen-

* Vgl. S. 266.

ten, »scheitert schon daran, daß jeder, der herunterzuschauen gezwungen ist, ein Martyrium hätte: er müßte sich zu Tode ärgern über die Fehler, welche er die Menschen immerfort begehen sieht [400].«
Was in Hitler in den letzten Stunden seines Lebens vorging, ist nicht feststellbar. Eva Brauns Schwester Ilse ist infolge der persönlichen Berichte Evas und nach zahlreichen Gesprächen mit Hitler und dessen Beobachtung fest überzeugt, daß er mit Eva betete, bevor sie sich gemeinsam das Leben nahmen [401]. Bereits am 24. Oktober 1941, fünf Tage nachdem Stalin den Belagerungszustand für Moskau erklärte und die Verteidigung der schon regierungslosen Stadt bis zum letzten Mann forderte, hatte Hitler gesagt: Die Bolschewisten bilden »sich ein, über die Schöpfung zu triumphieren ... Ob wir nun aus dem Katechismus oder aus der Philosophie schöpfen, wir haben eine Rückzugsmöglichkeit, während sie mit ihrer nur materialistischen Anschauung sich am Ende noch gegenseitig auffressen [402]!«
Trotz der Abweichungen Hitlers sowohl von den allgemein anerkannten als auch von den eindeutig umstrittenen Lehren und Auffassungen kann ein ganzer Katalog bedeutender Exponenten der Geistesgeschichte seit den Stoikern zu seinen geistigen Leitbild-Vätern gerechnet werden. So lassen sich, um nur einige der wichtigsten Namen des 19. Jahrhunderts zu nennen, dessen geistiges Kind er (außer im Zusammenhang mit der Religion und Kirche, Technik und Kriegswirtschaft) bis zu seinem Tode war, als Quellen seiner Auffassungen und (zum Teil) auch Formulierungen nachweisen *: Thomas Robert Malthus (1766–1834), Karl von Clausewitz (1780–1831), Arthur Schopenhauer (1788–1860), Charles Darwin (1809–1882), Gregor Mendel (1822–1884), Robert Hamerling (1830–1889), mit dem Hitler überdies verwandt war, Alfred Ploetz (1860–1940), Wilhelm Bölsche (1861–1939), Houston Stewart Chamberlain (1855–1927), Ernst Haeckel (1834–1919), Gustave Le Bon (1841–1931), Sigmund Freud (1856–1939), Rudolf Kjellén (1864–1922), William McDougall (1871–1938), Sven Hedin (1865–1952), Fridtjof Nansen (1861–1930), Hanns Hörbiger (1860–1931) und Alexander von Müller (1882–1964).
Jeder Versuch, Hitlers »Weltanschauung« fugenlos als Abklatsch eines

* Daß dieser Katalog (wie die vorausgegangenen Darstellungen bereits zeigen) nicht vollständig sein kann, ist selbstverständlich. Er enthält lediglich die Namen einiger der wichtigsten geistesgeschichtlichen Exponenten, die im Rahmen der »Weltanschauung« Hitlers immer wieder anzutreffen sind.

kontinuierlichen Teiles einer Lehrmeinung oder lexikographisch erklärbaren Schultradition zu definieren oder ihn zu einem Denker, Forscher oder Literaten so in Beziehung zu setzen, daß er ausschließlich als dessen Schüler bezeichnet werden kann, muß zwangsläufig zur groben Verzeichnung der tatsächlichen Zusammenhänge führen. »Hitler ist weder aus seiner sozialen Herkunft noch aus Schule und früher Umwelt zu erklären, auch nicht aus der Tatsache, daß er einem bestimmten Volke entstammte. Im besten Falle lassen sich dadurch Teilphänomene erklären; das Gesamtproblem ›Hitler‹ wird dadurch jedoch nicht erfaßt. Hitler – als Ganzes gesehen – war vielmehr weder ›kleinbürgerlich‹ noch ›katholisch‹ und auch nicht ›deutsch‹. Das Wesentliche an ihm ... war singulär, geformt durch bestimmte Anlagen, durch bestimmte Lebensschicksale, durch bestimmte Entscheidungen für und gegen, durch einzelne bestimmte Glücksfälle, die einen einmaligen Aufstieg ermöglichten. Aus all diesen Gegebenheiten, die nur bei diesem einzigen Menschen zusammentrafen, muß man versuchen, Hitler zu begreifen [403].«
Alle Lesefrüchte, die Hitler als objektive Erkenntnisse begriff und für realisierbar hielt, versuchte er zu verwirklichen und die Wirklichkeit auf das Prokrustesbett seiner durch Mißverständnisse verzeichneten geistigen Welt zu zwingen. Infolge seiner in technischer und naturwissenschaftlicher Hinsicht optimistischen Vorstellungen, die deutlich den Einfluß der Aufklärung verraten und der Genie-Vorstellung des 19. Jahrhunderts mit seinen natur- und geisteswissenschaftlichen Leistungen, hegte er kaum Zweifel an der Möglichkeit zur Realisierung seiner Ziele. Er wertete traditionelle tragende Begriffe und Vorstellungen extrem und eklatant um, prägte neue Lebensinhalte und Existenzgrundlagen, ließ seine Einsichten als gottgewollte Maßnahmen und sich selbst als Vollzugsorgan der Vorsehung erscheinen, bekam (zu früh) seinen Krieg, rottete einen Großteil der Juden wie Ungeziefer aus, ließ Männer und Frauen ihrer Freiheit berauben, kastrieren und sterilisieren, Kranke umbringen, die Kirchen bekämpfen, die Justiz zu seinem Büttel machen, die öffentliche Meinungsbildung, die Kunst und Architektur reglementieren, die Masse manipulieren und den Verfall der bürgerlichen Moral fördern. Obwohl er eine Reihe grober Fehler machte, objektive Größen auch außerhalb seines Einflußbereichs falsch einschätzte und die Welt zur Konfrontation herausforderte, konnte er zahlreiche erstaunliche Erfolge erringen. Besondere persönliche, nationale und internationale Umstände, Hitlers beispielloses

Charisma, sein unglaublich starker Wille, seine Fähigkeit, Macht zu handhaben, die Welt zu täuschen, sich die Menschen zu unterwerfen, sie mit Hoffnungen und Stolz zu erfüllen, ihnen eine neue und begehrenswerte Welt zu verheißen und ihnen viel Positives tatsächlich auch zu bieten und sich selbst schließlich als Inkarnation des von ihm und in seinem Namen entscheidend geformten Volkswillens darzustellen, wogen jahrelang mehr als Vernunft und Wirklichkeitssinn.

An dieser Stelle drängt sich die Frage auf, welche Sprachen Hitler verstand und was er in fremden Sprachen zu lesen vermochte. Französisch hatte er 5 Jahre lang je 5 Stunden in der Woche in den Realschulen in Linz und Steyr gelernt. Im Juli 1904, vor der Versetzung in die 4. Klasse und der Übersiedlung nach Steyr – und dem Besuch der dortigen Staats-Oberrealschule mit dem Französisch-Unterricht bei dem Steyrer Schulprofessor König[404], mußte er als 15jähriger eine Wiederholungsprüfung in Französisch ablegen, was darauf hinweisen könnte, daß diese Sprache zu den Fächern gehörte, die er nach seinen eigenen Angaben in *Mein Kampf*[405] nicht besonders liebte. Der ausdrückliche Hinweis vom 29. Januar 1941 auf die Wiederholungsprüfung durch den Steyrer Lehrer Gregor Goldbacher *, der Hitler in Geometrie und geometrisches Zeichnen unterrichtete, läßt vermuten, daß Hitlers Französischkenntnisse in der Schule durchaus nicht hoffnungslos gewesen zu sein scheinen. Andernfalls hätte Goldbacher es 1941 sicher vorgezogen, diesen Punkt gar nicht erst zu erwähnen. August Kubizek erinnerte sich: »Französisch ... (war, der Verf.) die einzige Fremdsprache ... mit der sich Adolf Hitler jemals befaßte, genauer gesagt, sich (in den unteren Klassen) befassen mußte[406].« Daß der junge Hitler später die französische Sprache einigermaßen beherrschte, ist von sachkundigen Hitler-Gefährten aus der Zeit bis 1918 bezeugt. Josef Popp **, Hitlers Münchner Zimmervermieter, der vor 1914 in Paris gelebt und gearbeitet hatte und Französisch sprach, fand genügend Gelegenheit, die Französischkenntnisse des 24jährigen Hitler zu »prüfen[407]«. Hans Mend, ein Kriegskamerad Hitlers, der – ähnlich wie Reinhold Hanisch – negative Geschichten über Hitler verbreitete ***, berichtete einem seiner Bekannten ****, daß Hitler während des Krieges selbst in Momenten der akuten Ge-

* Vgl. S. 67 und 71.
** Vgl. S. 118 ff.
*** Vgl. S. 91.
**** Vgl. die Anm. 57 im 4. Kapitel

fahr rasch und sicher seine französischen Sprachkenntnisse zu nutzen verstand *, die er während der vier Jahre als Soldat an der Westfront in Frankreich, als Melder beim Stab oft im Hinterland, im Umgang mit der französischen Bevölkerung vervollständigen konnte. Einige vor 1914 nur in französischer Sprache erschienene Bücher und Schriften hat Hitler zweifellos gelesen, was bereits ein Vergleich zwischen den Erscheinungsdaten der Publikationen und Hitlers Äußerungen entweder über die Autoren, über die von ihnen behandelten Probleme oder seine Umsetzung der Einsichten bezeugen **.
Englisch hat Hitler als Schüler nach den Lehrplänen und Zeugnissen weder in Linz noch in Steyr gelernt. Angeblich hat er jedoch bereits 1913 »englisch für den Hausgebrauch« gekonnt. Wann und wo er sich mit dieser Sprache intensiv auseinandersetzte, ist nicht feststellbar. Der in Amerika lebende und Englisch sprechende Josef Popp (jun.) beurteilte Hitlers Englischkenntnisse 53 Jahre später auffällig positiv. Von ihm hatte Hitler sich von 1913 bis 1914 häufig englische Bücher und andere Publikationen aus Münchner Archiven und Bibliotheken holen lassen [408]. Hitlers englischer Neffe Patrick Hitler behauptete am 5. August 1931 im *Paris Soir* zwar, daß sein Onkel ihm im Sommer 1930 erklärt hätte, »nur 4 Worte englisch« zu können, »good morning und good night [409]«, was mit Sicherheit jedoch nicht stimmt. Hitlers Ausführungen (nicht nur im 11. Kapitel von *Mein Kampf*) über die Organisation der Masse, eine Frage, in der ihn nachweislich das 1920 in Cambridge erschienene Buch von McDougall *The Group Mind* beeinflußt hat [410], weisen darauf hin, daß er die »principal conditions« im Auge hatte, die McDougall in seinem in deutscher Sprache nicht übersetzten Buch entwickelte. Der in amerikanischen Zeitungen schreibende Journalist Karl Wiegand, der Hitler im Januar 1930 interviewte und ihn besonders auf die antisemitisch akzentuierten Punkte des NSDAP-Programms ansprach [411], zitierte Hitlers Antworten im *New York American* vom 5. Januar 1930 in englischer Sprache. Daß Hitler später (besonders als Führer und Reichskanzler) gern Filme in englischer und amerikanischer Fassung sah und englische, amerikanische und französische Zeitungen im Originaltext las, ist eindeutig bezeugt [412].
Hans Severus Ziegler, der studiert hatte, Englisch sprach und Hitler länger als zwei Jahrzehnte persönlich kannte, behauptet in seinem

* Ebenda.
** Vgl. auch die Ausführungen S. 139.

sehr subjektiv gefärbten Buch *Adolf Hitler aus dem Erleben dargestellt*, sogar: »Es ist nicht anzunehmen, daß ein Anglist nach mehreren Semestern englischer Sprachstudien in der Lage wäre, es viel besser zu können (als Hitler, der Verf.)[413].« Daß Hitler sich gelegentlich sogar ausführlicher über den Geist und die Struktur der englischen, französischen und italienischen Sprache äußerte, hat bei seiner Mentalität nicht viel zu sagen. So verglich er am 7. März 1942 nach den Aufzeichnungen Heims beispielsweise die deutsche Sprache sowohl mit der englischen als auch mit der italienischen Sprache und gelangte zu dem Schluß, daß dem Englischen die Fähigkeit fehle, Gedanken auszudrücken, die über allgemein erwiesene Tatsachen und Vorstellungen hinausgingen[414], wogegen Italienisch als »Sprache ... der Musiker[415]« zwar »phonetisch herrlich« klinge, in der Übersetzung jedoch »ein nichtssagendes Zeug[416]« darstelle. Mussolinis Italienisch beurteilte er nach Franks Angaben allerdings »als schönes Italienisch[417]«, und sogar, daß er »Deutsch[418]« nicht entsprechend gut könne.

Daß Hitler sich vor der Niederschrift von *Mein Kampf* selbst auch mit Jiddisch und Hebräisch befaßt habe, behaupten Weggenossen, die ihn vor 1924 kannten. Dokumentarische Beweise gibt es dafür nicht. Die zwischen Hitler und Dietrich Eckart geführten »Gespräche«, die Eckart in seiner Nachlaß-Schrift *Der Bolschewismus von Moses bis Lenin – Zwiegespräch zwischen Adolf Hitler und mir* *« überlieferte, zeigen allerdings, daß Hitler nicht nur geschichtliche und vermeintlich geschichtliche, sondern auch philologische »Belege« für die »Richtigkeit« seiner antisemitischen »Weltanschauung« auf seine Weise angeführt hat. Im Rahmen der »Gespräche«, die überdies eine mehr als durchschnittliche Bibelkenntnis[419] Hitlers verraten, führte er die Namen einiger jüdischer historischer Persönlichkeiten auf hebräische Ursprünge und Namensformen zurück, wie er es später auch in seinen *Tischgesprächen* gern tat. So äußerte er im »Gespräch« mit Eckart zum Beispiel über Paulus, daß er »Rabbinatskandidat« gewesen sei, eigentlich »Schaul« geheißen und seinen Namen »zuerst durch das römisch klingende Saulus« ersetzt und »sich dann in Paulus[420]« umbenannt habe, was ihm »zu denken[421]« gab. Er witterte dahinter eine jüdische List und glaubte bestätigt zu finden, was er »den

* Vgl. dazu S. 185 ff. und Maser, *Die Frühgeschichte der NSDAP*, S. 88 ff. und Maser, *Hitlers Mein Kampf*, S. 80 f. Vgl. auch Nolte, *Eine frühe Quelle zu Hitlers »Antisemitismus«*, S. 584 ff.

Juden« als angeborene Wesensart zuschrieb. Daß Paulus Jude war, »Jude aus Tarsus« (Acta 21, 39; 22, 3), hat er, der »Hebräer von Hebräern, dem Gesetze nach ein Pharisäer« (Philon 3, 5), selbst ausdrücklich bezeugt. Daß er Rabbinatskandidat, Schüler (»zu den Füßen«) des Rabban Gamaliel I oder des Alten, gewesen sei, hat Hitler offensichtlich der Apostelgeschichte 22 entnommen, die nicht als zuverlässige historische Quelle angesehen werden kann [422], wenn über Paulus' Ausbildung auf der rabbinischen Hochschule in Jerusalem, wo seine verheiratete Schwester lebte, auch nicht diskutiert zu werden braucht.

Hitlers – in sachlicher Hinsicht – überflüssiger Hinweis auf den »Rabbinatskandidaten« »Schaul« ist nicht nur für seine auf besondere Effekte zielende Argumentationsweise, sondern auch für seine Assoziation bezeichnend. Paulus' Eltern lebten als Mitglieder der jüdischen Gemeinde in der Diaspora, in Tarsus, der Hauptstadt von Silicien, wo die Familie sowohl das stadttarische als auch das römische Bürgerrecht besaß, vor entehrenden Strafen geschützt und jederzeit berechtigt war, Appellationen an den Kaiser zu richten. »Das seit der augusteischen Zeit mögliche römische Bürgerrecht bedeutete damals viel und unterschied den jungen Mann (Paulus, der Verf.) aus wohlhabendem Bürgerhaus ganz erheblich von den armen Galiläern, die an der Spitze der Urgemeinde standen [423].« Bereits diese Feststellungen zeigen, wie Hitler, der die Tatsache, daß der noch nicht bekehrte »Schaul« die »kaum flügge gewordene Christengemeinde mit... Grausamkeit verfolgte [424]«, in eine besonders artikulierte Beziehung zur Namensänderung Paulus setzte (»gibt zu denken«), dokumentarisch abgesicherten geschichtlichen Fakten mit Hilfe einiger Sprachkenntnisse Gewalt antat und sie umdeutete, wenn sie nicht in sein Bild paßten. Daß Hitler in sachbezogenen Diskussionen gelegentlich hebräische Wörter (wie im Disput mit Eckart beispielsweise »rea« für »Nächster [425]«, das er im Sinne der von ihm stets gebrauchten Bezeichnung für Deutsche als »Volksgenossen« deutete) nicht nur gebrauchte, sondern auch etymologisch interpretierte, kann indes nicht als ein Beweis dafür angesehen werden, daß er sich selbst auch mit der hebräischen Etymologie befaßte. Eckarts ausdrücklicher Hinweis, daß Hitler die hier erwähnte Kenntnis aus der von Eckart Ende 1918 gegründeten antisemitischen Zeitschrift *Auf gut deutsch* bezogen habe [426], die den anspruchsvollen und irreführenden Untertitel »Wochenschrift für Ordnung und Recht« trug, muß fraglos als klärende und zutreffende Antwort akzeptiert werden. Dem Maler Hitler, der ausgesprochen bildhaft denken konnte und über ein verblüffendes Gedächtnis verfügte, kann es jedoch nicht sonderlich schwer gefallen sein, in relativ kurzer Zeit einen ausreichenden Katalog hebräischer Vokabeln (und die hebräischen Buchstaben) zu lernen, die ihm nützen konnten.

Was Hitler zwischen 1919 und 1924 in fremdsprachigen Publikationen nicht verstand, oder was ihm nicht hinreichend klar erschien, konnten ihm seine sprachkundigen und diesbezüglich erfahrenen Freunde Hermann Esser, Dietrich Eckart und Erwin von Scheubner-Richter * erklären. Hermann Esser, der einzige von ihnen, der das Jahr 1923 überlebte, bestätigte rund ein Vierteljahrhundert nach seiner ersten Begegnung mit Hitler, daß das gelegentlich auch geschehen ist [427].

Fremdwörter gebrauchte Hitler gern und stets richtig, wenn er sie zunächst auch nicht immer richtig schrieb. Nach den Angaben Heinrich Heims hat er am 7. März 1942 in der »Wolfsschanze« im Rahmen seiner *Tischgespräche* erklärt, daß »wir doch froh« sein müßten, durch die Fremdwörter »über möglichst viele Ausdrucksmittel zur Nuancierung zu verfügen« und daß wir dankbar »für die Klangfarben der uns zu Begriffen gewordenen Fremdworte« zu sein hätten. »Man stelle sich vor«, soll er sinngemäß formuliert haben, »wenn wir damit anfingen, Fremdworte auszumerzen, wo sollten wir dann aufhören! Ganz abgesehen von dem Gefahrenmoment, zu irren, was die Sprachwurzel angeht... Hat sich mit einem aus einer fremden Sprache übernommenen Begriff ein Fremdwort eingebürgert und klingt es gut, so kann es uns zur Bereicherung unseres Sprachschatzes nur willkommen sein [428].« Um anderen seine einstigen negativen Erfahrungen mit der Schreibweise von Fremdwörtern zu ersparen, forderte er, daß die Schreibweise sich mit der Aussprache decken müsse, damit das jeweils gebrauchte Fremdwort auch von jedermann richtig ausgesprochen würde [429].

Daß Hitler seine Sprachkenntnisse buchstäblich »geheim« hielt, hing mit seiner Auffassung zusammen, daß große Persönlichkeiten durch die Offenbarung unvollkommener Fähigkeiten und Kenntnisse an An-

* Beim Putsch vor der Feldherrnhalle umgekommener Freund Hitlers. Dr. von Scheubner-Richter schaffte Hitler wesentliche Verbindungen zu namhaften Gönnern. Vgl. dazu Maser, *Die Frühgeschichte der NSDAP*, S. 405 f. und die Hinweise S. 517 unter Scheubner-Richter.

sehen und Bedeutung verlieren müßten. Seiner Sekretärin Christa Schröder vertraute er an, nicht allzu schnell geführten englischen und französischen Unterhaltungen folgen zu können [430]. Die Feststellung des Chefdolmetschers Paul Otto Schmidt, »Hitler schien irgendwie zu merken, wann das Interesse seiner Gesprächspartner erlahmte [431]«, beweist deutlich, daß sich selbst maßgebliche Männer seiner unmittelbaren Umgebung täuschen ließen. Wenn Hitlers ausländische Gesprächspartner, wie beispielsweise der Reichsverweser von Horthy, die deutsche Sprache beherrschten, verzichtete er auf Dolmetscher, deren Übersetzungstätigkeit er während der Verhandlungen meist dazu benutzte, bereits die Antworten zu überlegen und sinngemäß zu formulieren, da er in der Hauptsache verstanden hatte, was seine Verhandlungspartner (englisch oder französisch) gesagt hatten. Er legte nicht nur großen Wert darauf, als ein Politiker zu gelten, der seine Entschlüsse »blitzschnell« traf und äußerte, sondern auch genau zu formulieren wußte; auch wenn er oft scheinbar vom Thema abschweifte und unwichtige Fragen und Probleme berührte. Andreas Hillgruber gelangte nach der Erarbeitung seines umfangreichen Dokumentenwerkes *Staatsmänner und Diplomaten bei Hitler* zu der Einsicht: »Hitler beherrschte die Kunst, Worte zur Verschleierung seiner Absichten zu verwenden und die Dinge so zurechtzurücken, wie sie seinen taktischen Zielen in dem jeweiligen Gespräch entsprachen [432].« Daß seine Kenntnis der französischen und englischen Sprache auch zu der Zeit für derartige Ansprüche nicht ausreichen konnten, braucht weder besonders betont noch belegt zu werden.

Mit der Interpunktion und Orthographie hielt Hitler es wie die meisten Maler. Sein Verhältnis zur Rechtschreibung war nicht nur während der Zeit seines Künstlerdaseins nachlässig, ungetrübt, leichtfertig und inkonsequent. Wörter, die er als Jüngling und junger Mann richtig schrieb, wenn es darauf ankam, einen guten Eindruck zu hinterlassen oder andere positive Reaktionen auszulösen, schrieb er nicht selten falsch, wenn eine solche Absicht nicht bestand. Bereits sein Schriftbild zeigte jeweils auf den ersten Blick, um welche Art von Brief es sich handelte. War die Schrift »schön«, hatte er richtig geschrieben, was er richtig schreiben konnte. Leistete er sich Ungenauigkeiten bei der Niederschrift der Buchstaben, machte er Fehler wider besseres Wissen. Später, spätestens seit dem Ende der zwanziger Jahre, sind derartige Unterschiede nicht mehr feststellbar. Wieso er – sehr oft wider besseres Wissen – orthographische Fehler machte, ist nicht verbindlich zu beantworten. Ob dahinter der unbewußte Wille stand, gegen verbindliche Regeln aufzubegehren, die er als eine Ordnung begreifen mußte, die nicht er bestimmte, kann nur vermutet werden. Jedenfalls ist dies der Ausdruck einer deutlich artikulierten Seite seines Charakters, den seine Handschrift treffend zu analysieren ermöglicht *. Orthographisch durchaus einwandfreie Briefe konnte Hitler schreiben, seit er die Schule verließ. Seine Interpunktion dagegen war, wie beim größten Teil der – auch akademisch gebildeten – Kunstmaler, die sowohl die Zeichensetzung als auch die Orthographie unbewußt von der bildlichen Erscheinung her bestimmen, stets fehlerhaft.

Die vor 1908 an seinen Jugendfreund Kubizek geschriebenen Briefe und Karten [433] gehören sowohl der einen als auch der anderen Kategorie an. So schrieb Hitler, der nahezu täglich das Theater besuchte, »Theater« meistens ohne h, »nähmlich« statt nämlich, »dan« statt dann, »daß« statt das, »gieng« statt ging und »lies« statt ließ. Daß gelegentlich auch unwichtige Briefe orthographisch relativ fehlerfrei waren, ist in diesem Zusammenhang erwähnenswert. Meist dürfte er die Briefe geschrieben haben, wenn er »Zeit« hatte und gerade nicht malte, architektonische Zeichnungen entwarf oder komponierte und nicht so engagiert war, wie alle Welt ihn als Redner erlebte.

Unter seinen frühen Briefen nimmt das handschriftlich verfaßte Dankschreiben eine Sonderstellung ein, das er der Dame sandte, die ihn 1908 mit dem Kunstprofessor Roller zusammengebracht hatte. Es ist absolut fehlerfrei **.

Seine Feldpost aus dem Ersten Weltkrieg enthielt trotz ihres zuweilen ungewöhnlichen Umfangs weniger orthographische Fehler als seine meist nur knapp gehaltene Vorkriegspost, obwohl er während des Krieges zahlreiche Fremdwörter, nicht nur französische Ortsnamen, neue Begriffe, Namen und Formulierungen verwandte und an der Front mit Sicherheit nicht über Handbücher zur Rechtschreibung verfügte. Zwei Wörter, die zwangsläufig häufiger auftauchten, schrieb er allerdings konsequent falsch: »Quatier« statt Quartier und »tod« statt tot.

In dem 1924 und 1925 verfaßten Manuskript von *Mein Kampf* war nicht wenig falsch, wobei allerdings nicht sicher ist, auf wessen Konto

* Vgl. S. 426 ff. Vgl. dazu besonders auch Maser, *Hitlers Briefe und Notizen ...*

** Vgl. S. 85 f. Hitlers Schreibweise »umso mehr« entspricht den Regeln der österreichischen Rechtschreibung.

die orthographischen Fehler kamen; denn nicht Hitler schrieb den Text nieder, sondern einige seiner mit ihm in Landsberg inhaftierten Anhänger[434]. Daß in den *Mein Kampf*-Auflagen bis 1939 bei rund 800 Buchseiten über 2500 Korrekturen, vornehmlich allerdings stilistischer Art, vorgenommen werden mußten, ist nicht ausschließlich seine Schuld[435].

Eindeutig auf Hitlers Konto gehen dagegen die orthographischen Fehler im Rahmen der Notizen, die er nach 1919 jeweils als Vorbereitung für seine Reden auf Hunderten von Seiten niederschrieb[436]. »Bolschewismuß«, »Sozialismuß«, »Liberalismuß«, »Zarismuß«, »Darwinismuß«, »Erkenntniß«, »Schiksal«, »Urecht«, »Koruption«, »Verzeichniß«, und »umso mehr« gehören zu den immer wieder vorkommenden Fehlern, woran allerdings gelegentlich auch – wie zum Beispiel bei »umso mehr« – die offizielle österreichische Schreibweise schuld war.

Als der Österreicher Hitler deutscher Staatsbürger und Regierungsrat in Braunschweig wird*, beherrscht er die deutsche Rechtschreibung nicht schlechter als die meisten Intellektuellen und Akademiker seines Alters. Seine Fähigkeit, Situationen zu stilisieren, bildhaft eindrucksvoll zu schildern, dem Leser plastische Vorstellungen zu übermitteln und ihn zur Identifizierung mit Hitler-Urteilen zu bewegen, war stets besonders eindrucksvoll entwickelt. Seine Briefe verrieten meist einen überraschend sicheren Blick für wesentliche Details und Zusammenhänge. »Wir wurden groß angestaunt«, schrieb er 1914 seiner Münchner Hauswirtin und fuhr bei der Schilderung der ersten französischen Kriegsgefangenen fort, denen er als Soldat begegnete: »Die Kerle glaubten wohl kaum, daß wir noch so viele Truppen haben. Im übrigen aber waren meistens sehr kräftige Gestalten zu sehen. Es sind eben noch französische Elitetruppen, die zu Beginn des Feldzuges gefangen wurden[437].« Auffällig oft hat er sich »den Kopf anderer Leute zerbrochen«. Immer wieder ist sein Engagement in Fragen zu entdecken, die nicht von seinen Entscheidungen abhingen. Er tat, was er bei anderen niemals duldete, nörgelte und kritisierte, trug Ratschläge und Entscheidungen vor, auf deren Verwirklichung er nicht den geringsten Einfluß hatte. »Hier werden wir aus halten«, berichtete er von der Front, »solange bis Hindenburg Rußland mürbe gemacht hat. Dann kommt die Abrechnung. Wenige km. hinter unserer

* Vgl. S. 298.

Die Angeklagten im Hitler-Prozeß am 26. Februar 1924.
Von rechts nach links: Wagner – Röhm – Brückner – Hitler – v. Ludendorff – Kriebel – Frick – Weber – Pernet

Hitler nach seiner Entlassung aus der Festungshaft in Landsberg am 20.12.1924.

Hitler mit dem ersten Kabinett am 30. Januar 1933 in der Reichskanzlei.

Front wimmelt es von jungen frischen Truppen von uns. Die werden hier noch geschont und tüchtig ausgebildet ... dann kann der Tanz losgehen [438].« »Heute ... geht es in viertägiger Bahnfahrt an die Front«, schrieb er nach seiner militärischen Grundausbildung im Jahre 1914, »wahrscheinlich nach Belgien ... Ich hoffe wir kommen nach England *.« Vier Jahre zuvor, im August 1908, hatte er seinen Freund Kubizek in einem Brief gefragt: »Hast Du den letzten Entscheid des Gemeinderats in Bezug des neuen Teaters gelesen« und kritisiert: »Mir scheint die wollen gar den alten Krempel noch einmal flicken. Es geht aber so nicht mehr weil Sie von der Behörde die Erlaubniß nicht mehr bekommen. – Jedenfalls zeigt die ganze Phrasenreiterei das diese hochwohlgeborenen gerade soviel Idee haben, wie ein Nilpferd vom Violinspielen. Wenn mein Handbuch der Architektur nicht schon so miserabel ausschaun täte, möchte ich es sehr gerne einpacken [439]« und den zuständigen Leuten mit einer herausfordernd ironisch-witzigen Bemerkung senden.

Die Errichtung und Anlage von Brücken, Gebäuden und Plätzen beschäftigte bis 1914 Hitlers mißtrauisch kritischen, phantasiereichen, spekulativen und unentwegt schöpferisch tätigen Geist, der in bestimmten Details zwar Versionen zuließ, grundsätzlich jedoch auf starre und zum Teil starrsinnig verkrampfte Weg- und Zielvorstellungen ausgerichtet war. Von 1914 bis 1918 konzentrierte sein Engagement sich, von den Umständen bedingt, auf militärische Aspekte, deren Beurteilung ebenso feste, unverrückbare und beziehungsweise Voraussetzungen verriet, wie es vor 1914 im Zusammenhang mit der Architektur und bildenden Kunst der Fall gewesen war.

Die Hitler-Briefe aus der Zeit von 1905 bis 1918 lassen deutlich erkennen, daß es sich bei ihrem Verfasser um einen Menschen handelte, der auf eine ganz besondere Weise kontaktarm war, Rücksicht auf andere nur nahm, wenn – und solange – sie ihm nützten und konsequent taten, was ausschließlich er für richtig hielt. Nach dem Wohlergehen seiner Briefpartner fragte er nur am Rande **, nach ihrer Meinung gar nicht. Einen Gedankenaustausch suchte er nicht, und er war auch nicht bereit, seine Urteile in Frage stellen zu lassen. Er brauchte nur Zuhörer, die sich für seine Probleme interessierten und widerspruchslos hinnahmen, wie er die Dinge sah. Die Tatsache, daß

* Vgl. letzte Anmerkung.

** Hitlers Anteilnahme beschränkte sich gewöhnlich auf Grüße und reine Höflichkeitsfloskeln.

er das meisterhaft verstand, hat Kritik nur selten – und meist erst zu spät – aufkommen lassen. Wie er schrieb, haben fast immer nur Maler es getan, die ihre Umwelt nicht nur vereinfachend zu sehen und abstrahierend abzubilden, sondern auch sprachlich bildhaft zu schildern vermochten. »Die Umgebung ist teils flach«, so begann er beispielsweise in einem auffällig nachlässigen und – für ihn – ungewöhnlich fehlerhaften Feldpostbrief an seinen Münchner Hauswirt die Schilderung eines Stellungsabschnittes zwischen Messines und Wytschaete in Frankreich und fuhr fort: »teils leicht gewellt, und mit zahlreichen Hecken und Alleeartigen Baumreihen besetzt. Durch den ewigen Regen (wir haben keinen Winter) die Nähe des Meeres, und die tiefe Lage des Geländes, gleichen die Wiesen und Felder grundlosen Morästen, während die Straßen mit Fußtiefem Schlamm bedeckt sind durch diese Sümpfe ziehen sich die Schützengräben unserer Infanterie, ein Gewirr von Unterständen Schützengräben mit Schießscharten, Laufgräben, Drahtverhauen, Wolfsgruben, Flatterminen ... wenn dann in der Nacht auf der ganzen Front oft der Kanonen Donner zu rollen anfängt. Erst in der Ferne dan näher und näher, allmählich kommt dan noch Gewehrfeuer, nach einer halben Stunde kommt wieder allmählich Ruhe, nur zahlreiche Leuchtkugelgeschosse strahlen noch in weiter Ferne nach Westen sieht man die Strahlen großer Scheinwerfer und hört das ununterbrochene Rollen des Donners schwerer Schiffsgeschütze [440].«

Von bemerkenswerter Bedeutung sind im Rahmen dieser Betrachtungen auch die noch vorhandenen 250 Seiten Notizen für Reden, die Hitler in den frühen Jahren handschriftlich konzipierte. Sie verraten stets bereits auf den ersten Blick, daß sie von einem Manne stammen, der über ein ungewöhnliches Gedächtnis verfügt, souverän aus dem Vollen schöpft und das Ende der Rede schon kennt, während er den ersten Satz niederschreibt. Hitler brauchte Notizen lediglich zur Erinnerung an die Reihenfolge, in der er seine Argumente vortragen wollte. Einzelne Substantive, gelegentlich kurze Sätze oder auch allgemeine Redewendungen genügten ihm dafür. Las er eines seiner Stichwörter, reagierte er buchstäblich automatisch. Dann sprach »es« aus ihm; immer hatte er im Kopf auf seine Weise artikuliert parat, was er brauchte: Namen, Zahlen, Fakten, Details, Zusammenhänge, bildhafte Vorstellungen, Beispiele, Redewendungen, kurzum alles, was einen bedeutenden Redner im Grunde auszeichnet. In welcher Weise er seine Reden handschriftlich zu skizzieren pflegte, bevor er sie seit

um 1930 normalerweise jeweils direkt in die Maschine diktierte, zeigen die bereits zitierten Stichwortnotizen für eine seiner frühen Reden über »Judenherrschaft und Volksaushungerung *«.
Später, besonders nach der »Machtübernahme«, diktierte Hitler seine Reden – manchmal ohne Notizen und in einem Zuge – unmittelbar in die Schreibmaschine. Seine Sekretärin Christa Schröder schilderte dem französischen »Vernehmer« Albert Zoller nach 1945 ausführlich, auf welche Weise es normalerweise geschah [441]. Gewöhnlich zögerte Hitler das Diktat buchstäblich bis zur letzten Stunde hinaus. Immer wieder mußte er auf den festgelegten Termin hingewiesen und daran »erinnert« werden, daß er endlich diktieren müsse. Mit Bemerkungen über die Notwendigkeit, aktuelle Botschaftsberichte noch einbeziehen und die jeweilige außenpolitische Situation entsprechend auswerten zu wollen, drückte er sich immer wieder um das rechtzeitige Diktat herum. Bis zur letzten Minute arbeitete er gedanklich – sorgfältig abgeschirmt – an seinen geplanten Ausführungen, machte Stichwörter und Notizen und bemühte sich, jeweils die beste Formulierung zu finden [442]. War es dann soweit, mußten zwei ausgeruhte Sekretärinnen, meist Christa Schröder und Johanna Wolf, zur Verfügung stehen und auf sein Klingelzeichen warten. Bevor er mit dem Diktat begann, ging er unruhig auf und ab, rückte einige seiner vielen Kleinplastiken zurecht, blieb vor seinem Bismarck-Gemälde von Franz von Lenbach stehen, ging weiter, verharrte plötzlich gebannt und begann schließlich zu diktieren – und wieder im Raum auf und ab zu schreiten. Schon während des Diktats erlebte und »übte« er seine Auftritte. Selbst die bei vielen seiner Reden üblichen Zornausbrüche erlebte seine Sekretärin schon während der Niederschrift der Ausführungen. Er begann – wie später vor der Öffentlichkeit – ruhig und konzentriert, körperlich gespannt wie ein Sprinter vor dem Start. War er über den Beginn hinausgelangt, brach der leidenschaftlich engagierte Redner durch, das Naturtalent. Dann vergaß er seine Umgebung, jagte ein Satz den anderen, zeigte sich in geradezu kämpferisch-überstürzender Hast, daß er seine Zeit nicht nutzlos vertan hatte.
Mit dem letzten Satz fiel von ihm, dem sprechend »lebenden« Mann, eine Last ab. Er wurde wieder ruhig, lobte seine meist total erschöpften Sekretärinnen, machte ihnen Komplimente und lud sie gelegentlich

* Vgl. S. 256 ff.

zum Essen ein. Dann – aktionslos – war er wieder ein »normaler« Mensch, und auch seine Umgebung konnte wieder normal arbeiten. Die Gefahr, womöglich Hitlers Energie auf sich entladen zu sehen, war gebannt, der tyrannische Druck gewichen. Nicht zufällig waren nur wenige Sekretärinnen in der Lage, für Hitler zu schreiben. Viele zitterten förmlich, waren gehemmt und verlegen, nervös und unfähig, ihm zu folgen. Sobald er es merkte, brach er die Diktate unter Vorwänden ab, die die »Schreibkräfte«, wie er die Sekretärinnen gern nannte, nicht spüren ließen, daß er ihretwegen auf die Fortsetzung der Arbeit verzichtete.

Äußerlich ausgeglichen und anscheinend ruhig, korrigierte er gewöhnlich einige Stunden später handschriftlich die Manuskripte, an denen er zuweilen bis zum Beginn seines »Auftritts« arbeitete. Den letzten Strich machte er nicht selten erst in letzter Minute. Während seine handschriftlichen Rede-Notizen aus der Zeit der ersten zwanziger Jahre für jedermann lesbar sind, trifft es für die handschriftlichen Korrekturen und Einfügungen ungefähr ab 1939 nicht mehr zu. Er selbst hatte manchmal – vermutlich nicht nur infolge seiner altersmäßig bedingt schlechter werdenden Augen – Schwierigkeiten, später zu entziffern, was er kurz zuvor geschrieben hatte.

6. KAPITEL

Stationen des Politikers und Staatsmannes

12. 9. 1919:	Im Auftrage des Reichswehrgruppenkommandos 4 Teilnahme an einer Versammlung der Deutschen Arbeiterpartei (DAP).
September 1919:	Ohne eigenen Antrag Aufnahme in die DAP. Mitglieds-Nr. 555.
13. 11. 1919:	Beginn der Tätigkeit als Versammlungsredner der DAP. Propagandaobmann der DAP.
1. 1. 1920:	Eröffnung des ersten Parteibüros im »Sterneckerbräu« in München.
24. 2. 1920:	Bekanntgabe des Parteiprogramms der DAP im »Hofbräuhaus« in München. Kurz danach: Umbenennung der DAP in NSDAP.
13./17. 3. 1920:	Kapp-Putsch. Mit Dietrich Eckart auf Initiative von Epp, Mayr und Röhm in Berlin, um mit Putschisten evtl. Zusammenarbeit zu vereinbaren.
31. 3. 1920:	Entlassung aus der Reichswehr (Schützen-Rgt. 41).
7./8. 8. 1920:	Redner auf der zwischenstaatlichen Tagung der Nationalsozialisten des deutschen Sprachraumes in Salzburg.
29. 9.–11. 10. 1920:	Versammlungsredner in Österreich.
17. 12. 1920:	Erwerbung des *Völkischen Beobachters* (bis 9. 8. 1919: *Münchener Beobachter*) durch die NSDAP.
11. 7. 1921:	Erpresserisch artikulierter Austritt aus der NSDAP. Ultimatum an die Parteileitung.
26. 7. 1921:	(Wieder-)Eintritt in die NSDAP. Mitglieds-Nummer 3680.
29. 7. 1921:	Wahl zum 1. Vorsitzenden der NSDAP durch Entscheidung einer außerordentlichen Mitgliederversammlung.
16. 11. 1921:	Nach eigenen Angaben vor dem Registergericht in München im Besitz aller Anteile des *Völkischen Beobachters* und des Franz-Eher-Verlages in München.

12. 1. 1922: Verurteilung zu drei Monaten Gefängnis wegen Landfriedensbruches (Störung einer Versammlung des Bayernbundes).

10. 3. 1922: Die bayerische Regierung diskutiert die Ausweisung Hitlers, unterläßt sie jedoch.

24. 6.–27. 7. 1922: Strafabbüßung in der Haftanstalt München-Stadelheim (und vorzeitige Entlassung).

14./15. 10. 1922: Teilnahme an dem vom Herzog von Coburg gemeinsam mit den vaterländischen Verbänden veranstalteten Deutschen Tag in Coburg. Terrorisierung Andersdenkender in den Straßen Coburgs (hier erringt die NSDAP erstmals am 23. 6. 1929 die absolute Mehrheit im Rahmen einer Stadtratswahl).

20. 10. 1922: Aufnahme Julius Streichers und dessen *Deutsche Werksgemeinschaft* und Zeitung *Deutscher Volkswille* in die NSDAP.

13. 12. 1922: 10 Massenkundgebungen der NSDAP in München.

27.–29. 1. 1923: Erster Reichsparteitag der NSDAP in München.

15. 3. 1923: Verwerfung der Beschwerden gegen das Verbot der NSDAP in Preußen, Sachsen, Baden, Mecklenburg-Schwerin, Hamburg und Bremen durch ein Urteil des I. Senats des Staatsgerichtshofs des Deutschen Reiches.

1. 5. 1923: Aufmarsch bewaffneter SA auf dem Oberwiesenfeld in München. Erzwungene Kapitulation vor der Staatsgewalt.

August 1923: Besuch von Gesinnungsgenossen und Gönnern in der Schweiz.

1./2. 9. 1923: Deutscher Tag in Nürnberg – mit General Ludendorff. Gründung des Deutschen Kampf-Bundes, dem weitere rechtsradikale Organisationen angehören.

25. 9. 1923: Politischer Leiter des Deutschen Kampfbundes.

26. 9. 1923: Ende des »passiven Widerstandes« an der Ruhr. Ausnahmezustand in Bayern: Gustav von Kahr Generalstaatskommissar mit vollziehender Gewalt in Bayern (während der Röhm-Affäre im Juni 1934 umgebracht). Ausnahmezustand in Bayern.

27. 9. 1923: Verbot von 14 Massenkundgebungen der NSDAP in Bayern.

8./9. 11. 1923:	Nach Differenzen mit bayerischen Separatisten und Reichsfeinden (v. Kahr u. a.) Hitler-Putsch in München. Ende des Putsches vor der Feldherrnhalle durch Staatsgewalt. Verbot der NSDAP und des *Völkischen Beobachters.*
11. 11. 1923:	Verhaftung (nach Flucht) in Uffing am Staffelsee.
26. 12. 1923:	Tod des Freundes und geistigen Mentors Dietrich Eckart.
26. 2.–1. 4. 1924:	Hitler-Prozeß in München.
1. 4. 1924:	Verurteilung (wegen Hochverrats) zu einer Festungshaft von fünf Jahren und zur Zahlung von 200 Goldmark.
7. 7. 1924:	Verzicht auf die Führung der verbotenen NSDAP während der Dauer der Festungshaft in Landsberg am Lech.
20. 12. 1924:	Vorzeitige Entlassung aus der Festungshaft.
4. 1. 1925:	Empfang durch den bayerischen Ministerpräsidenten Held in München.
26. 2. 1925:	Neugründung der NSDAP und Beginn der Neuerscheinung der NSDAP-Zeitung *Völkischer Beobachter.*
9. 3. 1925:	Redeverbot infolge eines Erlasses des bayerischen Gesamtministeriums (Held) wegen einer Rede vom 27. 2. 1925. Redeverbote dann auch in Preußen, Baden, Sachsen, Hamburg und Oldenburg. Redeerlaubnis in Württemberg, Thüringen, Braunschweig und Mecklenburg-Schwerin.
11. 3. 1925:	Beauftragung Gregor Strassers mit dem Aufbau und der Organisation der NSDAP in Norddeutschland. Nach dem Tod von Friedrich Ebert (28. 2. 1925) Benennung Ludendorffs zum Präsidentschaftskandidaten der NSDAP (Hitler ist noch Österreicher), der nur 1,06 % der gültigen Stimmen auf sich vereinigt.
26. 4. 1925:	Generalfeldmarschall von Hindenburg (der Hitler am 30. 1. 1933 zum Reichskanzler ernennt) im zweiten Wahlgang zum Reichspräsidenten gewählt.
27. 4. 1925:	Antrag auf Entlassung aus dem österreichischen Staatsverband beim Magistrat Linz.

30. 4. 1925:	Auswanderungsgenehmigung der oberösterreichischen Landesregierung; staatenlos bis 25. 2. 1932.
18. 7. 1925:	Erscheinen des ersten Bandes von *Mein Kampf*.
10./11. 9. 1925:	Gründung der »Arbeitsgemeinschaft der nordwestdeutschen Gauleiter« der NSDAP.
9. 11. 1925:	Gründung der Schutzstaffel (SS).
28. 2. 1926:	Rede im »National-Club von 1919« in Hamburg.
11. 5. 1926:	Unterstellung österreichischer Nationalsozialisten unter die eigene Führung.
3./4. 7. 1926:	Zweiter Reichsparteitag der NSDAP in Weimar. Gründung der »Hitler-Jugend«.
1. 11. 1926:	Konstituierung einer Obersten SA-Führung. Beginn der »Eroberung des ›roten Berlin‹« durch Dr. Joseph Goebbels.
10. 12. 1926:	Erscheinen des zweiten Bandes von *Mein Kampf*.
30. 1. 1927:	Die NSDAP erhält 2 von 56 Sitzen im Thüringischen Landtag.
1. 2. 1927:	Aufhebung des Redeverbots in Sachsen.
5. 3. 1927:	Aufhebung des Redeverbots in Bayern.
9. 3. 1927:	Erstmals wieder Redner in München.
1. 5. 1927:	Redner in einer geschlossenen Mitgliederversammlung (5000 Teilnehmer) im »Clou« in Berlin.
19.–21. 8. 1927:	Dritter Reichsparteitag der NSDAP in Nürnberg.
9. 10. 1927:	Bürgerschaftswahl in Hamburg. Die NSDAP erhält 1,5 % der abgegebenen gültigen Stimmen und 2 von 160 Mandaten.
27. 11. 1927:	Landtagswahl in Braunschweig. NSDAP: 3,7 % und 1 von 48 Mandaten.
28. 5. 1928:	Beteiligung der NSDAP an den Reichtstagswahlen. Die NSDAP erhält 2,8 % der abgegebenen gültigen Stimmen.
28. 9. 1928:	Aufhebung des Redeverbots in Preußen.
16. 11. 1928:	Erstmals Redner im Berliner Sportpalast.
12. 5. 1929:	Landtagswahl in Sachsen. NSDAP: 4,95 % und 5 von 96 Mandaten.
23. 6. 1929:	Landtagswahl in Mecklenburg-Schwerin. NSDAP: 4 % und 2 von 51 Mandaten.
9. 7. 1929:	Gründung des Reichsausschusses für das deutsche Volksbegehren.

1.–4. 8. 1929: Vierter Reichsparteitag der NSDAP in Nürnberg

27. 10. 1929: Landtagswahl in Baden.
NSDAP: 6,98 % und 6 von 88 Mandaten.

10. 11. 1929: Bürgerschaftswahl in Lübeck.
NSDAP: 8,1 % und 6 von 80 Mandaten.

8. 12. 1929: Landtagswahl in Thüringen.
NSDAP: 11,31 % und 6 von 53 Mandaten.

23. 1. 1930: Dr. Frick erster nationalsozialistischer Minister (Innen- und Volksbildungsminister in Thüringen).

1. 4. 1930: Beginn des Erscheinens der *Nationalsozialistischen Monatshefte* (Schriftleiter: Alfred Rosenberg).

22. 6. 1930: Landtagswahl in Sachsen.
NSDAP: 14,4 % und 14 von 96 Sitzen. Zweitstärkste Partei im Landtag.

14. 9. 1930: Reichstagswahlen.
NSDAP: 18,2 % der abgegebenen gültigen Stimmen und 107 von 577 Mandaten. Zweitstärkste Fraktion des Deutschen Reichstages.
Landtagswahl in Braunschweig. NSDAP: 22,2 % und 9 von 40 Mandaten. Regierungspartei. Die NSDAP stellt den Innenminister.

15. 9. 1930: Vor dem Reichsgericht in Leipzig (Ulmer Reichswehrprozeß gegen die Offiziere Richard Scheringer, Hans Ludin und Hans Friedrich Wendt) Leistung des Eides, daß die NSDAP die Legalität achten werde.
Über Hitlers Aussage wurde am 4. Oktober 1930 im Urteil des Reichsgerichts (4. Strafsenat) ausgeführt: »Adolf Hitler hat ... unter Eid ... mit unzweideutigen Worten erklärt, daß er seine Ziele nur noch auf streng legalem Wege verfolge, daß er den Weg in München im November 1923 nur ›aus Zwang‹ gegangen sei und diesen Weg schon deshalb nicht mehr beschreite, weil er bei dem wachsenden Verständnis, das Deutschland der völkischen Freiheitsbewegung entgegenbringe, ein illegales Vorgehen gar nicht nötig habe; die Gewalt falle ihm mit der Zeit auf legalem Wege von selbst zu.«

5. 10. 1930: Empfang durch Reichskanzler Brüning.

13. 10. 1930: Eröffnung des Reichstages. Die 107 Abgeordneten der NSDAP erscheinen im Braunhemd.

9. 11. 1930: Erstmals Beteiligung mit eigenen Kandidaten an der Nationalratswahl in Österreich. NSDAP: 5,4 %.

16. 11. 1930: Volkstagswahl in Danzig.
NSDAP: 16,1 % und 12 von 72 Sitzen.

30. 11. 1930: Bürgerschaftswahl in Bremen.
NSDAP: 25,6 % und 32 von 120 Mandaten.

5. 1. 1931: Ernennung Ernst Röhms zum Chef des Stabes der SA.

1. 5. 1931: Gründung der Auslandsabteilung der NSDAP in Hamburg.

3. 5. 1931: Landtagswahl in Schaumburg-Lippe.
NSDAP: 26,9 % und 4 von 15 Sitzen.

13. 5. 1931: Landtagswahl in Oldenburg.
NSDAP: 37,2 % und 19 von 48 Mandaten; erstmals stärkste Fraktion in einem Landtag.

9. 7. 1931: Besprechung mit Hugenberg über eine Zusammenfassung der Nationalen Opposition.

15. 9. 1931: NSDAP stellt den Innenminister und Volksbildungsminister in Braunschweig (Dietrich Klagges).

10. 10. 1931: Empfang durch den Reichspräsidenten Paul von Hindenburg.

11. 10. 1931: Gründung der »Harzburger Front«.

27. 1. 1932: Rede im Industrie-Club in Düsseldorf.

25. 2. 1932: Anstellung als Regierungsrat beim Landeskultur- und Vermessungsamt Braunschweig mit dem Auftrag, die Geschäfte eines Sachbearbeiters in der Braunschweigischen Gesandtschaft in Berlin wahrzunehmen und die wirtschaftlichen Interessen des Landes Braunschweig zu verfechten. Seitdem deutscher Staatsbürger.

13. 3. 1932: Wahlkandidat beim ersten Wahlgang zur Wahl des Reichspräsidenten des Deutschen Reiches. 30,23 % der abgegebenen gültigen Stimmen auf sich vereinigt.

10. 4. 1932: 36,68 % (13,4 Mill. Stimmen, von Hindenburg 19,4 Mill. und Thälmann 3,7 Mill.) der abgegebenen gültigen Stimmen beim zweiten Wahlgang zur Wahl des Reichspräsidenten auf sich vereinigt.

1. 6. 1932:	Franz von Papen Reichskanzler ohne Mehrheit im Reichstag.
4. 6. 1932:	Auflösung des Reichstags.
14. 6. 1932:	Aufhebung des Verbots der SA und SS. Gegenleistung Hitlers: Tolerierung der Regierung.
15.–30. 7. 1932:	Reden in 50 Städten.
31. 7. 1932:	Reichstagswahl. NSDAP mit mehr als 37 % der abgegebenen gültigen Stimmen stärkste Fraktion des Deutschen Reichstages: 230 von 608 Mandaten.
13. 8. 1932:	Zusammen mit Papen vom Reichspräsidenten empfangen. Ablehnung des angetragenen Amtes des Vizekanzlers nach Zurückweisung des geforderten Kanzleramts.
6. 11. 1932:	Reichstagswahl. Trotz Stimmenverlusts (statt 37,3 nur noch 31,1 %) bleibt die NSDAP stärkste Fraktion des Deutschen Reichstages.
10. 11. 1932:	Verzicht auf die Dienstbezüge als Regierungsrat während der Zeit der Beurlaubung.
4. 1. 1933:	(Zusammen mit Hess und Himmler) Besprechung mit Papen im Hause des Kölner Bankiers von Schroeder. Vorbereitung des Sturzes des (seit 2. 12. 1932 amtierenden) Reichskanzlers von Schleicher.
15. 1. 1933:	Landtagswahl in Lippe (vom 4. bis 14. 1. 1933: in 16 Orten). NSDAP: 9 von 21 Mandaten.
28. 1. 1933:	Rücktritt der Regierung Schleicher.
30. 1. 1933:	Berufung zum Reichskanzler durch Paul von Hindenburg.
16. 2. 1933:	Bitte (des Regierungsrats Hitler) um Entlassung aus dem Braunschweigischen Staatsdienst.
5. 3. 1933:	Reichstagswahl. NSDAP: 43,9 % der abgegebenen gültigen Stimmen und 162 von 422 Mandaten.
17. 3. 1933:	Gründung der »SS-Leibstandarte Adolf Hitler«.
21. 3. 1933:	»Tag von Potsdam« mit Hindenburg in der Garnisonkirche.
24. 3. 1933:	»Gesetz zur Behebung der Not von Volk und Reich« (Ermächtigungsgesetz).
1. 4. 1933:	Auslösung des Boykotts jüdischer Geschäfte.
7. 4. 1933:	Beginn der Gleichschaltung der Länder durch Gesetz.

30. 4. 1933: Einsetzung von Reichsstatthaltern.

14. 7. 1933: Gesetz zur Neubildung von politischen Parteien.

20. 7. 1933: Zur Gewinnung der Katholiken Reichskonkordat mit dem Heiligen Stuhl.

31. 8.–3. 9. 1933: Fünfter Reichsparteitag der NSDAP in Nürnberg.

19. 10. 1933: Austritt des Deutschen Reiches aus dem Völkerbund.

12. 11. 1933: Reichstagswahl, verbunden mit der Frage, ob die zum Austritt aus dem Völkerbund führende Politik bejaht werde. 92 % der abgegebenen Stimmen billigen Hitlers Politik. Reichstag fortan nur noch Dekoration.

14./15. 6. 1934: In Venedig erstes Zusammentreffen mit Benito Mussolini.

30. 6. 1934: »Röhm-Putsch«. Ausschaltung der SA zugunsten der Reichswehr und Vernichtung zahlreicher politischer Gegner mit Hilfe der Geheimen Staatspolizei. Neuorganisation der SA.

20. 7. 1934: SS selbständige Organisation im Rahmen der NSDAP.

2. 8. 1934: Tod Hindenburgs und Vereinigung der Ämter des Reichspräsidenten und des Reichskanzlers. Titel Hitlers: »Führer und Reichskanzler«. Vereidigung der Wehrmacht auf den »Führer und Reichskanzler Adolf Hitler«.

19. 8. 1934: Volksbefragung zum Gesetz »Über das Oberhaupt des Deutschen Reiches« (»Führer und Reichskanzler Adolf Hitler«): 90 % (99 % Wahlbeteiligung) der Wähler entscheiden sich für Hitler.

4.–10. 9. 1934: Sechster Reichsparteitag der NSDAP in Nürnberg.

31. 1. 1935: 91 % aller Wahlberechtigten stimmen für die Rückkehr des Saargebiets zum Deutschen Reich.

16. 3. 1935: Gesetz »für den Aufbau der Wehrmacht«. Wiedereinführung der allgemeinen Wehrpflicht (Regelung des Wehrdienstes durch Gesetz vom 21. 5. 1935).

18. 6. 1935: Flottenabkommen zwischen Großbritannien und dem Reich.

9.–16. 9. 1935: Siebter Reichsparteitag der NSDAP in Nürnberg. »Gesetz zum Schutz des deutschen Blutes und der deutschen Ehre« (sogenannte »Nürnberger Gesetze«) vom 15. 9. 1935. Verbot der Eheschließung mit Juden. Fortan »arische« Abstammung Vorbedingung für öffentliche Anstellungen. »Reichsflaggengesetz«, »Reichsbürgergesetz« und »Blutschutzgesetz«.

7. 3. 1936: Kündigung des Locarno-Vertrages und Besetzung der entmilitarisierten Zone des Rheinlandes. Wiederherstellung der vollen militärischen Souveränität.

1.–16. 8. 1936: XI. Olympische Sommerspiele in Berlin.

24. 8. 1936: Einführung der zweijährigen Wehrdienstzeit.

8.–14. 9. 1936: Achter Reichsparteitag der NSDAP in Nürnberg mit betont antibolschewistischer Tendenz. Verkündung des Vierjahresplanes.

25. 10. 1936: Achse »Rom–Berlin«. Antikominternpakt zwischen dem Reich und Japan.

30. 1. 1937: Verlängerung des Ermächtigungsgesetzes auf vier Jahre.

6.–13. 9. 1937: Neunter Reichsparteitag der NSDAP in Nürnberg.

5. 11. 1937: Erläuterung der außenpolitischen und militärischen Absichten *(Hoßbach-Protokoll)*. Formulierung des politischen Testaments.

4. 2. 1938: Entlassung des Reichskriegsministers von Blomberg und des Oberbefehlshabers des Heeres, Generaloberst von Fritsch. Übernahme des Amtes des Reichskriegsministers. Ersetzung des Oberbefehlshabers des Heeres durch Generaloberst von Brauchitsch. Bildung eines Oberkommandos der Wehrmacht unter der Führung des späteren Generalfeldmarschalls Wilhelm Keitel.

Ersetzung des Reichsaußenministers von Neurath durch Joachim von Ribbentrop und Förderung des Parteieinflusses auf das Auswärtige Amt.

11. 3. 1938: Einmarsch deutscher Truppen in Österreich.

13. 3. 1938: Anschluß Österreichs an das Deutsche Reich.

2. 5. 1938: Formulierung des privaten Nachlasses.

3.–9. 5. 1938: Zusammenkunft mit Mussolini in Rom.

September 1938: Negative Beeinflussung der böhmisch-mährischen Krise.

16. 9. 1938: Besprechung mit Chamberlain in Berchtesgaden.

22.–24. 9. 1938: Besprechung mit Chamberlain in Godesberg.

26. 9. 1938: Rede im Berliner Sportpalast. Forderung nach Abtretung des Sudetenlands an das Reich. »Letzte« Revisionsforderung.

28. 9. 1938: Annahme des durch England initiierten Vermittlungsvorschlages Mussolinis, der die Lösung der Differenzen im Rahmen einer Viererkonferenz in München vorschlägt.

29. 9. 1938: Konferenz mit Mussolini, Daladier und Chamberlain in München (Münchner Abkommen).

1. 10. 1938: Einmarsch deutscher Truppen in sudetendeutsche Gebiete.

9. 11. 1938: »Reichskristallnacht«. Ausschreitungen gegen Juden (Zerstörung jüdischer Wohnungen, Geschäfte und Synagogen usw.) nach der Ermordung des deutschen Botschaftsangehörigen Ernst vom Rath in Paris durch einen Juden.

15. 3. 1939: Einmarsch deutscher Truppen in die Tschechei (nach der Unterzeichnung des Vertrages über die Schaffung des Reichsprotektorats Böhmen und Mähren durch den tschechoslowakischen Staatspräsidenten Hacha und den Außenminister Chwalkowski). Entwaffnung der tschechischen Armee.

16. 3. 1939: »Erlaß über das Protektorat Böhmen und Mähren«. Eingliederung von Böhmen und Mähren in das Deutsche Reich.

23. 3. 1939: Einmarsch der deutschen Wehrmacht ins Memelgebiet.

26. 3. 1939: Polen lehnt den deutschen Vorschlag (vom 24. 10. 1938 und 21. 3. 1939) ab, Danzig an das Reich zurückzugeben, eine exterritoriale Auto- und Eisenbahn durch den Korridor zu gewähren und eine langfristige Garantie der deutsch-polnischen Grenzen zu akzeptieren.

22. 5. 1939: »Stahlpakt«. Militärbündnis zwischen dem Reich und Italien.

Juli 1939: Wirtschaftsverhandlungen mit der Sowjetunion.

23. 8. 1939: Nichtangriffspakt mit der Sowjetunion mit geheimem Zusatzprotokoll.

Deutsch-polnische Krise.

1. 9. 1939: Deutscher Angriff auf Polen.

3. 9. 1939: Großbritannien, Australien, Indien, Neuseeland und Frankreich erklären dem Deutschen Reich den Krieg.

28. 9. 1939: Deutsch-sowjetischer Grenz- und Freundschaftsvertrag.

6. 10. 1939: Friedensangebot an die Westmächte. Kriegserklärung der Südafrikanischen Union (und am 10. 10. 1939 Kanadas) an das Reich.

8. 11. 1939: Rede vor alten Kämpfern im »Bürgerbräukeller« in München. Mißglücktes Attentat des Einzelgängers Georg Elser: 8 Tote und 63 Verletzte.

9. 4. 1940: Beginn des deutschen Feldzuges gegen Dänemark und Norwegen.

10. 5. 1940: Angriff auf die Niederlande, Luxemburg, Belgien und Frankreich.

22. 6. 1940: Waffenstillstand mit Frankreich.

6. 4. 1941: Angriff auf Jugoslawien und Griechenland.

22. 6. 1941: Angriff auf die Sowjetunion.

7. 12. 1941: Japanischer Angriff auf die amerikanische Flotte bei Pearl Harbour.

8. 12. 1941: Kriegszustand mit China (Tschungking-Regierung) und Frankreich (de Gaulle-Regierung). (Im Rahmen dieser Übersicht wird das Datum des jeweiligen Abbruches der diplomatischen Beziehungen nicht berücksichtigt.)

11. 12. 1941: Deutsche Kriegserklärung an die Vereinigten Staaten von Nordamerika und damit: Zweiter Weltkrieg. Kriegszustand mit Kuba, mit der Dominikanischen Republik, Guatemala und Nikaragua.

12. 12. 1941: Kriegszustand mit Haiti, Honduras und El Salvador.

16. 12. 1941: Kriegszustand mit der Tschechoslowakei (tschechoslowakische Exilregierung).

19. 12. 1941: Entlassung des Generalfeldmarschalls von Brauchitsch. Seitdem Oberbefehlshaber des Heeres.

20. 1. 1942: »Wannsee-Besprechung« über die Endlösung der Judenfrage.

	Kriegszustand mit Panama (13. 1.), Luxemburg (Exilregierung; 15. 1.), Mexiko (28. 5.), Brasilien (28. 8.) und Abessinien (9. 10.).
7./8. 11. 1942:	Landung alliierter Streitkräfte in Nordafrika.
18. 11. 1942–	Schlacht um Stalingrad.
2. 2. 1943:	Kriegszustand mit dem Irak (16. 1.), mit Bolivien (7. 4.), mit dem Iran (9. 9.), mit Italien (Badoglio-Regierung: 13. 10.) und Kolumbien.
13. 5. 1943:	Kapitulation der Reste der deutschen Heeresgruppe in Nordafrika.
6. 6. 1944:	Alliierte Invasion in Frankreich. Kriegszustand mit Liberia (26. 1.), Rumänien (16. 8.), Bulgarien (8. 9.), San Marino (21. 9.) und Ungarn (31. 12.).
20. 7. 1944:	Stauffenberg-Attentat.
25. 9. 1944:	Organisierung des »Deutschen Volkssturms«.
16. 12. 1944:	Beginn der Ardennenoffensive.
30. 1. 1945:	Letzte Rundfunkrede.
	Kriegszustand mit Ekuador (2. 2.), Paraguay (8. 2.), Peru (12. 2.), Chile (14. 2.), Uruguay (15. 2.), Venezuela (16. 2.), mit der Türkei (23. 2.), mit Ägypten (24. 2.), Syrien (26. 2.), dem Libanon (27. 2.), mit Saudi-Arabien (1. 3.), Finnland (3. 3.) und Argentinien (27. 3.).
25. 4. 1945:	Zusammentreffen amerikanischer und sowjetischer Truppen bei Torgau an der Elbe.
29. 4. 1945:	Eheschließung mit Eva Braun. Formulierung des privaten und politischen Testaments.
30. 4. 1945:	Selbstmord im Bunker der Reichskanzlei.

7. KAPITEL

Frauen

»Was ich ... um den Führer leide, kann ich Dir nicht schildern [1]«, klagt Eva Braun ihrer Freundin Herta Ostermayr am 22. April 1945, und am nächsten Tag bittet sie ihre Schwester Gretl, die Briefe, die Hitler ihr im Laufe der Jahre geschrieben hat, wasserdicht zu verpacken und eventuell zu vergraben [2]. Viele Nebenbuhlerinnen und Verehrerinnen haben ihr, der langjährigen Geliebten des Führers, die die letzten Stunden ihres Lebens schließlich auch noch seine Ehefrau wird, die Liebe zu Hitler vergällt. Hitler ist ihr in den Jahren ihrer Verbindung nicht immer treu gewesen *. Treu war er nur einer ihrer Vorgängerinnen: der schönen Verwandten »Geli« Raubal aus Linz **, wo er sich erstmals heimlich in ein Mädchen verliebte, das erst mehr als ein Vierteljahrhundert später davon erfuhr. Seinen Sekretärinnen und Frau Winter [3], seiner Münchner Wirtschafterin, der er in seinem Testament vom 2. Mai 1938 »auf Lebenszeit monatlich 150 Mark [4]« vermachte, erzählte er gelegentlich, daß er die Nähe und Bekanntschaft hübscher Mädchen bereits in Linz gern gesucht habe, selbst wenn die jungen Damen von ihren Müttern begleitet worden seien. Ob es sich tatsächlich so verhalten hat, erscheint unsicher, zumal Hitler am 10. Mai 1942 berichtete, daß er noch in Wien außerordentlich befangen gewesen sei und nicht den Mut gefunden habe, sich irgendwie zu produzieren [5]. Nähere Bekanntschaften mit Mädchen sind weder aus seiner Linzer noch aus seiner Wiener und Münchner Zeit vor 1914 nachweisbar. Seine eigene Feststellung, daß er in Wien (vor 1913) »vielen schönen Frauen begegnet« sei [6], reicht für konkrete Schlüsse nicht aus. Kubizek berichtet aus der gemeinsamen Linzer Zeit von einer romantisch-schwärmerischen Liebe, die ohne Erfüllung geblieben sei [7]. Hitler, der nur unwillig die Oberschule besuchte und bereits 1904 im Linzer »Verein der von Tisch und Bett Getrennten« Vorträge gehört hatte [8], schwärmte insgeheim für ein hübsches blondes Linzer Mädchen namens »Stefanie«, mit dem er

* Vgl. S. 312 ff. und S. 321.
** Vgl. u. a. S. 313 und 316 f.

nicht ein einziges Wort gesprochen hat[9]. Die junge Dame, die im Jahre 1904, als Hitler noch in Steyr zur Schule ging – und in Linz Vorträge über Eheprobleme hörte –, ihr Abitur gemacht hatte, erschien dem 17jährigen Hitler als weibliches Schönheitsideal, mit dem sich seine von Erfahrungen noch nicht korrigierte Phantasie intensiv befaßte. Er offenbarte sich der jungen Dame, die gern mit jungen Offizieren flirtete *, jedoch nicht unmittelbar, weil er wußte, daß er erfolglos bleiben würde. Nur einen Brief schrieb er ihr, in dem er ihr erklärte, daß er Student sei, sie sehr verehre und um ihre Hand anhalten werde, sobald er sein Studium abgeschlossen habe[10]. Hitlers »Verhältnis« zu »Stefanie« unterschied sich nicht von den Schwärmereien, die Jünglinge im Alter zwischen 15 und 17 einmal für ein unerreichbar erscheinendes junges Mädchen empfinden. Voreingenommene und unzulänglich informierte Publizisten[11] haben diese alltägliche und belanglose Episode nachträglich zu einer gravierenden Affäre stilisiert und behauptet, daß sie verbindliche Rückschlüsse auf Hitlers Charakter zulasse **. Was im Zusammenhang mit Hitler bisher nahezu ausnahmslos als unbeholfen, krankhaft, pervertiert und »nicht normal« bezeichnet – und zweifellos von jungen Menschen aller Generationen und Zeitalter erlebt – wird, haben Dichter immer wieder besungen.

Augenzeugenberichte über die Linzer und Wiener Zeit Hitlers, der von sich selbst über seine Zeit in Wien sagte, daß seine Umgebung ihn »wohl für einen Sonderling[13]« gehalten habe, existieren nicht nur von Kubizek, Greiner, Dr. Bloch, Prewatzky-Wendt, Hanisch, Honisch[12] und Mitschülern und Lehrern. Zum Thema »Frauen« allerdings haben sie – außer Kubizek – nichts beigetragen. Kubizek berichtet, Hitler habe auf eigene Initiative in Wien einmal mit ihm nach dem Besuch von Wedekinds »Frühlingserwachen« studienhalber die Spittelberggasse besucht, wo sich Dirnen den vorbeistreifenden Männern hinter teilweise geöffneten Fenstern nackt und halbnackt angeboten hätten[14]. Nach seinen Angaben ist es bei diesem einen gemeinsamen Studiengang durch den »Pfuhl der Laster« geblieben, nachdem sie bereits bei Kubizeks Bemühungen um ein Zimmer in Wien einschlägige Erfahrungen machten, die Kubizek wie folgt schildert: »Da sahen wir an einem Hause (in der Zollergasse, der Verf.) ... ein

* Stefanie hat später auch einen Offizier geheiratet. Vgl. dazu Jetzinger, S. 142 ff.
** Jetzinger spricht S. 148 z. B. von einem »Stefanie-Komplex«.

Schild: ›Zimmer zu vermieten‹. Als wir an der Türe läuteten, öffnete uns ein sehr adrett gekleidetes Stubenmädchen und führte uns in einen sehr elegant eingerichteten Raum, in dem ein prunkvolles Doppelbett stand. ›Die Gnädige kommt gleich‹, erklärte uns das Mädchen, knickste und verschwand. Wir begriffen beide sogleich, daß es hier für uns zu vornehm war. Aber da erschien bereits die ›Gnädige‹ in der Türe, eine vollendete Dame, nicht mehr ganz jung, aber sehr elegant. Sie trug einen seidenen Schlafmantel, die Hausschuhe, sehr zierliche Pantöffelchen, waren mit Pelz verbrämt. Lächelnd begrüßte sie uns, betrachtete Adolf, dann mich und bot uns Platz an. Mein Freund fragte, welches Zimmer hier zu vermieten wäre. ›Dieses hier!‹ meinte die Dame und wies auf die beiden Betten hin. Adolf schüttelte den Kopf. ›Dann müßte ein Bett heraus, denn mein Freund muß einen Flügel aufstellen können‹, sagte er kurz. Die Dame war sichtlich betroffen, daß nicht Adolf, sondern ich ein Zimmer zu mieten wünsche, und fragte, ob denn er, Adolf, schon ein Zimmer habe. Als er das bejahte, schlug sie ihm vor, mich mitsamt dem Flügel, den ich brauche, in sein Kabinett einziehen zu lassen und dafür dieses Zimmer zu mieten. Während sie dies Adolf in sehr lebhaften Worten auseinandersetzte, löste sich durch eine zu hastige Bewegung die Schnur, die den Schlafmantel zusammenhielt ... Doch der Augenblick hatte genügt, um uns zu zeigen, daß sie unter ihrem Seidenmantel nicht mehr als ein kleines Höschen trug. Adolf wurde puterrot, stand auf, faßte mich am Arm und sagte: ›Komm, Gustl!‹ Ich weiß nicht mehr, wie wir aus der Wohnung hinauskamen. Nur an das eine Wort erinnere ich mich noch, das Adolf wütend hervorstieß, als wir endlich auf der Straße waren: ›So eine Potiphar [15]!‹«

Kubizek orientiert sich allerdings so konsequent an Hitlers *Mein Kampf,* daß seine Angaben nur einen zweitrangigen Wert haben. Wie Protokolle und Notizen wissenschaftlicher Mitarbeiter des ehemaligen Hauptarchivs der NSDAP aus dem Jahre 1938 eindeutig beweisen, bestand zwischen Kubizek und dem Hauptarchiv der NSDAP bereits 1938 die Übereinkunft, daß »Kubizek seine Erinnerungen an den Führer [16]« in einer bis in Einzelheiten hinein schriftlich und gesprächsweise festgelegten Weise niederschreiben würde. Eine Aktennotiz eines Mitarbeiters des Hauptarchivs, der mit Kubizek ausführlich konferiert hatte, ist beredt genug: »Wenn Kubizek seine Erinnerungen an den Führer so aufschreiben kann, wie er sie erzählt«, heißt es dort, »dann ... wird wohl dieser Bericht einer der bedeutendsten Stücke des Zentralarchivs«, und im gleichen Zusammenhang notierte er unter dem Eindruck der Begegnung mit Kubizek: »Man kann ruhig sagen, daß die ganze Jugendträumerei des Führers schon der visionäre Aufbau Großdeutschlands war [17].« Nach einem Gespräch mit Kubizek faßte der wissenschaftliche Mitarbeiter des Hauptarchivs sein Urteil in folgendem Satz zusammen: »Schon damals war alle uns unbegreifliche Größe des Führers in seiner Jugend [18].« Kubizeks Berichte über Hitler sind Aufzeichnungen eines dörflich-kleinstädtisch orientierten, naiven und relativ einseitigen Künstlers, der gefühlvoll und nicht selten phantasiereich bestätigt, was Hitler in *Mein Kampf* (Kubizeks roter Faden) oft nur umrißhaft angedeutet hat. Die Tendenz in Kubizeks Darstellung weicht von den zwischen ihm und NS-Historikern vereinbarten Richtlinien nicht ab.

Hitlers Äußerungen in *Mein Kampf* über den von Kubizek in Hitlers Sinn apostrophierten »Pfuhl der Laster« und über die Syphilis [18a] haben erfindungsreiche und sachlich unzureichend informierte Publizisten seit den ersten zwanziger Jahren zu der Behauptung inspiriert, daß Hitler sich in der Wiener Zeit von einer Prostituierten die Syphilis geholt und sein Leben lang an ihr herumlaboriert habe. Selbst Himmler war gern bereit, diesen Unsinn seit 1942 zu glauben und besonders artikuliert in seine Intrigen einzuspannen, wie sein Masseur Felix Kersten berichtet *. Sicher ist, daß Hitler niemals die Syphilis hatte, und sicher ist auch, daß er niemals an einer progressiven Paralyse litt **, was nicht nur die Ergebnisse der Untersuchungen auf Lues (Wassermann, Meinicke und Kahn) vom 11. und 15. Januar 1940 beweisen ***.

Auf der gleichen Ebene liegen die ungefähr ebenso alten Behauptungen, daß Hitler homosexuell veranlagt gewesen sei, wozu nach 1945 nicht zuletzt auch Kubizeks Erzählung von 1953 beigetragen hat, in der es u. a. heißt: »An der Ecke Mariahilfer Straße–Neubaugasse sprach uns eines Abends ein gutgekleideter, sehr bürgerlich aussehender Mann an und fragte nach unseren Lebensverhältnissen. Als wir ihm erklärten, daß wir Studenten seien, ›mein Freund studiert Musik‹, erklärte Adolf, ›ich Architektur‹, lud er uns in das Hotel Kummer zum Abendessen ein. Er ließ uns auftragen, was wir wünschten ... Dabei erzählte er, daß er ein Fabrikant aus Vöcklabruck wäre,

* Vgl. S. 338 f.
** Vgl. ebenda.
*** Vgl. S. 333.

Frauenbekanntschaften ablehne, da sie ja doch nur auf Gelderwerb ausgerichtet seien. Mir gefiel besonders, was er von der Hausmusik erzählte, für die er sehr empfänglich sei. Wir bedankten uns, er begleitete uns sogar noch auf die Straße, dann gingen wir heim. Auf unserer Bude fragte mich Adolf, wie mir dieser Herr gefallen habe ... ›Es handelt sich um einen Homosexuellen‹, erklärte Adolf sachlich ... Es erschien mir selbstverständlich, daß sich Adolf mit Ekel und Abscheu gegen diese und andere sexuellen Abirrungen der Großstadt wandte, daß er auch die unter Jugendlichen häufige Selbstbefriedigung ablehnte und sich auch in allen geschlechtlichen Dingen jenen strengen Lebensregeln unterwarf, die er sich selbst und einem künftigen Staat vorschrieb [19].«
Einer der Ärzte, die Hitler vor 1939 in Berlin röntgten *, äußerte 1952: »Hitlers Augen, seine Sprache und sein Gang faszinierten mich als Homosexuellen; aber ich spürte sofort: Er gehört nicht zu uns [20].« Ein Kommentar dazu erübrigt sich.
Für die Zeit von Mai 1913 bis August 1914 in München existieren nicht einmal derartige Berichte über eventuelle »Beziehungen« Hitlers zu Frauen oder Mädchen. Seine Feststellung vom 10. März 1942 im Führerhauptquartier, daß er in seiner »Jugend ... eher ein für sich gehender Sonderling« gewesen sei, der »Gesellschaft (nicht, der Verf.) gebraucht hätte [21]«, sagt in diesem Zusammenhang wenig, zumal er sechs Wochen zuvor im gleichen Rahmen erzählte, bereits in Wien »vielen schönen Frauen [22]« begegnet zu sein. In München, wo der 25jährige Hitler trotz seines separaten Zimmereingangs gewissermaßen »unter Kontrolle« seines Zimmervermieters Popp lebt, nimmt er niemals ein Mädchen auf sein Zimmer mit, und er verabredet sich auch mit Mädchen nicht, die als Sexualpartnerinnen in Frage kommen. Bei Tage nutzt er das Tageslicht und malt. Am Abend diskutiert er mit der Familie Popp über Politik und Kriegsfragen [23].
Diese Quellenlage bezeugt indes durchaus nicht, daß Hitler vor dem Ersten Weltkrieg ohne sexuelle Erfahrungen geblieben ist. Bis zum Ersten Weltkrieg, d. h. solange die soziale Struktur mit ihrer strengen Klassendifferenzierung allgemein als unerschüttert angesehen wurde, hielten die unverheirateten männlichen Angehörigen des Bürgertums ihre sexuellen Erlebnisse infolge ihrer Partnerwahl aus gesellschaftlichen Erwägungen allgemein »geheim«. Wie eine Untersuchung von

* Vgl. S. 326 ff.

Meirowsky und Neisser[24] aus dem Jahre 1912 nachweist, dem letzten Hitler-Jahr in Wien, erlebten 75 Prozent der von den beiden Forschern befragten Probanden – es handelte sich um junge Ärzte[25] – ihren ersten Koitus mit Prostituierten, 17 Prozent mit Dienstmädchen und Kellnerinnen und nur 4 Prozent mit »Bürgermädchen«, die als mögliche künftige Ehepartner angesehen werden konnten[26]. Hitlers Äußerung vom 1. März 1942 im Führerhauptquartier, daß er »von vielen Mädeln, Kellnerinnen vor allem ... oft erst nachträglich erfahren[27]« hätte, daß sie Mütter unehelicher Kinder seien, ist vielleicht aufschlußreich. Daß die Bürgersöhne, zu denen der junge Hitler infolge seiner Herkunft, seiner finanziellen Situation und Tätigkeit gehörte, ihre gelegentlichen Beziehungen zu Prostituierten und entsprechenden weiblichen Personen infolge des Risikos der sozialen Ächtung für sich behielten, ist verständlich. Die historische Forschung ist im Zusammenhang mit Hitlers Beziehungen zu Frauen vor 1914 auf Vermutungen angewiesen, auf Kriterien, die sie als Grundlage für verläßliche Urteile nicht anerkennen kann. Dennoch erscheint der Hinweis erlaubt, daß Hitler mit großer Wahrscheinlichkeit zur Befriedigung seiner sexuellen Bedürfnisse bereits während seiner Wiener Zeit von 1908 bis 1913 mit Frauen und Mädchen zusammengetroffen ist. Möglich ist natürlich, daß der über seine Zeit frei verfügende, finanziell sehr gut gestellte *, interessant aussehende und auf Frauen wirkende, für weibliche Reize empfängliche und temperamentvolle junge Hitler gänzlich andere Erfahrungen machte als die 1912 befragten jungen Ärzte, von denen 45 Prozent »inneren Drang« und 55 Prozent »Verführung« als Motiv für ihren ersten Koitus angaben[28]. Doch sehr viel spricht dagegen: die Auffassung Hitlers über voreheliche und außereheliche sexuelle Beziehungen, seine Beurteilung von Müttern unehelicher Kinder, seine Veranlagung und vielleicht auch seine Geringschätzung der Frauen ganz allgemein **.
Von August 1914 bis Ende 1918 befindet Hitler sich als Soldat an der Westfront. Während seiner Lazarett-Aufenthalte vom 9. Oktober bis zum 1. Dezember 1916 und vom 16. Oktober bis zum 21. Oktober 1918[29] und während der Urlaubstage vom 30. September bis zum 17. Oktober 1917 und vom 10. bis zum 27. September 1918[30] bei seinen Verwandten in dem kleinen niederösterreichischen »Hitler«-Dörfchen Spital kann er sexuelle Beziehungen zu Frauen

* Vgl. S. 83.
** Vgl. S. 314 f.

gehabt haben, ebenso während seines Diensturlaubs vom 23. bis 30. August 1918 in Nürnberg [31]. In Spital existieren keinerlei Belege für eine solche Vermutung. Seinen Verwandten, die sowohl jedes der nur sehr wenigen Mädchen aus Spital kannten als auch den »Zeitvertreib« ihres Neffen und Cousins registrierten, wäre nicht entgangen, wenn Hitler irgendwelche intimen Kontakte zu einem der Mädchen angeknüpft hätte [32]. Über sexuelle Beziehungen zu Frauen und Mädchen hat auch keiner seiner Frontkameraden berichtet. Daß Hitler während des Krieges von Kriegskameraden, die in dem von den Umständen erzwungenen »Zölibat« erfahrungsgemäß über nichts lieber als über »Frau und Bett« sprechen, detailliert mit Liebes- und Sexualfragen in einer Form konfrontiert worden ist, die ihm vorher kaum bekanntgewesen sein dürfte, muß als absolut sicher gelten.

Nach dem Ende des Krieges ist Hitler wie die meisten seiner Kameraden hektisch bemüht, vermeintliche Versäumnisse sexueller Art »nachzuholen«. Jahrelang erscheint er seiner nächsten Umgebung, seinen Freunden, Parteigenossen und Gegnern, seit 1920 als ein Mann, den sie nicht gerade als einen »Kostverächter« bezeichnen können. So gilt er seit Beginn der zwanziger Jahre in München als ein ausgesprochener Frauenheld und »König von München«, dem die schönsten und reichsten Frauen buchstäblich »zu Füßen« liegen [33]. Er selbst erzählt seinen Tischgästen in der Nacht vom 16. zum 17. Januar 1942 in der »Wolfsschanze«: »Ich habe damals (in der sogenannten ›Kampfzeit‹, der Verf.) sehr viele Frauen gekannt. Manche hat mich auch gern gehabt [34].« Daß einige seiner auch in dieser Hinsicht gut informierten Vertrauten aus jener Zeit nach 1945 die Absicht hatten [35], intime Geschichten über seine zahlreichen »Liebschaften« zu publizieren, die der breiten Öffentlichkeit unbekannt geblieben waren, ist beredt genug.

Zahlreiche Frauen, einige von ihnen waren verheiratet, galten als intime Freundinnen Hitlers. Verschiedene bezeichneten sich, besonders später, selbst allerdings nur als »mütterliche Freundin Wolfs«, wie Hitler sich während der »Kampfzeit« gelegentlich nannte. Helene Bechstein, die Frau des Pianofabrikanten Carl Bechstein, Viktoria von Dirksen, von informierten Nationalsozialisten hinter der vorgehaltenen Hand als »Mutter der Revolution« tituliert, Gertrud von Seidlitz, eine reiche Hitler-Gönnerin, Elsa Bruckmann, die Frau des bekannten Münchner Verlegers Hugo Bruckmann, Erna Hanfstaengl, die Schwester des infolge eines mißverstandenen makabren Scherzes [36] nach

Amerika emigrierten frühen Hitler-Freundes Ernst Hanfstaengl, Carola Hoffmann, die Witwe eines Münchner Studiendirektors, eine Finnin namens von Seydl, die von Prinz Franz von Hohenlohe-Waldenburg-Schilling geschiedene Stephanie Prinzessin von Hohenlohe, Jenny Haug, die Schwester des gleichnamigen Hitler-Chauffeurs, Susi Liptauer, eine Landsmännin Hitlers, Eleonore Bauer, eine ehemalige Nonne (»Pia«), die aus Begeisterung für Hitler im November 1923 sogar an dessen Marsch zur Münchner Feldherrnhalle teilnahm und später ein Kind bekam, das auf Kosten der NSDAP ausgebildet wurde und vorübergehend in der Redaktion der NSDAP-Zeitung *Völkischer Beobachter* angestellt war, Maria Reiter(-Kubisch) *, die 1938 mehrfach das Hitler-Haus in Leonding besuchte und nach 1945 bei Hitlers Schwester Paula lebte, Martha Dodd, eine Tochter des US-Botschafters William Dodd in Berlin, Lady Unity Walkyrie Mitford, die Tochter von Lord Redesdale und Schwägerin des englischen Faschistenführers Sir Oswald Mosly, Sigrid von Laffert **, eine schöne Unbekannte ***, Inga Ley, eine ehemalige Schauspielerin und letzte Ehefrau Robert Leys, und »Geli« (Angela) Raubal, die Tochter Angela Hitlers, der Halbschwester Adolfs, sind – neben hübschen Tänzerinnen und Schauspielerinnen – nur einige von ihnen.

Welche dieser Frauen, die altersmäßig als Partnerinnen in Frage kamen, gelegentliche körperliche Beziehungen zu ihm unterhielten, ist

* Maria Reiter(-Kubisch), mit der Hitler 1926 bekannt wurde, war die Tochter des Mitbegründers der SPD in Berchtesgaden. 1927 versuchte sie sich, (angeblich) aus Liebeskummer wegen Hitler, zu erhängen. 1930 heiratete sie einen Innsbrucker Hotelier, mit dem sie nach Seefeld zog. Von 1931 bis 1934 (ebenso 1938) traf sie wiederum mehrfach mit Hitler zusammen. 1934 ließ sie sich von ihrem Mann scheiden. 1935 heiratete sie den SS-Hauptsturmführer Kubisch, der 1940 in Frankreich fiel. Vgl. dazu auch Günter Peis: Die unbekannte Geliebte (mit Kommentar von Eugen Kogon) in: *Der Stern*, Hamburg 1959, Nr. 24. Hitlers Elternhaus in Leonding besuchte sie 1938 mehrfach. Eintragungen im »Gästebuch« des Hitler-Hauses. Repro. im Besitz des Autors.

** Graf Ciano schreibt (S. 93): »Zum erstenmal (22. 5. 1939) hörte ich im vertrauten Kreis eine Andeutung der zärtlichen Gefühle des Führers für ein schönes Mädchen. Sie ist zwanzig Jahre alt, hat zwei klare Augen, ein regelmäßiges Gesicht und einen wundervollen Körper. Sie heißt Sigrid von Lappus. Sie sehen sich sehr oft, auch unter vier Augen.« Ciano erinnerte sich nicht mehr genau an den Namen. Er meinte S. von Laffert (geb. 28. 12. 1916 in Damaretz in Mecklenburg), die Tochter von Oskar von Laffert auf Damaretz.

*** Heinrich Hoffmann berichtete (*Erzählungen*, Folge V), daß Hitler 1921 eine Episode mit einem Mädchen hatte, das sich in einem Hotelzimmer zu erhängen versuchte. Hoffmann nannte den Namen nicht, weil die Frau später heiratete und durch die Preisgabe des Namens evtl. Schwierigkeiten mit ihrer Familie bekommen konnte.

nicht zweifelsfrei nachweisbar. Darüber hinaus ist zweifelhaft, ob er sich je mit der Prinzessin von Hohenlohe und mit Jenny Haug näher eingelassen hat. Und auch die ihm verschiedentlich nachgesagten Liebschaften mit der Frau des bulgarischen Generalkonsuls Eduard August Scharrer in Bernried bei Tutzing [37] Anfang der zwanziger Jahre und mit der Ehefrau Robert Leys, Inga Ley, die sich 1943 aus dem Fenster stürzte, nachdem sie Hitler einen Brief geschrieben hatte, über den er sehr betroffen gewesen sein soll [38], sind nicht erwiesen. Einige Selbstmordversuche haben ihn dagegen mit großer Wahrscheinlichkeit im Hintergrund, ein vollendeter Selbstmord mit absoluter Sicherheit. Liebeskummer mit Hitler als Grund für Selbstmordversuche nannten die Wienerin Susi Liptauer [39], Lady Mitford, Martha Dodd, die »schöne Unbekannte«, Maria Reiter(-Kubisch) und Eva Braun [40]. »Geli« Raubal, die er 1928 zu sich nach München holte, wo sie seine große Liebe wurde, die er zeitlebens nicht vergaß, erschoß sich [41], angeblich von Hitler schwanger, am 18. September 1931.
Hitler kannte und nutzte die Wirkung, die er auf Frauen ausübte. Seinen Tischgästen erzählte er am 10. März 1942 in der »Wolfsschanze«: »Von meinen mütterlichen Freundinnen war allein die alte Frau Direktor Hofmann von einer stets nur gütigen Sorglichkeit. Selbst bei Frau Bruckmann ist es mir passiert, daß eine Dame der Münchner Gesellschaft nie mehr mit mir zusammen eingeladen wurde, nachdem die Frau des Hauses einmal einen Blick aufgefangen hatte, mit dem beim Abschied im Salon B(ruckmann, der Verf.) diese Frau mir begegnet ist, während ich mich noch einmal grüßend zu ihr hin verbeugt hatte. Sie war sehr schön, und ich werde ihr interessant gewesen sein, weiter nichts. Ich kenne eine Frau, deren Stimme vor Aufregung heiser wurde, wenn ich mit einer anderen Frau auch nur ein paar Worte gesprochen habe [42].« Nicht zufällig gehörten Frauen zu den wichtigsten Gönnern Hitlers und seiner Partei. So berichtete zum Beispiel die *Münchner Post* vom 3. April 1923 von den »in Hitler verschossenen Weibern«, die Hitler Geld liehen oder spendeten und Zuwendungen nicht immer nur in blanker Münze leisteten. Nicht wenige vermögende Gönnerinnen überließen Hitler wertvolle Kunstgegenstände und Schmuck, über den er frei verfügen konnte. Eine von ihnen, Helene Bechstein, sagte nach dem Vernehmungsprotokoll der Münchner Polizeidirektion vom 27. Mai 1924, daß nicht nur ihr Mann den Führer der NSDAP »wiederholt ... finanziell« unterstützt hätte, sondern ausdrücklich, daß Hitler auch von ihr er-

hebliche Zuwendungen erhalten habe; ». . . aber nicht mit Geld«, erklärte sie und differenzierte: »Ich habe ihm vielmehr einige Kunstgegenstände zur Verwertung gegeben, mit der Bemerkung, daß er damit machen könne, was er wolle. Es handelt sich bei diesen Kunstgegenständen um solche von höherem Wert [43].« Gertrud von Seidlitz gab am 13. Dezember 1923 vor der Münchner Polizei an, daß sie Hitler nicht nur mit eigenem Geld unterstützt und andere in- und ausländische Geldgeber dafür gewonnen habe, Hitler finanziell unter die Arme zu greifen, sondern auch die der NSDAP durch ihre Initiative zugeleiteten Beträge »vielleicht später bei günstigen Verhältnissen [44]« mit ihren Aktien zu decken.

Die Wertgegenstände, die Hitler von den »in ihn verschossenen« Verehrerinnen zur Verfügung gestellt bekommt, bietet er gewöhnlich als Sicherheit für Darlehen, durch die er seine Partei in schwierigen Zeiten über Wasser hält, was ein Auszug aus dem Darlehens- und Überweisungsvertrag, den der Geschäftsführer der NSDAP in Hitlers Auftrag mit dem Kaffeefabrikanten Richard Frank (Korn-Frank, Berlin) im Sommer 1923 schloß, auf exemplarische Weise belegt. »Als Sicherheit für das Darlehen« von 60 000 Schweizer Franken, heißt es dort, »überträgt Herr Adolf Hitler an Herrn Richard Frank das Eigentum an den bei dem Bankhaus Heinrich Eckert in München ... hinterlegten ... Wertgegenständen ... Einen Smaragdanhänger mit Platin und Brillanten mit Platinkettchen ... Einen Rubinring in Platin mit Brillanten ... Einen Saphirring in Platin mit Brillanten ... Einen Brillantring (Solitaire), Brillanten in Silber gefaßt, Ring 14 Kar. Gold ... Eine venezianer Relief-Spitze, handgenäht, 6½ m lang, 11½ cm breit (17. Jahrhundert) ... Eine rotseidene spanische Flügeldecke mit Goldstickerei [45].«

Im privaten Kreis ohne Damen äußert Hitler sich nicht selten ausgesprochen herablassend und geringschätzig über die Ehe und die Frauen ganz allgemein. So sagt er zum Beispiel am 25./26. Januar 1942: »Das ist das Schlimmste an der Ehe: sie schafft Rechtsansprüche! Da ist es schon viel richtiger, eine Geliebte zu haben«, was er »allerdings nur für hervorragende Männer [46]« gelten lassen will. »Einem Mann«, so meint er, »muß es möglich sein, jedem Mädchen seinen Stempel aufzudrücken. Die Frau will ... nichts anderes [47].« Und am 1. März 1942 erklärt er: »Wenn eine Frau in den Sachen des Daseins zu denken beginnt, das ist schlimm ... da können sie einem auf die Nerven gehen [48].« Zehn Tage später meditiert er: »Die Welt des Mannes ist groß, verglichen mit der der Frau ... Die Welt der Frau ist der Mann. An anderes denkt sie nur ab und zu ... Die Frau kann tiefer lieben als der Mann. Auf den Intellekt kommt es bei einer Frau gar nicht an [49]«. Frauen haben »lediglich den brennenden Wunsch«, belehrt er seine soldatische Umgebung am 10. April 1942, »von allen sympathischen Männern bewundert zu werden [50]«, nachdem er am 1. März bereits gesagt hatte: »Wenn eine Frau sich schön macht, dann wird ihr Eifer oft beflügelt von einer geheimen Freude, eine andere zu ärgern. Die Frauen haben da eine Fähigkeit, die uns Männern abgeht, der Freundin einen Kuß zu geben und sie gleichzeitig mit einer Nadel zu stechen. Es ist ganz zwecklos, die Frauen auf dem Gebiet bessern zu wollen. Lassen wir doch diese kleinen Schwächen! Wenn man damit schon eine Frau glücklich machen kann, ausgezeichnet! Tausendmal besser, eine Frau beschäftigt sich damit, als sie fängt mit metaphysischen Sachen an [51].«

Trotz seiner geringschätzigen Meinung über Frauen läßt er jede glauben, daß er sie schön findet, bewundert und verehrt. Jeder Dame küßt er, der österreichische Charmeur, die Hand, selbst seinen verheirateten Sekretärinnen [52]. Seine »Schreibdamen« schreit er niemals an, auch dann nicht, wenn sie empfindliche Fehler gemacht haben. Niemals zeigt er sich ihnen gegenüber unwillig. »Meine Schöne« und »Schönes Kind« sind seine gern gebrauchten Anreden. Er grüßt sie respektvoll und läßt sie vorausgehen. In ihrer Gegenwart setzt er sich niemals zuerst, obwohl er es sonst gelegentlich sogar als Gastgeber ausländischer Staatsmänner tut, wie zum Beispiel bei der Zusammenkunft mit Chamberlain und Daladier im Jahre 1938. In der Gegenwart von Damen verwandelt sich seine gutturale Stimme, wird weich und einschmeichelnd. Viele Frauen, die vor ihren Begegnungen mit Hitler erwarteten, einen rabiaten Grobian ohne Manieren anzutreffen, verließen ihn entzückt und begeistert. Wenn eine Frau auch nur eine kleine Schramme hatte, bekundete er auffallend teilnahmsvoll, wie sehr er sich darum sorge. Selbst die Übertretung einiger gewöhnlich auch von Goebbels, Speer, Bormann und anderen einflußreichen Leuten in seiner Umgebung konsequent beachteten Anweisungen, wie zum Beispiel das Verbot, in seiner Anwesenheit zu rauchen, ließ er bei Damen zuweilen durchgehen – und machte dabei manchmal auch noch seine Scherze. So saßen Max Schmeling, Albert Speer, Joseph Goebbels und Ilse Braun, zum Teil rauchend, beim Kartenspiel, nachdem Hitler sich zur Ruhe zurückgezogen hatte. Als er unerwartet erschien, verschwanden die Zigaretten. Ilse Braun setzte sich auf den Aschenbecher, in den sie ihre brennende Zigarette gelegt hatte, was Hitler nicht entgangen war. Er stellte sich neben sie und ließ sich von ihr umständlich ausführlich die Regeln des Kartenspiels erklären. Dann ging er. Am nächsten Morgen erkundigte sich Eva Braun bei ihrer Schwester, wie »es den Brandblasen an ihrem Po« ginge[53]. Frauen verzieh er Äußerungen, die Männern möglicherweise die Freiheit und mehr gekostet hätten. Während er Intellektuellen, vor allem akademisch gebildeten männlichen Gesprächspartnern gegenüber, die Meinungen zu äußern wagten, die von seinen Vorstellungen abwichen, meist eine unduldsame, kritische Reserve entgegenbrachte, weil er relativierende, durch dialektische Denkprozesse zustande gekommene Urteile oft nur schwerlich ertragen konnte, war er Frauen gegenüber stets geduldig, aufmerksam und arglos, auch wenn sie ihm unangenehme Dinge sagten. Henriette Hoffmann/von Schirach wurde von ihm beispielsweise nur scharf zurechtgewiesen, als sie einmal wagte, etwas gegen die Behandlung der Juden zu sagen[54], und Ilse Braun erfuhr nach einer entsprechenden Bemerkung lediglich die ironische Belehrung, daß ganz offensichtlich jeder Deutsche einen Juden habe, den er liebe, obwohl es gar nicht so viele Juden gebe, daß jeder wirklich einen lieben könne[55].

Daß Hitler tiefer und inniger Liebe nicht fähig gewesen sei, wie durchweg behauptet wird, trifft nicht zu. Als sich 1931 seine 19 Jahre jüngere Nichte »Geli« das Leben nimmt *, wird er hart getroffen. Er will sich erschießen **, zieht sich von seiner Umwelt zurück ***, ist

* Am Selbstmord von »Geli« Raubal bestehen für den informierten Historiker nicht die geringsten Zweifel. Dennoch versuchen sensationslüsterne Autoren seit 1931 immer wieder, Hitler zum Mörder »Gelis« zu machen.

** Vgl. S. 326 f.

*** Seine nächsten Verwandten haben ihn weder vorher noch nachher in einer solchen Verfassung erlebt. Am 23. 12. 1931 sandte er seinem Lieblingsneffen Leo Raubal, dem Bruder »Gelis«, einen Geldbetrag als Weihnachtsgeschenk und folgende Grußadresse: »Lieber Leo! Zum diesjährigen traurigen Weihnachtsfest Dir und Tante Marie meine herzlichsten Glückwünsche ... Dein Onkel Adolf Hitler.« Original im Besitz von Leo Raubal, der dem Autor den Brief zur Auswertung zur Verfügung stellte. An »Gelis« Beerdigung in Wien nahm Hitler nicht teil, weil er dazu physisch und psychisch nicht in der Lage war (Persönl. Mitteilung von Leo Raubal von 1967). Er fuhr jedoch am 18. 9. 1932, rund drei Monate bevor er seinem Neffen die hier zitierten Zeilen sandte, heimlich nach Wien. Goebbels bemerkte in seinem Buch *Vom Kaiserhof zur Reichskanzlei* (3. Aufl. Berlin 1934, S. 167) über diese Fahrt: »Der Führer ist nach Wien gefahren zu einem privaten Besuch. Niemand weiß davon, damit es keine Menschenaufläufe gibt.«

schwer depressiv verstimmt, plagt sich mit Selbstvorwürfen und nimmt seitdem niemals mehr Fleisch und mit Schlachtfetten zubereitete Speisen zu sich *. »Gelis« Zimmer in seiner Münchner Wohnung am Prinzregentenplatz 16 darf von niemandem außer von ihm und seiner Wirtin Anny Winter betreten werden [56]. Der Bildhauer Josef Thorak muß von »Geli« eine Büste schaffen, die später in der neuen Reichskanzlei aufgestellt wird, der von Hitler wegen seiner politischen Einstellung sehr bevorzugte ** Maler Adolf Ziegler ein Porträt von ihr malen, das im großen Zimmer im »Berghof« einen stets mit Blumen geschmückten Ehrenplatz erhält. Selbst in seinem privaten Testament vom 2. Mai 1938 gedenkt Hitler seiner toten Geliebten. »Die Einrichtung des Zimmers in meiner Münchner Wohnung, in dem meine Nichte Geli Raubal wohnte«, formuliert er handschriftlich, »ist meiner Schwester Angela zu übergeben ***.« Die Tatsache, daß Hitler – nach außen hin – relativ rasch über dieses gravierende Ereignis hinwegkommt (rund 15 Monate nach dem Selbstmord »Gelis« begeht Eva Braun **** einen Selbstmordversuch), ist kein Gegenbeweis.

Eva Braun begegnet Hitler erstmals 1929 bei seinem Kampfgenossen, »Leibfotografen« und Freund Heinrich Hoffmann in der Münchner Schellingstraße 50. Die 17jährige, unerfahrene blonde Klosterschülerin und Tochter eines Pädagogen aus München gefällt ihm auf Anhieb sehr, obwohl er »Geli« liebt, die er erst seit einem Jahr bei sich in München hat. Wann immer er zu Hoffmann kommt, und das geschieht nicht selten, sucht er die Begegnung mit Eva Braun, die im Gegensatz zu ihrem Vater und ihrer bei dem jüdischen Arzt Martin Levi Marx als Empfangsdame arbeitenden älteren Schwester Ilse, für den 23 Jahre älteren Hitler schwärmt. Seit Ende 1930 sieht er sie immer häufiger. Er geht mit ihr bei Tage ins Kino, zum Essen in die »Ostaria Bavaria«, in die Oper und lädt sie zu Picknickfahrten in die Umgebung ein [57]. Sein Engagement für das junge Mädchen nimmt

* Vgl. S. 327.

** Als Akt-Maler wurde er von Hitler gelegentlich witzelnd als Maler »des deutschen Schamhaares« bezeichnet.

*** Vgl. S. 426. Im Original fehlt das Komma hinter »Wohnung«.

**** Eva Braun versuchte sich am 1. November 1932 durch einen Schuß in den Hals zu erschießen. Vgl. ebenda, S. 56. In der Nacht vom 28. zum 29. 5. 1935 unternahm sie einen zweiten Selbstmordversuch – mit Vanodorm. Vgl. Gun, S. 78 f. Ilse Braun, die Schwester Eva Brauns, bestätigt diese Angaben (persönliche Mitteilung von Ilse Braun, 18. 3. 1969).

sichtlich zu, obwohl Hoffmanns hübsche, üppige und drei Tage vor Eva Braun geborene Tochter Henriette, die spätere Ehefrau des Reichsjugendführers Baldur von Schirach, sich selbst in den Vordergrund zu spielen und Hitler zu gewinnen versucht [58]. Henriette Hoffmanns Bemühungen bleiben erfolglos. Hitler sieht sie zwar gern, geht mit ihr in Museen und scherzt mit ihr; aber er behandelt sie letzten Endes doch nur als Tochter eines Freundes, dem er sich in dieser Hinsicht verantwortlich fühlt *. Die Abende und Nächte gehören »Geli« Raubal, die jedoch sofort nicht nur instinktiv spürt, sondern auch weiß, daß ihr Onkel eine Freundin hat, der sie nicht begegnen will. »Geli« Raubal liebt Hitler, mit Eva Braun flirtet er über Gebühr. Beide Mädchen, die einander nicht kennen, wissen davon, leiden darunter und reagieren jeweils auf ihre Weise. Nachdem die verzweifelte Angela sich im September 1931 das Leben genommen hat, kommt Eva Brauns Stunde, und sie weiß sie wahrzunehmen, den depressiv schwer verstimmten, niedergeschlagenen Hitler mit hingebungsvoller Liebe langsam wieder aufzurichten und ganz für sich zu gewinnen. Nun geht er mit ihr auch am Abend aus, nimmt sie in seine Wohnung mit und macht sie Anfang 1932 zu seiner Geliebten [59], die ihm seitdem auf Gedeih und Verderb ergeben ist, auch wenn sie sich gelegentlich einmal aus begründeter Eifersucht über Hitler ärgert, den sie selbst in ihren Briefen an ihre Schwester als »Führer« bezeichnet [60]. Unter seiner sie behutsam führenden Hand entfaltet sie sich im Laufe der Jahre. Sie hält sich »weisungsgemäß« im Hintergrund, bildet sich auf die ihr angemessen erscheinenden Weise weiter, macht Schlankheitskuren, treibt Gymnastik, hält im »Berghof« Einzug – und bleibt doch nur ein sehr blasser Schatten des Führers, dessen Foto sie sich auf den Tisch stellt [61], wenn sie allein essen muß. Dreizehn Jahre lang erfährt sie, wie wenig er von der Ehe hält. »Man muß sich vorstellen«, sagte er am 1. März 1942, »wie wenigen die Ehe die Erfüllung dessen ist, was gewollt wurde: die Erfüllung der großen Lebenssehnsucht. Das größte Glück ist, daß sich die zwei finden, die von Natur zueinander gehören [62].«

Nach »Gelis« Tod bemühten sich Joseph und Magda Goebbels, bei denen Hitler gern zu speisen pflegte, eine Zeitlang darum, unauffällig dem Führer attraktive Damen zuzuführen. So luden sie beispielsweise die knapp 30jährige Gretl Slezak, die Tochter des gefeierten Opern-

* Vgl. dazu u. a. S. 328.

sängers ein, um Hitler aufzuheitern und abzulenken. Wie weit die Beziehungen Hitlers zu der »jüdisch versippten« (ihre Großmutter war Jüdin) blonden Slezak-Tochter gediehen, ist nicht exakt nachprüfbar. Verbürgt ist jedoch, daß Gretl Slezak und Hitler oft genug – von Goebbels sorgfältig abgeschirmt – allein zusammen waren [63]. Nach der Episode mit der Slezak-Tochter fädelte Goebbels entsprechende Begegnungen zwischen Hitler und der schönen, charmanten, versierten und klugen Schauspielerin Leni Riefenstahl ein, die im Laufe der Zeit beispiellose Privilegien erhielt und schließlich sogar den in aller Welt bekannten Film über die Olympischen Spiele von 1936 in Berlin drehen durfte, obwohl so erfahrene und international gefeierte Regisseure wie Luis Trenker sich darum bemühten [64]. Über die Art der Beziehungen Hitlers zu Leni Riefenstahl fehlen zuverlässige Belege [65]. Und auch die als einstige »Favoritin« Hitlers bezeichnete blonde, intelligente und exzentrische Schauspielerin Mady Rahl hüllt sich seit Hitlers Tod in Schweigen [66].

Die vielfach kolportierte Behauptung, daß Hitler unfähig gewesen sei, Frauen körperlich zu lieben, ist eine Ausgeburt der Phantasie. Nach den veröffentlichten Protokollen der russischen Ärztekommission, die angibt, »vermutlich« Hitlers Leiche im Mai 1945 identifiziert zu haben, fehlte dem Toten der linke Hoden, der weder im Hodensack, im Samenstrang, innerhalb des Leistenkanals noch im kleinen Becken gefunden werden konnte [67], was seit der Publikation der Protokolle [68] zu unzulässigen Schlußfolgerungen über Hitler führte [69]. Morell hat Hitlers Geschlechtsorgane mehrfach untersucht und darüber unter anderem zu Protokoll gegeben: »Die Sexualorgane ließen keine Anzeichen von Abnormität oder Pathologie erkennen, und die sekundären Geschlechtsmerkmale waren normal entwickelt [70].« Auch die Ärzte, die Hitler am 11. und 15. Januar 1940 auf Lues untersuchten, stellten keinerlei Anomalitäten fest [71]. Selbst wenn Hitler nur einen Hoden gehabt hätte, wäre seine körperliche Liebesfähigkeit dadurch nicht zwangsläufig eingeschränkt worden. Monorchisten (Einhoder) und Kryptorchisten *, keine besondere Seltenheit, sind normalerweise in der Lage, sich sexuell zu betätigen, wenn sie auch nicht im-

* Beim Kryptorchismus hat ein Hoden nicht den Hodensack erreicht, was zum Zeitpunkt der Geburt der Fall sein soll. Er bleibt in der Entwicklung zurück und bildet keine Samenfäden; er ist steril, unfruchtbar.
Aufschlußreich sind hierbei u. a. die Ergebnisse von Untersuchungen über die Folgen von Monorchismus und Kryptorchismus in der Tierwelt. Von Pferden und Hunden, die derartige Anomalitäten aufweisen, ist bekannt, daß sie meist ungewöhnlich bös-

mer zeugungsfähig sind. Darüber, daß Hitlers Sexualleben normal war, bestehen keine Zweifel [72]. Unmißverständlich ist in diesem Zusammenhang nicht zuletzt auch eine Bemerkung Eva Brauns, die sie im März 1935 in ihr Tagebuch eintrug. »Er (Hitler, der Verf.) braucht mich nur zu bestimmten Zwecken«, beklagte sie sich und fuhr fort: »es ist nicht anders möglich ... Wenn er sagt er hat mich lieb, so meint er (es, der Verf.) nur in diesem Augenblick [73].« Hitlers Leibarzt Theo Morell gab nach 1945 im Rahmen seiner Verhöre durch US-Kommissionen zu Protokoll, daß Hitler mit Eva Braun ganz offensichtlich geschlechtlich verkehrt habe [74]. Seinem einstigen Patienten, dem Gesandten Dr. Paul Karl Schmidt, berichtete er zur gleichen Zeit vertraulich, daß Eva Braun ihn während ihrer Besuche beim Führer häufig bedrängt habe, das sexuelle Verlangen Hitlers, dessen Libido in seinen letzten Lebensjahren durch ununterbrochene Krankheiten [75], Überarbeitung, Pflichten, Verantwortung und immer entscheidender wirkende Niederlagen sublimiert wurde, durch Stimulantien wieder zu fördern [76].

Der Phantasie entsprungen ist die sehr häufig wiederkehrende Behauptung, daß die Frauen, mit denen Hitler in nähere Beziehungen trat, vor allem »blonde Patscherln« gewesen seien [77]. »Geli« Raubal zum Beispiel war ein ausgesprochen slawischer Typ mit schwarzen Haaren. »Seine« Frauen hatten schwarze, braune, rote und blonde Haare. Ob er so etwas wie einen »Idealtyp« im Hinblick auf die Haarfarbe hatte, ist nicht feststellbar. Sein Jugendschwarm »Stefanie« war blond. Eva Braun war es auch – nach den Worten des Hitler-Zahnarztes Blaschke, der auch ihre Zähne behandelt hatte: »Ein bißchen Wasserstoff. Sie war nicht ganz hellblond. Blondiert. Ein bißchen nachgeholfen [78].« In figürlicher Hinsicht bevorzugte er einen vollbusigen Typ wie Maria Reiter(-Kubisch), Sigrid von Laffert und Lady Mitford, die sich am 3. September 1939 nach der Bekanntgabe der englischen Kriegserklärung zwei Kugeln in den Kopf schoß, jedoch mit dem Leben davonkam *. Die nicht so üppige Eva Braun,

artig sind, so daß sie oft entweder getötet oder kastriert werden müssen. Wie Kynologen in jüngster Zeit festgestellt haben, handelt es sich dabei um Erbdefekte, die besonders bei Inzucht-Produkten auftreten und bestimmte Rassen besonders bevorzugt heimsuchen. Bei Hunden sind es vornehmlich Zwergrassen und Rassen mit betonten Schädelverkürzungen, wie die Deutschen Boxer sie beispielsweise aufweisen. Vgl. u. a. *Dein Hund*, Fachzeitschrift für Hundeliebhaber und Züchter, Hamburg 1968, H. 47 und 48, S. 39 f. und 47 f.

* Unity Mitford starb 1948.

der Hitlers Geschmack natürlich vertraut war, steckte daher anfänglich ihre Büstenhalter mit Taschentüchern aus, um üppigere Formen vorzutäuschen [79]. Ihrem Tagebuch vertraute sie am 10. Mai 1935 bedrückt und verärgert an: »Wie mir Frau Hoffmann liebevoll und ebenso taktlos mitteilte hat er jetzt einen Ersatz für mich. Er heißt Walküre und sieht so aus die Beine mit eingeschlossen. Aber diese Dimensionen hat er ja gerne. D. h. wenn das stimmt, wird er sie bald ganz mager geärgert haben, wenn sie nicht das Talent hat durch Kummer dick zu werden [80].« Altersmäßig waren Hitlers Geliebte durchschnittlich mehr als 20 Jahre jünger als er. »Geli« wurde 1908 geboren, Maria Reiter(-Kubisch) 1909, Eva Braun 1912, Lady Mitford 1914 und Sigrid von Laffert 1916.

Hitler liebte es einfach, vor allem von 1921 bis zum Beginn des Krieges *, schöne Frauen in seiner Umgebung zu haben. »Ich (kann, der Verf.) gar nicht mehr allein sein und finde es am schönsten«, gesteht er am 10. März 1942, »mit einer Frau zu speisen [81].« Nicht selten sprach er in der Abgeschiedenheit seines Hauptquartiers in Ostpreußen über frühere Begegnungen mit Frauen. »Was gibt es für schöne Frauen«, fragt er beispielsweise rhetorisch in der Nacht vom 25. zum 26. Januar 1942 und erzählt geradezu schwärmerisch: »Wir saßen im Ratskeller in Bremen. Kam da eine Frau herein: Da hat man wirklich geglaubt, der Olymp hat sich aufgetan! Einfach strahlend! Die Gäste haben Messer und Gabel niedergelegt. Und alle Augen haben an dieser Frau gehangen.

Dann später in Braunschweig! Da habe ich mir nachher die bittersten Vorwürfe gemacht! Allen meinen Herren ist es gegangen wie mir: Ein blondes Ding kam auf mich zugesprungen zum Wagen, um mir einen Blumenstrauß zu überreichen. Jeder hat sich des Vorgangs erinnert, aber keiner war auf den Gedanken gekommen, das Mädchen nach seiner Adresse zu fragen, daß ich ihm ein Dankwort hätte schreiben können. Blond und groß und wunderbar! Aber wie das so geht: Volksgedränge um und um. Und eilig war es auch, es tut mir jetzt noch leid.

Im ›Bayrischen Hof‹ war ich einmal bei einer Festlichkeit zuge-

* Während des Krieges verzichtete er weitgehend auf private Begegnungen mit Frauen. Das Führerhauptquartier »Wolfsschanze« in Ostpreußen durfte selbst Eva Braun nicht betreten. Sekretärinnen und die Diätköchin waren die einzigen Frauen, die Hitler dort sah. Auf dem »Berghof« saß er gelegentlich (außer mit Eva Braun) mit den Ehefrauen seiner Gäste zusammen.

gen, der viele schöne Frauen im Schmuck ihrer Brillanten Glanz gaben. Da trat eine Frau herein, so schön, daß neben ihr alles verschwand (Schmuck trug sie nicht). Es war Frau Hanfstaengl. Bei Erna Hanfstaengl habe ich sie einmal mit Mary Stuck zusammen gesehen. Drei Frauen, eine schöner als die andere –, das war ein Bild [82]!« Wenn Hitler – bis 1933 – das Bedürfnis hatte, den »rabaukigen Mannsbildern [83]« zu entfliehen, die ihn tagaus tagein umgaben, mußten von seiner Umgebung kurzerhand Frauen herbeigeschafft werden. Als sein Flugkapitän Hans Baur, der noch 1962 angab, über Hitlers Privatleben nichts zu wissen, Hitler einmal bekannte, daß er ihn bedauere, weil er Frauen wohl nur aus der Ferne sehen könne, antwortete Hitler ihm: »Ich kann mir das nicht leisten. Die Frauen machen mit mir nur Propaganda, und als Mann, der im Scheinwerferlicht der Öffentlichkeit steht, muß ich mich davor hüten. Wenn Sie einen Seitensprung machen, kräht kein Hahn danach, wenn ich mir das aber erlauben würde, so könnte ich mich bald nicht mehr sehen lassen. Die Frauen können den Mund nicht halten [84].« »Bei dieser und später bei manch anderen Gelegenheiten«, erzählte Baur weiter, »sprach ich zwangsläufig mit Frauen und Mädchen über Hitler. Sie waren alle begeistert, fanatisch oder hysterisch. An jenem Abend drehte sich die Unterhaltung mit meiner Nachbarin nur um das Thema: Hitler. Sie gestand mir, sie sei in Hitler verliebt und fürchte ... keinen Mann zu bekommen, da sie alle mit Hitler vergleiche und keiner ihm ähnele. Ich konnte mir nicht verkneifen zu erzählen, was Hitler mir ... gesagt hatte ... Sie starrte mich entgeistert an: ›... Hat er das wirklich gesagt? Sagen Sie ihm doch, ich gebe keinen Ton von mir, ich lasse mir lieber die Zunge herausreißen!‹ ... Hitler hatte am nächsten Tag, als ich ihm die Sache berichtete, nur ein Lachen [85].«

Im Laufe der Zeit, besonders während des Krieges, traten unmittelbare körperliche Beziehungen zu Frauen in den Hintergrund, zumal nicht zuletzt auch besonders strenge Sicherheitsregeln beachtet werden mußten. Darüber hinaus sublimierten Krankheit, Arbeit, Pflicht und Verantwortung Hitlers Libido in zunehmendem Maße *. Gesprächsweise stand das Thema »Frauen« jedoch auch dann gelegentlich noch zur Debatte. In solchen Gesprächen war es gelegentlich möglich, hinter Hitlers Stirn zu sehen und zu erkennen, was ihm tatsächlich vor-

* Vgl. S. 326 ff.

schwebte. Nachdem Erwin Rommel Bengasi und El Gazala genommen hatte und die Niederwerfung des Forts Bir Hacheim vorbereitete, was Hitler noch auf die Zukunft seiner »Weltanschauung« hoffen ließ, äußerte er sich zum Beispiel über voreheliche sexuelle Beziehungen und über ehelich und unehelich geborene Kinder (in seiner Familie durchaus die Regel) in einer Weise, die im Grunde nicht fugenlos in sein radikalkonservatives Weltbild paßt. Dreißig Jahre später verwirklichte die von Willy Brandt geführte sozialdemokratische Bundesregierung in einem Teil Deutschlands, was bereits Hitler für richtig hielt: die Gleichstellung ehelich und außerehelich geborener Kinder. »Ein Mädchen, das ein Kind besitzt und dafür sorgt«, erklärte er am 1. März 1942, »ist für mich einer alten Jungfer überlegen. Das gesellschaftliche Vorurteil ist im Weichen begriffen. Die Natur setzt sich wieder durch. Wir sind da schon am besten Wege [86].« Aufschlußreich ist Hitlers Begründung dieser Einsicht, die deutlich seine Herkunft verrät: »Die katholische Kirche« habe diesem »Umstand«, so sagte er, bereits »jahrhundertelang Rechnung getragen, indem sie die sogenannte ›Probier‹ geduldet ... und der Pfarrer dann, wenn die Geburt des Kindes nähergerückt sei, den künftigen Kindesvater auf seine Pflicht zur Heirat hingewiesen habe. Leider habe der Protestantismus mit diesem ... guten Brauch gebrochen und jener Moralheuchelei den Weg geebnet, die durch geschriebene oder ungeschriebene Gesetze eine durch die bevorstehende Geburt eines Kindes veranlaßte Heirat als verwerflich zu diskriminieren suche [87].«

Seine Ansicht, daß ein großer Mann sich zur Befriedigung seiner physischen Bedürfnisse ein »Mädchen halten [88]« und es nach eigenem Ermessen und ohne Teilnahme und Verantwortungsbewußtsein als ein unmündiges, jederzeit abhängiges und nahezu rechtloses Kind behandeln dürfe, bezeichnet sein Verhältnis zu den Frauen. Eva Brauns Feststellung, »wenn er sagt, er hat mich lieb, so meint er (es) nur in dem Augenblick *«, umreißt seine Einstellung deutlich.

Hitler lebte in sich selbst zurückgezogen und zahlte dafür – nicht zuletzt auf Kosten seiner Umwelt – einen hohen Preis. 1907 verlor er seine Mutter, 1931 »Geli« Raubal, nach 1937/38, seit er schon sehr krank zu sein wähnte **, den persönlichen Kontakt auch zu seinen männlichen Mitkämpfern und alten Mitarbeitern. Spätestens seit »Ge-

* Vgl. Anm. 73.
** Vgl. S. 331 f.

lis« Tod begann seine Fähigkeit, andere Menschen zu verstehen und tiefere seelische Kontakte zu ihnen herzustellen, zu verkümmern. Zu einer Kommunikation mit anderen Menschen war er – trotz seiner Beziehungen zu Eva Braun – seitdem nur noch bedingt fähig. Immer war Einsamkeit um ihn. Stets war er sich selbst genug. Frauen interessierten ihn – mit Ausnahme von »Geli« Raubal und Eva Braun – nur körperlich oder nur als einfühlsame Partnerinnen für bestimmte Unterhaltungen. Eva Braun hat es – von ihrer Schwester, von Hitlers Sekretärinnen und seiner Wirtschafterin Anny Winter bezeugt – nicht nur einmal beklagt [89]. Tiefgehende Bindungen zu Frauen hat Hitler – außer zu seiner Mutter, zu »Geli« Raubal und Eva Braun – zu keinem Menschen, weder zu Verwandten und einzelnen Fremden * noch zu einer sozialen Gruppe empfunden. Sein »österreichischer« Charme, der augenblicklich viele geradezu unvorstellbar bezaubern konnte, blieb im Hinblick auf die Konstituierung innerer Beziehungen von seiner Seite aus ohne Folgen. Ihm fehlten sowohl die Geduld als auch die Bereitschaft, die Konsequenzen der Wirkung abzuwarten, die er ausübte. Daß er diesen Zustand gelegentlich zu verdrängen versuchte, vor allem, als sich physische Vergreisungserscheinungen zu zeigen begannen, die seinen Geist jedoch kaum betrafen, ist psychologisch leicht erklärbar. Stets, bezeichnenderweise auch auf dem Höhepunkt seiner Macht und seiner Kriegserfolge, wehrte sich sein Selbstgefühl nachträglich gegen die Behandlung, die sein energischer und zielstrebiger Vater, der saturierte, ehrgeizige und affektgeladene, mit dem Makel der ungesicherten Herkunft behaftete Staatsbeamte aus dem kleinen niederösterreichischen Bauerndorf ihm hatte angedeihen lassen. Wenn Hitler sich als Kind auch nicht auf den Boden werfen und die Füße seines Vaters hatte küssen müssen, wie sein großes Vorbild Friedrich der Große es nach seinem pubertären Fluchtversuch tun mußte, so war er doch, wie er in *Mein Kampf* berichtet, von seinem Vater recht oft verprügelt und seelisch in die Defensive gedrängt worden [90]. Da er (außer bis 1903 und von 1914 bis 1919) gegen seinen eigenen Charakter nicht zu rebellieren gezwungen war, machte er einen Kult aus seinem in der Tat ungewöhnlichen Lebensweg und übersah, daß seine – tatsächlich ebenso ungewöhnlichen – Anlagen ihn daran hinderten (wie es bei den meisten

* Von August Kubizek z. B., der sich mit besonderer Betonung als »einziger Jugendfreund« Hitlers bezeichnete, trennte Hitler sich wie von einem unbrauchbar gewordenen Anzug.

Neurotikern der Fall ist), sich kontinuierlich zu entwickeln und seine Kindheit und Jugend auf »normale« Weise in sein Leben einzuordnen. Erfahrungen, die er machte, blieben infolge seiner Kontaktlosigkeit zu anderen Menschen relativ fruchtlos im Sinne einer »normalen« Entwicklung. Das Gefühl, das Hitler geradezu beispiellos anzusprechen und in seinen Dienst zu nehmen verstand, rangierte bei ihm grundsätzlich hinter dem Willen, der sein ganzes Wesen beherrschte und Gefühle nur dann akzeptierte, wenn sie ihm nützlich erschienen. So haben schwere »Schicksalsschläge«, gravierende Krankheiten, persönliche Rückschläge, harte Enttäuschungen und schwierige Hindernisse ihn auch nur in seltenen Fällen dazu bewegen können, die Ziele, die er sich einmal gesetzt – und Personen, denen er einmal sein Vertrauen geschenkt – hatte, gegen andere auszutauschen. In dieser Hinsicht war er beispiellos beharrlich und zugleich starrsinnig und unbelehrbar. Weder der frühe Tod der Eltern, seine Mißerfolge an der Wiener Akademie der Bildenden Künste von 1907 und 1908, die Heimatlosigkeit nach dem verlorenen Krieg, sein mißlungener Putsch mit rund 20 Toten im November 1923, der das Ende seiner politischen Karriere hätte bedeuten können, und die Festungshaft in Landsberg am Lech noch andere negative Stationen seines späteren Lebensweges ließen ihn nachhaltig an seiner Überzeugung zweifeln, daß er sein Ziel erreichen werde. Nahezu ausnahmslos erzwang er, was er wollte, blieb er Sieger, ohne allerdings jemals geläutert zu werden und seine Vorstellungen grundlegend zu modifizieren.
Zweimal allerdings war er bereit, die nach seiner Auffassung zeitlos gültigen Vorstellungen über Bord zu werfen und sich sogar das Leben zu nehmen, das nach seiner Meinung zu der Zeit bereits das deutsche Schicksal verkörperte: nach dem mißlungenen Putsch von 1923 und 1931 nach dem Selbstmord seiner großen Liebe »Geli« Raubal.

Das handschriftliche Tagebuch, das Eva Braun vom 26. Februar bis zum 28. Mai 1935 führte, offenbart mehr über das Verhältnis Hitlers zu Frauen als die meisten umfangreichen »Berichte« und Interpretationen »eingeweihter« Zeugen und vermeintlich gut informierter Biographen.
Darüber hinaus ist das, was Eva Braun ihrem Tagebuch ohne Publikations- und Stilisierungsabsichten anvertraute, so eindeutig, daß die Kommentare sich auf knappe informative Ergänzungen beschränken können.

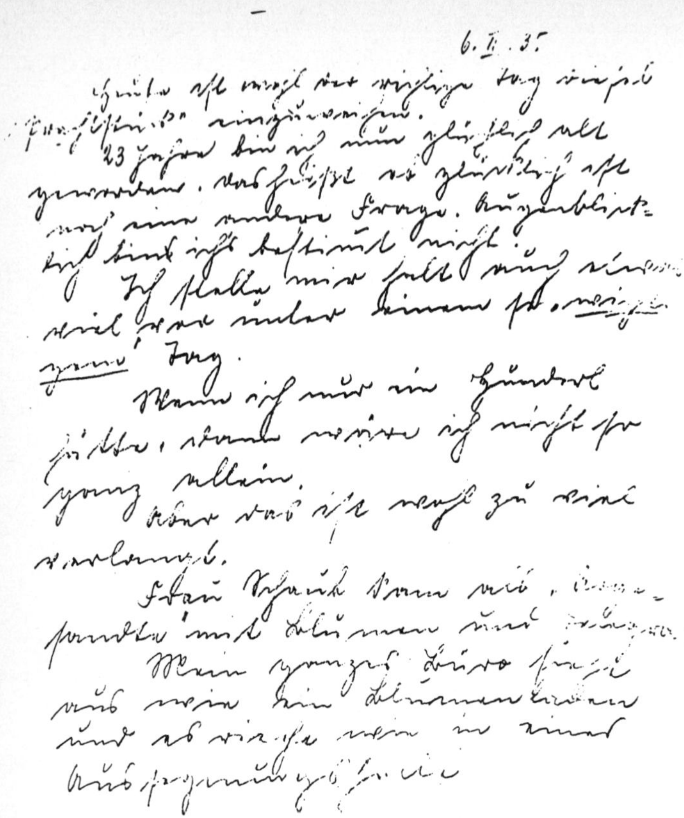

6. II. 35.

Heute ist wohl der richtige Tag dieses Prachtstück einzuweihen. 23 Jahre bin ich nun glücklich alt geworden. Ob ich glücklich bin ist allerdings noch eine andere Frage. Augenblicklich bin ich es bestimmt nicht.

Ich stelle mir halt auch zuviel von einem so wichtigen Tag.

Wenn ich nur ein Hündel hätte, dann wäre ich nicht so ganz allein.

Aber das ist wohl zu viel verlangt.

Frau Schaub kam wie ein Gesandter mit Blumen und Telegrammen.

Mein ganzes Büro gleicht nun einem Blumenladen und es riecht wie in einer Aussegnungshalle.

Eine 1947 publizierte Version erwies sich als Fälschung. Bei dem von dem amerikanischen Journalisten Nerin E. Gun veröffentlichten Tagebuch in »Eva Braun Hitler. Leben und Schicksal«, Velbert und Kettwig 1968, S. 70 ff., handelt es sich zwar um den authentischen Text, aber die Übertragung der Aufzeichnungen Eva Brauns stimmt nicht immer mit dem handschriftlichen Original überein.

6. II. 35
Heute ist wohl der richtige Tag dieses »Prachtstück *« einzuweihen.

23 Jahre bin ich nun glücklich alt geworden. Das heißt ob glücklich ist noch eine andere Frage **. Augenblicklich bin ich's bestimmt nicht.

Ich stelle mir halt auch etwas viel vor unter einem so »wichtigen« Tag ***.

Wenn ich nur ein Hunderl hätte, dann wäre ich nicht so ganz allein.

Aber das ist wohl zu viel verlangt.

Frau Schaub **** kam als »Abgesandte« mit Blumen und Telegramm.

Mein ganzes Büro sieht aus wie ein Blumenladen und es riecht wie in einer Aussegnungshalle.

* Mit »Prachtstück« meinte Eva Braun ihr Tagebuch.
** Luis Trenker, der seit der Zeit mit Eva Braun befreundet war, schildert sie als eine »früh vergrämte, schöne Frau, die oft klagte, von Hitler vernachlässigt zu werden«. Persönliche Auskünfte von Luis Trenker (1966–1969). Die im Tagebuch häufig wiederkehrende Vermutung Eva Brauns, daß Hitler sie betrüge, basierte z. T. auf den ihr fehlenden Informationen über Hitlers Tätigkeit. Während sie ihn gelegentlich bei anderen Frauen wähnte, befand er sich auf Reisen oder war auf andere Weise als Politiker engagiert. Die in den hier folgenden Kommentaren und Anmerkungen angeführten entsprechenden Hinweise stützen sich auf Notizen eines Vertrauten Martin Bormanns, der 1935 beim Stabsleiter des Stellvertreters des Führers im Braunen Haus in München ein Tagebuch der Dienststelle Bormann führte (fortan zit. als »Tagebuch-Eintragung der Dienststelle Bormann«). Ein seinerzeitiger Mitarbeiter Bormanns stellte es zur Auswertung zur Verfügung.
*** Gemeint ist der 23. Geburtstag.
**** Ehefrau des persönlichen Hitler-Adjutanten Julius Schaub.

Eigentlich bin ich undankbar aber ich habe mir halt so absolut ein Dackerl gewünscht und nun ist's wieder nichts.

Vielleicht dann nächstes Jahr oder noch später, dann paßt es auch besser zu einer beginnenden alten Jungfer.

Nur die Hoffnung nicht aufgeben. Geduld müßte ich nun bald gelernt haben.

2 Lose hab ich mir heute gekauft weil ich fest in der Einbildung war jetzt oder nie — Nie-ten waren es.

Ich werde halt doch nie reich, da kann man nichts

Eigentlich bin ich undankbar.
Aber ich habe mir halt so
absolut ein Dackerl gewünscht
und nun ists wieder nichts.

Vielleicht dann nächstes Jahr.
Oder noch später, dann paßt es
auch besser zu einer beginnenden alten Jungfer *.

Nur die Hoffnung nicht aufgeben. Geduld müßte ich
ja nun bald gelernt haben.

2 Lose habe ich mir heute
gekauft weil ich fest in
der Einbildung war
jetzt oder nie – Nie-ten
waren es.

Ich werde halt doch nicht
reich, da kann man nichts

* Später schenkte Hitler ihr, des geschickten Drängens müde, einen Scotchterrier. Ein »Dackerl«, wie Eva Braun sich ausdrückte, paßte ihm offenbar nicht, da Dachshunde meist nicht nur betont unabhängig, sondern auch ausgesprochen ungehorsam sind, was der Hundekenner Hitler wußte – und nicht ertragen konnte. So notierte z. B. Henry Picker am 5. 5. 1942 über einen Hitler-Monolog im Führerhauptquartier »Wolfsschanze« in Ostpreußen: »Beim Mittagessen schwärmte der Chef [Hitler, der Verf.] von Bella, seinem neuen Schäferhund, an dem ihm alles [bis auf den Namen, der Verf.] sehr, sehr viel Freude mache. Bei seinen Spaziergängen hätten sie zunächst willensmäßig miteinander ringen müssen ... Jetzt habe er sie ... soweit, daß sie auf seinen Zuruf reagiere, ohne zunächst ins Fahrwasser jener Bequemlichkeit auszuweichen, die er absolut nicht ausstehen könne.« Vgl. dazu Picker, S. 312. Den Kater »Peter«, den sich Eva Braun anschaffte, mochte Hitler zunächst nicht, da er sich nicht wie ein (Schäfer-)Hund dressieren ließ. Später, als die Katze sich an Hitler gewöhnt hatte, liebkoste er sie nicht nur gelegentlich, sondern wurde auch »eifersüchtig«, wenn sie zu anderen Leuten ging.

machen.

Ich wäre noch heute mit ihm, Gretel, Ilse und Mutti auch den Zugspitze und hätten gerodelt in Sonne und Schnee denn man hat immer die größte Freude wenn sich andere mit freuen.

Aber, nix is' mit der Fahrt.

Heute Abend gehe ich mit Herta zum Essen. Was soll ein einfältiges Mädel mit 23 Jahre sonst machen. Und so werde ich denn mein Wiegenfest mit. Sekt und Würsteln beschließen. Womit ich glaube auch in seinem Sinne gehandelt zu haben.

machen.

Ich wäre noch heute mit
Herta *, Gretel **, Ilse *** und Mutti
auf die Zugspitze und hätten
gelebt in Saus und Braus
denn man hat immer die
größte Freude, wenn sich
andere mit freuen.

Aber »nix is« mit der
Fahrt.

Heute Abend gehe ich
mit Herta zum Essen. Was
soll ein einschichtigs Weiberl
mit 23 Jahren sonst machen.
Und so werde ich denn mein
Wiegenfest mit ›Fraß und
Völlerei‹ beschließen.

Womit ich glaube auch in
seinem Sinne gehandelt zu haben.

* Herta Ostermayr, von Eva Braun oft als »beste Freundin« bezeichnet.
** Evas Schwester. Ihr Mann, der SS-Gruppenführer, Himmler-Stellvertreter und Schwager Adolf Hitlers, Hermann Fegelein, wurde auf Hitlers Befehl noch kurz vor Kriegsende infolge des – nach Lage der Dinge durchaus begründeten – Verdachts erschossen, sich absetzen (d. h.: desertieren) zu wollen.
*** Schwester Eva Brauns.

11. II. 35

Jetzt war er da. Aber nix Hund und nix Kleiderschrank. Er hat mich nicht einmal gefragt ob ich einen Geburtstagswunsch habe. Jetzt hab ich mir selber Schmuck gekauft. 1 Kette, Ohrringe und den Ring dazu um 50 M. Sehr hübsch alles. Hoffentlich gefällt's ihm. Wenn nicht, so kann er mir ja selbst was aussuchen.

15. II. 35.

Mit Berlin scheint's jetzt Wirklichkeit zu werden. d. h. bis ich nicht in der Reichskanzlei bin glaub ich es noch nicht. Hoffentlich wird es eine erfreuliche Angelegenheit.

11. II. 35
Jetzt war er da. Aber nix Hunderl nix Kleiderschrank. Er hat mich nicht einmal gefragt ob ich einen Geburtstagswunsch habe. Jetzt hab ich mir selber Schmuck gekauft. 1 Kette, Ohrringe und den Ring dazu um 50 M(-ark).

Sehr hübsch alles. Hoffentlich gefällt's ihm. Wenn nicht so kann er mir ja selbst was aussuchen.

15. II. 35
Mit Berlin scheint's jetzt Wirklichkeit zu werden. D. h. bis ich nicht in der Reichskanzlei * bin glaub ich es noch nicht. Hoffentlich wird es eine erfreuliche Angelegenheit.

* Vgl. dazu die Angaben über Albert Speer, der die neue Reichskanzlei errichtete: S. 98, 100, 103, 105, 109, 111–113, 184, 198, 204, 229, 315, 327, 328, 330, 334, 394, 399, 407, 425, 452, 453, 454, 465, 468, 481 und 486–488 und Maser, *Hitlers Briefe und Notizen,* S. 133, 136, 137, 164, 205 und 298.

Hoffe daß statt Charly nicht Herta mitkommen werden. ~~Ich~~ Die Dessous eine Garnitur für ein paar lustige Tage. Da wird wahrscheinlich ein großes „[illegible]“ sein, denn er nimmt nicht an daß Brückner [illegible] seine liebenswürdige Seite Charly gegenüber herauskehren wird.

Ich traue mich noch nicht mich richtig zu freuen, aber es würde wundervoll werden wenn alles klappt. Hoffen wir's!

18.II.35

Gestern ist er so ganz unvermutet gekommen und es war ein entzückender Abend.

Das Schönste aber war, daß er sich mit dem Gedanken trägt mich aus dem Geschäft zu nehmen und; ich will mich aber lieber noch

Schade daß statt Charly * nicht Hertha **
mitkommen kann. Sie wäre
eine Garantie für ein paar lustige
Tage. So wird wahrscheinlich ein
großes »Geknaunze ***« sein, denn
ich nehme nicht an daß Brückner
ausnahmsweise seine liebenswürdige Seite Charly gegenüber
hervorkehren wird.

Ich trau mich noch nicht mich richtig zu freuen, aber es kann
wundervoll werden wenn alles
klappt. Hoffen wir's!

18. II. 35
Gestern ist er ganz unvermutet gekom-
men und es war ein entzückender
Abend.

Das Schönste aber war, daß
er sich mit dem Gedanken trägt
mich aus dem Geschäft zu nehmen
und ... ich will mich aber lieber noch

* Eine Freundin Eva Brauns namens Charlotte.
** Gemeint ist Herta Ostermayr, die Dame, die Eva Braun gewöhnlich als ihre »beste Freundin« bezeichnete.
*** Bayerische Mundartbezeichnung für mürrisches Miteinander.

mich so freuen, mir ein Häuschen zu schenken. Ich darf es halt nicht daran denken so wunderschön wäre das. Ich müßte nicht mehr „unseren ehrenwerten Kunden" die Türe öffnen und Ladenmädchen machen. Lieber Gott hilf, daß es wirklich wahr ist und in absehbarer Zeit Wirklichkeit wird.

Die arme Charly ist krank und kann nicht mit nach Berlin. Sie hat wirklich Pech. Aber vielleicht ist es besser so. Unter Umständen ist er doch grob zu ihr und dann

nicht so freuen, mir ein Häuschen zu schenken *. Ich darf einfach nicht daran denken so wunderschön wäre daß. Ich müßte nicht mehr unseren »ehrenwerten Kunden« die Türe öffnen und Ladenmädchen machen. Lieber Gott gib, daß es wirklich wahr ist und in absehbarer Zeit Wirklichkeit wird.

Die arme Charly ist krank und kann nicht mit nach Berlin. Sie hat wirklich Pech. Aber, vielleicht ist es besser so. Unter Umständen ist Br.** recht grob zu ihr und dann

* Hitler tat schließlich beides. Er nahm Eva Braun »aus dem Geschäft« von Heinrich Hoffmann als persönliche »Sekretärin« und »Chefin« des Berghofes in Berchtesgaden zu sich. In ihrem einstigen Haus in München befinden sich z. Zt. Geschäftsräume einer deutschen Firma.
** Hitlers Adjutant Brückner.

werden die bestimmt noch ein gutes [illegible].

Ich bin so unendlich glücklich, daß er mich so lieb hat und bete, daß es immer so bleibt. Ich will nie Schuld haben, daß dann er mich einmal nicht mehr gern hat.

4. III.

Ich bin schon wieder todunglücklich da ich ihm nicht schreiben kann muß aber dieses Buch dazu dienen meine Klagelieder aufzunehmen.

Am Samstag ist es so gekommen. Samstag Abend war der Ball d. Akd. M. Frau Schwarz hat mir nun ein Logenb. dazu geschenkt, also mußte ich doch unbedingt hin, nachdem ich bereits zugesagt hatte.

Ich habe nun bei ihm bis 12 h die ganze wundervolle

wäre sie bestimmt noch unglück-
licher.

Ich bin so unendlich glücklich,
daß er mich so lieb hat
und bete, daß es immer so
bleibt. Ich will nie Schuld
haben, wenn er mich ein-
mal nicht mehr gern
hat.

4. III.
Ich bin schon wieder totunglücklich
da ich ihm nicht schreiben kann muß
eben dieses Buch dazu dasein meine
Klagelieder aufzunehmen.

Am Samstag ist er gekommen *.
Samstag Abend war der Ball d.(-er) Stadt
M.(-ünchen) Frau Schwarz ** hat mir nun ein(e)
Logenk.(-arte) dazu geschenkt, also mußte
ich doch unbedingt hin, nachdem
ich bereits zugesagt hatte.

Ich habe nun bei
ihm bis 12 Uhr ein paar wundervoll

* Am 2. März 1935 hatte Hitler – nach der Saar-Feier vom 1. März 1935 – eine Fahrt durch das Saargebiet unternommen. Tagebuch-Eintragung der Dienststelle Bormann.

** Ehefrau des Reichsschatzmeisters der NSDAP, Franz Xaver Schwarz.

seine Wünsche zugesagt und ist dann mit seiner Seelenruhe nach 2 Std. auf den Ball gegangen.

Am Sonntag hat er mir versprochen, daß ich ihn sehen werde. Aber trotzdem ich in der Osteria angerufen habe und durch Werlin sagen ließ, daß ich warte, auf Nachricht ist er einfach nach Feldafing gefahren und hat sogar Hoffmanns Einladung zum Kaffee und Abendessen ausgeschlagen. Man kann ja nun alles von 2 Seiten betrachten. Vielleicht wollte er mit Dr. G. der hier war, allein sein aber dann kann er

schöne Stunden zugebracht und
bin dann, mit seiner Erlaubnis,
noch 2 Std. auf den Ball gegangen.

Am Sonntag hat er mir
versprochen, daß (ich, der Verf.) ihn sehen werde.
Aber trotzdem ich in der Osteria *
angerufen habe und durch Werlin **,
sagen ließ ich warte auf Nachricht ist er einfach nach Feldafing gefahren und hat sogar
Hoffmanns *** Einladung zum
Kaffee und Abendessen ausgeschlagen. Man kann ja nun
alles von 2 Seiten **** betrachten.
Vielleicht wollte er mit
Dr. G.***** der hier war, allein
sein aber dann kann er

* Hitlers Stammlokal in München.

** Direktor bei den Daimler-Benz-Werken.

*** Hitlers »Leibfotograph« Heinrich Hoffmann.

**** Eine von Hitler oft gebrauchte Redewendung, die seine Sekretärinnen zuweilen auf folgende Weise kolportierten: »Es gibt zwei Möglichkeiten. Entweder es regnet, oder es bleibt schön.«

***** Dr. Joseph Goebbels. In seinem Haus traf Hitler zu der Zeit, was Eva Braun nicht wußte, mit Damen zusammen, die Goebbels mit ihm bekannt machte. Unter ihnen befand sich auch Leo Slezaks Tochter, die Sängerin Gretl Slezak. Vgl. S. 318 f.

noch das verschwinden zu lassen.
Ich bin bei Hoffmann ein-
mal glühenden Kohlen gelaufen
und dachte jeden Moment
jetzt muss ich verbrennen.
Wir sind dann noch zum
Zug, denn er hat sich plötzlich
zur Abreise entschlossen,
und saßen gerade noch
~~den~~ die Schlafplätze der Wagen.
Hoffmann war wieder
einmal zu spät von zu
Hause weg und fort und
so konnte ich mich nicht einmal mehr verabschieden.
Vielleicht sehe ich wieder
einmal zu Schneeberg hoffentlich
tu ich das, aber er kommt schon
14 Tage nicht mehr und ich
bin bis dahin unglücklich
und habe keine Ruhe.

mich doch verständigen lassen.
Ich bin bei Hoffmann wie
auf glühenden Kohlen gesessen
und dachte jeden Moment
jetzt müßte er kommen.

Wir sind dann noch zum
Zug, denn er hat sich plötzlich
zur Abreise entschlossen *,
und sahen gerade noch
die Schlußlichter davon.
Hoffmann war wieder
einmal zu spät von zu
Hause mit uns fort und
so konnte ich mich nicht einmal mehr verabschieden.
Vielleicht sehe ich wieder
einmal zu schwarz hoffentlich
tu ich das, aber er kommt nun
14 Tage nicht mehr und ich
bin bis dahin unglücklich
und habe keine Ruhe.

* Es gehörte zu Hitlers Gewohnheiten, seiner Umgebung über bestimmte Reisen, zu denen er sich entschlossen hatte, aus Sicherheitsgründen erst dann zu berichten, wenn sie unmittelbar bevorstanden.

Ich weiß zwar nicht weshalb er mir böse sein sollte, vielleicht wegen dem Ball aber er hat es mir ja erlaubt.

Ich zerbreche mir vergeblich den Kopf über den Grund so plötzlich ohne Abschied zu fahren.

Hoffmann's haben mir für heute Abend eine Karte für die venezianische Nacht gegeben, ich gehe aber nicht hin. Ich bin viel zu traurig dazu.

Ich weiß zwar nicht weshalb
er mir böse sein sollte, vielleicht
wegen dem Ball aber er hat
es mir ja erlaubt.

Ich zerbreche mir vergeb-
lich den Kopf über den Grund
so früh (»so früh« ist von Eva Braun durchgestrichen)
ohne Abschied zu
fahren.

Hoffmann's haben mir
für heute Abend eine Karte für
die venezianische Nacht * gegeben,
ich gehe aber nicht hin. Ich bin
viel zu traurig dazu.

* Mit »venezianische Nacht« meinte Eva Braun offenbar die Johann-Strauß-Operette »Eine Nacht in Venedig«.

11. III. 35.

Ich wünsche mir nur eines schwer krank zu sein und wenigstens 8 Tage von ihm nichts mehr zu wissen. Warum passiert mir nichts, warum muß ich alles das durchmachen. Hätte ich ihn doch nie gesehen. Ich bin verzweifelt. Jetzt kaufe ich mir wieder Schlafpulver dann befinde ich mich in einem halben Dämmerzustand und denke nicht mehr so viel darüber nach.

Warum holt mich der Teufel nicht. Bei ihm ist es bestimmt schöner als hier.

11. III. 35
Ich wünsche mir nur eines schwer krank sein und wenigstens 8 Tage von ihm nichts mehr zu wissen. Warum passiert mir nichts, warum muß ich alles das durchmachen. Hätte ich ihn doch nie gesehen. Ich bin verzweifelt. Jetzt kaufe ich mir wieder Schlafpulver dann befinde ich mich in einem halben Trancezustand und denke nicht mehr so viel darüber nach.

Warum holt mich der Teufel nicht. Bei ihm ist es bestimmt schöner als hier *.

* Schon am 1. November 1932, 15 Monate nach dem Selbstmord Geli Raubals, hatte Eva Braun versucht, sich das Leben zu nehmen. Sie schoß sich eine Kugel in den Hals, kam jedoch mit dem Schrecken davon. Vgl. dazu die Anm. **** S. 317. Vgl. auch Anm.*** S. 316.

3 Stunden habe ich vor dem
Carlton gewartet und
mußte zusehen wie er der
Ondra Blumen brachte
und sie zum Abendessen (verrückte
eingeladen hat. (Einbildung geschr. am 16.IV

Er braucht mich nur
zu bestimmten Zwecken es ist
nicht anders möglich. (Blödsinn

Wenn er sagt er hat
mich lieb so nimmt er das nur
in diesem Augenblick
genau so wie seine
Versprechungen, die er
nie hält.

Warum quält er
mich so und macht

3 Stunden habe ich vor dem
Carlton * gewartet und
mußte zusehen, wie er der
Ondra ** Blumen kaufte
und sie zum Abendessen eingeladen hat.
(Verrückte Einbildung geschr.[-ieben] am 26. III.)

Er braucht mich nur
zu bestimmten Zwecken *** es ist
nicht anders möglich, (Blödsinn)

Wenn er sagt er hat
mich lieb, so meint er nur
in diesem Augenblick.
Genau so wie seine
Versprechungen, die er
nie hält.

Warum quält er
mich so und macht

* Hotel.
** Anny Ondra, die Ehefrau des einstigen Boxweltmeisters im Schwergewicht, Max Schmeling.
*** Vgl. dazu die Ausführungen S. 320.

nicht gleich an finden?

16. III.

Er ist wieder nach Berlin.
Wenn ich nur nicht immer gleich so
ein dummes Gänschen wäre wenn
ich ihn weniger als sonst sehen
kann. Eigentlich ist es ja selbstverständlich daß er für mich jetzt
kein großes Interesse hat nachdem
sich jetzt politisch so viel tut.
Ich fahre heute mit Gretl
auf die Zugspitze und denke
daß sich dann meine Verrückt-
heit legen wird.
Es ist immer noch alles
gut geworden und wird diesmal nicht anders sein. Nur
ruhig abwarten muß man's
halt können.

nicht gleich ein Ende?

16. III.
Er ist wieder nach Bln. (Berlin) *.
Wenn ich nur nicht immer gleich so
aus dem Häuschen wäre wenn
ich ihn weniger als sonst sehen
kann. Eigentlich ist es ja selbstverständlich daß er für mich jetzt
kein großes Interesse hat nachdem
sich jetzt politisch so viel tut.

Ich fahre heute mit Gretl
auf die Zugspitze und denke
daß sich dann meine Verrückt-
heit legen wird.

Es ist immer noch alles
gut geworden und wird dies
mal nicht anders sein. Nur
ruhig abwarten muß man's
halt können.

* Am 17. März, einen Tag nach der Einführung der allgemeinen Wehrpflicht, nahm Hitler an den Feiern zum Heldengedenktag in Berlin teil. Danach flog er nach München zurück und nahm (am 17. März) vor dem *Hotel Vier Jahreszeiten* einen Vorbeimarsch ab. Tagebuch-Eintragung der Dienststelle Bormann.

1. April. 35.

Gestern waren wir zum Abendessen von ihm in die Vier Jahreszeiten eingeladen. Ich mußte 3 Stunden neben ihm sitzen und konnte kein einziges Wort mit ihm sprechen. Zum Abschied reichte er mir, wie schon einmal, einen Umschlag mit Geld. Wie schön wäre es gewesen, wenn er mir einen Gruß od. ein liebes Wort dazu geschrieben hätte, ich hätte mich so gefreut. Aber an so was denkt er nicht.

Warum geht er nicht zu Hoffmann zum Essen da hätte ich ihn wenigstens ein paar Minuten für mich?
Ich wünschte nur, daß er vor seine Wohnung fertig ist nicht mehr kommt.

Adolf Hitler. Erste Aufnahme in seinem Arbeitszimmer in der Reichskanzlei im Jahre 1933.

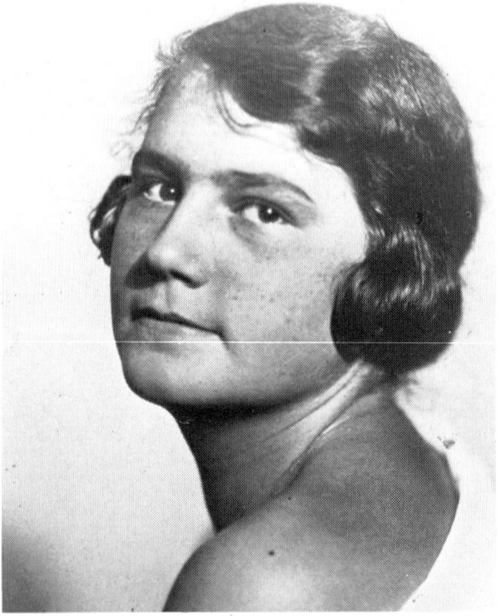

Geli Raubal

Eva Braun

1. April 35
Gestern war wir zum Abendessen von ihm in die Vier Jahreszeiten * eingeladen. Ich mußte 3 Stunden neben ihm sitzen und konnte kein einziges Wort mit ihm sprechen. Zum Abschied reichte er mir, wie schon einmal, einen Umschlag mit Geld. Wie schön wäre es gewesen, wenn er mir einen Gruß od.(-er) ein liebes Wort dazugeschrieben hätte, ich hätte mich so gefreut. Aber an so was denkt er nicht.

Warum geht er nicht zu Hoffmanns zum Essen, da hätte ich ihn wenigstens ein paar Minuten für mich **? Ich wünschte nur, daß er vor seine Wohnung fertig ist *** nicht mehr kommt.

* Münchener Hotel. Vgl. dazu auch S. 350 f.
** Hitler war zu der Zeit oft zwischen München und Berlin unterwegs. So traf er sich mit Eva Braun am 1. April in München. Am 4. April gab er einen Partei-Empfang und am 5. April einen Generals-Empfang in Berlin. Tagebuch-Eintragung der Dienststelle Bormann.
*** Soll heißen: »... daß er, bevor seine Wohnung fertig ist ...« Vgl. dazu die Eintragung vom 29. 4. 1935.

29. April

Es geht mir mies diese Tage sogar in jeglicher Hinsicht. Ich sage mir immer vor „es wird schon wieder besser" frei nach Coué aber es hilft wenig. Die Wohnung ist fertig ich darf aber nicht zu ihr. Liebe scheint manchmal über uns seinem Programm zu streichen. Jetzt nach dem er wieder in Berlin ist, kann ich wieder etwas auf. Aber es ging sogar in der letzten Woche wo ich jeden Morgen mein Kalchmann hinunter geschluckt habe. Schmerzen-tabletten ich von Ostern allein zu Hause wollte.

Ich spare, schone,

Aber ziehe ich schon auf das Herz an damit ich jeglicher

29. April
Es geht mir mies. Sehr sogar. In jeglicher Hinsicht. Ich singe mir immer vor »es wird schon wieder besser« frei nach Louis * aber es hilft wenig. Die Wohnung ist fertig ich darf aber nicht zu ihm. Liebe scheint momentan aus seinem Programm gestrichen. Jetzt nach dem er wieder in Berlin ist **, taue ich wieder etwas auf. Aber es gab Tage in der letzten Woche wo ich jede Nacht mein Pensum runter geheult habe. Sitimentalen *** ich an Ostern allein zu Hause weilte.

Ich spare, schare. Allen geh ich schon auf die Nerven weil ich jegliches

* Gemeint ist sehr wahrscheinlich Luis Trenker, mit dem Eva Braun befreundet war.
** Hitler hielt sich (Tagebuch-Eintragung der Dienststelle Bormann) in Berlin auf und bereitete sich auf die Empfänge vor, die er am 4. und 5. Mai gab. Vgl. die Anm. ** bei den Eintragungen vom 1. 4. 1935, S. 247.
*** Soll heißen: Sintemalen.

verkaufen will, angefangen vom Kostüm, Photoapparat bis zum Theaterbillet.

Aber es wird schon wieder besser werden. So groß sind die Schulden nicht,

10.V.35

Wie mir Frau Hoffmann liebevoll und ebenso taktlos mitteilte, hat er jetzt einen Ersatz für mich. Sie heißt Walküre und sieht so aus, die Beine mit eingeschlossen. Aber diese Dimensionen hat er so gerne. D. h. wenn das stimmt, wird er sie bald mager geärgert haben, wenn sie nicht das Talent hat

verkaufen will. Angefangen
vom Kostüm, Photoapparat
bis zum Theaterbillet.

Na es wird schon wieder besser
werden, so groß sind ja die Schulden
nicht.

10. V. 35.
Wie mir Frau Hoffmann liebevoll
und ebenso taktlos mitteilte
hat er jetzt einen Ersatz für mich.
Er heißt Walküre * und sieht
so aus die Beine mit eingeschlossen **.
Aber diese Dimensionen hat
er ja gerne d. h. wenn das
stimmt, wird er sie bald ganz mager
geärgert haben, wenn
sie nicht das Talent hat

* Offenbar Unity Valkyrie Mitford, die Tochter von Lord Redesdale, die 4 Jahre später aus Liebeskummer mit Hitler einen Selbstmordversuch in München unternahm. Am 3. September 1939, nach der Bekanntgabe der englischen Kriegserklärung, schoß sie sich zwei Kugeln in den Kopf, kam jedoch mit dem Leben davon. Vgl. S. 312, 313, 320, 321 und 527.

** Eva Braun umschreibt damit einen üppigen Frauen-Typ, den Hitler bevorzugte.

richtig Kummer dick zu werden [illegible] Schrecklich. Bei ihr ~~[illegible]~~ ~~[illegible]~~ ihre Beine ungeheuer anziehend! Aber

Sollten ~~[illegible]~~ die mir mitgeteilte Vermutung der Frau H. stimmen, fände ich es bodenlos von ihm mir das nicht zu sagen.

Schließlich könnte er mich doch gut genug kennen, um zu wissen, daß ich ihm nie etwas in den Weg legen würde, wenn er plötzlich sein Herz für eine Andere entdeckte. Was mit mir wird, kann ihm ja gleich sein. Ich warte nun noch bis zum 3ten Juni darüber

durch Kummer dick zu werden
wie Charly. Bei ihr
ist Ärger appetit-
anregend.

Sollte aber die mir
mitgeteilte Beobachtung der
Frau H.(-offmann) * stimmen fände ich
es bodenlos von ihm mir
das nicht zu sagen.

Schließlich könnte er
mich doch so weit kennen,
daß ich ihm nie etwas
in den Weg legen würde
wenn er plötzlich sein
Herz für eine andere ent-
deckt. Was aus mir
wird kann ihm ja gleich
sein.

Ich warte nun noch
bis zum 3ten Juni dann

* Die Ehefrau des Hitler-»Leibfotografen« Heinrich Hoffmann und spätere Schwiegermutter des Reichsjugendführers Baldur von Schirach. Sie dürfte Eva Braun zu der Zeit nicht besonders gewogen gewesen sein, da ihre Tochter Henriette (die spätere Frau von Schirach) gleichaltrig mit Eva Braun war und nicht nur nach ihrer Ansicht zu Hitler »gepaßt« hätte.

ich mir wieder sehr viele
unsere letzten Zusammen-
künfte vorgenommen und
bitte um Aufklärung.
Denn sag mir immer noch,
daß ich nicht bescheiden
bin.

Das Wetter ist herrlich u.
ich, die Geliebte des größten
Mannes Deutschlands und der
Erde sitze und kann mir
die Sonne durchs Fenster be-
gucken.

Daß er so wenig Ein-
sicht hat und mich immer
noch vor Fremden bevor-
munden läßt.

ist ein Viertel Jahr seit
unserer letzten Zusammen-
kunft * vergangen und
bitte um Aufklärung.
Nun sag mir einer nach,
daß ich nicht bescheiden
bin.

Das Wetter ist so herrlich u.(-nd)
ich, die Geliebte des größten
Mannes Deutschlands und der
Erde sitze und kann mir
die Sonne durchs Fenster be-
gucken **.

Daß er so wenig Ein-
sicht hat und mich immer
noch vor Fremden katzen-
buckeln läßt.

* Daß damit nicht nur ein bloßes Wiedersehen »vor Zeugen« gemeint ist, bestätigt die Eintragung vom 1. 4. (»gestern waren wir zum Abendessen von ihm in die Vier Jahreszeiten eingeladen«). Vom 1. 4. 1935 bis zum 3. 6. 1935 lag nicht ein »Viertel Jahr«, wie Eva Braun schrieb, sondern eine Zeitspanne von 2 Monaten.

** Luis Trenker berichtet (persönliche Auskunft, 1966), daß er Eva Braun nicht selten vor einem Tisch sitzend angetroffen habe, auf den sie ein Hitler-Foto gestellt hatte: »Um ihn wenigstens so immer sehen zu können«.

[illegible] Wahrscheinlich [illegible]
[illegible] Speck ansetzt [illegible]

Wahrscheinlich ist es zu meinem Schaden aber dennoch scheint man halt genau mich kennen.

Diese Zärtlichkeit meine möchte ich ihr schon gönnen würde dann Schmuck nur zu hoffen.

Nur schade ist, daß gerade Frühling ist.

28.V.35

Eben habe ich einen, für mich entscheidenden, Brief an ihn gesandt. Ob er ihn für so wichtig hält?

Na, wir werden sehen. Habe ich bis heute Abend 10 h keine Antwort werde ich einfach meine 25 Pillen nehmen und sanft hinüberschlummern.

Ist das seine wahnsinnige Liebe

Aber des Menschen Wille ... usw.
Aber wie man sich bettet ...

Schließlich ist es ja meine
Schuld aber sowas schiebt man
halt gerne auf andere.

Diese Fastenzeit * wird
auch mal ihr Ende haben
und dann schmeckts umso
besser.

Nur schade ists, daß halt
grad Frühling ist.

28. V. 35
Eben habe ich einen, für mich entscheidenden, Brief an ihn
gesandt **. Ob er ihn für so wichtig hält?

Na, wir werden sehen.

Habe ich bis heute Abend 10 Uhr keine
Antwort werde ich einfach meine
25 Pillen nehmen und sanft hinüber schlummern.

Ist das seine wahnsinnige Liebe

* Hitler war wiederum viel unterwegs. So eröffnete er am 19. Mai die Autobahn in Frankfurt am Main, fuhr am Abend nach Weimar weiter, blieb dort über Nacht und reiste am 20. Mai nach Berlin. Am 25. und 26. Mai fand der »Tag der Deutschen Seefahrt« in Hamburg statt. Danach folgten der »Gautag« in Mecklenburg und die »Reichsleitertagung« in München. Tagebuch-Eintragung der Dienststelle Bormann.

** Eva Braun war ganz offensichtlich nicht darüber informiert, wo sich Hitler jeweils aufhielt und womit er sich gerade auseinandersetzte. Darüber hinaus täuschte sie sich zu der Zeit nicht nur in Hitlers Vorstellungen von der »Liebe«, sondern verkannte auch ihre eigene Position. Gelegentlich allerdings sah Eva Braun ein, daß sie Hitler »überforderte«, zumal Frauen ihm nur »für bestimmte Zwecke« dienten, was Eva Braun früh erkannte. Vgl. ihre Tagebuch-Eintragungen vom 11. 3. 1935. Vgl. auch die Eintragungen vom 16. 3. und 10. 5. 1935.

[illegible]
hat, wenn er mir 3 Minuten [illegible] gutes Wort gibt.

Sicher hat er den Kopf voll gehabt in dieser Zeit mit politischen Problemen aber ist jetzt nicht eine Entspannung da? und wie war es ~~[illegible]~~ im letzten Jahr? Hat ihm da nicht Röhm u. Italien auch viel zu schaffen gemacht und trotzdem hat er Zeit für mich gefunden.

Ich kann zwar schwer beurteilen ob nicht die jetzige Situation ungleich schwerwiegender für ihn ist ~~aber~~ trotzdem würden ihn ein paar liebe Worte bei Hoffmanns oder sonstwo nicht sehr abgelenkt haben.

Ich fürchte es steckt was

die er mir schon so oft versichert
hat, wenn er mir 3 Monate kein
gutes Wort gibt *.

Gut er hat den Kopf voll
gehabt in dieser Zeit mit politischen
Problemen aber ist jetzt nicht
eine Entspannung da? und
wie war es im letzten
Jahr? Hat ihm da nicht Röhm u.(-nd)
Italien auch viel zu schaffen gemacht
und trotzdem hat er Zeit für mich
gefunden.

Ich kann zwar schwer be-
urteilen ob nicht die jetzige
Situation ungleich schwerer für
ihn ist trotzdem würden
ihn ein paar liebe Worte bei
Hoffmanns oder sonstwo nicht
sehr abgelenkt haben.

Ich fürchte es steckt was

* Dieser knappe Satz Eva Brauns charakterisiert Hitlers Verhältnis zu der Frau, der er sich nach »Gelis« Tod ganz besonders verbunden fühlte, auf eine Weise, die für sich spricht. Eva Brauns Tagebuch-Eintragung vom 11. März 1935, »Er braucht mich nur zu bestimmten Zwecken« (vgl. S. 348 f.), korrespondiert dagegen infolge des Verhältnisses, das Hitler zu der Zeit zu Frauen pflegte, nicht unbedingt mit dieser Eintragung.

anders ausgesehen.

Ich bin nicht schuld. Das stimmt nicht. Vielleicht einer anderen Sorte zwar nicht. Das Mädchen Waltraud mag dürfen ein bißchen unmöglich sein, aber es gibt ja so viele andere.

Was gäbe es sonst noch für Gründe? Ich finde keinen.

28.5

Gesagt, ich habe Angst, daß er heute keine Antwort gibt. Wenn mir nur ein Mensch helfen würde es ist alles so schrecklich und hoffnungslos.

Vielleicht hat ihn mein Brief in einer ungeeigneten Stunde erreicht. Vielleicht hätte ich auch nicht schreiben sollen.

anderes dahinter *.

Ich bin nicht Schuld. Bestimmt
nicht.

Vielleicht eine andere Frau
zwar nicht das Mädchen Walküre **
das dürfte ein bißchen unmöglich
sein, aber es gibt ja so viele
andere.

Was gäbe es sonst noch
für Gründe? Ich finde keinen.

28. V.
Herrgott ich habe Angst, daß
er heute keine Antwort gibt.
Wenn mir nur ein Mensch
helfen würde es ist alles
so schrecklich und trostlos.

Vielleicht hat ihn mein
Brief in einer ungeeigneten
Stunde erreicht. Vielleicht
hätte ich auch nicht schreiben
sollen.

* Vgl. die Eintragungen S. 362 f.
** Vgl. die Eintragung vom 10. Mai 1935.

Wenn es mir [illegible] [illegible]
die [illegible] ich [illegible]
zu verlängern als ein plötzliches
Ende.

Lieber Gott hilf mir
daß ich schon heute noch [illegible]
[illegible] morgen ist es zu spät.

Ich habe mich für 35 Mark
entschlossen es soll diesmal
wirklich eine „kolossale“ Angelegenheit werden.

Wenn er wenigstens
[illegible] lassen würde.

Wie es auch sein wird
die Ungewißheit ist furchtbarer
zu ertragen als ein plötzliches
Ende.

Lieber Gott hilf mir
daß ich ihn heute noch sprechen
kann morgen ist es zu spät.

Ich habe mich für 35 Stück
entschlossen es soll diesmal
wirklich eine »totsichere« Angelegenheit werden.

Wenn er wenigstens
anrufen lassen würde *.

* Hier endet das Tagebuch Eva Brauns. Ilse Braun, die am späten Abend Eva aufsuchte, um ihr ein – von ihr ausgeliehenes – Tanzkleid zurückzubringen, entdeckte ihre bewußtlose Schwester, riß die Tagebuch-Eintragungen aus dem aufgeschlagenen »Prachtstück« (vgl. die Eintragung vom 6. 2. 1935) heraus und rief einen Arzt an, der das Leben Evas rettete. Später gab Ilse der Schwester das Tagebuch wieder zurück. Eva bewahrte es auf dem Obersalzberg auf. Ihrer brieflichen Bitte kurz vor ihrem Selbstmord in Berlin, die Aufzeichnungen zu vernichten, folgten Ilse und Gretl nicht. Sie verbargen die 22 Seiten bei der Mutter eines SS-Offiziers, wo die Amerikaner sie infolge der Indiskretion eines Eingeweihten entdeckten, beschlagnahmten und nach Amerika schafften. (Persönliche Mitteilung von Ilse Braun, April 1973.) Das Nationalarchiv Washington stellte das Dokument zur Veröffentlichung in diesem Buch zur Verfügung.

8. KAPITEL

Der kranke Führer, Reichskanzler und Oberste Befehlshaber der Wehrmacht

1925, nach der Entlassung aus der Landsberger Festungshaft, formuliert Hitler für den zweiten Band seines Buches *Mein Kampf* den Satz: »... der Geist wird, wenn er gesund ist, in der Regel und auf die Dauer nur in gesundem Körper wohnen [1].« Während er dies diktiert, ist er nicht gesund. Sein linker Arm und das linke Bein zittern. Den linken Unterarm kann er nur beschränkt bewegen. Zwanzig Jahre später erklärt sein Leibarzt Dr. Theo Morell, daß Hitlers Krankheit möglicherweise psychogener Art gewesen sei *. Das abrupte Ende seines Putsches vor der Feldherrnhalle in München, seine Mitschuld am Tod von rund 20 Menschen, die Auflösung seiner Partei und seine Verhaftung haben ihn gezeichnet. Politische Freunde und Mitstreiter – Rudolf Heß, Hermann Esser und einige der anderen inhaftierten Putschisten – haben ihn davon überzeugt, daß er unschuldig sei, unbedingt gebraucht werde und keineswegs tun dürfe, was er unter dem Eindruck der Katastrophe in depressiver Verstimmung zu tun drohte: von eigener Hand aus der Welt zu scheiden [2]. Erst im Laufe der Jahre läßt das Zittern seines Armes nach. Das linke Bein hat relativ rasch wieder zu zittern aufgehört **.

1931, als er den größten Teil seiner »Durststrecke« hinter sich hat, trifft ihn erneut ein gravierender Schlag: »Geli« Raubal, seine Geliebte, die Tochter seiner Halbschwester Angela, erschießt sich am 18. September in seiner Münchner Wohnung. Wieder – wie 1923 – leidet er unter einer schweren depressiven Verstimmung. Wieder will er seinem Leben kurzerhand ein Ende setzen. Rudolf Heß kann ihm gerade noch in die Arme fallen und ihm die Pistole entreißen, mit der er sich er-

* Morell-Protokoll. Vgl. auch S. 42.

** Morell-Protokoll.

Die Feststellungen von Gerhard Grimm über Hitlers Krankheiten in *Saeculum*, Jahrbuch für Universalgeschichte, Bd. 20, Jg. 1969 (Freiburg und München), S. 144 ff., sind relativ wertlos. Grimm, dem einschlägige Dokumente nicht zur Verfügung standen, gelangt zu Schlüssen, die mit den belegbaren (und zum Teil – durch Publikationen – bereits seit Jahren belegten) Tatsachen nichts zu tun haben. Es lohnt sich nicht, an dieser Stelle auf die einzelnen Behauptungen und Vermutungen einzugehen.

schießen will. Zwar zittern seine Extremitäten nicht wieder wie nach 1923; aber er weigert sich, fortan Fleisch zu essen, auch wenn er nicht selten darüber klagt. »Davon soll ein Mensch leben ... Wie soll ich da existieren [3]?«, fragt er Albert Speer bereits 1935. Dennoch laboriert er ein weiteres Jahr mit einer selbst zusammengestellten Diät, deren Substanz sich längst schon als unzureichend erwiesen hat. Seit 1931 ist er konsequenter Vegetarier. Er, der bis dahin relativ viel Fleisch aß und Bier trank, seit 1914 Anstrengungen nicht mied, über erstaunliche Kräfte im rechten Arm verfügte und einen ganzen Tag hindurch Reden zu halten vermochte, ohne deutliche Ermüdungserscheinungen zu zeigen, verzichtet nun konsequent auf tierisches Eiweiß aus Fleisch und Schlachtfett.

Im Frühjahr 1934, ein Jahr nach seiner Ernennung zum Reichskanzler, bescheinigen ihm die Ärzte des Berliner Westend-Krankenhauses nach einer sorgfältigen Untersuchung noch, daß er organisch völlig gesund ist; aber er selbst glaubt nicht mehr so recht daran. Spätestens seit 1935 redet er sich ein, ernsthaft krank zu sein. Häufige Magenschmerzen und Blähungen, von Medizinern als Folge seiner unkontrollierten und von ihm selbst als unzulänglich bezeichneten [4] Diät bezeichnet, scheinen seine Befürchtungen zu bestätigen. Er schläft schlecht und klagt gelegentlich über Herzbeschwerden [5]. Ernstlich krank ist er zu der Zeit jedoch noch nicht [6]. Lediglich eine anhaltende Heiserkeit ist feststellbar, die ihn verständlicherweise ängstigt. Ohne seine registerreiche Stimme wäre er sicher nicht geworden, was er nun war. Ernst Hanfstaengl, der ihn 1922 erstmals reden hörte, schrieb rund ein halbes Jahrhundert später: »Da hatte sein Bariton noch Schmelz und Resonanz, da standen ihm noch Kehltöne zur Verfügung, die einem unter die Haut gingen, da waren seine Stimmbänder noch unverbraucht und befähigten ihn zu Nuancierungen von einzigartiger Wirkung. Von den zahlreichen redebegabten Politikern, die ich im Verlauf meines Lebens gehört habe – drei meisterhafte Virtuosen dieser Art waren beispielsweise Theodore Roosevelt, der blinde Senator Gore von Oklahoma und Woodrow Wilson, der Mann ›mit der Silberzunge‹ – erreichte keiner die Wirkung, die Hitler zu unserem und seinem Verhängnis in Vollendung zu Gebote stand [7].« Der Halsspezialist Prof. Dr. von Eicken entfernt bei Hitler, der das Schicksal Kaiser Friedrichs III. zu erleiden fürchtet, harmlose Stimmbandpolypen. Seitdem Hitler weiß, daß er nicht an Krebs leidet, ist er zwar einer drückenden Last ledig, kann jedoch nicht sorglos sein.

Magenschmerzen und Beschwerden in der Gegend der rechten Niere plagen ihn, ebenso Blähungen und eine Schwellung im Oberbauch, die der im Juli 1886 in Traisa in Hessen geborene Dr. Theo Morell, an Berlins mondänem Kurfürstendamm Facharzt für »Haut- und Geschlechtskrankheiten«, auf einen vergrößerten linken Leberlappen zurückführt [8].

Mit Morell ist Hitler 1936 über Heinrich Hoffmann bekannt geworden, der den »Führer und Reichskanzler« an Wochenenden zu besuchen pflegte und gelegentlich sein Gastgeber beim Mittagessen ist. Albert Speer, der die Abneigung der meisten »Nazi-Größen« gegenüber Morell teilte, berichtete 1969 in seinen *Erinnerungen*, daß Hoffmann 1935 »gefährlich erkrankt« sei und daß Morell ihn »durch Anwendung von Sulfonamiden« geheilt habe [9]. Woran Hitlers »Leibfotograf« litt, hat wahrscheinlich nicht einmal Hitler erfahren. Nach 1945 brach Morell seine ärztliche Schweigepflicht und gab zu Protokoll, daß er Hoffmann an Gonorrhöe behandelt habe, bevor er Hitlers Arzt wurde [10].

Hinter Morell lag eine bunt bewegte Karriere, als er sich Hitler auf dem »Berghof« vorstellte. Er hatte in Gießen, Heidelberg und Paris studiert, war 1912 in München und Bad Kreuznach Assistenzarzt gewesen, 1913 als Schiffsarzt u. a. auf der Hamburg-Südamerika-Linie und beim Norddeutschen Lloyd gefahren und 1914 in Dietzenbach bei Offenbach praktischer Arzt mit einer kleinen Praxis geworden. 1915, als an den Fronten auch unerfahrene Ärzte mit verantwortungsvollen Aufgaben betraut wurden, war er an der Westfront ohne besondere Ausbildung als Chirurg und danach an einigen Krankenhäusern im Reich tätig gewesen. 1918 hatte er in Berlin als »Spezialist für Elektrotherapie und Urologie« praktiziert, obwohl ihm auch dafür jede Fachausbildung fehlte. Dennoch war er bereits 1920 in einigen Berliner Kreisen ein angesehener Arzt und hatte sogar namhafte Mitglieder der Inter-Alliierten Commission behandelt. 1922, als der Reichsaußenminister Walther Rathenau auf offener Straße von den Ehrhardt-Landsknechten Hermann Fischer und Erwin Kern ermordet, das »Gesetz zum Schutz der Republik« verkündet, ein außerordentlicher Staatsgerichtshof zum Schutz der Republik eingesetzt, Konflikte zwischen Berlin und München an der Tagesordnung und das Vertrauen in die deutsche Währung infolge der Inflation endgültig verlorengegangen waren, hatte er sich leisten können, ein Hofarzt-Angebot des persischen Kaiserhauses abzulehnen. Trotz aller politischen und wirtschaftlichen Schwierigkeiten zur Zeit der Weimarer Republik war es ihm stets gut gegangen *. Der agile, penetrant geschäftstüchtige und als geldgierig bekannte Praktiker, der mit dem jeweiligen Stand der Währung angeblich besser als mit modernen medizinischen Lehrmeinungen vertraut war, jedoch die Anschriften und Namen bekannter Fachkollegen und medizinischer Institute jederzeit parat hatte, wenn er sie brauchte, war bis 1936 eine Art Mode- und »Prominentenarzt« gewesen. Parteifunktionäre, Bühnenkünstler, Filmschauspieler, Regisseure und Produzenten bildeten die mondäne Welt, in der er sich wohlgefällig tummelte, ohne allerdings deren Flair auszustrahlen.

Hitler ist von Morells Fähigkeiten relativ rasch überzeugt. Daß der glotzäugige Brillenträger, der ihm rasch Linderung verschafft, sich erst nach 1933 der NSDAP angeschlossen hat, interessiert ihn nicht. Obwohl Hitler geradezu krankhaft sorgfältig auf Sauberkeit bedacht ist, stört ihn auch später nicht einmal ernsthaft, daß sein Arzt in seiner Umgebung als übelriechender Schmutzfink gilt, der Eva Braun geradezu anekelt [11].

1936 wiegt Hitler, von Morell in der Kartei und in der Korrespondenz mit Kollegen, die er konsultiert, als »Patient A« bezeichnet, bei einer Größe von knapp 1,75 m, rund 70 kg. Er hat die Blutgruppe A. Sein Puls, seine Temperatur und seine Atmung sind normal. Sein linkes Bein weist ein Ekzem auf, das Morell schließlich als Folge einer gestörten Verdauung diagnostiziert. Er läßt in Dr. Nissles Bakteriologischem Institut in Freiburg/Breisgau aus Hitlers Exkrementen Bakterienkolonien züchten, um sich über den Zustand der Darmflora zu informieren. Das Ergebnis bestätigt eine Dysbakterie des Darmes, was Morell veranlaßt, seinem Patienten Mutaflor zu verschreiben. Hitler nimmt am ersten Tag eine gelbe Kapsel, vom zweiten bis zum vierten Tag je eine rote Kapsel und von da an (mit einigen kurzen Unterbrechungen) bis 1943 täglich zwei rote Kapseln ein. Daß Nissle von vielen Anhängern der Schulmedizin als Sektierer und Monomane bezeichnet und infolge seiner Behandlungsmethoden, die nahezu ausschließlich auf eine Regulierung der Darmflora abgestellt sind, nicht ganz ernst genommen wird, stört Morell nicht. Er behandelt Hitler wegen seiner Magen-Darm-Störungen mit Mutaflor und ver-

* Als die rumänische Botschaft ihm 1925 beispielsweise anbot, in ihren Dienst zu treten, hatte er abgelehnt (Morell-Protokoll).

sucht, die durch die vegetarische Kost erzeugten Blähungen durch die Strychnin und Belladonna enthaltenden Dr. Kösters Antigas-Pillen zu verhindern, von denen Hitler von 1936 bis 1943 (mit gelegentlichen Unterbrechungen) täglich 2 bis 4 einnehmen soll *, womit er es jedoch oft nicht genug sein läßt. Beide Mittel, sowohl Mutaflor als auch Dr. Kösters Antigas-Pillen, wirkten nicht schmerzstillend. Sie sollten lediglich Hitlers Darmflora regulieren und seine Blähungen verhindern.

Hitler, der seit 1935 eine Brille braucht, leidet auch an einer Entzündung des Zahnfleisches, die mit Vitamin C und antiseptischem Mundwasser behandelt wird. Seine Zunge ist wiederholt belegt, sein Blutdruck schwankend, die linke Herzkammer erweitert. Aorta-Geräusche sind hörbar, die Gesichtszüge verstrichen und gedunsen. Morell gelingt es mit Hilfe der Mutaflor-Behandlung zwar, Hitlers Verdauungsbeschwerden zu lindern; aber das ist nur zeitweise der Fall. Gelegentlich, besonders nach dem Essen, stellen sich immer wieder mit großer Heftigkeit Magenschmerzen ein. Intramuskulär verabreichte Progynon-Injektionen (Follikelhormon) sollen die Zirkulation in der Magenschleimhaut fördern und den Verkrampfungen der Blutgefäße des Magens vorbeugen [12].

Trotz der Behandlung durch Morell, dem Hitler absolut vertraut, fühlt Hitler sich zunehmend schlechter und glaubt nicht mehr lange zu leben. Er klagt über Herzbeschwerden und ist spätestens seit 1937 überzeugt, ein ernsthaft krankes Herz zu haben. Seiner unmittelbaren Umgebung fällt ein vorher an ihm nicht beobachtetes hektisches Drängen auf [13]. Ihn quält die Furcht, etwas zu versäumen und womöglich zu sterben, bevor er sein endgültiges Ziel erreicht hat. Seine seit 1933 zunächst immer wieder proklamierte und sowohl im Reich als auch im Ausland als bare Münze genommene »Friedenspolitik« gibt er (für viele plötzlich) auf und redet einer offenen Expansionspolitik das Wort. Seinen Architekten Speer drängt er zur Verwirklichung seiner mehr als ein Vierteljahrhundert alten Jugendpläne **, Eva Braun, seit Anfang 1932 seine Geliebte, deutete er an, sicher-

* US-Protokoll der Ärzte-Vernehmung. Morells Kollegen, der Chirurg Dr. Karl Brandt und der H.-N.-O.-Arzt Dr. Erwin Giesing, die Hitler (mit Erlaubnis Morells im Rahmen ihrer Spezialgebiete) behandelten, warfen dem geschäftstüchtigen Leibarzt vor, daß der schmerzerzeugende kumulative Effekt der Strychnin-Komponente durch Dr. Kösters Antigas-Pillen verursacht worden sein könne. Vgl. dazu S. 34.
** Vgl. die diesbezüglichen Feststellungen im 3. Kapitel.

lich bald ohne ihn leben zu müssen [14]. Seine Befürchtungen gehen so weit, daß er am 5. November 1937 bei einer programmatischen Darlegung seiner Zukunftsvorstellungen die Möglichkeit seines baldigen Todes einflicht und sein politisches Testament formuliert [15], dem er am 2. Mai 1938 einen ausführlichen handschriftlich verfaßten privaten Nachlaß folgen läßt.

Er hat sich inzwischen seiner Umgebung entzogen, die er variationsreich beherrscht, hat sich – unerreichbar für jedermann – auf ein Podest gestellt, auf dem niemand neben ihm stehen darf. Die Distanz auch zu seinen alten Mitkämpfern, zu Frank, Rosenberg, Hess, Esser und anderen, ist schier unüberwindbar geworden. Der Parteiführer, der einmal Kameradschaft und Freundestreue rühmte, hat sich zu einem Götzen mit Medusenhaupt hochstilisiert, in das ungestraft nur blicken darf, wer die Gottheit demütig anerkennt. Widersprechen darf niemand mehr, raten nur, wer dazu aufgefordert wird. Die Vorstellung, krank zu sein und nur noch wenig Zeit zu haben, beherrscht alles, was Hitler seitdem denkt, plant und tut.

Deuerleins Feststellung über die Veränderung im Wesen Hitlers [16] deckt sich im Grunde mit den Tatsachen, die Begründung bleibt Vermutung.

Hitlers betonte Hinwendung zur Außenpolitik ist eine Konsequenz, die aus dem Willen resultiert, in der vermeintlich nur noch verbleibenden kurzen Zeit zu verwirklichen, was er im Rahmen eines seit Jahren entwickelten Stufenplanes angestrebt hat: eine europäisch-atlantische, durch afrikanische Territorien ergänzte und durch weltweit angelegte maritime Stützpunkte abgesicherte Weltmachtstellung. Er fühlt sich bereits vor Beginn des Krieges, den er seit frühester Jugend rühmt *, in der Rolle des kranken Mannes, der sein Haus wohlbestellt zurücklassen möchte, infolge seiner maßlosen Zielsetzungen jedoch nicht mehr die Zeit dafür zu haben glaubt. Sein »Haus« ist nicht das Reich, sondern die Weltmacht.

Körperliche Anstrengungen meidet Hitler seit 1937 vollends. Obwohl er, der Österreicher aus der Nähe von Linz, beispielsweise einmal ein recht guter Skiläufer war **, kann Eva Braun ihn nicht dazu überreden, sie auch nur einmal beim Wintersport zu begleiten. Luis Tren-

* Vgl. auch S. 126 f. und 166 f.

** Die vielfach geäußerte Behauptung, daß Hitler weder Skiläufer noch Radfahrer gewesen sei, deckt sich nicht mit den Tatsachen. Vgl. z. B. die Eintragungen in Hitlers Militärpapieren. Bundesarchiv Koblenz, NS 26/12.

ker, der aller Welt bekannte Schauspieler und Regisseur, darf es tun *, was beredt genug ist; denn Trenker gilt als »Frauenheld« – und Hitler als eifersüchtig und außerordentlich skandalempfindlich.

Was Hitler bis dahin abgelehnt hat, ohne allerdings überzeugende Gründe zu nennen, hält er jetzt für wichtig und notwendig: er läßt sich röntgen. Überall drängt er nun, ist Hast hinter seinen Maßnahmen und Äußerungen spürbar. Als er 1939 zum Krieg drängt und im September den Polenfeldzug vom Zaun bricht, obwohl das Reich zu der Zeit infolge der wirtschaftlichen Lage und der militärischen Voraussetzungen nur einen sehr kurzen Krieg zu führen vermag **, ist er sich bereits selbst im Wege, glaubt er, seine Anleihe auf die Zukunft schon überzogen zu haben und von der Zeit eingeholt worden zu sein. Vier Monate später, im Januar 1940, während in seiner zivilen Umgebung infolge des raschen Sieges über Polen und des alle Welt überraschenden Erfolges in Moskau zuversichtliche Stimmung herrscht, ist Morell mit seinem hohen Patienten unzufrieden, den er seit 1938 (bis 1940) sowohl zur Förderung der Verdauung der pflanzlichen Nahrung als auch gegen Blähungen mit Glyconorm, seit 1936 zur Kalorien-Ergänzung und zur Verbesserung des Strophantin-Effekts mit Glukose (bis 1940), seit 1938 – nach Morell »in Kombination mit anderen Arzneien« – mit Vitamultin-Calcium (bis 1944) und seit 1936 gegen Verdauungsstörungen mit Mutaflor und (seit 1939) Euflat behandelt ***.

Hitler glaubt infolge seiner ständigen Beschwerden und der Tatsache, daß er bereits seit Jahren regelmäßig ungewöhnlich viele Arzneien einnehmen muß, ein todkranker Mann zu sein und fordert von seinem Leibarzt, daß er ihm ungeschminkt offenbare, wie er und unabhängige Fachärzte seinen Zustand beurteilen. Morell arrangiert eine mehrtägige gründliche ärztliche Untersuchung. Am 9., 11. und 15. Januar finden die wichtigsten Untersuchungen statt, die erst abgeschlossen sind, nachdem – was Morell und Hitler für besonders wichtig halten – Prof. Dr. Nissles Darmflora-Befund vom 18. Januar vorliegt [17].

* Persönliche Auskunft von Luis Trenker (1967). Im vertraulichen Kreise imitierte er Skiläufer und machte sich über die Diskrepanz zwischen Reiz und Plage lustig. Persönliche Auskunft von Leni Riefenstahl (September 1970).

** Vgl. S. 425 ff., besonders S. 445 f.

*** Morell-Protokoll. Dr. Kösters Antigas-Pillen nahm Hitler von 1936 bis 1943.

Das Urteil der Ärzte über den Patienten A lautet:

9. Januar 1940:	Blutbild normal. Puls 72, Blutdruck 140/100.
11. Januar 1940:	Zucker und Eiweiß im Urin = negativ, Urobilinogen = vermehrt, Wassermann (Reaktion auf Lues) = negativ, Urin-Sediment: mäßig, Calcium Carbonat. Vereinzelte Leukocyten.
15. Januar 1940:	Harn-Zucker = negativ. Meinicke (MKRII): Reaktion auf Lues = negativ, Kahn (Reaktion auf Lues) = negativ [18].

Der Blutdruck ist weit überhöht. Morell mißt 170 bis 200 mm systolischen Druck bei 100 mm diastolischem Druck, wenn sein Patient erregt ist, 140 mm im Zustand der Ruhe [19]. Bis um 90 mm diastolischer Druck wären noch normal gewesen. Morell sorgt sich um Hitlers Herz und rät zu besonderer Schonung.

Bis auf den erheblich erhöhten Blutdruck, die damit zusammenhängende Schädigung des Herzens (erweiterte linke Herzkammer und Aortageräusche) und die gelegentlichen Magen- und Darmbeschwerden (Blähungen) ist Hitler gesund; aber er fühlt sich sehr krank, blättert zunehmend in medizinischen Fachpublikationen, liest Heilkundebücher und läßt sich am 21. Dezember 1940 erneut ausführlich untersuchen. Das Ergebnis weicht ein wenig von den Januar-Befunden ab: Urinuntersuchung auf Eiweiß = leicht opaleszierend (d. h. leicht positiv), Urobilinogen = leicht vermehrt, im Urin-Sediment = sehr vereinzelte Leukocyten; etwas Ammonium-Magnesium-Phosphat, lautet das medizinisch unerheblich veränderte Resultat [20].

Hitler sieht darin jedoch eine eindeutige Bestätigung seiner hypochondrischen Befürchtungen und glaubt des Arztes noch mehr als zuvor zu bedürfen. Bullocks fälschliche Behauptung, daß Hitler »bis 1943 ... so gut wie gesund [21]« gewesen sei, ist offensichtlich nur durch die Tatsache zu erklären, daß authentische Dokumente ihm nicht zugänglich waren.

Als sich 1941 Ödeme an den Waden- und Schienbeinen zeigen, verordnet Morell wöchentlich 10 Tropfen der auf das Kreislaufzentrum im Gehirn, die Gefäßnerven und Atemzentren wirkenden Mittel Cardiazol und Coramin [22]. Beide Kreislaufmittel sind hier medizinisch nicht indiziert und ärztlich nicht ganz unbedenklich: Der Blutdruck Hitlers ist zu hoch, seine leichte Erregbarkeit nicht nur Morell bekannt. Aber Hitler wird nicht nur durch Coramin und Cardiazol angeregt. Morell gibt ihm auch Coffein und Pervitin [23]. Unter dem

Einfluß dieser Behandlung wandelt sich gelegentlich sein ganzer Habitus. Seine Augen, die bislang jedermann faszinierten, leuchten dann gefährlich, seine Bestimmtheit neigt zur Aggression, seine Formulierungen verraten mangelnde Kontrolle. Im Berliner Sportpalast nennt er am 4. September 1940 mitten in einer propagandistisch klug aufgebauten Rede mit treffenden witzigen Wendungen und geschickt plazierten Artikulierungen der bis dahin errungenen Siege Churchill, Eden, Chamberlein und Duff Cooper »Schwätzer« und »Krampfhennen«. Er droht England, eine Million Kilogramm Bomben in einer Nacht zu werfen, was er, als er wieder »nüchtern« ist, bei der Veröffentlichung der Rede durch »400 000 und mehr Kilo« ersetzen läßt [24], weil ihm die ganz offensichtlich unter Drogeneinfluß genannte Summe doch zu maßlos erscheint. In Gesprächen entwickelt er zuweilen phantastisch irreale Projekte, die seine bis dahin von Fachleuten oft bestaunten technischen Detailkenntnisse vergessen machen. Jetzt drängt er wie seit 1935 nicht nur auf die Verwirklichung des Realisierbaren, sondern sprengt die Grenzen des Möglichen und verlangt, daß die jeweils zuständigen Experten die Umsetzung seiner Vorstellungen vorbereiten.

In diese Zeit fallen auch die Weisungen für die »Endlösung« der Judenfrage in Europa. Am 2. April 1941 hat Hitler Rosenberg bei sich zu Gast. Mit ihm spricht er über Dinge, die Rosenberg nicht einmal in sein Tagebuch aufzunehmen wagt. »Was ich heute nicht niederschreiben will, aber nie vergessen werde [25]«, notierte er nach der zweistündigen Unterredung mit Hitler, der ihn offenbar über seinen Plan zur Ermordung der Juden informiert hat. Am 20. Mai 1941 ist bereits Adolf Eichmanns Referat IV B 4 über die »unmittelbar bevorstehende Endlösung der Judenfrage [26]« informiert, das sämtliche Staatspolizeistellen im Reich und in Frankreich anweist, die Auswanderung der Juden aus Frankreich und Belgien zu unterbinden und »im Hinblick auf die unmittelbar bevorstehende Endlösung der Judenfrage [27]« die letzten Passagemöglichkeiten für die Auswanderung von Juden aus dem Reich offen zu halten.

Eva Braun [28], Speer [29], Goebbels und andere Personen seiner unmittelbaren Umgebung hören von Hitler, daß sein Herz ihm zunehmend Kummer bereitet. Im Juli 1941, nach dem Beginn des Unternehmens »Barbarossa«, greift er sich während einer erregten Diskussion mit Ribbentrop ans Herz und gibt an, einen Herzanfall – oder gar den Tod – zu befürchten [30]. Am 31. Juli 1941 wird Heydrich von Göring beauftragt, die »Endlösung« zu verwalten [31]. Seitdem werden in Auschwitz zwischen Eichmann und Höss rationelle Tötungsmethoden studiert: Erschießung, Ermordung mit Hilfe von Autogas und anderem Gas [32]. Heinrich Himmler, der Hitler mißtrauisch beobachtet, weiß längst, daß der Führer ein kranker Mann ist. Spätestens seit Frühjahr 1941 sondiert er, wenn auch von Skrupeln geplagt, über Mittelsmänner in der Schweiz, wie England auf einen Kompromißfriedensvorschlag reagieren würde, wenn nicht mehr Adolf Hitler, sondern er, Heinrich Himmler, ihr Widerpart wäre [33].

Am Abend des 2. August spricht Hitler nach dem Essen über Rußland und Stalin, über den Bolschewismus und das Baltikum, über Nationalsozialismus und Demokratie, aber auch über mögliche künftige Energiequellen: über das Wasser, den Wind, die Gezeiten und Gummianpflanzungen und Faulschlammverfahren zur Gasgewinnung [34]. Dann zieht er sich zurück. Eine Woche lang bleibt er dem gemeinsamen Essen fern. Heinrich Heim, der in dieser Zeit Tischgespräche mitstenographierte, fiel auf, daß Hitler blaß, schwach, bedrückt und auffällig angegriffen wirkte [35]. Die Bilder, die Hitler am 6. August 1941, unmittelbar nach dem Fall von Smolensk zeigen, bestätigen es deutlich [36]. Hitler sieht krank aus, müde und nachdenklich.

Am 9. August ist er wieder bereit, seine Tischgäste zu unterhalten. Sie erfahren programmatische Hinweise, die ausgesprochen testamentarischen Charakter haben. Er meditiert über die Grundsätze der Ehrauffassung des Offizierskorps, über Deutschbewußtsein, Tapferkeit, Treue, Wahrheit und Offenheit, Pflichterfüllung, Sittlichkeit, Frauenehre, Ehe und Ehre [37]. Hitler geht es nicht gut. Er klagt über Magenbeschwerden, Übelkeit, Schüttelfrost und Schwächeanfälle. Durchfall und Ruhr kommen hinzu. An den Waden und Schienbeinen stellt Morell Ödeme fest [38]. Am 14. August unterzieht er sich einem Elektrokardiogramm (EKG), das eine rasch fortschreitende Coronarsklerose (Verkalkung der Herzkranzgefäße) nachweist [39]. Morell gibt ihm neben Cardiazol und Coramin, Prostrophanta, Nikotinsäure und Strophantin [40], wovon Hitler von 1942 bis 1945 in 2 bis 3 Wochenzyklen täglich 0,2 mg intravenös gespritzt bekommt, was den üblichen Behandlungsmethoden entsprach. Es dauerte nicht lange, und Hitler nimmt zur Vergrößerung des Herz-Minuten-Volumens und zur Steigerung der Herzaktivität und Überwindung der Gefäßinsuffienz auch noch täglich 10 Tropfen Sympatol [41].

Hitler hadert, von Ungeduld und Sorge um seinen Zustand bedrängt, gegen die Generalität und wirft ihr vor, im Osten nicht rasch genug vorangekommen zu sein. Ostentativ rechthaberisch beginnt er seinen strategischen Befehl vom 21. August 1941 mit der Erklärung: »Der Vorschlag des Heeres für die Fortführung der Operation im Osten vom 18. 8. stimmt mit meinen Absichten nicht überein [42].«
Erst am 8. September erleben Hitlers Tischgäste, daß der »Chef«, wie seine engsten Mitarbeiter ihn nennen, wieder zu Tisch erscheint. Niemandem fällt auf, daß er in seinen Monologen sowohl am 8. und 9. als auch am 10. September ausgesprochene »Testament«-Vorstellungen formuliert, in denen er, anders als am 2. und 9. August, geographisch kontinentale politisch globale Maßstäbe anlegt [43]. Er erklärt: »Was für England Indien war, wird für uns der Ostraum sein. Wenn ich dem deutschen Volk nur eingeben könnte, was dieser Raum für die Zukunft bedeutet ... Die Norweger, Schweden, Dänen, Niederländer müssen wir alle in die Ostgebiete hereinleiten; das werden Glieder des Reichs ... Ich werde es nicht mehr erleben, aber ich freue mich für das deutsche Volk, daß es eines Tages mit ansehen wird, wie England und Deutschland vereint gegen Amerika antreten ... Wenn einer den Sieg unserer Waffen im Gebet anfleht, so ist es der Schah von Persien: sobald wir bei ihm unten sind, hat er von England nichts mehr zu befürchten ... Nimmt man zusammen, was im europäischen Raum – Deutschland, England, nordische Länder, Frankreich, Italien – an Kräften zu schöpferischer Gestaltung schlummert, so muß man sich sagen: was sind daneben die amerikanischen Möglichkeiten ... Gewaltig wird sich auswirken, daß es über das ganze neue Reich hinweg nur eine Wehrmacht, eine SS, eine Verwaltung gibt [44].«
Hitler erholt sich allmählich, obwohl die Situation Ende 1941 in Afrika anders verläuft, als er sie sich wünscht. Am 28. November haben die letzten 23 000 Italiener bei Gondar in Abessinien kapituliert. Und auch im übrigen Afrika beginnen die Alliierten zu dominieren. Am 10. September wird Tobruk von den Briten besetzt, am 26. Dezember Bengasi geräumt. Am 3. Januar 1942 kapitulieren die Truppen in Bardia, am 18. Januar in Sollum. Diese Rückschläge haben Hitler nicht so getroffen, daß er es körperlich spürt. Als er wieder zu leiden beginnt, im Frühjahr 1942, hat Rommel am 30. Januar Bengasi und am 2. Februar El Gazala genommen und den Angriff auf das Fort Bir Hacheim vorbereitet, das am 11. Juni in deutsche Hand

fällt. Hitler klagt über starke Kopfschmerzen und gibt erstmals zu, daß sein Gedächtnis ihn im Stich läßt. Kurz bevor er das Führerhauptquartier von Südostpreußen nach Winniza verlegt, wo ihn die grelle Sonne, die der lichte Wald inmitten der riesigen Sonnenblumenfelder nicht abzuschirmen vermag, besonders belästigt, sucht ihn eine schwere Kopfgrippe heim [45]. Für seine Umgebung gesund und munter, flicht er am 4. 7. 1942 in der »Wolfsschanze« den Tod und das Grab, in das er »nichts mitnehmen [46]« könne, in seine Feststellung ein, daß er die Kosten für das Führerhauptquartier aus seiner Privatschatulle bezahle. In der ostpreußischen »Wolfsschanze« erholt sich Hitler wieder. Kaum ist er im Februar 1943 wieder in Winniza, wird er sichtlich krank. Wieder bekommt er eine grippeartige Infektion. Jetzt gehen auch die Katastrophe in Stalingrad, für die er ausdrücklich die alleinige Schuld auf sich nimmt [47], und der Mißerfolg in Nordafrika nicht spurlos an ihm vorüber. In ganz kurzer Zeit wird er buchstäblich ein anderer Mensch. Seine Augen sind glanzlos und quellen hervor, sein Blick ist starr. Auf den Wangen zeigen sich rote Flecken. Die Körperhaltung ist infolge einer leichten Kyphose der Brustwirbelsäule gebeugt und durch eine schwache Skoliose (Verbiegung des Rückgrats zur Seite) nicht ganz normal, verrät jedoch nur eine minimale Störung der Symmetrie [48]. Wie nach dem Novemberputsch von 1923, so zittern auch jetzt wieder sein linker Arm und sein linkes Bein, das er schleppend nachzieht. Seine Bewegungen sind sichtlich gestört. Er erregt sich leichter als vorher, reagiert jähzornig auf Einwände und Situationen, die ihm nicht passen. Starrsinnig und verbissen hält er an Einfällen und Vorstellungen fest, auch wenn sie seiner Umgebung zuweilen abwegig und falsch erscheinen. Wenn er spricht, geschieht es relativ nuancenlos. Er wiederholt sich und beschäftigt sich wie ein Greis gern mit seiner Kindheit und politischen Frühzeit; aber sein Bewußtseinsstand bleibt normal [49]. Seine Antworten auf Fragen kommen rasch wie ehedem [50]. Aber Himmler, am 18. August von Hitler gerade erst mit weiteren Vollmachten ausgerüstet [51], sieht seine Befürchtungen und Entschlüsse bestätigt. Als der mit ihm besonders vertraute SD-Chef Schellenberg ihm in seiner Feldkommandostelle in Winniza die Ersetzung Hitlers durch ihn und das Arrangement eines Sonderfriedens vorschlägt, tut er nur bestürzt [52]. Dem kranken Führer traut er längst nicht mehr zu, einen Sieg zu erzwingen, was selbst Graf Ciano weiß, der Himmlers Bereitschaft zu einem Kompromißfrieden seit April kennt [53]. Im Oktober 1942,

als der von Kopfschmerzen gepeinigte Hitler, der eine schwere Grippe auskuriert, sich in Winniza für die Rückkehr nach Ostpreußen rüstet, berichten die von Himmler während Hitlers Abwesenheit von Deutschland (März bis Oktober) mit Untersuchungen über die Abstammung des Führers [54] beauftragten Gestapomitarbeiter, daß sie nichts Besonderes gefunden haben. Himmler, der die nichtssagenden »Forschungsergebnisse« seiner SS-Schnüffler in seinem Panzerschrank aufhebt [55], hat jedoch vorgesorgt. Während er seine »Ahnenforscher« nach Österreich schickte, beauftragte er Gestapoleute, alles Material über Hitler und dessen Krankheiten zusammenzutragen, das nur auffindbar wäre. Sein Leib-»Arzt«, der Masseur Felix Kersten, behauptet, von Himmler 1942 erfahren zu haben, daß er im Besitz eines 26seitigen Dossiers gewesen sei, das bewies, daß Hitler an einer syphilitischen Krankheit litt und von progressiver Paralyse bedroht war [56]. Wenn ein solches »Dossier« tatsächlich existiert hat, war es nichts weiter als eine Sammlung phantasievoller Behauptungen, auf die der in diesem Punkt irregeführte Himmler hineingefallen ist *. Hitler hatte mit Sicherheit niemals die Syphilis, und er hat auch niemals an einer progressiven Paralyse gelitten [57].
Viele Arzneien, Krankheitsdetails und Zusammenhänge kennt Hitler im Lauf der Zeit nicht schlechter als sein Arzt, den er zuweilen zu Fall zu bringen versucht, was ihm bei dessen schlechtem Gedächtnis manchmal auch gelingt. Morell ist nicht immer in der Lage, den Fragen zu begegnen, was Hitler dann und wann mißtrauisch macht. Er folgt seinem Arzt zwar, der durch seine exponierte Position ein relativ einflußreicher Mann zu werden versteht und zuletzt Besitzer einiger pharmazeutischer Unternehmen ist; aber er nimmt die verschriebenen Mittel jeweils meist erst, wenn er genau zu wissen meint, welche Wirkungen sie haben [58]. »Eines Tages«, so berichtet Christa Schröder, »rief Morell: ›. . . mein Führer, ich habe doch die Verantwortung übernommen, über Ihre Gesundheit zu wachen. Wenn Ihnen nun etwas passieren würde?‹ Hitlers Reaktion: er durchbohrte ihn mit seinem unheimlichen Blick, in dem eine dämonische Flamme loderte. Jedes einzelne Wort betonend, jede einzelne Silbe in grausamem Ergötzen hervorhebend, gab Hitler von sich: ›Morell, wenn mir etwas passieren sollte, so ist Ihr Leben auch nichts mehr wert [59]!‹«

* Entgegen aller längst beweisbaren Details und Zusammenhänge werden derartige Erfindungen immer noch kolportiert.

Trotz aller Inanspruchnahmen Morells ist Hitler überzeugt, über seine Gesundheit allein bestimmen zu können [60].

Als Hitler im März 1943, einige Wochen vor der Kapitulation in Tunis (15. Mai), aus Winniza nach Ostpreußen zurückkehrt, ist er ein alter Mann. Zur Appetitanregung, zur Überwindung von Müdigkeit und zur Erhöhung der körperlichen Widerstandsfähigkeit nimmt er (von 1942 bis 1944) zweimal täglich in Tablettenform das Vitamin A, D, und Glukose (Traubenzucker) enthaltende Intelan, zur Ergänzung von Phosphor und zur Stimulierung der glatten Muskeln Tonophosphan [61] (Natriumsalz der Dimethylaminomethyl-phenylphosphinigen Säure) und eine kurze Zeit hindurch auch noch Dr. Kösters Antigas-Pillen [61a] und Mutaflor, das 1943 durch das Coli-Präparat Trocken-Coli-Hamma ersetzt wird [62]. Zusätzlich nimmt Hitler zur Förderung der Verdauung (von 1939 bis 1944) Euflat, zur Abwendung depressiver Stimmungen 1943 jeden zweiten Tag zwei Ampullen Prostacrinum, ein Extrakt aus Samenbläschen und Prostata-Drüsen, und seit 1938 (bis 1944) in Verbindung mit anderen Arzneien an jedem zweiten Tag Vitamultin-Ca (4,4 cc intragluteal) [63].

Seit Ende 1942 hat Hitler keine strategischen Einfälle mehr [64]. Einen Kriegsplan gibt es seitdem nur noch ansatzweise. General Warlimonts Behauptung, daß »von einem plötzlichen Abfall« der »Führungsleistung [65]« Hitlers keine Rede sein könne, deckt sich nicht mit den Tatsachen. Seit 1942 scheut Hitler militärische Risiken und jede bewegliche Operationsführung auf längere Sicht, gibt – was nach Lage der Dinge seit 1943 gelegentlich nötig gewesen wäre – eroberte Gebiete nicht freiwillig preis, entblößt Nebenkriegsschauplätze und Nebenfronten auch zugunsten entscheidender Kriegsschauplätze nicht und schiebt unangenehme Entscheidungen so lange wie nur irgend möglich hinaus, auch wenn es nötig ist, rasche Entscheidungen zu fällen. Während er nach 1935 hektisch drängte, ist er jetzt übervorsichtig, starrsinnig, greisenhaft beharrlich und macht, wie Stalin 1941 vor Moskau, die Verteidigung jedes Quadratmeters Boden um jeden Preis zum alleinigen Prinzip seiner militärischen Führung [66]. Während Stalin seine Taktik, die das Schicksal der Sowjetunion fast besiegelt hätte, 1942 aufgab, bleibt der immer mißtrauischer werdende Hitler trotz aller Erfahrungen unbelehrbar. Vorschläge, gleichgültig woher sie kamen, erschienen ihm nicht mehr als Ergänzungen und Hilfen, sondern als Versuche, ihn sich zu unterwerfen. An seinem inzwischen beängstigend spürbar gewordenen Mißtrauen und Argwohn, seinen immer häufiger auftretenden Wutanfällen und dem aggressiv rechthaberischen Starrsinn scheitern die meisten Militärs: alle Oberbefehlshaber des Heeres, von Hammerstein, von Fritsch und von Brauchitsch, sämtliche Chefs des Generalstabes des Heeres: Beck *, Halder, Zeitzler ** und Guderian ***, 11 von 18 Feldmarschällen des Heeres ****, 21 von 37 Generalobersten ***** und (bis auf Schörner) sämtliche Oberbefehlshaber der Heeresgruppe Nord im Rahmen des Ostfeldzuges: von Leeb ******, von Küchler, Lindemann und Frießner *******.

Seit Februar 1944 klagt Hitler, daß sein rechtes Auge plötzlich viel schlechter geworden ist. Er gibt an, einen stechenden Schmerz gespürt zu haben und seitdem, ungefähr zwei Wochen lang, alles wie durch einen Schleier zu sehen [67]. Morell setzt sich mit dem Direktor der Berliner Universitätsklinik, dem Augenspezialisten Prof. Dr. Walter Löhlein, in Verbindung, der Hitler untersucht [68]. Er diagnostiziert Blut im Glaskörper und eine empfindliche Trübung des Auges, stellt bei der Untersuchung des Augenhintergrundes jedoch fest, daß es keine krankhaften Veränderungen aufweist, was heißt, daß Hitlers hoher Blutdruck nicht bösartig ist [69]. Löhlein empfiehlt Bestrahlungen des Auges und verordnet Homatropin für das rechte, Veritol für das linke Auge [70]. Nach einer ausführlichen Besprechung mit Morell rät er (was infolge der Frontlage illusorisch ist), Hitler vor Erregungen zu bewahren, die Beruhigungsmittel einzuschränken und Hitler zu bewegen, sich vor dem Einschlafen mit leichter Lektüre zu beschäftigen [71]. Obwohl Löhlein Hitler eine neue Brille verschreibt, ist er »aus psy-

* Selbstmord im Zusammenhang mit dem 20. Juli 1944.

** Halder und Zeitzler wurden in Unehren verabschiedet.

*** Der letzte Chef des Generalstabes, General Krebs, fiel in Berlin.

**** Einbezogen: von Brauchitsch. Nur Keitel und Schörner behielten bis zum Kriegsende Hitlers Gunst. Drei starben im Zusammenhang mit dem 20. Juli 1944: von Witzleben, von Kluge, Rommel, einer (von Reichenau) infolge eines Schlaganfalls, einer (Model) durch Selbstmord, einer geriet in Gefangenschaft: Paulus.

***** Einbezogen: von Fritsch, von Hammerstein, Guderian. Nur vier duldete Hitler bis zum Ende: von Vietinghof, Hilpert, Rendulic und Jodl. Drei starben infolge des gescheiterten Attentats vom 20. Juli 1944: Fromm, Hoepner und Beck, sechs fielen oder fanden den Tod auf andere Weise: von Schobert, Dietl, Hube, Haase, Dollmann, Heitz, einer geriet in Gefangenschaft: von Arnim. Halder und Zeitzler entließ Hitler in Unehren.

****** Von Leeb ist vollständigkeitshalber auch bei den 11 Feldmarschällen mitgerechnet worden.

******* Lindemann und Frießner sind bei den 21 Generalobersten mitgezählt worden.

chologischen Gründen [72]« dafür, auf weitere Untersuchungen der Augen zu verzichten. Nur das rechte Auge will er sich in 6 bis 8 Wochen noch einmal ansehen [73]. Die neue Brille ist eine sogenannte Zweistärkenbrille. Ihre Gläser, zu der Zeit eine Seltenheit, weisen verschiedene Dioptrien auf. Für die Weitsicht (oberer Teil) hat Hitler nun links ein planes Glas, rechts + 1,5 Dioptrien, für die Nahsicht (unterer Teil) links + 3,0 und rechts + 4,0 Dioptrien [74], was für sein Alter durchaus normal ist. Um nicht immer eine Brille tragen zu müssen, benutzt er eine auffällig große Lupe, die ihm ermöglicht, beim Lesen von Karten und Texten gleichzeitig einen relativ großen Ausschnitt in den Blick zu bekommen.

Daß Hitler auf dem rechten Auge »fast blind« gewesen sei, wie beispielsweise David Irving phantasievoll behauptet [75], ist eine Erfindung. Sehr schlecht sah Hitler nur innerhalb einiger Wochen nach Mitte Februar 1944, und auch in der Zeit traf das nur für das rechte Auge zu.

Die plötzlich aufgetretenen vorübergehenden Schäden im Glaskörper des rechten Auges haben empfindliche psychologische Folgen. Hitlers Mißtrauen, ein sehr wesentlicher Teil seines Charakters, nimmt in dieser Zeit geradezu erschreckende Formen an. Eklatante, unbegründete Beschuldigungen schockieren nicht nur zart besaitete Diplomaten. So überschüttet er im März 1944 den ungarischen Reichsverweser Nikolaus von Horthy auf dem Obersalzberg mit Verdächtigungen und Unterstellungen, die in der Behauptung gipfeln, daß die ungarische Regierung sowohl mit den Angelsachsen als auch mit den Russen verhandele [76]. In neurotischer Übersteigerung schießt Hitlers Kritik unkontrolliert über den tatsächlichen Rahmen hinaus. Die zu dieser Zeit relativ undurchsichtige Haltung der ungarischen Regierung und einiger maßgeblicher ungarischer Kommandostellen [77], deren Kampfbereitschaft fragwürdig war, entschuldigte derartig grobe und politisch unklug erscheinende Beschuldigungen nicht. Löhleins diplomatischer ärztlicher Rat, »aus psychologischen Gründen« Rücksicht auf den Führer nehmen zu sollen, war ganz gewiß keine Höflichkeitsfloskel.

Hitlers Rückgratverkrümmung fällt inzwischen jedermann auf, der Gelegenheit hat, den Führer stehend oder gehend zu sehen. Nach Hitlers Tod gab Morell zwar an, daß Hitler weder am Rücken noch am Becken »Empfindlichkeit« gezeigt habe [78], doch die Militärs, die dem Obersten Befehlshaber gegenüberstanden, konnten das nicht wis-

sen, zumal die meisten von ihnen infolge des Hitlerschen Argwohns gegenüber Fachleuten immer nur ganz kurz mit Hitler zusammentreffen durften.
Während Hitler, der zunehmend nur noch glauben zu können meint, was er genau sieht, unter der vorübergehenden Trübung des rechten Auges leidet und dadurch auch noch vermeintlich einen Teil seiner Kontrollfähigkeit einbüßt *, wird ihm im Osten die Rechnung für seine starr auf Verteidigung ausgerichtete Kriegführung präsentiert [79]. Die zur Abwendung der Gefahr auf operative Unternehmen zielenden Vorschläge der Generalität wischt er weiterhin vom Tisch, beharrt konsequent auf dem von ihm seit Stalingrad praktizierten Führungsprinzip, befiehlt die bedrohte Front am Dnjestr zu halten und begründet seine Entscheidung, Truppen für im Grunde risikoreiche militärische Unternehmen nicht zur Verfügung stellen zu können, mit dem Hinweis auf die zu erwartende Invasion im Westen [80]. Dann, am 25. März 1944 – er sieht infolge der Homatropin-Behandlung nicht mehr durch den blutig diffusen Schleier und fühlt sich wieder freier –, gibt er plötzlich dem Drängen des für Schwerpunktbildung und operative Freiheit plädierenden Feldmarschalls von Manstein nach [81]. Doch kurz nach dieser Abweichung von der eingefahrenen Führungslinie löst er das Problem auf »diplomatische« Weise: er enthebt Manstein seines Postens.
Hitlers Verzicht auf eine operative Kriegführung ist zu dieser Zeit indes nicht nur eine Folge seiner physischen und psychischen Verfassung. In dieser Phase des Krieges kann er sich nicht leisten, auf gut Glück den Vorschlägen der Militärs nachzugeben [82], die an die operative Kriegführung aus der Zeit nach 1939 anknüpfen wollen, da die Realisierung ihrer Pläne sowohl erhebliche Risiken auf anderen Kriegsschauplätzen und an anderen Frontabschnitten als auch schwerwiegende politische, wirtschaftliche und kriegswirtschaftliche Nachteile zur Folge haben könnten [83]. Seit er am 12. Dezember 1942 erklärt hat, daß Stalingrad nicht mehr wiedergewonnen wird, wenn es erst einmal verlorengegangen ist [84], weiß und spürt er endgültig, daß seine Uhr zu schnell abläuft. »Wenn mein Leben« am 20. Juli 1944 »beendet worden wäre«, sagt er denn auch am 31. August 1944, »wäre es für mich persönlich ... nur eine Befreiung von Sorgen, schlaflosen Nächten und einem schweren Nervenleiden gewesen [85].«

* Nicht einmal Morell berichtete er sofort von den Schmerzen im rechten Auge.

Die Krankheiten, schweren Leiden und Arzneien, das bedrückende jahrelange Bunkerleben, die eintönige vegetarische Kost bei zuletzt nur noch zwei bis drei Stunden Schlaf am Tag, die Niederlagen an den Fronten, die Bombardierung der deutschen Städte und die ununterbrochenen körperlichen und geistigen Anstrengungen, die seinen Körper in den letzten Jahren seines Lebens täglich spürbar und sichtbar verbrauchen und seine Gedanken vergiften, machen ihm das Weiterleben tatsächlich zu einer Qual.
Am 14. Mai geht die Krim verloren. Zwei Tage später ordnet Hitler den Beginn des Raketenbeschusses der englischen Insel für Mitte Juni an [86]. Seine körperliche Erschlaffung wird in diesen Tagen immer augenfälliger. Ihn plagen Magenschmerzen. Seine linke Hand zittert bereits seit dem Frühjahr mehr als je zuvor. Morell spritzt weiterhin Testoviron (Sexualhormon-Präparat), Tonophosphan, Traubenzucker, verabreicht Herz- und Leberextrakte und gibt wie bisher sowohl die Pervitin und Coffein enthaltenden Vitamultin-Tabletten als auch Dr. Kösters Antigas-Pillen. Außerdem läßt er Hitler zwei- bis dreimal täglich reinen Sauerstoff atmen und überläßt ihm, vermutlich auf Löhleins Feststellung von Anfang März gestützt, daß der Blutdruck Hitlers nicht bösartig sei, das auf das Kreislaufzentrum im Gehirn, auf die Atemzentren und Gefäßnerven wirkende Cardiazol zum freien Gebrauch.
Am 1. Januar 1944 hat der kranke und müde Hitler erklärt: »Das Jahr 1944 wird harte und schwere Forderungen an alle Deutschen stellen. Das ungeheure Kriegsgeschehen wird sich in diesem Jahre der Krise nähern [87].« In der Nacht vom 20. zum 21. Juli, unmittelbar nach dem mißglückten Stauffenberg-Attentat, erläßt er seinen nach 1945 sehr oft zitierten Tagesbefehl, in dem es unter anderem heißt: »Ein kleiner Kreis gewissenloser Saboteure hat auf mich und den Stab der Wehrmachtsführung einen Mordanschlag verübt, um die Staatsgewalt an sich reißen zu können. Die Vorsehung hat das Verbrechen mißglücken lassen [88].« Hitler ist mit dem Leben davongekommen; aber ungeschoren ist er nicht geblieben. Er fühlt sich nicht in der Lage, den ganzen Tag hindurch auf den Beinen zu sein. Zahlreiche Holzsplitter sind in seine Haut eingedrungen. Über 100 müssen allein aus seinen Beinen entfernt werden. Das Gesicht weist leichte Schnittwunden auf. An der Stirn hat er eine Schramme, am rechten Ellenbogen und an der linken Hand Blutergüsse. Die rechte Hand ist verstaucht. Am Hinterkopf sind die Haare versengt. Das Trommelfell

beider Ohren ist verletzt. Die Gehörgänge bluten. Auf dem rechten Ohr ist er vorübergehend taub, auf dem linken schwerhörig. Er klagt über Blutgeschmack im Mund, über starke Ohrenschmerzen und Schlaflosigkeit, stellt jedoch überrascht fest, daß bei ihm das »Wunder« eingetreten sei, daß sein »Nervenleiden«, das Zittern im linken Bein, durch diesen Schlag nahezu völlig verschwunden ist [89]. Aber diese Besserung hält nicht lange an. Bald zittern nicht nur die linke Hand und das linke Bein wieder, sondern die ganze linke Körperhälfte. Hitlers Gang wird schleppend. Was er tut, geschieht zeitlupenartig. Seine Augen zittern. Starke Gleichgewichtsstörungen treten erstmals deutlich auf. Während eines kurzen Spaziergangs schert er ganz plötzlich zur Seite aus. Der Militärarzt Dr. Erwin Giesing untersucht und behandelt Hitlers Ohren seit dem 22. Juli. Er brennt die Ränder des Trommelfells (auf Hitlers Wunsch) ohne Betäubung aus, massiert sie und stellt fest, daß die Nase des Patienten, dem er erstmals begegnet, von einer normalen Nase abweicht. Sie ist anatomisch verengt, die mittlere linke concha (Schleimhaut) übermäßig groß und deformiert, die Nasenscheidewand an mehreren Stellen verbogen und in der Nähe der Wurzel auf der linken Seite stark verdickt [90]. Außer häufigem Schnupfen und Verstopfungen der Nasenkanäle hat sie Hitler, der verschnupfte Personen stets ängstlich mied, jedoch niemals Kummer bereitet.
Trevor-Ropers Behauptung: »Obwohl die Ereignisse vom 20. Juli 1944 eine militärische, politische und psychologische Krise darstellen, waren sie ... in Hitlers Leben von geringer physischer Bedeutung [91]«, deckt sich eindeutig nicht mit den Tatsachen.
Im September, noch nicht wieder von den Schmerzen im Kopf (besonders in der Stirn) befreit, die ihn seit August unentwegt quälen und von Dr. Giesing mit Kokain bekämpft werden, erkrankt Hitler an Gelbsucht. Seine Haut verfärbt sich, die Augenlederhaut ist gelb. Der Urin ist dunkelbraun und weist Gallenpigmente auf [92]. Wahrscheinlich ist er leberkrank. Er klagt über Schmerzen in der Gallenblasengegend, wird von Morell mit Gallestol behandelt [93], verläßt den Bunker nicht und wittert überall Gefahr. Die Kopfschmerzen und die Gelbsucht schwächen ihn in einer Weise, wie er es kaum jemals zuvor erlebt hat. Herzbeschwerden, Zahnschmerzen und drückende Sorgen um die Front kommen hinzu. Am 15. August sind die Alliierten an der Riviera gelandet, am 25. August General de Gaulles Truppen in Paris eingezogen, Grenoble, Toulon und Marseille Ende des Monats

gefallen. Prof. Dr. Hugo Blaschke, der Hitlers Zähne seit kurz nach 1933 behandelt, zieht ihm einen Zahn [94]. Hitlers Zähne sind seit Jahren sehr schadhaft. Kronen, Brücken und Füllungen ergänzen die wenigen noch natürlichen – gelblichen und altersmäßig bedingt abgenutzten – Zähne. Im Oberkiefer sind neun Zähne aus Gold und Porzellan: alle Schneidezähne, beide Eckzähne und der linke erste und der erste und zweite rechte Backenzahn. Sie sind durch eine Goldbrücke verbunden, die Stifte am zweiten linken und zweiten rechten Schneidezahn halten. Von den 15 Zähnen im Unterkiefer sind 10 künstlich. Mitte des Monats, die Alliierten sind am 17. September bei Arnheim und Nimwegen gelandet, bricht Hitler zusammen. Ein Herzanfall wirft ihn aufs Bett. Nach 1945 erinnerte Blaschke sich: »Als ich hinkam, lag er fest im Bett, aber die Augen waren klar ... Er sprach leise, nur das Allernotwendigste. Ich spülte die Tasche (Wunde, der Verf.) jeden Tag aus, nach ein paar Tagen fand ich ihn sitzend im Stuhl, nach ein paar weiteren Tagen stand er auf [95].«
Mitte September werden drei Röntgenaufnahmen von Hitlers Kopf gemacht, * am 24. September ein Elektrokardiogramm **. Das EKG bestätigt neben einer Verkalkung der Herzkranzgefäße sowohl eine Störung der Reizbildung als auch eine Hypertrophie (Vergrößerung) und Schädigung der linken Herzkammer **. Ob es sich bei dem vorausgegangenen Zusammenbruch um einen Herzinfarkt gehandelt hat,

I

II

III

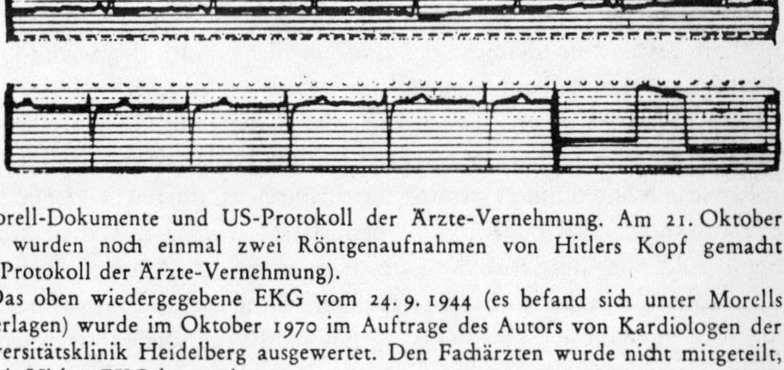

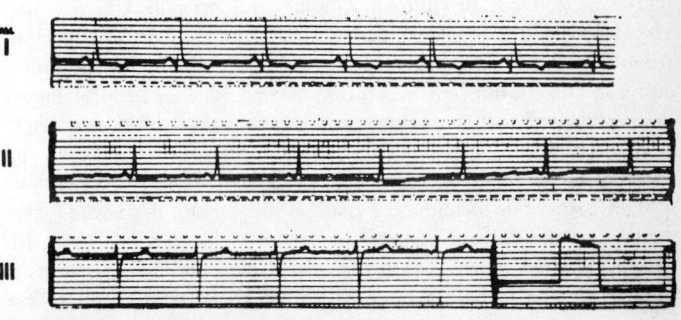

* Morell-Dokumente und US-Protokoll der Ärzte-Vernehmung. Am 21. Oktober 1944 wurden noch einmal zwei Röntgenaufnahmen von Hitlers Kopf gemacht (US-Protokoll der Ärzte-Vernehmung).

** Das oben wiedergegebene EKG vom 24. 9. 1944 (es befand sich unter Morells Unterlagen) wurde im Oktober 1970 im Auftrage des Autors von Kardiologen der Universitätsklinik Heidelberg ausgewertet. Den Fachärzten wurde nicht mitgeteilt, daß sie Hitlers EKG begutachteten.

läßt sich nach den Ableitungen der Herzstromkurve von den Gliedmaßen nicht mit Sicherheit herauslesen. Sehr wahrscheinlich war es jedoch der Fall.
Nach der Auswertung des Elektrokardiogramms durch den Direktor des Bad Nauheimer Instituts für Herzforschung, Prof. Dr. Karl Weber, dem Morell das EKG zugeleitet hatte, kann der Leibarzt dem ohnehin darniederliegenden, apathisch wirkenden Führer nur raten, sich körperlich noch mehr als bisher zu schonen.
Die Röntgenaufnahmen zeigen eine Entzündung in der linken Kieferhöhle und in den ebenfalls zu den Nasennebenhöhlen gehörenden linken Siebbeinzellen. Prof. Dr. von Eicken behandelt ihn und operiert ihn (wie im Oktober 1935) erneut an Stimmband-Polypen. Hitler, der sehr matt wirkt und nur leise spricht, müde auf dem Feldbett liegt und nahezu jeden Lebenswillen verloren zu haben scheint, bekommt eine Stirnhöhlenentzündung als Folge einer Schnupfeninfektion, leidet an Schwindelanfällen und unter kalten Schweißausbrüchen. Er kann kaum etwas essen, hat ständig Durst, wird von Magenkrämpfen gequält und verliert vom 28. bis 30. September sechs Pfund seines Gewichts. Am nächsten Tag, am 1. Oktober, die Briten und Amerikaner haben die Reichsgrenze bereits erreicht, hat er während der Behandlung durch Dr. Giesing kurz nach 17 Uhr einen schnellen, schwachen Puls, erleidet einen Schwächeanfall und verliert für kurze Zeit das Bewußtsein. Giesing schilderte die Untersuchung und den dramatischen Vorfall einige Wochen nach dem Selbstmord seines Patienten wie folgt: »Hitler schlug ... die Bettdecke zurück und zog sein Nachthemd nach oben, so daß ich den Leib ... untersuchen konnte ... (Er) war im ganzen etwas vorgetrieben und zeigte beim Abklopfen einen deutlichen Meteorismus (Ansammlung von Darmgasen mit Blähungen der Darmschlingen). Eine Druckempfindlichkeit bestand im Bereiche des Bauches nicht. Auch der rechte Oberbauch und die Gallenblasengegend waren ... druckschmerzfrei. Ich prüfte dann mit einer ... Sicherheitsnadel die Bauchdeckenreflexe ... die mir als sehr lebhaft erschienen. Ich bat Hitler dann ... eine neurologische Kontrolluntersuchung durchführen zu dürfen ... (Er) war ... einverstanden. Ich bedeckte ... den Bauch wieder mit dem Nachthemd und zog die Bettdecke ganz nach unten ... Anomalien an den Genitalien ... habe ich nicht feststellen können. Das Praeputium war zurückgezogen, die Glans Penis ... reizlos, Pyramidenbahnzeichen ... nicht vorhanden, Babinski, Gordon, Rossolimeau und Oppenheim

(Reflexe, der Verf.) ... negativ. Eine Rombergsche Prüfung habe ich wegen der Bettlägerigkeit nicht durchgeführt ... nach den früheren Ergebnissen (wären sie auch) wahrscheinlich negativ gewesen. Ich bat Hitler dann, das Nachthemd ... auszuziehen, was er unter meiner und Linges Hilfe tat. Auch hier fiel mir auf, daß die ... weiße Körperhaut ... ziemlich trocken war. Auch in den Achseln war keinerlei Schweißbildung zu fühlen. Der Tricepsreflex und der Radiusperiostreflex (Armreflex) waren beiderseits sehr lebhaft, die spastischen Reflexe an den oberen Extremitäten (Léri, Meyer und Wartenberg) ... negativ. Es bestand ... keine Adiadochokinese. Sonstige Kleinhirnsymptome fehlten ebenfalls ... die Prüfung des Facialisreflexes durch Beklopfen vor der Ohrspeicheldrüse ... ergab rechts eine angedeutete Zuckung im Sinne des Chwostekschen Phänomens, Kernig und Lasègue waren sicher negativ, keine Anzeichen von Nackensteifigkeit. Bewegungen des Kopfes in allen Richtungen frei. Die Oberarmmuskulatur schien mir ebenfalls eine gewisse Rigidität bei schnellen Bewegungen, Beugungen und Streckungen zu zeigen ... Hitler verfolgte diese neurologische Untersuchung mit großem Interesse und sagte dann zu mir: ›... abgesehen von dieser nervösen Übererregbarkeit habe ich doch ein ganz gesundes Nervensystem, und ich hoffe, daß auch bald wieder alles gut werden wird. Auch die Darmkrämpfe lassen schon nach. Morell hat ... gestern und vorgestern mit Kamilleeinläufen ... Stuhlgang erzielt, und nachher soll er mir noch einen Einlauf machen ... Ich habe in den letzten drei Tagen fast nichts essen können, so daß der Darm jetzt praktisch leer ... und in diesen Tagen sehr geschont worden ist.‹ Linge und ich halfen Hitler wieder beim Anziehen des Nachthemdes ... Hitler sagte dann: ›... nun wollen wir vor lauter Unterhaltung nicht die Behandlung vergessen. Sehen Sie bitte noch einmal in meine Nase und machen Sie das Kokainzeug hinein. Mein Kehlkopf ist zwar etwas besser, aber ich bin immer noch heiser.‹ Ich (behandelte, der Verf.) daraufhin ... im Liegen die ... linke Nasenseite mit der 10 %igen Kokainlösung. Anschließend untersuchte ich noch einmal die ... Ohren und ... den Kehlkopf. Nach einigen Augenblicken sagte Hitler: ›... jetzt wird es mir wieder ganz frei im Kopf, und ich fühle mich so wohl, als ob ich bald aufstehen könnte. Nur bin ich ... sehr schlapp, was von den starken Darmkrämpfen und dem wenigen Essen herkommt.‹ Nach einigen weiteren Augenblicken fiel mir auf, daß Hitler die Augen schloß und ... die vorher ziemlich gerötete Gesichtsfarbe blaß wurde. Ich griff nach dem Puls, der ... beschleunigt und weich war. Die Pulsfrequenz war etwa 90, die Qualität ... erschien mir aber bedeutend weicher als sonst. Ich fragte Hitler, wie er sich fühle, worauf ich keine Antwort erhielt. Es war deutlich ein leichter Kollaps eingetreten ... (bei dem) Hitler nicht ansprechbar war. Linge war ... an die Tür zu Hitlers kleinem Wohnzimmer gegangen, da es heftig geklopft hatte ... Es müssen nur ganz kurze Augenblicke gewesen sein, in denen ich mit Hitler allein gewesen war; denn als Linge zurückkam, war ich noch beim Kokainisieren der linken Nasenseite ... Als Linge wieder zurückkam, stellte er sich an das Fußende des Bettes und fragte mich, wie lange ich noch zu behandeln hätte. Ich sagte aufgeschreckt aus meinen Gedanken: ›Ich bin gleich fertig.‹ In diesem Augenblick war das Gesicht Hitlers noch blasser geworden und Hitler zeigte einige kurze krampfartige Zuckungen im Gesicht und zog auch die beiden Beine an. Als Linge dieses sah, sagte er: ›Nun bekommt der Führer wieder seine Darmkrämpfe, lassen Sie ihn jetzt in Ruhe. Er will wohl jetzt schlafen.‹ Wir packten dann leise die Instrumente zusammen und verließen schnell das Schlafzimmer Hitlers [96].«

Nach diesem Zwischenfall vom 1. Oktober geht es körperlich noch rascher als zuvor mit Hitler bergab. Die Tatsache, daß er Flüstergeräusche wieder aus einer Entfernung von sechs Metern hören kann [97], erleichtert lediglich den Umgang mit ihm. Im September kommt zu Hitlers gesundheitlichem Schaden – und zu Morells Verdruß – noch hinzu, daß Giesing und Brandt von Morells Antigas-Pillen-Behandlung Hitlers erfahren, die sie für gefährlich halten *. Hitler entscheidet sich nach ausführlichen Diskussionen über Morells Behandlung mit Dr. Giesing ausschließlich für Morell. Dr. Karl Brandt (von Hitler Mitte April 1945 zum Tode verurteilt) und sein Stellvertreter Dr. Hans Karl von Hasselbach werden entlassen, Dr. Giesing seit dem 7. Oktober nicht mehr zum Führer gerufen. Hitler will sich nicht länger von Ärzten behandeln lassen, die einander widersprechende Auffassungen verfechten. Auf seinen Wunsch vermittelt Himmler ihm einen Ersatz für Brandt und von Hasselbach. Er empfiehlt dem Führer Dr. Ludwig Stumpfegger, den medizinisch fähigen, diplomatisch geschickten und kriecherisch ergebenen hörigen Schüler seines eigenen Arztes Dr. Karl Gebhardt, den einige Himmler-Vertraute als wider-

* Giesing äußert sich dazu ausführlich in seinen beiden Berichten.

lich, gewissenlos, egoistisch, korrupt und gewinnsüchtig beurteilen [98]. Was in Himmler vorgeht, als er, auf den Rat seines verrufenen Getreuen gestützt, Stumpfegger zum Führer nach Ostpreußen schickt, kann nur vermutet werden. Wahrscheinlich hofft er, in dem Schüler seines zu Verschwörungen bereiten Arztes ein Werkzeug zu besitzen, das er zur Ausschaltung Hitlers benutzen kann, wann immer er es für angebracht hält. Trifft das zu, hat er die Rechnung ohne den Wirt gemacht. Stumpfegger, am 31. Oktober erstmals im Führerhauptquartier, schlägt sich augenblicklich auf die Seite Hitlers, der gern mit ihm spazieren geht und ihn auch bei sich behält, als er am 21. April 1945 sogar Morell – nach Berchtesgaden gehen läßt.

Hitler weiß von Himmlers Plänen noch nichts; aber er ist mißtrauisch und gibt auch in diesem Zustand und in dieser Phase seines Lebens nichts aus der Hand. Er achtet argwöhnisch darauf, daß an den Fronten nichts ohne sein Wissen oder gar gegen seinen Willen geschieht. Sein für jedermann sichtbarer Verfall wird Ende 1944 anscheinend noch einmal aufgehalten. Am 20. November hat er Ostpreußen (für immer) verlassen. Bis zum 10. Dezember befindet sich sein Hauptquartier in Berlin, wo er von 1935 bis 1939 bedeutende Erfolge errungen hat. Dann geht er in das bereits 1939 eingerichtete Führerhauptquartier »Adlerhorst« nach Ziegenheim im Taunus. Am 16. Dezember beginnt die Ardennenoffensive, deren anfängliche Erfolge ihn mit der Genugtuung erfüllen, noch keineswegs ein »toter Mann« zu sein. Als Dr. von Eicken ihn am 30. Dezember nach einer Pause von vier Wochen im »Adlerhorst« besucht, ist er über Hitlers Konstitution erstaunt, Hitler spricht wieder normal, wirkt gekräftigt und habituell zuversichtlich [99]. Er hält sich aufrecht; aber es gelingt ihm nur unter Aufbietung aller Kraft. Sein Rücken ist unheilbar gebeugt, sein Gesicht aschgrau. Schleppend bewegt er sich vorwärts. Die linke Körperhälfte zittert. Will er sich setzen, muß ihm ein Stuhl unter das Gesäß geschoben werden. Er selbst ist dazu nicht mehr in der Lage. Die Augen schmerzen ihn, wenn er ins Licht blickt. Frisch, wach und zupackend, wenn gelegentlich auch ein wenig ermüdet wirkend, ist nur noch sein Geist. Sein bewundernswertes Gedächtnis ist noch immer intakt, läßt ihn nicht im Stich. Zahlen, Daten, Namen hat er immer noch parat, wenn er sie braucht. Aber der Geist wird nicht mehr kontrolliert, ist nicht mehr flexibel. Sein Zustand läßt bedeutende Leistungen nicht mehr zu. »Der hervorragende ... Feldherr« der ersten Kriegsphase, wie Generalfeldmarschall von Rundstedt über ihn urteilte, ist als »militärischer Planer ein Architekt zweiter Klasse [100]« geworden. Seine Erscheinung ist so stark von dem Hitler-Bild von 1939 abgewichen, daß Besucher, die ihm zwischen 1937 und 1939 begegnet waren, entsetzt sind und ihn kaum noch erkennen. Selbst Dr. Giesing, der ihn noch bis Anfang Oktober 1944 behandelt hat, ist überrascht. »Als ich das Gesicht Hitlers jetzt (Mitte Februar, der Verf.) ... sehen konnte«, schrieb er im Juni 1945, »war ich erstaunt über die Veränderungen. Er schien mir gealtert und noch mehr gebeugt als sonst. Seine Gesichtsfarbe war unverändert blaß, und er hatte starke Säcke unter den Augen. Seine Sprache war zwar klar, aber sehr leise. Sofort fiel mir ein starkes Zittern des linken Armes und der linken Hand auf, das jedesmal stärker wurde, wenn die Hand nicht auflag, so daß Hitler den Arm immer auf den Tisch oder die Hände auf die Bank stützte ... Ich hatte den Eindruck, daß er ziemlich geistesabwesend und nicht mehr konzentriert war. Er machte einen absolut erschöpften und abwesenden Eindruck. Auch seine Hände waren sehr blaß und die Fingernägel blutleer [101].« Danach geht es mit Hitler rapide bergab. Ein älterer Generalstabsoffizier, der ihn am 25. März im Bunker der Reichskanzlei – erstmals nach Jahren wieder – sah, erschrak über den Anblick, der sich ihm bot. »Bevor ich das erstemal in die Reichskanzlei fuhr«, berichtete er nach 1945, »wurde mir von einem Stabsoffizier gesagt, ich müsse darauf gefaßt sein, in Hitler einen völlig anderen Menschen zu sehen, als er mir durch Fotos und Film oder etwa von früheren Begegnungen her bekannt sei: einen verbrauchten, alten Mann. Die Wirklichkeit übertraf die Warnung bei weitem. Ich hatte Hitler vorher nur zweimal flüchtig gesehen: bei einem Staatsakt am Ehrenmal der Gefallenen im Jahre 1937 und bei seiner Geburtstagsparade 1939. Der damalige Hitler war in nichts mit dem Wrack eines Menschen zu vergleichen, bei dem ich mich am 25. 3. 1945 meldete und der mir müde eine kraftlose, zitternde Hand entgegenstreckte ... Er bot körperlich ein furchtbares Bild. Er schleppte sich mühsam und schwerfällig, den Oberkörper vorwärts werfend, die Beine nachziehend, von seinem Wohnraum in den Besprechungsraum des Bunkers. Ihm fehlte das Gleichgewichtsgefühl; wurde er auf dem kurzen Weg (20 bis 30 Meter) aufgehalten, mußte er sich auf eine der hierfür an beiden Wänden bereitstehenden Bänke setzen oder sich an seinem Gesprächspartner festhalten ... Die Augen waren blutunterlaufen; obgleich alle für ihn bestimmten Schriftstücke mit dreimal vergrößerten Buchstaben auf besonderen ›Führerschreibmaschinen‹ geschrieben waren, konnte er sie nur mit einer scharfen Brille lesen. Aus den Mundwinkeln troff häufig der Speichel – ein Bild des Jammers und des Grausens ... Geistig war Hitler, verglichen mit seinem körperlichen Verfall, noch frisch. Er zeigte zwar gelegentlich Müdigkeitserscheinungen, bewies aber noch häufig sein bewundernswertes Gedächtnis ... aus der Unzahl der ihm vorgetragenen und bei der Verschiedenartigkeit der Quellen oft widersprechenden Meldungen, (erkannte er) das Wesentliche ... (witterte) mit Spürsinn sich kaum abzeichnende Gefahren« und reagierte auf sie [102]. Doch auch das bewundernswerte Gedächtnis hatte bereits merklich nachgelassen, was dem Offizier nicht auffiel, da er Hitler nicht eigentlich kannte und keine konkreten Vorstellungen von seinen ursprünglichen Fähigkeiten besaß. Giesing war bereits im Februar aufgefallen, daß Hitler, was noch im Herbst 1944 geradezu undenkbar gewesen wäre, mehrmals Fragen wiederholte, die Giesing schon beantwortet hatte. Seit Februar 1945 ist Hitler tatsächlich nur noch ein Ruin. Er läßt trotz der jetzt schon für jedermann erkennbaren krankhaften Sturheit Einwände und Widersprüche zu, die er vorher niemals – oder nur in Sonderfällen, und auch da nur in begrenztem Rahmen – geduldet hätte. So hatte er zum Beispiel am 13. Februar 1945, ein oder zwei Tage bevor er mit Giesing zusammentraf, eine zwei Stunden währende Auseinandersetzung mit Guderian, der sie wie folgt schildert: »Mit zorngeröteten Wangen, mit erhobenen Fäusten stand der am ganzen Leibe zitternde Mann vor mir, außer sich vor Wut und völlig fassungslos. Nach jedem Zornesausbruch lief Hitler auf der Teppichkante auf und ab, machte dann wieder dicht vor mir halt und schleuderte den nächsten Vorwurf gegen mich. Er überschrie sich dabei, seine Augen quollen aus ihren Höhlen und die Adern an seinen Schläfen schwollen.« Als Guderian dennoch auf seiner Meinung beharrte, lächelte Hitler plötzlich sehr liebenswürdig und bat Guderian: »Bitte, fahren Sie in Ihrem Vortrag fort. Der Generalstab hat heute eine Schlacht gewonnen [103].« Der Generalstab hatte kurz vor dem Ende des Krieges »eine Schlacht« gegen seinen kranken obersten Kriegsherrn »gewonnen«, und damit ließ er es genug sein. Heinrich Himmler, der niemals mit offenem Visier gegen den Führer anzutreten gewagt hat, versucht dem Schicksal nun aus dem Hinterhalt eine Wendung zu geben, nachdem Hitler die SS gedemütigt * und

* Hitler hatte der »Leibstandarte Adolf Hitler« nach ihrem Einsatz an der oberen Donau befohlen, ihre Ärmelstreifen abzulegen.

ein Arzt ihm seine besorgte Meinung über Hitlers Zustand mitgeteilt hat. Anfang April hatte Schellenberg seinen Freund, den Direktor der Psychiatrischen Universitäts-Nervenklinik der Charité, Max de Crinis aufgesucht, der ihm und unmittelbar danach auch Himmler erklärte, daß der (von de Crinis niemals behandelte) Führer offensichtlich an der Parkinsonschen Krankheit litte [104], was in Himmlers rein theoretischen Plan paßte, den Führer bei passender Gelegenheit entweder zur Abdankung zu zwingen, verhaften oder gar töten zu lassen. Dennoch ist er zu einer so unmittelbaren Lösung auch zu dieser Zeit noch nicht bereit, stimmt jedoch dem Vorschlag de Crinis zu, Hitler über Stumpfegger eine von de Crinis gemixte Arznei geben zu lassen; aber Hitlers Charisma ist immer noch zwingend. Stumpfegger holt die Medizin nicht ab.

Die Verschwörer und die Krankheiten bringen Hitler nicht um, die Arzneien und seine Lebensweise auch nicht. Er bleibt am Leben, bis er ein paar Tage später selbst Hand an sich legt.

Am 21. April hat Prof. Dr. Theo Morell Berlin und den Patienten »A« verlassen, der sich auf das Ende vorbereitet. Bis dahin verfügt er auch ohne Morells Apotheke über die Arzneien, die ihn die letzten Tage durchstehen lassen. Er kennt die Drogen und ihre Wirkung, und er nimmt, was er für notwendig hält. Wer sein Verhalten in den letzten Tagen und seine Äußerungen im Rahmen der Lagebesprechungen vom 23., 25. und 27. April 1945 liest, die noch einmal mitgeschrieben wurden [105], kann sich leicht vorstellen, was ihn so irreal-phantastische Bilder entwerfen, glauben und beschwören ließ. Ermattung und Euphorie, Erschöpfung und Doping wechseln in rascher Folge und spiegeln Hitlers Abhängigkeit von den künstlichen Morell-Stimulantien eindeutig wider. Am 22. April schreibt Eva Braun ihrer Freundin Herta Ostermayr: »... er hat den Glauben verloren«, am 23. April, als die Lage noch hoffnungsloser ist: »Ich glaube, auch er sieht heute schon heller als gestern in die Zukunft [106].«

Ein paar Tage später nimmt er sich das Leben. Besymenskis Behauptung von 1968, daß Hitler sich vergiftet habe, ist nicht beweisbar [107]. Morell überlebt den Führer nur kurz. Hitlers Drohung, daß das Leben seines Leibarztes »nichts mehr wert [108]« sei, wenn ihm, dem Führer, etwas zustoße, hat sich bewahrheitet.

Als der Gesandte Dr. Paul Karl Schmidt ihn im Lazarett des amerikanischen Gefangenenlagers Dachau besucht, liegt er gelähmt, geschunden und depressiv verstimmt auf einem amerikanischen Feldbett, klagt über Herzbeschwerden und berichtet seinem einstigen Patienten in weinerlicher Selbstbemitleidung, stockend und mit Sprechschwierigkeiten kämpfend, über sein Schicksal [109]. Im Frühjahr 1948 stirbt er in einem Lazarett am Tegernsee, nachdem er sämtliche Unterlagen, protokollierte Diagnosen, Indikationen, Gutachten und andere medizinische Dokumente, seinen Briefwechsel mit Kollegen, die bei der Behandlung Hitlers konsultiert wurden, und persönliche Erinnerungen über seinen berühmten Patienten »A«, dessen physische und psychische Konstellation er besser als jeder andere kannte, amerikanischen Dienststellen zur Verfügung gestellt hat [110].

HITLERS TAGESABLAUF UND SPEISENKARTE *

10 Uhr:	Hitler holt sich (mit einem Nachthemd bekleidet) von einem vor seiner Tür stehenden Stuhl die von seinem Diener (von 1934–1939: Karl Wilhelm Krause, von 1939–1945: Heinz Linge) bereitgelegten Morgenzeitungen, unwichtigen Telegramme, Nachrichten, Meldungen und für ihn persönlich bestimmten Berichte usw., legt sich wieder ins Bett und sieht diese Informationen durch. Danach: Waschen, eigenhändige Rasur (später, seit ihm die Hände infolge seiner Krankheit zittern, läßt er sich rasieren) und anziehen.
Gegen 11 Uhr:	Der Diener klopft an die verriegelte Tür mit dem Gruß: »Guten Morgen mein Führer. Es ist Zeit!«
11 bis 12 Uhr:	Hitler fordert sein Frühstück durch Klingelzeichen. In den ersten Jahren besteht es gewöhnlich aus einem Glas Milch und Knäckebrot, später aus süßem Weißbrot, Apfel-, Pfefferminz- oder Kamillentee (bei Erkältungen mit einem Schuß Kognak) und einem Apfel. Gelegentlich läßt er sich Käse (besonders Gervaiskäse) reichen. 1944/45 verzehrt er zum Frühstück auffallend viel Kuchen mit Schokolade – oder einen Brei, der aus rohen, in Milch eingeweichten Haferflocken, einem geriebenen Apfel und einigen Nüssen, Zitrone und einer Keimdiät zubereitet ist. Der Adjutant bringt die wichtigsten Meldungen und verabredet mit Hitler die Termine für die Besprechungen des Tages. Im Bunker der Reichskanzlei geht Hitler erst gegen 8 Uhr früh (nach dem Kuchen-Frühstück und dem Spiel mit dem jungen Schäferhundrüden »Wolf«) zu Bett. Gegen 11 Uhr gewöhnlich Fliegeralarm, der die kurze »Nachtruhe« beendet. Vor den durch den Krieg erzwungenen Unregelmäßigkeiten: nach 12 Uhr Besprechung mit Mitarbeitern und

* Durch den Krieg erzwungene (hier nicht hervorgehobene) Abweichungen werden im Text dargestellt. Vgl. in diesem Zusammenhang auch die Übersicht »Hitlers Hauptquartiere«.

Ratgebern, Empfang von Regierungsmitgliedern und Besuchern usw.

Zwischen 14 und 17 Uhr: Mittagessen: Obst, Suppe (niemals Fleischbrühe), Bohnen, Karotten und anderes Gemüse, Kartoffeln und stets (nur mit Zitrone zubereiteter) Salat. Hitler ißt gern Eintopf, am liebsten weiße Bohnen, gelbe Erbsen und Linsen. Daneben liebt er besonders Pellkartoffeln, die er nach dem Schälen in Butter taucht. Gibt es Beefsteak, läßt Hitler sich – mit Rücksicht auf seine Gäste – ein Schein-Beefsteak servieren. Es besteht ausschließlich aus Gemüse. Sein Essen wird gewöhnlich dem Mahl der Gäste äußerlich angeglichen. Er ißt, was seinen Gästen gereicht wird, verzichtet allerdings stets auf Fleisch und Schlachtfett. Seit 1941 ißt er auch Ölsardinen, lehnt jedoch auch weiterhin (außer bei Leberknödeln) alle Speisen ab, die mit Fleisch zubereitet werden. Das Gemüse muß mit frischer Butter (als sie knapp wird, mit Schmalz) angerichtet sein. Eine Zeitlang verschmäht er auch Eier mit echtem Kaviar nicht. Als er den Kaviar-Preis erfährt, darf Kaviar ihm nicht mehr gereicht werden.

Gern nimmt Hitler auch Spiegeleier und Brot zu sich, das ohne Sauerteig gebacken sein und ohne Rinde serviert werden muß.

Er hat nichts dagegen, an mehreren Tagen hintereinander Semmelknödel zu essen. Nur müssen sie jeweils verschieden zubereitet sein (geröstet, gebraten oder gekocht usw.).

Zwischen 20 und 24 Uhr: Abendessen: Für Hitler gibt es meistens gekochte Eier, Pellkartoffeln und Weißkäse.

Nach dem Abendessen ruht Hitler eine Stunde (während des Krieges nicht immer möglich). Nach Stalingrad trinkt er ein oder zwei Gläser Bier, weil er hofft, danach rasch müde zu werden. Diesen Versuch gibt er jedoch auf, als er merkt, daß er durch den Biergenuß an Gewicht zunimmt.

Nach der »Zwischenruhe«: vor dem Kriege »Kamingespräche«, später Lagebesprechungen, die sich mit zunehmender Dauer des Krieges bis zum Morgengrauen ausdehnen und nicht selten bis 6 Uhr früh und länger währen. 1944/45 (vor allem in Berlin; vgl. die Übersicht »Hitlers Hauptquartiere«) sitzt er mitunter noch um 8 Uhr früh mit seinen Sekretärinnen, seinem Adjutanten Schaub oder seinem Leibarzt Dr. Morell zusammen.

»Schnellwirkende Drogen[111]«, niemals näher bezeichnete und selbst von Hitlers Ärzten Erwin Giesing[112], Hans Karl von Hasselbach und Karl Brandt nicht identifizierte »phantastische Geheimmittel[113]«, unzureichend erprobte Arzneien[114], schädliche prophylaktische Behandlungsmethoden[115], »Experimente eines Scharlatans« und Quacksalberei[116] artikulieren die schwerwiegenden Anschuldigungen, die gegen Morell im Zusammenhang mit seiner Tätigkeit als Hitlers Leibarzt formuliert werden. Davon deckt sich mit Sicherheit nur ein sehr geringer Teil mit den Tatsachen. Von 1936 bis 1945 gab Morell seinem Patienten rund 30 verschiedene Medikamente[117]. Es waren in alphabetischer Reihenfolge:

Brom-Nervacit (Kaliumbromid, Natrium-diaethylbarbiturikum, Pyramidon) alle 2 Monate als Beruhigungsmittel und zur Förderung der Schlafbereitschaft: 1–2 Tabletten,

Cardiazol (Pentamethylentetrazol) und Coramin (Nikotinsäurediaethylamid) zur Anregung des Kreislaufzentrums im Gehirn, der Gefäßnerven und Atemzentren seit 1941 (nach dem Auftreten von Ödemen an den Beinen) mit Unterbrechungen in Form einer Lösung gegeben, sobald sich Ödeme zeigten: 10 Tropfen je Woche,

Chineurin (chininhaltiges Produkt, Grippemittel) therapeutisch gegen Erkältungen per os eingenommen,

Cortiron = corticosteron (Desoxycortiosteronacetat, Produkt des Hormons der Nebennierenrinde) in der Absicht, Muskelschwächen zu begegnen und die Fettresorption und den Kohlehydratstoffwechsel zu beeinflussen (nach Morell nur einmal verwendet): intramuskulär injiziert,

Dr. Kösters Antigas-Pillen (Extr. nuc. vom., extr. bellad. aa 0,5, Extr. Gent.) zur Bekämpfung von Blähungen: von 1936 bis 1943 (mit gelegentlichen Unterbrechungen) vor jeder Mahlzeit,

Eubasin (Sulfonamid) therapeutisch gegen Infektionen und Kolibakterien injiziert: 5 ccm intragluteal,

Euflat (aktive Galleextrakte: Radix angelica, Papaverin, Aloe, Kaffeekohle, Pancreatin und Fel tauri) sowohl zur Förderung der Verdauung als auch gegen Blähungen von 1939 bis 1944 in Pillenform,

Eukodal (aus Thebain dargestelltes Chlorhydrat des Dihydroxycodeinons. Narkotikum und Analgetikum) zur Linderung von Schmerzen und zur Lösung von Krämpfen,

Eupaverin (Isochinolin-Derivat) gegen Krämpfe und Koliken,

Glukose (Traubenzucker: 5–10 %ige Lösung als Mischspritze) zur Kalorien-Ergänzung und zur Verbesserung des Strophantin-Effekts, von 1937 bis 1940 (mit kurzen Unterbrechungen) injiziert: jeden zweiten oder dritten Tag 10 ccm,

Glyconorm (Stoffwechselfermente, die Cozymase I und II, Vitamine und Aminosäuren enthielten) zur Vorbeugung von Verdauungsstörungen: von 1938 bis 1940 gelegentlich (nach Morell: »selten«) gegeben: 2 ccm intramuskulär injiziert,

Homatropin POS Augentropfen: Homatropin-hydrobrom. 0,1 g; Natr. chlor. 0,08 g; Aqua dest. ad 10 ml, zur Behandlung des rechten Auges,

Intelan (Vitamin A, D_3 und B_{12}) zur Appetitanregung, Rekonvaleszenz, Infektabwehr, Stärkung der körperlichen Widerstandskraft und Überwindung von Müdigkeit von 1942 bis 1944 (therapeutisch wie Vitamultin) verwendet: in Tablettenform täglich zweimal vor den Mahlzeiten,

Kamille für Darmeinläufe: jeweils auf Wunsch des Patienten,

Luizym (Enzym-Präparat; Verdauungsferment: Cellulase, Hemicellulasen, Amylase und Proteasen) gegen Verdauungsschwäche (Störung der Eiweißverdauung) und Blähungen: nach den Mahlzeiten je eine Tablette,

Mutaflor (Emulsion eines Stammes von Bazillus colli-communis) zur Behandlung ursächlich mit einer Dysbakterie des Dickdarmes zusammenhängender Krankheitserscheinungen (z. B. Meteorismus, Ekzeme, Migräne und Depressionszustände) von Morell von 1936 bis 1940 zur Regulierung der Darmflora in darmlöslichen Kapseln (Kolibakterien: normal ca. 25 Milliarden Keime je Kapsel) verabreicht: am ersten Tag eine gelbe Kapsel, vom zweiten bis zum vierten Tag je eine rote Kapsel und vom fünften Tag ab je zwei rote Kapseln,

Omnadin (Mischung aus Eiweißkörpern, Lipoidstoffen der Galle und animalischem Fett) gegen Erkältungen am Beginn von Infektionen (gelegentlich in Verbindung mit Vitamultin-Calcium) verabreicht: intramuskulär je 2 ccm,

Optalidon (markengeschütztes Analgetikum aus Barbituraten und Amidopyrinen: allyl-iso-butylallyl, Barbitursäure = 0,05 g, Dimethylaminophenazon, Pyramidon = 0,125 g, Coffein = 0,025 g) gegen Kopfschmerzen: 1–2 Tabletten per os,

Orchikrin (Extrakte aus Samenbläschen und Prostata junger Stiere ergänztes männliches Geschlechtshormon) zur Potenzstärkung und Bekämpfung von Erschöpfungen und Depressionen (nach Morell: nur einmal verwendet): 2,2 ccm intramuskulär,

Penicillin-Hamma: nach dem Attentat vom 20. Juli 1944 rund 8 bis 10 Tage lang in Puderform zur Behandlung der rechten Hand verwendet,

Progynon B-oleosum (Benzoesäureester des Follikelhormons) zur Verbesserung der Zirkulation der Magenschleimhaut, Verhinderung von Krämpfen in den Magenwänden und Gefäßen von 1937 bis 1938 intramuskulär gegeben,

Prostacrinum (Extrakt aus Samenbläschen und Prostata) zur Verhinderung depressiver Stimmungen 1943 kurzfristig in zweitägiger Folge verabreicht: je zwei Ampullen intramuskulär,

Prostrophanta (Mischspritze: 0,3 mg Strophantin in Kombination mit Glukose und Vitamin-B; Nikotinsäure) wie Strophantin verabreicht,

Septoid gegen Atmungsinfektionen (Morell glaubte, mit Septoid auch das Fortschreiten der Arteriosklerose verlangsamen zu können): maximal jeweils 20 ccm gespritzt,

Strophantin (Glykosid aus Strophantus gratus) zur Behandlung der Coronarsklerose: von 1941 bis 1944 in 2 bis 3 Wochenzyklen intravenöse Injektionen 0,2 mg täglich,

Sympatol (Paraoxyphenylethynolmethylamin) zur Vergrößerung des Herz-Minuten-Volumens, Steigerung der Herzaktivität und zur Überwindung von Gefäß- und Herzinsuffizienz: seit 1942 (mit Unterbrechungen) täglich 10 Tropfen,

Tonophosphan (Natrium-Salz der Dimethylaminomethylphenylphosphinigen Säure. Ungiftiges Phosphor-Präparat) sowohl zur Ergänzung von Phosphor als auch zur Stimulierung der glatten Muskeln: von 1942 bis 1944 vorübergehend subkutan verabreicht,

Ultraseptyl (Sulfonamid) zur Bekämpfung von Entzündungen der oberen Atemwege: 1–2 Tabletten per os. Zur Verhinderung von Konkrementen (z. B. Nierensteinen) mit Fruchtsaft oder Wasser nach den Mahlzeiten eingenommen,

Veritol: 1(C4–Hydroxphenyl)-2-methylamino-propan. In 1 g (20 Tropfen): 0,01 g, in 1 ml Ampullenlösung: 0,02 g Veritol-Sulfat. Zur Behandlung des linken Auges seit März 1944,

Vitamultin-Calcium (A, B-Komplex, C, D, E, K, P) als Kombination mit anderen Arzneien von 1938 bis 1944 injiziert: jeden zweiten Tag 4,4 ccm.

Von diesen Medikamenten, unter denen die von Morell produzierten Pervitin und Coffein enthaltenden »goldenen« Vitamultin-Tabletten fehlen, sind heute (neben Kamille) noch im Umlauf: Brom-Nervacit, Cardiazol, Cortiron, Euflat, Eukodal, Eupaverin, Glukose, Homatropin POS Augentropfen, Intelan, Luizym, Mutaflor, Omnadin, Optalidon, Progynon B-oleosum, Strophantin, Sympatol und Veritol [118]. Die übrigen Arzneien wurden im Lauf der Zeit aus dem Verkehr gezogen und durch neuere ersetzt. Nicht auf eines dieser Mittel lassen sich mit Berechtigung die Vorbehalte anwenden, die Trevor-Roper,

Brandt und andere gegen sie erhoben [119]. Sämtliche Substanzen sind weder phantastische Geheimmittel, noch hatte ihre Anwendung etwas mit Quacksalberei zu tun. Daß sie in falscher Dosierung oder nach falscher Indikation schädlich oder gar gefährlich sein können, ist selbstverständlich. Die Dosierungen, die Morell – in einigen Fällen sehr vorsichtig – verschrieb, waren korrekt, was in jedem Fall auch für die schnell wirkenden Drogen gilt. Lediglich im Hinblick auf die Anwendung von Cardiazol und Coramin war seine Indikation offensichtlich falsch gestellt [120].

Hitler, der weder trank noch rauchte, benutzte gern pharmazeutische Stimulantien. So lutschte er beispielsweise vor seinen vielen Reden und anderen Anstrengungen gern die nach wie vor im Umlauf befindlichen Cola, Coffein und Zucker enthaltenden Kola-Dallmann-Tabletten, um Ermüdungserscheinungen vorzubeugen. Während der Behandlung durch Dr. Giesing, der Hitlers Nase mit einer Kokainlösung auspinselte, empfand Hitler, daß Kokain seinen Kopf »frei« machte, was ihn bewog, Giesing aufzufordern, häufiger Kokain-Pinselungen vorzunehmen, obwohl eine fortwährende Kokain-Behandlung sich schädlich auswirken mußte. Coffein und Pervitin, das sich bei übermäßigem Genuß schädigend auf das Nervensystem auswirken kann, nahm Hitler, in das von Morell produzierte Vitamultin eingemischt, angeblich in erschreckenden Mengen. So erklärte beispielsweise der Internist Prof. Dr. Ernst-Günther Schenk, der bei der Reichsgesundheitsführung als Fachberater tätig war: »Eines Tages im Jahr 1942 oder 1943 wurden mir von vertrauenswürdiger Seite einige ›goldene‹, d. h. in Goldpapier verpackte quadratische Täfelchen von etwa 3 cm Seitenlänge und etwa 0,4 bis 0,5 cm Dicke übergeben, mit dem Bemerken, daß dieses ›goldene‹ Vitamultin lediglich der Führer von Morell erhielte ... Ich ... zerpulverte sie persönlich in einem Mörser ... (und ließ sie, der Verf.) unter einem Deckwort in einem Institut der militärärztlichen Akademie ... auf Alkaloide und Drogen analysieren. Ich erhielt den Bescheid, daß das Pulver Coffein und Pervitin enthielte. Die Konzentration ... (ließ, der Verf.) mich erschrecken [121].« Brandts Vorwurf gegen Morell, dem Führer »Geheimmittel« verabreicht zu haben, kann bestenfalls für diese »goldenen« Vitamultin-Tabletten gelten, zumal Morell weder die Konzentration noch die verabreichte Menge preisgab.

Die Funktion Morells, der als Leibarzt jährlich insgesamt rund 60 000 Mark verdiente, war keineswegs beneidenswert. Nicht selten hat er denn auch geklagt, daß es nicht leicht wäre, der Arzt des Führers zu sein, der im Grunde auch seinem Arzt vorschriebe, was er zu tun hätte [122]. Morell mußte Kompromisse eingehen. So konnte er Hitler nicht einfach »krank« schreiben, ins Bett stecken oder in Urlaub schikken. Er mußte ihm zum Beispiel Stimulantien geben, wenn er sie brauchte oder forderte. Brandts Feststellung, daß Hitler von Morell aus prophylaktischen Erwägungen zu häufig Injektionen bekommen habe [123], wiegt daher wenig.

Im April 1945, zehn Tage bevor Himmler den westlichen Alliierten über Graf Folke Bernadotte einen Sonderfrieden ohne Hitler anbot, hatte der Schellenberg-Freund de Crinis nach dem Studium von Hitler-Fotos und Wochenschauaufnahmen die Überzeugung geäußert, daß Hitler, den er nie behandelte, an der Parkinsonschen Krankheit litte [124]. Dr. Brandts Nachfolger, der ursprüngliche Himmler-Schützling Dr. Stumpfegger, der seit Oktober 1944 mit Hitler zusammen war, teilte die Auffassung nicht [125]. Brandt hat sich auch nach 1945 nicht zu einem sicheren Urteil entschließen können [126]. Morell sprach von einer möglichen psychogenen Erkrankung Hitlers; aber er legte sich nicht fest [127]. »Wichtig ist zu wissen«, schrieb Schramm 1965 fragend, »ob Morell krampflösende Mittel verwandte und ob er dies im Hinblick auf den Verdacht einer Parkinsonschen Erkrankung tat [128].« Diese Frage ist geklärt. Morell verabreichte Hitler die krampflösenden Mittel Eukodal und Eupaverin. Doch tat er es, nicht weil er bei Hitler womöglich Parkinson vermutete, sondern weil er die Magenkrämpfe seines Patienten lindern wollte. Belladonna 606, damals zur Behandlung der Parkinsonschen Krankheit verwendet, hat Hitler nicht bekommen. Morells differenzierter Bericht über die Tätigkeit des Zentralnervensystems und über alle wichtigen Reflexe enthält keinen krankhaften Befund [129], was bezeugt, daß er Parkinson ausschloß. Dem Großhirn bescheinigte er normale Tätigkeit, verneinte »Euphorie« und »Persönlichkeitswandel«. Über den motorischen Bereich gab er an, daß er frei von »Verkrampfungen« und »Zuckungen« gewesen sei und »Lähmungen der Sprechmuskulatur« nicht aufgewiesen habe [130]. Und auch das Kleinhirn und das Rückenmark waren nach Morells Diagnose frei von Erkrankungen [131].

Ausdrücklich hob er hervor, niemals Anlaß gehabt zu haben, die Ergebnisse seiner Reflex-Teste zu revidieren [132].

Für eine Parkinsonsche Krankheit bei Hitler, der sein Zittern als »schweres Nervenleiden [133]« bezeichnete, sprachen in den letzten drei

Lebensjahren der schleifende Gang mit kurzen Schritten, die im Laufe der Zeit immer ruckartiger gewordenen Bewegungen, die gebückte Haltung, die starren Gesichtszüge (Maskengesicht), die eingeschränkte Sprachfähigkeit, die deutliche Starre im Habitus und in der Gedankenführung und die Nivellierung der Handschrift. Das Zittern der linken Gliedmaßen könnte als möglicher Beweis hinzugenommen werden, obwohl diese Tatsache nicht von entscheidender symptomatischer Bedeutung ist, zumal die Parkinsonsche Krankheit nahezu ausnahmslos nicht einseitig auftritt und auch nicht verschwindet und nach Jahren wiederkehrt, wie es bei Hitlers Zittern der Fall war. Von den Ursachen, die die Parkinsonsche Krankheit auslösen können, schwere Kopfgrippe und Verkalkungserscheinungen des Gehirns, war eine bei Hitler mit Sicherheit nachweisbar: eine schwere Kopfgrippe (1942).

Nach der Auswertung der neurologischen Befunde Morells läßt sich der Verdacht auf Parkinson nicht länger aufrechterhalten.

Hitlers linke Gliedmaßen zitterten erstmals nach dem gescheiterten Putsch, der seinem Leben eine entscheidende negative Wendung zu geben drohte. Das Zittern verschwand im Laufe der Zeit völlig und löste erst rund 20 Jahre später die eingefahrenen Reflexe wieder aus, nachdem Hitler in einer für ihn entscheidenden Situation am 12. Dezember 1942 im Rahmen einer Lagebesprechung prophezeit hatte: »Wir dürfen unter keinen Umständen das (Stalingrad, der Verf.) aufgeben. Es wiedergewinnen werden wir nicht mehr *.« Sein Gliederzittern, das durch den Schock des 20. Juli 1944 vorübergehend aufhörte, zeigte eindeutig die Symptome des Zitter- oder Schüttel-

* Hitler ist von der Schüttelneurose während des Ersten Weltkrieges offenbar nicht befallen worden; denn außer seinen auf den Tag genau nachprüfbaren Lazarett-Aufenthalten (9. 10. 1916–1. 12. 1916): Granatsplitter im linken Oberschenkel, 15. 10.–16. 10. 1918 und 21. 10.–19. 11. 1918: Gasvergiftung; Kriegsstammrolle der 7. Komp., I. Ers. Batl., 12. bayer. Inf.-Reg., Bd. XXII; Bundesarchiv Koblenz, NS 26/12) und seinem Heimaturlaub (30. 9.–17. 10. 1917: Heimaturlaub; 23. 8. bis 30. 8. 1918: Diensturlaub; 10. 9.–27. 9. 1918: Heimaturlaub; ebenda) war er stets voll einsatzfähig bei der Truppe. Möglich erscheint indes, daß er nach der Gasvergiftung im Oktober 1918 übertrieben empfindlich (hysterisch) reagierte. Daß er relativ leicht Schocks und depressive Verstimmungen erlitt, zeigte sich zum Beispiel 1932 während seiner Auseinandersetzung mit Gregor Strasser, wobei allerdings nicht übersehen werden darf, daß er zu der Zeit noch unter dem Schock litt, den der Selbstmord seiner Nichte »Geli« bei ihm hervorgerufen hatte. Ganz überwunden hat er ihn niemals. Seit ihrem Tod hat er z. B. niemals mehr Fleisch gegessen. Aber die Schocks und die depressiven Verstimmungen traten bei ihm nur auf, wenn seine persönliche Existenz nicht gefährdet war.

neurose genannten Kriegszitterns, das bei vielen Frontkämpfern des Ersten Weltkrieges relativ häufig als psychogene Erkrankung auftrat [134] und als eine drastische Primitivreaktion des Sicherungstriebes diagnostiziert wird. Wie die Schüttelneurose bei den Frontsoldaten verschwand, sobald ihre Existenz nicht mehr gefährdet erschien, so hörte auch Hitlers Gliederzittern nach 1923 im Laufe der Zeit auf, nachdem die Existenzbedrohung gebannt war. Daß es nach 1942/43 nicht mehr der Fall war, hing nicht zuletzt auch mit dem entschwundenen Kriegsglück und den zu erwartenden persönlichen Folgen für Hitler ab.

HITLER UND NAPOLEON

Häufig wird Hitler infolge des Beginnes, Verlaufes und Ausganges seines Rußlandfeldzuges mit Napoleon verglichen. Frappierende Parallelen wurden entdeckt *. Was Hitler und Napoleon anlagemäßig gemein hatten – und was sie unterschied, wurde bislang nicht untersucht. Diese Übersicht, die im Zusammenhang mit Napoleon die Feststellung von Lange-Eichbaum (S. 413 ff.) zitiert, stellt sowohl die Übereinstimmungen als auch die Unterschiede fest:

Napoleon:	*Hitler:*
Maßlos in allem.	Maßlos in allem.
Übertrieb bereits als Schüler stilistisch in bizarrster Weise.	Übertrieb bereits als Schüler stilistisch in bizarrster Weise.
Kalt, unbeteiligt, dachte nur an sich.	Kalt, unbeteiligt, dachte nur an sich und an seine Ziele.
Schaffende Phantasie und ungeheure Leidenschaftlichkeit.	Schaffende Phantasie und ungeheure Leidenschaftlichkeit.
Spontane und berechnete Zornausbrüche.	Spontane und berechnete Zornausbrüche.
Reizbare Ungeduld höchsten Grades.	Reizbare (durch Krankheit geförderte) Ungeduld höchsten Grades.

* So u. a. von Hans Frank in seiner Lebensbeichte *Im Angesicht des Galgens*, S. 111 ff., wo es u. a. heißt: »... kann man als Parallele das Leben Napoleon I., des Kaisers der Franzosen, nehmen. Dann wird man finden, daß dieses politische Leben Hitlers fast genau dem Ablauf des politischen Lebens Napoleon I. entspricht in einer Zeitdistanz, die 129 Jahre besteht.« Nach Frank stichwortartig: 1789 Französische Revolution, 129 Jahre später, 1918: Revolution in Deutschland. 1790–1794: intensive politische Tätigkeit Napoleons, der vorübergehend inhaftiert wird. 129 Jahre danach: Hitlers intensives parteipolitisches Engagement und Haft (1924) nach dem November-Putsch von 1923. 1795: Napoleon »außer Tätigkeit«. 129 Jahre später: Hitler Festungshäftling in Landsberg am Lech. 1796–1804: Napoleon aktiv tätig und gelangt an die Spitze des Staates, zunächst als Konsul, dann als Kaiser. 129 Jahre danach: Hitler bemüht sich »legal« um die Macht und wird 1933 Reichskanzler. 129 Jahre nach Napoleons Kaiserkrönung wird Hitler (August 1934) Staatsoberhaupt. Napoleon ist 1809 in Wien, Hitler 129 Jahre danach (1938). Juni 1812: Napoleon beginnt seinen Rußlandfeldzug. Juni 1941 (129 Jahre später): Hitlers Einfall in die Sowjetunion. 1815: Waterloo, 1944: alliierte Invasion.

Eigene Moralauffassung.	Eigene Moralauffassung.
Verführte alle seine Schwestern.	In sexueller Hinsicht sehr beherrscht. Bezeichnete seine Schwestern als »dumme und blöde Gänse« und schätzte sie gering. Lehnte familiäre Kontakte (bis auf wenige Ausnahmen) ab.
Weinte nicht selten bei Gemütsbewegungen.	Kam gelegentlich auch vor.
Unglaublicher Egoist. Als Kind »bösartiger Wildling«.	Entsprechend. Als Kind herrschsüchtiger (jedoch durchaus nicht: bösartiger) »Wildling« mit z. T. radikal und pervertiert artikulierten Vorstellungen.
Log von Jugend auf.	Seit der Kindheit an Vorstellungen orientiert, die mit der Wirklichkeit vielfach nur sehr wenig gemein hatten. Er »sah« die Welt durch ein besonderes Prisma, hielt seine Anschauung für wahr, unumstößlich und unwiderlegbar. Log aus Zweckmäßigkeitsgründen seit seiner Entscheidung für die politische »Laufbahn« (auch im Zusammenhang mit persönlichen Fragen). Oft spann er Verzeichnungen so raffiniert in Teilwahrheiten ein, daß es unmöglich war, Entstellungen der Wahrheit auch nur zu vermuten.
Haupttriebfeder: Ehrgeiz.	Nicht Ehrgeiz in dem Sinne wie bei Napoleon, sondern das Bedürfnis, beweisen zu müssen, der Mann der Geschichte zu sein, auf den Deutschland und die judenfeindliche Welt warte.

Unerträglich. Last für die nächste Umgebung.	In der Jugend entsprechend. Während des Ersten Weltkrieges guter, bescheidener, selbstloser und opferbereiter Kamerad, jedoch ohne Interesse für »Kumpelei« und »Kameraderie«. Eigenwillig. Von 1919 bis 1923: phantasievoll zielstrebiger, extrem aktiver, überzeugter und sehr selbstbewußter »Mitmensch« unter Gleichgesinnten. Erscheint einigen bereits rätselhaft, wirkt unnahbar – und (bis 1921) zuweilen auch ein wenig linkisch. Nur wenige Gesinnungsgenossen haben persönlichen (privaten) Kontakt zu ihm. 1924: guter Kamerad im engen Kreis. Danach diplomatisch agierender und (seit 1937/38) auf eine besondere Ebene gehobener »Führer«, zu dem es keine persönlichen Beziehungen mehr gibt. In zunehmendem – und z. T. durch seine Krankheit bestimmtem – Maße: Last für die nächste Umgebung.
Überstürzung in allen Dingen.	Schien oft so, war jedoch meist nicht der Fall.
Sehr abergläubisch.	Gegenteil. Duldete jedoch abergläubische Mitarbeiter um sich (wie Heß).
Prophezeite. Erzählte Gespenstergeschichten und glaubte an sie.	Prophezeite (nicht selten gegen seine Überzeugung) lediglich die politische Entwicklung. Kraß diesseitsorientiert.

Armseliger Geist. Nur Feldherrntalent.	Phantasiereich, schöpferisch, belesen und für viele geistigen Fragen aufgeschlossen – ohne allerdings bereit zu sein, eigene Vorstellungen zu korrigieren oder gar aufzugeben. Betontes Interesse für Geschichte, Kunst, Architektur und Technik und z. T. erstaunliche Kenntnisse und Fähigkeiten auf diesen Gebieten. Hang zum Dilettantismus. Feldherrntalent zwar umstritten, jedoch vorhanden.
Hitzkopf. Jähzornig. Widerwillen gegen Finanz- und Rechtsprobleme.	Entsprechend.
Ausgesprochene Zerstörungswut gegen Möbel, Kinder, Kunstwerke, Tiere und seltene Pflanzen.	Zerstörungswut: ja. Wirkte sich anders aus als bei Napoleon. Liebte Kunst besonders engagiert, ließ jedoch Kunst vernichten, die ihm nicht behagte. Die systematische Ermordung jüdischer Kinder resultierte nicht aus Zerstörungswut, sondern aus seiner »Weltanschauung«.
Ungeheure Wutanfälle. Schlug, peitschte, trat.	Wutanfälle: ja! Reaktion beherrschter als bei Napoleon. Schimpfte, brüllte, drohte.
Terrorisierte alle. Innere Unrast.	Entsprechend.
Wälzte sich vor Wut auf dem Fußboden.	Schimpfte (fluchte gelegentlich auch), brüllte, ballte die Fäuste usw., ließ sich jedoch nicht wie Napoleon gehen.
Hart bis zur Grausamkeit.	Hart bis zur Grausamkeit.
Lächeln und Blick faszinierend.	Lächeln und Blick faszinierend.

Urteil und Arbeitskraft erstaunenerregend.	Urteil (in vielen Dingen) und Arbeitskraft erstaunenerregend.
Nach sexueller Sättigung sehr rücksichtslos gegen Frauen.	Gegenüber Frauen grundsätzlich charmant, zuvorkommend, höflich und ritterlich. Nahm sie jedoch (bis auf seine Mutter, »Geli« und schließlich Eva Braun) nicht besonders ernst. Sah sie im Grunde als hübsches Spielzeug an. Zahlreiche Liebesabenteuer seit 1921.
Großer Schauspieler.	Großer Schauspieler.
Meister der Menschenausnutzung.	Meister der Menschenausnutzung.
Cäsarenwahn ... Übermut »bis zum Wahnbilde der Unbesiegbarkeit und Unfehlbarkeit«.	Cäsarenwahn ... Übermut »bis zum Wahnbilde der Unbesiegbarkeit und Unfehlbarkeit«.
»Ich bin nicht wie ein anderer Mensch, und die Gesetze der Moral und der Schicklichkeit können für mich nicht in Frage kommen.«	Entsprechend.
Widersetzlich, skrupellos, ertrug keine Rivalität.	Widersetzlich, skrupellos, ertrug keine Rivalität.
»... stark archaische Züge neben der hohen Intelligenz: die Wildheit und Maßlosigkeit der Triebe, der phantastisch-mystische Zug mit dem starken Aberglauben; die Grundzüge der Psychopathie sind außergewöhnlich stark ausgeprägt: die maßlose Affektivität, die egozentrische Ichsucht, die nagende Unruhe im Blut, das Depressiv-Unzufriedene.«	Bis auf den ausgeprägten Aberglauben entsprechend.

»... ganz durchsichtig der Kulturwert des Psychopathologischen; ein Napoleon etwa als ruhiges Hochtalent an militärischer oder politischer Intelligenz wäre undenkbar, erst die Maßlosigkeit und Disharmonie der Psychopathie konnte solch soziologisches Phänomen hervorbringen wie das ›Genie‹ Napoleons.«

Trifft für Adolf Hitler – krankheitsmäßig bedingt – auch zu.

9. KAPITEL

Der Politiker

In *Mein Kampf* berichtet Hitler*, daß er sich unmittelbar vor dem Ende des Ersten Weltkrieges – kurz vor dem Beginn der Revolution, in einer Situation tiefer und nicht nur persönlicher Enttäuschung und Unsicherheit, dazu entschlossen habe, »Politiker zu werden**«. Kriegskameraden und Freunde, die seine Äußerungen über die Politiker als eine »Sorte von Menschen« kannten, denen er als »einzige wirkliche Gesinnung die Gesinnungslosigkeit***« zugestand, waren dennoch nicht überrascht [1], da er schon an der Front mit dem Gedanken gespielt hatte, nun eventuell selbst auch Politiker werden zu wollen [2]. »War es nicht zum Lachen, Häuser bauen zu wollen auf diesem Grunde? [3]« begründet er 1924 seine Entscheidung von 1918 für die Politik auf Kosten seines bis dahin gehegten Lebenstraumes, einmal ein bedeutender Architekt werden zu wollen. Da er sich früh schon für ein – vor allem politisches – Genie hielt [4] und andere Menschen nur als »Mittel zum Zweck« ansah, war sein Entschluß, Politiker zu werden, eigentlich nur eine logische Konsequenz seiner Selbsteinschätzung. Daß kein Politiker oder Staatsmann, der jemals die Blicke der Welt auf sich lenkte, grundsätzlich anders »programmiert« war, ein Begriff, den Hitler in den letzten fünf Jahren seines Lebens häufiger gebrauchte, wußte 1918 nicht nur er, der meist betont geschichtlich und stets sendungsbewußt dachte. So konnten denn eigentlich »nur« seine damals im Konzept durchaus nicht singuläre Weltanschauung und seine persönlichen Anlagen und Fähigkeiten, die zu der Zeit allerdings niemandem bekannt waren, eine relative Gefahrenquelle bilden. Daß er sein autodidaktisch erworbenes politisches Grundkonzept seitdem niemals mehr ändern, sondern »nur« noch durch extreme Übersteigerun-

* Da in den Kapiteln 4, 5, 6, 8 und 10 immer wieder auch der Politiker Hitler differenziert dargestellt wird, kann sich dieses Kapitel auf prinzipielle Fragen und analytische Aspekte beschränken. Auf Querverweise und Fußnoten, die lediglich geeignet sind, Lückenlosigkeit zu bezeugen, wird hier daher verzichtet.

** Hitler, S. 225. Vgl. auch S. 163 in diesem Buch.

*** Hitler, S. 72. Diese Äußerung stammt zwar aus *Mein Kampf*, dürfte inhaltlich jedoch, wie Kriegskameraden und Freunde bezeugen, mit Hitlers Feststellungen von 1918 übereinstimmen.

gen pervertieren würde, konnte 1918 nicht einmal er selbst wissen *. Seit Beginn seiner politischen Karriere ist Hitler fest überzeugt, ein auserwähltes Werkzeug der von ihm immer wieder zitierten »Vorsehung« zu sein, den Schlüssel zur Geschichte zu kennen und dereinst nicht womöglich nur als ein gewöhnlicher Politiker in sie einzugehen. Daß er sein Handeln, seine Fähigkeiten und Kenntnisse als Politiker womöglich auf die »jeweilige praktische Wirklichkeit [5]« des Tages ausrichten müßte und bestenfalls nur den Ruhm der Gegenwart ernten würde [6], wie er das Los der Politiker in *Mein Kampf* schlechthin charakterisierte, hat er niemals für möglich gehalten. Bis zum Höhepunkt seiner Macht, die sich parallel mit einem durch Krankheiten bedingten physischen Verschleißprozeß und einer von diesem Zerfall und hypochondrisch artikulierten Todesahnungen genährten, immer fanatischer werdenden eschatologischen Ungeduld entfaltete, ist er sogar überzeugt, daß er alles erzwingen könne, was anderen in bestimmten Situationen politisch weder erwägenswert noch irgendwie erreichbar erscheint. So deutet er denn auch Bismarcks berühmtes Wort von der Politik als »Kunst des Möglichen« selbst 1924, als er sich in Haft befindet, auf den Trümmern seiner Partei steht und eigentlich nur noch Zaungast der Politik ist, auf eine Weise, die seine nahezu fugenlos auf Gewaltanwendung angelegte eigene Politik-Vorstellung treffend charakterisiert. Während er Bismarck seit Landsberg nachsagt, »die Politik überhaupt etwas bescheiden [7]« interpretiert zu haben und den Nachfolgern Bismarcks vorwirft, in der Innen- und Außenpolitik »ziellos« zu planen und immer nur so vorzugehen, daß jeweils lediglich anvisiert werde, was eben immer gerade realisierbar sei, möchte er sein Politik-Verständnis als der Weisheit letzten Schluß anerkannt sehen. »Bismarck«, so schreibt er, »wollte ... nur sagen, daß zur Erreichung eines bestimmten politischen Zieles alle Möglichkeiten zu verwenden bzw. nach allen Möglichkeiten zu verfahren wäre [8].« In Hitlers Prisma erscheint »richtig« verstandene Politik als weltanschaulich orientierter rücksichtsloser Machtkampf im Rahmen eines naturgesetzlich vorgezeichneten nackten Kampfes ums Dasein. Immer hat er daher auch die Drohung mit Gewalt hinter seine politischen Verhandlungen gestellt, die vom Prinzip her niemals darauf angelegt waren, Partner im traditionellen Sinne zu gewinnen. Meist setzte er schon für Teilzwecke, die lediglich Stationen auf dem Wege zu seinem

* Vgl. dazu Maser, *Hitlers Briefe und Notizen. Sein Weltbild in handschriftlichen Dokumenten.* Düsseldorf 1973.

Münchener Konferenz 1938. Der französische Ministerpräsident Daladier, Göring und Hitler.

Hitler besichtigt an seinem 50. Geburtstag (1939) ein von Albert Speer nach einer Hitler-Zeichnung von 1925 angefertigtes Triumphbogen-Modell.

weltanschaulich fixierten Endziel bildeten, alles das aufs Spiel, was nicht nur er selbst im Laufe der Zeit gewonnen hatte. So kündigte er 1936 den Locarno-Vertrag, den Stresemann ein Jahrzehnt zuvor noch als einen wesentlichen Schritt nach vorn in Richtung auf die Wiedererlangung einer deutschen Großmachtstellung angesehen hatte, besetzte im März das Rheinland und stellte die militärische Souveränität des Reiches wieder her *, obwohl allein Frankreich ihm ohne besonderen Aufwand eine unüberwindbare Niederlage hätte beibringen können. Er besetzte im März 1938 Österreich, im Oktober 1938 sudetendeutsche Gebiete, im März 1939 die Tschechei und das Memelgebiet ** und brach im September, als er tatsächlich erstaunlich viel geleistet und den weitaus größten Teil des deutschen Volkes hinter sich hatte ***, den Krieg gegen Polen vom Zaun, obwohl er genau wußte, daß die deutsche Wehrmacht nur für einen kurzen »Blitzkrieg« gerüstet war ****. Anders artikulierte Politik sah er als Folgen mißverstandener Geschichte, persönlicher Schwächen der Politiker oder deren Funktion an, im Dienste des »internationalen Judentums« zu stehen und als dessen Vollzugsorgane entweder unbewußt, oder wenn es sich bei ihnen selbst um Juden handelte, bewußt Schaden anrichten zu müssen [9]. Wie wenig für ihn beispielsweise internationale Pakte und Verträge wogen, zeigen seine Mißachtung der deutsch-polnischen Beziehungen mit dem deutsch-polnischen Nichtangriffsabkommen von 1934 und seine Versicherungen, gegenüber Polen den Frieden wahren zu wollen. Offen hatte er allerdings schon in *Mein Kampf* erklärt: »Ein Bündnis, dessen Ziel nicht die Absicht zu einem Kriege umfaßt, ist sinn- und wertlos. Bündnisse schließt man nur zum Kampf [10].«

So aufgefaßte Politik muß schweres Unrecht gebären und scheitern, wenn es ihren Exponenten nicht gelingt, das eigene Volk ideologisch total in den Griff zu bekommen, sämtliche Sicherheitsrisiken auszuschalten und andere Völker zu unterwerfen und fugenlos niederzuhalten. Die Tatsache, daß Hitler erst so spät scheiterte, spricht nicht dagegen. Sie bestätigt, daß Hitler fähig war, unglaublich lange und mit zum Teil beängstigenden Erfolgen eine Politik zu betreiben, die nicht nur nicht dauerhaft, sondern eigentlich auch überhaupt nicht möglich hätte sein können *****. Für ihn als Politiker war schon das Jahr 1923,

* Vgl. S. 301 in diesem Buch.
** Vgl. ebenda, S. 302.
*** Vgl. S. 462f. in diesem Buch.
**** Vgl. ebenda, S. 489f.
***** Das gilt auch für Hitler als Feldherrn. Vgl. dazu das letzte Kapitel.

in dem er erstmals empfindlich scheiterte [11], von wesentlicher Bedeutung. Anstatt in die Bedeutungslosigkeit zurückgestoßen zu werden, was nahezu jedermann erwarten mußte, konnte er wiederkommen. Und er kam wieder, nicht demütig und geläutert, sondern sprach seinen Kritikern zugleich auch die Fähigkeit ab, ihn beurteilen zu können. »Innerhalb einer langen Periode der Menschheit«, so lehrt er in *Mein Kampf,* den er inzwischen geschrieben hatte, »kann es einmal vorkommen, daß sich der Politiker mit dem Programmatiker vermählt. Je inniger ... diese Verschmelzung ist, um so größer sind die Widerstände, die sich dem Wirken des Politikers dann entgegenstemmen. Er arbeitet nicht mehr für Erfordernisse, die jedem nächstbesten Spießbürger einleuchten, sondern für Ziele, die nur die wenigsten begreifen. Daher ist dann sein Leben zerrissen von Liebe und Haß. Der Protest der Gegenwart, die den Mann nicht begreift, ringt mit der Anerkennung der Nachwelt, für die er ja auch arbeitet. Denn je größer die Werke eines Menschen für die Zukunft sind, um so weniger vermag sie die Gegenwart zu erfassen ... [12]« Leicht ist bereits aus diesen Feststellungen herauszulesen, daß er in Anspruch nahm, sowohl Politiker als auch Programmatiker in einer Person und damit die Ausnahmeerscheinung in der Geschichte zu sein, ein »Polarstern der suchenden Menschheit [13]«. Der Programmatiker, wie Hitler ihn sah, hatte das Ziel einer Bewegung festzulegen [14], der Politiker dessen Erfüllung anzustreben. Während das Denken des Programmatikers von der »ewigen Wahrheit« bestimmt würde, wäre das Denken des Politikers an der jeweiligen praktischen Wirklichkeit orientiert. Groß war für ihn der Programmatiker, wenn seine Idee »absolut abstrakt [15]« richtig war, groß der Politiker, wenn seine Einstellung zu den gegebenen Tatsachen und ihre nützliche Verwendung als »richtig« bezeichnet werden müßte. So erschien ihm als Programmatiker denn auch das Ziel, der Leitstern des Politikers [16], wichtiger als der Weg [17]. Daß der Programmatiker sich daher nicht an der »Zweckmäßigkeit« orientieren und nicht der »Wirklichkeit« Rechnung tragen dürfte [18], war für ihn selbstverständlich. Für entscheidend hielt er die prinzipielle Richtigkeit einer Idee [19], wogegen er dem Schwierigkeitsgrad zu ihrer Verwirklichung keine besondere Aufmerksamkeit schenken zu müssen meinte. Während er die jederzeit sichtbaren Erfolge eines Politikers, die Realisierung seiner Pläne und Taten, als Grundlage zur Beurteilung seiner Fähigkeiten bezeichnete [20], war er überzeugt, daß die Bedeutung des Programmatikers auf diese Weise nicht zu erkennen sei, da seine »letzte Absicht« infolge der Unzulänglichkeit der Menschen niemals verwirklicht werden könne [21]. Je größer, abstrakter und richtiger eine Idee ist, schrieb er in *Mein Kampf*, je »unmöglicher bleibt deren vollständige Erfüllung [22]«, was in letzter Konsequenz heißen muß, daß ein Programmatiker von seinen Zeitgenossen überhaupt nicht bewertet werden könne *. Hitler, der beides in Vollendung zu sein wähnte, scheiterte sowohl als Programmatiker als auch als Politiker. Dennoch ist das »Denkmal«, das er hinterließ, beispiellos in der Geschichte. Er hat die unmenschlichsten Vorstellungen in die Wirklichkeit transponiert, traditionelles Denken und Handeln unvorstellbar radikal in Frage gestellt und den Wandel der Mächtekonstellation so eindeutig und gravierend inszeniert, daß Mißverständnisse über sein Wirken nicht bestehen können.

Das Deutsche Reich, das Hitler zu einer Weltmacht ohne Beispiel in der Geschichte machen wollte, existiert nur noch in zwei mittelrangigen Teilstaaten. Die von ihm verursachte Eliminierung des Reiches aus der Gruppe der Mächte, die große europäische Politik zu machen in der Lage waren, führte zur Vorherrschaft der USA und UdSSR, schmälerte die Bedeutung Großbritanniens, das zwar nach wie vor an der Spitze des Commenwealth steht, jedoch seine einstige Position eingebüßt hat. Das Deutsche Reich und Großbritannien, um dessen Gunst und Partnerschaft Hitler – zum Zwecke der Errichtung einer deutschen Weltherrschaft – fast zwei Jahrzehnte auf seine Weise geworben hatte, spielen im Kampf um Führungspositionen im Rahmen der Weltmächte keine nennenswerte Rolle mehr. Hitler, der laute »Englandfreund« und deutsche »Europäer«, hat der europäischen Weltherrschaft – sehr wahrscheinlich – ein für allemal ein Ende gesetzt, Deutschland als autonomen außenpolitischen Faktor aus dem Kräftespiel der führenden Mächte ausgeschaltet und erheblich dazu beigetragen, daß die von ihm geringgeschätzten kolonialen und halb-kolonialen Völker schließlich selbstbewußt begründete Emanzipationsansprüche anmelden und die Dritte Welt zu einem Machtfaktor geworden ist, den die USA und die Sowjetunion in ihre Politik einkalkulieren müssen. Was das Jahr 1945 überdauert hat, sind Folgeerscheinungen, die Hitlers Vorstellungen teilweise zu bestätigen scheinen. So ist seine Auffassung von der Politik als purer Machtpolitik nach wie vor ungebrochen wirksam.

* Vgl. ebenda. So konnte Hitler dann auch (ebenda, S. 230) erklären, daß der Programmatiker »nicht an der Erfüllung seiner Ziele gemessen werden« könne.

Und unverändert gültig ist immer noch auch die Funktion des Krieges als eines der wesentlichsten Mittel zur Durchsetzung von Machtpolitik. Hitlers Vorstellung von der Moral und der ihr in der internationalen Politik zukommenden Bedeutung ist einer neuen Wertung in der Praxis ebenfalls nicht gewichen. Wo immer nach dem Nürnberger Prozeß Völkerrecht gebrochen oder verletzt werden konnte, ist es geschehen. Bereits von daher wirkt manches an Hitlers Politik-Vorstellungen nicht so singulär, wie immer noch auch von Historikern behauptet wird. So basiert ein wesentlicher Aspekt der politischen Zielsetzungen Hitlers, die Erringung der Weltherrschaft für das Reich, auf einer deutschen Tradition, die durchaus nicht nur aus obskuren Quellen gespeist wurde, sondern auch große Männer der deutschen Geschichte zu ihren Verfechtern zählte. In der rund 80jährigen Geschichte der zwischen 1866 und 1871 von Bismarck begründeten und 1945 gewaltsam von außen her zerstörten preußisch-deutschen Großmacht sind die kontinuierlichen Linien und wesenhaft verwandten Züge nicht zu übersehen, die die Bismarck-Zeit, die Wilhelminische Ära, die Weimarer Republik und das Dritte Reich durchgehend verbinden. Daß dies nach 1945 besonders von Exponenten der älteren Historikergeneration nicht gern gesehen oder für historisch zutreffend gehalten wird, hat nicht nur zu krassen Verzeichnungen der deutschen Geschichte geführt, soweit sie mit dem Namen Hitler verknüpft ist. Die Tatsache, daß Hitlers Weltanschauung die Praxis der nationalsozialistischen Herrschafts- und Vernichtungspolitik nach 1939 in Europa vorbereitete, trug und in allen Phasen rechtfertigte und von ihr auch die Zielsetzungen der Außenpolitik Hitlers bestimmt wurden, beweist nicht das Gegenteil [23]. Die Auffassung [24], daß bis 1933 die nationalsozialistischen Grundlinien, bis 1939 die Taktik und bis 1943 die Zielsetzungen der deutschen Außenpolitik »logische Konsequenzen der NS-Weltanschauung [25]« gewesen seien, so daß die deutsche Außenpolitik nach 1933 sinnvoller »als nationalsozialistische Außenpolitik [26]« bezeichnet werden sollte, ist nicht haltbar, obwohl die totale geistige Verführung des Volkes, die systematische Ausrottung von Gegnern und Feinden und die angestrebte radikale Neu-Ordnung Europas nach rassen-ideologischen Prinzipien erst durch Hitler zu bezeichnenden Aspekten einer Phase tatsächlich praktizierter deutscher Politik wurden *.

* Die These des deutschen Historikers Hans-Adolf Jacobsen, daß das Jahr 1933 »und die weitere Entwicklung bis Kriegsende in der deutschen Geschichte weniger

Daß das Deutsche Reich als Großmacht nicht nur in deutschen Schulbüchern seit der Kaiserzeit und in den Programmen des Alldeutschen Verbandes * als sehnlichster Wunsch der Deutschen betrachtet wurde, erfuhr Hitler schon als Schüler. Die Zielsetzungen, die der besonders prononciert als »Schöpfer der deutschen Flotte« gefeierte, grobschlächtige Großmachtpolitiker Großadmiral Alfred Tirpitz verfocht, der seit 1897 Staatssekretär im Reichsmarineamt war und 1916 infolge seiner von Kaiser Wilhelm II. abgelehnten Forderungen ausschied **, auch neutrale Schiffe ohne vorherige Warnung von deutschen Unterseebooten angreifen zu lassen, diskutierte Hitler schon vor dem Ersten Weltkrieg unentwegt [27]. Tirpitz' als Risikogedanke in die Geschichte eingegangenes Konzept, das in der Außenpolitik auf die Ablösung Britanniens als Beherrscher der Meere zielte und in der Innenpolitik darauf gerichtet war, durchschlagende soziale Reformen zu verhindern, die als Vorboten der sozialen Revolution verstanden wurden ***, basierte auf dem weltweit verbreiteten Vulgär-Darwinismus, auf den auch wesentliche Aspekte der Politik-Vorstellung Hitlers zurückgingen. Tirpitz wollte dem Reich nicht nur den Status einer europäischen Großmachtstellung verschaffen, sondern die Position einer – gleichrangig neben dem britischen Imperium stehenden – Weltmacht, woran er im Prinzip auch 1924 noch festhielt ****, als Hitler sich in Festungshaft befand und an seinem Buch *Mein Kampf* arbeitete.

im Licht der Kontinuität gesehen werden sollten als vielmehr unter dem Aspekt eines revolutionären Umbruches« (a. a. O., S. 618), ist zu einseitig von den Folgen der Hitler-Politik bestimmt, die die deutsche Geschichte »mit einer schweren historischen Hypothek« (ebenda, S. 619) belastet hat, wie Jacobsen sein Urteil »volkspädagogisch« motiviert.

* Vgl. dazu u. a. S. 232 in diesem Buch.

** Tirpitz übertraf die Vorstellungen des Kaisers erheblich. Bezeichnend erscheint eine Wilhelm II. und seinen Diener vor einem Himmelbett darstellende Karikatur im *Simplizissimus* vom 15. 4. 1912, in der dem Kaiser die Wendung in den Mund gelegt wird: »Schauen Sie mal unter dem Bett nach, ob Tirpitz nicht darunter ist; ich kann mir nicht vorstellen, daß ich 'n paar Wochen keine Kriegstrompete höre.«

*** Bismarck war es vor allem darum gegangen, den 1848 notdürftig zustande gekommenen Kompromiß zwischen dem grundbesitzenden Adel und dem Industriebürgertum und zwischen der Krone und dem Parlament gegen das Proletariat zu stabilisieren.

**** In seinem Buch *Der Aufbau der deutschen Weltmacht* betonte er im »Vorwort« 1925 zwar, sich nach »dem verlorenen Krieg ... der Notwendigkeit« nicht verschließen zu wollen, »andere Wege, auch England gegenüber, einzuschlagen« (Zit. nach Hammann, Otto, *Deutsche Weltpolitik 1890–1912*, Berlin 1925, S. 232); aber das war nicht mehr als eine situationsbedingte Wendung, was sich mühelos nachweisen läßt.

Wir wollen »volle, der Größe unserer kulturellen, wirtschaftlichen und kriegerischen Kraft entsprechende Weltgeltung«, schrieben am 20. Juni 1915, rund 9 Monate vor Tirpitz' Rücktritt, 1347 namhafte Exponenten des deutschen Bürgertums in einer »streng vertraulichen Denkschrift *« an den Reichskanzler von Bethmann Hollweg und differenzierten: »Alle Ziele nationaler Sicherung auf einen Schlag zu erreichen, das mag der Überzahl unserer Feinde gegenüber nicht ausführbar sein.« Aber bis an die äußerste Grenze des Erreichbaren sollen die mit so großen Opfern erzielten militärischen Erfolge ausgenutzt werden.

Mit der französischen Gefahr wollen wir, nach Jahrhunderten französischer Bedrohung und nach einem von 1815 bis 1870 und von 1871 bis 1915 währenden Revanchegeschrei, ein für allemal aufräumen. Nicht durch unangebrachte Versöhnungsbemühungen, denen Frankreich noch stets äußersten Fanatismus entgegengesetzt hat. Wir warnen in diesem Punkte auf das allerdringlichste vor deutscher Selbsttäuschung. Wir müssen dieses Land um unseres eigenen Daseins willen politisch und wirtschaftlich rücksichtslos schwächen.

An unserer Ostgrenze Grenzwall und Grundlage zur Wahrung unseres Volkswachstums bietet Land, das Rußland uns abtreten muß. Es muß landwirtschaftliches Siedlungsland sein, das uns gesunde Bauern, diesen Jungbrunnen aller Volks- und Staatskraft, bringt.

Kämen wir in die Lage, England, dem mit eigenen Blutopfern immer sparsamen, eine Kriegsentschädigung aufzuerlegen, kein Geldbetrag könnte hoch genug sein. Vorzugsweise mit seinem Geld hat England die Welt gegen uns aufgestachelt. Der Geldbeutel ist der empfindlichste Teil dieser Krämernation, am Geldbeutel vor allem muß sie, haben wir die Macht dazu, rücksichtslos getroffen werden **.«

Die von den Reichskanzlern, dem Auswärtigen Amt und dem Generalstab der Kaiserzeit beharrlich nicht nur diskutierten Vorstellungen über die deutsch-österreichisch-ungarische Großmachtstellung auf dem

* Die Denkschrift, die Bethmann Hollweg trotz des Verbotes zugestellt wurde, öffentlich über Kriegsziele zu diskutieren, unterzeichneten: 352 Hochschullehrer, 148 Richter und Rechtsanwälte, 158 Geistliche, 145 höhere Verwaltungsbeamte, Bürgermeister und Stadtverordnete, 40 Parlamentarier, 182 Industrielle und Finanzleute, 18 aktive Generale und Admirale, 52 Landwirte und 252 Künstler, Schriftsteller und Verlagsbuchhändler. Vgl. dazu auch Töpner, Kurt, *Gelehrte Politiker und politisierende Gelehrte.* Göttingen, Zürich und Frankfurt 1970, S. 114.

** Zit. nach Krummacher, F. A., *Die Auflösung der Monarchie.* Hannover 1960 (5. Aufl.), S. 14 ff. Am 4. August 1914 hatte der 1914 fast schon ebenso wie nach

Kontinent waren im Grunde nur graduell anders konzipiert als Tirpitz' Pläne. Während sich der Reichskanzler Bethmann Hollweg an der traditionellen Vorstellung der Sicherung der deutsch-österreichisch-ungarischen Großmachtstellung im Sinne voller außenpolitischer Handlungsfreiheit und Wahrung der relativen militärischen Überlegenheit im Rahmen des europäischen Mächtesystems orientierte, strebten die von der 3. Obersten Heeresleitung repräsentierten Exponenten, mit General Ludendorff an der Spitze, eine Zielsetzung an, die eine möglichst direkte Herrschaft über ein abgeschlossenes Territorium von kontinentaler Größenordnung als Ziel ansah.

Durch den Weltkrieg sollte ein deutsches Großreich entstehen, das – unter Einverleibung der wirtschaftlich wichtigsten Territorien Rußlands – wehrwirtschaftlich möglichst vom Ausland unabhängig, blokkadesicher und militärisch verteidigungsfähig sowohl gegen England als notfalls auch gegen beide angelsächsische Seemächte zugleich sein und eine feste Basis für die erwartete Auseinandersetzung mit den anderen Weltmächten bilden sollte. Wieweit Hitlers Großraum- oder Weltmachtplan von den Vorstellungen der 3. Obersten Heeresleitung und Ludendorffs Zweiphasenkonzeption beeinflußt wurde *, erscheint relativ unwichtig, wenn Hitler auch wie Ludendorff dafür eintrat, zuerst den Ausbau einer deutschen Großmachtstellung in Europa zu verwirklichen und danach nach Übersee überzugreifen.

Zur Zeit der Weimarer Republik lebte der Gedanke an die deutsche Großmacht in den Bestrebungen führender Politiker als Zielvorstellung ebenso fort wie bei Hitler, der spätestens seit dem Ersten Weltkrieg überzeugt war, eine große Wende der Geschichte zu erleben [28]. So zweifelte er schon während seiner Haft in Landsberg nicht daran, daß das Zeitalter der kleinen Seemächte, die mit ihren maritimen Stützpunkten und Positionen, ihren Seestreitkräften und den Reichtümern aus ihrem Kolonialbesitz unmittelbar vor dem Ende ihrer so begründeten Positionen stünden. Diese Auffassung bestimmte ihn schließlich

1945 hochgeschätzte deutsche Historiker Friedrich Meinecke erklärt, daß Deutschland imperialistische Politik treiben müsse und »dieser Krieg«, den er als Verteidigungskrieg begriff, »mit einem Male an alles« rühre, »was wir haben und sind«. Zit. aus *Politik und Kultur*, in: *Süddeutsche Monatshefte*, Jg. 11 (September 1914), S. 796 ff. Daß sich diese Ansicht und Geisteshaltung mit den Vorstellungen deckte, die Hitler verfocht, steht außer Zweifel

* Die 1918 in Brest-Litowsk ansatzweise erreichte »große« Ostlösung bildete sicher auch einen wichtigen Anknüpfungspunkt für die machtpolitische Komponente in Hitlers außenpolitischem »Programm« und führte geradlinig von Ludendorff zu Hitler.

auch, in *Mein Kampf* das Verlangen nach einer »Wiederherstellung der Grenzen des Jahres 1914 [29]« als absolut unzureichend und anachronistisch abzulehnen und als politischen Unsinn zu bezeichnen [30]. Die in Deutschland weit verbreitete Forderung nach den Grenzen von 1914 und nach der Rückgabe der deutschen Kolonien, wofür – nach britischen Kabinettspapieren – der britische Premierminister Neville Chamberlain noch zehn Tage vor Hitlers Einmarsch in Österreich im März 1938 durchaus und prinzipiell einzutreten bereit war *, erschien Hitler aus der Sicht als ein Betteln um Almosen, die Deutschland unter gar keinen Umständen als außenpolitisches Endziel akzeptieren dürfte. Ihm schwebte – wie den Militärs – schon zu Beginn der zwanziger Jahre als Ziel der kommenden Weltmacht neuer Prägung, wie er sie verstand, die Beherrschung großer Landflächen in einem geschlossenen Territorium vor. Wie überzeugt er von diesen Vorstellungen war, bestätigt unter anderem die Tatsache, daß er zur Zeit der Niederschrift von *Mein Kampf* in Landsberg am Lech Deutschland oder Rußland, Staaten, die zu den Verlierern des Weltkrieges gehörten und am Boden lagen, als diese neue Weltmacht prophezeite. Das Deutschland, das nach seiner Auffassung die Weltmachtposition erringen sollte, konnte allerdings weder aus der Weimarer Republik hervorgehen noch marxistisch auf diese Ausgangsbasis vorbereitet werden. Und auch eine eventuell wiedergeborene Monarchie hielt er für ungeeignet, die Zukunft zum Nutzen des Reiches in den Griff zu bekommen. Monarchien, die der im Grunde radikalkonservative Hitler als zu konservativ ablehnte, sah er lediglich als Einrichtungen und Regierungsinstitutionen an, die bestenfalls Weltreiche erhalten, jedoch nicht erobern könnten. Dazu waren für ihn nur weltanschaulich artikulierte Revolutionen von weltgeschichtlicher Bedeutung in der Lage. Daß er sich für den Mann hielt, der nicht nur Geschichte zu verstehen, sondern auch »zu machen« in der Lage war, demonstrierte er bereits im November 1923 in München.

Der schon am 20. Dezember 1918 während der ersten grundlegenden Besprechung der deutschen militärischen Führung nach dem Waffenstillstand im Berliner Generalstabsgebäude fertige Plan des Generals

* Deutschland sollte – trotz grundsätzlich anderer Auffassungen britischer Kabinettsmitglieder – nach Chamberlains Vorschlägen an der Verwaltung einer neu zu definierenden, im Norden durch die Sahara und im Süden durch Südwestafrika begrenzten Kolonialzone beteiligt – und infolge einer Rückgabe der von England, Frankreich, Belgien und Portugal gehaltenen Völkerbundsmandate wieder in den Besitz von Kolonien gelangen.

von Seeckt, Deutschland so rasch wie möglich zur Großmacht zu machen und als solche wieder bündnisfähig werden zu lassen, blieb ohne faktische Auswirkungen, weil die Republik weder außenpolitisch noch innenpolitisch zu seiner Realisierung fähig war. Seeckts Konzept, mit Rußlands Unterstützung Polen niederzuwerfen, um den Rücken für einen Krieg gegen Frankreich freizubekommen, mußte nicht nur eine Illusion bleiben, sondern deckte sich auch mit Hitlers Vorstellungen nicht, die er bereits 1920 in der von ihm bis 1945 verfochtenen Weise festgelegt hatte*. Einige maßgebliche Militärs und Politiker der Weimarer Republik, die keinerlei Beziehungen zu Hitler pflegten, hinderten die realen Voraussetzungen nicht, diese Expansionsbestrebungen eifrig zu nähren. So richtete auch der als »Verständigungspolitiker« apostrophierte Stresemann, der in dem im Dezember 1925 für Deutschland von ihm und dem Reichskanzler Hans Luther unterzeichneten Vertrag von Locarno vor allem einen Schritt in Richtung auf die Wiedererlangung einer deutschen Großmachtstellung sah, seinen Blick auf Polen und ging davon aus, daß dieser östliche Nachbar durch wirtschaftlichen Druck gezwungen werden müsse, den »Korridor« wieder an das Reich abzutreten. Hitler, der nicht nur die Revision des Versailler Vertrages auf seine Fahne geschrieben hatte, fand sich von dem Problem Polen seit Anbeginn seiner Kanzlerschaft besonders bedrängt. Die Art und Weise, wie er es zunächst löste, ist bemerkenswert. Obwohl er unmittelbar nach seiner »Machtübernahme« den propagandistisch multiplizierten Willen zur nationalen Selbstbehauptung des Reiches als Großmacht und dessen proportionsgerechten Anspruch auf Mitbestimmung in Europa öffentlich anmeldete, die Wiederherstellung der deutschen Souveränität, die Gleichberechtigung des Reiches, dessen nationale Ehre im europäischen Kräftespiel, die Sicherung der Reichsgrenzen, die Entfaltung der deutschen Wirtschaft und das Wohl des deutschen Volkes als Grundlage für eine ersprießliche Politik voraussetzte, gab er sich versöhnlicher als einige Kanzler der Weimarer Republik es getan hatten. Er gab als Reichskanzler öffentlich vor, an fremden Territorien und deren ideologischer Durchdringung nicht interessiert zu sein. Nachdem er dem französischen Botschafter François Poncet im April 1933 noch erklärt hatte, daß die bestehende Ostgrenze dem Reich auf die Dauer nicht zugemutet werden könne, beruhigte er den polnischen Gesandten

* Vgl. dazu u. a. auch die Ausführungen S. 217 ff.

Lipski im November 1933 mit der Versicherung, daß er es für unsinnig halte, zur Korrektur kleiner Grenzfragen Kriege zu führen [31]. Und im Dezember 1933 ging er sogar soweit, Polen als Pufferstaat zwischen dem bolschewistischen Rußland und der westlichen Zivilisation zu begrüßen. Später »verurteilte er das Gerede von der deutsch-polnischen ›Erbfeindschaft‹. Der Abschluß des deutsch-polnischen Nichtangriffsabkommens von 1934, verbunden mit dem gegenseitigen Gewaltverzicht, schien der beste Beweis dafür zu sein, daß Hitler die Revisionsfrage keineswegs so dogmatisch behandeln wollte wie die Außenpolitiker Weimars, die sich konstant geweigert hatten, mit Polen ein gleiches Übereinkommen zur Anerkennung der Grenzen zu treffen, wie mit den Westmächten 1925 in Locarno *.«
Kurz bevor Hitler Reichskanzler wurde, hatte sich der General Kurt von Schleicher bemüht, unter Abkehr von der traditionellen deutschen Kabinettspolitik mit ihrer Betonung des Primats der Außenpolitik eine auf lange Sicht geplante – und auch von ihm schon seit dem Ende des Krieges präzisierte – Lösung situationsbedingt zu verwirklichen, die zwar auch auf eine konsequente Machtentfaltung nach außen hin angelegt war, jedoch zuerst im Inneren des Reiches die »Ordnung« wiederherstellen und danach die deutsche Wirtschaft aktivieren sollte. Auf dem Wege über eine solide innenpolitische Basis wollte er die deutschen Interessen wieder selbstbewußt auch nach außen hin unübersehbar zur Geltung bringen und als Ziel der Außenpolitik die Wiederherstellung des Reiches als Großmacht durchgesetzt sehen. War einem seiner Vorgänger, dem von alldeutschen Vorstellungen beeinflußten Gustav Stresemann, dem nicht nur als Verständigungspolitiker, sondern auch als Exponenten der wirtschaftlich artikulierten deutschen Großmachtbestrebungen in die Geschichte eingegangenen [32] Reichskanzler der Deutschen Volkspartei, nach der vor-

* Jacobsen, S. 332. Dort heißt es weiter: »Angesichts der prekären Lage des Reiches verfolgte Hitler bis 1937 zunächst die Methode des sog. ›peaceful change‹, d. h. die der friedlichen Veränderung des status quo und damit des Versailler Vertrages. Mit beispiellosem Geschick und bewundernswerter Ausdauer verkündete er seinen Friedenswillen; fortgesetzt sprach er von der Sehnsucht des deutschen Volkes nach Ruhe und Frieden sowie von den Erfahrungen, die er als Frontsoldat während des I. Weltkrieges gesammelt habe. Er könne daher am besten die Opfer von einst ermessen. Mit diesen, nur allzu begierig von vielen Menschen aufgenommenen Parolen argumentierte er bei jeder Gelegenheit, bei seinen großangelegten Auftritten im Reichstag ebenso wie bei seinen Interviews oder Gesprächen mit Ausländern. Die Sicherung des Friedens schien den ersten Platz in der Wertskala deutscher nationaler Interessen eingenommen zu haben.«

läufigen Lösung des Reparationsproblems und der Förderung der deutschen Wirtschaft, doch bereits ein bemerkenswerter Schritt in die »große Politik« gelungen. Daß Stresemann die Unterzeichnung des Locarno-Vertrages im Dezember 1925 als Etappe auf dem Wege zur Revision des Versailler Vertrages begriff, konnte infolge seiner politischen Vorstellungen nicht überraschen. Seine Revisions-Politik, die Andreas Hillgruber treffend als sowohl geschickte Durchsetzung der Gesamtpolitik gegenüber den Forderungen der militärischen Führung und Verknüpfung traditioneller Geheimverhandlungen als auch der Ausnutzung der Gegensätze innerhalb der einstigen Gegner und öffentlicher Bekundungen auf der Bühne des Völkerbundes und des Ausspielens wirtschaftspolitischer Möglichkeiten im Hinblick auf eine Stärkung des militärischen Potentials bezeichnet [33], führte etappenweise zu Adolf Hitler, bei dem die militärische Macht als maßgebliche Basis der Außenpolitik keine grundlegende andere Akzentuierung erfuhr. Nicht der Reichskanzler Hitler, der sein militärisches Programm bis September 1933 betont vorsichtig vorantrieb und deswegen von den für eine offene Aufrüstung plädierenden Reichsministern Konstantin von Neurath (Außenminister) und Werner von Blomberg (Reichswehrminister) kritisiert wurde, hat den »Ausbruch« aus den Bestimmungen des Versailler Vertrages durchzusetzen begonnen, der die militärische Entfaltung hemmte, sondern schon die unter Schleichers Führung in seinem Sinne politisch aktiven Militärs, Diplomaten und maßgeblichen Beamten. Geschickt haben sie die durch die Weltwirtschaftskrise von 1929 bedingte Behinderung der außenpolitischen und militärischen Handlungsfähigkeit der Mächte genutzt *, die das Reich nicht als Partner bezeichnen konnte und eine Politik gefördert, für die sie offiziell nicht verantwortlich zeichnen mußten.

Wie der weitaus größte Teil des deutschen Volkes, so forderte auch Hitler die Verweigerung deutscher Reparationsleistungen und die formale militärische Gleichberechtigung des Reiches in einer so lauten Weise, wie sie das Zentrums-Kabinett Heinrich Brünings (1930 bis

* Julius Curtius, Stresemanns Nachfolger als Reichsaußenminister, führende Beamte des Auswärtigen Amtes, am profiliertesten der Staatssekretär von Bülow, hatten schon in der Endphase der Regierung des sozialdemokratischen Reichskanzlers Hermann Müller (Juni 1928 bis März 1930) die deutsche Außenpolitik in einer Weise artikuliert, die deutlich auch die Richtung auf die Entfaltung eines krassen Staatsegoismus verriet. Vgl. dazu auch Hillgruber, *Kontinuität und Diskontinuität*, u. a. S. 21 ff.

1931) trotz der Auffassung des Reichskanzlers * infolge der politischen Situation notgedrungen nicht zu vertreten wagen konnte, was die Führung der Reichswehr allerdings nicht hinderte, die nach der Auflösung der Interalliierten Kontrollkommission (1927) begonnene geheime Aufrüstung in zunehmendem Maße in eine offene und effektive Vergrößerung der Reichswehr umzuwandeln.

Mit von Papen und seinem »Kabinett der Barone **«, das die sozialdemokratische preußische Regierung aus dem Amt vertrieb *** und Preußen dem im übrigen Reich praktizierten antidemokratischen Kurs auslieferte, verschob sich das Schwergewicht der deutschen Politik einseitig auf das Ziel hin, offen eine effektive Wiederaufrüstung zu betreiben, was dem mit Hilfe des Generals von Schleicher – und den mit ihm paktierenden Nationalsozialisten – gestürzten Brüning noch zu riskant erschienen war.

Als Hitler, in dessen Außenpolitik die traditionellen Mittel der Diplomatie und Waffengewalt dominierten, am 30. Januar 1933 an die Macht kam, gab er sich in dieser Hinsicht offiziell zurückhaltender [34] als seine Vorgänger Stresemann, Brüning, Schleicher und Papen es gelegentlich getan hatten. Zunächst konnten daher diejenigen, die ihn und seine Weltanschauung nicht kannten, durchaus des Glaubens sein, daß der nationalsozialistische Reichskanzler die in ihn gesetzten Erwartungen nicht zu erfüllen gedenke. Am 17. Mai 1933 hatte er in einer Reichstagsrede, in der er den Austritt aus dem Völkerbund vorbereitete, zwar die Probleme der Wirtschaft, Rüstung und Stellung des Reiches zu anderen Staaten angesprochen; aber es war auf

* So erklärte Brüning beispielsweise am 8. 7. 1930 öffentlich, daß er eine gerechte und dauerhafte Ordnung Europas und »einen ausreichenden natürlichen Lebensraum« für das Reich fordere. Vgl. auch Hillgruber, *Kontinuität und Diskontinuität*, S. 21. Die Lösung der Reparationsfrage behandelte Brüning als vorrangig, während die Abrüstungsverhandlungen zugunsten einer deutschen Wiederaufrüstung bei ihm an zweiter Stelle rangierten.

** Reichskanzler: von Papen, Außenminister: von Neurath, Ernährungsminister: von Braun, Innenminister: von Gayl.

*** Die preußische Regierung (SPD-Ministerpräsident: Otto Braun) war nicht in der Lage, sich der Aktion des Reichskanzlers Franz von Papen mit Erfolg zu widersetzen. Das sozialdemokratische »Reichsbanner« war unbewaffnet. In der preußischen Polizei, die gegen eine Verordnung des Reichspräsidenten nicht mobil zu machen war, durfte nur jeder 8. Mann über einen Karabiner verfügen. Bei rund 6 Millionen Arbeitslosen mußte es illusorisch sein, womöglich einen Generalstreik als Druckmittel ausrufen zu wollen. Die Kommunisten wünschten das Ende der Weimarer Republik ebenso wie die Nationalsozialisten, die der preußische Ministerpräsident 2 Jahre zuvor noch mit einer Regierungsverantwortung zu betrauen bereit war, solange sie ihre totalitären Machtansprüche nicht durchzusetzen vermochten.

eine Weise geschehen, die seine wahren Absichten nicht jedermann erkennen ließ. »Die politischen Probleme sind folgende«, hatte er gesagt und in Übereinstimmung mit den Äußerungen einiger Kanzler vor ihm * – richtungweisend erklärt: »Durch viele Jahrhunderte entstanden die europäischen Staaten und ihre Grenzziehungen aus Auffassungen heraus, die nur innerhalb eines ausschließlich staatlichen Denkens lagen. Mit dem siegreichen Durchbruch des nationalen Gedankens und des Nationalitäten-Prinzips im Laufe des vergangenen Jahrhunderts wurden infolge der Nichtberücksichtigung dieser neuen Ideen und Ideale durch die aus anderen Voraussetzungen heraus entstandenen Staaten die Keime zu zahlreichen Konflikten gelegt. Es konnte nach Beendigung des großen Krieges keine höheren Aufgaben für eine wirkliche Friedenskonferenz geben, als in klarer Erkenntnis dieser Tatsache eine Neugliederung und Neuordnung der europäischen Staaten vorzunehmen, die diesem Prinzip im höchstmöglichen Umfang gerecht wurde ... diese territoriale Neugestaltung Europas unter Berücksichtigung der wirklichen Volksgrenzen wäre geschichtlich jene Lösung gewesen, die mit dem Blick in die Zukunft vielleicht für Sieger und Besiegte die Blutopfer des großen Krieges als doch nicht ganz vergebliche hätte erscheinen lassen können ... Kein neuer europäischer Krieg wäre in der Lage, an Stelle der unbefriedigenden Zustände von heute etwas Besseres zu setzen.

Im Gegenteil, weder politisch noch wirtschaftlich könnte die Anwendung irgendeiner Gewalt in Europa eine günstigere Situation hervorrufen, als sie heute besteht. Selbst bei ausschlaggebendem Erfolg einer neuen europäischen Gewaltlösung würde als Endergebnis eine Vergrößerung der Störung des europäischen Gleichgewichts eintreten und damit ... der Keim für spätere neue Gegensätze ... gelegt werden. Neue Kriege, neue Unsicherheit und eine neue Wirtschaftsnot würden die Folge sein. Der Ausbruch eine solchen Wahnsinns ohne Ende aber müßte zum Zusammenbruch der heutigen Gesellschafts- und Staatsordnung führen. Ein im kommunistischen Chaos versinkendes Europa würde eine Krise von unabsehbaren Ausmaßen und nicht abzuschätzender Dauer heraufbeschwören ... Deutschland hat abgerüstet. Es hat alle ihm im Friedensvertrag auferlegten Verpflichtungen weit über die Grenzen jeder Billigkeit, ja jeder Vernunft hinaus erfüllt ...

* Vgl. Brünings Feststellungen vom 8. Juli 1930. Zit. bei Lipgens, *Europäische Einigungsidee 1923–1930 und Briands Europaplan im Urteil der deutschen Akten.* In: *Historische Zeitschrift* 203 (1966), S. 339.

Deutschland würde sich ... jederzeit bereit erklären, im Falle der Schaffung einer allgemeinen internationalen Kontrolle der Rüstungen bei gleicher Bereitwilligkeit der anderen Staaten die betreffenden Verbände dieser Kontrolle mit unterstellen, um ihren vollständig unmilitärischen Charakter eindeutig vor der ganzen Welt zu beweisen ... Diese Forderungen bedeuten nicht eine Aufrüstung, sondern ein Verlangen nach Abrüstung der anderen Staaten ... Die einzige Nation, die mit Recht eine Invasion fürchten könnte, ist die deutsche, der man nicht nur die Angriffswaffen verbot, sondern sogar das Recht auf Verteidigungswaffen beschnitt und auch die Anlage von Grenzbefestigungen untersagte ... Deutschland denkt nicht an einen Angriff, sondern an seine Sicherheit [35].«

Bis September 1933 bremste Hitler, hielt er sich zurück, stellte er sich als Friedenskanzler dar und schien von den Lehren seiner Weltanschauung abzuweichen, in deren Mittelpunkt in kontinuierlicher und ursächlicher Verknüpfung Kampf, Krieg, Ausrottung »Minderwertiger« und rassenideologischer Antisemitismus standen. Doch das tat er nur zum Schein, aus taktischen Gründen. »Die Umstände haben mich gezwungen, jahrzehntelang fast nur vom Frieden zu reden«, erklärte er dann auch offen am 10. November 1938, als er diese Zurückhaltung nicht mehr übte, in einer Geheimrede vor deutschen Chefredakteuren und anderen Pressevertretern und fuhr fort: »Nur unter der fortgesetzten Betonung des deutschen Friedenswillens war es mir möglich, dem deutschen Volk Stück für Stück die Freiheit zu erringen und ihm die Rüstung zu geben, die immer wieder für den nächsten Schritt als Voraussetzung notwendig war. Es ist selbstverständlich, daß eine solche ... Friedenspropaganda auch ihre bedenklichen Seiten hat; denn es kann nur zu leicht dahin führen, daß sich in den Gehirnen vieler Menschen die Auffassung festsetzt, daß das heutige Regime ... identisch sei mit dem Entschluß und dem Willen, einen Frieden unter allen Umständen zu bewahren ... Der Zwang war die Ursache, warum ich jahrelang nur vom Frieden redete *.«

Als Hitler dies sagt, ist er bereits ein kranker und von Todesahnungen geplagter Mann, der seine Tage gezählt glaubt und sich gedrängt

* *Vierteljahrshefte für Zeitgeschichte*, 6/1958, H. 2, S. 175 ff. Zu Hitlers »Stufenleiter« (d. h. dem Stufenplan seiner Politik) vgl. Fechner, Max, *Wie konnte es geschehen. Auszüge aus den Tagebüchern und Bekenntnissen eines Kriegsverbrechers.* Berlin, o. J., S. 75 ff. Andreas Hillgrubers »Entdeckung« des Hitlerschen »Stufenplanes« erweist sich im Grunde lediglich als eine Wiederholung Goebbelsscher Aufzeichnungen, die Fechner bereits kurz nach 1945 publizierte.

fühlt, noch so viel wie nur irgend möglich von seinen Plänen und Vorstellungen zu verwirklichen. Während er 1933 völlig gesund war und auch 1934 noch von den Ärzten – trotz seiner entgegengesetzten Auffassung – bescheinigt bekam, daß ihm nichts fehle, leidet er 1938, als er sein politisches und persönliches Testament formuliert, tatsächlichlich an zahlreichen und von seinen Ärzten sorgsam behandelten Krankheiten, die ihn glauben lassen, daß er sein Werk nicht mehr vollenden könne. Deutlich läßt sich an seinen politischen und militärischen Entscheidungen und Maßnahmen der Verlauf seiner Krankheiten ablesen, die jeweils das Tempo, den Umfang, die Version und Verhältnismäßigkeit entscheidend mitbestimmten *.

Da Hitler überzeugt war, unersetzbar zu sein, glaubte er die ihm nach seiner Auffassung nur noch verbleibende kurze Zeit für die Verwirklichung seiner Weltanschauung nutzen zu müssen, die er am 13. November 1930 vor Professoren und Studenten der Erlanger Universität auf die kurze Formel gebracht hatte: »Jedes Wesen strebt nach Expansion, und jedes Volk strebt nach der Weltherrschaft. Nur wer dieses letzte Ziel im Auge behält, gerät auf den richtigen Weg [36].« In deutlich sich steigernder Weise und in geradezu hektischer Eile übernahm er sich schon vor Beginn seines Krieges und wollte zu viel auf einmal. Solange er sich einigermaßen gesund fühlte, bestand zwischen seinen Äußerungen und den ungebrochen fortlebenden Bestrebungen der »alten« Führungsschicht ** seit der Bismarckzeit und den Plänen der militanten »Rechts«-Opposition zur offiziellen Außenpolitik der wilhelminischen Ära und der Weimarer Republik eine nicht zu leugnende Zielidentität. Die von sehr vielen Historikern fälschlich als grundsätzlich neu bezeichneten Zieldimensionen und die Mittel zu ihrer Verwirklichung, mit denen Hitler die deutsche Politik belastet hat, waren vermessen messianisch und krankhaft ungeduldig in die Gegenwart hineinprojizierte, unmenschliche, antisemitische politische Maßnahmen, die Hitler als Fakten der Geschichte seiner Heimat kannte *** und für leitbildhaft hielt. Seine rassenideologisch begrün-

* Vgl. die differenzierten Angaben im 8. Kapitel.

** Die seit dem 19. Jahrhundert in Deutschland genährten machtpolitischen Vorstellungen von einem starken Mitteleuropa unter deutscher Führung, von einer notwendigen Expansionspolitik nach Osten, einem überseeischen Weltreich und von unausweichlichen militärischen Konfrontationen mit anderen Großmächten, erlebten mit Hitlers Machtergreifung einen breiten und selbstbewußten Aufschwung.

*** Vgl. u. a. S. 262 ff.

deten Entscheidungen und Maßnahmen, der Krieg und die Ausrottung der Juden, die angestrebte totale biologische Ummodelung des deutschen Volkes und die Herrschaft seiner neuen Führungsschicht nicht nur über Europa, sind nämlich – auch wenn vor Hitler nur auf »Nebenstraßen« abgedrängt – in der deutschen und österreichischen Geschichte beheimatet.

Sowohl *Mein Kampf* als auch handschriftliche Notizen * aus der Zeit davor beweisen, daß Hitler früh schon überzeugt war, daß der von ihm als »notwendig« geforderte Lebensraum ohne die gleichzeitige Ausrottung der Juden nicht nur im Reich, sondern auch in den eroberten Territorien, nicht zu den erwünschten Erfolgen führen könne. In der von ihm als Führer und Reichskanzler praktizierten Politik sind mit den entscheidenden Kriegserklärungen von 1939 (Polen) und 1941 (Sowjetunion) Vernichtungsbefehle verknüpft **. In *Mein Kampf* hat er bedauert, daß zu Beginn und während des Ersten Weltkrieges nicht »zwölf- oder fünfzehntausend dieser hebräischen Volksverderber ... unter Giftgas gehalten [37]« worden seien, und am 30. Januar 1939, sieben Monate vor dem Beginn des Polenfeldzuges, drohte er: »Wenn es dem internationalen Finanzjudentum in und außerhalb Europas gelingen sollte, die Völker noch einmal in einen Weltkrieg zu stürzen, dann wird das Ergebnis nicht ... der Sieg des Judentums sein, sondern die Vernichtung der jüdischen Rasse in Europa ***.« Mit dem Beginn des Polenfeldzuges läßt er durch einen »Federstrich« eine Vernichtungsaktion auslösen, die Menschen ausrottet, die das von ihm repräsentierte Gesetz offiziell schützt. Im Osten sollen unter dem vom siegreichen deutschen Ostheer gebildeten Schirm 30 Millionen Juden und Slawen sterben, das Territorium entvölkert und ein Raum für Deutsche geschaffen werden [38].

So befiehlt er seinem von ihm sonst kaum in Anspruch genommenen Begleitarzt Dr. Karl Brandt und dem Reichsleiter Philip Bouhler am 1. September 1939, »unter Verantwortung ... die Befugnis namentlich zu bestimmender Ärzte so zu erweitern, daß nach menschlichem Ermessen unheilbar Kranken bei kritischster Beurteilung ihres

* Vgl. Maser, *Hitlers Briefe und Notizen* ..., S. 223 ff. Vgl. dazu auch S. 173 ff. in diesem Buch.

** Vgl. die nächste Anm. und Andreas Hillgruber, *Die »Endlösung« und das deutsche Ostproblem als Kernstück des rassenideologischen Programms des Nationalsozialismus*, in: *Vierteljahrshefte für Zeitgeschichte*, H. 2/72, S. 133 ff.

*** Zit. nach Domarus, II/3, S. 1058. Vgl. auch Hitlers Reden vom 30. 1. 1941 und vom 30. 1. 1942; ebenda, S. 1663 und S. 1829. Vgl. auch S. 266 in diesem Buch.

Krankheitszustandes der Gnadentod gewährt werden kann[39].« Mehr als 50 000 Kranke, Schwachsinnige, Juden, Halbjuden, »jüdisch Versippte« und Ausländer, vor allem Polen und Russen, aber auch alte arbeitsunfähige deutsche »Volksgenossen« und sogar schwerverwundete deutsche Soldaten * des Ersten und Zweiten Weltkrieges sterben von September 1939 bis zum Sommer 1941 in Hadamar, Brandenburg, Grafeneck, Hartheim, Sonnenstein und Bornburg den sogenannten Gnadentod[40].

Tausende Dokumente, Benachrichtigungen an Angehörige von Getöteten und ärztliche Gutachten werden rücksichtslos gefälscht und serienmäßig schablonenhaft manipuliert **. Daß dies so geheimgehalten werden kann, daß nicht einmal Parteifunktionäre und so maßgebliche Militärs wie Wilhelm Keitel konkret mehr erfahren als die Bevölkerung der Orte ahnt, in denen die »Euthanasie« täglich praktiziert wird, beweist eindeutig, wie erfolgreich Hitler sein Politik-Konzept durchzusetzen verstanden hat, an das selbst alte Kampfgefährten in vielen Fällen ernsthaft nicht zu glauben wagten. Während beispielsweise Walter Buch, der Oberste Richter der NSDAP, am 7. Dezember 1940 im Sinne Hitlers an Himmler schreibt, daß es unbedingt nötig sei, die »Dinge«, die »heute ... von uns angepackt werden ... weil wir das ewige Leben unseres Volkes erringen wollen ... wirklich verborgen bleiben[41]« müssen, erreichen den Reichsjustizminister Anfragen, in denen die Euthanasie als ungesetzlich bezeichnet und ihre Einstellung gefordert wird[42]. Der Stabsleiter des Stellvertreters des Führers (Rudolf Hess) muß sich mit Protesten beschäftigen[43], die auf

* Vgl. Anm. **, S. 254. Dokumente: u. a. ein Schreiben des Generalstaatsanwalts in Stuttgart vom 12. 10. 1940 an den Reichsjustizminister, LXIV B 25, fol. 1–175, ein Schreiben (»Geheime Reichssache, persönlich«) des Reichsjustizministers vom 4. 3. 1941 an den Chef der Reichskanzlei, ebenda, S. 47, und eine Erklärung des evangelischen Pastors Braune, des Leiters der Hoffnungstaler Anstalten und Präsidenten des Zentralausschusses Ost für die Innere Mission, ebenda, S. 134. Die deutschen Soldaten, die meistens ihre Wehrmachtsuniformen trugen, wurden in Omnibussen nach Hadamar gefahren, die SS-Untersturmführer Dr. Becker am 16. 5. 1942 wie folgt beschrieb: »Die Wagen der Gruppe D habe ich als Wohnwagen tarnen lassen, indem ich an den kleinen Wagen auf jeder Seite einen, an den großen Wagen auf jeder Seite zwei Fensterle anbringen ließ, wie man sie an den Bauernhäusern auf dem Lande sieht.« Bundesarchiv Koblenz, LXIV B 26, S. 155.

** Vgl. dazu u. a.: Geheimer Stimmungsbericht vom 17. 10. 1941, Bundesarchiv Koblenz, LXIV B. 25, fol. 1–175, S. 34, in dem es u. a. heißt: »Bei den Unterbringungsanstalten ist ein eigenes Standesamt errichtet worden«; die dortigen Sachbearbeiter »begehen bewußt Urkundenfälschung« (S. 34). Vgl. ebenda, LXIV B 24, fol. 1–82, u. a. S. 1 ff.

»Weisungen aus Berlin« als »Geheime Reichssache« behandelt [44] und nicht beantwortet werden [45]. Parteifunktionäre, Ortsgruppenleiter und Kreisleiter, Staatsanwälte [46] und Ärzte [47] werden von differenziert begründeten »Gerüchten« bedrängt, die sie nicht aufklären können. Den Staatsanwälten wird verboten, diese Fragen zu beantworten [48]. Wenn etwas »publik wird«, erklärt Himmler dem NS-Richter Buch am 19. Dezember 1940, »liegen Fehler in der Durchführung vor [49]«. Wie oft Hitler sich über den Verlauf und die Realisierung seiner Weisung vom 1. September 1939 informieren ließ, ist nicht feststellbar. Daß er über alle Einzelheiten sowohl im Zusammenhang mit der Euthanasie als auch mit den Konzentrationslagern und anderen Tötungs-»Maschinerien« genau Bescheid wußte, steht außer Zweifel.
Während er am 15. August 1942 in einem polnischen Vernichtungslager die Tötungsmaschine inspiziert, wobei Himmler und der Höhere SS-Gruppenführer Odilo Globocnik ihn über Einzelheiten informieren, moniert er ungeduldig, daß die systematisch betriebene Ermordung der nach seiner Ansicht überflüssigen Menschen zu langsam vor sich geht und fordert: »Die ganze Aktion muß schneller, viel schneller durchgeführt werden [50].« Und als einer der weiteren Begleiter meint, daß es aus Gründen der Verschleierung vielleicht besser wäre, »die Leichen zu verbrennen, anstatt sie zu beerdigen [51]« und Globocnik (dem wie seinem Chef Himmler rassenbiologische Mammutprojekte [52] vorschwebten) darauf erwidert, daß die folgenden Generationen »wohl« niemals »so feige und schwächlich [53]« sein würden, daß sie dieses »so gute, notwendige Werk nicht [54]« verstünden und die Mordtaten weltanschaulich mit der Erklärung begründete, daß »man im Gegenteil Bronzetafeln mit vergraben ... (müßte), auf denen geschrieben ... (stünde), daß wir es waren ... die den Mut hatten, dieses gigantische Werk zu vollenden [55]«, bestätigt Hitler: »Ja, mein guter Globocnik ... das ist auch meine Meinung [56]«.
Fünf Tage später, am 20. August 1942, kaum ist der in der Ukraine von einer schweren Kopfgrippe heimgesuchte, über Herzbeschwerden und erstmals auch über Gedächtnisstörungen klagende [57] und einen baldigen Tod befürchtende, nun immer »fanatischer« und starrsinniger reagierende Hitler wieder in seinem Hauptquartier in Winniza eingetroffen, diktiert er seinen Erlaß »über besondere Vollmachten des Reichsministers der Justiz«, der folgenden Wortlaut hat: »Zur Erfüllung der Aufgaben des Großdeutschen Reiches ist eine starke Rechtspflege erforderlich. Ich beauftrage und ermächtige daher den

Reichsminister der Justiz, nach meinen Richtlinien und Weisungen im Einvernehmen mit dem Reichsminister und Chef der Reichskanzlei und dem Leiter der Partei-Kanzlei eine nationalsozialistische Rechtspflege aufzubauen und alle dafür erforderlichen Maßnahmen zu treffen. Er kann hierbei von bestehendem Recht abweichen [58].«
Die ungeheueren physischen und psychischen Belastungen, denen er sich als unheilbar kranker Feldherr ausgesetzt sah [59], zwangen ihn selbst allerdings als obersten Gerichtsherrn, dem traditionelle Rechtsprobleme zutiefst zuwider waren *, auf die im März und April 1942 zwischen Heinrich Lammers, dem Chef der Reichskanzlei, dem Justizministerium und dem Innenministerium entbrannten Ressortstreitigkeiten über die von dem »bestehenden Recht« abweichenden Fragen zum Beispiel über die Beurteilung der Auflösung von Ehen zwischen Juden und »Volksgenossen« und der Sterilisierung und Tötung von Halbjuden mit dem Hinweis auf ihre Entscheidung nach dem Kriege zu vertrösten. Daß er, wie in jüngster Zeit gelegentlich behauptet wird [60], die Absicht hatte, die Vernichtung der »Volljuden« für die Zeit nach dem Kriege zurückzustellen **, an dessen siegreichen Ausgang er zu der Zeit nicht mehr glaubte ***, ist eine unhaltbare These. »Der Sieg einer Partei ist ein Regierungswechsel«, sagt Hitler am 19. März 1934 und fährt programmatisch fort: »Der Sieg einer Weltanschauung ist eine Revolution, die den Zustand eines Volkes tiefinnerlich und wesenhaft umgestaltet [61]«. Von ihm, dem lauten, ostentativ martialisch auftretenden Propagandisten, der schon am 14. Oktober 1922 mit 800 SA-Männern durch Coburg marschierte, die gegen ihn eingenommene Bevölkerung der Stadt auf der Straße zusammenschlagen ließ [62] und zwei Jahre später in *Mein Kampf* in schier unglaublicher Offenheit verkündet hatte, was er denke und wolle, erwartete offenbar jedermann, daß er stets gradlinig wie ein Rammbock

* So weigerte er sich z. B. auch, die von den Ministern geforderten gesetzlichen Grundlagen für die Euthanasiemaßnahmen zu schaffen.

** Robert M. W. Kempner gelangte während des Nürnberger Prozesses bereits nach Verhören der Staatssekretäre Franz Schlegelberger und Wilhelm Stuckart, die an der Wannseekonferenz vom 20. Januar 1942 teilgenommen hatten (vgl. Kempner, *Eichmann und Komplizen*, S. 126 ff.), noch vor der Auffindung des Wannsee-Protokolls vom 20. 1. 1942, zu der Gewißheit, daß die Ermordung der Volljuden von Hitler nicht erst für die Zeit nach dem Krieg geplant war. Schriftliche Mitteilung von R. M. W. Kempner vom 22. 7. 1972.

*** Vgl. Anm. ** S. 507 und S. 513 und *Kriegstagebuch des OKW*. Bd. IV, Frankfurt/M. 1961, S. 1505.

seinen Weg zu gehen versuchen werde *. So fragten sich denn auch nicht nur seine Kritiker, wohin er steuere und was er vorhabe, wenn er sein Herz einmal nicht – in der Weise – auf der Zunge trug. Nicht erst nach 1945 haben berechtigte Emotionen, Ignoranz und intellektuelle Überheblichkeit die Vorstellung zur allgemeinen Urteilsgrundlage erhoben, daß Intelligenz und Klugheit, Sachkenntnis, Überzeugungskraft, Führungsfähigkeit, politischer Instinkt, diplomatisches Geschick, Energie und Zielstrebigkeit bei Politikern nicht vorausgesetzt werden könnten, die inhuman und amoralisch seien. Alan Bullock, der dem schon 1934 von Hitlers Vorstellungen bestürzten nationalsozialistischen Renegaten Hermann Rauschning [63] kritiklos folgt und dessen *Aufzeichnungen* seiner Gespräche mit Hitler den Charakter einer Primärquelle zuerkennt **, was sie nur teilweise sind ***, hält Hitler für einen die totale Herrschaft um jeden Preis anstrebenden Politiker, der trotz aller ideologisch artikulierten Bekundungen keiner Doktrin verpflichtet gewesen sei und nur als ein im Grunde prinzipienloser Opportunist ohne weltanschauliche Zielsetzungen bezeichnet werden könne. Bullocks englischer Kollege A. J. P. Taylor mutmaßt darüber hinaus sogar, daß Hitler zu folgerichtigem Handeln überhaupt nicht fähig gewesen sei [64] und stets nur aus einer Sammlung austauschbarer Grundgedanken mit dazu passenden Theorien ausgewählt habe, was ihm jeweils geboten erschienen sei. Ähnlich falsch urteilt

* Hans-Adolf Jacobsen schrieb noch 1968: »Die Nationalsozialisten haben es z. T. bewußt abgelehnt, einzelne Methoden oder Wege zur Stabilisierung und Ausweitung der Macht festzulegen. Denn alles hing für sie davon ab, in welcher Situation und unter welchen Umständen sie handeln konnten. Das hatte für die in der Außenpolitik agierenden NS-Führungskräfte bestimmte Konsequenzen ... Eine Grundfrage drängt sich in diesem Zusammenhang auf: war ein solches ›System‹ der NS-Außenpolitik Zufall oder Methode, gewollt oder ungewollt? Sehr wahrscheinlich beides zugleich; vieles spricht dafür, daß Hitler trotz des revolutionären Elans und unverkennbarer Leistungen die Organisation der Außenpolitik weder hinreichend überschaut noch geistig bewältigt hat. Zudem ließ er ganz einfach vieles laufen bzw. auf sich zukommen, zumal er auch im Innern das Kampfprinzip förderte: Der Stärkere mußte sich auf die Dauer durchsetzen. Im übrigen ist belegt, daß er die Vielfalt der Instrumente zur Erreichung seiner Ziele bewußt angestrebt oder zumindest aus bestimmten Erwägungen geduldet hat.« Jacobsen, *Nationalsozialistische Außenpolitik*, S. 599.

** Vgl. in der Bibliographie unter Bullock. Seine vorsichtigen Korrekturen in der »Completely Revised Edition« von 1964 und in der späteren deutschen Ausgabe von 1967 haben wenig an seinem insgesamt unzutreffenden Hitler-Bild geändert.

*** Vgl. dazu auch Schieder, Th., *Hermann Rauschnings »Gespräche mit Hitler« als Geschichtsquelle*. Publikation der Rheinisch-Westfälischen Akademie der Wissenschaften. Opladen 1972. Vgl. auch Jacobsen, *Nationalsozialistische Außenpolitik*, S. 606, Anm. 7.

auch der Deutsche Hans-Adolf Jacobsen, der unter anderem feststellt: »Wenn ... überhaupt von festen Grundsätzen gesprochen werden kann, dann von denen der Aushilfe, einer kontinentalen Machtpolitik, der Selbstverharmlosung und des ideologischen Missionarismus. Denn in der Tagespolitik erwies sich Hitler in hohem Maße als ein Mann der Improvisation, des Tastens, des Experimentierens und der Augenblickseingebung, aber ebenso des Opportunismus; dabei verhielt er sich immer zielstrebig und rücksichtslos; vor allem dann, wenn es um seine eigenen Belange ging [65].«

Tatsächlich wirkt manches undurchsichtig, vieles widersprüchlich, einiges zufällig auf Hitlers Weg. Als es dem geschlagenen Deutschland, dem das Ausland infolge der Unruhen und Inflation keine Anleihen gewährte, nach dem Ersten Weltkrieg beispielsweise nicht gelungen war, im freien Güteraustausch international anerkannte Zahlungsmittel auf den Weltmärkten zu erwerben und am 11. Januar 1923 französische und belgische Truppen das Ruhrgebiet besetzten, verhielt Hitler sich so, daß selbst die getreuesten NSDAP-Anhänger an ihm irre wurden. Während die ganze aktivistische Rechtsfront und die Linksradikalen, die sich in dieser Situation plötzlich zu einer Aktionsfront mit den extremen Rechten bereit fanden, den von der Regierung Cuno ausgerufenen »passiven Widerstand« in einen aktiven Widerstand ummünzten, hielt sich Hitler mit seiner Partei abseits, die mit ihren zu der Zeit rund 6000 Mann zählenden [66] Sturm-Abteilungen (SA) über die schlagkräftigsten Formationen überhaupt verfügte. Zur Verblüffung seiner Anhänger gab er bekannt, daß jeder aus der Partei ausgestoßen werde, der sich am »aktiven Widerstand« gegen die Besatzungstruppen beteilige. Kaum jemand begriff, was Hitler wollte, kaum jemand ahnte sein taktisches Konzept. In *Mein Kampf* offenbarte er zwei Jahre später, daß diese Krise nach seiner Auffassung eine besonders günstige Voraussetzung geschaffen hätte, den »marxistischen Landesverrätern und Volksmördern«, wie er die Reichsregierung gern titulierte, »endgültig das Handwerk [67]« zu legen. »So wie es sich im Jahre 1918 blutig gerächt hat«, heißt es in *Mein Kampf*, »daß man 1914 und 1915 nicht dazu überging, der marxistischen Schlange einmal für immer den Kopf zu zertreten, so mußte es sich auch auf das unseligste rächen, wenn man im Frühjahr 1923 nicht den Anlaß wahrnahm, den marxistischen Landesverrätern und Volksmördern endgültig das Handwerk zu legen ... So wenig eine Hyäne vom Aase läßt, so wenig ein Marxist vom Vaterlandsverrat [68]«.

Die Kommunisten, von Hitler des Vaterlandsverrates geziehen, ließen ihre zu der Zeit weithin bekannte Exponentin Ruth Fischer in des Vaterlandes Not vor völkisch gesinnten Studenten erklären: »Wer gegen das Juden-Kapital aufruft ... ist schon Klassenkämpfer ... tretet die Judenkapitalisten nieder, hängt sie an die Laterne, zertrampelt sie[69].« Ein Zusammenschluß aller nationalen Kräfte zur Unterstützung der Reichsregierung interessierte Hitler 1923 nicht, was sowohl links als auch rechts Unterstellungen und die konkret bezeichnete Verdächtigung nährte, daß Hitler im Solde Frankreichs stünde *. Schon in der Situation wurde deutlich, daß Hitler das Schicksal der Nation hinter seinen Erfolg und die Durchsetzung seiner Weltanschauung stellte. Zwischen der Entscheidung und seiner nach 1945 vielzitierten Äußerung, daß das deutsche Volk aus der Geschichte verschwinden sollte, wenn es nicht kämpfte[70], wie er es für richtig hielt, besteht nur ein gradueller Unterschied.

Wenn Hitler überzeugt war, sein Ziel nicht auf direktem Wege erreichen zu können, ging er nicht nur Kompromisse ein, sondern handelte offen auch gegen seine Lehren, auch wenn er sich und seine Weltanschauung damit öffentlich Lügen strafte **. Die Meinung der breiten Masse, die er geringschätzte und verachtete, interessierte ihn in solchen Fällen so wenig, daß diktatorische Machtbefugnisse in seiner Hand auch von daher eine große Gefahr bedeuten mußten. »Er ist«, urteilte *The Times* vom 25. März 1939 treffend, »in seinen Kommentaren über die Massen genauso zynisch wie unsere ... Werbetexter.« Vom Volk, mit dessen Geschichte er sich öffentlich immer wieder identifizierte, verlangte er, daß es ihm glaube und daß es darauf vertraue, daß allein er wisse und getreu seiner Sendung vollziehe, was für Volk und Reich das beste sei. Immer, bis an sein Lebensende, war er wortgewaltig und jederzeit fähig, seine Anhänger davon zu überzeugen, daß er »richtig« handle, auch wenn ihnen vieles undurchsichtig oder falsch erschien. Sein ihm ungewöhnlich lange treu gebliebenes, geradezu sprichwörtliches persönliches Glück setzte er ebenso als Beweis für seine »Berufung« durch die Vorsehung[71] wie seine nach außen hin bestürzend anmutende Sicherheit, die er im

* Jahrelang – nicht nur in *Mein Kampf* und in Gerichtsverfahren – hat er sich gegen solche Vorwürfe verteidigen müssen. Vgl. Maser, *Die Frühgeschichte der NSDAP*, S. 369 ff.

** Ein besonders krasses Beispiel bildete die Reaktion auf sein kurzfristiges Arrangement mit der Sowjetunion.

März 1936 nach einer für ihn überraschend glücklich ausgegangenen außenpolitischen Entscheidung selbst als »traumwandlerisch*« bezeichnete. Gezielt und geschickt setzte er Reden und Interviews sosowohl als außenpolitische Führungsmittel als auch als offizielle politische Wegmarkierungen ein. Das gesprochene Wort, dem er als Politiker zeitlebens dem geschriebenen Wort gegenüber den Vorzug gab [72], wurde zu einer Art »maßgebenden Weisung und zur diplomatischen Aktion größeren Stils; vor allem diente es der Sprachregelung gegenüber dem In- und Ausland und als Mittel der Dialektik, um mit dem Ausland ins Gespräch zu kommen [73]«. Daß diese Äußerungen nicht immer mit seinen Feststellungen in *Mein Kampf* übereinstimmten, störte Hitler wenig, und er lehnte auch konsequent ab, weltanschauliche Richtlinien schriftlich zu ändern, wenn sie vielen nicht mehr zeitgemäß erschienen. So antwortete er dem französischen Schriftsteller Bertrand de Jouvenel im Februar 1936 auf die Frage, wieso er die offen feindlich gegen Frankreich gerichteten Stellen in *Mein Kampf* in Neuauflagen nicht auf seine derzeitige Auffassung abstimme: »Sie wollen, daß ich mein Buch korrigiere, wie ein Schriftsteller, der eine neue Bearbeitung seiner Werke herausgibt? Ich bin aber kein Schriftsteller. Ich bin Politiker. Meine Korrektur nehme ich in meiner Außenpolitik vor, die auf Verständigung mit Frankreich abgestellt ist ... Meine Korrektur trage ich in das große Buch der Geschichte ein [74].« Zweifellos war er unklug, als er 1924/25 als diplomatisch unerfahrener Fünfunddreißigjähriger in *Mein Kampf* niederschrieb, was ein versierter Politiker verschwiegen hätte [75]. Als Staatsmann war er, anders als zuvor, nicht mehr immer bereit, offen zu erklären, was er plante und anstrebte. Weil er selbst jahrelang viel geredet und geschrieben hatte, was ihm später schadete, sollte nach seiner Ansicht, die er allerdings erst äußerte, als das Glück ihn bereits verlassen hatte, jeder Politiker lernen, »zu reden ohne etwas zu sagen [76]«.

Daß vieles auch nach 1933 unübersichtlich bleiben mußte, liegt auf der Hand. Hitler konnte beispielsweise nicht von heute auf morgen das vorgefundene Instrumentarium der Außenpolitik mit ihrer Bindung an die Weimarer Verfassung, an die internationalen Verpflichtungen und an die innenpolitische Praxis ausschalten. So war er zwangsläufig auf eine bestimmte Zeit und auf taktische Zugeständ-

* Hitler nach der Rheinlandbesetzung im März 1936. Zit. nach Jacobsen, *Nationalsozialistische Außenpolitik*, S. 345.

nisse angewiesen, wenn er seinen alleinbestimmenden Willen und seine rassenideologischen Vorstellungen in der Innen- und Außenpolitik durchsetzen wollte, was durchaus den Eindruck mangelnder Zielstrebigkeit hervorrufen konnte. In der Weimarer Republik hatten das letzte Wort beispielsweise in außenpolitischen Entscheidungen der Reichspräsident, mit dem Hitler bis 1934 ebenfalls rechnen mußte, der Reichskanzler und der Außenminister gesprochen, wobei sie vielfach in erheblichem Maße auf den Reichstag, auf den Außenpolitischen Ausschuß, auf die politischen Parteien und auf die öffentliche Meinung Rücksicht nehmen mußten. Alles das konnte Hitler, der auch nach Hindenburgs Tod noch sowohl den Einfluß bestimmter Gruppen der alten Führungsschicht als auch einzelner Bevölkerungsteile zu respektieren gezwungen war, nicht schlagartig ausschalten. Daher erschien seine Politik, die so in mancher Hinsicht auf Kosten der Kontinuität und der Vollständigkeit der Erfüllung programmatischer Versprechungen aus der Zeit vor 1933 ging, nicht wenigen alten Parteigenossen als Verrat an der nationalsozialistischen Idee. Aber Hitler hat es nicht nur ihnen zuweilen schwer gemacht, daran zu glauben, daß er von seinen Zielvorstellungen niemals grundsätzlich abweichen werde. »Das Ziel im großen war abgesteckt«, schrieb Jacobsen 1968 im Zusammenhang mit der Außenpolitik und folgerte fälschlich: jeder nationalsozialistische Funktionär (oder jede Gruppe) bemühte sich, »den Intentionen des ›Führers‹ nach seinen Vorstellungen konkrete Gestalt zu geben. Zwar wußten sie nicht, wie, wann und unter welchen Voraussetzungen das einmal abgesteckte Ziel erreicht werden konnte, aber in ihrem Arbeitsbereich leisteten sie ... einen partiellen Beitrag. In Kompetenzkonflikte untereinander verstrickt, eingeschränkt durch vorübergehend in Kauf genommene Kompromisse und den taktisch bedingten Kurs der Tagespolitik, entwickelten sie eine rastlose Aktivität. Ohne zu wissen, was der Nachbar ... trieb, welches Ziel der ›Führer‹ im Augenblick tatsächlich verfolgte, waren sie einzig und allein bestrebt ... gewissermaßen im Vorgriff auf die Geschichte die Absichten des ›Führers‹ zu erahnen, durch ihr Handeln das Vertrauen und die Gunst des Diktators zu erringen, die wiederum notwendig waren, um die eigene Machtbasis im Inneren erweitern zu können. Bei dieser Gelegenheit wurden vielfach Kartenhäuser gezimmert und Wunschträume gehegt ... Aber das alles ließ Hitler kalt; für ihn zählten lediglich der Erfolg und die Tatsache, daß er alle im Griff behielt ... Es wäre für ihn ein leichtes gewesen, ein Machtwort

zu sprechen, d. h. dem Wirrwarr ein Ende zu bereiten, eindeutigere Entscheidungen zu treffen und eine klare Abgrenzung der Kompetenzen vorzunehmen. Aber er tat dies wohlweislich nicht [77]«.
Als einer der ersten Historiker erkannte der Engländer Hugh Redwald Trevor-Roper, daß Hitler zielklar vorging und konsequent seine Weltanschauung zu verwirklichen trachtete. So erklärte er 1960 beispielsweise: Die »Auffassung eines konsequenten, zielbewußten Vorgehens ist oft bezweifelt worden. Zu Lebzeiten Hitlers wollte kaum einer von all den deutschen und ausländischen Beobachtern daran glauben – vielleicht weil sie, wie gewisse Staatsmänner des Westens, angesichts der sich so erschreckend entfaltenden neuen Macht eine Vogel-Strauß-Politik betrieben, oder weil sie, wie gewisse deutsche Politiker, diese Machtentfaltung ihren eigenen, begrenzten Zielen dienstbar zu machen hofften. Ein konsequentes Vorgehen ist auch nach 1945 bezweifelt worden, und zwar von einigen Historikern, die sich von Hitlers vulgärer, unmenschlicher Natur dermaßen abgestoßen fühlen, daß sie ihm einfach nichts so Positives wie Denkschärfe und zielbewußtes Handeln einräumen wollen ... Die geschichtlichen Ereignisse haben die Auffassung der Staatsmänner widerlegt. Und ich möchte behaupten, daß die Historiker – darunter auch meine so hochgeachteten Landsleute Sir Lewis Namier, Alan Bullock und A. J. P. Taylor – den Fehler begehen, von moralischem Tiefstand auf niedrige Intelligenz zu schließen [78].«
Der politische Lebensweg Hitlers ist trotz der weltanschaulich differenziert fundierten Kontinuität seines Überbaus nicht gerade arm an Widersprüchen und Undurchsichtigkeiten. So erscheint schon der Anstoß zum Beginn seiner politischen Karriere, die er nach seinen eigenen Worten gegen seinen Willen beschritten hat [79], für die Laufbahn eines Politikers nicht gerade typisch. Hitler, der in *Mein Kampf* schrieb, daß er als Soldat während des Krieges nicht habe politisieren wollen, begann mit seiner »rein politisch aktiven Tätigkeit *« erst, als ihm dies von seinen militärischen Vorgesetzten ausdrücklich und richtungsweisend befohlen wurde **. Daß er infolge seiner Kenntnisse und Leistungen augenblicklich auffiel und nicht nur das Vertrauen, sondern auch die betonte Hochachtung seiner Vorgesetzten *** gewann,

* Hitler, S. 227. Wörtlich heißt es in *Mein Kampf* (S. 227): »Dies war meine erste mehr oder weniger rein politische aktive Tätigkeit.«
** Vgl. Maser, *Die Frühgeschichte der NSDAP*, S. 157, und in diesem Buch S. 157, 159, 160, 164 f. und 171.
*** Vgl. S. 160 ff. in diesem Buch.

deren Rang und augenblicklicher politischer Status derartige Auszeichnungen in einem besonderen Licht erscheinen lassen muß, weisen darauf hin, daß der Auftrag an einen im Grunde bereits gut vorbereiteten Mann gerichtet war, der zwar immer wieder bekundete, von ganzem Herzen eben nur Künstler und Architekt sein zu wollen *. Seine Aufnahme in die insgesamt nur 54 Mitglieder zählende ** »Deutsche Arbeiterpartei« (DAP) im September 1919 erscheint zwar als Folge eines »Zufalls«, so daß der Eindruck nicht von der Hand zu weisen ist, daß er bis dahin Anstöße zu maßgeblichen Entscheidungen nur Instanzen überließ, deren Autorität er dann wie ein prinzipienloser Opportunist für sich nutzte; aber der Schein trügt. Die Tatsache, daß Hitler sich der Partei nicht selbst anschloß, sondern ohne seine vorherige Entscheidung als Mitglied Nummer 555 eingeschrieben wurde *** und diese dreiste Bevormundung akzeptierte, obwohl er den kleinen Verein lächerlich fand ****, bestätigt dieses Bild nur dem Scheine nach. Denn immer engagierte Hitler sich nur, wenn sich ein »Auftrag« oder ein für ihn günstiger Fingerzeig der »Vorsehung« mit seinen Vorstellungen und Zielsetzungen deckte. Daß er seit seiner Aufnahme in die DAP im politischen Prisma als ein ganz neuer Mensch erscheint, kann nur behaupten, wer seinen Lebensweg nicht kennt. Von außen her erst einmal aus der buchstäblich feldgrauen Anonymität herausgehoben, war Hitler augenblicklich bemüht, im politischen Raum zu erzwingen, was er seit Jahr und Tag für richtig und möglich hielt, auch wenn seine Maßnahmen und Ziele anderen weder zeitgerecht noch erreichbar erschienen. Seit der Stunde, in der er auf Befehl seiner militärischen Vorgesetzten die Bühne der Politik betrat, war er unbeirrbar, beherrschte er sein Metier meisterhaft *****, spann er wie ein versierter Parteifunktionär Intrigen, nutzte er Schwächen nicht nur Gleichberechtigter rücksichtslos aus und spielte übergeordnete Führungsmitglieder gegeneinander in einer Weise aus, die Machiavellis Lehren alle Ehre gemacht hätten.

Daß Hitler politisch besonders begabt war, bewies er bereits in den ersten Wochen seines Engagements für die Partei, die er rasch aus

* Vgl. ebenda u. a. S. 109 f. Vgl. Maser, *Hitlers Briefe ...*, S. 109 ff.
** Vgl. in diesem Buch, S. 173.
*** Vgl. Maser, *Die Frühgeschichte der NSDAP*, S. 166 und S. 172 f. in diesem Buch.
**** Vgl. Hitler, S. 239 f. In *Mein Kampf* nennt Hitler seine Aufnahme treffend: »Einfangung« (S. 241).
***** Vgl. z. B. S. 165 in diesem Buch.

ihrem Gartenlaubendasein herausführte und bald zu einem unübersehbaren innenpolitischen Machtfaktor machte. Als er im Juli 1921, auf den Tag genau vorbereitet, stark genug zu sein glaubte, stellte er die Parteiführung vor die Alternative, entweder ihn als autoritären Parteiführer zu akzeptieren, oder auf ihn und seine weitere Hilfe zu verzichten, was die Partei sich infolge seiner Positivbilanz nicht mehr leisten konnte [80]. Zwischen 1921 und 1923 stilisierte er sich (mit Hilfe einiger maßgeblicher Männer seiner Umgebung) zum Führer und legte den Grundstein zur Organisierung der Führerlegende.

Während seiner Festungshaft in Landsberg am Lech fand Hitler Zeit, sich nicht nur auf seine nach außenhin neu artikulierte Politik vorzubereiten. Um wieder dort anknüpfen zu können, wo er im November 1923 nach vierjährigem Engagement gewaltsam hatte aufhören müßen, schwor er nach seiner vorzeitigen Entlassung aus der Haft dem Risiko eines gewaltsamen Umsturzes ab und versprach, nunmehr »legal« an die Macht kommen zu wollen. Augenblicklich nutzte er die Freiheiten, die die Verfassung garantierte und zerstörte sie systematisch, indem er mit ihren Buchstaben ihren Geist bekämpfte. Er schickte im Gegensatz zu seinen bis dahin von ihm vorbereiteten Lehren über die nationalsozialistische Bewegung, seine Vertreter in die Länderparlamente und in den Reichstag, die er stets geringschätzig als »Schwatzbuden« bezeichnet hatte. Daß er damit nur sein Ziel, die Machtergreifung, zu beschleunigen beabsichtigte, begriffen offenbar nicht gerade viele, obwohl nicht nur er und Goebbels offen erklärten, wieso dies geschah. So schrieb Goebbels zum Beispiel am 30. April 1928 in der von ihm herausgegebenen Zeitung *Der Angriff*: »Wir gehen in den Reichstag hinein, um uns im Waffenarsenal der Demokratie mit deren eigenen Waffen zu versorgen. Wir werden Reichstagsabgeordnete, um die Weimarer Gesinnung mit ihrer eigenen Unterstützung lahmzulegen. Wenn die Demokratie so dumm ist, uns für diesen Bärendienst Freifahrtkarten und Diäten zu geben, so ist das ihre eigene Sache ... Uns ist jedes gesetzliche Mittel recht, den Zustand von heute zu revolutionieren. Wenn es uns gelingt, bei diesen Wahlen sechzig bis siebzig Agitatoren unserer Partei in die verschiedenen Parlamente hineinzustecken, so wird der Staat selbst in Zukunft unseren Kampfapparat ausstatten und besolden ... Man soll nicht glauben, der Parlamentarismus sei unser Damaskus ... Wir kommen als Feinde! Wie der Wolf in die Schafherde einbricht, so kommen wir. Jetzt seid Ihr nicht mehr unter Euch!«

Die Tatsache, daß Hitler von April 1925 bis Februar 1932 staatenlos * war und sich damit als Parteipolitiker mit Staatsführungsambitionen ** eigentlich in einer hoffnungslosen Position befand, wußten er und seine einflußreichen Parteigenossen in dem Augenblick aus der Welt zu schaffen, in dem er sich darauf vorbereitete, auf dem Wege über die Reichspräsidentenwahl »legal« deutscher Staatschef zu werden. Während die Versuche, ihn wegen Bedrohung und Störung der öffentlichen Ordnung als lästigen »Ausländer« aus Deutschland auszuweisen oder auf andere Weise zu bestrafen ***, vereitelt wurden, ernannte ihn das Land Braunschweig am 25. Februar 1932 kurzer-

* Hitler war bis April 1925 österreichischer Staatsbürger (Reisepaß Nr. 6537). Im April 1925 bat er den Linzer Magistrat um die Entlassung aus dem österreichischen Staatsverband. Der Bitte wurde entsprochen. Vgl. Maser, *Die Frühgeschichte der NSDAP*, S. 336.

** Sie meldete er spätestens während seines Putsches im November 1923 an.

*** Im Frühjahr 1922 erwogen sowohl sozialdemokratische als auch bürgerliche bayerische Politiker, Hitler als lästigen Ausländer auszuweisen. Im bayerischen Landtag und im Reichstag wurde seine Ausweisung gefordert. Der sozialdemokratische bayerische Politiker Erhard Auer, der Hitler nur »für eine komische Figur« hielt, trat im März 1922 jedoch so nachdrücklich für demokratische freiheitliche Grundsätze ein, die er auch auf Hitler angewendet sehen wollte, daß die Ausweisung unterblieb. Vgl. Maser, *Die Frühgeschichte der NSDAP*, S. 334 f.
1930 drohte Hitler von den preußischen Innenministern Albert Grzesinski und Carl Severing die Ausweisung oder Bestrafung nach §§ 128, 129 und StGB. Sie ließen von der Abt. I a der politischen Polizei des Berliner Polizeipräsidiums Untersuchungen anstellen, wieweit sich Hitler und seine Unterführer der NSDAP gegen das Gesetz vergangen hatten. Die von dem Justitiar der Polizeiabteilung des Preußischen Innenministeriums Dr. Robert M. W. Kempner, dem späteren Min.-Rat Dr. Schoch und Dr. Johannes Stumm (nach 1945 Polizeipräsident von West-Berlin) vorgenommenen Untersuchungen, die sowohl an das Reichsjustizministerium als auch an das Reichsinnenministerium weitergeleitet wurden, ergaben, daß sowohl Hitler als auch einige seiner Unterführer wegen begangener strafbarer Handlungen verfolgt werden müßten. Die Reichsinstanzen unterließen die strafrechtliche Verfolgung Hitlers (der Oberreichsanwalt Karl August Werner, der nach 1933 im Amt blieb, war Hitler, wie Kempner am 27. 7. 1972 schriftlich noch einmal bestätigte, sehr gewogen) und verzichteten auf ein Verfahren. Kempners Versuch (unter dem Pseudonym »Procurator«), den Oberreichsanwalt auf dem Wege über einen Artikel in der Zeitschrift *Die Justiz* (Nr. 11, August 1930) öffentlich an seine Pflicht zu gemahnen, änderte nichts daran. Auch die Tatsache, daß Hitler inzwischen im sogenannten Ulmer Reichswehrprozeß im Herbst 1930 die Legalität der NSDAP beschworen – und damit einen Meineid geleistet – hatte, schadete Hitler nicht. Am 7. August 1932, 2 Wochen nach Papens Staatsstreich vom 20. Juli 1932, der die amtsmüde sozialdemokratische preußische Regierung mit Hilfe der Reichswehr aus dem Amt drängte und Hitler damit den machtpolitischen Schlüssel zum Reich fast schon in die Hände legte, schloß der Oberreichsanwalt Werner das Verfahren gegen Hitler und lehnte eine Strafverfolgung ab. Vgl. dazu besonders Kempner, *Research Studies of the State College of Washington*, Vol. XIII, Juni 1945.

hand * zum Regierungsrat und verlieh ihm damit automatisch die deutsche Staatsbürgerschaft **.

Während Politiker sich normalerweise an der Wirklichkeit orientieren, war Hitlers Denken hauptsächlich darauf angelegt, die Wirklichkeit auf das Prokrustesbett zu zwingen, das seine Weltanschauung als Realität voraussetzte. Er hat die von ihm verachtete und zeitlebens bekämpfte marxistische Geschichtstheorie, nach der die ökonomische Basis den ideologischen Überbau bestimmt, eine Zeitlang buchstäblich ad absurdum geführt und nicht ohne Erfolg versucht, die Welt nach seinem – zum Teil kraß wirklichkeitsfremden – Bild zu gestalten. Da dies nur mit Hilfe exakt funktionierender, antidemokratisch orientierter Kader möglich war, schuf er sich seit Beginn seiner politischen Tätigkeit stets systematisch den Apparat, mit dem er seine Ziele verwirklichen zu können hoffte. Die Partei wurde von ihm – wie später der Staat – wie eine preußische Schulklasse im Zeitalter des Soldatenkönigs geführt, jeder wie ein Soldat dem Kommando seines Vorgesetzten untergeordnet. Keine Abstimmungen, keine Beratung und keine Widersprüche durfte es seit Juli 1921 in der nach militärischem Vorbild organisierten NSDAP geben ***. Ausschüsse hatten seit 1921, seit Hitler nach einem von ihm raffiniert und zielklar ausgeklügelten Plan zum diktatorisch herrschenden Führer der NSDAP avanciert war [81], nur dekorative Funktionen. Zusammenschlüsse und Koalitionen mit Partnern, die Gleichberechtigung beanspruchten, gab es seitdem nicht mehr. Hitler lehnte, um hier nur einige exemplarische Beispiele anzuführen, die im Prinzip auch für seine spätere Politik bezeichnend sind, nicht nur den Zusammenschluß seiner Partei mit den nach 1918 in großer Zahl vorhandenen Splittergruppen mit ihrer

* Ein Versuch, ihn als außerordentlichen Professor für »organische Gesellschaftslehre und Politik« an die Technische Hochschule Braunschweig zu berufen, war infolge fehlender Examina und Studiendiplome – und der Furcht vor Unruhen in der Hochschule – unmittelbar zuvor gescheitert. Aktenvermerk des braunschweigischen Gesandten Boden vom 26. 2. 1932. Bundesarchiv Koblenz, NS 26/6.

** Am 24. Februar 1933 schied Hitler formell wieder aus dem braunschweigischen Staatsdienst aus. Schriftwechsel des Braunschweigischen Staatsministeriums NS 26/6.

*** Der bis Juli 1921 für die Parteiführung maßgebliche Parteiausschuß der NSDAP, den Hitler am 14. 7. 1921 in ultimativer Form vor die Entscheidung gestellt hatte, ihm entweder diktatorische Vollmachten einzuräumen oder ihn zu verlieren, hatte sich ihm unterworfen und ihm als Antwort mitgeteilt: »Der Ausschuß ist bereit, in Anerkennung Ihres ungeheuren Wissens, Ihrer, mit seltener Aufopferung und nur ehrenamtlich geleisteten Verdienste für das Gedeihen der Bewegung, Ihrer seltenen Rednergabe, Ihnen diktatorische Machtbefugnisse einzuräumen.« Vgl. Maser, *Die Frühgeschichte der NSDAP*, S. 270.

Vereinsmeierei und Wichtigtuerei ab, sondern auch die diesbezüglichen Bemühungen größerer Gruppen und politischer Parteien. So unterband er bereits im März 1921, noch nicht der Führer der NSDAP, gegen den Willen des Ersten Parteivorsitzenden Anton Drexler, den Zusammenschluß mit der im April 1920 in Hannover gegründeten Deutschsozialistischen Partei (DSP), die wie die NSDAP grundsätzlich antisemitisch, sonst aber relativ demokratisch ausgerichtet war, sich im Mai 1920 im Gegensatz zur NSDAP an Reichstagswahlen beteiligte * und – anders als die auf München beschränkte NSDAP – bereits über Ortsgruppen, unter anderem in Leipzig, Berlin, Bielefeld, Duisburg, Kiel, Wanne-Eickel, München, Nürnberg und Düsseldorf verfügte und mit sudetendeutschen und österreichischen Nationalsozialisten zusammenarbeitete **. Im Keime erstickte Hitler alle Versuche, die NSDAP zu assimilieren oder zu einem gleichberechtigten Partner zu machen. Seit Beginn seiner politischen Tätigkeit war er nicht nur ein konsequenter Gegner aller demokratischen, konservativen, sozialistischen und kommunistisch ausgerichteten politischen Parteien, sondern auch aller rechten und rechtsradikalen Konkurrenten der NSDAP, gleichgültig ob sie seine »Weltanschauung« und Vorstellung über die Verwirklichung der von ihm angestrebten politischen »Bewegung« im Prinzip anerkannten oder nicht. Sowohl aus taktischen als auch aus prinzipiellen Erwägungen lehnte er die Einordnung der NSDAP in den Rahmen der rechtsradikalen Gruppen ab, die nicht nur als Parteien, sondern zum Teil auch als Kampfverbände, Geheimzirkel und Logen wirkten. Besser als jeder andere erkannte er, daß die NSDAP niemals zu der »Massenbewegung« werden konnte, solange nicht seine Zielsetzungen und Maßnahmen akzeptiert würden. Niemand durfte, seit Hitler das Heft in der Hand hatte, in die Partei aufgenommen werden, sobald er irgendwelche Bedingungen stellte. Den Übertritt geschlossener Verbände untersagte er und kün-

* Die DSP war auf der zwischenstaatlichen Tagung aller Nationalsozialisten des deutschen Sprachgebietes im August 1920 in Salzburg, rund 11 Monate vor Hitlers »Machtergreifung« im Rahmen der Partei als »Arbeitsgebiet« das Gebiet nördlich des Main zugestanden worden, während die NSDAP den Raum südlich des Main zugeteilt erhalten hatte. Vgl. Maser, *Die Frühgeschichte der NSDAP*, S. 229.

** Die tragenden Aspekte des politischen Programms der DSP bildeten u. a. die Forderung nach der Ersetzung des römischen Rechts durch ein deutsches Recht, nach einer neuen Bodengesetzgebung und einer Umgestaltung des Geldwesens mit dem Abbau der Zinswirtschaft und der Verstaatlichung des Geldwesens. Vgl. Maser, *Die Frühgeschichte der NSDAP*, S. 227.

digte die von seinen »Vorgängern« gepflegte Zusammenarbeit mit den Deutschvölkischen auf, seit er dazu in der Lage war.
Alles das übertrug er später auf Deutschland und Europa und seine Politik als Staatsmann. »Wie damals die Partei ein uneingeschränkt verfügbares Instrument gewesen war«, schrieb Hans Buchheim treffend, »so war es jetzt das Deutsche Reich; wie damals der Umsturz sein Ziel, Legalität und Straßenterror seine Taktik gewesen waren, so ging er jetzt auf die Vorherrschaft über Europa aus und versuchte seine Gegner mit einer Mischung von Friedensbeteuerungen und Gewaltdrohung zu korrumpieren. Wie er ohne Rücksicht auf das öffentliche Wohl gegen die Weimarer Republik gewühlt hatte, spekulierte er jetzt ohne Rücksicht auf die gemeinsamen Interessen der europäischen Völkerfamilie auf die Schwächen und Sonderinteressen der einzelnen Nationen; er trug kein Bedenken, die internationalen Beziehungen durch krasse Unaufrichtigkeit zu vergiften und dauernd die Gefahr eines europäischen Krieges zu riskieren. Auf diese Weise hatte er zwar binnen kurzem glänzende Erfolge aufzuweisen, wie sie demokratische Politiker noch längst nicht erreicht hätten, verhinderte aber dafür die sich anbahnende Stabilisierung Europas und machte sich alle Welt zum Feind. Hitlers alte Scheu, seine Handlungsfreiheit durch Koalitionen einzuengen, äußerte sich in der Außenpolitik darin, daß er mehrseitige internationale Bindungen, Pakte und Institutionen mied, bei denen er es mit mehreren Partnern zugleich zu tun hatte und alle getroffenen Abmachungen von mehreren Mächten garantiert wurden. Statt dessen bevorzugte er, mit jeweils nur einem Partner zu verhandeln und zweiseitige Verträge zu schließen, über deren Einhaltung er sich nur immer mit einem Kontrahenten auseinanderzusetzen brauchte [82].«
Seit Anbeginn seiner politischen Laufbahn benutzte Hitler Intrigen, Karrieresucht, belastete Vergangenheit und das unter seinen 1918 in vielen Fällen aus ihren kleinbürgerlichen Bahnen geworfenen Unterführern ganz besonders betont ausgeprägte Geltungsbedürfnis zur Abdeckung des Raumes, das sein Führungssystem im Rahmen des traditionellen Bildes von Machtstrukturen und Führungsmethoden in politischen Parteien und Staaten nicht fugenlos zu decken vermochte. So liebte er beispielsweise die Taktik, wesentliche Machtbefugnisse in Einzelheiten nur bewußt verschwommen zu umreißen und auf Personen zu delegieren, die miteinander rivalisierten und darüber hinaus durchaus auch einen schwarzen Fleck in ihrer Vergangenheit aufweisen

durften. Von Beginn bis Ende seiner politischen Karriere hat er nicht nur gern, sondern meist auch ungewöhnlich geschickt die Erpressung als Führungsmittel praktiziert. Rivalisierende und gelegentlich mit schlechtem Gewissen belastete, immer auf seinen Macht- und Schiedsspruch, auf sein Wohlwollen und auf seine unbeschränkte Autorität angewiesene Parteifunktionäre, Beamte, Minister oder Generale, würden sich, wie er aus der Geschichtsliteratur herausgelesen hatte, erfahrungsgemäß nicht gegen ihn als ihrem »Souverän« verbünden. »Die Bösen, die etwas auf dem Kerbholz haben, sind gefällige Leute, hellhörig für Drohungen, denn sie wissen, wie man es macht«, erklärte Hermann Göring seinem Verteidiger Haensel während des Nürnberg-Prozesses und fuhr im Sinne Hitlers fort: »Man kann ihnen etwas bieten, weil sie nehmen ... Man kann sie hängen, wenn sie aus der Reihe tanzen. Laßt abgefeimte Bösewichter um mich sein – vorausgesetzt, daß ich ... die ganze Macht über Leben und Tod [83]« habe. Die persönlichen Beziehungen und ein Teil der daraus resultierenden politischen Bestrebungen und Maßnahmen, beispielsweise von Hermann Göring, Alfred Rosenberg, Joseph Goebbels und Albert Speer, belegen überzeugend, daß Hitler, der in den meisten Fällen den »richtigen« Mann fand *, seine »Pappenheimer« genau kannte. Und er kannte nicht nur sie. Geradezu unglaublich ist, was er sich seit seiner ersten entscheidenden »Machtergreifung« in seiner Partei im Juli 1921 nicht nur da, sondern als Parteipolitiker auch in Bayern und mit wechselnden Erfolgen ebenso in anderen Ländern des Reiches bis 1933 ungestraft leisten konnte. Daß dies für seine Entwicklung als Politiker von maßgeblicher Bedeutung war, hat er – im Gegensatz zu den jeweils maßgeblichen Politikern – stets augenblicklich erkannt und später oft auch ausdrücklich selbst bestätigt. Wann immer ihm zwischen 1921 und 1933 im Reich und zwischen 1933 und 1939 im In- und Ausland Grenzen von Machtfaktoren gesetzt wurden, die in der Lage waren, ihn in seine Schranken zu weisen, brauchte er seine grundsätzlichen Zielsetzungen nicht aufzugeben. So war es denn sowohl infolge seiner Weltanschauung und der sie anscheinend jahrelang bestätigenden politischen Ereignisse schließlich auch kein Wunder, daß er glaubte, alle politischen Entscheidungen vor allem von seinen Entschlüssen ab-

* Bei all dem war Hitler stets bemüht, eingearbeitete Männer, die sich bewährt hatten, gelegentlich, auch wenn sie nicht Nationalsozialisten waren, möglichst lange auf ihren Posten zu belassen, da er die Auffassung verfocht, daß er nur so auf lange Sicht planen könnte. Vgl. Picker, S. 313 f.

hängig machen zu können. Seine früh schon entwickelte Auffassung, daß er die Außenpolitik ebenso souverän wie die Innenpolitik bestimmen könnte, wenn er erst einmal an der Macht wäre, mußte infolge der in Deutschland ständig nicht nur akademisch diskutierten Frage nach dem Primat von Außenpolitik und Innenpolitik besondere Folgen haben. So bedeutete die Anerkennung des Primats des Auswärtigen als Richtlinie für die Gesamtpolitik in Hitlers Prisma letzten Endes nur eine historische Phase, die es aufzuheben galt, was er nach 1938 denn auch tat [84].

Was immer Hitler auch tat oder zu tun veranlaßte, sei es die Erschießung Ernst Röhms und zahlreicher Gegner am 30. Juni 1934, die Vereinigung der Ämter des Reichspräsidenten und des Reichskanzlers am 2. August 1934 oder die Hinrichtung der Männer und Frauen des Widerstandes, stets stilisierte die nationalsozialistische Propaganda es zu positiven und großen historischen Taten um, wobei ihr zugute kam, daß öffentliche Kritik und Gegendarstellungen grundsätzlich nicht möglich waren. Die NSDAP, die mit Hitler bereits in ihren ersten Stunden einen Agitator und Propagandisten beispiellosen Formats gefunden hatte und mit ihren Organisationen seit 1921 nicht nur sein Instrument und Troß um seiner selbst willen war, gehorchte ihm widerspruchslos und trug auf ihre Weise dazu bei, daß im nationalsozialistischen Deutschland, die Verwendung des Begriffes »Drittes Reich« untersagte Hitler vor Kriegsbeginn *, Propagandaphrasen zu unumstößlichen »Tatsachen«, staatliche Institutionen, Organisationen und Behörden zu gehorsamen Vollzugsorganen und Handlangern von Mördern und Volksbetrügern aus Überzeugung werden konnten.

Niemals hat es in Deutschland einen maßgeblichen Politiker und Staatsmann gegeben, dessen Politik so sehr der Propaganda als Vehikel bedurfte, wie es von 1933 bis 1945 bei Hitler der Fall war. Allerdings sah sich hier auch noch niemals ein Politiker vor die Situation und Aufgabe gestellt, sich von heute auf morgen von einem jahrelang hemmungslos hetzenden Agitator und alles in dem von ihm rücksichtslos bekämpften Staat Vorhandene blindwütig negierenden Parteiführer zu einem Staatsmann verwandeln zu müssen und un-

* Vgl. u. a. Rundschreiben des Stdf. gez. M. Bormann, Nr. 127/39 vom 13. 6. 1939, zit. aus der Bekanntgabe an die Mitarbeiter der DRbg. im Rundschreiben Nr. 6/39 des Verwaltungsamtes DRbg., gez. Puttkammer, vom 26. 6. 1939, BUE 53, Bl. 0357 267. Vgl. dazu auch Bollmus, Reinhard, *Das Amt Rosenberg und seine Gegner*, Stuttgart 1970, S. 326.

mittelbar einzulösen, was er bis dahin an positiven Verheißungen formuliert hatte, die von ihm nach menschlichem Ermessen nicht oder nur schwerlich realisiert werden konnten. Um sich nicht unnötig Lügen strafen zu müssen, verquickte er seine Politik infolge der von ihm geschaffenen Voraussetzungen derartig mit der Propaganda, daß wesentliche außenpolitische und strategische Maßnahmen beispielsweise während des Zweiten Weltkrieges von vornherein zum Scheitern verurteilt sein mußten *.

Aber Hitler verstand dennoch meisterhaft, nicht nur einen Großteil des deutschen Volkes für sich zu gewinnen, sondern darüber hinaus so total zu verführen, daß es in der Geschichte dafür kein Beispiel gibt. Nahezu immer ist sein Bekenntnis, »nicht aus Bescheidenheit wollte ich damals ›Trommler‹ sein, das ist das Höchste, das andere ist eine Kleinigkeit [85]«, falsch verstanden worden, obwohl ihm seit Anbeginn seiner politischen Karriere eben nicht nur die »Masse« gefolgt ist. »Sicher ist ... daß die Gebildeten oft nur halben Herzens mitmachten, ja mit innerstem Widerstreben ... Dennoch bleibt ... die Tatsache: Die geistige Schicht hat mitgemacht ... Die Ideologie des Nationalsozialismus hat nicht nur Bierkeller und Massenarenen erdröhnen lassen, sie hat auch die Studierstuben vernebelt. Was sich da hervorwagt, ist der unsichere Enthusiasmus, mit dem man sich in eine Zeitwende schickt. Unzweideutig spricht hier die Faszination durch die Hitlersche Ideologie [86]«. Hitler kannte »sein« Volk und die »Masse«, die er haßte. Mehr noch als das: er verachtete sie, und er sagte das auch offen und ohne Bedenken – und fand dennoch ihren Beifall.

Daß er es mit dem Beifall allein allerdings niemals genug sein lassen würde, lag auf der Hand; denn er wollte seit jeher das Volk ja nicht nur beherrschen, sondern seine totale geistige Ummodelung und »Neuschöpfung« nach rassenideologischen Prinzipien verwirklichen. Wie wichtig dieser Hinweis noch einmal auch in diesem Zusammenhang ist, beweist die Tatsache, daß in der wortreichen Faschismus-Forschung trotz aller historisch gesicherten Fakten über Hitler, seine Weltanschauung und das nationalsozialistische Regime noch keine Einhelligkeit darüber herrscht, ob die Hitler-Herrschaft ein autoritäres oder totalitäres Regime gewesen ist **.

* Vgl. die diesbezüglichen Feststellungen im letzten Kapitel.

** So erscheint der Nationalsozialismus als Herrschaftssystem auch in jüngster Zeit noch als ein bloß autoritäres Regime, weil Hitler angeblich »keine Revolution im Sinne eines tiefgreifenden gesellschaftlichen Strukturwandels« angestrebt habe (vgl.

Die Propaganda, der der jederzeit zu bildhaften Simplifizierungen und Abstraktionen fähige, geniale Redner Hitler einen entscheidenden Anteil seiner politischen Karriere verdankte *, bildete in seiner Politik seit 1919 einen der maßgeblichen Aspekte. Nicht von ungefähr sagte Joseph Goebbels am 17. Juni 1935: »Was wäre diese Bewegung ohne die Propaganda geworden! Und wohin geriete dieser Staat, wenn nicht eine wirkliche schöpferische Propaganda ihm heute noch das geistige Gesicht gäbe [87]!« Die Rolle, die Hitler der Propaganda zuordnete, läßt sich umrißhaft schon aus Behauptungen herauslesen, die er mit realen Möglichkeiten identifizierte. So gab er beispielsweise vor, überzeugt zu sein, daß Deutschland 1918 den Krieg nur verlor, weil die deutsche Propaganda versagt habe. Die militärische Niederlage, die die populärsten deutschen Militärs des Ersten Weltkrieges, Feldmarschall von Hindenburg und General Ludendorff, offen eingestanden, hat der Propagandist Hitler einfach ignoriert und durch propagandistisch artikulierte Deutungen in seinem Sinne umgemünzt. Hitler wußte, daß er, wenn er mit seiner Weltanschauung als Politiker Erfolg haben wollte, die »Willensfreiheit des Menschen [88]« beeinträchtigen mußte, zumal nach dem verlorenen Weltkrieg. Seine Erklärung, daß Propaganda »ein Mittel« sei und »vom Gesichtspunkt des Zwecks [89]« beurteilt werden müsse, verrät deutlich, daß er über-

z. B. Greiffenhagen / Müller / Kühnl, *Totalitarismus. Zur Problematik eines politischen Begriffs,* List Taschenbücher der Wissenschaft, Nr. 1556). Die unmittelbar nach 1945 in westlichen Ländern verfochtene Faschismus-Theorie legte den Faschismus unter offiziellen Auspizien amtlich aus. Er erschien als verallgemeinernde Bezeichnung für die Herrschaftssysteme der Mächtegruppe, die den »Demokratien« im Kriege gegenübergestanden hatten: Deutschland, Italien und Japan. Nach dem Nürnberger Prozeß und mit dem Beginn des Kalten Krieges wurde nicht nur der Nationalsozialismus, sondern auch der Stalinismus als Faschismus definiert, wogegen der italienische Faschismus und das Franco- und Horthy-System als autoritäre Regime dargestellt und von dem am Faschismus orientierten Begriff des Totalitarismus abgesetzt waren. Mit der Verminderung des Kalten Krieges um 1960 setzte sich die Auffassung durch, daß der italienische Faschismus ein voll entfalteter Totalitarismus gewesen sei und der Nationalismus eine seiner Spielarten. Martin Lipset sah den Faschismus (1959) klassenanalytisch und bezeichnete ihn als den Extremismus der Mittelklasse und zwangsläufige Erscheinung der westlichen Gesellschaft, während er zuvor schon in den Staaten des Ostblocks mit dem Imperialismus identifiziert worden war. Erst nach 1960 meldeten sich allmählich Verfechter von Begriffs-Analysen zu Wort, die den Faschismus nicht nur zu einem allgemein akzeptierten eigenen Forschungsfeld werden ließen, sondern ihn auch mit Hilfe historischer Methoden wissenschaftlich zu ergründen begannen, wobei vor allem Ernst Nolte (vgl. Bibliographie) ein nennenswertes Verdienst gebührt.

* Vgl. u. a. S. 162 ff., S. 165, S. 172 f.

zeugt war, mit ihrer Hilfe Tatsachen auf den Kopf stellen und schier Unerreichbares verwirklichen zu können. Daß sie bei dieser Zielsetzung nicht auf eine wissenschaftliche Ausbildung des einzelnen Menschen abgestellt sein dürfte, wie er lehrte, sondern »in einem Hinweisen der Masse auf bestimmte Tatsachen, Vorgänge, Notwendigkeiten usw., deren Bedeutung dadurch erst in den Gesichtskreis der Masse gerückt werden [90]« sollte, liegt auf der Hand. Politische Propaganda, in der es für Hitler konsequenterweise weder Ästhetik noch Humanität geben durfte, konnte nicht die Aufgabe haben, »objektiv ... die Wahrheit ... zu erforschen« und die verschiedenen Rechte abzuwägen, sondern mußte ausschließlich und ununterbrochen in »doktrinärer Aufrichtigkeit [91]« das betonen, was sie selbst verfocht. So war es nach Hitlers Auffassung denn auch beispielsweise »grundfalsch«, die Schuld am Ersten Weltkrieg womöglich »von dem Standpunkte aus zu erörtern, daß nicht nur Deutschland allein verantwortlich gemacht werden könnte für den Ausbruch dieser Katastrophe [92]«. Aus seiner Warte wäre »es ... richtig gewesen, diese Schuld restlos dem Gegner aufzubürden [93]«. Als gleichgültig sah er dabei grundsätzlich die Frage an, ob sich die Behauptungen mit den Tatsachen deckten oder nicht. Halbheiten und komplizierte Differenzierungen, die zu Relativierungen und Zweifeln anregen könnten, wollte er denn auch aus der politischen Propaganda verbannt sehen. Da die »Masse«, wie er bei Le Bon gelesen hatte, weder Zweifel im Hinblick auf die Wahrheit noch Wahrheitsdurst und Ungewißheit kennen würde und stets sehr einfach und überschwenglich reagierte, sofort das Äußerste täte und für logische Abmessungen nicht empfänglich wäre [94], war er fest überzeugt, sie entsprechend ansprechen und behandeln zu müssen. Für ihn gab es in der Propaganda daher auch eigentlich nur »ein Positiv oder ein Negativ, Liebe oder Haß, Recht oder Unrecht, Wahrheit oder Lüge, niemals aber halb so und halb so oder teilweise usw. [95]«. Differenzierungen, vorschützende Variationen dürfen in dem Rezept nicht womöglich verschiedene Schlüsse zulassen, sondern müssen »stets zum Schlusse das gleiche sagen [96]«. Ebenso habe bei der Analyse des in der Propaganda wichtigen Schlagwortes, das zwar von verschiedenen Seiten beleuchtet werden müsse, das »Ende jeder Betrachtung ... immer von neuem beim Schlagwort selber zu liegen [97]«.

Politische Propaganda muß, wo Le Bons und McDougalls Lehren Richtschnur sind, einfach sein. So hat Hitler ihr denn auch die Aufgabe zugeordnet, sich »ewig nur an die Masse [98]« zu richten, die grundsätzlich angeblich nicht zu unterscheiden vermag, wo zum Beispiel »fremdes Unrecht endet und das eigene beginnt [99]«. Für Le Bon, nach dessen Ansicht die intellektuelle Leistung vom Kollektiv gehemmt und die Affektivität in der Masse gesteigert wird, ist das Individuum ein willenloser Automat, sobald es sich in der Masse befindet, ein um seine Persönlichkeitswerte gebrachtes Triebwesen mit primitivem Heroismus und leicht entzündbarem Tatendrang, das ein wortgewaltiger politischer Führer mit »persönlichem Prestige« (ein Herr der Masse) zu hypnotisieren und mit dem Gefühl einer unüberwindlichen Macht zu infizieren vermag [100]. Es ist ein in Bildern denkender, rasch beeinflußbarer, durch das Beispiel wirkungsvoll leichtgläubiger und für einfache Wiederholungen und Übertreibungen empfänglicher Barbar ohne objektives Rechtsempfinden und Verantwortungsgefühl [101]. Alles das findet sich bei Hitler wieder. Während Le Bon erklärt, daß das »bewußte Geistesleben (in der Masse) ... nur einen ... geringen Teil neben dem unbewußten Seelenleben [102]« ausmacht, lehrt Hitler ein wenig abgewandelt: »Die Aufnahmefähigkeit der großen Masse ist nur sehr beschränkt, das Verständnis klein, dafür jedoch die Vergeßlichkeit groß [103].« Für die politische Praxis folgerte er unter Anlehnung an Le Bon daraus: »jede wirkungsvolle Propaganda (hat sich) auf nur sehr wenige Punkte zu beschränken, bis auch bestimmt der Letzte unter einem solchen Worte das Gewollte sich vorzustellen vermag. Sowie man diesen Grundsatz opfert und vielseitig werden will, wird man die Wirkung zum Zerflattern bringen, da die Menge den gebotenen Stoff weder zu verdauen noch zu behalten vermag. Damit aber wird das Ergebnis wieder abgeschwächt und endlich aufgehoben [104].« Für die »Intelligenz, oder was sich heute leider häufig so nennt«, polemisiert Hitler in *Mein Kampf* bissig, »ist ... wissenschaftliche Belehrung [105]« da, die sich für ihn von der Propaganda so unterscheidet, wie ein Plakat von der ausgestellten Kunst, auf die es nur aufmerksam machen soll [106]. So hat die Propaganda sich nach Hitlers Überzeugung auch »immer mehr« an »das Gefühl« als an den »sogenannten Verstand [107]« zu wenden, zumal das »Volk ... in seiner überwiegenden Mehrheit so feminin veranlagt und eingestellt« ist, »daß weniger nüchterne Überlegung«, als »vielmehr gefühlsmäßige Empfindung sein Denken und Handeln bestimmt [108]«. Dieser Auffassung trug Hitler nicht zuletzt auch in der Weise Rechnung, daß seine Reden von Zeremonien umrahmt werden mußten, die besonders geeignet erschienen, das Gefühl anzusprechen: Fahnen,

Trommelwirbel, Beleuchtungseffekte, der Weg durchs stehende oder sitzend wartende Publikum zum Katheder und die Hymne gehörten zu Hitler-Reden wie Ministranten, was Hitler als Kind einmal war *, zu katholischen Priestern während der Gottesdienste.
Da Hitler die Propaganda nicht als »Notwendigkeit an sich«, sondern als Mittel zur Erreichung seines Zwecks definierte, der mit der Auslösung einer politischen Massenbewegung identisch war, mußte sie grundsätzlich volkstümlich sein und ihr »geistiges Niveau« einstellen »nach der Aufnahmefähigkeit des Beschränktesten unter denen, an die sie sich zu richten gedenkt [109]«. Hitler ging davon aus, daß das Niveau der Propaganda stets sowohl von der Wichtigkeit des Zieles als auch vom Umfang derjenigen abhängig zu machen sei, die angesprochen und gewonnen werden sollten. Sein Schluß: je größer die Masse und je höher und wichtiger das gesteckte Ziel, um so einfacher hat die Propaganda für dieses Ziel zu sein [110]; denn je »bescheidener ... ihr wissenschaftlicher Ballast ist und je mehr sie ausschließlich auf das Fühlen der Masse Rücksicht nimmt, um so durchschlagender der Erfolg [111]«. Die knapp formulierten Ratschläge für die Propagandisten lauten aus der Sicht Hitlers, der die Welt stets durch das Medium seines jeweiligen Zwecks sah, den er immer zum Drehpunkt der Welt zu machen vermochte: »Wirkung auf die breite Masse, Konzentration auf wenige Punkte, immerwährende Wiederholung derselben, selbstsichere und selbstbewußte Fassung des Textes in den Formen einer apodiktischen Behauptung, größte Beharrlichkeit in der Verbreitung und Geduld im Erwarten der Wirkung [112].«
Die betonte Abneigung Hitlers gegenüber Intellektuellen in der Politik, gewöhnlich fälschlich als unbewußtes Eingeständnis einer Unsicherheit und Unterlegenheit gegenüber Fachleuten gedeutet, beruhte auf der ebenso unzutreffenden Überzeugung Hitlers, daß Intellektuelle sich grundsätzlich als Sand im Getriebe der Politik erwiesen [113]. Daß Intellektuelle in der Politik zuweilen das Gegenteil von dem anzurichten vermögen, was Hitler für üblich hielt, beweisen aus der Zeit vor ihm beispielsweise die Tagebücher Kurt Riezlers [114], der von Bethmann Hollweg, dem Reichskanzler, der das Deutsche Reich in den Ersten Weltkrieg führte, als Sekretär und Intimus diente. Wichtiger als dies ist in diesem Zusammenhang allerdings, daß Hitler nach 1933 im Prinzip »nur« vollzog, was seit der Bismarckzeit in Deutschland

* Vgl. S. 56 in diesem Buch.

und Österreich nicht nur akademisch diskutiert worden ist. Und sie belegen, daß manches von dem, was aus Hitlers Mund ungeheuerlich klang und gemeinhin gern als blindwütig pervertierter Machtanspruch eines Halbgebildeten bezeichnet wird, längst vor ihm gedacht und von Politikern niedergeschrieben wurde, denen die Nachwelt Kränze flicht. So stammt beispielsweise das Bekenntnis, »Ich ... empfinde Verbrechen im Dienste der Sache als durchaus richtig, durch die Härte der Welt gegeben [115]«, nicht von Hitler, sondern von Riezler. Und auch die Eröffnung, »Gottvertrauen oder Leichtherzigkeit, Glaube oder Verblendung – es gilt ganz gleich, denn nur so können wir siegen [116]«, steht nicht in *Mein Kampf*, sondern in Riezlers Tagebuch. Ebenso könnte von Hitler stammen, was Riezler im Oktober 1918 notierte, nachdem er als Kabinettchef des Außenministers in der jungen parlamentarischen Demokratie mit den politischen Parteien verhandeln mußte: »Schrecklich die collegialischen Beratungen, bei lauter unpolitischen Köpfen ... jeder gibt seinen Senf dazu – das kann gar nicht laufen [117].«
Im Gegensatz zu dem 7 Jahre älteren Riezler, der vor seiner Tätigkeit bei Bethmann Hollweg, in der Zeit, in der Hitler sich in Wien auf eine Architekten-Laufbahn vorbereitete, Reden des Reichskanzlers von Bülow entworfen und nach dem Ersten Weltkrieg das Büro des Reichspräsidenten Friedrich Ebert geleitet hatte, war Hitler vom Sinn der Geschichte fest überzeugt [118], so daß man leicht geneigt sein könnte, seine beunruhigende Ungeduld, die sich auch während seiner Reden in zuweilen bestürzender Weise zeigte [119], als Folge seines Verhältnisses zur Geschichte erklären zu wollen. Das aber wäre falsch; denn hinter seinen seit 1937 immer hektischer drängenden politischen Entscheidungen und Maßnahmen stand nicht die Überlegung, womöglich zu spät gekommen zu sein und seine Stunde verpaßt zu haben, sondern die Vorstellung, nur noch kurze Zeit zu leben und nicht mehr Zeit genug zu haben, die Geschichte im Sinne seiner Weltanschauung zu erfüllen. Rund 20 Jahre lang hat er bewiesen, daß er, wenn er es aus taktischen Erwägungen für richtig hielt, warten konnte: so zum Beispiel 1919 zur Zeit der Räteherrschaft in München, 1921 während seiner Machtergreifung in der NSDAP, 1924 während seiner Festungshaft, im August 1932, als ihm das Amt des Vizekanzlers angetragen wurde und 1934 vor der Röhm-Affäre usw. Aber dann, seit er krank ist und glaubt, daß seine Tage gezählt seien, ist Ungeduld und Hektik spürbar, nicht nur im Rahmen seiner politischen Entscheidungen. Am

5. November 1937 formuliert er sein politisches, am 2. Mai 1938 sein privates Testament *. Sein Arzt und seine unmittelbare Umgebung spüren diesen Wandel, der sie beängstigt, seitdem täglich mehr **. In der Außenpolitik wird Hitlers Ungeduld erstmals während der Sudetenkrise aufdringlich sichtbar, als es Chamberlain und Mussolini gelingt, ihn zu hindern, die Tschechoslowakei durch einen militärischen Einsatz niederzuwerfen. Was ihn treibt, zeigt sich 1939 auf dem Höhepunkt der Polenkrise bereits in geradezu erschreckender Deutlichkeit, als er buchstäblich Angst hat, daß irgendein »Kerl« kommen und ihn davon abhalten könne, nun endlich mit dem ersten »Blitzkrieg« zu beginnen, obwohl er militärisch dazu eigentlich noch gar nicht in der Lage ist ***. Und dann wird es rasch noch schlimmer, wozu nicht nur die ständig zunehmende Verschlechterung seines Gesundheitszustandes beiträgt, sondern auch die Tatsache, daß er im Laufe des Krieges nicht in der Lage ist, überall die Gewalt hinter seine Forderungen zu setzen und die Politik so zu treiben, wie sie seinen machtpolitischen Vorstellungen entspricht. Frankreich hatte er besetzt. England, wo Winston Churchill den Krieg gegen Hitler für unumgänglich hielt, war auch nach Hitlers schnellem Sieg über Frankreich nicht bereit, sich an seine Seite zu stellen. Franco gab seinem Drängen nicht nach, sich am Krieg zu beteiligen und Gibraltar anzugreifen. Japan befand sich außerhalb seines Machtbereiches, und die Sowjetunion war nach Molotows Besuch im November 1940 in Berlin nicht dafür zu gewinnen gewesen, die Briten im Süden des asiatischen Kontinents zu beunruhigen. Der im Juni 1941 unter dem Decknamen »Barbarossa« begonnene Feldzug, den Hitler nicht als »Blitzkrieg« beenden kann, was er bald erfahren muß, verläuft buchstäblich synchron mit dem Wandel seiner Persönlichkeit. So hat ihm auch der Krieg niemals die Ruhe gebracht, auf deren Wiederkehr er bis 1942 hoffte ****.

Nachdem Hitler den Höhepunkt seiner Laufbahn überschritten hat und weiß, daß er den Krieg nicht als Sieger überstehen wird *****, will er einen Politiker stets nach seinen positiven Werten und Verdiensten beurteilt [120] sehen, alle Pessimisten am liebsten umbringen [121] und

* Vgl. S. 375 und S. 469f. in diesem Buch.
** Vgl. das 8. Kapitel in diesem Buch.
*** Vgl. S. 465, S. 469 und vor allem S. 489ff. in diesem Buch.
**** Vgl. dazu S. 109 in diesem Buch.
***** Vgl. S. 513 und Anm. ** S. 507.

verlangt vom Politiker schlechthin, daß er auf seinem Gebiet tapferer als ein Soldat im Felde sein müsse [122]. Er solle nicht über große politische Erfahrungen verfügen [123], auf den reflektierenden Nachvollzug historischer Entscheidungen verzichten [124] und historische Beispiele ignorieren, obwohl er selbst die Geschichte immer wieder bemüht und auf seine vielen Erfahrungen auf politischem Gebiet verweist. Aber er nimmt stets auch für sich in Anspruch, der große Programmatiker zu sein, der aus der Kenntnis der Geschichte und ihrer Zukunft der Politik die Richtlinien weisen müsse. So meditiert er beispielsweise am 9. April 1942: »Wenn zum Beispiel die Schlacht auf den Katalaunischen Feldern nicht einen Sieg Roms über die Hunnen gebracht hätte, wäre der kulturelle Aufschwung des Abendlandes niemals möglich gewesen, und es wäre der damaligen Kulturwelt ein Untergang beschieden gewesen, wie er uns von seiten der Sowjets bevorstand [125].« Seine Feststellung, daß der ideale Politiker einen harten Charakter haben, kühn, optimistisch und zäh [126] sein müßte, verrät deutlich, daß er sich selbst als Vorbild beschrieb. Dagegen meinte er sich selbst sicher nicht, als er postulierte, daß Politiker nicht zu viel Erfahrung haben [127] und nicht zu viel wissen sollten [128], weil »Vielwisser« in Krisensituationen infolge ihrer Kenntnis negativer Analogien in ihrer Entscheidungsfreiheit gehemmt würden und unter diesen zusätzlichen Belastungen zwangsläufig leichter durchdrehten [129] als Männer, die über geringere Kenntnisse verfügten. Daher wollte er denn auch keine bemerkenswerten intellektuellen Kritiker öffentlicher Zustände mit größerer politischer Verantwortung – oder gar mit Ministerämtern – betraut sehen, weil sie nach seiner Auffassung zu vorsichtig seien, alles richtig machen wollten und dadurch zu »Leisetretern« würden und als Politiker untauglich sein müßten [130]. Politiker, die bei der Beurteilung »realer Geschehnisse« das Wörtchen »wenn« in der Weise berücksichtigten, daß es die Entscheidungsfreudigkeit hemmte, bezeichnete er seit 1942 als falsch programmiert [131], obwohl er sich selbst bei Entscheidungen, die er zu der Zeit als Feldherr und Stratege traf, nicht selten von solchen »wenn«-Überlegungen beeinflussen ließ, was einige seiner Generale später bewog, darin sogar die Ursache für einen Teil der deutschen Fehlschläge und Niederlagen zu sehen. Aber Hitler hielt sich nicht nur darin nicht an seine Lehren und Modell-Rezepte. So hatte er in *Mein Kampf* beispielsweise postuliert, daß ein »anständiger« Politiker abzutreten habe und sich künftig weder um das Vertrauen seiner »Mitbürger« noch um die Fortsetzung einer politischen Funktion überhaupt bemühen dürfe, wenn er einmal »die Plattform seiner allgemeinen Weltanschauung ... weil als falsch erkannt, verlassen [132]« mußte. Nachdem er uneingeschränkter Herr über Leben und Tod sowohl des Einzelnen als auch des Volkes und Reiches geworden war, hatte sein Leben verwirkt, wer sich darauf zu berufen und zu bekennen wagte, daß die Politik und Geschichte nicht den Gesetzen gehorchten, die Hitler für allein gültig hielt. In *Mein Kampf* hatte er 1925 geschrieben: »In einer Stunde, da ein Volkskörper sichtlich zusammenbricht und allem Augenscheine nach der schwersten Bedrückung ausgeliefert wird, dank des Handelns einiger Lumpen, bedeuten Gehorsam und Pflichterfüllung diesen gegenüber doktrinären Formalismus, ja reinen Wahnwitz [133].« In der Nacht vom 20. zum 21. Juli 1944, nachdem der Versuch einiger derjenigen gescheitert war, die im Sinne seiner *Mein-Kampf*-Version und der 1933 von ihm abgelegten Gelöbnisse * gehandelt hatten, erklärte er dem deutschen Volk nach dem mißglückten Attentat: »Eine ganz kleine Clique ehrgeiziger, gewissenloser und zugleich verbrecherischer dummer Offiziere hat ein Komplott geschmiedet, um mich zu beseitigen und zugleich mit mir den Stab der deutschen Wehrmachtführung auszurotten **.«

Wie Hitler sich schon vor seiner Machtübernahme mit dem Reich identifizierte und sich dabei immer nur selbst meinte, wenn er »Deutschland« sagte, so ignorierte er den Willen des Volkes nach seiner Machtübernahme, obwohl er ihm bis dahin feierlich in Wort und Schrift das Gegenteil gelobt hatte. Nicht einmal zur Zeit seiner entscheidenden außenpolitischen Mißerfolge und militärischen Niederlagen war er willens, sich an sein Wort zu halten, daß er abtreten

* Am 10. 2. 1933 sagte Hitler: »Deutsches Volk ... ich schwöre, so ... wie ich in dieses Amt eintrete, so will ich dann auch gehen« (zit. nach Domarus, Bd. I/1, S. 207). Am 24. 2. 1933 sagte er: das deutsche Volk »soll dann richten und entscheiden und urteilen, und soll dann meinetwegen mich kreuzigen, wenn es glaubt, daß ich meine Pflicht nicht erfüllt habe« (*Völkischer Beobachter* vom 25./26. 2. 1933). Am 24. 10. 1933 erklärte er im Berliner Sportpalast: »Wenn ich mich jemals hier irren würde oder wenn das Volk einmal glauben sollte, meine Handlungen nicht decken zu können, dann kann es mich hinrichten lassen: Ich werde ruhig standhalten« (vgl. *Völkischer Beobachter* vom 26. 10. 1933).

** Zit. nach Kramarz, *Claus Graf von Stauffenberg. Das Leben eines Offiziers.* Frankfurt/M. 1965, S. 11. Zum 20. Juli 1944 und zu weiteren Umsturz- und Attentatversuchen vergleiche die umfassende Darstellung von Peter Hoffmann, *Widerstand, Staatsstreich, Attentat* (vgl. Bibliographie).

werde, falls er einmal empfindlich versage *. Es ist müßig, nach Antworten auf die Frage zu suchen, ob Hitler sich auch so verhalten hätte, wenn er nicht krank geworden wäre und sein Persönlichkeitsbild sich infolge dieser Krankheiten nicht – zum Teil extrem – verformt hätte. Auch die Tatsache hilft nicht weiter, daß zwischen 1937 und 1945 selbst in seinem »unpolitischen Intimbereich« Malerei und Architektur extreme Verzerrungen ** seiner schon vor 1914 konkret ausgeformten Vorstellungen nachzeichenbar sind.

Daß Hitler auch als Staatsmann immer eine »Boheme-Natur« geblieben sei und »die Disziplin des täglichen Regierungsgeschäftes« gehaßt und sich daher den »ihm zufallenden Aufgaben der Administration zu entziehen [134]« versucht habe, wie immer wieder behauptet wird, trifft nicht zu. Wie er von 1939 bis 1945 bewies, ordnete er sich bis zur totalen Erschöpfung einer Disziplin unter ***, die Alfred Jodl während des Nürnberger Prozesses mit einer KZ-Atmosphäre verglich. Nicht die Gewohnheiten einer eingefleischten »Boheme-Natur« und Disziplinlosigkeit und Widerwillen gegenüber notwendigen verwaltungstechnischen Fragen, sondern die differenziert begründete Vorstellung, daß die Bewältigung alltäglicher politischer Probleme einen Politiker seines Ranges prinzipiell nur am Rande interessieren dürften, bewog ihn, politische Geschäfte besonderer Art zuweilen so geringschätzig und betont nebensächlich zu handhaben. Da er allerdings nahezu alles von seinen persönlichen Entscheidungen abhängig machte, mußte sich seine Geringschätzung der Beschäftigung beispielsweise mit juristischen Problemen und Verwal-

* Wie immer die nationalsozialistische Propaganda die Lage auch darstellte, die Ereignisse ließen sich durch die Propaganda nicht beliebig lange umfälschen. Seit 1942 war es schwer, seit 1944 unmöglich, den Glauben an den deutschen Sieg aufrecht zu erhalten. Anfang 1944 überschritten die Russen die einstige Ostgrenze Polens. Im April erreichten sie die rumänische Grenze. Ihren im Juni 1944 massiert einsetzenden Angriffen konnten die deutschen Streitkräfte nicht standhalten. Im Juli fielen Minsk, Wilna, Pinsk, Grodno, Bialystok und Dünaburg in russische Hände. Die in den baltischen Staaten befindlichen deutschen Divisionen gerieten in Gefahr, eingekesselt zu werden. Die Rote Armee näherte sich Ostpreußen. Regelmäßig bombardierten die alliierten Luftstreitkräfte die deutschen Städte, Dörfer und Verkehrswege. Im März 1944 flogen die Amerikaner ihre ersten Tagesluftangriffe auf Berlin. In Italien wurden die deutschen Truppen im Mai aus ihren Stellungen geworfen und zum Rückzug gezwungen. Am 4. Juni zogen die Alliierten in Rom ein. Zwei Tage darauf eröffneten die Engländer und Amerikaner die kriegsentscheidende Invasion im Westen.

** Vgl. u. a. S. 113 in diesem Buch.

*** Vgl. dazu die entsprechenden Belege im 8. und 10. Kapitel dieses Buches.

tungs- und Finanzfragen gegen ihn selbst kehren, was sich während des Krieges, den er nicht wie Bismarck als Fortsetzung der Politik mit anderen Mitteln begriff, sondern als Notwendigkeit und geschichtlich wichtigsten Akt zur Umsetzung seiner Weltanschauung, infolge seines totalen persönlichen Engagements als Feldherr und Stratege schließlich so kraß auswirkte, daß 1943 sogar Goebbels in sein Tagebuch schrieb: »Wir treiben zu viel Kriegführung und zu wenig Politik. In der gegenwärtigen Situation, in der unsere Waffenerfolge nicht gerade übermäßig groß sind, wäre es gut, daß wir wieder mehr das politische Instrument zu handhaben verstünden [135].«
Aus weltanschaulich bestimmten Erwägungen schlug Hitler in den Wind, was seit Polybios nicht nur jedem Kriegshistoriker als selbstverständlich erscheint: die proportionsgerechte Berücksichtigung der Rolle der Politik im Kriege. Typisch für seine Verschiebung der Akzente ist seine Äußerung vom 4. Mai 1942, daß die »Bezahlung der durch den Krieg verursachten Reichsschulden« nach den eigenen Landgewinnen kein Problem darstelle [136], obwohl die Reichsschuld von 12 bis 15 Milliarden Reichsmark im Jahre 1933 auf weit mehr als 350 Milliarden Reichsmark am Ende des Krieges anstieg * und dieser Inflationsverlust zum größten Teil von den Bürgern des Deutschen Reiches ausgeglichen werden mußte [137]. Hitler stellte die Wirklichkeit auch hier auf den Kopf, beharrte auf seiner Vorstellung, daß die Zeit für politische Entscheidungen in seinem Sinne nicht reif sei [138] und wies darauf hin, was aus seiner Sicht allerdings realistisch war, daß fehlende Waffenerfolge und schwere militärische Niederlagen ihn dazu zwängen, auf Politik [139] zu verzichten.

Bis zum Schluß seines Lebens blieb Hitler, wie er bereits 1924 in *Mein Kampf* prophezeite, sowohl seiner Weltanschauung als auch den Kategorien politischen Denkens treu, mit denen er sich schon als junger Mensch in seiner partnerschaftsfeindlichen Egozentrik auf seine Weise identifiziert hatte. Daß er als Politiker stets nach Macht strebte und sie zu behalten versuchte, ist legitim und kann ihm nicht vorgeworfen werden. Politik ohne Macht und Macht ohne Erfolg sind nicht lange möglich. Aber seine Politik war menschenfeindlich, unmenschlich und unheilvoll, und er nutzte seine legitime Macht syste-

* Vgl. ebenda und Bollmus, Reinhard, *Das Amt Rosenberg und seine Gegner*, Stuttgart 1970, S. 328. Die Angaben über die Reichsschulden von 1933 differieren zwischen 12 Milliarden (Bollmus) und 15 Milliarden Mark (Picker) und zwischen 379,8 Milliarden (Bollmus) und 390 Milliarden (Picker) am Ende des Krieges.

matisch zur Erweiterung illegaler Machtbefugnisse, um vor allem seine weltanschaulich begründeten Vorstellungen durchsetzen, taktisch wendig sein und gegen jede feste Bindung verstoßen zu können, der er sich normalerweise hätte unterwerfen müssen. Und als innen- und außenpolitisch grundsätzlich machtpolitisch orientierter Politiker und Staatsmann war er in seinem Machtstreben unersättlich und suchte – durch Krankheitseinflüsse * rasch zunehmend forciert – immer mehr Macht in seinen Händen zu vereinen, als er in einer funktionsfähigen Ordnung zu konsolidieren vermochte. Die Tatsache, daß er nicht in der Lage war, dem einmal von ihm Erreichten Sicherheit und dem bereits Bestehenden Dauer zu verleihen, war eine der zwangsläufig verhängnisvollen Folgen dieser Politik. So mußten seine politischen und militärischen ** Erfolge, die er unter bestimmten Voraussetzungen erringen konnte, letzten Endes zwangsläufig zu bloßen und an der Substanz der jeweiligen Ausgangsbasis zehrenden Scheinerfolgen werden, zumal er sich infolge seiner zu sehr auf Propagandaeffekte abgestellten Politik gezwungen sah, nach innen und außen immer wieder neue Ziele für seine Agitation zu suchen.

* Vgl. die diesbezüglichen Feststellungen im 8. und 10. Kapitel.
** Vgl. dazu das letzte Kapitel.

10. KAPITEL

Der Feldherr und Stratege

Am 3. Februar 1933, vier Tage nach seiner Berufung zum Reichskanzler, hatte Hitler den Befehlshabern der Reichswehr erklärt: »Gefährlichste Zeit ist die des Aufbaus der Wehrmacht. Da wird sich zeigen, ob Frankreich Staatsmänner hat; wenn ja, wird es uns Zeit nicht lassen, sondern über uns herfallen [1].« Obwohl er sich im Gegensatz zu Konstantin von Neurath und Werner von Blomberg, die einer offenen Aufrüstung das Wort redeten, in dieser Hinsicht bis September 1933 noch zurückhaltend verhielt, ist er im Prinzip nicht erst 1933 bereit gewesen, auch militärischer Führer und Stratege * zu sein und im Vertrauen auf die Richtigkeit seines »Programms **«, seiner persönlichen Anlagen, Kenntnisse, Fähigkeiten, Intuitionen und Macht und im Rückblick auf seine bisherigen politischen Erfolge schließlich auch auf militärischem Gebiet sein Glück zu versuchen. Als im September 1939 der Krieg ausbrach, stand er, was er bis an sein Lebensende in schwierigen Situationen als Fähigkeitsnachweis hervorhob [2], nicht mit leeren Händen da, so daß er sich berechtigt und in der Lage sah, Forderungen stellen und notfalls gewaltsam durchsetzen zu können. Er hatte im Zeitraum von sechs Jahren und sechs Monaten das Ermächtigungsgesetz (24. 3. 1933) durchgebracht, den Juden im Reichsgebiet die erste Phase ihrer Hölle auf Erden bereitet [3], die Gewerkschaften beseitigt (2. 5. 1933), die »Selbstauflösung« der politischen Parteien erzwungen (Juni/Juli 1933), das Konkordat zwischen dem Reich und der Kurie abgeschlossen (22. 7. 1933), das Gesetz »über den Neuaufbau des Reiches« (30. 1. 1934) verkündet, Ansprüche der SA-Führung gegenüber der Reichswehr zugunsten der Reichswehr gelöst (30. 6. 1934), sich zum »Führer und Reichskanzler« (2. 8. 1934) gemacht und die Wehrmacht auf sich vereidigt, auf »Adolf Hitler, den Führer des deutschen Volkes und Reiches [4]«, am 19. August 1934 90 Prozent aller Stimmen der Volksbefragung, am 13. Januar 1935 91 Prozent der Wählerstimmen im Saargebiet für

* Zum Begriff »Stratege«, vgl. S. 467f.
** Mit »Programm« ist hier nicht das 25-Punkte-Programm der NSDAP gemeint, sondern Hitlers Weltmacht-Programm. Vgl. dazu S. 464.

sich und das Reich gebucht und den Beschluß des Völkerbundsrates zur Rückgabe des Saargebiets an Deutschland als seinen Sieg an seine Fahne geheftet, am 16. März 1935 die Allgemeine Wehrpflicht verkündet, am 7. März 1936 die volle militärische Souveränität durch die Besetzung der entmilitarisierten Zone des Rheinlandes hergestellt, Österreich und das Sudetenland »heimgeholt« (März bis Oktober 1938) und im März 1939 Böhmen-Mähren besetzt und das Reichsprotektorat gebildet.

Die deutschen Soldaten, die in den Krieg gegen Polen ziehen mußten, taten es zwar ohne Begeisterung; aber sie hielten es zum weitaus größten Teil doch für selbstverständlich, mit Leib und Leben zu verteidigen, was auf das Konto Adolf Hitlers kam, der in den ersten Jahren nach seiner Machtübernahme immer wieder seine Friedensliebe bekundete und auch 1939 für sie nur der große Politiker und Staatsmann mit glücklicher Hand, jedoch weder Feldherr noch Stratege war und es nach außen hin auch noch nicht zu sein beanspruchte [5]. Daß die militärischen Führer »und mit ihnen die ganze deutsche Wehrmacht«, wie Jodl vor dem Internationalen Militärgericht in Nürnberg beteuerte, 1939 »vor einer unlösbaren Aufgabe« gestanden hätten, »nämlich: einen Krieg zu führen, den sie nicht gewollt, unter einem Oberbefehlshaber, dessen Vertrauen sie nicht besaßen und dem sie selbst nur beschränkt vertrauten [6]«, trifft den Sachverhalt nur teilweise.

Sechs Jahre und sechs Monate vor dem 1. September 1939 hatte es weder Reichsautobahnen noch Ehestandsdarlehen und Kindergeld, »Kraft durch Freude«-Reisen (KDF), ungewöhnlich günstige Siedlungsmöglichkeiten für bäuerlich interessierte Deutsche, Adolf Hitler-Schulen, Nationalpolitische Erziehungsanstalten, die Wehrertüchtigung der Jugend, den Reichsarbeitsdienst, die »Versöhnung der sozialen Klassen«, das Großdeutsche Reich, ein (pervertiert) stolzes Nationalbewußtsein im Volk und Arbeit und Brot für jedermann gegeben: für viele »der Nationalsozialismus«, das ausschließliche Werk Adolf Hitlers. Die Soldaten – und der weitaus größte Teil ihrer Generale – glaubten *, was Hitler am 1. September 1939 erklärte: »Der polni-

* Vgl. dazu u. a. Manstein, *Verlorene Siege*, S. 17 ff. und S. 69 und Jodl (zit. bei Schramm, *Hitler als militärischer Führer*, S. 149). Goebbels konnte noch am 5. 4. 1940 sagen: »Bis jetzt ist es uns gelungen, den Gegner über die eigentlichen Ziele Deutschlands im unklaren zu lassen, genauso wie unsere innenpolitischen Gegner bis 1932 gar nicht gemerkt haben, wohin wir steuerten, daß der Schwur auf die Le-

sche Staat hat die von mir erstrebte friedliche Regelung nachbarlicher Beziehungen verweigert. Er hat statt dessen an die Waffen appelliert [7].« Niemals haben sie aus seinem Mund erfahren, wie die Dinge wirklich lagen; denn auch als Feldherr und Stratege blieb der Führer, der bereits 1938 die Verfechter der »nur« ein deutsches Machtzentrum in Mitteleuropa anstrebenden konventionellen Großmachtpolitik und des »liberal-imperialistischen« Kurses * aus der Verantwortung ausgeschaltet, sich über die Spitzen der außenpolitischen und militärischen Führungsinstanzen hinweggesetzt und den Dualismus in der deutschen Außenpolitik aufgehoben hatte, immer zuerst Zweck-Propagandist. Trotz *Mein Kampf* und der sonstigen zahlreichen und lauten »einschlägigen« Bekundungen Hitlers haben sie niemals von ihm erfahren, daß er eine schrittweise Ausweitung des deutschen Raumes in Europa auf dem Wege über zunächst »friedliche« politische Maßnahmen und nach deren Ausschöpfung durch lokalisierte »Blitzkriege« jeweils nur gegen einen Gegner, im Gegensatz zu seinen Feststellungen in *Mein Kampf* Kolonien in Mittelafrika gewinnen, die deutsche wehrwirtschaftliche Basis für einen zweiten »Weltkrieg« schaffen und das Reich schließlich zu einer nach rassenideologischen Prinzipien gewaltsam »geordneten Weltmacht« machen wollte [8]. Infolge seiner mehr als 20jährigen Erfahrungen berücksichtigte er in bestimmten Fällen mehr den ideologisch manipulierten Schein als die nüchterne Wirklichkeit und schwieg oder log, wenn es nötig gewesen wäre, zu reden und offen die Wahrheit zu sagen. So beschuldigte er im Laufe des von ihm begonnenen Krieges die Polen, die Juden, die Italiener, die Engländer und die Generation der Deutschen zur Zeit

galität nur ein Kunstgriff war. Wir wollten legal an die Macht kommen, aber wir wollten sie doch nicht legal gebrauchen ... 1933 hätte ein französischer Ministerpräsident sagen müssen (und wäre ich französischer Ministerpräsident gewesen, ich hätte es gesagt): Der Mann ist Reichskanzler geworden, der das Buch *Mein Kampf* geschrieben hat, in dem das und das steht. Der Mann kann nicht in unserer Nachbarschaft geduldet werden. Entweder er verschwindet, oder wir marschieren. Das wäre durchaus logisch gewesen. Man hat darauf verzichtet. Man hat uns gelassen, man hat uns durch die Risikozone ungehindert durchgehen lassen, und wir konnten alle gefährlichen Klippen umschiffen, und als wir fertig waren, gut gerüstet, besser als sie, fingen sie den Krieg an.« Zit. nach Hillgruber, *Hitlers Strategie*, S. 14.

* Hjalmar Schacht war der letzte Exponent des »liberal-imperialistischen« Kurses. Vgl. dazu u. a. Hildebrand, K., *Vom Reich zum Weltreich. Hitler, NSDAP und koloniale Frage 1919–1945*. München 1969, S. 204 ff. Vgl. dazu auch Hillgruber, Andreas, *Kontinuität und Diskontinuität in der deutschen Außenpolitik von Bismarck bis Hitler*. Düsseldorf 1969.

des Ersten Weltkrieges *, die Verantwortung für den Zweiten Weltkrieg zu tragen, der für ihn zu früh und nicht ganz »programmgemäß« kam. Am 19. September 1939, drei Wochen nachdem er dem englischen Botschafter Henderson versichert hatte, die englische Bereitschaft zur Vermittlung zwischen Polen und dem Reich akzeptieren und am 30. August einen bevollmächtigten polnischen Vertreter in Berlin empfangen zu wollen, erklärte er: »Ich weiß nicht, in welcher Geistesverfassung sich die polnische Regierung befand, die diese Vorschläge ablehnte ... Polen antwortete mit ... der Mobilmachung. Zugleich setzte ein wilder Terror ein. Meine Bitte an den polnischen Außenminister, mich in Berlin zu besuchen, um noch einmal diese Fragen durchzusprechen, wurde abgelehnt. Er fuhr statt nach Berlin nach London [9]!« Daß am 25. August 1939, zwei Tage nach seinem von den Japanern als Verletzung des Antikominternpaktes interpretierten deutschen Bündnisabschlusses mit der Sowjetunion ein englisch-polnischer Vertrag zum Zwecke der gegenseitigen Beistandsleistung zustande gekommen war, verschwieg er in diesem Zusammenhang **. »Ein mitleid- und erbarmungsloser Krieg wurde uns von dem ewigen Judentum aufgezwungen [10]«, sagte er am 21. März 1943, kurz nach der verheerenden Niederlage von Stalingrad, und am 29. April 1945 schrieb er in sein politisches Testament: Der Krieg »wurde gewollt und angestiftet ausschließlich von jenen internationalen Staatsmännern, die entweder jüdischer Herkunft waren, oder für jüdische Interessen arbeiteten [11]«. Am 18. Dezember 1940, rund acht Wochen nach der Besetzung Rumäniens und ein Vierteljahr nach dem Abschluß des von ihm initiierten Dreimächtepaktes mit Italien und Japan, beschuldigte er Italien, für den Krieg verantwortlich zu sein, da es 1939 neutral blieb und seine Position im europäischen Kräftespiel – in der Perspektive von 1939 und 1940 – schwächte. Hätte »Italien damals (1939, der Verf.) die Erklärung abgegeben«, mutmaßte Hitler 1940, »daß es sich mit Deutschland solidarisch erklärte ... wäre der Krieg nicht ausgebrochen, dann hätten die Engländer nicht angefangen, und die Franzosen hätten nicht angefangen [12].« Im Februar 1945 gestand er dagegen: »Das Bündnis mit Italien hat ganz offensichtlich mehr unseren Feinden geholfen, als es uns genützt [13]« hat.

* Ihr warf er vor, den Krieg 1918 nicht entschlossen genug fortgesetzt – und somit den Zweiten Weltkrieg verschuldet – zu haben. Vgl. Hitlers Neujahrsproklamation vom 1. 1. 1943. Zit. bei Domarus, Bd. II/4, S. 1967.
** Zu Hitlers Bündnisdeutung vgl. Maser, *Hitlers Mein Kampf*, S. 177 ff.

Da der Zweite Weltkrieg, über den es schon 1961 rund 50 000 beachtenswerte Bücher und Zeitschriftenaufsätze gab *, bis zum Spätherbst 1941 als europäischer Krieg in einer Weise verlief, die niemand für möglich gehalten hatte, gelangte Hitler in Übereinstimmung mit der Ansicht vieler namhafter Militärs zu der Überzeugung, daß er ein überragender und epochemachender Feldherr und Stratege sei. Für Generalfeldmarschall von Rundstedt war er es während der ersten Phase des Zweiten Weltkrieges, für Großadmiral Dönitz und Generaloberst Jodl war er es auch [14], nicht unbedingt nur bis Stalingrad, Tripolis und Französisch-Nordafrika. Generalfeldmarschall Günther von Kluge [15] und Generalfeldmarschall Wilhelm Keitel hielten ihn für ein militärisches Genie. Keitel bekannte 1946 unter anderem, daß der Führer nicht nur ein militärisches Führungsgenie, sondern darüber hinaus auch über »Organisation, Bewaffnung, Führung und Ausrüstung sämtlicher Armeen und aller Flotten der Erde so unterrichtet (gewesen sei, der Verf.), daß es unmöglich war, ihm auch nur einen Irrtum nachzuweisen.« Selbst »in einfacheren alltäglichen Organisations- und sonstigen Rüstungsfragen der Wehrmacht und den betreffenden Dingen war ich«, erklärte er, »der Belehrte . . . und nicht der Belehrende [16]«. Generalmajor Walther Scherff, der sich gern als »Historiker des Führers« bezeichnete, erblickte in Hitler den »größten Feldherrn und Staatsführer aller Zeiten«, was ihn bewog, Hitler im Kriegstagebuch »als Heerführer, Strategen und Mann des unbesiegbaren Zutrauens [17]« verewigen zu wollen.

* Vgl. Gunzenhäuser, »Die Bibliographien zur Geschichte des Zweiten Weltkrieges«. In: *Jahresbibliographie 1961 der Bibliothek für Zeitgeschichte Stuttgart*, Frankfurt/Main 1963, S. 529. Vgl. auch Hillgruber, *Hitlers Strategie*, S. 13. Die Zahl der gegenwärtig vorliegenden bemerkenswerten Publikationen dürfte bei weit über 100 000 Titeln liegen, denen wichtige Akten des Freiburger Militärarchivs über den Heeres-, Luftwaffen- und Marine-Aufbau bis 1939 und die Akten der Londoner Archive zur Frage der Aufrüstung hinzuzurechnen sind. Die Auswertung der französischen Akten ist vorerst noch nicht möglich, die der russischen Primärquellen in absehbarer Zeit überhaupt nicht. Das Fehlen der französischen Unterlagen stellt indes kaum eine wesentliche Lücke dar, da alle maßgeblichen Entscheidungen in London getroffen wurden. Trotz der ungewöhnlich zahlreichen Veröffentlichungen über den Zweiten Weltkrieg fehlt immer noch ein nennenswertes Konzept für die Geschichte dieses Krieges. Vgl. dazu auch die diesbezüglichen Vorschläge von Jacobsen, H.-A., *Zur Konzeption einer Geschichte des Zweiten Weltkrieges 1939–1945*. Frankfurt 1964 und Müller, K.-J., »Gedanken zum Problem einer Geschichtsschreibung über den Zweiten Weltkrieg.« In: *Wehrwissenschaftliche Rundschau* 1962, S. 634–651 und 729–736. Vgl. auch Hillgruber, *Hitlers Strategie*, S. 588 f.

Der Kriegsverlauf, sein Ende und das Engagement der Chronisten und »Richter« sind nicht geeignet, diesen Urteilen Allgemeingültigkeit zuzuerkennen, zumal der von Clausewitz geprägte Strategie-Begriff, der als »Strategie« den »Gebrauch des Gefechts zum Zwecke des Krieges [18]« bezeichnete, einen grundsätzlichen Wandel erfahren hat. Für den Krieg, den Hitler führte, war diese Interpretation nicht mehr zeitgemäß. Auch die aus dem angelsächsischen Sprachgebrauch übernommene neuere Deutung des Begriffes als Bezeichnung für einen Bereich, der – nach einer treffenden Kurzformel von Andreas Hillgruber [19] – die Nahtstelle von Politik und Kriegführung bildet, ist noch zu eng gefaßt. »Strategie«, formuliert 1946 Alfred Jodl, der Chef des Wehrmachtsführungsstabes (WFSt), in Anlehnung an Hitlers Auffassung, »ist die höchste Führungstätigkeit im Kriege. Sie umfaßt Außen- und Innenpolitik, militärische Operationen und Kriegswirtschaft, Propaganda und Volksführung und muß alle diese kriegerischen Elemente in Übereinstimmung bringen für die Zwecke und das politische Ziel des Krieges [20]«. Daß die Begriffe Feldherr und Stratege in diesem Prisma nicht mehr identisch sein können, liegt auf der Hand; denn während des Zweiten Weltkrieges waren nicht mehr Feldmarschälle und Generale die Strategen, sondern die mit allen Vollmachten ausgerüsteten, diktatorisch regierenden Staatsoberhäupter: Hitler in Deutschland, Stalin in der Sowjetunion. Militärs leiteten sowohl hier als auch dort nur noch militärische Operationen nach ihren Weisungen. Hitler war nicht nur formal Staatsoberhaupt und Oberster Befehlshaber der Wehrmacht, sondern seit 1941 auch unmittelbarer Oberbefehlshaber des Heeres und allein maßgebender Führer der mit dem Reich verbündeten Mächte. Er hat nicht nur die Wehrmacht, sondern auch den von ihm politisch, wirtschaftlich und militärisch vorbereiteten Krieg bis ins Detail hinein in der Weise geführt, die seinen Kenntnissen und Vorstellungen, seinem Temperament und seinen Fähigkeiten entsprach. Diese Tatsachen allerdings bezeugen noch nicht, daß er tatsächlich auch in angemessener Weise über die Voraussetzungen zu einem Feldherrn und Strategen verfügte.

Da die meisten älteren Militärs in Deutschland weder während des Zweiten Weltkrieges noch danach den grundsätzlichen Wandel innerhalb ihres Berufsbereiches akzeptieren wollten, blieb für sie die traditionelle Gleichsetzung von »strategisch« und »operativ« als Formel für Bewegungen größerer militärischer Verbände verbindliche Urteilsgrundlage. Darüber hinaus überschätzten sie in oft so grotesker Weise

ihr Wissen, ihre Kenntnisse und Erfahrungen, daß sich an dieser Stelle Kommentare zunächst erübrigen. Selbst der nicht nur in Deutschland als bedeutender Soldat anerkannte Feldmarschall von Manstein schrieb 1964 in seinem Buch mit dem bezeichnenden Titel *Verlorene Siege*: »Hitler wußte sehr wohl, daß im Heer viele gerade mich an der Stelle eines wirklich führenden Generalstabschefs oder eines Oberbefehlshabers Ost zu sehen wünschten [21].« Die Formulierung Besymenskis, daß in den »Nachkriegsschriften ... ein starker Drang zu beobachten (sei, der Verf.), alle Niederlagen den ... Führerbeschlüssen und alle Siege dem OKW/OKH und dem Generalstab zuzuschreiben [22]«, ist keineswegs aus der Luft gegriffen. Die von sowjetischen Historikern und Militärs verfochtene Auffassung, daß die deutschen Generale »keine gute Figur« machten, die Hitler zwölf Jahre lang dienten und ihn nach seinem Tode verfluchten, seine militärischen Entscheidungen grundsätzlich als dilettantisch diffamierten, ihm allein die Schuld an den Niederlagen zuschoben und einen grundsätzlich anderen Kriegsausgang für wahrscheinlich hielten, wenn nicht Hitler, sondern sie den Krieg geführt hätten, ist – trotz der meist ideologisch verbrämten Darstellungsweise – nicht von der Hand zu weisen, zumal sowohl bedeutende strategische Planungen als auch sehr erfolgreiche operative Führungsleistungen auf Hitlers Konto kommen *.
Da die geschichtliche Forschung über den Zweiten Weltkrieg in Deutschland [23], anders als in angelsächsischen Ländern [24], teilweise nicht als wissenschaftlich voll anerkanntes Spezialgebiet angesehen wird und die meisten namhaften Historiker sich scheuen, kriegsgeschichtliche Fragen in ihre Arbeiten einzubeziehen, klaffen auf diesem Gebiet (nicht zuletzt auch infolge der zum Teil sehr verschiedenen Begriffsauslegungen) so große Lücken, daß es vermessen wäre, Hitlers Rolle im Rahmen eines Kapitels fugenlos schildern zu wollen. Aufgabe dieses Buchteiles kann nur sein, den vom Standpunkt des Biographen aus gravierendsten Aspekt erstmals proportionsgerecht einzuordnen, den sowohl F. H. Hinsley [25], Gert Buchheit [26], Hugh Redwald Trevor-Roper [27], Percy Ernst Schramm [28], Andreas Hillgruber [29], Alan Bullock [30] und einige andere Historiker ** bei ihrer zum Teil von vorgefaßter Meinung abhängigen Beurteilung Hitlers im Rahmen ihrer Studien über Hitler und den Zweiten Weltkrieg außer acht

* Vgl. dazu die Ausführungen, S. 475 f. und 491 ff.
** Vgl. die Fußnote * S. 466.

ließen: die Tatsache, daß Hitler sich während des Krieges, als Folge seiner Krankheiten kraß wandelte und seit 1942 in zunehmendem Maße immer weniger mit dem Mann zu tun hatte, der 1939 den Angriff auf Polen befahl.

Bereits zu Beginn des Krieges war es mit seiner physischen und psychischen Verfassung nicht mehr besonders gut bestellt *. Den Höhepunkt seiner Leistungsfähigkeit hatte er schon überschritten, als er sich aus wehrwirtschaftlichen und anderen rüstungsmäßig bedingten Gründen noch nicht in der Lage sah, es irgendwo ernsthaft auf einen auch nur lokalisierten Klein-Krieg ankommen lassen zu können. Die vielfach verfochtene Behauptung, daß er am 2. Mai 1938 sein privates Testament verfaßte ** und seinen Nachlaß für den Fall seines Todes nur ordnete, weil er zu der Zeit bereits einen Krieg hatte beginnen wollen, entspricht nicht den Tatsachen. 1938 hatte er, der besser als jeder andere wußte, daß die Wehrmacht noch längst kein wirklich fertiges Kriegsinstrument darstellte, noch nicht vor, die zweite Stufe seines bis dahin erfolgreich verlaufenen »Weltmacht-Programms« auszulösen. Auch 1939 hielt Hitler, dessen Voraussagen vom 5. November 1937 *** über die Entwicklung in Europa (von 1938 bis 1941) treffender als alle diesbezüglichen Äußerungen der anderen europäischen Staatsmänner (einschließlich Stalin) waren [31], es noch für viel zu früh, diesen Schritt zu tun. Als im September 1939 dann nach Hitlers Entfesselung des ersten »Blitzkrieges« schließlich der europäische Krieg begann, war er überzeugt, daß er ihm aufgezwungen worden sei. Dabei ging er davon aus, daß er gegen Großbritannien, dessen Politik ihn seit seinem »Griff nach Prag« tatsächlich hoffen lassen konnte, Polen durch einen lokalisierten Feldzug ungestraft niederwerfen zu dürfen [32], überhaupt keinen Krieg zu führen beabsichtigte und an einen Krieg gegen Frankreich zu der Zeit noch nicht dachte. Bullocks Feststellung, daß Hitler ein von ihm sorgfältig »kalkuliertes Risiko [33]« einging, als er die Wehrmacht – nach einem kurzfristigen Angriffsaufschub und Nervenkrieg – gegen Polen marschieren ließ, nachdem er wie ein Vabanque-Spieler [34] versucht hatte, ein zweites München herbeizuführen und eine »Kapitu-

* Vgl. die diesbezüglichen Angaben im 8. Kapitel

** Vgl. ebenda.

*** Hitlers Ausführungen im Rahmen der durch den Hoßbach-Bericht überlieferten Zusammenkunft mit dem Reichsaußenminister, dem Reichskriegsminister, den Oberbefehlshabern der drei Wehrmachtsteile im Außenministerium. Vgl. dazu auch Bullock, *Second World War*, S. 270 ff.

lation« sowohl Polens als auch Frankreichs und Englands zu erzwingen [35], trifft den historischen Sachverhalt. Dagegen ist seine Behauptung, daß Hitler 1939 unbedingt hätte wissen müssen, daß Großbritannien zu seinen Verpflichtungen gegenüber Polen stehen würde [36], nicht frei vom Versuch, die undurchsichtige britische Haltung in der Zeit von 1938 bis August 1939 nachträglich zu beschönigen. 1938 verfaßte Hitler sein Testament, nicht weil er einen Krieg beginnen wollte, sondern weil er seinen Zustand zu der Zeit schon für sehr viel bedenklicher als sein Leibarzt hielt *.

Schon 1939 hätten sich mit Sicherheit sehr viele Deutsche gehütet, sich dem Führer mit Leib und Leben zu verschreiben, wenn sie seinen Gesundheitszustand, seine Charakterstruktur, die Ausformung seiner Anlagen, Verhaltensregeln, Fähigkeiten, Stärken und Schwächen gekannt hätten. Ein psycho-graphologisches Gutachten, das Hitler nach dem handschriftlichen Text des Hitler-Testaments vom 2. Mai 1938 beurteilt **, ist beredt genug. Die Schriftanalyse enthält – neben zahlreichen bemerkenswert positiven Feststellungen – treffende Hinweise auf charakterliche Schwächen, die ein Feldherr und Stratege – nicht nur nach Clausewitz – nicht aufweisen sollte: Fehlvorstellungen, beschränktes Kritik- und Urteilsvermögen, Wechselhaftigkeit und Unzuverlässigkeit, Zielstrebigkeit mit Hang zu Spekulationen, gebremste menschliche Kontaktfähigkeit infolge von Eigensinn und Dogmatik, krasse Rücksichtslosigkeit und Tendenz zur Überspannung des Bogens im Zusammenhang mit dem Ausdehnungsdrang des Lebensraumes ***.

Da das psycho-graphologische Urteil wesentliche und durch die historische Forschung nachgewiesene Züge der Charakterstruktur Adolf Hitlers in lexikographischer Form bezeichnet, wird es an dieser Stelle vollständig zitiert.

* Vgl. die Angaben im 8. Kapitel

** Der deutsche Graphologe und Unternehmensberater Sigurd Müller erhielt vom Autor 1970 den handschriftlichen Hitler-Text, ohne darüber informiert zu werden, um wessen Schrift es sich handelte. Briefkopf, Datum und Unterschrift waren vom Autor abgeschnitten und Partien, die auf Hitler als Verfasser hätten hinweisen können, aus dem Testament entfernt worden. Der Graphologe, der vom Autor erst eine Woche nach Ablieferung des Gutachtens darüber informiert wurde, daß es sich um Hitlers Schrift handelte, war nach dem Studium des Schriftstückes überzeugt, die Zeilen eines rund 50jährigen »Industriekapitäns« vor sich zu haben, der souverän Macht ausübe und sich aus einem ebenso deutlich in ihm angelegten Bedürfnis mit Kunst umgebe.

*** Vgl. die Pkte. 4, 5, 7 und 10, S. 473 und 474.

Charakter-Struktur-Diagramm

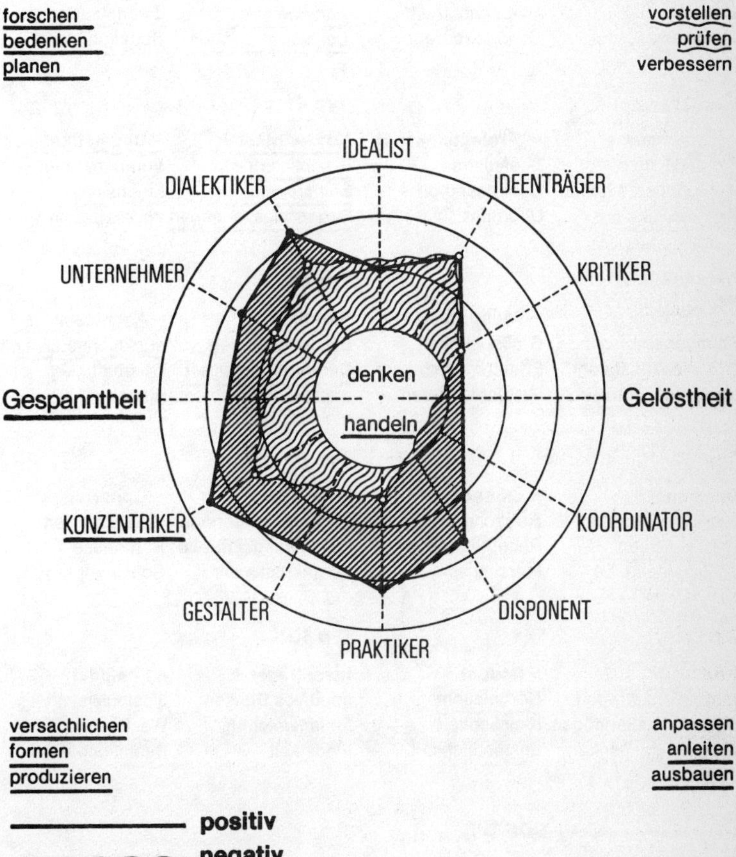

VERANLAGUNGS - GRUPPIERUNG

aktiv **reaktiv**

Typ 1:		**Typ 2:**	
Idealist +	**– Schwärmer**	**Dialektiker +**	**– Theoretiker**
Überzeugungskraft	Überschwenglichkeit	Erkenntnisdrang	Irrealismus
Begeisterung	Überspanntheit	Forschergeist	Zweifelsucht
Optimismus	Schönfärberei	Logisches Denken	Spitzfindigkeit
Typ 3:		**Typ 4:**	
Unternehmer +	**– „Projektemacher"**	**Konzentriker +**	**– Dogmatiker**
Eigeninitiative	Spekulation	Diszipliniertheit	Verkrampftheit
Neuerungsstreben	Unbedachtheit	Sachvertiefung	Eigensinn
Zielstrebigkeit	Übereifer	Beharrungsvermögen	Widerstreben
Typ 5:		**Typ 6:**	
Gestalter +	**– Wichtigtuer**	**Praktiker +**	**– Aggressor**
Formgebung	Großspurigkeit	Leistungsehrgeiz	Rücksichtslosigkeit
Organisationstalent	Effekthascherei	Durchsetzungskraft	Triebhaftigkeit
Darstellungsfähigkeit	Geltungsstreben	Improvisationstalent	Hitzigkeit
Typ 7:		**Typ 8:**	
Disponent +	**– Despot**	**Koordinator +**	**– Opportunist**
Expansionsstreben	Herrschsucht	Einfühlungsvermögen	Genußstreben
Führungstalent	Rechthaberisch	Kultivierungsstreben	Raffinesse
Anordnungsgabe	Machtanspruch	Kontaktfähigkeit	Scheinanpassung
Typ 9:		**Typ 10:**	
Kritiker +	**– Pedant**	**Ideenträger +**	**– Phantast**
Perfektionsstreben	Nörgelsucht	Intuitives Denken	Illusionismus
Bewertungsvermögen	Kleinlichkeit	Einfallsreichtum	Wechselhaftigkeit
Oekonomie-Denken	Empfindlichkeit	Findigkeit	Beeinflußbarkeit

__________ **positiv**

\~\~\~\~\~\~\~\~\~\~ **negativ**

Allgemeine Beurteilungsgesichtspunkte:

1 Charakterstruktur
Gespanntheit mit starkem Willenseinsatz. Auf die Praxis bezogenes Denken.

2 Grad der vorhandenen Lebensreife
Lebensklug, aber infolge einiger charakterlicher Widersprüche noch nicht ausgereift.

3 Persönliches Format
Originelles, besonderes Format.

4 Sachliche Einsatzbereitschaft im Beruf
Sehr sachbezogen und praxisnah, aber auch Fehlvorstellungen.

Berufswichtige Fähigkeiten:

5 Intellektuelle Fähigkeiten
Dialektisch begabt. Neigung zu Zweifelsucht. Kritik und Urteilsvermögen beschränkt.

6 Praktische Fähigkeiten
Darstellungsfähigkeit, Durchsetzungskraft, Führungstalent.

7 Eigene Ideen
ja, aber wechselhaft und nicht zuverlässig.

8 Kontaktfähigkeit und Verhandlungsgeschick
Um Kontakt bemüht, jedoch verkrampft erscheinend. Nüchterner Verhandler.

Arbeitsqualitäten:

9 Grad der Belastbarkeit
Ziemlich robust und willensbetont, zäh und ausdauernd.

10 Initiative und Arbeitsantrieb
Zielstrebig, mit Hang zu Spekulationen.

11 Gründlichkeit und Sorgfalt
Starkes Bemühen um Disziplin.

Mitmenschliches Verhalten:

12 Einordnungsfähigkeit gegenüber Vorgesetzten
Unwillige Einordnung.

13 Kollegiale Einordnungsbereitschaft (Teamwork)
Er tut so, als ob.

14 Eignung zum Vorgesetzten
ja, hartkonsequent.

Gesamtbeurteilung

Der Widerspruch innerhalb der charakterlichen Struktur besteht darin, daß die ursprüngliche Veranlagung zum Idealismus einerseits durch dialektisches - teils auch zweiflerisches - Denken, andererseits durch wechselhafte, nicht von Illusionen freie Vorstellungen zurückgedrängt wird. Auch die ursprünglich vorhandene Tendenz der Hinneigung zur Umgebung, zum warmherzigen menschlichen Kontakt wird immer wieder gebremst durch Eigensinn und Dogmatik.

Seine Stärke besteht in zielstrebigem Disponieren, wobei er sich besonders durch Sachvertiefung, Disziplin und Beharrung auszeichnet. Das, was er nach gründlicher Erarbeitung sich zu eigen gemacht hat, kann er dann ebenso anschaulich darstellen. Und nicht nur das: sondern auch durchsetzen. Hinter der Sachvertiefung steht als heimlicher Motor der Wille zur Macht, durch sein Führungstalent wirksam unterstützt.

Daß er mit solchen Ambitionen seinen Lebensraum so weit wie möglich ausfüllt und hohe Ansprüche an sich und seine Umgebung stellt, liegt auf der Hand. Ebenso klar ist aber erkennbar, daß er in seinem Ausdehnungsdrang den Bogen auch überspannen kann und mit seinen Vorhaben nicht zu Rande kommt.

Im ganzen gesehen handelt es sich um eine Persönlichkeit von besonderem Format, bei welcher die zu beobachtenden, manchmal recht krass wirkenden Rücksichtslosigkeiten aus kalt-logischem Denken und aus reiner Sachbezogenheit herrühren. Es wäre ihm zu wünschen, daß der zweifellos vorhandene Wille zur Kultur im Laufe der Zeit die Überhand gewönne über den derzeitigen Willen zur Macht.

Karl von Clausewitz, auf den Hitler sich zuweilen berief *, hat vom kriegerischen Genie, wofür Hitler seit 1940 auch von den von ihm nicht gerade hochgeschätzten Militärs ** gehalten zu werden erwartete, richtungweisend verlangt, daß es besonders Anlagen des Verstandes und des Gemüts aufweisen und Mut sowohl zur Begegnung der persönlichen Gefahr als auch zur Verantwortlichkeit gegenüber dem »Richterstuhl« äußerer Mächte und innerer Instanzen haben müsse. Darüber hinaus sollte es in der Lage sein, körperliche und geistige Anstrengungen zu ertragen und große Kraft zu entfalten. Stärke und Gleichgewicht des Gemüts und des Verstandes, große Energie, Festigkeit, Standhaftigkeit und Charakterstärke [37], runden den Katalog der Eigenschaften ab, die einen bedeutenden Kriegsherrn nach Clausewitz auszeichnen müßten, wobei sie durchaus verschieden intensiv ausgebildet sein dürften [38]. Über einen Teil dieser Voraussetzungen verfügte Hitler in hohem Maße. Sein Intellekt brauchte einen Vergleich mit der Verstandeskraft der Feldmarschälle und Generale des Zweiten Weltkrieges nicht zu scheuen. Sowohl sein Verstand als auch sein Mut, seine Standhaftigkeit, Energie und Festigkeit waren überragend ***. Er hatte in strategischen Fragen, wie er es am 20. Mai 1943 selbst nannte, oft »eine gute Nase, so daß« er »alle Dinge meistens vorher [39]« roch, besaß ein feines Fingerspitzengefühl, erkannte meist augenblicklich die Schwächen seiner Gegner und wußte in vielen Fällen weitaus besser als die Militärs Zeit und Gelegenheit zu nutzen und sich und seine Vorstellungen durchzusetzen. »Er verstand es, die ungünstige Situation, in die sich die Demokratien durch ihre Schwäche gegenüber der Politik des Dritten Reiches hineinmanövriert hatten, für seine Zwecke und zu seinem Vorteil auszunutzen [40].«
Hitler setzte seinen Willen gegen die traditionsbewußten Militärs ebenso souverän durch, wie seit Jahr und Tag gegenüber den Unterführern der Partei und den Ministern seiner Regierung. Die relativ einseitig informierten Soldaten hielten ihm ebensowenig stand wie

* Vgl. S. 241 ff.

** Aufschlußreich ist hierfür besonders auch eine Bemerkung von Goebbels, die er am 9. 3. 1943 in sein Tagebuch schrieb. Dort heißt es u. a.: »Über die Generalität fällt der Führer nur negative Urteile. Sie beschwindle ihn, wo sie nur könne. Außerdem sei sie ungebildet und verstehe nicht einmal ihr eigenes Kriegshandwerk, was man doch zumindest erwarten könne ... daß sie auch in den rein materiellen Fragen des Krieges so schlecht Bescheid wisse, das spreche absolut gegen sie. Ihre Erziehung sei seit Generationen falsch gewesen ...« Zit. nach Schramm, *Hitler als militärischer Führer*, S. 48.

*** Vgl. S. 476 f.

die exponierten Männer des zivilen Adels und Bürgertums. Bezeichnend ist Jodls Urteil von Nürnberg, in dem es heißt: »Hitler war eine Führerpersönlichkeit von ungewöhnlichem Ausmaß. Sein Wissen und sein Intellekt, seine Rhetorik und sein Wille triumphierten letzten Endes bei jeder geistigen Auseinandersetzung gegenüber jedermann [41].« Sein Charisma wirkte noch am Ende seines Lebens so beispiellos, daß selbst schwer enttäuschte Generale, die sich kurz vor Kriegsschluß infolge der Kriegslage dazu durchgerungen hatten, ihm ihre Gefolgschaft aufzukündigen, sich ihm nicht zu entziehen vermochten. So berichtet Eberhard von Breitenbuch, der Adjutant des Feldmarschalls Ernst Busch, daß der Feldmarschall im März 1945 in verschmierter Frontuniform, zermürbt, verärgert und aufgebracht zu Hitler nach Berlin gefahren sei, um ihm endlich einmal unverblümt »die Meinung« zu sagen. Als er nach der Unterredung schließlich Hitler verließ, war er wie umgewandelt und glaubte an den deutschen Endsieg [42]. Hitler hatte ihn, den von der Front kommenden und als sehr erfahren geltenden Soldaten, der eine Stunde zuvor noch die Dinge gesehen hatte, wie sie tatsächlich lagen, in kurzer Zeit so radikal von der »Richtigkeit« seiner Argumente und Maßnahmen überzeugt, obwohl sie zu der Zeit nur kraß irreale Wunschvorstellungen widerspiegelten. Aber auch seine Schwächen und die Mängel seines Charakters waren in gleicher Weise prononciert entfaltet, so daß bei ihm eine der wesentlichsten Voraussetzungen nicht angelegt war, die das »kriegerische Genie« nach Clausewitz auszeichnet: die Harmonie innerhalb der Charaktervorzüge, die einander nicht widerstreben dürfen. So faszinierte Hitler, dessen Mißachtung des menschlichen Lebens in seiner »Weltanschauung« verankert war, seine Anhänger einerseits in schier unglaublicher Weise und lehnte andererseits persönliche menschliche Kontakte gegenüber jedermann so konsequent ab, daß sich 1945 niemand rühmen konnte, sein Freund zu sein. Während er über ein außergewöhnliches technisches Verständnis verfügte und zur rechten Zeit die besten Waffen herstellen und an die Fronten schaffen ließ * und ein besonderes Interesse für Neue-

* Jodl diktierte im Nürnberger Gefängnis: Hitler »schuf das Ministerium für Bewaffnung und Munition unter Todt; nur Flugzeug- und Schiffsbau blieben bei der Luftwaffe und bei der Kriegsmarine. Von nun an bestimmte Hitler monatlich Ziel, Richtung und Umfang jeglicher Produktion an Waffen und Munition bis in alle Einzelheiten. Der WFStab hatte ihm nur die genaue Zahl dafür zu liefern, Bestand, Verbrauch und Fertigung im vorigen Monat. Doch damit nicht genug, der erstaunliche technisch-taktische Weitblick Hitlers ließ ihn auch zum Schöpfer einer

rungen zeigte, deren Umrisse sich mit seinen Vorstellungen deckten *, sperrte er sich gegen relativ leicht überschaubare und nützliche Neuerungen **, verfocht Vorstellungen, die in der Konfrontation mit seinen unbestreitbar bemerkenswerten Verstandeskräften unglaublich primitiv erscheinen, und war zuweilen unbeirrbar standhaft in Nebensächlichkeiten und unverständlich wechselhaft in wesentlichen Dingen. Daß Hitlers Starrsinn und Eigensinn, seine Intoleranz, sein Mißtrauen und seine verbissene Unbelehrbarkeit, die Verhaltensweisen, die die in ihm angelegten hervorragenden Feldherrnfähigkeiten überschatteten und zum Teil völlig aufhoben, Folgeerscheinungen seiner Krankheiten waren, läßt sich lückenlos nachweisen. Die Tatsache, daß er trotz seiner schweren Krankheiten im Laufe des Krieges geradezu unglaubliche physische und psychische Leistungen vollbrachte und der tatsächliche Motor der von ihm zugleich mit großem Erfolg angetriebenen als auch durch überflüssige Eingriffe gehemmten gigantischen Kriegsmaschinerie blieb, erklärte er selbst als Folge seiner vegetarischen Lebensweise [43]. Einer seiner Ärzte war dagegen der Ansicht: »Wenn Hitler trotz der vegetarischen Lebensweise ... körperlich und geistig ziemlich leistungsfähig blieb, so ist das ... eine Ausnahme und beinahe ein Phänomen ***.« Was ihn (neben den unglaublich zahlreichen Arzneien Morells, den Kartoffeln, dem Obst und Gemüse) 1944 am Leben erhielt, bezeugt ein von Martin Bormann knapp zwei Wochen nach dem Stauffenberg-Attentat als »Geheime Reichssache« an Heinrich Himmler gesandtes Schreiben, in dem Hitlers Lebensmittel für »voraussichtlich« einen Monat angefordert werden: 20 Pakete Knäckebrot, 20 Pakete Knusperbrot, 3 Pakete Weizenflocken, 3 Pakete Haferflocken, 3 Pakete Keimdiät, 15 Pakete B-Tropon-Trauben-

modernen Bewaffnung des Heeres werden. Sein Verdienst ist es, daß rechtzeitig die 7,5-cm-Panzerabwehrkanone an die Stelle der 3,7- und 5-cm-Kanone trat, daß die kurzen Kanonen aus den Panzerkampfwagen verschwanden und der langen 7,5- und 8,8-cm-Kanone Platz machten. Panther, Tiger und Königstiger entstanden als moderne Tanks aus Hitlers Initiative.« (Zit. nach Schramm, *Hitler als militärischer Führer*, S. 151 f.)

* Vgl. dazu Hitlers Vorstellungen im Zusammenhang mit der Konstruktion von Schiffen und Flugzeugen im 5. Kap.

** Vgl. dazu auch die Anm. S. 476f.

*** Vgl. Giesing-Bericht vom 11. 11. 1945, S. 13 ff. Giesing war der Ansicht: »Die Tatsachen sprechen eigentlich dagegen. Vor der Machtübernahme ... muß er ... viel leistungsfähiger ... gewesen sein ... Nach den Mitteilungen von Schaub und Linge ... liebte (Hitler bis 1932, der Verf.) besonders fettes Schweinefleisch und aß ... schon zum ersten Frühstück tierisches Eiweiß.«

zucker, 2 Gläser Vitamin A und R, 1 Glas Philozythin (Hefewürze), 2 Pakete Endokrines Vollsalz, 2 Pakete getrocknete Hagebutten oder getrocknete Hagebuttenschalen, 4 Pakete Basica (basenüberschüssiger Mineralstoff), 1 Kilo Leinsamen, Kamillentee und 2 Pakete Titrosalz [44]. Hitler lebte die längste Zeit des Krieges unter dicken Betondecken in seinem Hauptquartier in Ostpreußen, das nach dem viel zitierten Wort von Jodl in Nürnberg eine Mischung aus einem Kloster und einem Konzentrationslager darstellte. Er entzog sich der Wirklichkeit und mied auch die mittelbare Begegnung mit ihr. Obwohl er »ein ausgesprochener Willens- und Tatsachenmensch war«, schrieb sein Arzt Dr. Giesing im November 1945, »konnte er den Erfordernissen und Schrecklichkeiten des Tages mit dem Elend an den Fronten und in der Zivilbevölkerung nicht mehr ins Auge sehen. Sorge um seine Sicherheit war es nicht ... am 15. September 1944 (zum Beispiel) ging er nach der Röntgenuntersuchung unter geringer Bedeckung durch eine große, nicht abgesperrte, sich dicht an ihn drängende Menschenmenge und ließ sich wiederholt fotografieren. Bereits im Jahre vorher (1943, der Verf.) hatte er keine Frontflüge und keine Industriereisen mehr gemacht ... Schon lange lebte er nur in seinem Bunker, und dort erfuhr er alles, Mißerfolge und Erfolge, nur durch Draht und Funk, nie durch persönliche Kenntnis oder in ›Augenscheinnahme‹« [45]. Aufschlußreich ist Giesings medizinische Analyse von 1945, die sich mit Hitlers Verhalten in der Zeit nach dem 20. Juli 1944 befaßt. In ihr heißt es unter anderem: Hitler »konnte man nicht oft überzeugen«. Es war sogar in medizinischen Fragen selbst dann kaum möglich, »wenn Tatsachen einwandfrei gegen ihn sprachen«. Aus seiner »konstitutionellen Psychopathie und der hiermit verbundenen festen Meinung, alles besser zu wissen und auch alles besser zu können, erwuchs auch seine schwere Neuropathie. Das dauernde Hauptgewicht seiner körperlichen Beobachtung, das er auf seine Darm- und Verdauungstätigkeit legte, ist ... nur ein Zeichen. Auch seine häufige Selbstbeobachtung des Pulsschlages ... sowie seine steten Gedanken an den baldigen Tod gehören dazu. Wiederholt äußerte er im Herbst 1944, daß er nur noch 2 bis 3 Jahre zu leben habe ... Seine dauernde Schlaflosigkeit, die medikamentös fast nicht zu beeinflussen war, gehört ebenfalls hierher, ebenso seine allen physiologischen Gesetzen entgegengesetzte Lebensweise, in dem er die Nacht zum Tage und den Tag zur Nacht machte ... Trotz der ein- bis zweistündigen Dauer des Nachttees im Anschluß an die Nacht-

Lagebesprechung fand er ... trotz großer Müdigkeit keinen Schlaf. Andererseits wehrte er sich energisch dagegen ... durch einen längeren Spaziergang ein physiologisches Schlafbedürfnis herbeizuführen«[46]. Die Tatsache, daß er seit 1942 die unbeugsame Zähigkeit und sture Beharrlichkeit über geniale strategische Einfälle und die operative Risikobereitschaft stellte und mit der zunehmenden Dauer des Krieges immer mehr den fanatischen Willen pries, spiegelt den Zusammenhang wider, der zwischen seinen Krankheiten und der Lage an den Fronten bestand. Sein Geist blieb zwar bis an sein Lebensende bestechend klar und zupackend; aber er verlor seit 1942 in rasch zunehmendem Maße immer mehr von seiner Elastizität. Vorgefaßte »Programme« und Meinungen dominierten in noch verhängnisvollerer Weise als zuvor über die Realität und die Erfordernisse, denen es sich anzupassen galt. Ereignisse und Situationen erfaßte und akzeptierte Hitler zuletzt nur noch, wenn sie sich fugenlos in sein »fertiges« Bild einordnen ließen. Wie weit es mit ihm schließlich gekommen war, bezeugen die Protokolle der Lagebesprechungen vom 23., 25. und 27. April 1945, in denen es unter anderem heißt: »Vorwärts kommt, wer mit geballter Kraft antritt und gleich zu stürmen anfängt wie ein Idiot[47]!« Sie bezeugen die Folgen der Krankheiten in erschreckender Weise. Noch rund eine Woche bevor die Rote Armee, die mit 2,5 Millionen Soldaten, 41 600 Geschützen, 6250 Panzern und 7560 Flugzeugen auf nur 44 630 deutsche Soldaten, 42 531 Männer des Volkssturms und 3532 nur zur Hälfte mit Gewehren bewaffnete Hitlerjungen und andere Hilfstruppen[48] einschlug, die Sowjetfahne auf dem Reichstagsgebäude in Berlin aufpflanzte und nach seiner Leiche zu suchen begann, berief Hitler sich auf Clausewitz[49], spekulierte auf Spannungen innerhalb der Alliierten und hoffte auf militärische Folgen zugunsten des faktisch längst nicht mehr existierenden Reiches, operierte am grünen Tisch mit Armeen, sorgte sich um die Ölproduktionen in der Ostmark, befahl nebensächliche Einzelheiten und plante strategische Überlegungen, die angesichts der Lage von Insassen einer Irrenanstalt formuliert worden sein konnten.

Daß Hitler, wie Percy Ernst Schramm behauptet, durch die Krise an der Ostfront im Winter 1941/42, durch die Katastrophe von Stalingrad, durch das Ende des Widerstandes in Nordafrika und infolge anderer durch den Krieg bedingten Schläge in der Weise umgeprägt worden sei, daß er »verbissener, unbelehrbarer – oder in seiner Ausdrucksweise: ›fanatischer‹ – wurde[50]«, trifft ebensowenig zu wie

Warlimonts Behauptung, daß »von einem plötzlichen Abfall« der »Führungsleistung« seit der Kriegswende nicht die Rede sein kann *. Nicht die Ereignisse des Krieges haben Hitler umgeprägt, sondern der Verlauf seiner Krankheiten, die auf die Entwicklung des Krieges zurückwirkten, was er selbst auch wußte. Nicht zufällig sorgte er sich immer wieder um Mussolinis »Gesundheitsverfassung«, die er ausdrücklich als »das Entscheidende[51]« für dessen Beurteilung der Entwicklung in Italien (und damit auch der Waffenbruderschaft) bezeichnete. Sein eigener Zustand spiegelte die militärische Lage (außer Ende 1944) im Grunde niemals wider. So war er zuweilen auffällig gedrückt und müde, von Todesahnungen erfüllt und bedrückt, wenn er Anlaß zur Freude gehabt hätte, wie es z. B. Anfang August 1941 nach der Einnahme von Smolensk der Fall war **. Andererseits erholte er sich und sah relativ gut aus, wenn die eigenen Fronten zusammenbrachen wie Ende 1941 in Afrika. Die schweren Rückschläge bei Gondar in Abessinien, in Tobruk, Bengasi, Bardia und Sollum haben ihn nicht so getroffen, daß er es körperlich spürte. Als er im Frühjahr 1942 dagegen wieder schwer zu leiden begann, hatte Rommel große Siege erfochten und befand sich auf dem Wege nach Fort Bir Hachheim, das am 11. Juni in deutsche Hand fiel. Die schwere Kopfgrippe, die er kurz darauf in Winniza bekam ***, erwies sich als eine grundsätzliche Zäsur. Er hatte seitdem keine strategischen Einfälle mehr, und selbst einen Kriegsplan gab es nur noch ansatzweise.

Niederlagen und Rückschläge haben Hitler stets nur zeitweise paralysiert. Umgeprägt wurde er immer nur dem Scheine nach. So »überstand« er den Tod seiner Mutter, die Zurückweisungen durch die Akademie der Bildenden Künste, den Zusammenbruch eines Teiles seiner Vorstellungen im Jahre 1918, den gescheiterten Putsch von 1923, einige Wahlenttäuschungen zur Zeit der Weimarer Republik und während des Zweiten Weltkrieges eine Reihe schwerer militärischer Niederlagen ohne sichtliche Gravierungen. Außer mit »Gelis« Tod ist er mit allem relativ rasch fertig geworden. Stauffenbergs Attentat, das

* Vgl. Warlimont, *Im Hauptquartier der Wehrmacht*, S. 290. Vgl. dazu die jeweiligen Feststellungen im Kap. »Der kranke Führer ...«

** Vgl. »Der kranke Führer ...«, S. 379.

*** Vgl. ebenda, S. 381. Unmittelbar nach dieser schweren Kopfgrippe, der die Katastrophe von Stalingrad und die Rückschläge in Nordafrika folgten, wurde sein Blick starr. Auf seinen Wangen zeigten sich rote Flecken, sein linker Arm und sein linkes Bein begannen zu zittern. Er erregte sich leicht und wurde jähzornig, wenn ihm bestimmte Einwände nicht behagten.

Das große Fenster in der Halle des ›Berghofs‹.

Hitlers Arbeitszimmer im ›Berghof‹.

Hitler mit Eva Braun anläßlich Hitlers Geburtstag 1942.

ihn körperlich einerseits an vielen Stellen hart traf und ihm andererseits für eine vorübergehende Zeit zugleich eine Erleichterung brachte *, schüttelte er ab wie Keitel den Barackenschmutz von seiner Uniform nach der Explosion der Bombe. Mussolinis Dolmetscher hörte ihn schon beim Empfang des Duce kurz nach dem Attentat sagen, daß ihm eigentlich nur die neue Hose leid täte, die er eingebüßt habe [52]. Innerhalb von 5 Wochen hatte er den 20. Juli 1944 völlig überwunden [53].

Daß Hitler seit 1942 nicht mehr mit dem Mann zu identifizieren war, der die NSDAP aufgebaut, 1933 die »Macht« übernommen und zielstrebig multipliziert, nicht nur das deutsche Volk in Erstaunen versetzt, 1939 den Krieg begonnen und bis 1941/42 mit ungeahnten Erfolgen geführt hatte, erkannten ein paar der kritischen Männer seiner unmittelbaren Umgebung. Einige von ihnen, überraschenderweise auch Heinrich Himmler, gelangten daher zu der Überzeugung, daß Hitler ein so radikal anderer Mensch geworden sei und mit zunehmender Dauer des Krieges kaum noch als normal bezeichnet werden könnte, so daß er ausgeschaltet oder gar durch ein Attentat beseitigt werden müßte **. Auf den Sommer 1942 werden die ersten Bemühungen der Männer des Widerstandes um besonders geeignete Sprengstoffe für Attentate datiert, die den unheilbar »entarteten« Hitler beseitigen sollten [54]. Schon während Hitler am 18. August 1942 die »Weisung Nr. 46« diktierte, in der er die »verstärkte Bekämpfung des Bandenunwesens im Osten« befahl und Heinrich Himmler die alleinige Verantwortung für die Bandenbekämpfung in den Reichskommissariaten übertrug und mit der Sammlung und Auswertung aller Erfahrungen auf dem Gebiet der Bandenbekämpfung betraute [55], waren Himmler und sein Spionagechef Walter Schellenberg in Himmlers Feldkommandostelle in Winniza in der Ukraine zusammengekommen und schmiedeten Pläne, wie Schellenberg 1956 berichtete ***, wie sie Ribbentrop ausschalten und Hitler entmachten, Himmler an seine Stelle setzen und ohne den Führer Friedensverhandlungen mit den westlichen Alliierten einleiten könnten [61]. Besymenskis Behauptung, daß Himmler, Schellenberg und Wolff bei

* Vgl. S. 388.

** Vgl. »Der kranke Führer ...«, S. 396.

*** Vgl. Schellenberg, S. 279 und 283. Die Schellenberg-Schilderung deckt sich offenbar mit den Tatsachen. Bereits am 4. August 1942 hatte Himmler die Gestapo beauftragt, Unterlagen über Hitlers Abstammung zusammenzutragen.

ihren Kontakten mit den Westmächten in Hitlers Auftrag gehandelt hätten *, deckt sich nicht mit den Tatsachen **. Hitler war selbstverständlich auch nicht hinterbracht worden, daß Himmler, während er dem Führer am 25. 7. 1942 im Hauptquartier Treue und Ergebenheit heuchelnd berichtete, daß durch sein Verdienst bereits auch 4500 Holländer, 200 Schweizer und 250 Schweden Militärdienst im Rahmen der Waffen-SS leisteten [56], von seinem Leibarzt Felix Kersten zu wissen begehrte, ob »man mit Recht sagen (könne), daß der Führer geisteskrank [57]« sei.

»Geisteskrank«, wie Himmler mutmaßte, war Hitler nicht, wenn seine Argumente, seine Verhaltensweise und seine Entscheidungen besonders seit 1943 gelegentlich auch solche Vermutungen aufkommen lassen konnten. Sie resultierten aus der Tatsache, daß die Krankheiten seine Flexibilität zerstört und bestimmte Vergreisungserscheinungen in kurzer Zeit rapide gefördert hatten. So überschätzte er die Macht des eigenen Willens, der ungewöhnliche Erfolge erzwungen hatte, während des Krieges aber Quelle von Niederlagen werden mußte, solange er dem Feind beziehungslos entgegengesetzt wurde. Bezeichnend

* Vgl. Besymenski, *Der Tod des Adolf Hitler*, S. 32 ff. An dieser Stelle genügt bereits der Hinweis, daß Hitler nicht an Unternehmen beteiligt sein konnte, die seine endgültige Beseitigung einbezogen (vgl. z. B. Höhne, S. 478).

** Am 28. 4. 1945 gegen 21 Uhr, zwei Tage vor seinem Selbstmord, erfuhr Hitler durch eine aus San Franzisko aufgefangene Depesche des Reuter-Korrespondenten Paul Scott Rankine, daß der Reichsführer SS den westlichen Alliierten die Kapitulation Deutschlands angeboten hatte. Er tobte »wie ein Verrückter«, schrieb Hanna Reitsch später (vgl. Trevor-Roper, S. 169). Seiner Sekretärin diktierte er danach: »Ich stoße vor meinem Tode den früheren Reichsführer SS und Reichsminister des Inneren, Heinrich Himmler, aus der Partei sowie aus allen Staatsämtern aus ... Göring und Himmler haben durch geheime Verhandlungen mit dem Feinde, die sie ohne mein Wissen und gegen meinen Willen abhielten, sowie durch den Versuch, entgegen dem Gesetz, die Macht im Staate an sich zu reißen, dem Lande und dem gesamten Volk unabsehbaren Schaden zugefügt, gänzlich abgesehen von der Treulosigkeit gegenüber meiner Person.« (Jacobsen, *1939–1945*, S. 532 und Höhne, S. 534 f.) Hitlers unmittelbar erteilter Befehl an den Generalfeldmarschall Ritter von Greim, den er zu Görings Nachfolger ernannt hatte, aus Berlin auszufliegen und Himmler zu verhaften, führte infolge der Situation nicht mehr zu dem von Hitler gewünschten Erfolg. Himmler schied erst am 23. Mai 1945, 23 Tage nach Hitler, durch Selbstmord aus dem Leben. Sein Chefvertreter, der SS-Gruppenführer Hermann Fegelein, der sich am 27. 4. angeblich ins Ausland abzusetzen versucht hatte, mußte mit seinem Leben nicht nur für seine Desertion, sondern zugleich auch für den vermeintlich infolge von verschwörerischem Ungehorsam unterlassenen Entlastungsangriff des SS-Generals Felix Steiner und für die Untreue seines Chefs büßen, den Hitler einmal gutgläubig den »getreuen Heinrich« nannte. Daß Fegelein Eva Brauns (und zugleich auch Hitlers) Schwager war, interessierte Hitler in diesem Augenblick nicht.

ist dafür beispielsweise seine Reaktion vom 20. Mai 1943 im Rahmen einer Besprechung unter anderem mit Keitel, Rommel, Warlimont, Hewel, Schmundt und Scherff. Als die Frage der Übersetzung der Division »Hermann Göring« aus Sizilien diskutiert wurde, erklärte Hitler kategorisch: »Die Fähren sind gar nicht das Entscheidende, sondern das Entscheidende ist der Wille[58].« Er weigerte sich in maßgeblichen Fällen, mögliche Absichten und die Stärke des Feindes in der Weise zu berücksichtigen, wie es nötig gewesen wäre. Daß er als militärischer Führer stets sehr schnell entschieden und jederzeit kühne Entschlüsse gefällt habe, wie oft behauptet wird, ist eine Mär. So gewagt, kühn, risikobereit und abenteuerhaft er bis 1939 (beispielsweise bei der Besetzung des Rheinlandes und Österreichs) politisch entschieden und gehandelt hatte, so zurückhaltend und zaudernd tat er es später als militärischer Führer, wenn vom Norwegenfeldzug abgesehen wird. Als Feldherr war er nicht derjenige, »der stürmte wie ein Idiot*«. Militärischen Entscheidungen, die ihm nicht behagten, weil sie Risiken in sich bargen, wich er gewöhnlich aus. Waren sie infolge der Lage unvermeidbar, schob er sie so lange wie nur möglich hinaus, was dem Feind oft die Möglichkeit gab, seine Stellungen auszubauen oder sich auf andere Weise vorzubereiten. Beharrlich und starrsinnig weigerte er sich, unhaltbare Positionen aufzugeben. Gab er den drängenden Vorschlägen der Generale dann schließlich doch nach, geschah es – aus militärischer Sicht – meist zu spät und darüber hinaus auch dann oft nur mit halbem Herzen. Wie sehr der Verlauf seiner Krankheiten die militärischen Entscheidungen bestimmte, zeigt unter anderem sein Verhalten von Anfang 1944 gegenüber von Manstein, dem nach Liddell Hart gefährlichsten Gegner der Alliierten, dessen Ausschaltung mit der zu seinen chronischen Leiden noch hinzukommenden Krankheit seines rechten Auges zusammenhing**. Mit der zunehmenden Verschlimmerung seiner Krankheiten weigerte Hitler sich unter Anknüpfung an seine Erfahrungen aus der Zeit des Ersten Weltkrieges, einmal eroberte Gebiete auch nur zeitweise aufzugeben*** und Nebenfronten und Nebenkriegsschauplätze zugunsten der Frontabschnitte zu entblößen, an denen positive Entscheidungen hätten herbeigeführt werden können. Die Vorschläge der Generale

* Vgl. S. 479.
** Vgl. die Schilderung der Spannungen zwischen Hitler und von Manstein bis zu dessen Ablösung am 25. März 1944 im Kap. »Der kranke Führer ...«.
*** Vgl. die diesbezüglichen Darstellungen im Kap. »Soldat für das Reich«.

des Heeres, in rückwärtigen Gebieten Stellungen auszubauen und Festungen zu errichten, akzeptierte er nicht. Das Hinterland blieb – bis Herbst 1944, als es bereits zu spät war – offen, was sich schon 1943 als verhängnisvoller Fehler erwies. So fanden die ausgepumpten Kampfverbände, wenn sie ihre Stellungen verlassen mußten, weder Anlehnung noch Aufnahme, wodurch der Rückzug, dem Hitler sich mit allen Mitteln entgegenstellte, nur noch beschleunigt wurde. Aber er beharrte auf seiner, von Erlebnissen während des Ersten Weltkrieges gespeisten Vorstellung, daß die Generale sich nur zurückziehen wollten.

Seine falschen Entscheidungen in technischen Fragen beispielsweise im Rahmen der Luftwaffe und Panzertruppe schlossen nach 1941 Maßnahmen aus, wie er sie bis dahin mit Erfolg als entscheidende operative Größen einplante. So unterstützte er nicht die Entwicklung von Flugzeugen mit Strahltriebwerken, an denen seit 1941 in den Heinkel-Werken in Rostock gearbeitet wurde[59], weil er hoffte, auch die Sowjetunion in einem »Blitzkrieg« niederwerfen zu können. Befahl er doch noch am Abend des Beginns des Unternehmens »Barbarossa«, die Waffenproduktion zu senken[60]. Daß er im September 1943 die bereits weit gediehene Vorbereitung zur Serienfertigung der mit Strahltriebwerken ausgerüsteten Me 262 schließlich ganz einzustellen[61] verlangte, war dagegen eine der seit Mitte 1942 zahlreichen gravierenden Folgen seines zunehmenden krankheitsbedingten Starrsinns und Unvermögens, sich in der ihm früher eigenen Weise gegenüber Neuerungen aufzuschließen. Schon sechs Monate zuvor, im März 1943, als er aus Winniza nach Ostpreußen zurückkehrte, war er ein alter und sichtlich kranker Mann. Infolge einer Kyphose der Brustwirbelsäule und einer leichten Skoliose (Rückgratverbiegung) ging er schief und gebückt. Sein linker Arm und sein linkes Bein zitterten. Mit vorgequollenen Augen starrte er um sich und reagierte auf unerfreuliche und von seinen Vorstellungen abweichende Vorschläge beängstigend wütend und verfocht starrsinnig, was in ihm vor-»programmiert« war. Zur Appetitanregung, Überwindung von Müdigkeit und Förderung der physischen Widerstandsfähigkeit nahm er zweimal täglich das Vitamin A, D und Glukose enthaltende Intelan, zur Ergänzung von Phosphor und Stimulierung der glatten Muskeln Tonophosphan und eine kurze Zeit hindurch auch noch Dr. Kösters Antigas-Pillen und Mutaflor, das dann durch das Colipräparat Trocken-Coli-Hamma ersetzt wurde. Zusätzlich erhielt er zur Förderung der Verdauung Euflat, zur Abwendung depressiver Stimmungen jeden zweiten Tag 2 Ampullen Prostacrinum, ein Extrakt aus Samenbläschen und Prostata-Drüsen, und in Verbindung mit anderen Arzneien auch noch an jedem zweiten Tag Vitamultin-Ca *. Daß Hitler Anfang 1944 in krassem Gegensatz zu seiner im September des Vorjahres gefällten (und von dem um die deutsche Rüstung besorgten Albert Speer sabotierten) Entscheidung plötzlich massiv drängte, so rasch und so viel wie möglich Düsenflugzeuge vom Typ Me 262 zu produzieren [62], exemplifiziert die Diagnose der Hitler-Ärzte auf besonders eindringliche Weise. Doch nicht genug damit. Während zahlreiche Fachleute beschwörend empfahlen, die Maschine als Jagdflugzeug zu produzieren, sprach Hitler störrisch dagegen und entschied, sie als Bomber ohne Bordwaffen zu bauen [63]. So gut die Me 262 nach Ansicht der Experten als Jäger gewesen wären, so unrentabel waren sie als Bombenflugzeuge. Als deutsche Jagdflieger um den Einsatz der Maschine gegen amerikanische Bomberflotten baten, wich Hitler aus. Er war nicht einmal zum Versuch bereit. Starrsinnig blieb er bei seiner Entscheidung und behauptete, daß die Me 262 infolge ihrer hohen Geschwindigkeit den langsameren, aber nach seiner Behauptung wendigeren feindlichen Maschinen unterlegen sein würden, und verbat sich im Herbst 1944 jede weitere Erörterung dieses Themas [64], nachdem Generalstäbler und Luftwaffen-Generale ihm noch einmal auf Umwegen seinen Irrtum klar zu machen versucht hatten. Nach Speers Ansicht hätte die Me 262, die als Jagdflugzeug mit zwei Strahltriebwerken eine Geschwindigkeit von 800 km erreichte und eine damals beispiellose Steigfähigkeit aufwies, 1944 in Serie produziert werden können. Und serienmäßig hätten auch sowohl eine Boden-Luft-Rakete als auch ein Marinetorpedo hergestellt werden können. Die Boden-Luft-Rakete war noch schneller als die Me 262 und steuerte sich mit Hilfe von Wärmestrahlen an feindliche Flugzeuge heran, während das Marinetorpedo auf den Schall reagierte und Schiffe selbst bei geschicktesten Fluchtmanövern zu treffen vermochte [65]. Aber Hitler unterband auch ihre Produktion und schwächte seine Position. »Ich bin noch heute der Ansicht«, erklärte Speer 1969, »daß die Raketen im Verein mit den Strahljägern ab Frühjahr 1944 die Luftoffensive der westlichen Alliierten gegen unsere Industrie hätte zusammenbrechen lassen. Statt

* Vgl. die Feststellungen im Kapitel »Der kranke Führer ...«, S. 383.

dessen wurde (seit Juli 1943, der Verf.) ein Riesenaufwand in die Entwicklung und Fertigung von (V 2-)Raketen gesteckt, die sich, als sie im Herbst 1944 endlich zum Einsatz bereitstanden, als ein nahezu gänzlicher Fehlschlag erwiesen [66].«

Hitlers »Weltmachtprogramm« war relativ langfristig angelegt, seine Strategie in ihrer ganzen Breite auf eine Art von Krieg eingestellt, die von 1939 bis 1941 die ganze Welt in Erstaunen versetzte: auf den Blitzkrieg. »Mit scharfsinnigerem Urteilsvermögen als seine militärischen Berater erkannte« er, »daß Deutschland mit seinen begrenzten Quellen ... bei einem langen allgemeinen Krieg immer im Nachteil sein würde. Die einzige Art des Krieges, den er gewinnen konnte, waren kurze Überraschungsangriffe, bei denen der Schrecken und die überwältigende Kraft des ersten Schlages den Ausgang bestimmte, bevor das Opfer Zeit gewann, selbst aufzurüsten oder fremde Hilfe zu erbitten [67].« Die Feldzüge bis 1941 bestätigten Hitlers Vorstellungen. Der Krieg gegen Polen dauerte vier, der Feldzug gegen Norwegen acht Wochen; Holland war in fünf, Belgien in siebzehn Tagen überrannt. In sechs Wochen war Frankreich in Hitlers Hand, in elf Tagen Jugoslawien und in drei Wochen Griechenland. Bis zum Beginn des Unternehmens »Barbarossa« hielt das Rezept, was Hitler sich von ihm versprochen hatte. Aber in Rußland, das er ebenfalls durch einen Blitzkrieg niederwerfen * zu können meinte, versagte es. Daß es versagen mußte, wurde Hitler erst klar, als es zu spät – und sein Krieg im Grunde schon verloren – war.

Wie Hitler seine Rolle als Feldherr und Stratege spielte, exemplifizieren die unmittelbar folgenden Darstellungen. Daß Hitler mit Polen trotz des von ihm angewandten militärischen Druckes eine politische Entscheidung – wie 1938 mit der Tschechoslowakei in München – anstrebte [68], hatte noch im August 1939 selbst auch der Generalstab geglaubt **, den Hitler im ungewissen ließ und nur so weit informierte, wie ausschließlich er es für angebracht hielt. Als Kriegs-

* Die Wehrmacht war nur für den Sommer ausgerüstet. Am Tage des Feldzugbeginns befahl Hitler, die Rüstungsproduktion zu senken, und am 14.7.1941 erklärte er in seiner Weisung Nr. 32 b, daß auch das Heer wesentlich verringert werden könne. Vgl. *Hitlers Weisungen für die Kriegführung*, S. 159 ff.

** Vgl. Manstein, S. 69. Hans Baur, Hitlers Flugkapitän, berichtet im Zusammenhang mit einer Unterhaltung zwischen Hitler und Ribbentrop am Morgen der Kriegserklärung: »Meines Erachtens entschloß sich Hitler erst zum Kriege, als er glaubte annehmen zu können, daß England und Frankreich nicht eingreifen würden.« Vgl. Baur, S. 179. In persönlichen Gesprächen zwischen Dezember 1970 und Februar 1971 nannte Baur Einzelheiten, die Mansteins Feststellung bestätigten.

herr war er noch verschwiegener, als er es in bestimmten Dingen sonst gewesen ist. Beispielhaft sind dafür seine Äußerungen vom 28. Dezember 1944 im Zusammenhang mit der Ardennenoffensive. »Wer von der Sache nichts wissen muß«, erklärte er den Kommandeuren, »braucht es nicht zu wissen. Wer von der Sache etwas wissen muß, darf nur das erfahren, was er wissen muß. Wer von der Sache etwas wissen muß, darf es nicht früher erfahren, als er es wissen muß. Das ist das Entscheidende. Und niemand darf in die Stellung nach vorn geführt werden, der von der Sache etwas weiß, und der evtl. geschnappt wird. Das ist das Entscheidende [69] ...« Niemandem vertraute er mehr als unbedingt nötig an. Selbst Eva Braun wußte zum Beispiel vor dem Beginn des Unternehmens »Barbarossa« nicht, was geschehen werde. Kurz zuvor hatte Hitler ihr gesagt, daß er für ein paar Tage nach Berlin müsse. Tatsächlich aber hatte er sich nach Ostpreußen begeben, um die letzten Vorbereitungen des Ostfeldzuges zu treffen [70]. Vor Beginn des Polenfeldzuges war – außer Hermann Göring – kein militärischer Führer mit der Lage vertraut. Generaloberst Jodl, der einstige Chef des Wehrmachtsführungsstabes, diktierte seiner Frau 1946 im Gefängnis: »Kein Soldat konnte wissen, ob es je zu einem ... Angriff kommen würde, ob dieser Angriff ein provozierter oder unprovozierter, ein Angriffskrieg oder ein Verteidigungskrieg sein würde ... Als dann die Propagandamaschine zu laufen begann, als der Aufmarsch an der polnischen Grenze befohlen wurde, da waren sich zwar alle führenden Soldaten über das operative Problem ... im klaren, aber das politische, das strategische, blieb ihnen ein verschleiertes Geheimnis ... Stand hinter dem Aufmarsch überhaupt der ernste Wille, Polen anzugreifen, oder war er nur als Druckmittel gedacht, um Polen an den Verhandlungstisch zu bringen wie 1938 die Tschechoslowakei? Mußte diese Hoffnung nicht zur Gewißheit werden, als der für den 26. August befohlene Angriff angehalten wurde? Von den Einzelheiten des politischen Ringens der Großmächte um die Erhaltung des Friedens wußten die Oberbefehlshaber und die Generalstabschefs mit Ausnahme von Göring nichts [71].«
Nachdem der Polenfeldzug, in dem Hitler die militärischen Entscheidungen dem Generalstab überlassen hat, der seine Wünsche im Zusammenhang mit der Formierung des Aufmarsches in Ostpreußen berücksichtigte [72], überraschend zügig verlaufen ist * und die

* Vgl. auch Manstein, S. 55: »In der Tat stand dieser Feldzug, was die Schnelligkeit seiner Durchführung und das Ergebnis anbetraf, ziemlich einzig da.«

Westmächte nicht zur Offensive angetreten sind, was Hitler als ein Eingeständnis der Schwäche auslegt, erklärt er dem Oberkommando des Heeres (OKH) am 27. September 1939 ohne vorherige Absprache mit dem Oberbefehlshaber des Heeres, daß er schon im Herbst auch im Westen offensiv werden wolle, selbst wenn alle militärischen Gründe dagegen sprechen sollten [73]. »Der Oberbefehlshaber des Heeres wollte es nicht«, erinnerte sich Jodl und schilderte die Situation wie folgt: »An der Grenze und im Westwall in der Verteidigung bleiben, den Krieg zum Einschlafen bringen, war sein Wunsch ... den er hinter militärischen Gründen, insbesondere der unzureichenden Vorbereitung des Heeres für eine solch gigantische Aufgabe, zu verbergen versuchte ... Alle Generale wehrten sich« gegen Hitlers Plan. »Aber es nützte ihnen nichts [74].« »Ein längeres Abwarten«, heißt es in Hitlers Weisung vom 9. Oktober 1939, die einen zielstrebig angelegten und strategisch klug durchdachten (Teil-)Kriegsplan im Hintergrund verrät, »führt nicht nur zu einer Beseitigung der belgischen, vielleicht auch der holländischen Neutralität zugunsten der Westmächte, sondern stärkt auch die militärische Kraft unserer Feinde in zunehmendem Maße, läßt das Vertrauen der Neutralen auf einen Endsieg Deutschlands schwinden und trägt nicht dazu bei, Italien als militärischen Bundesgenossen an unsere Seite zu bringen ... Für die Weiterführung der militärischen Operationen befehle ich daher ...:

a) Am Nordflügel der Westfront ist durch den luxemburgisch-belgischen und holländischen Raum eine Angriffsoperation vorzubereiten. Dieser Angriff muß so stark und so frühzeitig als möglich geführt werden.

b) Zweck dieser Angriffsoperation ist es, möglichst starke Teile des französischen Operationsheeres und die an seiner Seite fechtenden Verbündeten zu schlagen und gleichzeitig möglichst viel holländischen, belgischen und nordfranzösischen Raum als Basis für eine aussichtsreiche Luft- und Seekriegführung gegen England und als weites Vorfeld des lebenswichtigen Ruhrgebietes zu gewinnen [75].«

Das OKH, dessen Oberbefehlshaber von Hitler praktisch vom militärischen Ratgeber zum Teilbefehlshaber mit der Verpflichtung zum Gehorsam degradiert worden ist, findet sich mit Hitlers Entscheidung ab und formuliert eine Weisung für eine Offensive, an deren Erfolg seine maßgeblichen Männer jedoch zweifeln [76]. Sie kennen die bereits gegen Ende des Polenfeldzuges von General Heinrich von Stülpnagel im Auftrage des OKH verfaßte Studie über die Frage einer Fortführung des Krieges im Westen, der sie infolge ihrer beruflich bedingten Befangenheit mehr Gewicht beimessen als den strategischen und operativen Vorstellungen Hitlers. Stülpnagels Ergebnis, daß das deutsche Heer nicht in der Lage sei, die Maginotlinie vor 1942 zu durchbrechen [77], betrachten sie offenbar buchstäblich als der Weisheit letzten Schluß. Entsprechend überrascht sie dann auch Hitlers Absicht *, die Maginotlinie durch Belgien und Holland zu umgehen. Daß sein Plan 1939 doch nicht mehr in die Tat umgesetzt werden kann, liegt am Wetter. »Härter als Hitler«, notierte Jodl, »erwies sich nur der Wettergott. Er verweigerte die ... Frostperiode. Man mußte das trockene Frühjahr abwarten. Der 10. Mai 1940 war richtig gewählt. Hitler setzte seinen Durchbruch über Maubeuge nach Abbeville an. Den Umfassungsgedanken des Generalstabes hatte er durch anfangs vorsichtige, dann immer zähere und unbekümmertere Eingriffe in die operative Führung zu Fall gebracht [78].« Der an Mansteins Überlegungen angelehnte Hitler-Plan wich von den traditionellen Vorstellungen des Generalstabs ab, der auf dem rechten Flügel durchbrechen wollte. Hitler entschied sich für die Verletzung der Neutralität Hollands, Belgiens und Luxemburgs und für den Angriff in der Mitte in Richtung Sedan-Abbeville, was Jodl veranlaßte, am 13. Februar 1940 ins Tagebuch zu schreiben: »Ich mache darauf aufmerksam, daß der Stoß auf Sedan ein operativer Schleichweg ist, auf dem man durch den Kriegsgott erwischt werden kann [79].«

Daß es mit der deutschen Rüstung zu der Zeit noch außerordentlich schlecht bestellt war [80], wußten weder die deutsche Öffentlichkeit noch der alliierte Geheimdienst [81]. Nach einer Forderung Hitlers von 1936 sollten die Wehrmacht und die Wirtschaft zwar 1940 einsatzfähig auf einen Kriegsfall vorbereitet sein [82]; aber das Rüstungsprogramm war – gemessen an der deutschen Industriekapazität – nur schwerfällig angelaufen. Bis September 1939 gab es in keinem deutschen Wirtschaftszweig eine Produktion, die Kriegsvorbereitungen ahnen ließ [83]. Noch im Mai 1940, während der Anteil der Rüstungsindustrie an der gesamten Industrieproduktion immer noch weniger als 15 Prozent betrug **, wurden monatlich weniger als 40 Pan-

* Vermutlich berücksichtigten Stülpnagel und das OKH, daß die Reichsregierung den Ländern erst kurz zuvor die Achtung der Neutralität zugesichert hatte.

** 1941 waren es 19 %, 1942 = 26 %, 1943 = 38 % und 1944 = 50 %. Vgl. Kehrl, Hans, »Kriegswirtschaft und Rüstungsindustrie« (in: *Bilanz des Zweiten Weltkrie-*

zer (gegen mehr als 2000 monatlich im Jahre 1944) hergestellt. Die deutsche Flugzeugproduktion (einschließlich der Zivilflugzeuge, Schulungsflugzeuge und Transporter) erreichte 1939 nicht einmal den Ausstoß von monatlich 1000 Maschinen, während 1944, nach langem Bombenkrieg mit starken Zerstörungen im gleichen Zeitraum allein mehr als 4000 Jäger produziert wurden *. Hitlers laute Behauptung vom 1. September 1939, daß er 90 Milliarden Mark für die Rüstung ausgegeben habe [84], konnte nach Lage der Dinge nur Laien imponieren. Die maßgeblichen Militärs wußten, daß die Rohstoffvorräte bestenfalls für 12 Wochen Krieg reichten, daß 25 % Zink, 50 % Blei, 65 % Mineralöl, 70 % Kupfer, 80 % Kautschuk, 90 % Zinn, 95 % Nickel und 99 % Bauxit aus dem Ausland eingeführt wurden [85]. Hitler wußte es natürlich auch; aber er wußte auch, daß sich die strategische und kriegswirtschaftliche Lage für das Reich seit dem 23. August 1939, seit dem Abschluß des deutsch-sowjetischen Nichtangriffspakts, erheblich geändert hatte [86]. Er ließ die Produktion von Buna [87] und synthetischen Treibstoffen [88] intensivieren, verließ sich auf die wirtschaftliche Unterstützung und Neutralität der Sowjetunion, die ihm nach der Niederwerfung Polens darüber hinaus die Möglichkeit geben sollte, die gesamten Streitkräfte für den Westfeldzug – ohne Bedrohung im Rücken – zur Verfügung zu haben, und plante die Lieferung von Rohstoffen aus Südosteuropa und aus Skandinavien ein.

Unmittelbar nach dem Polenfeldzug jedenfalls befindet sich Hitler in einer schwierigen Situation. Er und der Generalstab wissen, wie lange es möglich ist, auch nur mit dem Aufwand weiterzukämpfen, den der Blitzkrieg forderte. Sie können sich ausrechnen, daß der Krieg trotz der noch für rund drei Monate ausreichenden Rohstoffvorräte bereits in ca. 14 Tagen beendet ist [89], wenn die Franzosen und Briten im Westen angreifen. Sowohl der Munitionsvorrat, der bereits während des Polenfeldzuges nahezu aufgebraucht wurde, als auch die absolut unzureichende Truppenstärke am Westwall sind reale Fakten, die eine Fortsetzung des offensiven Kampfes zu einem Abenteuer machen. Doch Hitler ist dazu bereit. Er weiß, daß die Zeit – außer

ges), S. 272. Nach Speer (*Erinnerungen*, S. 560) stieg der Index für Sprengstofferzeugung von 103 bis 1941 auf 131 für 1942, auf 191 für 1943 und auf 226 für 1944. Der Index für Munitionserzeugung einschließlich Bomben dagegen von 102 für 1941 auf 106 für 1942, auf 247 für 1943 und auf 306 für 1944.

* Kehrl (vgl. die letzte Anm.), S. 272.

im Zusammenhang mit der eigenen Rüstung – nicht für ihn, sondern gegen ihn arbeitet. Ob er seine Machtposition zu der Zeit überschätzte und die der Gegner unterschätzte, ist schwer zu beweisen. Der Generalstab, der sowohl aus der Kenntnis der Geschichte der NSDAP als auch bereits aus militärischer Erfahrung Hitlers Glauben an sein Glück und seine Bereitschaft zum Risiko kennt, ist skeptisch. Die 3,2 Millionen Soldaten, die er für den Kriegsfall forderte, hat er bis 1939 nicht bekommen können [90]. Nur vier Jahrgänge, die 1914, 1915, 1916 und 1917 geborenen Männer, sind ausgebildet. Aber Hitler, der über viele Details und Zusammenhänge besser als der Generalstab informiert ist, glaubt im Gegensatz zu den überraschten [91] Militärs, daß seine Offensive nicht noch zusätzliche Probleme heraufbeschwören, sondern einen raschen Sieg über Frankreich zur Folge haben werde. Frankreich, der wichtigste englische Partner auf dem Kontinent, soll in einem »Blitzkrieg« niedergerungen und England unter diesem Eindruck zur Beendigung des Krieges veranlaßt werden.

Seit der für ihn glücklich ausgegangenen »Sudetenkrise« ist Hitler mehr denn je überzeugt, daß das Herz des Volkes des Großdeutschen Reiches auf Gedeih und Verderb für ihn schlägt *. Daß er sich zur Zeit der »Sudetenkrise« über die Ansichten des Oberkommandos des Heeres hinweggesetzt und dessen Oberbefehlshaber belehrt hatte, daß in der Situation nicht militärische, sondern politische Entscheidungen zu fällen seien, die nur er allein treffen könnte, haben inzwischen auch empfindliche Militärs aus ihrer Erinnerung verdrängt **. In voller Überzeugung hatte Hitler am 8. November 1938 erklärt: »Wenn es überhaupt einen Menschen gibt, der für das deutsche Volk zuständig ist ... dann bin ich es ***.«

Unmittelbar nachdem Großadmiral Erich Raeder den Führer am 12. Dezember 1939 auf die Gefahren hingewiesen hat, die dem Reich und der deutschen Kriegswirtschaft drohen, wenn die Briten Norwegen besetzen, wie der englische Marineminister Winston Churchill es seiner Regierung in einer Denkschrift bereits am 19. September 1939 empfohlen hatte [92], schaltet Hitler zum Entsetzen [93] der Generale

* Vgl dazu die Fußnote *** auf dieser Seite.

** Eine in der zweiten September-Hälfte 1938 von einigen maßgeblichen Führern des Heeres (wozu auch Generalfeldmarschall Erwin von Witzleben gehörte) vorbereitete Erhebung gegen Hitler unterblieb nach den Hitler-Erfolgen in Berchtesgaden, Godesberg und München.

*** Zit. bei Domarus, Bd. I/2, S. 968.

sowohl den Oberbefehlshaber des Heeres als auch den Chef des Generalstabes und der Operationsabteilung von der Bereitstellung und Führung der Heeresverbände aus *. Wie Napoleon, will auch er fortan nur noch Gehilfen und ausführende Organe seines Willens um sich haben. Die insgeheim empörten Militärs – auch Göring war beleidigt, zornig und verärgert [94] – waren zwar auch für eine zentrale Kriegführung; aber sie wünschten sie nicht in der Weise, wie Hitler sie nun etablierte. Gegen ein vereinigtes Oberkommando der Wehrmacht, zumal für die »triphibische« Operation der drei Wehrmachtsteile in Norwegen, hätten sie nichts eingewandt, wenn an seiner Spitze einer von ihnen gestanden hätte. Hitler paßt das nicht, was bereits die einleitenden Sätze des Befehls vom 27. Januar 1940 beweisen, in denen es heißt, daß die Studie Nord »unter seinem persönlichen und unmittelbaren Einfluß und im engen Zusammenhang mit der Gesamtkriegführung weiter [95]« zu bearbeiten seien. Er ist überzeugt, daß die gesamte (auch operative) Führung des Norwegen-Feldzuges in seinen Händen am besten aufgehoben sei. Spannungen zwischen Außenpolitik und Kriegführung, wie sie zum Beispiel im preußisch-französischen Krieg von 1870/71 im Zusammenhang mit der Frage, ob Paris beschossen werden solle, zwischen Bismarck und Moltke auftraten, und Schwierigkeiten, die die Alliierten bei der Koordinierung von Strategie und Außenpolitik während des Zweiten Weltkrieges zu überwinden hatten, wollte er sowohl als Kenner der Geschichte als auch als total regierender Diktator ausschalten. Da er im Grunde zugleich auch Außenminister war und sich des Reichsaußenministers lediglich als ausführenden Organs bediente, verfügte er über eine günstige politische Ausgangsbasis. Daß die durch niemanden kontrollierte Machtkonzentration trotz wesentlicher Vorteile schließlich doch ein Dilemma bildete, lag daran, daß Hitler im Laufe der Zeit im wesentlichen eine Prestige-Strategie betrieb und in bestimmten Fällen nicht so entschied, wie es aus militärischen Erwägungen nötig gewesen wäre.

Hitler befiehlt rechtzeitig, den »Fall Norwegen nicht aus der Hand zu geben [96]«. Selbstbewußt, nur auf die Mithilfe des Wehrmachtsführungsstabes und anderer Organe gestützt, die er Ende Januar

* Bereits am 13. 12. 1940 gab Jodl den Hitler-Befehl, »daß mit kleinstem Stab die Untersuchung geführt wird, wie man sich in Besitz Norwegens setzen kann« (vgl. Warlimont, S. 86), entgegen den bisherigen Gepflogenheiten, an den 1. Generalstabsoffizier der Luftwaffe in der Abt. L weiter.

1940 eigens im Rahmen des OKW bilden läßt *, übernimmt er die Funktion des Oberkommandos des Heeres und artikuliert die ursprünglich militärischen Vorstellungen Raeders offensiv und weltpolitisch. Nachdem er Raeders Vorstellungen – nach einigem Zögern – erst einmal akzeptiert und auf seine Weise umgewertet hat, ist er fest davon überzeugt, daß hier nicht die Militärs, sondern nur er, das Staatsoberhaupt, entscheiden muß, was zu geschehen hat. Die Tatsache, daß die Alliierten Skandinavien besetzen, die Ostsee beherrschen, den einzigen zuverlässigen Ausgang von der Nordsee in den Atlantik blockieren und das Reich daran hindern könnten, die wichtigen schwedischen Erze zu beziehen, läßt ihm seit Januar 1940 keine Ruhe [97]. Außerdem bedrängt ihn im Augenblick ganz besonders die Sorge, sein »Programm« infolge seiner Krankheiten womöglich nicht mehr selbst realisieren zu können. Am 9., 11. und 15. Januar 1940 läßt er sich gründlich untersuchen **. Das Ergebnis scheint seine Befürchtungen zu rechtfertigen. Sein Blutdruck ist weit überhöht. Morell mißt – im Erregungszustand – 170 bis 200 mm systolischen Druck bei 100 mm diastolischem Druck ***. Hitlers Herz, an dem Aortageräusche hörbar sind, ist deformiert und weist eine erweiterte linke Kammer auf, was Morell veranlaßt, dem Führer besondere Schonung zu empfehlen ****. Aber Hitler schont sich nicht, sondern bereitet drängend, ständig engagiert, seinen nächsten Blitzfeldzug vor, den die Generale schon von der Anlage her für zu kühn, für zu gewagt ***** und zum Teil sogar für ausgesprochen verantwor-

* Am 27. 1. 1940 gibt Keitel den Oberbefehlshabern der drei Wehrmachtsteile Hitlers diesbezüglichen »Wunsch« mit folgendem Wortlaut bekannt: »Der Führer und Oberste Befehlshaber der Wehrmacht wünscht, daß die Studie ›N‹ unter seinem persönlichen und unmittelbaren Einfluß und im engsten Zusammenhang mit der Gesamtkriegführung weiter bearbeitet wird. Aus diesen Gründen hat der Führer mich beauftragt, die Leitung der weiteren Vorarbeiten zu übernehmen. Hierzu wird im OKW ein Arbeitsstab gebildet, der gleichzeitig den Kern des künftigen Operationsstabes darstellt.« Zit. bei Domarus, Bd. II/3, S. 1149.

** Vgl. S. 377.

*** Vgl. ebenda.

**** Vgl. ebenda.

***** Selbst Jodl nannte 1946 Hitlers Befehl »die gewagteste Lösung«. Zit. nach Schramm, *Hitler als militärischer Führer*, S. 150. Warlimont nennt den Feldzug ein »Abenteuer«. Warlimont, *Im Hauptquartier der Wehrmacht*, S. 97. Bezeichnend für die Stimmung einiger Militärs ist die zweifellos Hitlers Auffassung widerspiegelnde Tagebucheintragung Jodls vom 28. 3. 1940, in der es u. a. heißt: »Einzelne Seeoffiziere scheinen bezüglich Weserübung laurig zu sein und bedürfen einer Spritze.« Warlimont S. 85.

tungslos halten. Aber nachdem Hitler sich für seine Lösung entschieden hat, ist er nicht mehr davon abzuhalten, und er fürchtet, durch außerdeutsche politische Entscheidungen womöglich um seine Feldzugs-Chance gebracht zu werden *. Die von militärischen Ratgebern verfochtene Auffassung, daß die Besetzung der skandinavischen Länder sich nach dem Friedensschluß zwischen Finnland und der Sowjetunion vom 12. März 1940 erübrigte, da seitdem weder Deutschland noch England einen Grund zum Eingriff hätten, teilt Hitler nicht, ebensowenig die Ansicht der Seekriegsleitung, daß die Aufrechterhaltung der Neutralität Norwegens die beste Lösung sei [98]. Jodls Feststellung, daß die Briten in Narvik landen würden [99], wenn die Deutschen die Benelux-Staaten besetzten, spiegelt zweifellos Hitlers Auffassung wider, über deren mittelbaren Realisierungsbeginn Jodl am 13. März in sein Tagebuch notierte: »Führer gibt Befehl zur Weserübung ... Er ist noch auf der Suche nach einer Begründung [100].« Hitlers Absicht ist eindeutig und klug vorausplanend. Er will durch den Feldzug, der nach außen hin »den Charakter einer friedlichen Besetzung« haben und »den bewaffneten Schutz der Neutralität der nordischen Staaten **« vortäuschen soll, die »Erzbasis in Schweden« sichern und die See- und Luftkriegsstützpunkte für den Kampf gegen England und die maritime Machtstellung des Reiches erweitern. Den Alliierten, die sich gleichzeitig auf ein entsprechendes Unternehmen vorbereiteten und am 7. April 1940 mit der Verschiffung von Truppen zur Besetzung Norwegens begannen [101], kam Hitler buchstäblich in letzter Stunde zuvor ***.

* Vgl. Jodls Tagebucheintragung vom 12. März 1940 (»Für uns ist die Lage militärisch störend, da, falls ein Friedensschluß bald zustande kommt, die Motivierung für die vorbereitete Aktion ... schwierig wird«), zit. bei Warlimont, *Im Hauptquartier der Wehrmacht*, S. 84. Schon im Dezember 1939 hat Hitler die Einschaltung norwegischer deutschfreundlicher Politiker in seine Pläne einbezogen. Jodls Tagebucheintragung vom 12. 12. 1939 mit der Frage, was zu tun sei, »wenn wir gerufen werden«, läßt vermuten, daß Hitler dabei wahrscheinlich zuerst an Vidkum Quisling dachte. Vgl. Warlimont, *Im Hauptquartier der Wehrmacht*, S. 83.

** Hitlers Weisungen für die Kriegführung, S. 54. Ausdrücklich hebt Hitler in der Weisung hervor, daß Widerstand »unter Einsatz aller militärischen Mittel zu brechen« sei.

*** Max Domarus' Feststellung, »Hitler, der häufig behauptete, er sei bei seinen Aktionen dem Gegner nur um wenige Tage oder ›24 Stunden‹ zuvorgekommen, konnte sich nicht darauf berufen, daß die Westmächte ihrerseits die Absicht gehabt hätten, in Norwegen zu landen« (Domarus, Bd. II/3, S. 1451), deckt sich nicht mit den Tatsachen.

Nachdem die Wehrmacht am 9. April sowohl zu Lande als auch zu Wasser zum Angriff angetreten ist, Dänemark, das sich unmittelbar unter deutschen Schutz stellt, besetzt hat, bei Kristiansand, Stavanger, Bergen und Drontheim und – nach schweren verlustreichen Kämpfen * und der Niederwerfung der Küstenartillerie – auch im Oslofjord gelandet ist, kommt es zu weiteren schweren Verlusten auf deutscher Seite. Die 10 Zerstörer, mit denen Oberst Eduard Dietl mit einem Gebirgsjägerregiment in Narvik gelandet ist, werden am 10. und 13. April von englischen Seestreitkräften vernichtet. Für Hitler, der vorübergehend und militärisch voreilig bereit ist, Narvik, den eigentlichen Schlüsselpunkt der Operation, aufzugeben und die Truppen aus Norwegen abzuziehen [102], wird dieser Feldzug fast zum Menetekel. Er muß nicht nur zugeben, daß seine Weltkriegserfahrungen ihm hier nichts nützen und daß er als militärischer Führer noch viel zu lernen hat, sondern auch erleben, daß sein seit Jahr und Tag systematisch organisierter Führernimbus schlagartig und ausgerechnet bei den Militärs empfindlich in Gefahr gerät, die er schon im Hinblick auf seine weiteren Pläne so positiv wie nur möglich beeindrukken muß. Nach einem »mehr als eine Woche währenden Schauspiel erbärmlicher Unzulänglichkeiten [103]«, wie Warlimont berichtet, fängt der nervöse, hilflos und unsicher wirkende Hitler sich jedoch wieder. Obwohl Jodl bereits am 17. April in sein Tagebuch eintrug, der »Führer äußert sich wieder in temperamentvoller Art«, kam es selbst danach noch zu schweren Spannungen und teilweise sogar zu chaotischen Situationen, nicht zuletzt auch, weil Hitler ständig in Einzelheiten hineinredete und militärische Entscheidungen umdisponierte. Die Feststellung Warlimonts, der während des Zweiten Weltkrieges selber niemals ein Frontkommando innehatte, daß Hitler sich nicht so vorbildhaft ruhig und sicher wie Moltke auf den böhmischen und französischen Schlachtfeldern verhalten habe [104], wiegt nicht viel. In Norwegen fehlten nicht nur Hitler die Erfahrungen mit Operationen, in denen erstmals die Marine, die Luftwaffe und das Heer zugleich eingesetzt werden mußten. Friedrich der Große, auf den Hitler sich besonders gegen Ende des Krieges gern berief, schloß sich während der Schlacht bei Mollwitz in einer Krisensituation sogar der flüchtenden Kavallerie an und ließ seine Truppe schmählich im Stich.

Die Überzeugung Hitlers, daß mit einer Ausklammerung Norwegens

* Der schwere Kreuzer »Blücher« und die leichten Kreuzer »Karlsruhe« und »Königsberg« gingen dabei verloren.

als Kriegsschauplatz im Falle eines Kampfes gegen Frankreich und die Benelux-Staaten nicht gerechnet werden durfte, erwies sich als zutreffend. So verließen die Briten Norwegen erst am 8. Juni, einen Tag bevor die Wehrmacht die Seine und die untere Marne erreichte *. Und als richtig erwies sich auch der gegen Jodls Vorschlag realisierte Entschluß Hitlers, mit dem Angriff im Westen erst (am 10. Mai) während des Norwegen-Feldzuges zu beginnen **; denn noch im Mai waren starke Kräfte der deutschen Luftwaffe in Norwegen gebunden.

Am 14. Mai 1940, vier Tage nach dem sowohl durch den Norwegenfeldzug als auch durch die Wetterverhältnisse verzögerten Beginn des Westfeldzuges hat Hitler mit der »Weisung Nr. 11« seine Richtlinien für die Fortsetzung der Operationen [105] mit dem deutlichen Hinweis an die Adresse des OKH erlassen, daß er fortan auch die Leitung der Operationen in seiner Hand zu halten gedenke. Er will von nun an nicht mehr Auftragstaktik, sondern Befehlstaktik und wünscht nur noch Ratschläge des Arbeitsstabes, der die Entscheidungen in Befehle umsetzt, die er als Oberbefehlshaber der Wehrmacht erteilt. Obwohl nicht er den von ihm zwar kühn und hervorragend angelegten Norwegenfeldzug gewonnen hat, ist die während des Polenfeldzuges noch geschickt bekundete Zurückhaltung auf militärischem Gebiet inzwischen der Vorstellung gewichen, daß Kriegsexperten ihm auch als militärischen Führer nur noch zu raten hätten, wenn er eines Rates zu bedürfen meinte. Daß Warlimont rund 25 Jahre nach dem Frankreichfeldzug Hitler vorwarf, den Angriff im Westen nicht nach den in militärischen Stäben üblichen Vorarbeiten geplant und ausgelöst zu haben ***, spricht angesichts der Erfolge nicht gegen

* Die norwegischen Landkräfte und die vom 16. bis 19. 4. bis Namsos und Andalsnes gelandeten alliierten Truppen waren am 20. 4. geschlagen. Die Norweger kapitulierten, die Alliierten schifften sich wieder hastig ein und zogen sich zurück. Zwar besetzten die am 14. 4. in Harstad gelandeten Briten 14 Tage später Narvik; aber am 8. 6. verschwanden sie wieder aus Norwegen, das am Tage danach kapitulierte. Bereits am 24. 4. hatte Hitler die Regierungsgewalt in Norwegen dem Reichskommissar Terboven übertragen, dem der norwegische Führer der »Nasjonal Samling«, Vidkun Quisling, zur Seite stand.

** Jodl hatte vorgeschlagen, beide Operationen »zeitlich und kräftemäßig voneinander unabhängig« zu führen. Vgl. Warlimont, *Im Hauptquartier der Wehrmacht*, S. 101.

*** Vgl. Warlimont, *Im Hauptquartier der Wehrmacht*, S. 64. Jodl erklärte in Nürnberg allerdings ausdrücklich, daß Hitler »Unterlagen für die Entscheidungen, Karten, Stärkenmeldungen ... (und, der Verf.) Meldungen über den Gegner verlangte« und studierte, bevor er sich entschied. IMT, Bd. XV, S. 407.

Hitler, der wieder recht behielt und auch seine Vermutung bestätigt fand, daß die Franzosen nicht so verbissen wie zwischen 1914 und 1918 kämpfen würden [106]. »Der Angriff« im Westen, schrieb Generaloberst Heinz Guderian 1953: »führte zu einem von der deutschen obersten Führung nicht erwarteten großen und schnellen Erfolg [107].« Und Jodl sagte in Nürnberg: »Wieder triumphierte Hitlers Wille und siegte sein Glaube. Zuerst zerbrach die Front; dann brachen Holland, Belgien und Frankreich zusammen. Die Soldaten standen vor einem Wunder; sie staunten [108] ...«

Jetzt aber stellte sich heraus, daß Hitler strategisch nicht weiter geplant hatte. Seine Überzeugung, daß England angesichts einer raschen Niederlage Frankreichs bereit sein würde, den Krieg zu beenden, hatte ihn dazu verführt, den Sieg im Westen als vorläufiges Ende des Krieges anzusehen. Da die Briten – trotz der Schonung ihrer Expeditionsarmee bei Dünkirchen – auch jetzt anders reagierten, als Hitler es erwartete, zog er einen direkten Angriff auf England in Betracht. In seiner Weisung Nr. 16 vom 16. Juli 1940 heißt es unter anderem: »Da England, trotz seiner militärisch aussichtslosen Lage, noch keine Anzeichen einer Verständigungsbereitschaft zu erkennen gibt, habe ich mich entschlossen, eine Landungsoperation gegen England vorzubereiten und wenn nötig, durchzuführen. Zweck dieser Operation ist es, das englische Mutterland als Basis für die Fortführung des Krieges gegen Deutschland auszuschalten, und wenn es erforderlich werden sollte, in vollem Umfang zu besetzen [109].«

Da England nicht nur eine Insel in der Nähe der besetzten französischen Küste mit der Home Fleet war, sondern eine starke See- und Weltmacht mit überseeischen Streitkräften in Kanada, Neuseeland, Australien, Ägypten, Indien und Südafrika, hätte Hitler nach der Niederlage Frankreichs rasch im Sinne seiner Weisung Nr. 16 handeln oder aber einen Plan Raeders realisieren müssen, der England indirekt zu bekämpfen und so zur Aufgabe des Krieges zu zwingen empfahl *. Aber Hitler, dessen Gesicht schon während des Norwegenfeldzuges leicht gedunsene Konturen zeigte, ist zu dem Risiko, das der Angriff auf England birgt, plötzlich nicht mehr bereit. Er zaudert und scheint nicht mehr zuhören zu können, so daß ihn die Bedenken der Seekriegsleitung, die im Gegensatz zu der Auffassung führender Militärs an einen Erfolg nicht glaubte, kaum »erreichen«.

* Vgl. auch S. 499.

Seine Augen glänzen zuweilen in einer Weise, wie es niemals zuvor der Fall gewesen ist. Seine Bestimmtheit nimmt aggressive Züge an *. Vier Jahre zuvor ist er nicht nur äußerlich noch ein anderer Mann gewesen. Hitler, der sich sorgfältig beobachtet, weiß es auch, und er nimmt seinen Leibarzt jetzt ganz besonders intensiv in Anspruch **. Als er drei Tage nach dem Eintritt der Waffenruhe Paris besichtigt, wirkt er, was Außenstehende nicht erfahren, nicht wie ein strahlender Sieger. Albert Speer, dem Architekten Hermann Giesler und dem Architekten und Bildhauer Arno Breker, die Hitler per Flugzeug für seine Paris-Visite zu sich bringen ließ, berichten in ihren Erinnerungen, daß der Führer sich nicht nur von seiner zum Teil siegestrunkenen Umgebung absonderte, sondern sogar Tränen in den Augen hatte, während das deutsche Trompetensignal »Das Ganze halt« erklang [110]. Nicht »krasseste Gegensätze« des Wesens, wie Speer meint [111], und nicht Friedensliebe und Liebe zur Architektur, wie Breker und Giesler vermuteten, waren die Ursache, nicht Tote, Verwundete, zerstörte Städte, Kunstdenkmäler und Bauwerke, sondern die Tatsache, daß Hitler, der nahezu ununterbrochen Arzneien einnahm ***, zu der Zeit bereits sehr krank zu sein und sein Endziel nicht mehr erleben zu können meinte ****.
Strategisch lagen die Dinge dagegen für Hitler weitaus besser. Frankreich war geschlagen, Italien in den Krieg an deutscher Seite eingetreten, was sowohl zur Folge hatte, daß England nicht nur nicht mehr auf die französische Flotte rechnen konnte, sondern zunächst auch die Herrschaft im zentralen Mittelmeer eingebüßt hatte. Deutsche U-Boot-Basen und Luftstützpunkte, die England, Gibraltar und die einzige noch von Europa erreichbare britische Überseebasis Ägypten mit der Herrschaft über den Suezkanal empfindlich schädigen konnten, erstreckten sich von Bordeaux bis zum Nordkap. Durch den Kriegseintritt Italiens war Hitler nunmehr in der Lage, das britische Empire auf dem Wege über Angriffe auf den Suezkanal mehr als nur zu gefährden, was schließlich nicht nur Großadmiral Raeder, General Kurt Student und Erwin Rommel differenziert empfahlen. Dennoch: Hitler scheute das Risiko. Die Anfänge der Einbuße seiner Risikobe-

* Vgl. S. 378.
** Vgl. S. 377 ff.
*** Er bekam zu der Zeit unter anderem Dr. Kösters Antigas-Pillen, Mutaflor, Euflat, Glukose, Glyconorm und Vitamultin-Calcium.
**** Vgl. S. 376.

reitschaft und allgemeinen Flexibilität zeigten sich bereits, auch wenn zu der Zeit noch niemandem ein grundsätzlicher Wandel in seinem Verhalten auffiel. Es ist auch für den Historiker müßig, heute darüber zu streiten, ob ein deutscher Angriff auf England von Erfolg gekrönt worden wäre. Daß die USA, denen Hitler bis dahin noch nicht den Krieg erklärt hat, an einer Unterstützung Großbritanniens infolge der Lage kaum noch interessiert gewesen seien und Winston Churchill dem US-Präsidenten Roosevelt nach den deutschen Erfolgen in Nordafrika (Bengasi und Tobruk) und Kreta erklärte, daß England nicht nur Ägypten, sondern auch den ganzen Vorderen Orient einbüßen könne, was ungünstige Auswirkungen auf Spanien, (Vichy-)Frankreich, die Türkei und selbst Japan haben würde [112], ändert wenig daran.
Hitlers Schwung scheint dahin, seine strategische Konzeptionsfähigkeit erschöpft zu sein. Er flüchtet sich in strategische »Ersatz«-Planungen. So befiehlt er am 12. November 1940, zu prüfen, ob Madeira und die Azoren besetzt werden könnten [113], und erklärt, daß seine Politik gegenüber Frankreich zu einer »möglichst wirkungsvollen Zusammenarbeit [114]« im Hinblick auf einen Kampf gegen England führen und Spanien zum Eintritt in den Krieg veranlassen [115] solle. Er erwägt, Gibraltar zu besetzen [116] und nach der Einnahme der Iberischen Halbinsel die Briten aus dem westlichen Mittelmeer zu vertreiben [117]. Aber das sind nur Sandkastenspiele. Seinen Krieg, den »Germanenzug gen Osten«, um den sein Denken spätestens seit dem Ende des Ersten Weltkrieges kreist, hat er nicht aus seinen Zukunftsvorstellungen getilgt. Mitten in dieser Atempause, 446 Tage nach dem Abschluß des Bündnisses mit der Sowjetunion, entscheidet er, »alle schon mündlich befohlenen Vorbereitungen für den Osten fortzuführen [118]« und seine Befehle bezüglich der »Durchführung« und der zeitlichen »Übereinstimmung der einzelnen Aktionen [119]« abzuwarten. Sein Entschluß, die Ratschläge von Raeder, Rommel, Student und Korten, die in der Beseitigung der britischen Mittelmeer- und Nahostposition, in Angriffen auf den Suezkanal und den Persischen Golf die entscheidende Operation erblicken, zu mißachten und gegen Rußland zu marschieren, entspricht nicht nur ideologisch seiner »Weltanschauung«, sondern bewegt sich auch strategisch im Rahmen seiner während des Ersten Weltkrieges auf den Schlachtfeldern Frankreichs entwickelten kontinental beeinflußten Vorstellungen.
Daß Hitler im Juni 1941, als er die Sowjetunion überfällt, die öffent-

lichen Beteuerungen ad absurdum führt, die er in den letzten beiden Jahren abgegeben hat und wieder auch offiziell an seine alten Lehren anknüpft, schockiert einen Teil des Volkes und der militärischen Führer, die nicht nur unter der Berücksichtigung der Ergebnisse der Feldzüge Karl XII. und Napoleon I. vor der militärischen Aufgabe zurückschrecken, obwohl der finnische Feldzug die Russen nicht gerade als einen sehr gefährlichen Gegner erscheinen läßt *. Noch am 4. Mai 1941, eine Woche bevor Rudolf Hess, der »Stellvertreter des Führers«, mit einer Me 110 von Augsburg nach England flog, hatte Hitler vor dem Reichstag an die siegreichen Feldzüge erinnert, seine »Friedensangebote« zitiert, Churchill als Kriegstreiber, Narren, Lügner und Verbrecher bezeichnet und das Dritte Reich als Alternative zu den »jüdischen Demokratien« und den politischen Systemen des »jüdisch-kapitalistischen Standes- und Klassenwahns [120]« herausgestellt, jedoch auf die früher übliche Beschimpfung und üble Verleumdung des Bolschewismus konsequent verzichtet. Die irritierten Militärs mußten zwar zugeben, daß Hitler gelang, was er begann, und daß er sich im Gegensatz zu ihnen bis dahin nur sehr selten getäuscht hatte; aber er erschien ihnen nicht faßbar und ausrechenbar, was Guderians Feststellung deutlich widerspiegelt, daß die »Ratgeber ... in ihrem Urteil über ihre Gegner ebenso irre geworden (waren) wie in der Einschätzung der strategischen Qualitäten ihres Obersten Befehlshabers [121]«.

Im Hinblick auf die Führung des Krieges gegen die Sowjetunion wichen Hitlers Vorstellungen von der Absicht des OKH ab, das den Hauptstoß gegen Moskau richten und die Vernichtung des Feindes im Zentrum seines Landes und seiner Macht vorschlug. Hitlers strategische Überlegungen resultierten primär aus politischen und kriegswirtschaftlichen Erwägungen. Er wollte die Entscheidung auf den Flügeln suchen, im Norden Leningrad nehmen, die Verbindung zu den

* Am 23. 8. 1939 hatten Ribbentrop und Molotow den Nichtangriffspakt zwischen Deutschland und der Sowjetunion unterzeichnet, in dem es u. a. hieß: »Die beiden vertragschließenden Teile verpflichten sich, sich jeden Gewaltaktes, jeder aggressiven Handlung und jeden Angriffes gegeneinander, und zwar sowohl einzeln als auch gemeinsam mit anderen Mächten, zu enthalten ... Die Regierungen ... werden künftig fortlaufend mit Konsultation in Fühlung miteinander bleiben, um sich gegenseitig über Fragen zu informieren, die ihre gemeinsamen Interessen berühren.« DNB-Text vom 24. 8. 1938. Vgl. auch RGBl. 1939 II, S. 968 f. Zur Geschichte der deutsch-sowjetischen Beziehungen von Brest-Litowsk bis zum Unternehmen Barbarossa vgl. u. a. Krummacher/Lange: *Krieg und Frieden* und Hillgruber: *Hitlers Strategie.*

befreundeten Finnen herstellen, die Herrschaft über die Ostsee gewinnen, den Nachschub für den linken Heeresflügel (über die Ostsee) und die linke Flanke des Ostheeres sichern und im Süden die Ukraine nehmen, die Rohstoffe nutzen, die Rüstungsstätten im Donezgebiet für die Wehrmacht einspannen und schließlich die Erdölfelder des Kaukasus ausbeuten. Erst danach sollte Moskau, 1941 wichtiger als in den Kriegen, die Karl XII. von Schweden und Napoleon I. gegen Rußland führten, genommen werden *.

Während die deutsche Wehrmacht rasch vorankommt und die russische Mittelfront zusammenbricht, drängen das Oberkommando des Heeres und die Frontgenerale Hitler, die Chance zu nutzen und Moskau zu nehmen, noch bevor, wie es im »Plan Barbarossa« vorgesehen ist, Leningrad in deutschem Besitz ist. Aber Hitler zaudert sechs Wochen lang und schwankt zwischen seinem Plan, zuerst Leningrad zu nehmen und der Absicht, augenblicklich weiter auf die Hauptstadt vorzudringen und sie anzugreifen. Er zaudert, obwohl er weiß [122], daß die zahlenmäßig überlegene und sowohl technisch als auch versorgungsmäßig gut ausgerüstete Rote Armee vor vier Jahren einen großen Teil ihrer Generale, Offiziere und Kommissare durch eine von ihm selbst mitvorbereitete »Säuberung **« eingebüßt hat

* In *Hitlers Weisungen für die Kriegführung* heißt es im Rahmen der Weisung Nr. 21 vom 18. 12. 1940 (S. 99): »Die Einnahme dieser Stadt bedeutet politisch und wirtschaftlich einen entscheidenden Erfolg, darüber hinaus den Ausfall des wichtigsten Eisenbahnknotenpunktes.«

** Wahrscheinlich Ende 1936 hatten Hitler und Himmler einen Plan zur Lähmung der Roten Armee ausgeheckt. Im Auftrage Heydrichs war vom SS-Sicherheitsdienst im März 1937 eine 32 Seiten umfassende Akte hergestellt worden, die eine fingierte Korrespondenz zwischen Offizieren des deutschen Heeres und dem sowjetischen Marschall, Stabschef und stellvertretenden Kriegsminister (1931–1937) Michael Tuchatschewski enthielt, wobei die Unterschriften der deutschen Militärs von Bankschecks und Tuchatschewskis Unterschrift von Schreiben aus der Zeit der Zusammenarbeit der Reichswehr mit der Roten Armee kopiert worden waren. Ein gefälschter Tuchatschewski-Brief erweckte den Eindruck, daß Tuchatschewski für Deutschland spioniere. Hitler ließ das Material dem NKWD zuspielen, der es Mitte Mai Stalin zur Verfügung stellte und ihm eine Handhabe lieferte, die ihm unliebsamen Generale der Roten Armee unter Anklage zu stellen und liquidieren zu lassen. Schon im Mai 1937 begannen die Verhaftungen und Erschießungen. Vgl. dazu Conquest, Robert, in *Der Spiegel*, Nr. 7 vom 8. 2. 1971. Nach sowjetischen Berechnungen fielen der »Säuberung« zum Opfer: 3 von den 5 Marschällen, 14 von den 16 Armee-Befehlshabern I. und II. Ranges, 8 von den 8 Admiralen I. und II. Ranges, 60 von den 67 Kommandierenden Generalen, 136 von den 199 Divisionskommandeuren und 221 von den 397 Brigadekommandeuren. Alle 11 stellvertretenden Verteidigungskommissare und 75 der 80 Mitglieder des Obersten Kriegsrats wurden entfernt. Darüber hinaus wurden rund 35 000 Offiziere unterer

und die deutschen Offiziere, Generale und Generalstäbler den zu der Zeit in den wichtigen Führungspositionen befindlichen russischen Offizieren und Generalen weit überlegen sind.
Nachdem die Wehrmacht die Beresina bei Borissow überschritten hat und Smolensk gefallen ist, erklärt Hitler am 21. August 1941 »zum Entsetzen aller beteiligten Offiziere [123]«, daß es aus strategischen Erwägungen nicht am wichtigsten sei, vor dem Einbruch des Winters Moskau zu erobern, wie sie es wollten, sondern die eigene Ölversorgung aus Rumänien zu sichern, die Krim und das Industrie- und Kohlengebiet am Donez zu nehmen, die russische Ölzufuhr aus dem Kaukasusraum abzuschnüren, Leningrad einzuschließen und die Vereinigung mit den Finnen zu erreichen [124]. Er gibt die auf Moskau angesetzte Stoßrichtung auf, läßt die Heeresgruppe Mitte nach Süden und zum Teil sogar nach Südwest abschwenken und befiehlt, die Ukraine in Besitz zu nehmen. Den Rat des Generalstabes mißachtet er und bestreitet dessen Fähigkeit, politische und kriegswirtschaftliche Probleme hinreichend beurteilen zu können. Heinz Guderian muß nach Süden marschieren und zusammen mit Gerd von Rundstedt Kiew erobern, was zur Überraschung der meisten Militärs auch gelingt und neben der Vernichtung des größten Teiles der im Süden operierenden russischen Streitkräfte rund 665 000 Gefangene einbringt.
Nach dem großen Erfolg von Kiew, den die Militärs nicht erwartet haben, ist der »Kriegsgott«, dessen Mißgunst Jodl schon im Februar 1940 im Zusammenhang mit Hitlers Entscheidungen für den Frankreichfeldzug fürchtete, Hitler nur noch eine kurze Zeit hold. Hitler beginnt Fehler zu machen, die sich relativ rasch als verhängnisvoll erweisen. Adolf Heusinger, von 1940 bis 1944 Chef der Operationsabteilung des Generalstabes des Heeres, warf seinem einstigen Obersten Befehlshaber 25 Jahre später im Gegensatz zum Beispiel zu General Blumentritt * vor: schon »Im August ... trat die verhängnisvolle Wende ein. Hitler verzichtete auf sofortiges Weiterstoßen auf Moskau ... Die letzte Chance war damit vertan [125].« Marschall Grigori Schukow, zu Beginn des Krieges Generalstabschef und dann

Ränge, ungefähr die Hälfte des gesamten Offizierskorps, erschossen oder inhaftiert. Vgl. *Der Spiegel*, ebenda, S. 121.
* General Blumentritt erklärte: »... sehr bald mußten sowohl die Panzergruppe 2 als auch die dahinterfolgende 2. Armee erkennen, daß dieser Gegner erheblich mehr Beachtung verdiente. Man konnte nicht einfach an ihm vorbeimarschieren.« Zit. nach Besymenski, Sonderakte Barbarossa, S. 302. Vgl. dazu auch Carell, *Unternehmen Barbarossa*, S. 89.

bis Oktober 1941 Befehlshaber der sowjetischen Truppen in Leningrad, war indes der Ansicht, daß Hitlers Entscheidungen im Gegensatz zur Auffassung der deutschen Militärs richtig war. »Die deutschen Truppen«, erklärte er, »waren außerstande, im August Moskau im Vormarsch zu nehmen, wie einige deutsche Generale geplant haben. Im Falle einer Offensive wären sie in eine schwierigere Lage geraten als im November und Dezember 1941 bei Moskau ... Alle Versuche der deutschen Generale und ... Kriegshistoriker«, die »Schuld an der Niederlage ... Hitler zuzuschieben ... (ist daher, der Verf.) unhaltbar [126]«. Auch Marschall Konstantin Rokossowski gab an, daß Hitlers Entscheidung gegen den Generalstab militärisch richtig gewesen sei: »Die Lage der sowjetischen Truppen war sehr kompliziert ... Dennoch bin ich der Ansicht«, erklärte er, »daß die deutschen Truppen ... keine realen Chancen hatten, die großangelegte Offensive auf Moskau fortzusetzen. Sie brauchten unbedingt eine Atempause, die denn auch im August eintrat [127].« Und auch Marschall Wassili Sokolowski, der im Herbst 1941 als Stabschef der sowjetischen Westfront fungierte, argumentierte gegen die deutschen militärischen Führer und bezeichnete Hitlers Entscheidung für die relativ beste Lösung im deutschen Sinne [128]. Obwohl diese Urteile mit Sicherheit zum Teil von der Absicht bestimmt sind, die »Unschlagbarkeit« der Sowjetunion zu dokumentieren, sprechen zahlreiche militärische Überlegungen für die Argumente.

Ob diese August-Entscheidung Hitlers tatsächlich ein Fehler war, ist weder unbestreitbar zu beweisen noch zu widerlegen. Sicher ist dagegen, daß er Fehler beging, als er seinen (allerdings von den maßgeblichen Militärs des OKW auch geteilten) Irrglauben, daß die Rote Armee unmittelbar vor dem Zusammenbruch stünde und daß es dazu nur noch eines Stoßes bedürfe, zum Ausgangspunkt seiner militärischen Maßnahmen machte. So befahl er Anfang September [129], gleichzeitig Moskau anzugreifen, die kaukasischen Ölfelder in Besitz zu nehmen und Leningrad einzuschnüren und auszuhungern, und zog am 17. September die Panzergruppe Hoepner und die Kampfverbände der Luftwaffe vom Norden ab, und unterband damit selbst die angestrebte Eroberung Leningrads.

Hitler, an dessen Waden- und Schienbeinen Ödeme auftreten, was Morell veranlaßt, sowohl Coramin und Cardiazol zur Unterstützung des Kreislaufzentrums im Gehirn, der Gefäßnerven und Atemzentren als auch die aufpeitschenden Mittel Coffein und Pervitin zu verordnen, obwohl am Herzen seines Patienten eben erst eine rasch fortschreitende Coronarsklerose nachgewiesen wurde, will nun zu viel auf einmal gewinnen. Aber er scheint trotzdem noch einmal recht zu behalten. Nachdem die Heeresgruppe Mitte ihren am 2. Oktober 1941 begonnenen Angriff * auf Moskau zügig vorangetragen und die Linie Orel-Brjansk-Wjasma gewonnen hat **, befiehlt Hitler am 7. und 10. Oktober 1941, augenblicklich den Feind mit den verfügbaren Kräften zu verfolgen, obwohl Rußlandkenner vor den Schlammperioden warnen, die auch Karl XII. von Schweden und Napoleon I. schier unüberwindliche Probleme aufgegeben hatten. In der Weisung Nr. 37 vom 10. Oktober 1941 heißt es: »Nachdem die Masse der sowjetrussischen Wehrmacht auf dem Hauptkriegsschauplatz zerschlagen oder vernichtet ist, liegt kein zwingender Grund mehr vor, russische Kräfte in Finnland durch Angriff zu fesseln. Um vor Eintritt des Winters Murmansk oder die Fischerhalbinsel zu nehmen oder in Mittelfinnland die Murmanbahn abzuschneiden, reichen die Stärke und die Angriffskraft der verfügbaren Verbände und die fortgeschrittene Jahreszeit nicht mehr aus. Als vordringlichste Aufgabe bleibt daher, das Gewonnene zu behaupten, das Nickelgebiet von Petsamo gegen Angriffe ... zu sichern und alle Vorbereitungen zu treffen, um – schon im Winter beginnend – im nächsten Jahre endgültig Murmansk, die Fischerhalbinsel und die Murmanbahn zu nehmen [130].« Hitler glaubt, bis zum Einbruch des Winters, über dessen Auswirkungen sich weder er noch jemand anders eine richtige Vorstellung machen, Moskau zu erreichen, und es gelingt ihm schließlich auch, seine Ratgeber des OKW von seiner Auffassung zu überzeugen ***. Im

* Die Panzergruppe 2 trat bereits am 30. September 1941 zum Angriff an.
** Der Nordflügel der Ostfront verteidigte sich zu der Zeit in der Hauptsache am Wolchow, die Heeresgruppe Süd stieß auf Rostow vor.
*** Dem Generalfeldmarschall von Bock, der ihn auf die Schwierigkeiten hinwies, die ein Angriff auf Moskau in dieser Jahreszeit mit sich bringen würde, so daß es besser wäre, den Winter in befestigten Stellungen zu verbringen, erklärte er am 24. 9. 1941: »Als ich noch nicht Reichskanzler war, habe ich gemeint, der Generalstab gleiche einem Fleischerhund, den man fest am Halsband haben müsse, weil er sonst jeden anderen Menschen anzufallen drohe. Nachdem ich Reichskanzler geworden war, habe ich feststellen müssen, daß der deutsche Generalstab nichts weniger als ein Fleischerhund ist. Dieser Generalstab hat mich immer gehindert, das zu tun, was ich für nötig halte. Der Generalstab hat der Aufrüstung, der Rheinlandbesetzung, dem Einmarsch nach Österreich, der Besetzung der Tschechei und schließlich sogar dem Krieg gegen Polen widersprochen. Der Generalstab hat mir abgeraten, gegen Frankreich offensiv vorzugehen ... Ich bin es, der diesen Fleischerhund immer erst antreiben muß.« Zit. nach Domarus, Bd. II/4, S. 1753.

Vertrauen auf seinen Glauben, auch Rußland ohne letzten Einsatz auf offensivem Wege im Blitzkrieg-Verfahren vernichten zu können, läßt er den Angriff fortsetzen, ohne dem Heer und der Luftwaffe eine nennenswerte Verstärkung zuzubilligen. Daß der Schwung der Wehrmacht bereits erheblich abgenutzt ist, ignoriert er. Und er findet auch jetzt noch kein reales Verhältnis zur »leeren« Weite des russischen Raumes, den er beherrschen muß. Nach wie vor rechnet er mit guten und festen Straßen, frischen und kampfbegeisterten Truppen, exakt funktionierenden Waffen, Motoren und Maschinen und einer situationsgerechten Ausrüstung. Den Staub und Schlamm der russischen Rollbahnen, die die Waffen in ihrer Gebrauchsfähigkeit erheblich einschränken und zum Teil ganz ausfallen lassen, plant er ebensowenig in seine strategischen und operativen Überlegungen ein wie die unzureichende Bekleidung der Truppe, die Krankheiten, ungewohnten Ungezieferplagen und den verbissenen Kampfgeist der Roten Armee. Schon in der Anlage des Feldzuges hat er das Transportproblem unterschätzt, das infolge der riesigen Entfernungen und unvorstellbar schlechten Straßen einen operativen Führungsfaktor ersten Ranges darstellt. Der Abstand der Schienen der russischen Eisenbahnen, deren Lokomotiven mit Holzfeuer betrieben wurden, stimmte mit der Gleisbreite der deutschen Bahn nicht überein und mußte geändert werden. Die Betriebseinrichtungen der russischen Eisenbahn waren primitiv und absolut unzureichend, zumal es für Hitler bei der zahlenmäßigen Unterlegenheit der Wehrmacht darauf ankam, Truppenteile, Waffen und anderes Kriegsmaterial möglichst rasch verschieben zu können. Die zum Teil am Atlantik, in Süditalien und in Nordafrika eingesetzte eigene Luftwaffe hat im Luftkampf über England und Kreta erhebliche Verluste erlitten und kann mit den in Rußland eingesetzten Kräften nicht die Rolle spielen, die infolge der Situation nötig wäre.

Hitler hat die Möglichkeiten der modernen Kriegstechnik, deren (möglicherweise entscheidende) Entwicklung er auf bestimmten Gebieten hemmte, im Zusammenhang mit dem Rußlandfeldzug weit überschätzt. Nicht nur seine im März 1941 geäußerte Ansicht, mit Hilfe der Technik, besonders der Panzer- und Luftwaffe [131], trotz teilweiser Demobilisierung des Landheeres [132] in Rußland erreichen zu können, was weder Karl XII. noch Napoleon I. gelang, bestätigt es. Dieses fatale Mißverständnis bezeugt bereits, daß er trotz seiner außergewöhnlichen Kenntnisse auf technischem und militärischem Gebiet nicht eigentlich militärischer Führer war. Nur teilweise ging er seit 1941 noch von den realen Verhältnissen aus, obwohl er sie besser als die meisten seiner Berater kannte. Daß er die Lage im Laufe der Zeit, in der er sogar eine auf Propagandaeffekte abgestellte »Schau«-Lage für bestimmte Gäste einrichtete, nur nüchtern kalkulierte, wenn sie seinen Vorstellungen entsprach, war im strengen Sinne nicht normal und mußte schließlich zwangsläufig verhängnisvolle Folgen haben. Bereits im Herbst 1940 und besonders seit Frühjahr 1941, seit dem Beginn der Behandlung mit Coramin und Cardiazol und der Einnahme von Pervitin und Coffein *, war feststellbar, daß er zeitweilig Entscheidungen fällte oder Äußerungen von sich gab, die sich außerhalb der Kontrolle seiner Vernunft bewegten. Seine unter Arznei- und Putschmitteleinfluß (Coffein und Pervitin) zum Teil phantasievoll übersteigerten Behauptungen, die ihn im Zustand der Nüchternheit manchmal selbst erschrecken ließen und zu Korrekturen bewogen **, wurden durch Befehle ergänzt, die Entsetzen hervorriefen: so zum Beispiel Ende März 1941 die Richtlinien für den »Kommissarbefehl« und Anfang April 1941 für die »Endlösung der Judenfrage ***«. Da er derartige Maßnahmen zuweilen im Rahmen sachlich unanfechtbarer und weitsichtig kluger Ausführungen befahl, blieb seiner Umgebung, besonders den Militärs, nahezu ausnahmslos verborgen, daß der Führer nicht immer zurechnungsfähig war. Generalfeldmarschall Erhard Milch, der Hitler sehr genau beobachtete, erklärte 1946: »Die Abnormalität war nicht so zu erkennen, daß man sagen konnte, der Mann ist ... geistesgestört ... Abnormalitäten können sich ja für die Masse und auch für den Nächsten oft unsichtbar zeigen. Ich glaube, daß darüber ein Arzt eher Auskunft geben kann [133].« Am 30. März 1941 erklärte Hitler beispielsweise in Übereinstimmung mit der Ansicht des Generalstabs, daß der russische Raum allein schon ein besonderes Problem darstelle und eine Konzentration der eigenen Maßnahmen erfordere, daß die Rote Armee sowohl über die meisten Panzer der Welt als auch über eine zahlenmäßig sehr starke Luftwaffe verfüge und die deutschen Verbündeten keinen Anlaß zu Illusionen böten [134]. Und im gleichen Zusammenhang befahl er, daß die Behandlung der gefangenen sowjetischen Hoheitsträger und politischen Kommissare »keine Frage der

* Vgl. S. 377.
** Vgl. S. 378.
*** Vgl. S. 378.

Kriegsgerichte [135]« darstellen dürfe und die »Kommissare und GPU-Leute« als Verbrecher zu behandeln seien *.

Nachdem Hitler, seit 19. Dezember 1941 zusätzlich auch noch Oberbefehlshaber des Heeres, was einige der in ihrer Eitelkeit verletzten Militärs des Heeres später bezeichnenderweise als gelungene Usurpation umschreiben, das bekleidungsmäßig jämmerlich ausgerüstete Ostheer im Winter 1941/42 an allen Fronten zum Halten gezwungen hat, drängt sich ihm die Frage auf, wie er als erstmals abgefangener Angreifer den Krieg Anfang 1942 weiterführen soll. Daß dieser Krieg nicht mehr in den Rahmen paßt, den er immer wollte, hat er selbst verschuldet. Er hat im Osten einen pervertiert ideologischen Krieg entfesselt, die Russen für vogelfrei erklärt und die USA im Dezember 1941 in den Krieg hineingezogen und damit den Zweiten Weltkrieg ausgelöst, der erst am Ende seines Stufen-»Programms« stehen sollte. Zwei Dinge weiß oder ahnt er zu dieser Zeit bereits. Er glaubt nicht mehr an seinen Sieg **, und er ist überzeugt, durch die Auslösung des Weltkrieges nach dem japanischen Überfall auf Pearl Harbour einen »welthistorischen Irrtum« zu begehen ***. Was seitdem folgt, läuft eigentlich nur noch darauf hinaus, den Krieg und sein Leben zu verlängern ****. Zunächst gelten seine strategischen Überlegungen jedoch der Frage, wie er die Wehrmacht im Frühjahr 1942 operieren lassen soll. Stellt er sie auf eine weitere Verteidigung ein, suggeriert er infolge seiner zunehmend auf Propaganda-Effekte zielenden Strategie in der »Weltöffentlichkeit« die Vorstellung, die er selbst teilt, nämlich daß das Unternehmen »Barbarossa« seine

* Halder-Tagebuch. Zit. nach Domarus II/4, S. 1682. Die Tatsache, daß Hitler weder den »Kommissarbefehl« noch die »Endlösung der Judenfrage« rückgängig machte, bezeugen jedoch, daß er die Maßnahmen für richtig und angemessen hielt.

** Bericht von Generaloberst Alfred Jodl vom 15. 5. 1945, der täglich stundenlang mit Hitler zusammen war. Jodl sagte (zit. bei Schramm, *Hitler als militärischer Führer*, S. 67), daß Hitler klargeworden sei: »als die Katastrophe des Winters 1941/1942 hereinbrach ... daß von diesem Kulminationspunkt des beginnenden Jahres 1942 an kein Sieg mehr errungen werden konnte.«

*** Hitler erklärte am 8. 12. 1941, nachdem Heinz Lorenz, der Vertreter des Reichspressechefs im Führerhauptquartier, ihm die Nachricht vom japanischen Überfall auf Pearl Harbour übergeben hatte, dem Sinne nach: »Jetzt werden die Engländer Singapur verlieren. Das habe ich nicht gewollt. Wir führen den Krieg gegen die falschen Gegner. Wir müßten mit den angelsächsischen Mächten verbündet sein. Aber die Verhältnisse zwingen uns, einen welthistorischen Irrtum zu begehen.« Persönl. Auskunft von Heinrich Heim, der sich in der Nähe Hitlers befand (18. 8. 1971).

**** Vgl. auch S. 521.

erste Niederlage in diesem Krieg gebracht hat *. Am 5. April 1942, während eine neuerliche Schlammperiode eine angriffsweise Kriegführung unmöglich macht, erklärt er im Rahmen seiner Weisung Nr. 41 denn auch, daß nach dem Ende »der Winterschlacht« wieder »die Überlegenheit der deutschen Führung und Truppe das Gesetz des Handelns ... an sich reißen« und die den »Sowjets noch verbliebene ... Wehrkraft endgültig ... vernichten und ihnen die wichtigsten kriegswirtschaftlichen Kraftquellen so weit als möglich ... entziehen« müsse [136]. In dieser Phase des Krieges, in der – im Gegensatz zu Hitlers eigenen Ausführungen vom 30. März 1940 – sichtbar wird, daß Hitler, anders als die Russen **, den Kampfwert der deutschen Verbündeten, im Augenblick 35 Divisionen, falsch einschätzt, zeigt sich besonders deutlich, daß der Führer kein Feldherr im traditionellen Sinne ist. Aus der Summe der Kriegserfolge tritt immer ungeschminkter ein aggressiver Machtpolitiker hervor, der sein »Programm« nur auf dem Wege des Angriffs verwirklichen kann, für den er als Methode den Blitzkrieg »erfunden« hat. Die infolge der überdehnten Front auf langen Strecken unbedingt notwendige Verteidigung, die Clausewitz sogar als die stärkere Form der Kriegführung »an sich« bezeichnet hatte, paßte weder zu Hitlers Programm noch zu seiner Mentalität. So setzt er denn auch 1942 nach ausschließlich von ihm allein vorbereiteten Plänen wieder zur Offensive an, die im Sommer noch einmal bestätigt, daß er recht behält, auch wenn sein Plan nach den Lehren der Kriegsakademie ein Fehler ist.

Am 28. Juni 1942 läßt Hitler fünf deutsche, zwei rumänische, eine italienische und eine ungarische Divison, in zwei Heeresgruppen gegliedert, von Isjum und Charkow aus in ostwärtiger Richtung zum Angriff antreten. Die südliche Heeresgruppe (»A«) soll den unteren Don erreichen, die nördliche Heeresgruppe (»B«) die Wolga in breiter Front beiderseits von Stalingrad. Der linke Flügel bleibt infolge des starken Widerstandes der Russen jedoch bald hängen und kommt (außer bei Brückenköpfen) nicht über den Don hinaus. Die Russen achten besonders sorgsam auf die Erhaltung des Frontzusammen-

* Vgl. die Fußnote ** S. 507.

** Die Rote Armee wurde durch die Tatsache, daß Hitler die im Ostkrieg unerfahrenen Verbündeten in geschlossener Front am Donez und am Don einsetzte, geradezu zum Angriff ermuntert. Am 19. 11. 1942 begann denn auch die Katastrophe mit dem Durchbruch der Russen durch die dritte rumänische Armee nordwestlich von Stalingrad, während sie südlich der Stadt die Front der vierten rumänischen Armee durchstieß.

hangs, weichen aus und lassen sich nicht mehr (wie 1941) einkesseln. Sie erleiden zwar schwere Verluste, werden jedoch nicht vernichtend geschlagen. Da Hitler die Fortsetzung des Angriffs der Heeresgruppe »A« in Richtung auf die Ölfelder des Kaukasus und des Angriffs der Heeresgruppe »B« auf Stalingrad verlangt, um die wichtige Verkehrsader der Wolga auszuschalten und die Industrie von Stalingrad lahmzulegen, streben die Heeresgruppen auseinander und überdehnen die Front, die schließlich von Tuapse bis Stalingrad und Woronesch reicht und im Rahmen der insgesamt 3000 km messenden Ostfront 2000 km in der Breite und 750 km in der Tiefe des Operationsraumes umfaßt. Nachdem die Spitze der durch weitere Divisionen ergänzten 6. Armee des Generals Paulus Stalingrad erreicht hat, bildet sie einen in den Flanken nicht ausreichend gesicherten schmalen Keil in der sowjetischen Verteidigungsfront. Hitler, der im August 1941 einen russischen Angriff auf die Flanke befürchtete, bevor er gegen den Willen der Militärs die Krim nehmen ließ, entscheidet wieder gegen die Soldaten, obwohl diesmal sie die Möglichkeiten und Absichten des Feindes rechtzeitig einkalkulieren. Starrsinnig beharrt er auf seinem bloßen Glauben an sein Glück, läßt eine Absetzung der Truppe nicht zu, die nicht in der Lage ist, Stalingrad zu nehmen und macht den Kampf um diese Stadt so ostentativ zum Symbol, daß er einfach nicht mehr zurückkann. Am 19. November 1942 beginnt die Katastrophe: die Russen brechen im Abschnitt der seit Oktober eingesetzten 3. und 4. rumänischen Armee durch und schließen ihre Angriffszangen hinter dem Rücken der 6. Armee im Donbogen westlich von Stalingrad. Am 22. November ist die Stadt von den Russen eingeschlossen. Paulus' Durchbruchsbegehren wird von Hitler abgelehnt. Göring kann sein Versprechen, täglich 500 Tonnen Versorgungsgut einzufliegen, nicht halten. Auch Mansteins Versuch, die Front zu entsetzen, schlägt fehl, nicht zuletzt infolge der fehlenden Überlegenheit der deutschen Luftwaffe. Erstmals erfährt Hitler, der Mitte Dezember beschwörend erklärt, daß Stalingrad nicht mehr genommen werden könne, wenn es erst einmal verlorengegangen sei *, wie verhängnisvoll Prestige-Strategie sein kann. Aber es ist schon zu spät. Am 30. Januar 1943, auf den Tag genau zehn Jahre nach Hitlers Machtergreifung, kapituliert die 6. Armee. Von 265 000 Mann sind über 100 000 gefallen und 34 000 verwundet; 90 000 marschie-

* Vgl. S. 386.

ren in Gefangenschaft. Im Herbst 1944 erzählt Hitler seinem Hals-, Nasen- und Ohrenarzt Dr. Erwin Giesing: »Es war weder ein Versagen unseres Nachrichtendienstes, daß wir nicht unterrichtet gewesen wären, daß auf dem linken Wolgaufer Rußland große Truppenzusammenziehungen vornehme, noch ein Überraschungsmoment von seiten der Russen durch einen plötzlichen Überfall oder durch die Unbill des Winters. Alles hatte ich einkalkuliert, und ich wollte kämpfen und hier die Entscheidung des Winters erzwingen. Als dann die Lage um Stalingrad im Dezember 1942 schlechter wurde, hat mich die Luftwaffe im Stich gelassen, obwohl Göring mir erklärte, daß er die gesamte Versorgung der 6. Armee in Stalingrad für mindestens 6 bis 8 Wochen garantieren könne ... Hinzu kommt, daß ich gerade in den kritischen Tagen von Stalingrad, als oben die Italiener und unten die Rumänen die Front nicht halten konnten, nicht erreichbar war, da ich mit meinem Sonderzuge unterwegs war. Ich habe etwa 24 Stunden nicht selbst führen können, und als ich von dem Unglück erfuhr, war es bereits zu spät [137].« Abgesehen von der Tatsache, daß es unsinnig ist, diese Niederlage durch eine derartige Behauptung bemänteln zu wollen, hätte Hitler bereits Ende 1941, nach dem Kampf um die Hauptstadt, in der es in der Bevölkerung auch infolge der deutschen Luftangriffe schon im Oktober zu Panikstimmungen gekommen war *, erkennen können, daß seine Luftwaffe zu kriegsentscheidenden Maßnahmen kaum noch maßgeblich beizutragen vermochte. Daß er Görings Versicherungen traute und sie als Realität einplante, spricht gegen ihn, auch wenn Generalfeldmarschall Albert Kesselring nach 1945 angab, daß der Reichsmarschall dem Führer »nur unter bestimmten Voraussetzungen und zeitlich begrenzt [138]« den Luftnachschub zugesichert habe. Dennoch: Hitler hat sich nicht gescheut, die Schuld an der Niederlage von Stalingrad, die den Zustand der Abwehr einleitete, auf sich zu nehmen. Ob er bereits Mansteins (20 Jahre später verbreitete) Auffassung teilte, daß diese Schlacht durchaus nicht die »Entscheidungsschlacht« des Krieges zu sein brauchte **, ist nicht beweisbar. Wie auch immer die

* Vgl. Kesselring, Albert, »Die deutsche Luftwaffe«, in: *Bilanz des Zweiten Weltkrieges,* S. 153. Ihre größten Erfolge im Osten hatte die deutsche Luftwaffe 1941 in den ersten beiden Kriegstagen, an denen sie Tausende russischer Flugzeuge vernichtete.

** Vgl. Manstein, *Verlorene Siege,* S. 321 ff. Dort heißt es u. a.: »Die Schlacht um Stalingrad wird von den Sowjets als die entscheidende Wende des Krieges bezeichnet.

Schlacht von Stalingrad in das Gesamtgeschehen des Zweiten Weltkrieges eingeordnet * werden mag: von da ab ging es unaufhaltsam rückwärts. Selbst gläubige Nationalsozialisten begannen seitdem hinter der vorgehaltenen Hand zu fragen, ob »der Führer denn wirklich der geniale Feldherr« sei, für den sie ihn hielten.

Im April 1943, als der Oberste Feldherr kurz nach seiner Rückkehr von Winniza seinen 54. Geburtstag feiert, ist die Front im Osten wieder aufgebaut. Der Chef des Generalstabes versucht den sehr alt gewordenen und durch zahlreiche Arzneien mühsam aufrecht gehaltenen ** Hitler zu überzeugen, daß es jetzt darauf ankomme, die russische Angriffskraft zu brechen und das Gesetz des Handelns wieder an sich zu reißen. Er schlägt dem Führer vor, den nach Westen in die deutsche Front hineinragenden russischen Stellungsbogen von Kursk anzugreifen; aber Hitler ist nicht einmal mehr in der Lage, sich angemessen auf den Angriff einzustellen, der seiner Mentalität und Überzeugung am meisten entspricht. Daß er nicht bereit ist, den im Norden anschließenden Frontbogen zu begradigen, was seine militärischen Berater ihm vorschlagen, resultiert aus seinem egoistischen Wunsch, mit allen Mitteln zu verharren, zu halten und so sein Leben zu verlängern. Daß es bestenfalls am letzten Kriegstage enden muß, weiß er besser als jeder andere. Während des Ersten Weltkrieges hat er erfahren, wie rasch eine Truppe bei planmäßigen Absatzbewegungen »ins Rutschen« kommen und viel mehr Boden verlieren kann, als die Führung beabsichtigte ***. Er reagiert im übertragenen Sinne wie ein wild um sich schlagender Ertrinkender und ist nicht fähig, sachlich abzuwägen. »Automatisch« erklärt er denn auch zunächst, daß ein Unternehmen, wie der Generalstab es für geboten hält, aussichtslos sei. Als er es am 5. Juli dann doch (als Unternehmen »Zi-

Die Engländer messen dem Ausgang der ›battle of Britain‹, d. h. der Abwehr der deutschen Luftoffensive ... im Jahre 1940, ähnliche Bedeutung bei. Die Amerikaner sind geneigt, ihrer Beteiligung ... den endgültigen Erfolg der Alliierten zuzuschreiben. Auch in Deutschland ist man vielfach der Ansicht, Stalingrad die Bedeutung der ›Entscheidungsschlacht‹ zusprechen zu müssen ... Gewiß ist Stalingrad insofern ein Wendepunkt in der Geschichte des Zweiten Weltkrieges, als sich ... an der Wolga die deutsche Angriffswelle brach ... Aber so schwerwiegend der Verlust der 6. Armee auch immer gewesen ist, der Krieg im Osten – und damit der Krieg überhaupt – brauchte deshalb doch noch nicht verloren zu sein. Immer noch blieb das Erzwingen einer Remislösung denkbar ...«

* Vgl. Hitlers Feststellung vom 12. Dezember 1942 (vgl. S. 342).

** Vgl. S. 383 ff.

*** Vgl. die diesbezüglichen Ausführungen im Kapitel »Soldat für das Reich«.

tadelle«) auslöst *, ist es die Entscheidung eines zwar senilen, aber immer noch übermächtigen Mannes, der sich überreden ließ.

Infolge seiner Einsicht in die Kriegslage, seiner Krankheiten und der von ihnen beeinflußten Vorstellungen ist Hitler starrsinnig, greisenhaft beharrlich und unbelehrbar und macht die Verteidigung jedes Schützenloches seitdem zum ausschließlichen Prinzip seiner militärischen Führung. Eine Wiederkehr seiner Gesundheit, Entschlußfreudigkeit und Flexibilität ist absolut ausgeschlossen. Seine Krankheiten sind weder vorübergehende Erscheinungen noch Einbildungen, sondern permanent und in zunehmendem Maße sich negativ auswirkende Faktoren. Vorschläge, gleichgültig woher sie kommen, erscheinen ihm nicht mehr als Ergänzung und Hilfe, sondern als Versuch, seinen Willen zu beugen und seine Macht einzuschränken. An seinem inzwischen beängstigend spürbar gewordenen Mißtrauen und Argwohn, seinen immer häufiger auftretenden Zornausbrüchen und dem rechthaberischen Starrsinn scheitern schließlich die meisten Militärs: alle Oberbefehlshaber des Heeres, sämtliche Chefs des Generalstabes des Heeres, 11 von 18 Feldmarschällen des Heeres, 21 von 37 Generalobersten und (bis auf Schörner) im Rahmen des Ostfeldzuges sämtliche Oberbefehlshaber der Heeresgruppe Nord **.

Mansteins Feststellung, daß Hitler auf militärischem Gebiet Risiken gemieden habe [139], ist nicht differenziert genug und trifft daher den Sachverhalt nur teilweise ***. Voller Risiken steckte nicht nur die Politik, die Hitler den – nicht nur nach der Ansicht Bullocks [140] unvermeidbaren – Krieg beginnen ließ. Auch während der ersten Hälfte des Krieges ist er sie eingegangen. Bullock behauptet sogar: »Mir scheint ... daß jeder Sieg (seit September 1939) als Basis be-

* Die Einzelheiten im Zusammenhang mit dem Unternehmen »Zitadelle« sind allgemein bekannt, so daß sich detaillierte Darstellungen erübrigen. Nachdem Hitler sich dafür entschieden hatte, den russischen Stellungsbogen von Kursk anzugreifen, erklärte er am 15. 4. 1943 vor dem Wehrmachtsführungsstab: »Der Sieg von Kursk muß für die Welt wie ein Fanal wirken« (zit. bei Hillgruber, *Die Räumung der Krim,* S. 86/1); aber er blieb skeptisch. Seine Bedenken erwiesen sich als zutreffend. Das am 5. Juli sowohl vom nördlichen als auch vom südlichen Eckpfeiler zugleich begonnene Unternehmen kam im Süden zwar gut voran, scheiterte jedoch im Norden und forderte schwere deutsche Verluste, die in der Situation nicht wieder ausgeglichen werden konnten, zumal Kräfte nach Italien abgegeben werden mußten. Am 13. Juli wurde das Unternehmen abgebrochen. Die Russen brachen bei der Heeresgruppe Mitte ein, wurden jedoch durch einen Gegenangriff zurückgeworfen und mußten am 4. 8. 1943 Orel aufgeben.

** Vgl. S. 384.

*** Den Norwegenfeldzug klammert Manstein (ebenda) teilweise aus.

nutzt wurde, um den Einsatz für ein noch kühneres Spiel beim nächsten Male zu erhöhen [141].« Hitler hat zwar den Angriff auf England gescheut, danach aber das Abenteuer »Barbarossa« ausgelöst. Als Stratege dachte und handelte er risikoreich, als militärischer Führer im Rahmen operativer Maßnahmen nicht. Als Verantwortlicher für militärische Operationen zauderte er oft nicht nur lange, sondern zu lange, schob ebenso auf Kosten möglicher Erfolge Entscheidungen hinaus, wenn sie ihm nicht behagten. Seit dem Beginn des Verteidigungskampfes hat er alles nur noch hinausgezögert. Wochenlang wies er die Generale ab, die ihn drängten, Positionen aufzugeben, die – wie 1943 das Donez-Gebiet und 1944 der Dnjepr-Bogen – nicht gehalten werden konnten. Daß er, wie Manstein vermutet, prinzipiell gefürchtet habe, infolge unzureichender militärischer Ausbildung mit Risiken solcher Art nicht fertig zu werden, deckt sich nicht mit den Tatsachen. Derartige – auch evtl. nur sich selbst – eingestandene Einsichten paßten nicht zu Hitler, der fest überzeugt war, jedermann gewachsen zu sein und seinen Willen selbst auch dem Feind aufzwingen zu können. Er wußte sehr wohl, was er tat und befahl. So erklärte er am 2. Juni 1942 im Zusammenhang mit sowjetischen Presseberichten über die Schlacht südlich von Charkow, daß die Russen ihre Niederlagen bemäntelten, was ein Beweis dafür sei, daß sie nicht den Mut aufbrächten, »ein nicht mehr Erfolg versprechendes Vorhaben sofort abzubrechen [142]«. Hitler mied seit 1942 militärische Risiken und befahl wie ein Regimentskommandeur * überall hinein, weil er krankhaft mißtrauisch war und nicht mehr an seinen Sieg glaubte. Jeder moralisch integre Feldherr und Staatsmann hätte den Krieg in einer solchen Situation beendet. Hitler unterließ es, weil er selbst noch weiterleben wollte **. Was er seit dem Tage, an dem er erkannte, daß der Krieg verloren war, als Stratege und politischer Führer – bei der Fortsetzung des Krieges – anders hätte entscheiden sollen oder müssen, um zu einem anderen Ergebnis zu gelangen, kann nur Gegenstand von Spekulationen sein. Ob beispielsweise die Truppen, die Waffen und die Munition, die während der Ardennenoffensive eingesetzt wurden, besser im Osten zum Einsatz gelangt wären und ob die deutsche Offensive beiderseits des Plattensees in Ungarn, in der die letzten operativen Panzerreserven verlorengingen, hätte un-

* Vgl. die diesbezüglichen Darstellungen im Kapitel »Soldat für das Reich«.

** Vgl. dazu die Fußnote ** S. 507, S. 519 und 521.

terbleiben müssen, um später Panzer für die Verteidigung des Reiches zur Verfügung zu haben, sind Fragestellungen, auf die es hier keine Antwort geben kann.

Hitlers Führerhauptquartiere

Während des Feldzuges gegen Polen seit dem 3. September 1939:	»Führersonderzug« (ein Arbeitswagen und ein Wohnwagen für Hitler, je ein Flakwagen am Beginn und Ende des Zuges, einige Wagen für Nachrichtenübermittlungen und Presse und Speisewagen und Schlafwagen für den Stab) in Polzin, Groß-Born, Illnau bei Oppeln. Goddentow-Lanz. Kasino-Hotel in Zoppot.
26. September 1939:	Rückkehr nach Berlin.
Westfeldzug (Frankreich):	»Felsennest« (seit 10. Mai 1940) in Rodert bei Münstereifel (Führerbunker). »Wolfsschlucht« (ab 4. Juni 1940) in Bruly de Pêche. Hitler wohnt in einer Baracke, sein Stab in der Schule und im Pfarrhaus. »Tannenberg« auf dem Kniebis im Schwarzwald (nach dem 25. Juni 1940). Hitlers Sekretärin Christa Schröder: »Es gab dort einige kleine feuchte Bunker, in denen zu leben fast unmöglich war.«
Feldzug gegen Jugoslawien und Griechenland (April 1941):	»Führersonderzug« in Mönichkirchen.
7. Juli 1940:	Rückkehr nach Berlin.
Feldzug gegen die Sowjetunion:	»Wolfsschanze« (ab 24. 6. 1941) bei Rastenburg in Ostpreußen. Oberirdische Betonbunker und einige Holzbaracken. Nach Generaloberst Jodl: »... eine Mischung zwischen einem Kloster und einem Konzentrationslager.« »Werwolf« bei Winniza in der Ukraine: von

	Juli bis Oktober 1942 und im Februar/März 1943. Zwei Betonbunker, Blockhäuser und Baracken in einem lichten Waldgelände.
Ab Oktober 1942:	»Wolfsschanze«, »Berghof« (Hitlers Besitz seit den zwanziger Jahren; nach 1933 mit Hilfe der »Adolf-Hitler-Spende« ausgebaut) auf dem Obersalzberg bei Berchtesgaden und Schloß Klesheim bei Salzburg.
20. November bis 10. Dezember 1944:	Reichskanzlei Berlin (im 1943 erbauten Führerbunker im Garten der Reichskanzlei). Hitlers Sekretärin Christa Schröder: »Hitler bewohnte einen sehr engen Raum, in dem nur ein kleiner Schreibtisch, ein schmales Sofa, ein Tisch und drei Sessel hatten Platz finden können. Der Raum war kalt und ungemütlich. Auf der linken Seite führte eine Tür ins Badezimmer, auf der rechten eine andere ins ebenfalls sehr enge Schlafzimmer.«
Dezember 1944/Januar 1945 (Ardennenoffensive):	»Adlerhorst« auf dem 1939 als Führerhauptquartier ausgebauten Gutshof Ziegenberg im Taunus.
16. Januar 1945 bis zum Selbstmord:	Reichskanzlei Berlin (Führerbunker im Garten der Reichskanzlei).

1943 ist Hitler noch weniger als 1942 in der Lage, den eroberten Ostraum im Rahmen eines klug geführten Verteidigungskrieges als strategische Basis zu nutzen und eine Remislösung als möglichst raschen Kriegsausgang anzustreben, was zahlreichen deutschen Generalen zu der Zeit noch möglich erscheint *. Hitler weiß, daß das eine Illusion ist, weil er es nicht anders will und weil er längst auch weiß, daß er den Krieg verloren hat **. Aber es gehört zu seiner Taktik, an-

* Am 4. Dezember 1943 teilten die Vereinigten US-Stabschefs Deutschland in drei Besatzungszonen »auf«. Zur gleichen Zeit begann eine alliierte Kriegsverbrecherkommission mit der Vorbereitung des Kriegsverbrecherprozesses. Vgl. dazu: »Auswärtige Beziehungen der Vereinigten Staaten – Diplomatische Papiere.« Auszüge zit. in der *FAZ* vom 15. 12. 1966.

** Vgl. die Fußnote ** S. 507.

dere mit Sicherheit zu erfüllen, damit sie sich für ihn in der Überzeugung opfern, einer großen Sache zu dienen. Noch Mitte Februar 1945 versucht er seinem einstigen Arzt Dr. Giesing nach einem Luftangriff auf Berlin einzureden, daß er den Krieg mit Sicherheit gewinnen werde [143]. Aus seinen Weisungen für die Kriegführung, die nicht für jedermann bestimmt waren, läßt sich deutlich die Diskrepanz zwischen Einsicht und Hoffnung herauslesen. »Der harte und verlustreiche Kampf der letzten zweieinhalb Jahre gegen den Bolschewismus«, erklärt er beispielsweise am 3. November 1943, »hat die Masse unserer militärischen Kräfte und Anstrengungen aufs Äußerste beansprucht ... Die Gefahr im Osten ist geblieben, aber eine größere zeichnet sich im Westen ab: die angelsächsische Landung [144]!« Hitler weiß, daß der Krieg nur noch kurze Zeit dauert, wenn die große Invasion der Westmächte nicht abgeschlagen werden kann. »Gelingt dem Feind ... ein Einbruch in unsere Verteidigung in breiter Front«, prophezeit er, »sind die Folgen in kurzer Zeit absehbar [145].« Warlimont erinnert sich, Ende 1943 häufiger aus Hitlers Mund vernommen zu haben, daß der Krieg verloren sei, wenn die Invasion gelinge [146]. Hitler ist skeptisch auch im Hinblick auf eigene Erfolge im Osten. Die Generale, von ihm bislang teilweise wie gemeine Soldaten auf Kasernenhöfen behandelt, erweisen sich jetzt als die besseren Feldherren, soweit es sich um taktische und operative Belange handelt; aber sie verstehen weder genug von der Kriegswirtschaft noch von den Fragen der Außenpolitik, die Hitler in seine Entscheidungen einbeziehen muß. Und sie haben darüber hinaus auch rechtzeitig versäumt, gegenüber ihrem Obersten Befehlshaber das zu sein, was ihre ranggleichen Kameraden auf der angloamerikanischen Seite stets gewesen sind. »Mein Einfluß auf den Führer«, gestand beispielsweise Jodl vor dem Nürnberger Militärtribunal, »war leider nicht im geringsten so groß, wie er nach meiner Stellung eigentlich hätte sein können oder vielleicht auch hätte sein müssen [147].« Und Keitel gab an, daß schon seit 1938 »keine der maßgebenden Entschließungen in Gemeinsamkeit und Beratung zustande gekommen« seien, sondern ausschließlich als »Befehlsausgaben [148]« Hitlers. Auch 1943, 1944 und 1945 ist Hitler noch so übermächtig, daß die Militärs nur insgeheim in der Lage sind, Teile seiner Befehle und Weisungen zum Nutzen der eigenen Front vorsichtig zu sabotieren und ihre Kenntnisse umzusetzen, wie der Rüstungsminister Albert Speer es unmittelbar vor Toresschluß tat. Daß Hitler gelegentlich einmal

nachgab, wie beispielsweise gegenüber Wilhelm List, Guderian * und von Manstein **, ändert an der Feststellung nichts, daß er militärische Berater im Prinzip schon seit dem Norwegenfeldzug nicht mehr akzeptierte ***. Wenn er nachgab, machte er – wie bei Guderian – eine großherrliche Geste daraus und tat es ausschließlich von sich aus ****.
Die seit dem 1. November 1943 auf der Krim eingeschlossene 17. Armee muß auf russischen Druck die Halbinsel Kertsch räumen. Im April 1944 weicht sie auf Sewastopol zurück und verteidigt sich in den 1942 von der Roten Armee eingerichteten Gräben und Stellungen. Hitler befiehlt die Stadt zu halten. Sein Hinweis darauf, daß es nötig sei, nicht nur militärische, sondern auch politische und kriegswirtschaftliche Fragen in die Strategie einzubeziehen, traf zwar im Prinzip zu; aber angesichts der konkreten militärischen Lage und der nicht nur sich selbst längst eingestandenen Absicht Hitlers *****, nur noch sein eigenes Ende hinauszögern zu wollen, wurden alle strategischen, operativen und taktischen Maßnahmen seit 1941/42 zu Stationen eines ungeheuerlichen Verbrechens.
Die Räumung der Krim zu einer Zeit, in der es noch ohne besondere Verluste möglich gewesen wäre, hat Hitler nicht zugelassen, weil er voraussah, daß die Türkei, deren Chromerzlieferungen für die deutsche Kriegswirtschaft lebensnotwendig waren, angesichts des zunehmenden sowjetischen Druckes im Raume des Schwarzen Meeres ihre neutrale Haltung aufgeben und sich auf die Seite der Alliierten stellen würde. Die Situation nach dem Rückzug bestätigte Hitlers Befürchtungen: das rumänische Öl, das die Wehrmacht brauchte [149], ging verloren. Die sowjetischen Luftstreitkräfte waren seitdem in der Lage, Ziele in Rumänien wirkungsvoll zu bekämpfen. Die sowjetische Seekriegführung gewann die 1941/42 eingebüßte operative Basis wieder, drängte die deutsch-rumänischen Seestreitkräfte auf den schmalen rumänisch-bulgarischen Küstenraum zurück und brauchte deutsche Angriffe auf die Kaukasusküste und die Krim nicht mehr zu befürchten.

* Vgl. S. 395.
** Vgl. S. 386.
*** Keitels Feststellung (IMT, Bd. X. S. 545) trifft für die politischen Entscheidungen zu.
**** So sagte er am 1. 9. 1944 z. B.: »Wenn der ... (Generaloberst Blaskowitz) das fertig bringt (d. h. den raschen Anschluß der 19. Armee an die Hauptkräfte), dann leiste ich ihm feierlich Abbitte von allem« (gemeint war die Kaltstellung nach dem Einspruch des Generals gegen die deutsche Besatzungspolitik in Polen). Zit. nach Warlimont, *Im Hauptquartier der Wehrmacht*, S. 509.
***** Vgl. die Fußnote ** S. 507.

Auch Hitlers Voraussage, daß die Handlungsfreiheit der Türkei entscheidend eingeschränkt werde, sobald die Krim nicht mehr in deutschem Besitz sei, traf ein [150]. Aber was bedeuteten derartige Erkenntnisse infolge der jetzt nur noch krankhaft ichbezogenen Zielsetzung?
Hitler, der Tatsachen nur noch »ruhig« zu beurteilen vermag, wenn die Fakten seinen vorgefaßten Vorstellungen entsprechen, ignoriert Informationen, die jeder normale Feldherr dankbar begrüßt hätte. So mißachtet er die Feststellungen des Geheimdienstes (Fremde Heere Ost), der nicht nur Einzelheiten über die Kampfmoral und Stimmung der Roten Armee, sondern auch genaue Daten über Angriffstermine vorzuweisen in der Lage ist. Die russische Orel-Offensive im Juli 1943, der Angriff gegen die deutschen Stellungen im August im Raum Brjansk und im März 1944 gegen den Südflügel der deutschen Ostfront [151], sind nur einige Feindmaßnahmen, auf die er sich sicher eingestellt hätte, wenn er noch »normal« gewesen wäre. Krankhaft wütend wies er jedoch die Voraussagen zurück und nutzte sie – zu seinem eigenen Schaden – nicht.
Die nach der Landung der Alliierten bei Anzio-Nettuno im Januar 1944 eingetretenen Schwierigkeiten konnte Hitler abfangen, die am 6. Juni begonnene Invasion in der Normandie nicht. Er weiß, daß er die endgültige Niederlage mit vernünftigen Argumenten nicht mehr abstreiten kann, weicht Einzelgesprächen mit seinen führenden Militärs aus und ist nicht bereit, sich für einen Frieden zu entscheiden oder abzudanken. Er bindet das Schicksal des Reiches und Volkes an sein seit Jahren nur noch armseliges Leben, über das er am 31. August selbst sagt, daß das Attentat vom 20. Juli, wenn es gelungen wäre, ihn von Sorgen, Krankheiten und schlaflosen Nächten befreit hätte [152]. Seine Gedanken sind auf seinen letzten Tag fixiert; aber er hofft noch ein paar Monate leben zu können. Die Chromerzvorräte reichen sogar noch für das ganze Jahr 1945 aus. Und so lange kann notfalls gekämpft werden. Rommel und Rundstedt, denen es schließlich am 17. Juni 1944 doch gelingt, mit ihm zusammenzutreffen, vertröstet [153] er auf die erwartende Wirkung der V 1 und V 2. Am 31. August 1944 sagt er in der »Wolfsschanze«: Für »eine politische Entscheidung ist das noch nicht reif. Daß ich auch in der Lage bin, politische Erfolge zu erzielen, habe ich ... in meinem Leben genügend bewiesen. Daß ich eine solche Gelegenheit nicht vorübergehen lassen werde, brauche ich niemand zu erklären. Aber im Moment schwerer

militärischer Niederlagen auf einen günstigen politischen Moment zu hoffen, um irgend etwas zu machen, ist natürlich kindlich und naiv. Solche Momente können sich ergeben, wenn man Erfolge hat... Es werden Momente kommen, in denen die Spannungen der Verbündeten so groß werden, daß dann trotzdem der Bruch eintritt. Koalitionen sind in der Weltgeschichte noch immer einmal zugrunde gegangen, nur muß man den Augenblick abwarten, und wenn es noch so schwer geht. Meine Aufgabe ist es, besonders seit dem Jahre 1941, unter allen Umständen nicht die Nerven zu verlieren, sondern wenn irgendwo ein Zusammenbruch ist, immer wieder Auswege und Hilfsmittel zu finden, um die Geschichte irgendwie zu reparieren [154].«

Daß Hitler bis ans Ende seines Lebens wirklich an seinen Sieg geglaubt habe, wie so oft behauptet wird, ist nicht wahr. Nicht erst seit Ende März 1945, seit er auf einen Hinweis des Generals Josef Kammhuber, daß der Krieg verloren sei, unwillig antwortete: »Das weiß ich selbst*«, wußte er, daß er sein Spiel verloren hatte. Er ahnte und wußte »früher als irgendein Mensch in der Welt..., daß (und seit wann, der Verf.) der Krieg verloren war [155]«. Jodl schrieb im Nürnberger Gefängnis, daß der Führer schon an einen Sieg nicht mehr glaubte, als »die Katastrophe des Winters 1941/42 hereinbrach [156]«. Und Ende 1942 war er – nach Jodl – sicherer als zuvor, daß er den Krieg nicht als Sieger überleben werde. »Als dann gegen Ende des Jahres (1942) auch Rommel, vor den Toren Ägyptens geschlagen, auf Tripolis zurückfiel, als die Alliierten in Französisch-Nordafrika landeten (d. h. im November 1942), da... (war) sich... Hitler darüber klar, daß der Kriegsgott sich nun auch von Deutschland abgewandt und in das andere Lager begeben hatte [157].«

Ende Dezember 1944 scheint der Stern des »alten« Hitler noch einmal aufzuflackern. Noch einmal glauben die Militärs den risikobereiten Feldherrn und Strategen zu erleben, der zwischen 1940 und 1942 die Fachleute immer wieder hat staunen – und zugleich erschrecken und erschauern – lassen. Als Dr. von Eicken ihn am 30. Dezember während der Ardennenoffensive nach einer Pause von vier Wochen im Führerhauptquartier »Adlerhorst« besucht, ist er überrascht**. Hitler wirkt gekräftigt und habituell anscheinend zuversichtlich. Er spricht trotz seiner Stimmbandmuskelschwäche [158] wieder normal.

* Zit. nach Schramm, *Hitler als militärischer Führer*, S. 81. Unwesentlich ist, ob Hitler den Satz so aussprach, oder ob er ihn nur dem Sinne nach so formulierte.

** Vgl. S. 393.

Die Folgen des Stauffenberg-Attentats hat er überwunden und hält sich wieder aufrecht; aber es gelingt ihm nur unter Aufbietung aller Kraft. Sein Rücken ist unheilbar gebeugt, sein Gesicht aschgrau. Schleppend bewegt er sich vorwärts. Schon am 22. Juli 1944 erschrak sein Arzt Dr. Giesing, als er ihn erstmals sah. Hitler »machte ... auf mich den Eindruck eines gealterten ... verbrauchten und erschöpften Mannes«, berichtete er 1945, »der mit dem Rest seiner Kräfte haushalten muß ... Seine schlaffe Haltung, sein etwas eingefallener Brustkorb und seine oberflächliche Atmung« waren »Zeichen einer leichten asthenisch-leptosomen Beimischung, wobei ein gewisser Anteil auf seine körperlich-seelische Erschöpfung zurückzuführen [159]« gewesen sein dürfte. Daß Hitler schon seit zwei Jahren kaum noch etwas mit den Hoffmann-Fotos gemeinsam hatte, erfuhr er erst später aus Hitlers Umgebung [160].

Schon seit der Jahreswende 1942/1943 kann Hitler helles Licht nur noch schlecht ertragen [161]. Ein auffallend großer Mützenschirm soll die Augen schützen. Bei Fahrten mit der Eisenbahn müssen die Fensterjalousien geschlossen werden. Seine Haut ist auffallend blaß, weiß und schlaff [162]. Empfindlich reagiert er auf bestimmte Geschmacks- und Geruchseinflüsse, was Giesing 1945 auf die Wirkung des Strychnins zurückführte, das sich in den Antigas-Pillen befand, die Hitler jahrelang einnahm. Sein Gleichgewichtsgefühl ist gestört. »Ich habe immer das Gefühl, nach rechts zu fallen [163]«, sagte er im Juli 1944 und klagt über eine noch größere Unsicherheit im Dunkeln [164]. Er wird menschlich immer noch unerreichbarer und einsamer, erschließt sich niemandem, hört im Gegensatz zu früher keine Musik mehr und bricht Unterhaltungen barsch ab, wenn sie Details enthalten, die er nicht hören will [165]. Sein Haar ist grau, unter den nicht mehr faszinierenden Augen [166] hat er starke Tränensäcke. Die Lippen sind trokken und leicht eingerissen [167]. Aber er beobachtet noch rasch und scharf wie ehedem. So erzählt er Giesing am 22. Juli, daß er während der Explosion der Stauffenberg-Bombe »deutlich diese infernalisch helle Stichflamme gesehen ... und (sich) gleich gedacht (habe), daß es nur ein englischer Sprengstoff sein könnte, denn die deutschen Sprengstoffe haben nicht eine so intensiv gelbe und grelle Flamme [168].«

Es ist jedoch nur ein Strohfeuer, das das von ihm – nach ersten Überlegungen zur Zeit der Normandieschlachten – sorgfältig und ohne Stellungnahme und Überprüfung durch den Wehrmachtsführungsstab [169] ausgearbeitete und unter strengster Geheimhaltung vorbereitete Unternehmen »Nordwind« angefacht hat, dessen Ausgang noch einmal beweist, wie gering Hitler die Realität in bestimmten Situationen einschätzt. Ehe sich noch die Operationen im Elsaß auf den Hauptangriffsraum im Norden auswirken können, Anfang Januar 1945, gibt Hitler zu, »daß die Fortsetzung – der Ardennen-Operation – keine Aussicht auf Erfolg mehr [170]« hat. Daß die Operationen auch im Elsaß die Möglichkeiten zur weiteren Verfolgung der großen Pläne im Westen endgültig aussichtslos erscheinen läßt, gesteht er erst nach Tagen ein. Am 14. Januar 1945, einen Tag vor der Rückverlegung des Hauptquartiers nach Berlin, kann er denn nicht mehr anders als zuzugeben, daß die Initiative in den Angriffsräumen an den Gegner übergegangen ist.

Von da an lebt er noch 106 Tage. Schon am 26. August 1944, fünf Tage bevor Hitler darüber redete, daß die Lage für eine politische Lösung noch nicht reif sei, hatte Roosevelt seinem Kriegsminister in einem Memorandum mitgeteilt: »Der Gesamtheit des deutschen Volkes muß klargemacht werden, daß sich die ganze Nation auf eine gesetzlose Verschwörung gegen alle Anständigkeit der modernen Zivilisation eingelassen hat [171].« Frohe Hoffnungen ließen sich daran kaum knüpfen. Für Hitler gab es sie ohnehin gar nicht.

Am 22. April 1945, einen Tag nachdem Prof. Theo Morell den total ruinierten Führer verlassen hat *, meditiert er im Bunker der Reichskanzlei über den Selbstmord und erklärt: »Ich hätte diesen Entschluß, den wichtigsten meines Lebens, schon im November 1944 fassen sollen und das Hauptquartier in Ostpreußen nicht mehr verlassen dürfen **.« Er spricht es dahin, obwohl er genau weiß, daß er seit Ende 1941 eigentlich nur noch hat kämpfen lassen, um eben diesen Entschluß so lange wie irgend möglich hinauszögern zu können. Nachdem er sich fünf Tage danach dazu entschlossen hat, seinem Leben in Berlin ein Ende zu setzen *** und »den ganzen Zinnober [172]« zurückzulassen, wie er in der Diktion eines gescheiterten va banque-Spielers sagt, heroisiert und stilisiert er sein Ende vor Getreuen und erklärt: »In

* Vgl. S. 396.

** Zit. nach Schramm, *Hitler als militärischer Führer*, S. 154. Hitler hatte sich Ende November 1944 von seiner Umgebung dazu überreden lassen, das Führerhauptquartier in den Führerbunker im Garten der Reichskanzlei zu verlegen, um dort die Ardennenoffensive vorzubereiten, die er von seinem »Adlerhorst« auf dem Gutshof Ziegenberg im Taunus führte.

*** Am 23. 4. 1945 sagte er: »Ich würde es ... für tausendmal feiger halten, am Obersalzberg einen Selbstmord zu begehen, als hier zu stehen und zu fallen« (Zit. nach: *Der Spiegel*, Nr. 3/66, S. 37).

dieser Stadt habe ich das Recht gehabt, zu befehlen, jetzt habe ich auch den Befehlen des Schicksals zu gehorchen. Auch wenn ich mich retten könnte, so tue ich dies nicht. Der Kapitän geht auch mit seinem Schiffe unter [173].« Am 13. April hat Eva Braun Generalleutnant Gerhard Engel, den einstigen Heeresadjutanten, um Auskunft gebeten, wie sie sich am sichersten erschießen könne [174]. Trotz der Überredungsversuche einiger seiner Getreuen, zu denen Hanna Reitsch und Hans Baur gehören, die ihn hinausfliegen wollen, bleibt er in Berlin und nimmt sich das Leben, als alles verloren ist. Drei Tage zuvor hat er sich unter starkem Einfluß von Stimulantien noch »ein klein wenig beruhigter« zu Bett gelegt und befohlen, daß er nur geweckt werden wolle, wenn ein russischer Panzer vor seiner Schlafkabine stehe, damit er seine »Vorbereitungen [175]« treffen könne.

Trevor-Ropers [176] Bericht über »Hitlers letzte Tage« ist so dicht und so zuverlässig, daß sich eine Wiederholung erübrigt.

Anders verhält es sich indes mit dem Verbleib der Leiche Hitlers. Die 23 Jahre nach seinem Tod von Lew Besymenski [177] veröffentlichten Behauptungen, daß sie von russischen Soldaten Anfang Mai 1945 gefunden, von einer Fachkommission nach einigen Tagen identifiziert und bereits Ende Mai »völlig verbrannt (und) die Asche ... den Winden« überlassen [178] worden sei, decken sich nicht mit den Tatsachen.

Durch bloßen Anblick konnte der Tote, den sowjetische Soldaten Anfang Mai 1945 aus einem zugeschütteten Granattrichter ausgruben, von niemandem identifiziert werden. Nach den Angaben in der Akte Nr. 12 des russischen Untersuchungsprotokolls war er durch Feuereinwirkung total unkenntlich geworden. Den Kopf bildeten nur noch angebrannte Reste des Hinterhauptbeines, des linken Schläfenbeines, die unteren Teile der Joch- und Nasenbeine und der Ober- und Unterkiefer, während die ganze Gesichtshaut und ein Teil des Schädeldaches fehlten [179]. Der Körper, die Arme und Beine sahen nicht besser aus, so daß der Untersuchungskommission der Roten Armee für den »Beweis«, »vermutlich Hitlers Leiche [180]« identifiziert zu haben, nur das Gebiß [181] übrigblieb. Daß ihre Angaben über die Zähne, Brücken, Kronen und Füllungen des Toten das Gebiß* Adolf Hitlers beschrieben [182], beweist nach Lage der Dinge nicht genug;

* Wie die Röntgenaufnahmen, die Giesing und von Eicken im Sept. und Okt. 1944 von Hitlers Kopf herstellten, beweisen, hat das bei Besymenski (T. 13–16) als Identifizierungsbeweis veröffentlichte Gebiß mit den Zähnen Hitlers jedoch nichts gemeinsam.

denn sie hatten von Prof. Hugo Blaschkes Assistentin Käthe Heusermann die Behandlungskartei mit genauen Angaben über Hitlers Zähne und die dazugehörigen Röntgenaufnahmen erhalten, während der Zahntechniker Fritz Echtmann, von dem einige Kronen und Brücken Hitlers stammten *, ihnen mit weiteren Angaben diente [183]. Mit diesen Fakten blufften sie seit Mai 1945 nicht nur die Männer aus Hitlers Umgebung, die sie gefangen hielten und fortwährend nach Hitlers Tod und Verbleib befragten [184], sondern »belegten« ausschließlich mit ihnen – und mit sachlich unzutreffenden Fotos – 1968 auch ihre Behauptung, Hitler »vermutlich« gefunden und identifiziert zu haben [185]. Nach den Angaben der Leute aus Hitlers Umgebung, die entweder die Einäscherung und Beerdigung am 30. April 1945 beobachteten oder unmittelbar damit zu tun hatten, brannten Hitlers Körper und Kopf von 16 Uhr bis mindestens 18.30 Uhr (für die Zeit nach 18.30 Uhr sind die diesbezüglichen Angaben unsicher). Kurz vor 23 Uhr wurde die Leiche, angeblich nahezu völlig verbrannt, bestattet. »Der verkohlte Leichnam, vom Gesicht war nichts mehr vorhanden, von dem zerschmetterten Kopf nur noch ein grauenhaft verkohlter Rest, wurde auf eine Zeltplane geschoben, unter starkem sowjetischen Artilleriefeuer in dem großen Gräberfeld um die Reichskanzlei in einen Granattrichter vor dem Bunkerausgang hinabgelassen, Erde darauf gedeckt und mit einem Holzstampfer festgestampft«, berichtete sein persönlicher Adjutant Otto Günsche **, der die Leiche um 16 Uhr, eine halbe Stunde nach Hitlers Selbstmord, angezündet hatte. Nicht nur Günsche, sondern auch andere Männer, die an der Einäscherung beteiligt waren, wie beispielsweise Hitlers Diener Heinz Linge und sein Fahrer Erich Kempka, der das Benzin für die Verbrennung beschaffte, gaben an, daß bei der Beerdigung nichts mehr von Hitlers Kopf übrig war [186]. Der von den Sowjets verhörte Harry Mengeshausen, der als Wachtposten der SS-Kampfgruppe Mohnke in der Neuen Reichskanzlei die Verbrennungszeremonie aus einer Entfernung von 60 Metern durch ein Fenster beobachtet hatte, gab an, daß Hitlers Körper »verbrannt [187]« war, bevor seine Getreuen ihn beerdigten. Und ein namentlich nicht identifizierter Polizist, der zu

* Echtmann erklärte dem Autor am 20. 10. 1971 ausdrücklich, daß er anhand des ihm gezeigten Gebisses nicht habe angeben können, daß es die Zähne Hitlers gewesen seien. Er glaubt jedoch, daß »ein anderes Merkmal«, das er allerdings nicht beschreiben »wollte« (d. h.: nicht konnte), auf Hitler hingewiesen habe, was unmöglich ist, da die Sowjets Hitlers Kopf gar nicht gefunden haben.

** Mitteilung an einen Freund und Dr. Giesing. Bericht von Giesing vom 8. 6. 1971.

den Männern des Leibwachenchefs Rattenhuber gehörte, meldete Dr. Goebbels bereits nach 22 Uhr, unmittelbar vor der Beerdigung Hitlers: »Der Führer ist bis auf kleine Überreste verbrannt*.« Einige der Zeugen, die diese »Totalverbrennung« später einschränkten, taten es deutlich unter dem Einfluß der ihnen eingeredeten Vorstellung, daß ein Mensch mit 90 Litern Benzin nur unvollständig verbrannt werden könne. So erklärt Hitlers Flugkapitän Hans Baur, dem Hitler sicherheitshalber auch aufgetragen hatte, sich um die Zerstörung seines Leichnams zu kümmern: »Hätte ich gewußt, daß Kempka nur 180 Liter Benzin für den Führer und seine Frau auftreiben konnte, hätte ich dafür gesorgt, daß er in einem unserer großen Koksöfen eingeäschert worden wäre[188].«** Trotz späterer teilweiser Einschränkungen sind die überlebenden Zeugen der Auffassung, daß es nach einer Exhumierung Hitlers absolut unmöglich gewesen wäre, in Hitlers Mund »Teile von der Wand und dem Boden einer dünnwandigen[189]« Glasampulle zu finden, wie es im Zusammenhang mit dem als vermutlichen Hitler identifizierten Leichnam in der Akte Nr. 12 der sowjetischen Kommission vom 8. Mai 1945 heißt. Dabei gehen sie noch nicht einmal davon aus, daß Kempka von der Zertrümmerung des Kopfes durch einen Mundschuß berichtete***.

Dreiundzwanzig Jahre lang erklärten sowjetische Autoren, unter ihnen nicht nur German Rosanow[190], sondern auch Lew Besymenski[191], in Übereinstimmung mit den Angaben sämtlicher Zeugen und den Untersuchungsergebnissen nichtrussischer Forscher[192], daß Hitler sich das Leben durch einen Pistolenschuß nahm. 1968 trat Besymenski dann plötzlich mit der Feststellung an die Öffentlichkeit: »... unsere Kommission konnte am 8. Mai 1945 keinerlei Schußspuren entdecken[193].« Unbekannte Dokumente aus Moskauer Archiven sollten widerlegen, was er nach eigenen Worten solange »selbst unkritisch[194]« verbreitet hatte: Hitlers Selbstmord durch einen Schuß in den Kopf. Daß er trotz der sehr bestimmten Feststellung des gerichtsmedizinischen Chefsachverständigen Schkarawskij, daß Schußspuren an der von ihm untersuchten Leiche überhaupt nicht zu ent-

* Rattenhuber hat sich später – wie er Hans Baur berichtete – erfolglos bemüht, den Namen des Mannes festzustellen. Persönliche Mitteilung von Hans Baur (10.6.1971).

** Persönliche Auskunft von Hans Baur, der sich gerade mit Goebbels unterhielt, während er die Meldung entgegennahm (10. 6. 1971).

*** Da Hitlers Kopf zerschmettert war, wickelte Linge Hitler in eine Decke, bevor er zur Verbrennung hinausgetragen wurde. Vgl. dazu auch Trevor-Roper, *Hitlers letzte Tage*, S. 193. Zum Mundschuß vgl. auch Besymenski, S. 91.

decken gewesen seien *, zu ergründen versuchte [195], wer Hitler in den Kopf geschossen habe **, zeigt deutlich, daß er den Moskauer Dokumenten und denen, die sie verfaßten, selbst auch nicht traute. Die (durch zum Teil kraß widersprüchliche Zeugenaussagen bestärkte) Unsicherheit der Sowjets, die nach den Moskauer Dokumenten meinen, 1945 »vermutlich« Hitler identifiziert zu haben, beweisen nicht nur die zahlreichen Widersprüche im Rahmen ihrer Angaben. So widersprüchlich, wie ihre Angaben – und Vermutungen – im Zusammenhang mit der Schußversion sind, so falsch ist Besymenskis Feststellung, daß Hitler »mit ziemlicher Sicherheit ***« nicht in der Lage gewesen sei, sich zu erschießen ****. Hitler, der trotz seines sehr schlechten Gesundheitszustandes ***** immer noch in der Lage war, ohne fremde Hilfe zu speisen, mußte es zwangsläufig sehr viel leichter fallen, sich durch einen Schuß in den Mund zu töten, als beispielsweise täglich mehrmals jeweils rund 20 Minuten hindurch fortwährend Gabel und Löffel von den Tellern und Schüsseln zum Mund zu führen ******.

Besymenskis Behauptung, daß die Sowjets so lange mit der Veröffentlichung ihrer Ergebnisse über die Untersuchung des Toten von 1945 gewartet hätten, weil sie fürchteten, »daß irgend jemand in die Rolle des ›durch ein Wunder geretteten Führers‹ schlüpfen [196]« könnte, ist barer Unsinn und richtet sich selbst. So war Besymenski denn auch 1970 noch spürbar besorgt, daß stichhaltige Beweise gegen die sowje-

* Schkarawskij war Mitglied der Identifizierungskommission.

** Rattenhuber gab am 20. Mai 1945 in russischer Gefangenschaft an, daß auf Befehl Hitlers vermutlich Linge auf den bereits vergifteten Hitler geschossen habe, während »sowjetische Forscher der Meinung« (Besymenski, S. 94) sind, daß es Günsche gewesen sei.

*** Vgl. ebenda, S. 92. Selbst die sachlich völlig unzutreffende und in allen wesentlichen Einzelheiten widerlegte Publikation *»Woran hat Hitler gelitten?«* von J. Recktenwad (Bibliographie) mußte zur Stützung der These herhalten. Vgl. Besymenski, S. 92.

**** Ob und wieweit Erich Kubys voreingenommen artikulierte Vermutung, daß der von der nationalsozialistischen Propaganda als großer Feldherr und Stratege gerühmte Hitler zu feige gewesen sei, wie ein Soldat aus dem Leben zu scheiden, zur Entstehung der neuen Version beigetragen hat, sei hier dahingestellt. Vgl. Kuby, Erich, *Die Russen in Berlin.* München 1965 und auch Besymenski, S. 89.

***** Vgl. S. 396.

****** Die Behauptungen Linges (*Der Spiegel*, 1965/22) und Günsches (vgl. Besymenski, S. 91), daß Hitler sich in die Schläfe geschossen habe, was Baur auch von Goebbels unmittelbar nach Hitlers Selbstmord erfuhr (Persönliche Mitteilung von Hans Baur, 10. 6. 1971), decken sich wahrscheinlich nicht mit den Tatsachen, sind jedoch nicht ausgeschlossen.

tischen Vermutungen und Behauptungen entdeckt worden sein könnten[197]. Was weder Besymenski noch Trevor-Roper und anderen Autoren bekannt wurde, die den Tod Hitlers und dessen Verbleib untersuchten, ist die Tatsache, daß die in diesem Zusammenhang in jeder Hinsicht unsicheren Sowjets ihre Leiche im Mai 1945 nicht verbrannten, wie Besymenski 1968 behauptete, sondern konservierten. Vier Monate nach ihrer Berliner Leichenbeschau versuchten sie vom CIC herauszubringen, was die Amerikaner und Engländer über Hitlers Ende und den Verbleib seiner Gebeine wußten. Sie fragten beim Military Secret Intelligence Unit (MSIU) an, ob der CIC Ärzte in Gewahrsam habe, die eventuell in der Lage seien, Hitlers Kopf zu identifizieren. Da die Amerikaner verständlicherweise an der Klärung der Angelegenheit interessiert waren und den Hals-, Nasen- und Ohrenarzt Dr. Erwin Giesing gefangen hielten, der Hitlers Kopf und Zähne aus zahlreichen Untersuchungen und von Röntgenaufnahmen her genau kannte, die er noch im September 1944 machen ließ *, sagten sie zu. Die amerikanischen (Geheimdienst-)Offiziere der 4. Abteilung der MSIU mit den Decknamen »Stewart« und »Phelbs« informierten Giesing, der gerade dabei war, seine Tagebuchaufzeichnungen für den CIC zu übertragen, mit persönlich artikulierten Rechtfertigungsformulierungen im Hinblick auf eine baldige Entlassung zu durchsetzen ** und durch spätere Überlegungen zu ergänzen, über die sowjetischen »Test«-Bemühungen. Nachdem den Sowjets von den Amerikanern mitgeteilt worden war, daß sie Giesing hätten, der jederzeit bereit und in der Lage sei, Hitlers Kopf zu identifizieren[198], zogen sie sich zurück. Den wenigen deutschen Gefangenen, die in der Lage gewesen wären, die sowjetischen Zweifel möglicherweise aus der Welt zu schaffen, wagten sie ihren Leichnam nicht zu zeigen, zumal bereits am 3. Mai 1945 einer ihrer zur Identifizierung aufgebahrten und zunächst auch als Hitler-Leiche vermuteten Toten ausgeschieden war, weil er gestopfte Socken an seinen Füßen trug ***. Die Chance, im Zuge der zunehmenden Spannung zwischen

* Sie wurden am 24. 11. 1971 von Giesing in einer ZDF-Sendung gezeigt und mit Besymenskis Abb. verglichen, die fremde Zähne zeigen.

** Schriftliche Mitteilung von Giesing vom 21. 5. 1971 und persönliche Auskunft vom 23. 5. 1971 und 8. 6. 1971. Am 21. 5. 1971 schrieb Giesing: »Die rot angekreuzten Zeilen ... entsprechen nicht den Tatsachen, sondern sind für den CIC geschrieben worden, um eine baldige Entlassung für mich zu erreichen.«

*** Vgl. Besymenski, S. 53. Der Tote war zunächst von Vizeadmiral Hans Voß, der sich kurz vor Hitlers Selbstmord von Hitler verabschiedet hatte, als Hitlers Leiche angesehen worden.

den Alliierten gegebenenfalls die nicht so leicht widerlegbare Behauptung ausspielen zu können, den toten Hitler in ihren Händen zu haben, erschien ihnen offensichtlich als ein wichtiges außenpolitisches Kapital, das sie nicht aufs Spiel setzen wollten. Als Hitlers Flugkapitän Hans Baur, in den sie ihre Version unter Vorlage von Fotos von Hitlers Gebiß buchstäblich hineinprügelten [199], sich 1946 in der Sowjetunion bereit erklärte, den angeblich immer noch in Berlin befindlichen Leichnam anzuschauen und zu identifizieren, falls es sich tatsächlich um Hitlers Leiche handele, schwiegen sie und ließen das Thema ruhen [200]. Die Formulierung eines sowjetischen deutschstämmigen Mediziners, der Baur verhörte, daß sie »endlich wissen« müßten, ob sie »die Leiche vernichten könnten [201]«, ist beredt genug.

Die im sowjetischen Protokoll mit 165 cm angegebene Länge der Leiche [202] richtet sich als Identifizierungsbeweis infolge der einhellig bezeugten starken Einwirkung des Feuers nicht unbedingt gegen die sowjetische Version, obwohl Hitler knapp 175 cm groß war *. Eindeutig gegen die sowjetische Behauptung, daß der von ihnen untersuchte und als Hitlers Leiche bezeichnete Tote »vermutlich« mit Adolf Hitler identisch gewesen sei, spricht jedoch die von dem gerichtsmedizinischen Chefsachverständigen Schkarawskij, dem gerichtsmedizinischen Sachverständigen Bogusslawskij, den Chefärzten Krajewskij und Maranz und dem Armeefacharzt Guljkewitsch unterzeichnete »Schlußfolgerung«, in der es unter anderem heißt, daß »die linke Hode« des Toten »weder im Hodensack, noch im Samenstrang innerhalb des Leistenkanals oder im kleinen Becken gefunden werden [203]« konnte. Besymenskis Feststellung von 1968, daß »dieser« angeblich Hitler »angeborene Fehler« bisher in der Literatur nicht erwähnt worden sei, weil »der ›Führer‹ es immer entschieden abgelehnt« habe, »sich einer ärztlichen Untersuchung zu unterziehen **«, setzt Tatsachen voraus, die mit Hitler nichts zu tun hatten. Zweifelsfrei nachweisbar ist nämlich, daß Hitler sich von 1934 bis 1945 ungewöhnlich oft ärztlich untersuchen ließ und gegen sorgfältige Untersuchungen seiner Genitalien niemals etwas einzuwenden hatte ***. Daß sie vollständig, normal und absolut gesund waren, be-

* Vgl. S. 373.

** Ebenda, S. 77 f. Besymenski, der sich auf eine von Hitlers Begleitarzt v. Hasselbach gegenüber Röhrs getane Äußerung beruft, schreibt S. 77 f.: »Es ist denkbar, daß seine Abneigung mit dieser körperlichen Abnormität zusammenhing.«

*** Vgl. das Kapitel »Der kranke Führer, Reichskanzler und Oberste Befehlshaber der Wehrmacht«.

zeugte zuerst einer der Ärzte, die Hitler bald nach der »Machtübernahme« im Berliner Westend-Krankenhaus untersuchten und seinem Penis und Hoden infolge der Gerüchte über seine angeblichen Neigungen zur Homosexualität sein besonderes Augenmerk widmete *. Auch Theo Morell bestätigte mehrfach, daß Hitlers Geschlechtsorgane, sein Penis und Hoden, normal waren **. Im Januar 1940, als Hitler bereits an der Schwelle seines Grabes zu stehen glaubte, wollte er von Fachärzten am 9., 11. und 15. genau wissen, wie es um ihn bestellt sei. Bei der Gelegenheit ließ er sich sorgfältig auch serologisch auf Lues untersuchen, wobei die Reaktionen nach Wassermann, Meinicke und Kahn negativ waren ***.

Die wichtigsten Untersuchungsergebnisse von Dr. Brinkmann, Dr. Schmidt-Burbach und Dr. Nissle, um sie an dieser Stelle noch einmal zu wiederholen, lauteten am

9. Januar 1940: Blutbild normal. Puls 72, Blutdruck 140/100, am

11. Januar 1940: Zucker und Eiweiß im Urin = negativ, Urobilinogen = vermehrt,
Wassermann (Reaktion auf Lues) = negativ, Urin-Sediment: mäßig, Calcium Carbonat. Vereinzelte Leukocyten, am

15. Januar 1940: Harn-Zucker = negativ. Meinicke (MKRII): Reaktion auf Lues = negativ,
Kahn (Reaktion auf Lues) = negativ ****.

Der Hals-, Nasen- und Ohrenarzt Dr. Erwin Giesing, der Hitler vom 22. Juli bis zum 7. Oktober 1944 behandelte und ohne Schwierigkeiten die Erlaubnis erhielt, den ganzen Körper des im Bett liegenden Patienten am 1. Oktober ausführlich zu untersuchen, wozu auch Penis und Hoden gehörten, schrieb unmittelbar danach in sein Tagebuch: »Ich bedeckte ... den Bauch wieder mit dem Nachthemd und zog die Bettdecke ganz nach unten ... Anomalien an den Genitalien ... habe ich nicht feststellen können. Das Praeputium war zurückgezogen, die Glans Penis ... reizlos, Pyramidenbahnzeichen ...

* Vgl. die Anm. 20 im 7. Kapitel.

** Vgl. S. 319. Seinem Freund Hans Baur, der sich wunderte, daß Hitler öffentlich Frauen nach Möglichkeit auswich, berichtete Morell auf eine entsprechende Frage, daß der »Führer in der Hinsicht« auch was seine Geschlechtsorgane beträfe, »völlig normal« sei. Persönliche Auskunft von Hans Baur (10. 6. 1971).

*** Vgl. S. 377.

**** Vgl. S. 377.

nicht vorhanden, Babinski, Gordon, Rossolimeau und Oppenheim (Reflexe, der Verf.) ... negativ [204].« Ausdrücklich bestätigt er, daß Hitlers Hoden vollständig und normal waren [205]. Dem Toten auf dem Seziertisch der Sowjets im Leichenschauhaus des Chirurgischen Armeefeldlazaretts (CAFS) Nr. 96 in Berlin-Buch fehlte die linke Hode. Hitler hatte beide Hoden, und auch diese Tatsache beweist, daß sein Leichnam entweder nicht gefunden oder seine Reste noch vor dem Eintreffen der Sowjets von seinen Getreuen aus dem Bereich der Reichskanzlei weggeschafft worden sind, wie Günsche einmal geäußert haben soll [206].

Als Adolf Hitler am 12. September 1919 als »unbekannter Soldat aus dem Volk«, wie er selbst es gern hörte, als »Vertrauensmann« der bayerischen Armee, in einem kleinen Münchner Lokal an einer Versammlung der Deutschen Arbeiterpartei (DAP) teilnahm, die ihn infolge seines dortigen Auftritts kurz danach als Mitglied Nr. 555 aufnahm [207] und seine Karriere als »Politiker und Führer« sichtbar auslöste, erlebten ihn 46 vom Ersten Weltkrieg und seinen Folgen enttäuschte, unzufriedene, politisch engagierte Personen [208], die nach einem Führer suchten, der sie erlösen könnte. Als er am 30. April 1945 nach einem in der Geschichte beispiellosen Lebensweg wie ein von der Polizei gestellter Verbrecher unter der Erdoberfläche Selbstmord beging, waren es ungefähr ebenso viele Männer und Frauen *, die ihn umgaben: kampfesmüde, von dem von ihrem Führer vom Zaune gebrochenen Zweiten Weltkrieg enttäuschte und verzweifelte Menschen, die spätestens jetzt begriffen, daß sie ihr Leben an einen falschen Propheten gekettet hatten. »Der Tod Hitlers ... war für uns wie das Ende eines Zustandes von Massenhypnose«, erinnerte sich Hitlers Sekretärin Traudl Junge, die bis zu seinem Ende bei ihm war, rund zwei Jahrzehnte später: »Plötzlich entdeckten wir in uns wieder eine unbezwingbare Lust zu leben, wir selbst zu werden, menschliche Wesen zu sein. Hitler interessierte uns nicht mehr [209].« Und Johanna Wolf, seine andere Sekretärin, erklärte im Juli 1947, daß sie »so unglücklich [210]« war, nachdem Hitler eingestanden hatte, daß »alles aus [211]« sei. 1919 war Hitler 30 Jahre alt gewesen, leistungsmäßig auf der Höhe, voller Tatendrang und vom unbeirrbaren Bedürfnis beseelt, seiner Umgebung und der Welt zeigen und beweisen

* 42 Zeugen wurden im Zusammenhang mit Hitlers amtlicher Todeserklärung (1956) gehört.

zu wollen, daß möglich sei, was er für möglich hielt. 1945 war er, obwohl erst 56 Jahre alt, ein völlig gebrochener und total zerstörter Mann, der sich nur mühsam und schwerfällig kaum 30 bis 40 m weit fortzubewegen vermochte und sich gelegentlich mit der linken Hand, weil die Rechte seinem Willen nicht mehr gehorchte, an seinem Gesprächspartner festhalten mußte. Bis 1941 hatte er seine Gesichtszüge und seinen ganzen Habitus wie ein routinierter Schauspieler beherrscht, 1945 war nur noch sein Geist frisch und scharf, wachsam und zupackend, wenn auch nicht mehr in der Lage, auf die Umwelt so zu reagieren, wie er es vier Jahre zuvor noch getan hat. Während 1945 aus seinen Mundwinkeln der Speichel troff und seine müden, tränenden und blutunterlaufenen Augen mißtrauisch seine Umgebung fixierten, funktionierte sein verblüffendes Gedächtnis noch nahezu so gut wie ehedem. Der Geist, der das Dritte Reich schuf, war noch verhältnismäßig intakt, als seine Schöpfung in den Staub sank. Nur der Körper, ein exemplarisches Sinnbild für die Welt, die sein Geist gebar, war siech, entstellt und am Ende. Und es ist gut, daß es sich nicht umgekehrt verhielt; denn wäre es anders gewesen, hätten seine Anhänger sich auch dereinst noch darauf berufen können, daß »alles anders« geworden und alle Maßlosigkeit noch ans Ziel gekommen wäre.

HITLER-UNTERSCHRIFTEN
von 1906 bis 1945

(1906)

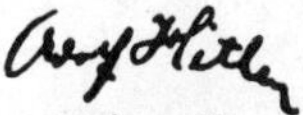
(1908)

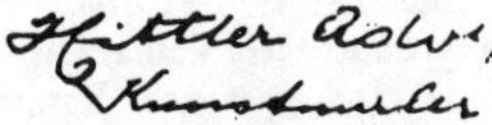
(1913)

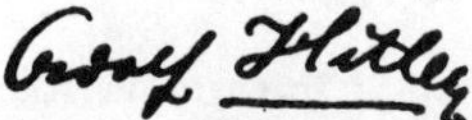
(1914)

(1920)

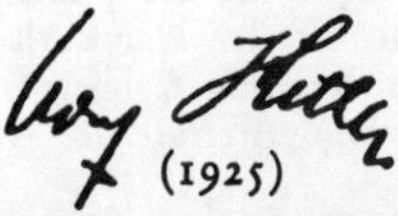
(1925)

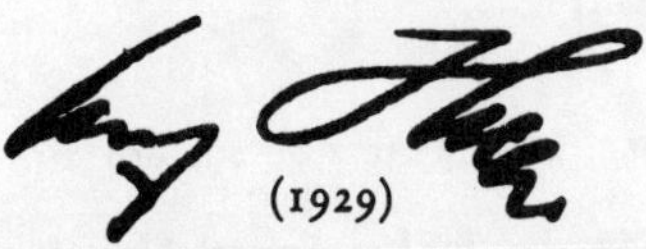
(1929)

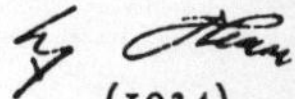
(1934)

(1937)

(1938)
(Testament)

(1942)

(1943)

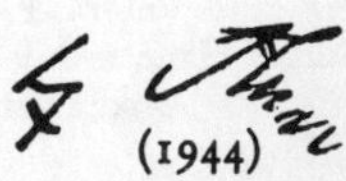
(1944)

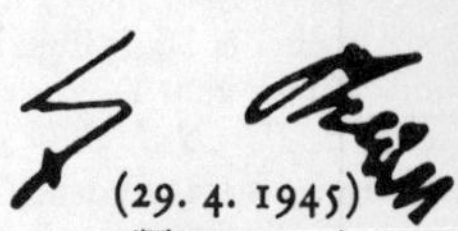
(29. 4. 1945)
(Testament)

Anmerkungen

1. Kapitel

ABSTAMMUNG UND FAMILIE

1 Tomus XIX, 30. 6. 1881–1891, S. 152.
2 Zit. nach dem Erbschein, Repro des Erbscheines im Besitz des Autors.
3 ebenda. Je ein Sechstel fiel auf die verstorbenen Halbgeschwister Alois Hitler und Angela Hammitsch, geb. Hitler. Am 25. Oktober 1960 entschied das Amtsgericht Berchtesgaden unter der Nr. VI 108/60: »Erben der am 1. Juni 1960 in Schönau verstorbenen Paula Hitler ... sind ihre Geschwisterkinder ... Elfriede Hochegger geb. Raubal ... Leo Raubal ... je zur Hälfte.«
4 Schriftliche Mitteilung von Paula Hitler. Zit. aus dem Brief vom 10. 1. 1960.
5 Vgl. Patrick Hitler in *Paris Soir* vom 5. 8. 1939.
6 Tomus XIX, 30. 6. 1881–1891, S. 152.
7 Tomus XIX, 30. 6. 1881–1891, S. 152. Ergänzungen in Klammern vom Autor.
8 Vgl. *Der Spiegel* 31/67 (Titelgeschichte des *Spiegel* über einige diesbezügliche Forschungsergebnisse des Autors).
9 Vgl. dazu die Punkte 5, 6 und 7 des NSDAP-Programms und Maser, *Die Frühgeschichte der NSDAP*, S. 468 ff.
10 Hitler, S. 2. Hitler ist von seinen Angaben in *Mein Kampf* nur einmal abgewichen. Am 29. November 1921 behauptete er in einem Brief an einen namentlich nicht genannten Empfänger, daß sein Vater »Postoffizial« gewesen sei. Dok.: Abschrift (Maschinenschrift vom 26. VIII. 1941). Links unten befindet sich ein Stempel des Hauptarchivs der NSDAP und unter »F. d. R. der Abschrift«: der Name »Richter«. Ehemaliges Hauptarchiv der NSDAP, Bundesarchiv Koblenz, NS 26/17 a. Zit. des Dokuments in Maser, *Die Frühgeschichte der NSDAP*, S. 487 ff.
11 Hitler, S. 16.
12 Vgl. Maser, *Hitlers Mein Kampf*, S. 95 ff.
13 Totenschein der Stadt Bukarest: Nr. 5653.
14 *Daily Mirror* vom 14. 10. 1933.
15 Zit. nach *Forward* vom 21. 1. 1966, in dem Auszüge aus den alten Zeitungen zitiert werden.
16 Vgl. den Bericht von Simon Wiesenthal in *Der Spiegel* Nr. 33/67,

S. 5 und den ebenda, S. 6, abgedruckten Auszug aus einer französischen Zeitschrift vom September 1933.

17 Maschinentext mit parteiamtlichem Briefkopf. Bundesarchiv Koblenz NS 26/14.

18 Maschinenschriftliche »Vermerke« von SS-Führern über die Nachforschungen im Zusammenhang mit Hitlers Abstammung. Bundesarchiv Koblenz NS 26/17a. In einem Schreiben vom 4. 8. 1942 findet sich unten die handschriftliche Weisung: »Bitte hierher schicken, will RF (Reichsführer, der Verf.) behalten.«

19 Frank, S. 330.

20 ebenda, u. a. S. 19.

21 ebenda, S. 330 f.

22 Vgl. Jetzinger, S. 32.

23 *Paris Soir* vom 5. 8. 1939. Übersetzung aus dem Französischen.

24 Original-Brief in den Unterlagen des kath. Pfarramts Braunau am Inn (1967).

25 Jetzinger, S. 34 f.

26 Gebietsstand vom 21. März 1961, Wien 1961, S. 100–102.

27 1941, Folge 20, Nr. 226.

28 Gemeindeverzeichnis von Österreich, S. 100.

29 Angaben in den Zeugnissen der Deutschen Ansiedlungsgesellschaft vom 1. 9. 1944 für Theodor Fabian, der für den Ankauf der Ortschaften und für die Ersatzbeschaffung für die Aussiedler verantwortlich war. Repros und Abschriften der Zeugnisse im Besitz des Autors.

30 Persönliche Auskünfte der Verwandten Hitlers (Mai 1969).

31 Abb. des Grabkreuzes des Ehrengrabes. In: *Die alte Heimat. Beschreibung des Waldviertels um Döllersheim,* Eger 1942, S. 62.

32 Schriftliche Mitteilung (26. 7. 1967) des ehemaligen Hitler-Jugend-Hauptjungzugführers Klaus Fabian vom Fähnlein 4, Bann 520, Südost Niederdonau, der von seiner übergeordneten HJ-Dienststelle beauftragt wurde, das Grab von Maria Anna Schicklgruber mit seinem HJ-Fähnlein zu besuchen.

33 Schriftliche Mitteilung von Klaus Fabian (26. 7. 1967 und 25. 8. 1967).

34 Schriftliche Mitteilung (26. 7. 1967 und 25. 8. 1967) von Klaus Fabian (Sohn von Th. Fabian, der für den Ankauf der Ländereien verantwortlich war) und Theodor Fabian betreffende Unterlagen der Deutschen Ansiedlungsgesellschaft, Geschäftsstelle Klagenfurt, u. a. vom 9. 11. 1943, 1. 9. 1944 und 30. 9. 1945.

35 Tomus XIX, 30. 6. 1881–1891, S. 152.

36 *Die alte Heimat*, S. 268.

37 Persönliche Auskunft des Hitler-Neffen Anton Schmidt (Spital, August 1969).

38 Persönliche Auskunft von Anton Schmidt (Spital, August 1969).

39 Zit. nach Picker, S. 228, vgl. dort auch S. 199 f. und 232 f.

40 Persönliche Auskunft des kath. Pfarrers Johann Haudum, von 1928 bis 1963 Pfarrer in Leonding (August 1969).

41 Laut Eintragung in der Orts-Chronik von Leonding und persönliche Auskunft des Bürgermeisters von Leonding (August 1969).

42 Persönliche Auskünfte der Spitaler Verwandten (August 1969).

43 Vgl. Kessler, Gerhard, *Familiennamen der Juden in Deutschland.* Diss. Leipzig 1935.

44 Bez.-Gericht Allentsteig, Bd. 8/13, fol. 121.

45 Vgl. Hans Pirchegger, *Geschichte der Steiermark*, Bd. II. Graz 1931, S. 281–289 und S. 318 f.

46 Die Feststellungen wurden von dem österreichischen Historiker Nikolaus von Preradovich getroffen. Schriftliche Mitteilung von N. v. P. (März 1967).

47 Nö. Landesarchiv, Bez.-Ger.-Archiv Allentsteig 8/17, fol. 48 ff.

48 Vgl. ebenda.

49 Bd. II, S. 156, 6. Eintragung von oben.

50 Nö. Landesarchiv Wien; Akten-Zeichen: Pr. II–1110/1.

51 *Monatsblatt der Heraldischen genealogischen Gesellschaft Adler*, Wien, H. 615/617 (März und Mai 1932), Bd. XI, 15/17.

52 Schriftliche Mitteilung von K. F. Frank vom 11. 2. 1967 an den Autor.

53 Vgl. Frank, S. 330.

54 Orig.-Brief im kath. Pfarramt von Braunau am Inn.

55 Leipzig 1937, S. 39.

56 Bullock (Ausg. 1953), S. 18. Die Legitimierung wurde nicht von einem Notar und nicht in Weitra vorgenommen, sondern vom Pfarrer in Spital. Später (vollständig überarbeitete Ausgabe von 1967, S. 4) korrigierte Bullock diese Angaben und stellte fest: »1876 unternahm Johann Nepomuk (der Bruder Johann Georgs, der Verf.) Schritte, den in seinem Hause aufgewachsenen jungen Mann zu legitimieren. Er suchte den Gemeindepfarrer in Döllersheim auf und bewog ihn, aus dem Standesregister das Wort ›unehelich‹ zu streichen und eine von drei Zeugen unterschriebene Erklärung anzuhängen, daß sein Bruder, Johann Georg Hiedler, sich zur Vaterschaft des Kindes Alois bekannt habe.« Die Zeugen unterschrieben nicht, da sie Analphabeten waren.

57 Shirer, Bd. I, S. 22 f.

58 Tomus XIII, 1852–1891.

59 Bracher, Karl Dietrich, *Die deutsche Diktatur*. Köln 1969, S. 61.

60 Wortlaut des vorgedruckten Textes im Döllersheimer »Geburtsbuch« (jetzt: Pfarrhaus Rastenfeld).

61 Vorgedruckter Text unter »Aeltern der Getauften« (Eltern der Getauften): »Im Falle der Vater eines unehelichen Kindes sich als solcher erklärt, und eingeschrieben seyn will, hat dieß persönlich und in Gegenwart zweyer Zeugen zu geschehen, die dieß, und daß er der nähmliche sey, dessen Namen und Stand er angibt, zu bestättigen haben.« Vgl. die letzte Anm. Der 1857 verstorbene Johann Georg Hiedler hat das Kind seiner Ehefrau zu Lebzeiten niemals als sein Kind anerkannt. Da die Legitimierung rund 20 Jahre nach seinem Tode vorgenommen

wurde, ist abwegig, darin womöglich eine von ihm für die Zeit nach seinem Tode gewünschte Entscheidung zu suchen.

62 Aktenzeichen: 30704/4274. Handschriftlich. Nö. Landesarchiv.

63 ebenda.

64 ebenda. Aktenzeichen: 7845; 35784 und 30704.

65 ebenda, Aktenzeichen: 35784/4956 und 30704.

66 ebenda.

67 ebenda, Aktenzeichen: 37381/5184 und 30704.

68 Vgl. Tomus XIX.

69 Libr. of Congr.-Material, HA 17, A, R 1.

70 Briefe von Alois Hitler an Frau Veit vom 6. und 13. September 1876. Libr. of Congr.-Material; nicht in HA 17 A, R 1.

71 ebenda.

72 Smith, S. 35.

73 Vgl. z. B. Smith, S. 35.

74 Görlitz, S. 14.

75 Die Ahnentafel des Führers.

76 Jetzinger, S. 17.

77 Handschriftliche Eintragungen im Döllersheimer »Geburtsbuch«.

78 Gewährbuch der Herrschaft Waldreichs, fol. 43, im A. G. Allentsteig.

79 fol. 398.

80 Hitler, S. 2.

81 Leers, Johann von, Adolf Hitler. Leipzig 1932, S. 10.

82 Persönliche Mitteilung der Spitaler Verwandten (August 1969).

83 Maser, *Die Frühgeschichte der NSDAP*, S. 156. Bis an sein Lebensende hat Hitler die Inzucht positiv beurteilt. In diesem Zusammenhang sah er die Juden, deren »rassische Geschlossenheit« er beneidete und fürchtete, als Vorbilder an. Vgl. auch S. 36 und Nolte, Der Faschismus in seiner Epoche, S. 501.

84 Vgl. *Paris Soir* vom 5. 8. 1939.

85 Persönliche Auskünfte der Nachkommen (August 1969).

86 Hitler, S. 6.

87 ebenda, S. 7 f.

88 ebenda, S. 5.

89 ebenda, S. 8.

90 Grundbesitz-Dokumente und persönliche Mitteilung des Besitzers der Gastwirtschaft (August 1969).

91 »Häuserkaufs-Protokoll zu Spital und Schwarzenbach. 1796 bis 1845«. A. G. Weitra, fol. 70.

92 Vgl. die Darstellung von Leo Weber vom 12. 10. 1938 und HA 17, R 1. Das Datum ist nicht ganz gesichert. Smith (S. 31) nimmt den 16. 3. 1889 als den Tag an, an dem Alois Hitler den Kaufpreis bezahlte, was nichts an der Sache ändert.

93 Vgl. dazu auch Jetzinger, S. 122.

94 Als Pensionär zahlte Alois Hitler jährlich 20 Kronen. Vgl. auch Jetzinger, S. 123.

95 Handschriftliche Rechnung von Dez. 1907. Bundesarchiv Koblenz, NS 26/65.
96 ebenda.
97 Vgl. Smith, S. 46.
98 Vgl. dazu die Angaben bei Maser, *Die Frühgeschichte der NSDAP*, S. 60 und Dok. im Bundesarchiv Koblenz, NS 26/65.
99 Vgl. den Bericht von Leo Weber vom 12. 10. 1938 und HA 17, R 1.
100 Vgl. u. a. May, J. Arthur, *The Habsburg Monarchy, 1867–1914*. Cambridge, Mass. 1951, S. 173–174 und Drage, Geoffrey, Austria-Hungary. London 1909, S. 58.
101 »Heiratsabrede« (März 1811). Nö. Landesarchiv, Bez.-Ger. Allentsteig 8/7, fol. 283. Dem unehelich geborenen Kind sollte (in diesem Falle) allerdings der Betrag vom Erbe abgezogen werden, der für das Kindbett ausgegeben worden war.
102 Vgl. Frank, S. 431, wo es heißt: »Nichts bleibt mir als das Gebet zu Gott für mein Volk und Land und meine Buße als Beitrag zur Sühne.« Vor den Schranken des Gerichts erklärte er: »Tausend Jahre werden vergehen und diese Schuld von Deutschland nicht wegnehmen.« IMT, Bd. XII, S. 19.
103 Vgl. Frank, S. 331.
104 Geburtsbuch, Nr. 7, fol. 7. Die Abkürzungen wurden vom Verfasser ergänzt.
105 Trauungsbuch, fol. 52.
106 Nr. 7, fol. 74
106 Vgl. letzte Anm.
107 ebenda.
108 Jetzinger, S. 16.
109 Vgl. ebenda, S. 16 f.
110 Görlitz, S. 13 f.
111 Gisevius, S. 15.
112 Jetzinger, S. 17.
113 In Strones gab es eine weitere Anna Maria Schicklgruber, eine Tochter von Josef Schicklgruber und Theresia Schicklgruber († 1811). Diese A. M. Schicklgruber war jedoch bereits 1811 verheiratet und hieß seit ihrer Eheschließung Schneider; 1811 lebte sie nicht mehr in Strones. Vgl. die Dok. im Nö. Landesarchiv, Bez.-Ger.-Archiv Allentsteig 8/13, fol. 63 f. Vgl. als Quelle für den Erbanspruch die nächste Anm.
114 Handschriftl. Eintragungen der Waisenkasse. Nö. Landesarchiv, Bez.-Ger.-Archiv Allentsteig 8/17, fol. 48.
115 fol. 23. Der Name Schicklgruber wurde vom Schreiber dort wie folgt geschrieben: Schikelgrueber.
116 Geschäfts-Prothocoll der hochgräfl. Herrschaft Ottenstein für das Jahr 1793 (ANÖ).
117 Gewährbuch der Herrschaft Waldreichs. Archiv des Bez.-Ger. Allentsteig, fol. 43.
118 Archiv des Bez.-Ger. Allentsteig, fol. 138.

119 Kaufprotokoll der Herrschaft Waldreichs, fol. 720 (A. G. Allentsteig).
120 Jetzinger, S. 20.

2. Kapitel

KINDHEIT UND JUGENDZEIT

1 Persönliche Auskunft des Spitaler Hitler-Cousins Anton Schmidt (Aug. 1969), in dessen Elternhaus Klara und Adolf Hitler häufig weilten.
2 Vgl. dazu auch Hitler, S. 2 und 16 f.
3 Hitler, S. 1.
4 Vgl. ebenda.
5 Kopie des Anmeldungsformulars von Alois Hitler in: HA, 17, 1. Das Original des Formulars dürfte sich unter dem Arlington-Material befunden haben. NA, Mikro-Kopie T – 84, R 4.
6 Vgl. Smith, S. 52.
7 Vgl. das Hauptarchiv-Material: HA, 17, R 1 (Wörnharts).
8 Foto von F. Rammer in: *Der Spiegel* 33/67, S. 8 und Leserbrief von Schulze-Wilde, Harry (Autor von: *Die Reichskanzlei.* Düsseldorf 1960, 4. Aufl.).
9 Vgl. Smith, S. 54.
10 Vgl. ebenda, S. 53 f.
11 Bericht von Rosalia Hoerl, HA, 17, R 1.
12 Vgl. Kubizek, S. 54.
13 Persönliche Mitteilung von Adolf Hitlers Cousin Anton Schmidt, dem seine Cousine Paula Hitler, Alois' Tochter und Adolfs Schwester, über die diesbezüglichen Gewohnheiten ihres Vaters berichtete. Persönliche Mitteilung von Anton Schmidt (August 1969) und persönliche Mitteilung von Msgr. Haudum (August 1969), den Paula Hitler nach 1945 in Leonding aufsuchte.
14 Smith, S. 17.
15 Hitler am 20. 4. 1938. Vgl. Kotze H./Krausnick, H., *Es spricht der Führer,* S. 189.
16 ebenda, S. 142.
17 Vgl. dazu auch Smith, S. 55.
18 Vgl. Maser, *Die Frühgeschichte der NSDAP*, S. 503.
19 Münchner Polizeiakte von 1924, HA, 1760, R 25 A. Vgl. auch HA, 65, R 13 A.
20 Vgl. Hitler, S. 5 ff.
21 Vgl. z. B. ebenda, S. 3 f.
22 Vgl. Hitler, S. 3 f.
23 Vgl. Hitler, S. 4.

24 Persönliche Mitteilung von Msgr. Johann Haudum (August 1969). Vgl. dazu auch den Brief von Hitlers Jugendfreund (1. Klasse der Staats-Realschule in Linz) Fritz Seidl vom 10. 11. 1923 an Adolf Hitler. Bundesarchiv Koblenz, NS 26/14.

25 Persönliche Mitteilung von Msgr. Haudum (August 1969).

26 Vgl. Kubizek, S. 66.

27 Faks. des Briefes bei Jetzinger, S. 33.

28 Zit. nach Jetzinger, S. 68.

29 Vgl. Kubizek, S. 31 und 114 f.

30 *Paris Soir* vom 5. 8. 1939.

31 Persönliche Auskunft eines Mitschülers von Heinz Hitler von der »Napola« Ballenstedt (September 1967).

32 Persönliche Auskunft von seinem Neffen Leo Raubal (März 1967). Vgl. auch die letzte Anm. und Hitler-Abstammung. In: *Der Spiegel*, 31/67, S. 47.

33 Vgl. die nächste Anm.

34 Akten des Bezirksamtes Hernals, 18. 10. 1862, Erben von Mathias Schicklgruber (Brief von Alois Hitler an Alois Veit, 17. 9. 1876). Libr. of Congr. u. Film 17 A, HA.

35 Kopie im Besitz des Autors. Die Eintragung enthält keinerlei Hinweise.

36 Vgl. dazu Smith, S. 60.

37 Vgl. HA, 17, R 1 A.

38 Hitler, S. 4.

39 Kubizek, S. 111. Vgl. zu Kubizek: Maser, *Die Frühgeschichte der NSDAP*, S. 514 f.

40 Kubizek, S. 111.

41 Orr. In: *Revue* Nr. 40 vom 4. Oktober 1952, S. 35.

42 Persönliche Mitteilung des Leondinger Lehrers Alois Harrer und des einstigen Leondinger Pfarrers Msgr. Haudum (August 1969), die Winter persönlich kannten und mit ihm gelegentlich über den jungen Hitler sprachen.

43 Maschinenschrift (Original). Ehemaliges Hauptarchiv der NSDAP, Bundesarchiv Koblenz, NS 26/17 a.

44 Hitler, S. 3.

45 Kopie im Besitz des Autors.

46 Adolfs Cousin Anton Schmidt (dessen Mutter eine Schwester seiner Mutter war) aus Spital kam 1938 nach Leonding, um sich dort vom Pfarrer Haudum trauen zu lassen. Persönliche Auskünfte von Msgr. Haudum und Anton Schmidt (August 1969).

47 So z. B. Alois Hitlers Leondinger Untermieterin Elisabeth Plöckinger. Gästebuch, S. 2.

48 Sein Leondinger Mitschüler Karl Hoffmann trug sich bereits auf der S. 2 ein.

49 ebenda, S. 11. Mayrhofer war Bürgermeister von Leonding und Adolfs gesetzlicher Amtsvormund nach dem Tode Alois Hitlers.

[50] »Geli« Raubal. Persönliche Mitteilung des Mitschülers und derzeitigen Linzer katholischen Pfarrers Hermann Pfeifer (August 1969).
[51] Brief von Fritz Seidl vom 10. 11. 1923 an Adolf Hitler, Maschinenschrift. Bundesarchiv Koblenz, NS 26/14.
[52] Vgl. z. B. Hitler, S. 3.
[53] Eintragung im Leondinger Gästebuch, S. 2.
[54] Vgl. Kubizek, S. 67.
[55] Vgl. Kubizek, S. 67.
[56] Hitler, S. 8.
[57] ebenda.
[58] Hitler, S. 5 f.
[59] ebenda, S. 8.
[60] ebenda, S. 6.
[61] Vgl. Hitler, S. 8.
[62] Vgl. Kubizek, S. 64.
[63] Vgl. Hitler, S. 16.
[64] Vgl. Kubizek, S. 63.
[65] Vgl. Maser, *Die Frühgeschichte der NSDAP*, S. 60.
[66] Vgl. Kubizek, u. a. S. 61.
[67] *Hitler's Table Talk, 1941–1944.* Translated by Norman Cameron and R. h. Stevens (London, Weidenfeld and Nicholson, 1953), S. 188, 191 und 195.
[68] Brief von Prof. Huemer vom 28. 4. 1935. NA. T–84, Rolle 4, 3.
[69] Zit. nach Kubizek, S. 69 f.
[70] Vgl. *Münchner Post* vom 27. 11. 1923 und *Bayerischer Kurier* vom 30. 11. 1923. Hitlers Stellungnahme in *Bayerischer Kurier* vom 5. 12. 1923.
[71] Handschriftlicher Bericht von Professor Gregor Goldbacher vom 29. Januar 1941. Original. Ehemaliges Hauptarchiv der NSDAP, Bundesarchiv Koblenz, NS 26/17 a.
[72] Zeugnis vom 11. 2. 1905. Veröffentlicht im Rahmen des Vorabdrucks von Maser, *Hitlers Mein Kampf*. In: *Der Spiegel* 34/66, S. 46.
[73] Zeugnis vom 16. September 1905, Vgl. Anm. 72.
[74] ebenda.
[75] Picker, S. 191.
[76] Zit. nach dem Heim-Protokoll von 1942.
[77] Zeugnis vom 16. September 1905.
[78] ebenda.
[79] Vgl. die Zensuren von 1905.
[80] Morell-Protokoll (vgl. das Kap. »Der kranke Führer ...«) und persönliche Auskunft (Juni 1971) des Hals-, Nasen- und Ohrenarztes Dr. Erwin Giesing, der Hitler von Juli bis Oktober 1944 behandelte.
[81] Handschriftlicher Bericht seines Schul-Prof. Goldbacher vom 29. 1. 1941.
[82] Vgl. ebenda.
[83] ebenda.

[84] Kubizek, S. 20.
[85] Persönliche Auskünfte der Verwandten Hitlers (1966–1969).
[86] Hitler, S. 16.
[87] Persönliche Mitteilung des Hitler-Cousins Anton Schmidt (August 1969).
[88] Vgl. die letzte Anm. und Untersuchungsbericht der österreichischen Landesamtsdirektion (Pr. II–1110/1) vom 11. 3. 1932.
[89] Vgl. die Anm. 87.
[90] Vgl. die Anm. 87.
[91] Vgl. Kubizek, S. 72.
[92] Vgl. Kubizek, S. 145.
[93] Zit. (mit den Fehlern) nach Kubizek, S. 146 f.
[94] Vgl. dazu auch Hitler, S. 18.
[95] Hitler, S. 20.
[96] ebenda.
[97] Vgl. Anm. 65.
[98] Vgl. Kubizek, S. 75.
[99] Protokoll einer Erklärung von Prewatzky-Wendt im ehemaligen Hauptarchiv der NSDAP, Bundesarchiv Koblenz, NS 26/65.
[100] Vgl. Kubizek, S. 97.
[101] Handschriftlicher Bericht von Dr. Urban vom 16. 11. 1938. Bundesarchiv Koblenz, NS 26/17 a.
[102] Handschriftliche Eintragung. Ebenda, NS 26/65.
[103] Klara Hitlers Äußerung vom Herbst 1907 zu Kubizek. Kubizek, S. 158.
[104] ebenda.

3. Kapitel

KÜNSTLER UND ARCHITEKT

[1] Hitler, S. 18.
[2] Vgl. Greiner, S. 36 ff.
[3] Hitler, S. 18.
[4] Unterlagen über die Prüfungsteilnehmer von 1907 bei der Wiener Akademie der Bildenden Künste in der »Klassifikationsliste der Allgemeinen Malerschule 1905–1911«. Schriftliche Mitteilung des Direktors der Rektoratskanzlei der Akademie der Bildenden Künste (Dr. Alfred Sammer) vom 6. 9. 1969.
[5] ebenda.
[6] Klassifikationsliste von 1907. Mitteilung des Direktors der Rektoratskanzlei vom 6. 9. 1969. Vgl. auch die Unterlagen im Bundesarchiv Koblenz, NS 26/36.

[7] Schriftliche Mitteilung der Wiener Akademie der Bildenden Künste vom 6. 9. 1969.

[8] Schriftliche Mitteilung der Akademie der Bildenden Künste vom 6. 9. 1969.
Schriftliche Mitteilung des Rektoratsdirektors der Wiener Akademie der Bildenden Künste (Dr. Alfred Sammer) vom 24. 2. 1971. Zeichen: 397/70/11.

[9] Hitler, S. 19.

[10] ebenda. Vgl. auch Kubizek, S. 159 f.

[11] Hitler, S. 19.

[12] Ein akademischer Mitarbeiter des ehemaligen Hauptarchivs der NSDAP, unter dem Pseudonym Thomas Orr am 25. 10. 1952 in: *Revue* Nr. 43.

[13] Handschriftlicher Bericht von Dr. Bloch vom 7. November 1938. Original. Ehemaliges Hauptarchiv der NSDAP, Bundesarchiv Koblenz, NS 26/65.

[14] ebenda.

[15] Text der Todesanzeige nach dem Original zitiert. Original im Besitz eines Hitler-Cousins in Spital.

[16] Hitler, S. 16 f.

[17] ebenda, S. 18.

[18] ebenda, S. 20.

[19] Hitler, S. 317.

[20] Kubizek, S. 315. Zur Information über Kubizek vgl. Maser, *Die Frühgeschichte der NSDAP* (Bibliographie), S. 514 f.

[21] Vgl. Hitler, S. 16 f.

[22] Kaufvertrag vom 21. Juni 1905. Unterlagen im Bundesarchiv Koblenz, NS 26/65.

[23] Handschriftlicher Akt des Bezirksgerichts Linz (V) vom 4. April 1903, der die Erbteile für Adolf und Paula Hitler mit je 652 Kronen berechnet.

[24] Vgl. Maser, *Die Frühgeschichte der NSDAP*, S. 65 ff.

[25] Es befindet sich im Besitz der Enkel der Erben von Walburga Hitler, die es dem Autor im August 1969 zur Prüfung zur Verfügung stellten (Kopie des Original-Testaments im Besitz des Autors).

[26] Schriftl. Mitteilung von Dr. Hans Dittrich (27. 1. 1966). 1913/14 k. u. k. Supplent (Assessor) an einer Wiener Realschule.

[27] Vgl. Kirkpatrick, S. 38.

[28] Fotokopie des Briefes im Besitz des Verfassers. Die Fehler wurden vom Verfasser korrigiert.

[29] Fotokopie des Briefes im Besitz des Verfassers. Hitlers Brief ist (bis auf die Interpunktion) fehlerfrei. Hitlers Schreibweise »umso mehr« entspricht der österreichischen Schreibweise. Die Interpunktion wurde vom Verfasser korrigiert. Hitler war entweder so aufgeregt oder so nachlässig, daß er das Datum falsch schrieb. Statt 10. 2. 1908 schrieb er 10. 2. 1909.

30 Hitler, S. 19.

31 Vgl. Anm. 28. Bericht der Briefschreiberin an ihre Mutter.

32 Hitler gesprächsweise zu dem Bühnenbildner Siewert. Persönl. Mitteilung des Gesprächszeugen Heinrich Heim (1970).

33 Von Heinrich Heim am 24. 2. 1942 protokolliert; zit. bei Picker, S. 182.

34 Schriftliche Mitteilung der Wiener Akademie der Bildenden Künste vom 6. 9. 1969.

35 Vgl. Maser, *Die Frühgeschichte der NSDAP*, S. 77.

36 Vgl. ebenda, S. 74 ff.

37 Vgl. Maser, *Die Frühgeschichte der NSDAP*, Tafel 2, S. 65.

38 Handschriftl. Bericht von Karl Honisch. Ehemal. Hauptarchiv der NSDAP, Bundesarchiv Koblenz, NS 26/17 a.

39 Registrierung des größten Teiles der Arbeiten: Bundesarchiv Koblenz, u. a. NS 26/36.

40 Hanisch-Bericht. Handschriftlich (nicht datiert, Original). Ehemaliges Hauptarchiv der NSDAP, Bundesarchiv Koblenz, NS 26/64.

41 Hitler, S. 35.

42 Handschriftlich (nicht datiert, Original). Ehemaliges Hauptarchiv der NSDAP, Bundesarchiv Koblenz, NS 26/64.

43 Handschriftlich (nicht datiert, Original). Ehemaliges Hauptarchiv der NSDAP, Bundesarchiv Koblenz, NS 26/64.

44 Vgl. Maser, *Die Frühgeschichte der NSDAP*, S. 69.

45 Vgl. Maser, *Die Frühgeschichte der NSDAP*, S. 69.

46 Handschriftlich (Mai 1933, Original). Ehemaliges Hauptarchiv der NSDAP, Bundesarchiv Koblenz, NS 26/64. Hanischs Fehler wurden vom Verfasser korrigiert.

47 Vgl. dazu besonders: Maser, *Die Frühgeschichte der NSDAP*, S. 69.

48 Liste (Maschinenschrift) mit Bildtiteln, Besitzern und Preisen, Bundesarchiv Koblenz, NS 26/36.

49 Gedächtnisprotokoll von Hannele Lohmann vom 23. Mai 1938 (Abschrift). Ehemal. Hauptarchiv der NSDAP, Bundesarchiv Koblenz, NS 26/36.

50 ebenda.

51 Schriftliche Mitteilung des Lord of Bath vom 2. 10. 1968.

52 Handschriftlich (nicht datiert, Original). Ehemaliges Hauptarchiv der NSDAP, Bundesarchiv Koblenz, NS 26/64. Hanischs Schreibweise wurde beibehalten.

53 Hanisch-Bericht. Handschriftlich (nicht datiert, Original). Ehemaliges Hauptarchiv der NSDAP, Bundesarchiv Koblenz, NS 26/64.

54 ebenda.

55 Handschriftlich (Mai 1933, Original). Ehemaliges Hauptarchiv der NSDAP, Bundesarchiv Koblenz, NS 26/64. Dok. zit. in Maser, *Die Frühgeschichte der NSDAP*, S. 477. Vgl. dort auch Übersicht 3 (Faksimile).

56 Handschriftlich (11. Mai 1938, Original). Ehemaliges Hauptarchiv der NSDAP, Bundesarchiv Koblenz, NS 26/64.

57 Maschinenschrift auf Kopfbogen, Aktenvermerk vom 17. Februar 1944. Ehemaliges Hauptarchiv der NSDAP, Bundesarchiv Koblenz, NS 26/64.

58 Handschriftlich (11. Mai 1938, Original). Ehemaliges Hauptarchiv der NSDAP, Bundesarchiv Koblenz, NS 26/64.

59 Bullock, S. 28 ff.

60 Hitler, S. 20.

61 ebenda, S. 21.

62 Picker, S. 323 f.

63 ebenda, S. 212 und 323.

64 Vgl. u. a. Hitler, S. 20.

65 ebenda, u. a. S. 20 und 22 f.

66 Vgl. Maser, *Die Frühgeschichte der NSDAP*, S. 72 ff.

67 Picker, S. 223.

68 Picker, S. 299.

69 ebenda, S. 195.

70 Vgl. S. 47 ff.

71 Vgl. S. 48.

72 Vgl. Picker, S. 297 ff.

73 Vgl. ebenda, S. 304.

74 Vgl. S. 16.

75 Persönliche Auskunft von Josef und Elisabeth Popp (1966 und 1967).

76 Persönliche Auskunft von Josef und Elisabeth Popp (1966 und 1967).

77 Vgl. Maser, *Die Frühgeschichte der NSDAP*, S. 315 f.

78 Hitler, S. 139.

79 Zit. nach dem Original-Protokoll. Ehemaliges Hauptarchiv der NSDAP, Bundesarchiv Koblenz, NS 26/36.

80 ebenda.

81 ebenda.

82 Nasse in: *Die Neue Literatur*, 1936, S. 736 f. Zit. nach Wulf, *Die Bildenden Künste im Dritten Reich*, S. 241 f.

83 ebenda.

84 Jetzinger, S. 156.

85 Leymarie, Jean, *Impressionismus*, Bd. I, Genf 1955, S. 59.

86 Persönliche Mitteilung von Heinrich Heim (6. 7. 1968). Vgl. dazu auch die von Picker nach den Aufzeichnungen von Heim zitierte Hitler-Äußerung vom 24. 2. 1942. Picker, S. 182.

87 Dok.: Bundesarchiv Koblenz, NS 26/36.

88 Zit. aus dem (1970 in Paris veröffentlichten) Manuskript von Arno Breker (1968).

89 ebenda.

90 Vgl. Vincent Scully jr., *Moderne Architektur. Die Architektur der Demokratie*. New York 1961. Deutsche Fassung: Ravensburg 1964, S. 23.

91 Hitler zu Speer. Persönliche Mitteilung von Speer (1966). Vgl. auch Picker, S. 323.

92 Speer im *Spiegel*-Interview: *Der Spiegel* 46/66, S. 50. In gleicher Weise äußerte Speer sich im Gespräch mit dem Autor im Dezember 1966.
93 Zit. im VB vom 24. 11. 1938. Vgl. auch Wulf, *Die Bildenden Künste im Dritten Reich*, S. 220 f.
94 Hitler am 10. 5. 1942, Picker, S. 323.
95 *Berliner Lokal-Anzeiger* vom 2. 9. 1933, Morgenausgabe.
96 Persönliche Auskunft von Albert Speer (Dezember 1966).
97 *Mitteilungsblatt der Reichskammer der bildenden Künste* vom 1. 8. 1939. Vgl. auch Wulf: *Die Bildenden Künste im Dritten Reich*, S. 174.
98 ebenda.
99 Vgl. Zoller, S. 50.
100 Vgl. ebenda, S. 51.
101 ebenda.
102 Vgl. ebenda.
103 Persönliche Auskunft von Heinrich Heim (1969) und Dr. Paul Schmidt-Carell (1969/70). Vgl. auch Speer, S. 57.
104 Persönliche Auskunft von Heinrich Heim (1970), der sich um die Bilder kümmerte.
105 Vgl. Picker, S. 212.
106 Speer im *Spiegel*-Interview: *Der Spiegel* 46/66, S. 50. Entsprechend äußerte Speer sich im Rahmen eines Gespräches mit dem Autor (Dez. 1966).
107 Vgl. Hitlers Äußerung vom 1. 4. 1942; zit. bei Picker, S. 237. Frau Troost, die Hitlers Kunstvorstellungen besonders von ihrem Mann kannte, soll Rosenberg gegenüber geäußert haben: »... er sei in der Malerei im Jahre 1890 stehengeblieben.« Rosenberg, *Letzte Aufzeichnungen*, S. 335.
108 Hitler, S. 282.
109 ebenda.
110 Picker, S. 212. An dieser Stelle wurde die protokollierte Hitler-Äußerung in die Form der direkten Rede umgesetzt.
111 Kubizek, S. 222 f.
112 Vgl. Hitler, S. 226.
113 Schriftliche Auskunft von Ernst Schmidt vom 16. 8. 1964.
114 Hans Mend in einem handschriftlichen Bericht an den Lagerleiter des Lagers III (vermutlich Dachau). Ehemaliges Hauptarchiv der NSDAP, Bundesarchiv Koblenz, NS 26/84.
115 Persönliche Mitteilung von Ferdinand Staeger (August 1969).
116 Vgl. Anm. 115. Radierung ohne Aufl., 1 Ex. im Besitz des Autors.
117 Persönliche Auskunft von Heinrich Heim (Februar 1971). Mitgliedsverzeichnis im Bundesarchiv Koblenz, NS 26/230. Daß Hitler die bei der Aufnahme in die Deutsche Arbeiterpartei eingetragene Berufsbezeichnung »Maler« (wovon Heim zu der Zeit nichts wußte) später in »Schriftsteller« ändern ließ, erfuhr Heim erst sehr viel später.
118 Persönliche Mitteilung von Albert Speer (Nov. 1966).

Hitler bei seiner Rede nach dem Attentat vom 20. Juli 1944 über alle deutschen Sender.

Adolf Hitler am 19. März 1945 im Garten der Reichskanzlei bei der Auszeichnung von Hitler-Jugend.

Eine der letzten Aufnahmen Adolf Hitlers vom 20. März 1945.

119 Von Heinrich Heim protokolliert, Picker, S. 167 f.
120 Hitler, S. 291.
121 Zoller, S. 55.
122 Vgl. ebenda, S. 57 f. und S. 146.
123 Vgl. ebenda, S. 57.
124 *Der Spiegel*, Nr. 36/69, S. 70 und persönliche Mitteilung von Albert Speer (Nov. 1966).
125 ebenda.
126 Vgl. W. Schweisheimer, in: *DBZ* (Deutsche Bauzeitschrift), *Fachblatt für Architektur*, Gütersloh, H. 5/69, S. 966.
127 Das gesamte Stadiongebäude hat einen Durchmesser von 270 m (ebenda).
128 ebenda.
129 Persönliche Auskunft von Albert Speer (Nov. 1966).
130 *Der Spiegel*, 46/66, S. 50. Speer machte im Gespräch mit dem Autor (Nov. 1966) einen sehr unsicheren, eingeschüchterten und bemitleidenswerten Eindruck.
131 Zoller, S. 55.
132 ebenda, S. 56.
133 So erklärte Speer z. B.: »Ich sah eine Möglichkeit, in der Kunstgeschichte eine Rolle zu spielen« (*Der Spiegel*, 46/66, S. 48).
134 ebenda.
135 Vgl. ebenda, Nr. 38/69, S. 68.
136 ebenda, S. 78.
137 Mann, Thomas, *Gesammelte Werke* in zwölf Bänden. Frankfurt/M. 1960; dort Bd. XII *(Bruder Hitler)*.

4. Kapitel

SOLDAT FÜR DAS REICH

1 Hitler, S. 138.
2 Persönliche Auskunft von Josef und Elisabeth Popp (1966/67). Foto des Hauses mit Schild im Besitz des Autors.
3 Hitler in seinem Brief vom 29. Nov. 1921. Vgl. die Anm. 10 im 1. Kapt.
4 Persönliche Auskunft von Josef Popp (1966).
5 Persönliche Auskunft von Josef Popp (1966).
6 Vgl. Hitler, S. 179. Vgl. auch den Brief an Hepp von 1915, hier S. 128 ff.
7 Persönliche Auskunft von Josef und Elisabeth Popp (1966/67).
8 Hitler, S. 138.
9 Vgl. auch S. 92.
10 Hitler, S. 138.

11 Vgl. Maser, *Die Frühgeschichte der NSDAP*, S. 115 f.

12 ebenda. Hitler hat sich stets bemüht, seine guten finanziellen Verhältnisse zu verheimlichen. So befand sich beispielsweise im Nachlaß seiner Wirtin Anny Winter eine Mitteilung des Bezirksgerichts vom 16. 5. 1913, in der Hitler die »Ausfolgung des in der gemeinschaftlichen Waisenkasse erliegenden Vermögens« angekündigt wurde: 819 Kronen und 98 Heller. Diese Mitteilung wurde unter der Nr. 1637 am 2. 4. 1971 zusammen mit zahlreichen anderen Hitler-Hinterlassenschaften als »Nachlaß Winter« versteigert.

13 Hitler, S. 138.

14 Persönliche Auskunft von Josef und Elisabeth Popp (1966/67).

15 Persönliche Auskunft von Josef Popp (1966/67).

16 Persönliche Auskunft von Josef und Elisabeth Popp (1966/67).

17 Vgl. die letzte Anm.

18 Kokoschka im Rahmen eines Interviews im Zweiten Deutschen Fernsehen (ZDF) am 7. 3. 1971, 13.40 Uhr.

19 Persönliche Auskünfte einstiger Nachbarn von Josef Popp und Auswertung von Fotos, die Josef Popp darstellen (Fotos im Besitz von Familie Popp).

20 Vgl. Hitler, S. 35.

21 Persönliche Auskünfte u. a. der Verwandten Hitlers aus Spital und Linz (1969/70), von Josef und Elisabeth Popp (1966/67) und schriftliche Angaben von Prewatzky-Wendt (Protokoll einer Erklärung von Prewatzky-Wendt im ehemaligen Hauptarchiv der NSDAP, Bundesarchiv Koblenz, NS 26/65) und Karl Honisch (Handschriftliches Original. Ehemaliges Hauptarchiv der NSDAP, Bundesarchiv Koblenz, NS 26/17 a). Außerdem: Briefwechsel zwischen Hitler und Spielgefährten aus der Zeit vor 1907. Ein Teil: Bundesarchiv Koblenz, NS 26/14.

22 Vgl. Lange-Eichbaum, S. 575.

23 Persönliche Auskünfte der Verwandten Hitlers aus Spital, Mistelbach bei Groß-Schönau, Weitra und Weiten bei Melk in Niederösterreich (1969–1971).

24 Persönliche Auskunft von Josef und Elisabeth Popp (1966/67).

25 Kopien der Briefe im Besitz des Autors.

26 Hitler, S. 179.

27 Vgl. Maser, *Die Frühgeschichte der NSDAP*, S. 121.

28 Vgl. ebenda.

29 Schreiben Nr. 248 des k. u. k. öster.-ung. Konsulats vom 23. 1. 1914.

30 Jetzinger, S. 260.

31 Vgl. Maser, *Die Frühgeschichte der NSDAP*, S. 122.

32 Abschrift der »Amtsbestätigung« im Bundesarchiv Koblenz, NS 26/17 a.

33 Handschriftlicher Bericht von Hitlers Schul-Professor Gregor Goldbacher vom 29. Januar 1941. Original. Ehemaliges Hauptarchiv der NSDAP, Bundesarchiv Koblenz, NS 26/17 a.

34 Vgl. Hitler, S. 179.

[35] Vgl. dazu u. a.: *Die Große Politik der Europäischen Kabinette.* Bd. III, Nr. 466, Nr. 485, Nr. 509, Nr. 532 und Nr. 571.
[36] Vgl. Hitler, S. 139.
[37] ebenda, S. 140.
[38] ebenda.
[39] ebenda.
[40] ebenda.
[41] ebenda, S. 141.
[42] ebenda.
[43] ebenda.
[44] ebenda, S. 140.
[45] ebenda, S. 143.
[46] ebenda, S. 139.
[47] ebenda, S. 171.
[48] Persönliche Auskünfte von Josef und Elisabeth Popp (1966/67).
[49] Vgl. Hitlers Brief an Hepp, hier, S. 128 ff.
[50] Hitler, S. 173 f.
[51] Hitler, S. 177.
[52] Zit. aus dem Original-Brief (im Besitz der Familie Popp).
[53] ebenda.
[54] Brief (ohne Datum) im Besitz der Familie Popp.
[55] Vgl.: *Vier Jahre Westfront. Die Geschichte des Regiments List R. I. R. 16.* München 1932, S. 381.
[56] Persönliche und schriftliche Mitteilung ehemaliger Inhaftierter (nach dem 20. Juli 1944) und deutscher Diplomaten, die namentlich nicht genannt zu werden wünschen.
[57] Schriftliche Mitteilung von Prof. Dr. Schmid-Noerr vom 1. 4. 1967, der häufig mit Mend zusammentraf.
[58] Schriftliche Mitteilung von Schmid-Noerr vom 1. 4. 1967.
[59] Mend, S. 9.
[60] ebenda, S. 17.
[61] Vgl. Kriegsstammrolle 3./Res.-Inf.-Regt. 16, Blatt 50, lfd. Nr. 718 (später durch die lfd. Nr. 1062 ersetzt). Bundesarchiv Koblenz, NS 26/12.
[62] Maschinentext, Abschrift, Bundesarchiv Koblenz, NS 26/17 a.
[63] Maschinentext, Abschrift, Bundesarchiv Koblenz, NS 26/17 a.
[64] Maschinentext, Abschrift, Bundesarchiv Koblenz, NS 26/17 a.
[65] Maschinentext, Abschrift, Bundesarchiv Koblenz, NS 26/17 a.
[66] Maschinentext, Abschrift, Bundesarchiv Koblenz, NS 26/17 a.
[67] Persönliche Mitteilung von Ernst Niekisch, dem Gutmann die Geschichte der Verleihung des EK I an Hitler berichtete (1951). Max Amann bestätigte (1953) diese Feststellung. Der Regimentsadjutant Fritz Wiedemann antwortete am 7. 9. 1948 im Rahmen eines Verhörs durch Robert M. W. Kempner im Zusammenhang mit Hitlers EK I: »Hat er mit Recht bekommen. Ich selbst habe noch die erste Eingabe gemacht« (Kempner, *Das Dritte Reich im Kreuzverhör*, S. 74).

68 Vgl. Meyer, S. 96.
69 Fragment Nr. 20, Repro im Bundesarchiv Koblenz. Vgl. auch Schramm, *Hitler als militärischer Führer*, S. 61.
70 Fragment Nr. 30, Repro im Bundesarchiv Koblenz. Vgl. auch Schramm, *Hitler als militärischer Führer*, S. 61 f.
71 Zit. nach Schramm, *Hitler als militärischer Führer*, S. 62.
72 Hitler, S. 139. »Mit dem Jahre 1915 hatte die feindliche Propaganda bei uns eingesetzt«, differenziert Hitler (S. 205) zeitlich, »seit 1916 wurde sie immer intensiver, um ... zu Beginn des Jahres 1918 zu einer förmlichen Flut anzuschwellen. Nun ließen sich auch schon auf Schritt und Tritt die Wirkungen dieses Seelenfanges erkennen. Die Armee lernte allmählich denken, wie der Feind es wollte.«
73 Hitler, S. 195.
74 ebenda, S. 205.
75 ebenda, S. 196.
76 Vgl. dazu die ausführliche Analyse in Maser, *Hitlers Mein Kampf*, S. 210 ff.
77 Schramm, *Hitler als militärischer Führer*, S. 60 f.
78 Vgl. Meyer, S. 22.
79 Zit. bei Warlimont, S. 535.
80 Zit. bei Schramm, *Hitler als militärischer Führer*, S. 115.
81 Hitler, S. 215.
82 Beglaubigte Abschrift des Hitler-Briefes, Bundesarchiv Koblenz, NS 26/17 a. In *Mein Kampf*, S. 220 f., schildert Hitler die Verwundung ausführlicher.
83 Vgl. S. 136.
84 Vgl. S. 136.
85 Hitler, S. 221.
86 ebenda.
87 ebenda.
88 ebenda, S. 225.
89 *Der Hitler-Prozeß*, S. 18. Vgl. auch Hitler, S. 221 ff.
90 Abschrift. Maschinenschrift vom 26. August 1941. Ehemaliges Hauptarchiv der NSDAP, Bundesarchiv Koblenz, NS 26/17 a.
91 Persönliche Mitteilung von General Vincenz Müller, dem von Bredow berichtete, im Auftrage Schleichers Nachforschungen angestellt zu haben.
92 Morell-Protokoll.
93 Hitler, S. 223.
94 Hitler, S. 225.
95 ebenda, S. 226.
96 Schriftliche Mitteilung von Ernst Schmidt (August 1964).
97 Hitler, S. 226.
98 Vgl. Fechenbach, Felix, *Der Revolutionär Kurt Eisner*, Berlin 1929, S. 53.
99 Vgl. Niekisch, *Gewagtes Leben*, S. 49 und Speckner, S. 3. Eisner, der

das Reichstagsmandat des sozialdemokratischen Reichstagsabgeordneten Georg von Vollmar übernehmen sollte (Vollmar trat wegen seines Alters zurück. Vgl. Sendtner, S. 373), war nach seiner Entlassung aus der Haft erstmalig wieder am 5. Oktober 1918 mit einer Rede an die Öffentlichkeit getreten (vgl. *Escherich-Hefte*, H. 1, S. 11).

100 *Münchener Neueste Nachrichten* vom 14. November 1918 und *Bayerische Staatszeitung* vom 15. November 1918. Vgl. auch Aretin, Erwein von, »Die bayerische Königsfrage«. In: *Süddeutsche Monatshefte*, Jg. 30, Januar 1933, S. 233.

101 ebenda.

102 Schriftliche Mitteilung von Ernst Schmidt (1964).

103 Schricker, S. 21.

104 Hitler, S. 226.

105 Schriftliche Mitteilung von Ernst Schmidt (August 1964).

106 Schriftliche Mitteilung von Ernst Schmidt (1965).

107 Hitler, S. 225.

108 ebenda.

109 Schriftliche Mitteilung von Ernst Schmidt (1964).

110 Hitler, S. 225. In den Ausgaben des ersten Bandes von *Mein Kampf* von 1925 und 1928 identifizierte der »Sozialist« Hitler allgemein noch Sozialisten und Juden. Erst die Ausgabe von 1930 unterschied Sozialisten und Marxisten. Vgl. Maser, *Hitlers Mein Kampf*, S. 62.

111 Hitler behauptete in *Mein Kampf* (S. 212), daß 1916/17 »fast die gesamte Produktion unter Kontrolle des Finanz-Judentums« gestanden habe.

112 Flugblatt des Deutschvölkischen Bundes: Von der Hohenzollern- zur Judenherrschaft, Dezember 1918. Zit. nach Jochmann, S. 6.

113 ebenda.

114 ebenda.

115 Hitler (S. 182) über sein Verhalten während des Krieges.

116 Hitler, S. 182.

117 Schriftliche Mitteilung von Ernst Schmidt (1965).

118 Kriegsstammrolle 4./I. E./2. Inf.-Regt. Lfd. Nr. 204. Bundesarchiv Koblenz, NS 26/12.

119 Schriftliche Mitteilung von Ernst Schmidt (August 1964).

120 Schriftliche Mitteilung von Ernst Schmidt (August 1964).

121 Vgl. Benoist-Méchin, Jacques, *L'histoire de l'armée allemande*. 2 Bde., Paris 1936/38. Bd. 1, S. 176.

122 Persönliche Mitteilung ehemaliger Mitarbeiter des Hauptarchivs der NSDAP, Oktober 1953 und Herbst 1969. Vgl. dazu auch Hitlers Notizen zu Reden über den Versailler Vertrag. Bundesarchiv Koblenz, NS 26/49.

123 Zit. nach Speckner, Herbert, *Ordnungszelle Bayern. Studien zur Politik des bayerischen Bürgertums, insbesondere der Bayerischen Volkspartei, von der Revolution bis zum Ende des Kabinetts Dr. von Kahr.* Diss. Erlangen 1955, S. 33.

124 ebenda. Im Arco-Prozeß sagte der Staatsanwalt Hahn u. a.: »... wäre unsere Jugend insgesamt von solch glühender Vaterlandsliebe beseelt, wir hätten Hoffnung, mit froher Zuversicht der Zukunft unseres Vaterlandes entgegenzusehen.« Vgl. *Allgemeine Zeitung*, München, 25. 1. 1920.

125 Vgl. *Weltwoche*, 1944, Nr. 574, S. 12.

126 Vgl. Schricker, S. 28 und *Münchner Merkur* vom 22. Februar 1954.

127 Hitler, S. 226.

128 Eintragung in der Kriegsstammrolle 3./Res.-Inf.-Regt. 16, Blatt 50, lfd. Nr. 718 (durchgestrichen und durch Nr. 1062 ersetzt). Bundesarchiv Koblenz, NS 26/12. Die Eintragung in der Kriegsstammrolle der 7. Komp. I. Ers.-Batl. 2. bayr. Inf.-Regt., Bd. XXII, daß Hitler am 10. 5. 1919 zur 7. Komp. versetzt worden sei (Bundesarchiv Koblenz NS 26/12), bezieht sich nicht auf den Tag der Rückkehr Hitlers zur Kompanie.

129 Schriftliche Mitteilung von Ernst Schmidt (1964).

130 Hitler, S. 226.

131 Schriftliche Mitteilung von Ernst Schmidt (1965).

132 Abgedruckt in: *Appelle einer Revolution*, München 1968, Anlage 35.

133 Vgl. ebenda, Anlage 67, Plakat.

134 *Verhandlungen des Bayerischen Landtages*, 1919/20, Bd. 1, S. 13 f.

135 Vgl. Hitler, u. a. S. 85, 347, 262, 95, 80, 81, 91, 83, 659, 57.

136 Zit. nach Fischer, Ruth, *Stalin und der deutsche Kommunismus*, 2. Aufl., Frankfurt/M. 1948, S. 126.

137 Vgl. Volkmann, S. 223.

138 Vgl. Maser, *Die Frühgeschichte der NSDAP*, S. 33 und Oertzen, S. 320. Nach Feststellungen in *Escherich-Hefte*, H. 3, S. 18, Oertzen, S. 328. Kanzler, S. 4, Noske, S. 315 und *Verhandlungen des Bayerischen Landtages*, Bd. 1, S. 161, sind in Erlangen Werber auch tatsächlich verhaftet worden.

139 Vgl. Maser, *Die Frühgeschichte der NSDAP*, S. 33.

140 Vgl. ebenda und Noske, S. 97.

141 *Historisch-politische Blätter für das Katholische Deutschland*, Bd. 163 (1919), S. 105.

142 ebenda.

143 Vgl. dazu Kanzler, S. 6.

144 Persönliche Auskunft von Ernst Niekisch (1964).

145 Vgl. Oertzen, S. 336 f., *Escherich-Hefte*, H. 4, S. 19 f. und Schricker, S. 83 f.

146 Vgl. Hofmiller, S. 205. Vgl. Schricker, S. 102 f. und *Escherich-Hefte*, H. 5, S. 12 f.

147 Galéra, Bd. 1, S. 128.

148 Vgl. dazu Maser, *Die Frühgeschichte der NSDAP*, S. 33 und Noske, S. 97.

149 ebenda.

150 Vgl. Oertzen, S. 327.

151 Vgl. Speckner, S. 43.

152 Vgl. Schweyer, Franz, Rudolf Kanzler, »Bayerns Kampf gegen den Bolschewismus«. Rezension in: *Zeitschrift für bayerische Landesgeschichte*, München, Jg. 1932, H. 3, S. 488.

153 Zitat aus dem Aufruf. Fotokopie in der UB Erlangen.

154 Text des von Ernst Toller unterzeichneten Aufrufs.

155 Vgl. Kanzler, S. 16.

156 ebenda, S. 10.

157 ebenda, S. 13.

158 Vgl. Speckner, S. 44.

159 Vgl. Speckner, Karl, *Die Wächter der Kirche. Ein Buch vom deutschen Episkopat.* München 1934, S. 23.

160 Maser, *Die Frühgeschichte der NSDAP*, S. 38.

161 Vgl. auch Maser, *Die Frühgeschichte der NSDAP*, S. 146 ff.

162 Vgl. Krokow, S. 192.

163 Vgl. Maser, *Die Frühgeschichte der NSDAP*, S. 40.

164 Vgl. *Münchener Neueste Nachrichten* vom 7. Mai 1919, vom 5. November 1921, *Bayerische Staatszeitung* vom 8. und 9. Mai 1919, vom 13. September 1919 und vom 7. November 1921. Vgl. ferner Oertzen, S. 352, Bonn, S. 217 und Pitrof, S. 102 f. Nach Angaben des Generalkommandos Oven vom 16. Mai 1919 sind 433 Tote und Verwundete bei den Rätetruppen gezählt und 350 Deutsche und 153 Russen festgenommen worden (*Bayerische Staatszeitung* vom 16. Mai 1919). Otto Graf von der Vereinigten Kommunistischen Partei Deutschlands erklärte am 30. September 1921 im bayerischen Landtag (Verhandlungen ... 1921/22, IV. Band, S. 66 und 98), daß außer den Rotgardisten, die während der Kämpfe gefallen seien, den 53 Russen in Gräfelfing und den 12 Sanitätssoldaten in Starnberg 186 Menschen ohne Rechtsverfahren von den Truppen umgebracht worden seien. Vgl. auch Gumbel: *Verräter verfallen der Feme*, S. 36.

165 Vgl. dazu Noske, S. 97 und Gumbel, S. 86 ff.

166 Vgl. die letzte Anm.

167 Vgl. Anm. 2.

168 Vgl. ebenda.

169 Vgl. Gumbel, S. 36.

170 Dok. beim Ersten Staatsanwalt beim Landgericht München II, VI 608/19.

171 Bericht von Thor Goote in: *Aus der Geschichte der Bewegung.* Deutsche Arbeitsfront, November 1934.

172 ebenda. Hitler hat diese Episode in *Mein Kampf* nicht erwähnt. Sie ist jedoch bezeugt. Schriftliche Auskunft von Ernst Schmidt vom 16. 8. 1964 und persönliche Auskünfte von Hermann Esser und Max Amann (1953).

173 Hitler-Brief vom 29. 11. 1921. Abschrift. Bundesarchiv Koblenz, NS 26/17 a.

174 Vgl. Hitler, S. 226.

175 Schriftliche Mitteilung von Ernst Niekisch (1964). Dazu persönliche Mitteilungen (1965).

176 Schriftliche Mitteilung von Ernst Schmidt (August 1964). Alle anders lautenden Darstellungen decken sich nicht mit den Tatsachen. Vgl. z. B. Bouhler, *Kampf um Deutschland*, S. 32 und Hasselbach, S. 23. Hitler selbst übergeht diese Details, vgl. Hitler, S. 226 f.

177 Schriftliche Mitteilung von Ernst Schmidt (August 1964).

178 Persönliche Auskunft von Ernst Deuerlein (12. Mai 1965).

179 Hitler, S. 227.

180 Schriftliche Mitteilung von Ernst Schmidt (August 1964).

181 Vgl. Hitler, S. 227.

182 Koerber, Victor von, *Hitler, sein Leben und seine Reden*, München 1923. Diese Schrift wurde unmittelbar nach dem Erscheinen beschlagnahmt. Koerber sagte sich 1927 von Hitler los und griff ihn öffentlich an, u. a. in der *Vossischen Zeitung* vom 6. Mai 1927.

183 Schriftliche Mitteilung von Ernst Schmidt (August 1964).

184 Hitler, S. 227.

185 Vgl. Maser, *Die Frühgeschichte der NSDAP*, S. 133.

186 ebenda, S. 134.

187 Hitler, S. 227.

188 Vgl. Maser, *Die Frühgeschichte der NSDAP*, S. 185 ff.

189 Nach Aufzeichnungen im Hauptstaatsarchiv München, Abt. II (ehemaliges Bayerisches Kriegsarchiv), Gruppen-Kdo. 4, Bd. 50/6 (gedruckt). Die Akten des Hauptstaatsarchivs werden fortan wie folgt zitiert: HStA. Mü., Abt. II, Gruppen-Kdo. 4 (folgt Bd., Ziffer und der Hinweis, ob das Dokument gedruckt oder handschriftlich vorliegt).

190 Hitler, S. 229.

191 Hitler, S. 227.

192 ebenda.

193 ebenda.

194 ebenda.

195 ebenda, S. 229.

196 Picker, S. 415.

197 Zit. nach Deuerlein, *Der Aufstieg der NSDAP*, S. 85.

198 Hitler, S. 235.

199 Hitler, S. 235.

200 Beglaubigte Abschrift vom 26. 8. 1941 im Bundesarchiv Koblenz, NS 26/17 a.

201 HStA. Mü., Abt. II, Gruppen-Kdo. 4, Bd. 50/3; unter dem Vermerk der Weiterleitung an das Bayr. 2. Inf.-Regt. steht der Satz: »G. R. Beschl. zum Dem.-Btl. (Kdtr.-Kp.) zur Verständigung des Hitler.« Daneben steht »Verständigt« und eine unleserliche Paraphe.

202 ebenda.

203 HStA. Mü., Abt. II, Gruppen-Kdo. 4, Bd. 50/8.

204 Bericht von Hans Knoden vom 24. 8. 1919. HStA. Mü., Abt. II, Gruppen-Kdo. 4, Bd. 50/3 (handschriftlich).

205 Bericht von Ewald Bolle vom 24. 8. 1919, ebenda.
206 Bericht von Lorenz Frank vom 23. 8. 1919, ebenda.
207 Bericht von Oberleutnant Bendt, ebenda.
208 HStA. Mü., Abt. II, Gruppen-Kdo. 4, Bd. 50/8.
209 Bericht von Karl Eicher vom 24. 8. 1919. HStA. Mü., Abt. II, Gruppen-Kdo. 4, Bd. 50/3 (handschriftlich).
210 Bericht von Lorenz Frank vom 23. 8. 1919, ebenda.
211 Zit. der Rede nach Picker, S. 493 f.
212 Zit. nach Picker, S. 493 f.
213 Sebottendorff, S. 60. Vgl. ebenda, S. 57 ff.
214 Sebottendorff, S. 92.
215 Persönliche Auskunft eines maßgeblichen Mitarbeiters von Sebottendorff (4. 3. 1968).
216 Zit. nach: *Facsimile – Querschnitt durch den Völkischen Beobachter*, S. 5.
217 Sebottendorff, S. 62.
218 Franz-Willing, Georg, *Die Hitler-Bewegung. Der Ursprung 1919–1922*. Hamburg und Berlin 1962, S. 30.
219 Vgl. Maser, *Die Frühgeschichte der NSDAP*, u. a. S. 168.
220 Hitler, S. 236.
221 Aufschlüsselung nach einer Teilnehmerliste aus dem Nachlaß von Karl Harrer.
222 Hitler, S. 238.
223 Vgl. dazu: Maser, *Die Frühgeschichte der NSDAP*, S. 160 ff.
224 Hitler, S. 239 f.
225 ebenda, S. 244. Hitlers Behauptung, die Mitgliedsnummer 7 bekommen zu haben, die sich nicht mit den Tatsachen deckt, hat später einen erheblichen Beitrag zur Bildung des Hitler-Kultes geliefert. Hitler war zwar das 7. Mitglied des Arbeitsausschusses der DAP, hatte als 55. Mitglied der Partei jedoch die Mitgliedsnummer 555, da die Mitgliedsnummern erst mit der Nr. 501 begannen. Vgl. Maser, *Die Frühgeschichte der NSDAP*, S. 167 und dort Übersicht 5.
226 Zur Entwicklung der DAP, ihrer Mitgliederstruktur usw., vgl. Maser, *Die Frühgeschichte der NSDAP*, S. 141 ff.
227 So schrieb Hauptmann Mayr am 10. September 1919 z. B. an Hitler: »Ihre Ausführungen über die Ansiedlungsfrage habe ich erhalten; das Gruppenkommando behält sich vor ... diesen dienstlichen Bericht ... in geeigneter Weise in die Presse zu lancieren.« Vgl. Maser, *Die Frühgeschichte der NSDAP*, S. 155 und HStA. Mü., Abt. II, Gruppen-Kdo. 4, Bd. 50/8.
228 HStA. Mü., Abt. II, Gruppen-Kdo. 4, Bd. 50/8.

5. Kapitel

DIE GEISTIGE WELT

1 Frank, S. 46.
2 Hitler, S. 137.
3 Vgl. Kubizek, S. 301.
4 *Der Hitler-Prozeß, Auszüge aus den Verhandlungsberichten.* München 1924, S. 18.
5 Hitler, S. 282.
6 Zit. bei Bullock, S. 32.
7 Gisevius, S. 28 f.
8 Freund, S. 11.
9 Zit. bei Picker, S. 70.
10 ebenda.
11 ebenda.
12 ebenda, S. 70 f.
13 Hitler, S. 4.
14 ebenda, S. 56.
15 ebenda, S. 54 ff., besonders S. 59.
16 Vgl. Maser, *Die Frühgeschichte der NSDAP*, S. 85.
17 ebenda, S. 101 ff.
18 Vgl. Kubizek, S. 226 f. und S. 37.
19 ebenda, S. 226.
20 ebenda, S. 37.
21 ebenda.
22 Greiner, S. 83.
23 Dietrich, Otto, *Zwölf Jahre mit Hitler,* München 1955, S. 164. Vgl. auch: *Libres propos sur la guerre et la paix.* Paris 1952, S. 306.
24 Persönliche Auskunft eines Mitschülers von Heinz Hitler, der im Kriege an der Ostfront vermißt wurde und aus dem Krieg nicht zurückgekehrt ist.
25 Ziegler, S. 116.
26 Frank, S. 46.
27 ebenda.
28 Vgl. Maser, *Hitlers Mein Kampf*, S. 163 ff., S. 179 ff. und bes. 187 f. Vgl. auch die von Heim überlieferten Äußerungen Hitlers vom 27. 1. 1942 in der »Wolfsschanze«, zit. bei Picker, S. 169 f.
29 Vgl. Friedländer, S. 24 f.
30 Vgl. ebenda, S. 215.
31 Hitler am 29. 11. 1921 an einen Adressaten, den er nicht mit Namen, sondern mit »Lieber Herr Doktor« anredet. Ehemaliges Hauptarchiv der NSDAP, Bundesarchiv Koblenz, NS 26/17 a (Abschrift, Maschinentext). Dok. zit. bei Maser, *Die Frühgeschichte der NSDAP*, S. 487 ff.
32 Persönliche Mitteilung des Hitler-Neffen Leo Raubal (1967).

33 Vgl. Kubizek, S. 240.
34 Vgl. ebenda, S. 240 ff.
35 Giesing-Bericht (vom 11. 11. 1945), S. 29 (Original) und persönliche Mitteilung von Dr. Giesing (Juni 1971).
36 Vgl. Hitler, S. 36 ff.
37 Vgl. Schramm, zit. bei Picker, S. 69.
38 Zit. nach dem Morell-Protokoll.
39 IMT, Bd. XV, S. 333. Vgl. auch die Übersicht, hier S. 194 ff.
40 Vgl. z. B. Schramm im »Vorwort« zu Picker, dort S. 82.
41 Sandvoss, Fahne 13.
42 Persönliche Auskunft (1966).
43 Vgl. dazu auch Hitler, S. 253 und 335 und Picker, S. 32, 89, 149 und 192.
44 Vgl. z. B. Picker, S. 192.
45 Frank, S. 46.
46 Vorrede in der Aufl. von 1818. Vollständig zit. im 1. Bd. der 3. Aufl. von 1859. Das Zitat befindet sich dort S. V.
47 Schopenhauer (vgl. Anm. 2), S. 165 ff.
48 ebenda, S. 393 ff.
49 ebenda, S. 406 ff.
50 Bei Schopenhauer heißt es z. B. S. 409: »... der eigentliche Zweck der Malerei, wie der Kunst überhaupt, ist, uns die Auffassung der (Platonschen) Ideen der Wesen dieser Welt zu erleichtern.«
51 Heim-Protokoll, zit. bei Picker, S. 155.
52 ebenda, S. 153.
53 ebenda, S. 190.
54 Warlimont, S. 401.
55 Vgl. Picker, S. 348.
56 Vgl. Maser, *Hitlers Mein Kampf*, S. 71 f.
57 ebenda.
58 Vgl. Minder, Robert, *Dichter in der Gesellschaft*, Frankfurt/Main 1966, S. 219.
59 Zit. aus einem unveröffentlichten Manuskript von Dr. Wolfram von Hentig.
60 Vgl. Maser, *Die Frühgeschichte der NSDAP* (Personenregister: Heß), S. 512.
61 Vgl. ebenda, Personenregister.
62 Vgl. ebenda, S. 396 ff.
63 Zit. nach Kaltenbrunner, Gerd-Klaus, *Zwischen Rilke und Hitler – Alfred Schuler*. In: *Zs. f. Religions- und Geistesgeschichte*, H. 4/67, S. 343.
64 Vgl. u. a. Maser, *Die Frühgeschichte der NSDAP*, S. 325.
65 Vgl. Zoller, S. 50.
66 Vgl. ebenda.
67 Vgl. ebenda, S. 36.
68 Vgl. Hanfstaengl, S. 52 f.

69 Vgl. Hitler, S. 378 f.
70 Vgl. Schramm, zit. bei Picker, S. 69.
71 Vgl. Hitler, S. 137.
72 Hegel, G. W. F., *Sämtliche Werke*, Jubiläumsausgabe, Stuttgart 1928, Bd. II, S. 129.
73 ebenda, S. 447.
74 Vgl. dazu u. a. Copton, S. 9 ff. und 28 ff.
75 Vgl. Schramm, S. 53.
76 Vgl. dazu u. a. Maser, *Hitlers Mein Kampf*, S. 182 ff.
77 Vgl. *Berliner Illustrirte Zeitung* vom 12. 3. 1899.
78 Vgl. »Politische Bildung: Mangelhaft« in: *FAZ* vom 28. 11. 1968.
79 Persönliche Auskünfte von Speer (1967), Heye (1966) und Engel (1968). Vgl. auch: *Der Prozeß gegen die Hauptkriegsverbrecher* (Aussagen u. a. von Keitel, Göring und Jodl) und Zoller, S. 38.
80 Persönliche Mitteilung von Hellmuth Heye (9. 7. 1966).
81 Schriftliche Mitteilung von Karl Dönitz (10. 1. 1967).
82 Vgl. Zoller, S. 38.
83 Vgl. Anm. Persönliche Auskünfte auch von Karl Dönitz (1966, schriftliche Mitteilung vom 10. 1. 1967).
84 Persönliche Auskunft von Dr. Paul Schmidt-Carell (1969).
85 Schramm, zit. bei Picker, S. 98. Vgl. dazu die Ausführungen im Kapitel: Feldherr und Stratege.
86 Manstein, *Verlorene Siege*, S. 305.
87 Persönliche Auskunft von Josef Popp (Mai 1966), der Hitler gelegentlich abhören mußte.
88 Schramm, zit. bei Picker, S. 96 f.
89 *Der Spiegel*, Registratur.
90 Zit. bei Ziegler, Hans Severus, *Wer war Hitler?* Tübingen 1970, S. 222.
91 Bericht von Veit Harlan. Zit. nach *Der Spiegel* vom 29. 8. 1966, S. 92.
92 ebenda.
93 Picker, S. 382.
94 ebenda, S. 382 f.
95 ebenda, S. 383.
96 Hitler entwickelte diese Projekte gesprächsweise am 27. 4. 1942. Picker, S. 299 f.
97 Heim-Protokoll, zit. bei Picker, S. 139 f.
98 Vgl. die diesbezüglichen Äußerungen Hitlers bei Picker.
99 Giesing-Bericht vom 12. 6. 1945, S. 176.
100 Leserbrief in der *FAZ* vom 6. 4. 1971, S. 8.
101 Heim-Protokoll, zit. bei Picker, S. 166.
102 ebenda.
103 ebenda.
104 ebenda.
105 ebenda.
106 ebenda.
107 Heim-Protokoll, zit. bei Picker, S. 167.

108 ebenda, S. 166.
109 ebenda.
110 Vgl. ebenda, S. 147.
111 ebenda.
112 ebenda.
113 ebenda.
114 Hitler am 26. 7. 1942. Picker, S. 478.
115 ebenda.
116 ebenda.
117 Picker, S. 446.
118 Heim-Protokoll, zit. bei Picker, S. 171.
119 ebenda. Nach amerikanischen Untersuchungen aus den 60er Jahren wurde die Fruchtbarkeit der vermögenden Römer durch die Tatsache eingeschränkt, daß sie ihren Wein aus bleihaltigen Gefäßen tranken.
120 Heim-Protokoll, zit. bei Picker, S. 172.
121 Hitler in seiner Geheimrede vom 30. 5. 1942 vor dem deutschen Offiziersnachwuchs. Zit. bei Picker, S. 495.
122 ebenda.
123 ebenda.
124 Picker, S. 333.
125 Heim-Protokoll vom 4. 2. 1942, zit. bei Picker, S. 174.
126 ebenda, S. 173.
127 ebenda.
128 ebenda, S. 478.
129 ebenda, S. 173.
130 ebenda, S. 174.
131 Heim-Protokoll, zit. bei Picker, S. 173. Vgl. dazu auch Hitlers Äußerungen vom 26. 7. 1942, ebenda, S. 478.
132 ebenda.
133 Hitler, S. 742.
134 Hitler, S. 733.
135 ebenda.
136 ebenda.
137 Vgl. ebenda, S. 317 ff.
138 Vgl. Hitler, S. 738.
139 ebenda, S. 735.
140 Hitler, S. 691 und S. 685.
141 ebenda, S. 760.
142 ebenda.
143 ebenda, S. 761.
144 Hitler, S. 143.
145 ebenda, S. 140.
146 Hitler, S. 142 f.
147 *Hitlers Zweites Buch*, S. 90.
148 ebenda.
149 ebenda, S. 98.

150 Hitler, S. 143.
151 Vgl. z. B. Hitlers Rede vom 4. 8. 1920. In: *Adolf Hitler in Franken*, S. 10. Vgl. auch Pese, S. 113 ff.
152 Vgl. Maser, *Die Frühgeschichte der NSDAP*, S. 273 ff.
153 Vgl. ebenda, S. 356.
154 Vgl. u. a. *Hitlers Zweites Buch*, S. 24 f. und *Völkischer Beobachter* vom 25. 5. 1928.
155 Zit. nach Domarus, Bd. II/4, S. 2265.
156 Vgl. Hitler, S. 154.
157 ebenda.
158 Hitler, S. 157.
159 Vgl. *Adolf Hitler in Franken*, S. 10 und Pese, S. 113 ff.
160 Hitler, S. 696. Vgl. auch ebenda, S. 699.
161 Vgl. ebenda.
162 Vgl. ebenda.
163 Vgl. Ribbentrop, *Zwischen London und Moskau*, S. 43.
164 Botschafterberichte von Dez. 1936 bis Ende Dez. 1937, im Besitz von Annelies von Ribbentrop.
165 Schriftliche Mitteilung von Annelies von Ribbentrop vom 25. 3. 1969. Vgl. auch IMT, Bd. XXXIX, Dok. 075-CT.
166 Kirkpatrick, S. 361.
167 Schriftliche Mitteilung von Annelies von Ribbentrop vom 25. 3. 1969.
168 Vgl. u. a. Maser, *Hitlers Mein Kampf*, S. 166 f., Pese, S. 113 ff. und Ribbentrop, besonders S. 43 und 59 ff.
169 Zit. nach Schubert, S. 57.
170 Vgl. ebenda, S. 57 f. und Hitler, S. 696 f.
171 ebenda, S. 704.
172 ebenda, S. 705.
173 *Hitlers Zweites Buch*, S. 194 f. Vgl. auch Hitler, S. 766 f.
174 Vgl. dazu auch Hitlers Äußerungen gegenüber Bertrand de Jouvenel im *Völkischen Beobachter* vom 29. 2. 1936.
175 Vgl. Hitlers Rede vom 4. August 1920 in: *Adolf Hitler in Franken*, S. 10 und Pese, S. 113. Vgl. PND-Bericht, DC 1478, über eine Rede Hitlers vom 24. Juni 1920.
176 *Völkischer Beobachter* vom 24. März 1933.
177 *Akten zur Deutschen Auswärtigen Politik 1918–1945*, Serie D, Baden-Baden - Frankfurt/M., 1951/61, Bd. VII, S. 131, Nr. 142.
178 Hitler, S. 747 f.
179 ebenda, S. 751.
180 Ribbentrop, *Zwischen London und Moskau*, S. 211.
181 Giesing-Bericht vom 12. 6. 1945, S. 122 a. Die (im Original flüchtige Giesing-)Interpunktion wurde vom Verf. korrigiert.
182 Hitler, S. 748.
183 Vgl. ebenda, S. 157.
184 Vgl. auch Friedländer, u. a. S. 208–217.
185 Vgl. Hitler, S. 745.

186 Vgl. die Hitler-Äußerung vom 25. 2. 1944 bei Domarus, Bd. II/4, S. 2265. Vgl. dazu auch Domarus, Bd. II/4, S. 2151.
187 *Manifest der Kommunistischen Partei*, (Ost-)Berlin 1955, S. 9.
188 Picker, S. 348.
189 Vgl. ebenda.
190 Heim-Protokoll, zit. bei Picker, S. 169.
191 Schramm, zit. bei Picker, S. 78.
192 ebenda, S. 76.
193 Heim-Protokoll, zit. nach Picker, S. 173.
194 ebenda, S. 235.
195 ebenda.
196 ebenda, S. 234.
197 ebenda, S. 233.
198 ebenda.
199 ebenda, S. 233 f.
200 Giesing-Bericht vom 11. 11. 1945, S. 29.
201 Vgl. auch Speer, S. 108.
202 ebenda.
203 Vgl. dazu Hillgruber, *Hitlers Strategie*, u. a. »Vorwort«.
204 Hammann, Otto, *Der neue Kurs*, Berlin 1918, S. 165.
205 Salomon, F., *Die deutschen Parteiprogramme*. Berlin 1932. Zit. nach Schreiner, Albert, *Zur Geschichte der deutschen Außenpolitik 1871 bis 1945*. (Ost-)Berlin 1952, S. 173.
206 Vgl. Maser, *Die Frühgeschichte der NSDAP*, S. 93 ff.
207 Vgl. *Berliner Illustrirte Zeitung* vom 12. 3. 1899.
208 Hitler im Rahmen seiner *Tischgespräche* am 23. 4. 1942. Vgl. Picker, S. 289.
209 Hitler am 2. 7. 1942. Vgl. Picker, S. 429.
210 Hitler, S. 12 f.
211 Zit. nach der von Heinrich Heim im Juli 1968 beglaubigten Reproduktion vom Original-Protokoll von Heim.
212 Hitler, S. 8.
213 ebenda, S. 12.
214 Zit. nach der von Heinrich Heim im Juli 1968 beglaubigten Reproduktion vom Originalmanuskript von Heinrich Heim.
215 Hitler, S. 733.
216 ebenda.
217 ebenda.
218 ebenda, S. 320.
219 ebenda, S. 468.
220 Picker, S. 230.
221 ebenda.
222 ebenda.
223 Hitler erklärte das besonders eindrucksvoll in einer Rede vom 30.5. 1942. Zit. bei Picker, S. 493 ff.
224 Hitler, S. 195.

225 Heim-Protokoll, zit. nach Picker, S. 172.

226 Heim-Protokoll, zit. nach Picker, S. 153.

227 Vgl. u. a. Hitler, S. 165, wo er vom Staat als völkischem Organismus spricht.

228 Heim-Protokoll, zit. nach Picker, S. 171.

229 Vgl. dazu den Bericht »Führt Überbevölkerung zu Unruhen?« in der Tageszeitung: *Die Welt*, 12. 4. 1967.

230 Ploetz, *Die Tüchtigkeit unserer Rasse und der Schutz der Schwachen – Ein Versuch über Rassenhygiene und ihr Verhältnis zu den humanen Idealen, besonders zum Sozialismus*, Berlin 1895.

231 ebenda, S. 136.

232 ebenda, S. V.

233 ebenda, S. 147.

234 Blumentritt in einem Brief vom 13. 1. 1964, Warlimont in einem Schreiben vom 11. 12. 1963 und Hauck in einer schriftlichen Mitteilung vom 13. 1. 1964 an Norbert Krüger.

235 Mitteilung Haucks vom 13. 1. 1964 an N. Krüger.

236 IMT, Bd. X, S. 671 f.

237 Quellenangabe in der Reihenfolge der Nennung der Namen: IMT, Bd. X, S. 671 f.; schriftliche Mitteilung von Blumentritt vom 13. 1. 1964 an N. Krüger. Vgl. dazu auch Conte, Arthur, *Die Teilung der Welt – Jalta 1945*. Düsseldorf 1965, S. 48; Liss am 9. 1. 1964 an N. Krüger; Halder am 22. 7. 1964 an N. Krüger; Gause am 12. 2. 1964 an Krüger; Manstein am 15. 1. 1964 an Krüger; Warlimont am 13. 1. 1964 an Krüger.

238 Vgl. Görlitz, ... *Keitel – Verbrecher oder Offizier?*, S. 389, Wilmot, *Der Kampf um Europa*. Frankfurt/M. 1954, S. 166 und Zentner, (*Die Zeit*, 21. 2. 1952).

239 Hahlweg, Werner, *Karl von Clausewitz; Soldat–Politiker–Denker*. Göttingen – Zürich – Frankfurt 1969, S. 119. Vgl. auch Hahlweg.

240 Korfes, Otto und Engelberg, Ernst (Hrsg.), *Clausewitz, Vom Kriege*. Berlin 1957, S. C II. Vgl. auch Roos, Hans, »Deutschland, Polen und die Sowjetunion im Zweiten Weltkrieg«. Beilage zu *Das Parlament*, B 10, 1964, S. 26.

241 Vgl. Metzsch, Horst von, *Zeitgemäße Gedanken um Clausewitz*. Berlin 1937, S. 24.

242 Vgl. Buchheit, S. 496.

243 Bullock zitiert Halder, *Hitler als Feldherr*. München 1949. Aufl. 1953, S. 675.

244 Ders. »Ist Clausewitz noch zeitgemäß?« In: *Zwei Prognosen*. Essen – Bredeney 1961, S. 25.

245 Hanfstaengl, S. 45.

246 Vgl. Hanfstaengl, S. 52. Vgl. ebenda, S. 45.

247 Vgl. dazu auch Heiber in seiner Einleitung zu *Hitlers Lagebesprechungen*. Stuttgart 1962, S. 30.

248 Vgl. dazu u. a.: Krause, S. 48, Zoller, S. 49 f., Kubizek, S. 75, 111, 226 und P. E. Schramm in seiner Einleitung zu *Hitlers Tischgesprächen* (Bibl.), S. 67 ff. Vgl. dagegen: Hanfstaengl, S. 52.

249 Persönl. Mitteilungen von Dönitz an den Autor (1966 und 1967). Blumentritt am 13. 1. 1964, Manstein am 12. 2. 1964 und Liss am 9. 1. 1964 schriftlich an N. Krüger.

250 Warlimont am 12. 11. 1963 an Krüger.

251 Lit.-Angabe in der Reihenfolge der Zitatenfolge: Boepple, *Hitlers Reden*, S. 38; ebenda, S. 140; Hitler, S. 759; *Hitlers Zweites Buch*, S. 142; *Parteigenosse! Der Führer spricht zu Dir.* Wuppertal 1943/44, S. 26; *Völkischer Beobachter* vom 2. 9. 1933; Domarus, Bd. I/1, S. 457 f.; ebenda, Bd. I/2, S. 647; *Völkischer Beobachter* vom 11. 11. 1938; *Reden des Führers am Parteitag Großdeutschland 1938.* München 1938, S. 18; Wieder, Joachim, *Stalingrad und die Verantwortung des Soldaten.* München 1962 (2. Aufl.), S. 316 f.; Domarus, Bd. II/2, S. 2038; *Der Spiegel*, 3/69; Domarus II/2, S. 2237.

252 Zit. bei Domarus, Bd. I/1, S. 457. Hitler erklärte: »Die Bewegung hat ... einen geschichtlichen Befehl erfüllt, und den Besserwissern von heute kann man nur eines sagen: ihr alle habt nicht Clausewitz gelesen oder, wenn ihr ihn gelesen habt, nicht begriffen, ihn anzuwenden auf die Gegenwart. Clausewitz schreibt, daß selbst nach einem heroischen Zusammenbruch noch immer ein Wiederaufbau möglich ist. Nur die Feiglinge geben sich selbst auf, und das wirkt und pflanzt sich fort wie ein schleichender Gifttropfen. Und da wächst die Erkenntnis, daß es immer noch besser ist wenn notwendig, ein Ende mit Schrecken auf sich zu nehmen, als einen Schreck ohne Ende zu ertragen.«

253 Carell, *Unternehmen Barbarossa*, S. 92.

254 Vgl. Guderian, *Erinnerungen eines Soldaten*, Heidelberg 1951, S. 342 f. Vgl. auch Domarus, Bd. II/4, S. 2171.

255 Vgl. Hanfstaengl, S. 45 und 52.

256 Heim-Protokoll, zit. bei Picker, S. 152.

257 Hitler, S. 346.

258 ebenda.

259 ebenda, S. 347. Vgl. auch Hitler, S. 329–362.

260 ebenda, S. 59. Über Hitlers Verhältnis zum Judentum vgl. auch Maser, *Hitlers Mein Kampf*, S. 190 ff. und Maser, *Die Frühgeschichte der NSDAP*, S. 155 f. Vgl. auch Nolte, *Der Faschismus in seiner Epoche*, u. a. S. 500 f.

261 Hitler, S. 54 ff.

262 Kubizek, S. 112.

263 ebenda.

264 ebenda, S. 113.

265 Vgl. auch Smith, S. 88.

266 Zit. nach der von Heinrich Heim im Juli 1968 beglaubigten Reproduktion vom Originalmanuskript von Heinrich Heim (Repro. im Besitz von H. Heim).

267 Hitler, S. 56.
268 ebenda, S. 57 f.
269 ebenda, S. 58.
270 ebenda.
271 ebenda, S. 57.
272 ebenda, S. 58.
273 ebenda, S. 59.
274 ebenda.
275 ebenda.
276 Vgl. Kubizek, S. 299.
277 Vgl. ebenda, S. 300.
278 Hitler, S. 60.
279 ebenda.
280 H. 29, 1908, Rückseite des vorderen Umschlagblattes.
281 Vgl. Daim, S. 21.
282 *Theozoologie oder Naturgeschichte der Götter IV:* Der neue Bund und neue Gott. Wien 1929, S. 11.
283 *Theozoologie V:* Der Götter-Vater und Götter-Geist oder die Unsterblichkeit in Materie und Geist. Wien 1929, S. 15.
284 Vgl. Daim, S. 21 ff.
285 ebenda, S. 100.
286 Stein, Alexander, *Adolf Hitler, Schüler der »Weisen von Zion«*. Karlsbad 1936.
287 Zit. aus dem *Südmark-Kalender* für das Jahr 1904.
288 Vgl. Werner, Lothar, *Der Alldeutsche Verband. Historische Studien.* Berlin 1939, S. 127.
289 Hasse, Ernst, *Deutsche Weltpolitik*. München 1897, Bd. 1, H. 4, S. 46.
290 Werner, S. 82.
291 Vgl. Kuczynski, Jürgen, *Studien zur Geschichte des deutschen Imperialismus.* (Ost-)Berlin 1948/1950, S. 28. Vgl. auch Werner, S. 127.
292 Vgl. Hitler, u. a. S. 334 f.
293 ebenda, S. 358.
294 ebenda, S. 334 f.
295 ebenda, S. 62.
296 ebenda, S. 358.
297 ebenda, S. 69.
298 Vgl. Maser, *Die Frühgeschichte der NSDAP*, S. 253 ff.
299 Bölsche, Wilhelm, *Vom Bazillus zum Affenmenschen.* 2. Aufl. Jena 1921. Zit. nach dieser Ausgabe.
300 ebenda, Vorwort. »Den Ausdruck Bazillus ... gebrauche ich«, erklärt Bölsche (S. 5), »als ein bequemstes Deckwort.« Es »faßt am besten ... die bedrohende Eigenschaft, auf die ich hinaus will«.
301 ebenda, S. 11.
302 ebenda, S. 35.
303 ebenda, S. 35 f.
304 ebenda, S. 19.

305 Vgl. *Libre propos sur la guerre et la paix*. Paris, 1952, S. 321.

306 Hitler, S. 334.

307 Vgl. Warlimont, u. a. S. 314.

308 Vgl. Maser, *Die Frühgeschichte der NSDAP*, S. 287.

309 Persönliche Mitteilung von Heinrich Heim (1971), Ilse Braun (1971), Gerhard Engel (1967) und Paul Schmidt-Carell (1971).

310 Vgl. Warlimont, S. 423.

311 Vgl. Hoffmann, Peter, *Widerstand – Staatsstreich – Attentat*. München 1970 (2. Aufl.), S. 628 und 879. Fotos der Gehenkten lagen noch Mitte August auf Hitlers Tisch.

312 Persönliche Auskunft von Paul Schmidt-Carell (5. 4. 1971).

313 Bericht von Dr. Brandt an Heinrich Heim (Frühjahr 1945). Persönliche Auskunft von Heim (1971). Dazu auch persönliche Mitteilungen von Arno Breker, Gerhard Engel (1967) und Hans Baur (1971).

314 So z. B. Heinrich Heim. Persönliche Mitteilung von Heim (1971).

315 Persönliche Auskunft von Ilse Braun (1969), Anny Winter (1969) und Hans Baur (1971).

316 Bundesarchiv Koblenz, NS 26/49. Hitlers Schreibweise und Interpunktion wurden beibehalten, ebenso die Unterstreichungen.

317 *Die Juden und Judengemeinden in Böhmen in der Vergangenheit und Gegenwart*, April 1934, S. 255 f.

318 ebenda, S. 536.

319 ebenda.

320 ebenda.

321 ebenda.

322 ebenda, S. 258.

323 Vgl. Heer, S. 205.

324 Vgl. Wolf, *Geschichte der Juden*, S. 109 und Kessler, S. 93.

325 Kessler, S. 81, Anm. 7.

326 Alexander Mitscherlich in verschiedenen Fernseh-Diskussionen (1965) und in einer schriftlichen Mitteilung an den Autor (21. 10. 1965).

327 Vgl. Hitler, S. 59.

328 Vgl. Kubizek, S. 229.

329 Vgl. Kubizek, S. 299 f.

330 Vgl. Bullock, S. 35 ff.

331 Vgl. Hitler, S. 63 f.

332 Shirer, S. 41 ff.

333 Gisevius, S. 33 ff.

334 Domarus I/1, S. 26 f.

335 Gisevius, S. 33.

336 ebenda, S. 43.

337 Vgl. Hitler, S. 18 ff.

338 Vgl. Bullocks Hinweis in Bullock, S. 36.

339 ebenda.

340 Shirer, S. 43.

341 Wie andere namhafte Biographen (z. B. Shirer) ist auch Bullock

(S. 36) der Meinung: »Olden mag recht haben, wenn er eine der Wurzeln des Antisemitismus in quälendem Sexualneid sieht.«

342 Vgl. Schramm, zit. bei Picker, S. 51 f.

343 Persönliche Auskunft von Rudolph Binion (November 1970).

344 Hitler, S. 69. Vgl. Maser, *Hitlers Mein Kampf*, S. 190 ff.

345 Persönliche Auskunft von Heinrich Heim (6. 7. 1968).

346 Zit. nach Domarus, Bd. II/4, S. 2239.

347 Heim-Protokoll, zit. bei Picker, S. 155.

348 Vgl. Heim-Protokoll, zit. bei Picker, S. 149.

349 ebenda, S. 235.

350 Vgl. ebenda, S. 150.

351 ebenda, S. 151.

352 ebenda, S. 149.

353 ebenda, S. 148.

354 ebenda, S. 151.

355 Schramm, zit. bei Picker, S. 84.

356 ebenda.

357 ebenda.

358 Giesing-Bericht vom 12. 6. 1945, S. 73.

359 ebenda, S. 131.

360 ebenda, S. 176.

361 Heim-Protokoll, zit. bei Picker, S. 147 f.

362 Heim-Protokoll, zit. bei Picker, S. 167.

363 Vgl. Engels, *Herrn Eugen Dührings Umwälzung der Wissenschaft*, S. 393.

364 Vgl. Engels, Friedrich, *Ludwig Feuerbach und der Ausgang der klassischen deutschen Philosophie.* (Ost-)Berlin 1946, S. 49.

365 Heim-Protokoll, zit. bei Picker, S. 167.

366 In *Mein Kampf* (S. 416) hatte er festgestellt, daß die allgemeine religiöse Idee »dem einzelnen meist nur die Freigabe seines individuellen Denkens und Handelns bedeuten, ohne ... zu jener Wirksamkeit zu führen, welche der religiösen inneren Sehnsucht in dem Augenblick erwächst, da sich aus der rein metaphysischen unbegrenzten Gedankenwelt ein klar umgrenzter Glaube formt«, was eindeutig seine Forderung vorbereitete, im Zusammenhang auch mit seiner »Weltanschauung« den apodiktischen Glauben vorauszusetzen. Die höchsten Ideale entsprechen »immer einer tiefsten Lebensnotwendigkeit«, schrieb er und fuhr fort: »Indem der Glaube mithilft, den Menschen über das Niveau eines tierischen Dahinlebens zu erheben, trägt er in Wahrheit zur Festigung und Sicherung seiner Existenz bei. Man nehme der heutigen Menschheit die durch ihre Erziehung gestützten religiös-glaubensmäßigen, in ihrer praktischen Bedeutung aber sittlich-moralischen Grundsätze durch Ausscheidung dieser religiösen Erziehung und ohne dieselbe durch Gleichwertiges zu ersetzen, und man wird das Ergebnis in einer schweren Erschütterung der Fundamente ihres Daseins vor sich haben. Man darf also wohl feststellen, daß nicht nur der Mensch lebt, um höheren

Idealen zu dienen, sondern daß diese höheren Ideale umgekehrt auch die Voraussetzung zu seinem Dasein als Mensch geben. So schließt sich der Kreis.« Wie sehr diese Definition programmatisch gemeint war, drückt besonders auch der (S. 417) folgende Passus aus: »Ohne den klar begrenzten Glauben würde die Religiosität in ihrer unklaren Vielgestaltigkeit für das menschliche Leben nicht nur wertlos sein, sondern wahrscheinlich zur allgemeinen Zerrüttung beitragen.«

367 Heim-Protokoll, zit. bei Picker, S. 167.

368 ebenda. Stünde er an der Stelle Mussolinis, sagte er am 13. 12. 1941, würde er »im Vatikan einmarschieren und die ganze Gesellschaft herausholen. Ich würde dann sagen: ›Verzeihung, ich habe mich geirrt!‹ – Aber sie wären weg«. Heim-Protokoll, zit. bei Picker, S. 155.

369 ebenda, S. 154.

370 In *Mein Kampf*, S. 3 f., schrieb Hitler: »Dabei hatte ich die beste Gelegenheit, mich oft und oft am feierlichen Prunke der äußerst glanzvollen kirchlichen Feste (in Lambach, der Verf.) zu berauschen. Was war natürlicher, als daß mir der Abt als höchst erstrebenswertes Ideal erschien.« Vgl. auch Hitler, S. 6 und Maser, *Hitlers Mein Kampf*, S. 97 f.

371 Persönliche Auskunft eines Linzer Mitschülers von Hitler (1969). Vgl. auch Kandl, S. 44 f.

372 Zit. nach der von Heinrich Heim im Juli 1968 beglaubigten Reproduktion vom Originalmanuskript von Heinrich Heim (Repro. im Besitz von H. Heim).

373 Hitler, S. 118.

374 ebenda.

375 Vgl. Maser, *Hitlers Mein Kampf*.

376 Picker, S. 235.

377 Heim-Protokoll, zit. bei Picker, S. 154.

378 Vgl. Picker, S. 258 f. Hitler nannte 900 Millionen Reichsmark mit der Einschränkung: »wenn ich mich nicht irre« (ebenda, S. 259).

379 Mit dem Protestantismus hat Hitler sich nach eigenen Angaben (vgl. Hitler, S. 123) zwischen 1908 und 1913 auseinandergesetzt.

380 Vgl. Picker, S. 260. Dagegen wurde evangelischen Bischöfen 15 Jahre später von der SED vorgeworfen, mit dem Katholizismus ein Bündnis eingegangen zu sein, der »jahrhundertelang Krieg und Tod, Hexenverbrennung und Exkommunikation organisiert« habe (Herbert Gute und Hans Ritter, *Glauben und Wissen*, [Ost-]Berlin 1956, S. 20 f.). Vgl. Maser, *Genossen beten nicht*, S. 134 ff.

381 Hitler, S. 123.

382 Picker, S. 260.

383 Vgl. ebenda, S. 259.

384 ebenda.

385 ebenda, S. 388.

386 ebenda, S. 259.

387 Heim-Protokoll, zit. bei Picker, S. 150.

388 ebenda, S. 149.
389 ebenda, S. 154.
390 Heim-Protokoll, zit. bei Picker, S. 151.
391 Schriftliche Erklärung vom 23. 9. 1946 von Joachim von Ribbentrop. Maschinenschrift mit 3 handschriftlichen Einfügungen, 2 Paraphen und der Unterschrift von J. von Ribbentrop. Original im Besitz von Robert M. W. Kempner.
392 Heim-Protokoll, zit. bei Picker, S. 155.
393 ebenda, S. 154.
394 ebenda, S. 150.
395 So sagte er z. B. am 13. 12. 1941: »Der Mohammedanismus könnte mich noch für den Himmel begeistern« (Heim-Protokoll, zit. bei Picker, S. 154), und am 5. 6. 1942 äußerte er (nach dem Picker-Protokoll in indirekter Rede): »Als vernünftiger Deutscher müsse man sich geradezu an den Kopf fassen, daß deutsche Menschen durch das Judengeschmeiß und Priestergeschwätz zu einem Verhalten hätten gebracht werden können, wie wir es bei den heulenden türkischen Derwischen und bei den Negern belächelten. Dabei müsse es einen besonders erbosen, daß – während in weiten anderen Teilen der Erde religiöse Lehren wie die des Konfuzius, des Buddha und des Mohammed eine unleugbar breite geistige Basis für religiös denkende Menschen geboten hätten – deutsche Menschen auf theologische Darlegungen hereingefallen seien, die jeder ehrlichen Tiefe entbehrten« (Picker, S. 388). Eva Brauns Schwester Ilse berichtet, daß Hitler mit Eva und ihr oft über den Islam gesprochen habe. Persönliche Auskunft (Mai 1971). Manches zog ihn am Mohammedanismus an, so z. B. die von Mohammed bekundete Gegnerschaft zum Judentum, die von ihm entwickelte vormosaische Offenbarung mit Abraham als »Hanifen«, die geforderte fortwährende Bereitschaft zum Krieg und der (mit einer Ausnahme) Verzicht auf Dogmen. Wieweit Hitler jedoch mit dem Mohammedanismus vertraut war, ist nicht feststellbar. Die gelegentlichen Äußerungen reichen für ein verbindliches Urteil nicht aus.
396 Heim-Protokoll, zit. bei Picker, S. 154.
397 ebenda, S. 155.
398 ebenda, S. 151.
399 ebenda, S. 155.
400 ebenda.
401 Persönliche Auskunft von Ilse Braun (24. 5. 1971).
402 Heim-Protokoll, zit. bei Picker, S. 149.
403 Schramm, zit. bei Picker, S. 112.
404 Handschriftliche Erklärung von Hitlers Lehrer Prof. Goldbacher vom 29. 1. 1941.
405 Vgl. Hitler, S. 8.
406 Kubizek, S. 68 f.
407 Persönliche Auskunft von Josef Popp (jun.), 1966.
408 Persönliche Auskunft (1966).

409 *Paris Soir* vom 5. 8. 1939.

410 Vgl. Maser, *Hitlers Mein Kampf*, S. 91 f.

411 Vgl. Maser, *Die Frühgeschichte der NSDAP*, S. 209.

412 Vgl. u. a. Percy Ernst Schramm im »Vorwort« zu Picker, S. 32.

413 Ziegler, S. 130.

414 Nach den Angaben von Prof. Dr. K. Brandt, die Schramm in seiner Einleitung für die Tischgespräche Hitlers (S. 32, Anm. 1) erwähnt, hat Hitler die englische Sprache allerdings besonders positiv beurteilt, weil sie die einfachste und klarste im Ausdruck und die männlichste im Klang wäre.

415 Picker, S. 192.

416 ebenda.

417 Frank, S. 45.

418 ebenda.

419 Nach den Angaben Pickers (S. 387 f.) hat Hitler am 5. 6. 1942 während seiner Tischgespräche bedauert, daß die Bibel durch die Übersetzungen jedermann zugänglich gemacht worden sei und so »eine Fülle von Menschen« (S. 388) dem religiösen Wahn zugeführt und geistig gestört habe.

420 *Der Bolschewismus von Moses bis Lenin*, S. 26.

421 ebenda.

422 Vgl. Schoeps, Hans Joachim, *Paulus. Die Theologie des Apostels im Lichte der jüdischen Religionsgeschichte.* Tübingen 1959, S. 27 und 46.

423 ebenda, S. 13.

424 *Der Bolschewismus von Moses bis Lenin*, S. 26.

425 ebenda, S. 33.

426 ebenda, S. 55.

427 Persönliche Auskunft von Hermann Esser (1953).

428 Picker, S. 191.

429 ebenda, S. 193.

430 Vgl. Zoller, S. 155.

431 Schmidt (Dolmetscher), S. 295.

432 Hillgruber, S. 15. Vgl. auch Schmidt (Dolmetscher), S. 295, wo es u. a. heißt: »Ich empfand ihn (Hitler, der Verf.) an jenem Morgen und während der ganzen Verhandlungen mit den Engländern als einen Mann, der mit Geschick und Intelligenz unter voller Wahrung der Formen, wie ich sie für solche politischen Gespräche gewohnt war, seinen Standpunkt so vertrat, als habe er jahrelang nichts weiter getan, als derartige Unterhaltungen geführt, der einzige Punkt, in dem er von der Regel abwich, war die Länge seiner Ausführungen. Er sprach fast während der ganzen Vormittagssitzung allein.«

433 Vgl. dazu die bei Kubizek reproduzierten und zitierten Hitler-Briefe.

434 Vgl. Maser, *Hitlers Mein Kampf*, S. 13 ff. und 22 f.

435 Vgl. ebenda, u. a. S. 37 ff., 49 f., 54 f. und 60.

436 Bundesarchiv Koblenz, u. a. NS 26/49.

437 Original des Briefes im Besitz des Bechtle Verlages. Hitlers Interpunktion wurde im Zitat nicht korrigiert.
438 Original des Briefes (ohne Datum, wahrscheinlich 1915) im Privatbesitz. Text unverändert zitiert.
439 Zit. nach Kubizek, S. 310 f.
440 Zit. ohne Korrekturen nach dem Original (ohne Datum; im Besitz des Bechtle Verlages).
441 Vgl. Zoller, S. 13 ff.
442 Hitlers Sekretärin Johanna Wolf, von Hitler gelegentlich »Wölfin« genannt, eine einstige Angestellte des Hitler-Freundes Dietrich Eckart, bestätigte diese Schröder-Angaben im Rahmen einer Kempner-Vernehmung vom 1. 7. 1947 (ohne Kenntnis des Berichts von Christa Schröder). Vgl. Kempner, *Das Dritte Reich im Kreuzverhör*, S. 33 ff.

7. Kapitel

FRAUEN

1 Zit. nach Gun (vor S. 193, Bildseiten sind nicht numeriert). Eva Brauns fehlerhafte Interpunktion ist hier korrigiert. Bestätigung des Brieftextes durch Ilse Braun (1969).
2 ebenda.
3 Persönliche Auskunft von Frau Winter (1969).
4 Persönliche Auskunft von Frau Winter (1969).
5 Vgl. Picker, S. 323.
6 Vgl. ebenda, S. 165.
7 Vgl. Kubizek, S. 78 ff. und Jetzinger, S. 142 ff.
8 Hitler berichtete darüber in der Nacht vom 8. zum 9. Januar 1942 in der »Wolfsschanze«. Schriftliche Aufzeichnung von Heinrich Heim. Fotokopie der Unterlagen im Besitz des Autors.
9 Vgl. Kubizek, S. 78 ff. und Jetzinger, S. 142 ff. und die Angaben der erwachsenen »Stefanie«, ebenda, S. 143 f.
10 Fotokopie einer schriftlichen Erklärung von »Stefanie«. Vgl. auch Jetzingers Briefwechsel mit »Stefanie«, Jetzinger, S. 144.
11 z. B. Heiber, S. 23 f., Jetzinger, S. 142 ff.
12 Vgl. dazu die Dok. und bibliographischen Angaben in Maser, *Die Frühgeschichte der NSDAP. Hitlers Weg bis 1924*. Jetzingers Polemik gegen Kubizek kann hier unbeachtet bleiben.
13 Hitler, S. 35.
14 Vgl. Kubizek, S. 282 f.
15 Aktennotiz (Maschinenschrift, Original). Ehemaliges Hauptarchiv der NSDAP, Bundesarchiv Koblenz, NS 26/17 a.
16 ebenda.

17 Maschinenschrift (dort befindet sich u. a. eine Aktennotiz von Dammann vom 8. Dezember 1938). Ehemaliges Hauptarchiv der NSDAP, Bundesarchiv Koblenz, NS 26/17 a.

18 Hitler, u. a. S. 63 f. und S. 269 ff.

19 Kubizek, S. 283 f.

20 Persönliche Mitteilung des Arztes von 1952 (Namen und Anschrift sind versiegelt beim Münchner Amtsgericht hinterlegt).

21 Zit. der Hitler-Äußerung nach Picker, S. 194.

22 ebenda, S. 165.

23 Persönliche Auskunft von Josef und Elisabeth Popp (Mai 1966). Elisabeth und Josef Popp konnten sich nicht erinnern, Hitler jemals mit einer Frau gesehen oder von ihm gehört zu haben, daß er in München eine Freundin hätte.

24 Meirowsky, E. und Neisser, A., »Eine neue sexualpädagogische Statistik«. In: *Zs. f. d. Bekämpfung der Geschlechtskrankheiten*, 1912. H. 12, S. 1–38. Vgl. auch Giese, Hans und Schmidt, Gunter, *Studenten – Sexualität. Verhalten und Einstellung*, Hamburg 1968, S. 231 ff.

25 Von 300 Ärzten, an die sich Meirowsky und Neisser mit Fragebogen wandten, antworteten 90 (86 von ihnen waren verheiratet). Auf die Angaben der 90 Propanden stützen sich die Feststellungen.

26 1966 nannten dagegen 55 % der Studenten als Motiv für ihren ersten Koitus »Liebesbeziehungen«, rund 50 % heirateten ihren ersten Koituspartner; weniger als 10 % hatten ihren ersten Koitus mit Prostituierten. Vgl. Giese/Schmidt, S. 233 f.

27 Zit. nach Picker, S. 189.

28 Vgl. Giese/Schmidt, S. 234. »Liebe« (vgl. ebenda) nannte nicht ein einziger der Befragten als Motiv.

29 Kriegsstammrolle der 7. Komp., I. Ers.-Batl., 2. bayer. Inf.-Regt., Bd. XXII; Bundesarchiv Koblenz, NS 26/12.

30 Vgl. ebenda.

31 Vgl. ebenda.

32 Persönliche Auskünfte der Verwandten Hitlers aus Spital (1969).

33 Vgl. z. B. *Münchner Post* vom 3. 4. 1923.

34 Zit. nach der von Heinrich Heim im Juli 1968 beglaubigten Reproduktion vom Originalmanuskript von Heinrich Heim (Repro. im Besitz von H. Heim).

35 Zu ihnen gehörten u. a. Hermann Esser (persönliche Mitteilung: 1953) und Henriette Hoffmann/von Schirach (persönliche Mitteilung: Mai 1966).

36 Vgl. Hanfstaengl, S. 372.

37 Vgl.: Ermittlungsprotokoll der Staatsanwaltschaft vom 2. 1. 1924 (Polizeidirektion München) und Maser, *Die Frühgeschichte der NSDAP*, S. 406.

38 Vgl. Gun, S. 64.

39 Vgl. ebenda, S. 62.

40 Vgl. ebenda, S. 56 f.

41 Persönliche Auskunft von »Gelis« Bruder Leo Raubal (während mehrerer Zusammenkünfte 1967). Ob »Geli«, die in München zunächst Medizin studiert hatte, in München einen Einblick in die Familiengeschichte bekam und darüber verzweifelte, ist ungewiß. Ihr Bruder Leo, der bis 1955 in sowjetischen Gefängnissen in Moskau festgehalten wurde, äußerte sich darüber nicht. Er erklärte im Rahmen einer persönlichen Aussprache (März 1967) lediglich, daß sein Onkel Adolf Hitler am Tod seiner Schwester absolut unschuldig gewesen sei.

42 Zit. nach Picker, S. 193.

43 Vgl. Maser, *Die Frühgeschichte der NSDAP*, S. 408.

44 Vernehmung der Frau von Seidlitz vom 13. Dezember 1923 (Polizeidirektion München).

45 Vgl. Maser, *Die Frühgeschichte der NSDAP*, S. 409.

46 Zit. nach Picker, S. 164.

47 ebenda.

48 ebenda, S. 188.

49 ebenda, S. 194.

50 ebenda, S. 269.

51 ebenda, S. 188.

52 Persönliche Auskunft von Henriette Hoffmann/von Schirach, Heinrich Heim, Dr. Paul Karl Schmidt(-Carell). Hitlers Sekretärinnen bestätigen diese Feststellung übereinstimmend. Auch Hitlers Zahnarzt, der SS-Brigadeführer und Generalmajor der Waffen-SS, Dr. Hugo Blaschke, äußerte sich am 19. 12. 1947 bei seiner Vernehmung durch Robert M. W. Kempner entsprechend. Unveröffentlichtes Vernehmungsprotokoll, Original bei Kempner.

53 Persönliche Mitteilung von Ilse Braun (1969).

54 Persönliche Mitteilung von Henriette Hoffmann/von Schirach (1965).

55 Persönliche Mitteilung von Ilse Braun (1969).

56 Persönliche Mitteilung von Anny Winter (1969).

57 Persönliche Mitteilung von Ilse Braun (1969).

58 Persönliche Auskunft von Henriette Hoffmann/von Schirach (1967).

59 Persönliche Mitteilung von Anny Winter (1969).

60 Persönliche Auskunft von Ilse Braun (18. 3. 1969).

61 Persönliche Auskunft von Luis Trenker (1967), der mehrfach mit Eva Braun speiste und dabei erlebte, daß sie Hitlers Foto auf den Tisch stellte.

62 Heim-Protokoll, zit. nach Picker, S. 189.

63 Vgl. auch Hanfstaengl, S. 284 ff.

64 Persönliche Auskunft von Luis Trenker (1967).

65 Leni Riefenstahl äußerte sich in Gesprächen mit dem Autor im September 1970 betont zurückhaltend.

66 Im persönlichen Gespräch (Oktober 1969) war Mady Rahl ebenso zurückhaltend wie Leni Riefenstahl.

67 Vgl. Besymenski, u. a. S. 67 und 77.

68 In der Bundesrepublik Deutschland im Herbst 1968. Vgl. in der Bibliographie unter Besymenski.

69 Vgl. z. B. das »Erotik-Lexikon «. In: *Jasmin*, H. 24/1968, S. 191 f.
70 US-Protokoll der Morell-Vernehmung.
71 Morell-Dokumente: Untersuchungsbefunde von Dr. Brinkmann und Dr. Schmidt-Burbach. US-Protokoll der Ärzte-Vernehmung.
72 Die Behauptung Röhrs' (S. 100 f.), daß Eva Braun von Hitler auch schwanger gewesen sei, ist nicht beweisbar. Ilse Braun streitet eine Schwangerschaft ab und erklärt: »Meine Schwester war bestimmt niemals schwanger. Und wäre sie einmal schwanger gewesen, hätte sie die Schwangerschaft in keinem Fall unterbrechen lassen. So etwas widersprach ihrer Lebensauffassung. Wie sie sich von Hitler im April 1945 nicht aus Berlin wegschicken ließ – und mit ihm zusammen starb, so hätte sie sich bestimmt geweigert, eine Schwangerschaft zu unterbrechen« (persönliche Mitteilung von Ilse Braun, 18. 3. 1969).
73 Zit. nach Gun, S. 75. Die fehlerhafte Interpunktion Eva Brauns wurde hier beibehalten.
74 Morell-Protokoll (Urologische Daten: Geschlechtsmerkmale).
75 Vgl. S. 326 ff.
76 Persönliche Auskunft von Dr. Paul Karl Schmidt(-Carell) vom 17. 2. 1971.
77 Vgl. u. a. »Erotik-Lexikon«. In: *Jasmin*, H. 24/1968, S. 192.
78 Blaschke in der Vernehmung durch R. M. W. Kempner am 19. 12. 1947. Vgl. Anm. 52.
79 Persönliche Auskunft von Henriette Hoffmann/von Schirach (Mai 1966).
80 Zit. nach Gun, S. 77. Die fehlerhafte Interpunktion wurde nicht korrigiert. Mit dieser »Walküre« meinte Eva Braun sehr wahrscheinlich Lady Mitford.
81 Zit. nach Picker, S. 194.
82 ebenda, S. 164 f.
83 Baur, S. 89.
84 ebenda, S. 90.
85 ebenda.
86 Aufzeichnung von Heinrich Heim. Zit. nach Picker, S. 189. Vgl. auch ebenda, S. 292 ff.
87 Picker, S. 335.
88 Vgl. Picker, S. 164.
89 Persönliche Auskunft von Eva Brauns Schwester Ilse Braun (1969). Vgl. u. a. auch Gun und Kempner, *Das Dritte Reich im Kreuzverhör*, S. 39.
90 Vgl. Hitler, S. 5 ff. Seiner Wirtin Anny Winter erzählte er mehrfach, daß sein Vater ihm bei der letzten Prügelstrafe, die er bekommen habe, 32 Schläge hintereinander verabreichte. Persönliche Auskunft (1969).

8. Kapitel

DER KRANKE FÜHRER, REICHSKANZLER UND OBERSTE BEFEHLSHABER DER WEHRMACHT

1 Hitler, S. 453.
2 Persönliche Auskunft von Hermann Esser (1953/54).
3 Speer, S. 117.
4 Vgl. ebenda, S. 117.
5 Vgl. ebenda, S. 117 f.
6 US-Protokoll der Ärzte-Vernehmung.
7 Hanfstaengl, S. 36.
8 Morell-Protokoll.
9 Speer, S. 118.
10 Morell-Protokoll.
11 Persönliche Mitteilung von Ilse Braun (1969). Vgl. auch Speer, S. 120.
12 Morell-Protokoll.
13 Vgl. z. B. Speer, S. 120.
14 Persönliche Mitteilungen von Ilse Braun (1969).
15 (Hoßbach-Niederschrift), vgl. IMT, Bd. XXII, S. 488 ff.
16 Vgl. Deuerlein, *Hitler. Eine politische Biographie*, S. 130 f.
17 Morell-Dokumente: Untersuchungsbefunde von Dr. Brinkmann, Dr. Schmidt-Burbach und Dr. Nissle. US-Protokoll der Ärzte-Vernehmung.
18 ebenda.
19 Morell-Protokoll.
20 Morell-Dokumente.
21 Bullock, S. 706.
22 Morell-Protokoll.
23 Vgl. S. 38 f.
24 Vgl. DNB-Text vom 4. 9. 1940. Zit. der Rede bei Domarus, Bd. II/3, S. 1575 ff.
25 Zit. nach Kempner, Robert M. W., *Eichmann und Komplizen,* Zürich, Stuttgart, Wien 1961, S. 97.
26 ebenda.
27 ebenda.
28 Persönliche Auskunft von Ilse Braun (1969).
29 Vgl. Speer, S. 120.
30 Vgl. Röhrs, S. 53 ff.
31 Kempner, *Eichmann und Komplizen*, S. 97 ff.
32 Vgl. ebenda, S. 101 ff.
33 Vgl. Hassel, Ullrich von, *Vom anderen Deutschland. Aus den nachgelassenen Tagebüchern 1938–1944.* Frankfurt 1964, S. 183.
34 Vgl. Heim, zit. bei Picker, S. 139 f.
35 Persönliche Auskunft von Heinrich Heim (22. 10. 1970).
36 Vgl. DNB-Text und Bildberichte vom 6. 8. 1941.

[37] Vgl. Picker, S. 140 ff.
[38] Morell-Protokoll.
[39] ebenda.
[40] ebenda.
[41] ebenda.
[42] »Führerweisung« vom 21. 8. 1941. Vgl. Halders Tagebuch-Eintragung vom 22. 8. 1941; Bundesarchiv Koblenz.
[43] Vgl. Heim bei Picker, S. 143 f.
[44] Heim-Protokoll, zit. bei Picker, S. 143 ff.
[45] Morell-Protokoll.
[46] Picker, S. 432.
[47] Manstein, *Verlorene Siege*, S. 395.
[48] Morell-Protokoll.
[49] ebenda.
[50] ebenda.
[51] Vgl.: *Hitlers Weisungen für die Kriegführung*, S. 234.
[52] Vgl. Schellenberg, S. 279 und 283.
[53] Vgl. Galeazzo Ciano, *Tagebücher 1939 bis 1943*, S. 455.
[54] Dok. im Bundesarchiv Koblenz, NS 26/17 a.
[55] Dok. im Bundesarchiv Koblenz, NS 26/17 a.
[56] Vgl. Kersten, S. 209 f.
[57] Morell-Dokumente und Unterlagen der US-Ärzte-Vernehmung.
[58] Vgl. Zoller, S. 65.
[59] ebenda, S. 67 f.
[60] Vgl. ebenda, S. 67.
[61] Morell-Protokoll.
[61a] ebenda.
[62] ebenda.
[63] ebenda.
[64] Vgl. Warlimont, S. 289. Zu erwähnen wäre bestenfalls noch die auf seine Initiative und Vorbereitung zurückgehende Ardennenoffensive Ende 1944.
[65] ebenda, S. 290.
[66] Vgl. Manstein, S. 308 ff.
[67] Briefwechsel: Morell-Löhlein, Morell-Protokoll und US-Protokoll der Ärzte-Vernehmung.
[68] ebenda.
[69] Dr. Löhleins Untersuchungsbefund. Vgl. Anm. 67.
[70] ebenda.
[71] ebenda.
[72] ebenda.
[73] ebenda.
[74] ebenda.
[75] Irving, David, »Hitlers Krankheiten«. In: *Der Stern*, 26/69, S. 42.
[76] Vgl. *Neue Zürcher Zeitung* vom 13. 4. 1944 und Domarus Bd. II/4, S. 2091.

77 Vgl. Manstein, S. 606.
78 Morell-Protokoll.
79 Vgl. auch Manstein, S. 591 ff.
80 Hitler zu Manstein, vgl. ebenda, S. 611.
81 ebenda, S. 616.
82 ebenda.
83 ebenda, S. 618.
84 Hitler am 12. 12. 1942 während der »Mittagslage« in der »Wolfsschanze«. Vgl. Warlimont, S. 308.
85 Während der »Abendlage« am 31. 8. 1944. Zit. bei Schramm, *Hitler als militärischer Führer*, S. 93.
86 Vgl. *Hitlers Weisungen für die Kriegführung*, S. 252 f.
87 Zit. bei Domarus II/4, S. 2069 und S. 2073.
88 DNB-Text vom 23. 7. 1944.
89 Hitlers Feststellung wurde von Morell (Morell-Protokoll) bestätigt.
90 US-Protokoll der Ärzte-Vernehmung. 4 Nasenskizzen von Dr. Giesing (normale Nase – Hitlers Nase) auf einem DIN-A 4-Blatt. Zu Hitlers Krankengeschichte seit Juli 1944 vgl. auch die diesbezüglichen Feststellungen im Kapitel »Der Feldherr und Stratege«.
91 Trevor-Roper, *Hitlers letzte Tage*, S. 90.
92 Morell-Protokoll.
93 ebenda.
94 Vgl. Blaschke-Aussage bei Kempner, *Das Dritte Reich im Kreuzverhör*, S. 65.
95 ebenda. Blaschke war seitdem, besonders im Oktober und November, wieder häufiger bei Hitler. Zuletzt sah und sprach er ihn am 20. April 1945 in Berlin. Vgl. Kempner, ebenda, S. 62.
96 Giesing-Bericht vom 12. 6. 1945, S. 150 ff. Korrektur der Interpunktion und Flüchtigkeitsfehler durch den Verfasser.
97 Protokoll (mit Zeichnungen) von Dr. Giesing für Hitlers Hörfähigkeit am 22. 7. 1944 und am 8. 10. 1944. US-Protokoll der Ärzte-Vernehmung.
98 Vgl. Trevor-Roper, *Hitlers letzte Tage*, S. 93.
99 Vgl. auch Trevor-Roper, *Hitlers letzte Tage*, S. 91.
100 Zit. nach Röhrs, S. 41.
101 Giesing-Bericht vom 12. 6. 1945, S. 175 f.
102 Zit. nach Schramm, *Hitler als militärischer Führer*, S. 134 f.
103 Zit. nach Bullock, S. 763.
104 Vgl. Trevor-Roper, *Hitlers letzte Tage*, S. 109.
105 Vgl. *Der Spiegel*, Nr. 3/66.
106 Briefe, bei Gun (ohne Seitenangaben) reproduziert.
107 Vgl. Besymenski, S. 91.
108 Vgl. Zoller, S. 67 f.
109 Persönliche Auskunft von Dr. Paul Schmidt(-Carell). 1971. Schmidt besuchte Morell drei- oder viermal. Als er dann wieder im Lazarett erschien, erklärte ihm ein deutscher Sanitäter: »Der Professor wurde heute früh weggeschafft.«

110 Der Autor erhielt sie von Dr. Robert M. W. Kempner, der in rund einem Dutzend Nachfolgeverfahren des Nürnberger Prozesses als US-Hauptankläger fungierte.

111 So z. B. Trevor-Roper (*Hitlers letzte Tage*, S. 87), dessen Angaben die meisten Kritiker übernommen haben.

112 Giesing-Bericht vom 11. 11. 1945, S. 4 f.

113 Vgl. Trevor-Roper (*Hitlers letzte Tage*), S. 88. Brandt erklärte nach 1945: »Als ich Morell nach dem Namen der benutzten Heilmittel fragte, verweigerte er die Antwort.«

114 Dr. Brandt äußerte das gegenüber Heinrich Heim (persönliche Auskunft von Heinrich Heim vom 22. 10. 1970).

115 Vgl. Trevor-Roper, S. 88.

116 Vgl. ebenda, S. 87.

117 Morell-Protokoll. Für die sachkundige und uneigennützige Hilfe bei der Auswertung danke ich dem Arzt Dr. Fritz Ehlers und dem Chemiker Dr. Adolf Wenz.

118 Vgl. Rote Liste 1969: Verzeichnis pharmazeutischer Spezialpräparate. Aulendorf 1969.

119 Vgl. S. 26.

120 Vgl. S. 9.

121 Zit. bei Röhrs, S. 110 f.

122 Persönliche Auskünfte aus Hitlers Umgebung (1969 und 1970). Veröffentlicht auch durch Hitlers Sekretärin Christa Schröder: Zoller, u. a. S. 67 f. 1945 gestand Morell dem Gesandten Dr. Paul Schmidt(-Carell), daß es oft nicht leicht gewesen sei, mit ärztlichen Argumenten Eva Brauns Drängen zu begegnen, dem überarbeiteten und kranken Führer Stimulantien zu verabreichen, die seine Sexualität anregten. Persönliche Auskunft von Dr. Schmidt(-Carell) (12. 2. 1971).

123 Vgl. Trevor-Roper, *Hitlers letzte Tage*, S. 88.

124 Vgl. Trevor-Roper, *Hitlers letzte Tage*, S. 111.

125 Vgl. ebenda.

126 Vgl. auch Schramm, bei Picker, S. 109 f. Auch von Hasselbach reagierte nach 1945 entsprechend. Vgl. ebenda.

127 Morell-Protokoll.

128 Schramm, bei Picker, S. 110.

129 Morell-Protokoll.

130 ebenda.

131 ebenda.

132 ebenda.

133 So z. B. am 31. August 1944. Zit. bei Schramm, *Hitler als militärischer Führer*, S. 93.

134 Hitler am 12. 12. 1942 während der »Mittagslage« in der »Wolfsschanze«. Vgl. Warlimont, S. 308.

9. Kapitel

DER POLITIKER

1 Persönliche Auskunft von Hitlers Kriegskameraden Ernst Schmidt (August 1964).
2 Persönliche Auskunft von Ernst Schmidt (August 1964). Vgl. auch S. 150 ff.
3 Hitler, S. 225.
4 Vgl. ebenda, S. 321.
5 Hitler, S. 229.
6 ebenda, S. 231.
7 ebenda, S. 230.
8 ebenda, S. 295.
9 Vgl. dazu u. a. Hitler, S. 245 ff.
10 Hitler, S. 749. Vgl. dazu auch *Hitlers Zweites Buch*, S. 94.
11 Vgl. Maser, *Hitlers Briefe und Notizen* ... und Gordon, Harald Jr., *Hitlerputsch 1923. Machtkampf in Bayern 1923/24*. Frankfurt 1971.
12 Hitler, S. 231 f.
13 ebenda, S. 230.
14 Vgl. ebenda, S. 229.
15 Vgl. ebenda, S. 229 f.
16 Vgl. ebenda.
17 Vgl. ebenda, S. 229.
18 Vgl. ebenda.
19 Vgl. ebenda.
20 Vgl. ebenda, S. 230.
21 Vgl. ebenda.
22 ebenda.
23 Vgl. dazu Jacobsen, *Nationalsozialistische Außenpolitik 1933–1938*, u. a. S. 618 f.
24 Vgl. ebenda.
25 ebenda.
26 ebenda.
27 Persönliche Mitteilung seines Münchener Hauswirtssohnes Josef Popp (1966).
28 Vgl. dazu auch Hitler, S. 172 ff.
29 Hitler, S. 736.
30 Vgl. ebenda und Maser, *Hitlers Briefe* ...
31 Vgl. Jacobsen, *Nationalsozialistische Außenpolitik*, S. 331 f.
32 Vgl. z. B. Hillgruber, *Kontinuität und Diskontinuität in der deutschen Außenpolitik von Bismarck bis Hitler*, S. 17.
33 Vgl. ebenda, S. 20.
34 Vgl. dazu auch Hitlers Rede vom 1. Mai 1933. Zit. bei Domarus, Bd. I/1, S. 259 ff.

35 Zit. nach Domarus, Bd. I/1, S. 271 ff.
36 Preis, H. (Hrsg.), *Adolf Hitler in Franken, Reden aus der Kampfzeit.* München 1939, S. 171.
37 Hitler, S. 772.
38 Vgl. auch Höhne, *Der Orden unter dem Totenkopf*, S. 290 ff.
39 Bundesarchiv Koblenz, LXIV B 22, fol. 1–72, S. 11.
40 Eidesstattliche Erklärung von Viktor Hermann Brack, dem persönlichen Beauftragten Bouhlers, vom 12. 10. 1946, ebenda, S. 18.
41 ebenda, LXIV B 25, fol. 1–175, S. 40.
42 Schreiben eines L. Schlaich vom 6. 9. 1940. Bundesarchiv Koblenz, LXIV B 24, fol. 1–72, S. 41.
43 Vgl. ebenda, S. 65 und 67.
44 Vgl. ebenda, LXIV B 25, S. 34.
45 ebenda, LXIV B 25, S. 34.
46 ebenda, vgl. u. a. Schreiben des Generalstaatsanwalts von Stuttgart vom 12. 10. 1940 an den Reichsjustizminister, LXIV B 25, fol. 1–175.
47 ebenda, vgl. u. a. das Vernehmungsprotokoll des Arztes Dr. Otto Schellmann vom 4. 7. 1946. LXIV B 26, S. 149.
48 LXIV B 25, S. 34.
49 ebenda. LXIV B 25, fol. 1–175, S. 41.
50 Aussage von Kurt Gerstein vom 26. 4. 1945. Bundesarchiv Koblenz, LXIV B 26, fol. 1–160.
51 ebenda.
52 Vgl. Höhne, *Der Orden unter dem Totenkopf*, S. 291.
53 Bundesarchiv Koblenz, LXIV B 26, fol. 1–160.
54 ebenda.
55 ebenda.
56 ebenda.
57 Vgl. S. 380f.
58 Reichsgesetzblatt I, S. 535, Zif. nach *Gesetze des NS-Staates.* Hrsg. Ingo v. Münch. Bad Homburg, Berlin und Zürich 1968, S. 115, Künftig zit. als *Gesetze des NS-Staates.*
59 Vgl. die diesbezüglichen Feststellungen im 8. und 10. Kapitel.
60 Vgl. dazu auch Hillgruber, *Die Endlösung und das deutsche Ostproblem ...*
61 Vgl. *Völkischer Beobachter* Nr. 79 vom 20. 3. 1934 und Domarus, Bd. I/1, S. 371.
62 Vgl. Maser, *Die Frühgeschichte der NSDAP*, S. 357 ff.
63 Rauschning, Hermann, *Gespräche mit Hitler*. Zürich 1940.
64 Vgl. Taylor, A. J. P., *Die Ursprünge des Zweiten Weltkrieges*, Gütersloh 1962, u. a. S. 94, 97, 176 und 281.
65 Jacobsen, *Nationalsozialistische Außenpolitik* ... S. 320.
66 Vgl. Maser, *Die Frühgeschichte der NSDAP*, S. 307 ff.
67 Hitler, S. 771.
68 ebenda, S. 772 f.
69 Maser, *Die Frühgeschichte der NSDAP*, S. 373/37.

70 Vgl. S. 238 in diesem Buch.
71 Vgl. u. a. S. 268 und S. 266 in diesem Buch.
72 Vgl. Hitler, *Mein Kampf*, Vorwort. Vgl. auch Maser, *Hitlers Mein Kampf*, S. 41 ff.
73 Jacobsen, *Nationalsozialistische Außenpolitik*, S. 339.
74 Maser, *Hitlers Mein Kampf*, S. 47 f. Interview veröffentlicht im *Völkischen Beobachter* vom 29. 2. 1936.
75 Vgl. z. B. Maser, *Hitlers Mein Kampf*, u. a. S. 31 und 187.
76 Picker, S. 268.
77 ebenda, S. 599.
78 *Stationen der deutschen Geschichte 1919–1945*, Hrsg. von B. Freudenfeld, Stuttgart 1962, S. 9–28.
79 Vgl. S. 109 in diesem Buch.
80 Vgl. Maser, *Die Frühgeschichte der NSDAP*, S. 169 ff. und 263 ff.
81 Vgl. Maser, *Die Frühgeschichte der NSDAP*, S. 275.
82 Buchheim, *Hitler als Politiker*. In: *Der Führer ins Nichts*. Rastatt/Baden 1960, S. 12 f.
83 Zit nach Freund, *Deutschland unterm Hakenkreuz*, S. 361.
84 Vgl. dazu u. a. S. 420 in diesem Buch.
85 *Der Hitler-Prozeß, Auszüge aus den Verhandlungsberichten*. München 1924. S. 267.
86 Eucken-Erdsiek, Edith, *Hitler als Ideologe*. In: *Der Führer ins Nichts*. Rastatt/Baden 1960, S. 26.
87 *Goebbels Reden 1932–1939*, Hrsg. Helmut Heiber, Düsseldorf 1972, S. 224.
88 Hitler, S. 531.
89 ebenda, S. 194.
90 ebenda, S. 197 f.
91 ebenda, S. 200.
92 ebenda.
93 ebenda.
94 Vgl. Le Bon, Gustave, *Psychologie der Massen*. Übers. Rudolf Eisler. 2. Aufl. 1912 (neuere Ausgabe: Stuttgart 1951), S. 20, 32, 37 und 47.
95 Hitler, S. 201.
96 ebenda, S. 203.
97 ebenda.
98 ebenda, S. 196.
99 ebenda, S. 201.
100 Vgl. Le Bon, S. 14 ff., 32, 37, 47, 74, 86 und 96.
101 Vgl. ebenda.
102 ebenda, S. 14.
103 Hitler, S. 198.
104 ebenda.
105 ebenda, S. 196.
106 ebenda.
107 ebenda, S. 197.

108 ebenda, S. 201.
109 Hitler, S. 197.
110 ebenda, S. 197.
111 ebenda, S. 197 f.
112 ebenda, S. 198.
113 Vgl. z. B. S. 456 in diesem Buch.
114 Kurt Riezler, *Tagebücher, Aufsätze, Dokumente*. Hrsg. und eingeleitet von Karl Dietrich Erdmann. In: *Deutsche Geschichtsquellen des 19. und 20. Jahrhunderts, Bd. 48*. Göttingen 1972.
115 Zit. nach *DIE ZEIT*, 15. 9. 1972, S. 33.
116 ebenda.
117 ebenda.
118 Vgl. dazu u. a. S. 208 ff.
119 Vgl. S. 240 in diesem Buch.
120 Vgl. Picker, S. 265.
121 Hitler am 4. 4. 1942. Vgl. Picker, S. 248.
122 Vgl. ebenda.
123 Vgl. ebenda.
124 Vgl. ebenda und S. 338.
125 ebenda, S. 265.
126 Vgl. ebenda, S. 248.
127 Vgl. ebenda, S. 338.
128 Vgl. ebenda, S. 248.
129 Vgl. ebenda.
130 Vgl. ebenda, S. 305.
131 ebenda, S. 264 f.
132 Hitler, S. 73.
133 ebenda, S. 593.
134 Vgl. z. B. Buchheim, *Hitler als Politiker* (in »*Der Führer ins Nichts*«.) Rastatt/Baden 1960, S. 11.
135 Zit. nach Buchheim, *Der Führer ins Nichts*, S. 19.
136 Vgl. Picker, S. 311 f.
137 Vgl. Bollmus, S. 328.
138 Vgl. u. a. S. 430.
139 Vgl. dazu besonders auch die Angaben im letzten Kapitel.

10. Kapitel

DER FELDHERR UND STRATEGE

1 Aufzeichnung von Generalleutnant Liebmann; *Vierteljahrshefte für Zeitgeschichte* 1954, S. 434f. Vgl. dazu auch die Fußnote * S. 463f.
2 Vgl. dazu weiter unten.
3 Vgl. Maser, *Hitlers Mein Kampf*, S. 249ff.
4 Auszug aus der Eidesformel.
5 Vgl. dazu auch S. 466.
6 Zit. nach Schramm, *Hitler als militärischer Führer*, S. 48.
7 DNB-Text vom 1. 9. 1939.
8 Vgl. dazu Hillgruber, *Kontinuität und Diskontinuität in der deutschen Außenpolitik von Bismarck bis Hitler*, S. 24 und Hillgruber, *Hitlers Strategie*, u. a. S. 34 und 581 ff.
9 Rede vom 19. 9. 1939. Zit bei Domarus, Bd. II/3, S. 1357 f.
10 Rede vom 21. 3. 1943. Zit. bei Domarus, Bd. II/4, S. 2000.
11 Zit. ebenda, S. 2236.
12 Zit. der Rede bei Domarus, Bd. II/3, S. 1639.
13 Zit. ebenda, Bd. II/4, S. 2208.
14 Vgl. IMT, Bd. XV, S. 411.
15 Vgl. Schramm, *Hitler als militärischer Führer*, S. 85.
16 IMT, Bd. X, S. 671 f. Vgl. auch S. 196.
17 Formulierung im Giesing-Bericht vom 11. 11. 1945, S. 13 ff. Zit. aus dem Original.
18 Clausewitz, S. 151.
19 Vgl. dazu Hillgruber, *Hitlers Strategie*, S. 23.
20 Zit. bei Schramm, *Hitler als militärischer Führer*, S. 149.
21 Manstein, *Verlorene Siege*, S. 318.
22 Besymenski, *Sonderakte Barbarossa*, S. 195. Vgl. auch ebenda, S. 296.
23 Vgl. Rohwer, J., »Zeitgeschichte, Krieg und Technik«. In: *Wehrwissenschaftliche Rundschau* 1964, S. 205–214.
24 Vgl. u. a. die amtlichen Kriegsgeschichtsdarstellungen aller Länder im Jahre 1962. Vgl. Allmeyer-Beck, J. C., »Die Internationale amtliche Kriegsgeschichtsschreibung über den Zweiten Weltkrieg«. In: *Jahresbibliographie 1962 der Bibliothek für Zeitgeschichte Stuttgart*. Frankfurt/Main 1964, S. 507–540.
25 Hinsley, F. H., *Hitler's Strategy*. Cambridge 1951 (deutsche Übersetzung: *Hitlers Strategie*, Stuttgart 1952).
26 Buchheit, »Hitler als Soldat«. In: *Der Führer ins Nichts*, Rastatt/Baden, 1960.
27 Trevor-Roper, »Hitlers Kriegsziele«. In: *Stationen der Deutschen Geschichte 1919–1945*. Int. Kongreß zur Zeitgeschichte, München 1962.
28 Schramm, *Hitler als militärischer Führer* (Bibliographie).

29 Hillgruber, *Hitlers Strategie* (Bibliographie).

30 Bullock, »Hitler and the Origines of the Second World War«. *Raleigh Lecture on History.* Read 22 November 1967. S. 259–287. In: *Proceedings of the British Academy.* Vol. XIII. 1967. London, Oxford University Press, published for the British Academy, 1968, fortan zit. als Bullock, *Second World War.*

31 Vgl. dazu auch Bullock, *Second World War*, S. 271 f.

32 Vgl. Hillgruber, *Hitlers Strategie*, S. 593.

33 Bullock, *Second World War*, S. 282.

34 Vgl. ebenda.

35 Vgl. ebenda, S. 281.

36 Vgl. ebenda. Vgl. auch die Anm. 164, 165 und 167 im 1. Kapt.

37 Vgl. Clausewitz, *Vom Kriege*, S. 65–77.

38 Vgl. ebenda, S. 67.

39 Zit. nach Warlimont, *Im Hauptquartier der Wehrmacht*, S. 342. Albert Speer bestätigte aus eigener Erfahrung im Rahmen eines Gespräches mit dem Autor (Nov. 1967): »Hitler hatte immer einen 6. Sinn.«

40 Buchheit, »Hitler als Soldat«. In: *Der Führer ins Nichts*, Rastatt 1960, S. 48.

41 IMT, Bd. XV, S. 333.

42 Persönlicher Bericht von E. von Breitenbuch vom 8. 9. 1966 an Prof. Peter Hoffmann. Persönliche Mitteilung von Hoffmann (7. 6. 1971).

43 Giesing-Bericht vom 11. 11. 1945, S. 13 ff.

44 Dok. im US Berlin Document Center unter »Bormann«. Dabei befindet sich ein 3seitiger Schreibmaschinenbrief (DIN A 4) vom 30. 7. 1944) mit der Unterschrift von Martin Bormann an Himmler.

45 ebenda, S. 27.

46 Giesing-Bericht vom 11. 11. 1945, S. 13 ff. Mit Einverständnis Dr. Giesings (Juni 1971) wurden in einigen Fällen statt »Er« Hitler und statt »Hitler« er geschrieben, Wiederholungen getilgt und Flüchtigkeitsfehler korrigiert.

47 *Der Spiegel*, Nr. 3/66, S. 41. Lagebesprechung vom 25. 4. 1945.

48 Vgl. ebenda, S. 32.

49 Vgl. ebenda, S. 37.

50 ebenda, S. 49 f.

51 Hitler am 20. 5. 1943. Zit. des Protokolls bei Warlimont, *Im Hauptquartier der Wehrmacht*, S. 343. Vgl. auch ebenda, S. 344.

52 Bericht des Dolmetschers im Rahmen einer Fernsehsendung (»Walküre«) vom 20. 7. 1971 (1. Programm).

53 Persönliche Mitteilung von Dr. Giesing (Juni 1971).

54 Angaben des am 20. Juli 1944 beteiligten von Gersdorf (der sich nach eigenen Angaben im März 1943 zusammen mit Hitler habe in die Luft sprengen wollen) im Rahmen der Fernsehsendung »Walküre« am 20. 7. 1971.

55 Vgl. *Hitlers Weisungen für die Kriegführung*, S. 232 ff.

56 Vgl. Picker, S. 475.
57 Vgl. Höhne, S. 479.
58 Zit. nach Warlimont, *Im Hauptquartier der Wehrmacht*, S. 341.
59 Vgl. Speer, *Erinnerungen*, S. 372.
60 Vgl. dazu auch Bullock, *Second World War*, S. 268.
61 Vgl. Speer, *Erinnerungen*, S. 372.
62 Vgl. Speer, *Erinnerungen*, S. 372.
63 Vgl. ebenda.
64 ebenda, S. 373.
65 Vgl. ebenda, S. 374.
66 ebenda, S. 375.
67 Bullock, *Second World War*, S. 269.
68 Vgl. dazu auch Bullock, *Second World War*, u. a. S. 276.
69 Zit. nach Warlimont, S. 524.
70 Vgl. Zoller, S. 35.
71 Zit. bei Schramm, *Hitler als militärischer Führer*, S. 149.
72 Vgl. Jacobsen, *Fall »Gelb«*, S. 21 f.
73 Zit. nach Schramm, *Hitler als militärischer Führer*, S. 49.
74 Vgl. ebenda, S. 150 f.
75 *Hitlers Weisungen für die Kriegführung*, S. 37.
76 Vgl. z. B. Manstein, *Verlorene Siege*, S. 69 f.
77 Vgl. Manstein, S. 79.
78 Zit. nach Schramm, *Hitler als militärischer Führer*, S. 151.
79 Zit. nach Warlimont, *Im Hauptquartier der Wehrmacht*, S. 66 f.
80 Zur Frage der deutschen Aufrüstung vgl. u. a.: Milward, Alan S., *The German Economy at War*, London, 1965, Klein, Burton H., *Germany's Economic Preparations for War*, Cambridge, Mass., 1959 und Stübel, Heinrich, »Die Finanzierung der Aufrüstung im Dritten Reich«. In: *Europa-Archiv*, Jg. 6/1951, S. 4128 ff.
81 Vgl. Bullock, *Second World War*, S. 268.
82 Hitlers Auftrag an Göring. Die Unterlagen fanden sich nach dem Krieg unter Speers Papieren. Vgl. Documents on German Foreign Policy, Ser. C. vol. 5, Nr. 490, Meinck, Gerhard, *Hitler und die deutsche Aufrüstung*, Wiesbaden 1959, S. 164 und Tessin, Georg, *Formationsgeschichte der Wehrmacht 1933–39*, Schriften des Bundesarchivs, Bd. 7, Boppard/Rhein, 1959.
83 Vgl. Bullock, *Second World War*, S. 268.
84 Hitler während seiner Reichstagsrede. Zit. bei Domarus II/3, S. 1112 ff.
85 Vgl. Hillgruber, *Hitlers Strategie*, S. 31.
86 Zum Hitler-Stalin-Pakt vgl. in diesem Zusammenhang Friedensburg, F., »Die sowjetischen Kriegslieferungen an das Hitlerreich«. In: *Vierteljahrshefte für Wirtschaftsforschung*, 1962, S. 331 ff. und Faby, Ph., *Der Hitler-Stalin-Pakt 1939–1941*, Darmstadt 1962, S. 168 ff.
87 Vgl. Treue, W., *Gummi in Deutschland*. München 1955 und »Gummi in Deutschland zwischen 1933 und 1945«. In: *Wehrwissenschaftliche Rundschau*, 1955, S. 169 ff.

88 Vgl. Birkenfeld, W., *Der synthetische Treibstoff 1933 bis 1945*, Göttingen 1964.

89 Vgl. Hillgruber, *Hitlers Strategie*, S. 34.

90 Vgl. Weidemann, Alfred, »Der rechte Mann am rechten Platz«. In: *Bilanz des Zweiten Weltkrieges*, Oldenburg 1953, S. 215 ff.

91 Vgl. Manstein, S. 69.

92 Winston Churchill drängte auf die Besetzung norwegischer Häfen wie Narvik und Bergen. Vgl. dazu Hubatsch, W., *Die deutsche Besetzung von Dänemark und Norwegen 1940*, S. 15.

93 Vgl. z. B. Warlimont, *Im Hauptquartier der Wehrmacht*, S. 89 und 86 f.

94 Vgl. Warlimont, *Im Hauptquartier der Wehrmacht*, S. 88.

95 Zit. ebenda, S. 87.

96 Tagebucheintragung Jodls, zit. bei Warlimont, S. 87.

97 Vgl. Jodls Feststellung von 1946; zit. bei Schramm, *Hitler als militärischer Führer*, S. 150.

98 Vgl. Hubatsch, *Die deutsche Besetzung*, S. 40 f. Vgl. auch Warlimont, S. 85.

99 Vgl. Warlimont, *Im Hauptquartier der Wehrmacht*, S. 84.

100 ebenda. Vgl. auch IMT, Bd. XV, S. 414.

101 Vgl. u. a. Warlimont, S. 86.

102 Vgl. Warlimont, *Im Hauptquartier der Wehrmacht*, S. 92 ff. Jodls Einfluß war es zu verdanken, daß Hitler den Norwegenfeldzug durchstand.

103 Warlimont, *Im Hauptquartier der Wehrmacht*, S. 92.

104 Vgl. Warlimont, *Im Hauptquartier der Wehrmacht*, S. 96.

105 *Hitlers Weisungen für die Kriegführung*, S. 58.

106 Warlimont berichtete am 18. 9. 1969 im Deutschen Fernsehen (ARD) von diesen Voraussagen Hitlers.

107 Guderian, Heinz, »Erfahrungen im Rußlandkrieg«. In: *Bilanz des Zweiten Weltkrieges*, S. 86.

108 Zit. nach Schramm, *Hitler als militärischer Führer*, S. 150 f.

109 *Hitlers Weisungen für die Kriegführung*, S. 71. Vgl. auch ebenda, S. 75 f.

110 Persönliche Auskunft von Arno Breker (1969). Vgl. auch Giesler in: Ziegler, *Wer war Hitler?*, S. 330. Vgl. auch Speer, *Erinnerungen*, S. 185 f.

111 Vgl. Speer, S. 187.

112 Vgl. Buchheit, S. 50.

113 *Hitlers Weisungen für die Kriegführung*, S. 80.

114 ebenda, S. 77.

115 ebenda, S. 77 f.

116 ebenda, S. 79.

117 ebenda, S. 78.

118 ebenda, S. 81.

119 ebenda.

120 DNB-Text vom 4. 5. 1941.
121 Guderian, Heinz, »Erfahrungen im Rußlandkrieg«. In: *Bilanz des Zweiten Weltkrieges*, S. 87.
122 Vgl. auch Besymenski, *Sonderakte Barbarossa*, S. 263.
123 Guderian, Heinz, »Erfahrungen im Rußlandkrieg«. In: *Bilanz des Zweiten Weltkrieges*, S. 89.
124 Zit. der Weisung bei Domarus II/4, S. 1748.
125 Heusinger in seiner Rezension des Hillgruber-Buches *Hitlers Strategie* im *Spiegel*. Zit. nach Besymenski, *Sonderakte Barbarossa*, S. 298.
126 ebenda, S. 299 f.
127 ebenda, S. 300.
128 Vgl. ebenda, S. 300 f.
129 Vgl. *Hitlers Weisungen für die Kriegführung*, S. 174 ff. Weisung vom 6. 9. 1941.
130 *Hitlers Weisungen für die Kriegführung*, S. 186.
131 Hitlers Ausführungen vom 30. 3. 1941. Halder-Tagebuch, Eintragung vom 30. 3. 1941. Zit. bei Domarus II/4, S. 1681 ff.
132 ebenda.
133 IMT, Bd. IX, S. 107.
134 Hitlers Ausführungen vom 30. 3. 1941. Halder-Tagebuch, Eintragung vom 30. 3. 1941. Zit. bei Domarus II/4, S. 1681 f.
135 Zum »Kommissarbefehl« vgl. u. a. Hillgruber, *Hitlers Strategie* und Jacobsen, »Kommissarbefehl und Massenexekution sowjetischer Kriegsgefangener«. In: *Anatomie des SS-Staates*, Bd. II, S. 167–279.
136 *Hitlers Weisungen für die Kriegführung*, S. 213 ff.
137 Schriftlicher Bericht von Dr. Giesing vom 12. 6. 1945, S. 72 f.
138 Vgl. Kesselring, S. 153.
139 Vgl. Manstein, *Verlorene Siege*, S. 308.
140 Vgl. Bullock, *Second World War*, S. 286.
141 ebenda, S. 285.
142 Picker, S. 381.
143 Giesing-Bericht vom 12. 6. 1945, S. 176.
144 *Hitlers Weisungen für die Kriegführung*, S. 270.
145 ebenda.
146 Vgl. Schramm, *Hitler als militärischer Führer*, S. 70.
147 IMT, Bd. XV, S. 411.
148 ebenda, Bd. X, S. 545.
149 Vgl. dazu auch Hillgruber, *Die Räumung der Krim*, S. 51.
150 Vgl. ebenda, S. 76 und Schramm, *Hitler als militärischer Führer*, S. 60. Vgl. dazu besonders auch die Ausführungen S. 146 im Kap. »Soldat für das Reich«.
151 Vgl. u. a. *Der Spiegel*, Nr. 12/71, S. 161.
152 Vgl. Schramm, *Hitler als militärischer Führer*, S. 93.
153 Vgl. ebenda, S. 71.
154 ebenda, S. 93.
155 Schramm, *Hitler als militärischer Führer*, S. 85.

156 ebenda, S. 67.
157 ebenda, S. 68.
158 Giesing-Bericht vom 12. 6. 1945, S. 13 f.
159 Giesing-Bericht vom 11. 11. 1945, S. 1 f.
160 Persönliche Mitteilung von Dr. Giesing (Juni 1971).
161 Giesing-Bericht vom 11. 11. 1945, S. 12 f. Giesing stützt sich dabei auf persönliche Auskünfte von Hitlers Diener Linge und der Ordonnanzen Fehrs und Arndt.
162 Persönliche Mitteilung von Dr. Giesing (Juni 1971).
163 Giesing-Bericht vom 12. 6. 1945, S. 11.
164 Vgl. ebenda.
165 Vgl. Giesing-Bericht vom 11. 11. 1945, S. 16.
166 Giesing-Bericht vom 12. 6. 1945, S. 9.
167 ebenda, S. 10.
168 ebenda.
169 Vgl. Warlimont, *Im Hauptquartier der Wehrmacht*, S. 505.
170 ebenda, S. 524.
171 Vgl. dazu »Auswärtige Beziehungen der Vereinigten Staaten – Diplomatische Papiere«. Auszüge zit. in der *FAZ* vom 15. 12. 1966.
172 Hitler in der Lagebesprechung vom 27. 4. 1945. Zit. nach: *Der Spiegel* Nr. 3/66, S. 42.
173 ebenda, S. 43.
174 Persönliche Auskunft von G. Engel (1968).
175 Vgl. *Der Spiegel* Nr. 3/66, S. 42.
176 Trevor-Roper, *Hitlers letzte Tage*.
177 Besymenski, *Der Tod des Adolf Hitler*. Vgl. auch *Der Spiegel* Nr. 32 vom 5. 8. 1968.
178 Besymenski, *Der Tod des Adolf Hitler*, S. 86.
179 Vgl. ebenda, S. 65 ff.
180 ebenda, S. 65.
181 Vgl. ebenda, S. 66 f. und 75 ff.
182 Vgl. dazu die Fußnote * S. 523.
183 Vgl. Besymenski, S. 74ff.
184 Persönliche Auskunft Baurs über die mit ihm seit Mai 1945 angestellten Verhöre (10. 6. 1971).
185 Vgl. Besymenski, S. 65 ff. Vgl. dazu auch ebenda, Tafel 16.
186 Kempkas Äußerungen gegenüber dem Hitler-Arzt Dr. Giesing. Persönliche Auskunft von Dr. Giesing (8. 6. 1971).
187 Besymenski, S. 57. Mengeshausens Behauptung, daß Hitlers Leiche »nach einer halben Stunde ... verbrannt« gewesen sei, ist unzutreffend und wohl nur durch seine Erregung während des Vorganges zu erklären.
188 Persönliche Auskunft von Hans Baur (10. 6. 1971).
189 Besymenski, S. 67.
190 Rosanow, German L., *Das Ende des Dritten Reiches*, Berlin 1965.
191 Besymenski in: *Auf den Spuren von Martin Bormann*, Zürich 1966.

192 Vgl. u. a. Trevor-Roper, *Hitlers letzte Tage*, S. 196 und Trevor-Roper in: *Der Monat*, H. 92/1956, S. 3 ff.

193 Besymenski, S. 95.

194 ebenda, S. 89, Anm. 63.

195 Vgl. Besymenski, S. 92 ff.

196 Besymenski, S. 86.

197 Schriftliche Reaktion von Lew Besymenski auf einen relativ allgemein gehaltenen brieflichen Hinweis des Autors vom 4. 3. 1970 auf eigene Forschungsergebnisse.

198 Persönliche Mitteilung von Erwin Giesing vom 8. 6. 1971.

199 Persönliche Auskunft von Hans Baur (10. 6. 1971).

200 Persönliche Auskunft von Hans Baur (10. 6. 1971).

201 Persönliche Auskunft von Hans Baur (10. 6. 1971).

202 Vgl. Besymenski, S. 65 und 69.

203 Besymenski, S. 69.

204 Übertragung des Giesing-Tagebuches vom 12. 6. 1945 durch Dr. Giesing.

205 Persönliche Auskunft von Dr. Giesing (8. 6. 1971). Vgl. dazu auch den Giesing-Bericht vom 12. 6. 1945 über diese Untersuchung im Kapitel »Der kranke Führer, Reichskanzler und Oberste Befehlshaber der Wehrmacht«.

206 Mehrfache persönliche Auskünfte von Freunden Günsches (1966 bis 1971). Vgl. auch Trevor-Roper, *Hitlers letzte Tage*, S. 196.

207 Maser, *Die Frühgeschichte der NSDAP*, S. 167.

208 ebenda, S. 158.

209 Gun, S. 207.

210 Kempner, *Das Dritte Reich im Kreuzverhör*, S. 46.

211 ebenda.

Bibliographie

Die wichtigsten Quellen dieser Hitler-Bibliographie bilden unveröffentlichte Dokumente und dokumentarisch abgesicherte Zeugen-Aussagen. Publikationen wurden herangezogen, wo es (zur Ergänzung oder Konfrontation) geboten erschien. Im Rahmen dieser Bibliographie werden sie in alphabetischer Reihenfolge der Verfasser-Namen nach den unveröffentlichten Dokumenten und Zeugenberichten und nach den publizierten Akten, Dokumenten, und Dokumentationen aufgezählt. Einige der wesentlichsten wissenschaftlichen Zeitschriftenbeiträge und Rezensionen bilden den Schluß der Bibliographie. Flugschriften, Flugblätter, Mitteilungsblätter, Rundschreiben und Zeitungen erscheinen (mit sämtlichen bibliographischen Angaben) jeweils in den Fußnoten, ebenso weitere Bücher und Schriften, die nur gelegentlich erwähnt worden sind. Dissertationen werden alphabetisch in der Rubrik »Literatur« eingeordnet.

Unveröffentlichte Quellen:

Dokumente des Hauptarchivs der NSDAP, verschiedener Dienststellen des Reiches und der NSDAP, des Auswärtigen Amtes, der SS, der Wehrmacht, der Wirtschaft, der Polizei und Gerichte. Die vor Mai 1961 im US Berlin Document Center ausgewerteten Unterlagen werden als »Berlin Document Center« (mit laufender Nummer) zitiert, die nach 1961 geprüften Dokumente unter Hinweis auf ihren derzeitigen Aufbewahrungsort (Bundesarchiv Koblenz, 1429 Bde., oder HStA. München und BHStA. München, 494 Bde.), die weiteren Dokumente nach den Katalognummern in »NSDAP Hauptarchiv Guide to the Hoover Institution Microfilm Collection«.
In den Fußnoten werden alle benutzten Dokumente (und die persönlichen Auskünfte) und ihre Herkunft detailliert genannt.
Die folgenden Hinweise bieten nur einen Überblick.

Kirchliche Unterlagen der einstigen – und für Hitlers Vorfahren zuständigen – Kirchengemeinde Döllersheim in Niederösterreich.
Kirchenbücher von Braunau am Inn.
Akten, Nachlässe der Familie Hitler, Protokolle u. a. aus dem Niederösterreichischen Landesarchiv (Wien).
Schriftwechsel der k. k. Statthalterei Wien mit dem bischöflichen Ordinariat St. Pölten, mit der Bezirkshauptmannschaft Mistelbach und mit der Finanz-Bezirksdirektion Braunau am Inn über Hitlers Vater.

Sämtliche Dokumente über die Änderung des Namens Alois Schicklgruber in Alois Hitler.
Dokumente der Umsiedlungsbehörde, die die Bewohner von Strones und Döllersheim umsiedelte.
Unterlagen und Auskünfte der Archive und städtischen Behörden von Graz, Linz, Braunau und Wien.
Gerichtsakten und Protokolle des Bezirksgerichts Allentsteig (über Vorfahren Hitlers).
Persönliche und schriftliche Auskünfte – und familiengeschichtliche Dokumente aus dem 19. und 20. Jahrhundert von den lebenden Verwandten Adolf Hitlers.
Handschriftliche autobiographische Angaben von Adolf Hitlers Halbbruder Alois Hitler.
Briefe und biographische Angaben von Hitlers Schwester Paula.
Erbschaftsprotokolle der Familie Hitler, »Heiratsabreden«, »Häuserkauf-Protokolle«, »amtliche Vermögensausgaben« u. a. Dokumente.
Akten des Stadtarchivs München.
Manuskripte des Historischen Vereins von Oberbayern im Stadtarchiv München (zit. als Jahrbuch der Landeshauptstadt München).
Politische Tagebuchnotizen nach Diktat von Anton Drexler vom 2. Juni 1920 bis 16. April 1921.
Schriftliche Erklärungen eines Zeugen, der Hitlers erste Begegnung mit Anton Drexler, dem Vorsitzenden der späteren NSDAP (im Sept. 1919) miterlebte.
Dokumente aus dem Nachlaß Adolf Hitlers.
Mündliche und schriftliche Mitteilungen von engen Mitarbeitern Hitlers seit 1919.
Auskünfte (und Dokumente) von Schul- und Kriegskameraden Hitlers.
Persönliche Auskünfte (und Dokumente) von Hitlers Zimmervermietern.
Persönliche Auskünfte eines »V-Mannes«, der 1919 mit Hitler im bayerischen Heer tätig war.
Persönliche und schriftliche Auskünfte eines höheren SS-Führers, der vor Kriegsbeginn beauftragt wurde, Zeugenaussagen und Dokumente über Adolf Hitler von 1889 bis 1918 für eine von Goebbels geplante Hitler-Biographie zusammenzutragen.
Dokumente, die Goebbels für die von ihm geplante Hitler-Biographie archivieren ließ.
Erklärungen und Briefe von Hitlers Lehrern (einige an Hitler selbst) und Expertisen über Hitlers künstlerische Arbeiten.
Dokumente über Hitlers Prüfungen von 1907 und 1908 an der Wiener »Akademie der Bildenden Künste«.
Unterlagen der Schulen, die Hitler besuchte.
Schriftliche Berichte von Mitschülern.
Mündliche Auskünfte vom Bürgermeister von Leonding.
Sämtliche Unterlagen von Leonding über Adolf Hitler und dessen Eltern.
Gästebuch des Leondinger Elternhauses von Adolf.

Angaben führender Mitglieder der NSDAP und anderer politischer Parteien und Organisationen seit 1919.

Untersuchungsberichte der österreichischen Landesamtsdirektion (1932) über Hitler.

Dokumente des Krankenhauses der Barmherzigen Schwestern in Linz (von 1907 und 1908) über die Krankheit und den Tod Klara Hitlers und schriftliche Erklärung des Chirurgen Dr. Karl Urban (der Hitlers Mutter kurz vor ihrem Tod operierte).

Rund 250 Dokumente im Zusammenhang mit Hitlers Ernennung zum Regierungsrat (und über seine Zeit als Regierungsrat in Braunschweig).

Kriegsstammrolle des 3. Res.-Inf.-Regts. 16 (dem Hitler während des 1. Weltkrieges angehörte).

Militärpapiere Hitlers und Dokumente über Hitler aus der Zeit von 1914 bis 1919.

Urteile der Vorgesetzten Hitlers von 1914 bis 1919 über Hitler.

Briefe Adolf Hitlers von 1905 bis 1945 (einschließlich aller Feldpostbriefe und Karten Hitlers von 1914 bis 1918).

Briefe an Adolf Hitler von 1907 bis 1945.

Schriftanalysen (Adolf Hitler und Verwandte).

Mehrere hundert Seiten handschriftliche Notizen und handschriftliche Aufzeichnungen von Adolf Hitler.

Tagebücher u. a. von Politikern, Schriftstellern und maßgeblichen Militärs, die seit 1918 (für oder gegen Hitler) engagiert waren.

Amtliche Auskünfte von Stadtverwaltungen über thematisch artikulierte Ereignisse (Ratsprotokolle u. a.).

Mündliche und schriftliche Mitteilungen wissenschaftlicher Mitarbeiter des ehemaligen Hauptarchivs der NSDAP.

Aufzeichnungen von Ministerialrat Heinrich Heim, von 1941 und 1942 im Führerhauptquartier, Chronist des größten Teiles der »Tischgespräche« Hitlers. Persönliche Auskünfte und Dokumente von Heim über Hitler (mit dem Heim seit 1921 persönlich bekannt war).

Persönlicher Bericht eines Teilnehmers an der Wannseekonferenz vom 20. 1. 1942.

Mündliche und schriftliche Auskünfte u. a. von Hans Baur, Albert Speer, Hans-Dietrich Röhrs, Annelies von Ribbentrop, Gerhard Engel, Ilse Braun, Arno Breker, Heinrich Hoffmann jr., Henriette Hoffmann/von Schirach, Ferdinand Staeger, Hans Severus Ziegler, Wilhelm Zander, Ludwig Wemmer, Robert M. W. Kempner.

Auskünfte der Generale Blumentritt, Hauck, Warlimont, Gause, von Manstein, Liss, Halder, Großadmiral Dönitz u. a. Militärs.

Tagebuchnotizen eines deutschen Diplomaten über eine Verschwörung zur Entführung Hitlers.

Schriftwechsel, Notizen, Protokolle und Entscheidungen der Geheimen Staatspolizei. Geheime Weisungen Himmlers.

Urteile des Volksgerichtshofes.

Aufzeichnungen von Stadt- und Pressearchiven.

Maßgebliche Ergebnisse des Schriftwechsels zwischen dem Autor und deutschen und ausländischen Hitler-Biographen, Historikern und Fachjournalisten, die sich beruflich mit Hitler beschäftigen.
Medizinische Dokumente: u. a. Anatomie-Skizzen und Befund-Protokolle, Elektrokardiogramme, Indikationsbelege u. a. Unterlagen von Medizinern, die Hitler untersuchten, behandelten und von Hitlers Leibarzt konsultiert wurden. Schriftliche Aufzeichnungen und Protokolle der Vernehmungen der Hitler-Ärzte Theo Morell, Erwin Giesing und Hugo-Johannes Blaschke und der Ärzte Walter Löhlein, Karl Weber, A. Nissle und E. Brinkmann, die sich im Auftrage Morells mit Hitlers Gesundheit befassen mußten. Briefwechsel zwischen Morell und den Ärzten, die zur Beratung Morells und zur Untersuchung und Behandlung Hitlers herangezogen wurden (weitere Dokumente in den Fußnoten).
Bericht des Hitler-Arztes Dr. Erwin Giesing (in Tagebuchform), zit. als Giesing-Bericht vom 12. 6. 1945. Originalmanuskript, 177 Seiten DIN A 4 Maschinenschrift-Text vom 12. 6. 1945 über seine Behandlung Hitlers vom 22. 7. 1944 bis 7. 10. 1944 und rund 55 Gespräche mit Hitler (und eine zufällige Zusammenkunft mit Hitler Mitte Februar 1945).
Dazu 32 Seiten (DIN A 4) Maschinen-Text vom 11. 11. 1945. »Kurzer Bericht über Hitler« von Dr. Giesing. Zit. als Giesing-Bericht vom 11. 11. 1945. Persönliche Auskünfte von Dr. Giesing (Mai und Juni 1971). Persönliche Auskünfte von Fritz Echtmann (Oktober 1971).

Akten und Dokumentationen:

Akten des Reichswehr-Gruppenkommandos 4 im Hauptstaatsarchiv München, Abt. II (ehem. Bayer. Kriegsarchiv).
Der Hitler-Prozeß, Auszüge aus den Verhandlungsberichten. München 1924.
Der Hitler-Putsch. Bayerische Dokumente zum 8./9. November 1923 (siehe Deuerlein).
Dokumente der Deutschen Politik und Geschichte. 3 Bde. Berlin und München o. J.
Hitler und Kahr. Aus dem Untersuchungsausschuß des bayerischen Landtags. Landesausschuß der SPD in Bayern. München 1928.
Hitlers Weisungen für die Kriegführung 1939 bis 1945. Dokumente des Oberkommandos der Wehrmacht. Hrsg. Hubatsch, Walter. Frankfurt/M. 1962. Zit. nach der ungekürzten Taschenbuch-Ausgabe von (München) 1965.
NSDAP Hauptarchiv Guide to the Hoover Institution Microfilm Collection. Compiled by Grete Heinz and Agnes F. Peterson (Hoover Inst. Bibliographical Series XVII.) Stanford University.
Verhandlungen der Verfassunggebenden Deutschen Nationalversammlung.
Verhandlungsniederschriften der Nationalversammlung: »Die Deutsche Nationalversammlung«, Berlin.
Verhandlungsniederschriften des Reichstages: »Verhandlungen des Reichstages«, Berlin.

Verhandlungen des provisorischen Nationalrates des Volksstaates Bayern im Jahre 1918/19.
Verhandlungen des Bayerischen Landtages. München.
Verhandlungsniederschriften – *Der Prozeß gegen die Hauptkriegsverbrecher vor dem internationalen Militärgerichtshof*. Nürnberg 1947. Zit. als: *IMT*, Bd. usw.
Vier Jahre Westfront. Geschichte des Regiments List. R. I. R. 16. München 1932.

Literatur:

Adler, H. G.: *Die Juden in Deutschland*. München 1961.
Anschütz: *Die Verfassung des Deutschen Reiches*. 3. und 4. Aufl. Berlin 1926.
Arendt, Hannah: *Elemente und Ursprünge totaler Herrschaft*. New York 1955 und Frankfurt 1962.
Aretin, Erwein von: *Krone und Ketten*. München 1955.

Bäthe, Kristian: *Wer wohnte wo in Schwabing? Wegweiser für Schwabinger Spaziergänge*. München 1965.
Baeumler, Alfred: *Das mythische Weltalter. Bachofens romantische Deutung des Altertums*. München 1965 (zuerst unter dem Titel erschienen: *Bachofen der Mythologe der Romantik*, Einleitung zu der Bachofen-Anthologie: *Der Mythus von Orient und Occident*, Hrsg. von Manfred Schroeter, München 1926).
Bauer, Otto, Marcuse, Herbert, Rosenberg, Arthur: *Faschismus und Kapitalismus. Theorien über die sozialen Ursprünge und die Funktion des Faschismus*, Frankfurt/Main und Wien 1967.
Bayer, Ernst: *Die SA-Geschichte. Arbeit, Zweck und Organisation der SA*. Berlin 1938.
Beckmann, Ewald: *Der Dolchstoßprozeß*. München 1925.
Bennecke, Heinrich: *Hitler und die SA*. München und Wien 1962.
Bennecke, Heinrich: *Die Reichswehr und der »Röhm-Putsch«*. München und Wien 1964.
Bennewitz, Gert: *Die geistige Wehrerziehung der deutschen Jugend*. Berlin 1940.
Benoist-Méchin, Jacques: *L'histoire de l'armée allemande*. 2 Bde. Paris 1936/38.
Berber, Fritz: *Die völkerrechtspolitische Lage Deutschlands*. Berlin 1936.
Bernadotte, Graf Folke: *Das Ende. Meine Verhandlungen in Deutschland im Frühjahr 1945 und ihre politischen Folgen*. Zürich und New York 1945.
Berndorff, H. R.: *General zwischen Ost und West*. Hamburg 1951.
Bernett, Hajo: *Nationalsozialistische Leibeserziehung*. Schorndorf bei Stuttgart 1966.

Besgen, Achim: *Der stille Befehl. Medizinalrat Kersten und das Dritte Reich*. München 1960.
Besser, Joachim: »Die Vorgeschichte des Nationalsozialismus im neuen Licht«. In: *Die Pforte* 2 (1950), S. 763–784.
Besymenski, Lew: *Der Tod des Adolf Hitler*. Hamburg 1968.
– *Sonderakte Barbarossa*. Stuttgart 1968.
Beyer, Hans: *Von der Novemberrevolution zur Räterepublik in München*. (Ost-)Berlin 1957.
Beyerle, Konrad: *Föderalistische Reichspolitik*. München 1924.
Binder, Gerhard: *Lebendige Zeitgeschichte 1890–1945*. München 1961.
Biss, Andreas: *Der Stopp der Endlösung. Kampf gegen Himmler und Eichmann in Budapest*. Stuttgart 1966.
Bloch, Charles: *Hitler und die europäischen Mächte 1933/1934. Kontinuität oder Bruch*. Frankfurt/Main 1966.
Blücher, Wipert von: *Deutschlands Weg nach Rapallo*. Wiesbaden 1951.
Boehringer, Robert: *Mein Bild von Stefan George*. München 1951.
Bölsche, Wilhelm: *Vom Bazillus zum Affenmenschen*. Jena 1921 (11.–15. Tausend).
Boldt, Gerhard: *Die letzten Tage der Reichskanzlei*. Reinbek bei Hamburg 1964.
Bonn, M. J.: *So macht man Geschichte*. München 1953.
Borkenau, Franz: *The Communist International*. London 1938.
Bothmer, Karl Graf von: *Bayern den Bayern*. Dießen vor München 1920.
Bott, Maximilian: *Das bayerische Generalstaatskommissariat und Bayerns Konflikt mit dem Reich*. Diss. Gießen 1927.
Bouhler, Philipp: *Der großdeutsche Freiheitskampf* (Hitler-Reden). 2 Bde. München 1940 (I. Band), 1941 (II. Band).
– *Kampf um Deutschland*. München 1938.
Bracher, Karl Dietrich: »Das ›Phänomen‹ Adolf Hitler«. In: *Pol. Lit.*, 1952, S. 207 ff.
– *Adolf Hitler*. Bern/München/Wien 1964.
– »Das Anfangsstadium der Hitlerschen Außenpolitik«. In: *Vierteljahrshefte für Zeitgeschichte* (1957), S. 63 ff.
– »Die völkische Ideologie und der Nationalsozialismus«. In: *Deutsche Rundschau* 1958, S. 53 ff.
– *Die Auflösung der Weimarer Republik. Eine Studie zum Problem des Machtverfalls in der Demokratie*. 1. Aufl., Stuttgart und Düsseldorf 1955, 3. Aufl. Villingen 1960.
– *Die deutsche Diktatur. Entstehung, Struktur, Folgen des Nationalsozialismus*. Köln 1969.
Bracher, Karl Dietrich, Sauer, Wolfgang, Schulz, Gerhard: *Die nationalsozialistische Machtergreifung. Studien zur Errichtung des totalitären Herrschaftssystems in Deutschland 1933/34*. Köln und Opladen 1960.
Brandmayer, B: *Mit Hitler Meldegänger 1914–1918*. Überlingen 1940.
Braun, Otto: *Von Weimar bis Hitler*. New York 1940 und Hamburg 1949.

Brauweiler, Heinz: *Generäle in der deutschen Republik. Groener, Schleicher, Seeckt.* Berlin 1932.
Brecht, Arnold: *Vorspiel zum Schweigen. Das Ende der deutschen Republik.* Wien 1948.
Bronder, Dietrich: *Bevor Hitler kam.* Hannover 1964.
Bross, Werner: *Gespräche mit Hermann Göring während des Nürnberger Prozesses.* Flensburg/Hamburg 1950.
Broszat, Martin: »Die völkische Ideologie und der Nationalsozialismus«. In: *Deutsche Rundschau* 1 (1958).
– *Der Nationalsozialismus. Weltanschauung, Programm und Wirklichkeit.* Stuttgart 1960.
– *Nationalsozialistische Polenpolitik 1939–1945.* Stuttgart 1961.
Buchheim, Hans: »Ernst Niekischs Ideologie des Widerstands«. In: *Vierteljahrshefte für Zeitgeschichte* 5 (1957), S. 334–361.
Buchheim, Hans, Broszat, Martin, Jacobsen, Hans-Adolf, Krausnick, Helmut: *Anatomie des SS-Staates.* 2 Bde. Band 1: Die SS – Das Herrschaftsinstrument, Befehl und Gehorsam; Band 2, Konzentrationslager, Kommissarbefehl, Judenverfolgung. Olten und Freiburg/Br. 1965.
Buchheim, Hans: *Glaubenskrise im Dritten Reich. Drei Kapitel nationalsozialistischer Religionspolitik.* Stuttgart 1953.
– *SS und Polizei im NS-Staat.* Duisburg 1964.
Buchheit, Gert: *Der deutsche Geheimdienst. Geschichte der militärischen Abwehr.* München 1966.
– *Hitler, der Feldherr. Die Zerstörung einer Legende.* Rastatt 1958.
Buchner, Eberhard: *Revolutionsdokumente.* I. Band. Berlin 1921.
Buchrücker: *Im Schatten Seeckts.* Berlin 1928.
Bullock, Alan: *Hitler. Eine Studie über Tyrannei.* Düsseldorf 1953, 56. bis 70. Tausend 1962 (1964 unverändert als Taschenbuch in der Fischer Bücherei, Bd. 583/4). In dieser Neuauflage sind die Veröffentlichungen Jetzingers und Kubizeks zwar berücksichtigt, doch weicht sie in den Kapiteln über Hitlers Wiener Zeit, über die auch Jetzinger und Kubizek nichts wesentlich Neues zu berichten hatten, von der Erstauflage in den Ergebnissen nicht ab.
– *Hitler. A Study in Tyranny.* London 1965. Diese englische Neuausgabe wird dort zitiert, wo sie 1. inhaltlich von den deutschen Ausgaben abweicht und 2., wo Bullock zwar neue Forschungsergebnisse anderer Autoren auswertet, jedoch auch da von den Feststellungen nicht abweicht, die er bereits 1952 (1. engl. Ausgabe) traf. Zitiert als: Bullock: *Hitler. A Study in Tyranny.*
– Hitler and the Origins of the Second World War. Raleigh Lecture on History. Read 22. November 1967. S. 259–287. London, Oxford University Press, published for the British Academy, 1968. Zit. als Bullock, Second World War.
Burke, Kenneth: *Die Rhetorik in Hitlers »Mein Kampf« und andere Essays zur Strategie der Überredung.* Frankfurt/M. 1967.

Carell, Paul: *Unternehmen Barbarossa. Der Marsch nach Rußland.* Frankfurt, Berlin, Wien 1963.
– *Verbrannte Erde. Schlacht zwischen Wolga und Weichsel.* Frankfurt, Berlin, Wien 1966.
Ciller, Alois: *Deutscher Sozialismus in den Sudetenländern und in der Ostmark.* Hamburg 1944.
– *Vorläufer des Nationalsozialismus. Geschichte und Entwicklung der nationalen Arbeiterbewegung im deutschen Grenzland.* Wien 1932.
Claß, Heinrich: *Zum deutschen Kriegsziel.* München 1917.
– *Wenn ich der Kaiser wär.* Leipzig 1912.
Clausewitz, Karl von: *Vom Kriege* (1.–6. Buch und Skizzen zum 7. und 8. Buch), Volksausgabe, Leipzig 1935.
Compton, James V.: *Hitler und die USA. Die Amerikapolitik des Dritten Reiches und die Ursprünge des Zweiten Weltkrieges.* Oldenburg und Hamburg 1968.
Craig, Gordon A.: *Die preußisch-deutsche Armee 1640–1945. Staat im Staate.* Düsseldorf 1960.

Daim, Wilfried: *Der Mann, der Hitler die Ideen gab.* München 1958.
Dallin, Alexander: *Deutsche Herrschaft in Rußland 1941–1945. Eine Studie über Besatzungspolitik.* Düsseldorf 1958.
Damaschke, Adolf: *Ein Kampf um Sozialismus und Nation.* Dresden 1935.
Darré, Walther R.: *Neuadel aus Blut und Boden.* München 1935.
Deakin, F. W.: *Die brutale Freundschaft. Hitler, Mussolini und der Untergang des italienischen Faschismus.* Köln 1962.
De Man, Hendrik: *Sozialismus und National-Faschismus.* Potsdam 1931.
Deuerlein, Ernst: »Hitlers Eintritt in die Politik«. In: *Vierteljahrshefte für Zeitgeschichte* 7 (1959) H. 2.
– *Der Hitler-Putsch. Bayerische Dokumente zum 8./9. November 1923.* Stuttgart 1962 (= Quellen und Darstellungen zur Zeitgeschichte. Bd. 9).
– *Der Aufstieg der NSDAP 1919–1933 in Augenzeugenberichten.* Düsseldorf 1968.
– *Hitler – Eine politische Biographie.* List-Taschenb., Bd. 349. München 1970.
Dietrich, Otto: *12 Jahre mit Hitler.* München 1955.
– *Mit Hitler in die Macht. Persönliche Erlebnisse mit meinem Führer.* München 1934.
Dönitz, Karl: *Zehn Jahre und zwanzig Tage.* Frankfurt/M. und Bonn 1964.
Domarus, Max: *Hitler. Reden und Proklamationen 1932–1945.* München 1965, 4 Bde.
Dormanns, Alfred: *Die Bevölkerung hatte Verluste.* Hamburg 1947.
Dressler, Adolf, Maier-Hartmann, Fritz: *Die Sammlung Rehse. Dok. der Zeitgeschichte.* 1. Bd., München 1940. Zit. als »Sammlung Rehse«.
Drexler, Anton: *Mein politisches Erwachen.* München 1919.
Dühring, Eugen: *Die Judenfrage.* 6 Aufl. Leipzig 1930.
Dwinger, Edwin Erich: *Die 12 Gespräche 1933–1945.* Velbert und Kettwig 1966.

Eckart, Dietrich: *Der Bolschewismus von Moses bis Lenin. Zwiegespräche zwischen Adolf Hitler und mir.* München 1925.
Eder, Karl: *Der Liberalismus in Altösterreich. Geisteshaltung, Politik und Kultur.* Wien 1955.
Ehlers, Dieter: *Technik und Moral einer Verschwörung. 20. Juli 1944.* Frankfurt/M. und Bonn 1964.
Erfurth, Waldemar: *Die Geschichte des deutschen Generalstabes von 1918 bis 1945.* Göttingen, Berlin, Frankfurt 1957.
Eyck, Erich: *Geschichte der Weimarer Republik.* Bd. 1. Erlenbach, Zürich und Stuttgart 1954.

Fabricius, Hans: *Dr. Wilhelm Frick.* Berlin 1938.
Faby, Philipp W.: *Mutmaßungen über Hitler. Urteile von Zeitgenossen.* Düsseldorf 1967.
Fechenbach, Felix: *Der Revolutionär Kurt Eisner.* Berlin 1929.
Feder, Gottfried: *Der deutsche Staat auf nationaler und sozialer Grundlage.* München 1923.
– *Das Manifest zur Brechung der Zinsknechtschaft.* München 1926.
– *Der Staatsbankerott die Rettung.* Dießen vor München 1924.
Feil, Jenny: *Bayerischer Separatismus zur Eisner-Zeit.* Diss. München 1939.
Fest, Joachim C.: *Das Gesicht des Dritten Reiches. Profile einer totalitären Herrschaft.* München 1963.
Fischer, Ruth: *Stalin und der deutsche Kommunismus.* 2. Aufl. Frankfurt/M. 1948.
Fishmann, Jack und Hutton, Bernhard J.: *Das Privatleben des Josef Stalin.* Wien und Hamburg 1964.
Flechtheim, Ossip: *Die KPD in der Weimarer Republik.* Offenbach/M. 1948.
Foch, Maréchal: *Mémoires pour servir à l'histoire de la guerre de 1914–1918.* 2. Bde. Paris 1931.
François-Poncet, André: *Von Versailles bis Potsdam.* Mainz und Berlin 1949.
Frank, Hans: *Im Angesicht des Galgens.* München-Gräfelfing 1953.
Franz-Willing, Georg: *Die Hitlerbewegung. Der Ursprung 1919–1922.* Hamburg und Berlin 1962.
Freud, Arthur: »Zur Gemeinde und Organisation. Zur Haltung der Juden in Österreich«. In: *Publikationen des Leo-Baeck-Instituts, Bulletin für die Mitglieder der Gesellschaft der Freunde des Leo-Baeck-Instituts.* Tel-Aviv, Juli 1960.
Freud, Sigmund: *Massenpsychologie und Ich-Analyse.* Leipzig, Wien und Zürich 1921.
Freund, Michael: *Deutschland unterm Hakenkreuz. Die Geschichte der Jahre 1933–1945.* Gütersloh 1965.
Friedensburg, Ferdinand: *Die Weimarer Republik.* Berlin 1946.
Friedländer, Saul: *Auftakt zum Untergang. Hitler und die Vereinigten Staaten von Amerika 1939–1941.* Stuttgart 1965.

Funder, Friedrich: *Vom Gestern ins Heute. Aus dem Kaiserreich in die Republik.* Wien 1952.

Galéra, Kurt Siegmar Baron von: *Geschichte unserer Zeit.* 4 Bde. Leipzig 1932.
Gellert, Wilhelm: *Der Zusammenbruch der Demokratie.* Berlin 1922.
Gengler, Ludwig Franz: *Die deutschen Monarchisten 1919–1925.* Kulmbach 1932 (zugleich Diss. Erlangen).
Genschel, Helmut: *Die Verdrängung der Juden aus der Wirtschaft im Dritten Reich.* Göttingen 1966.
Gessler, Otto: *Reichswehrpolitik in der Weimarer Zeit.* Stuttgart 1958.
Geyer, Kurt: *Drei Verderber Deutschlands.* Berlin 1924.
Gilbert, G. M.: *Nürnberger Tagebuch.* Frankfurt/M. 1962.
Gisevius, Hans-Bernd: *Adolf Hitler. Versuch einer Deutung.* München 1963.
Glum, Friedrich: *Der Nationalsozialismus. Werden und Vergehen.* München 1962.
Goebbels, Joseph: *Tagebücher aus den Jahren 1942–43 mit anderen Dokumenten.* Zürich 1948.
Göring, Hermann: *Aufbau einer Nation.* Berlin 1934.
Görlitz, Walter und Quint, Herbert: *Adolf Hitler. Eine Biographie.* Stuttgart 1952.
Görlitz, Walter: *Generalfeldmarschall Keitel. Verbrecher oder Offizier? Erinnerungen, Briefe, Dokumente des Chefs OKW.* Göttingen, Berlin, Frankfurt/M. 1961.
Gordon, Harold J.: *Die Reichswehr und die Weimarer Republik 1919 bis 1926.* Frankfurt/M. 1959.
Grebing, Helga: *Der Nationalsozialismus. Ursprung und Wesen.* München 1959.
Greiner, Josef: *Das Ende des Hitler-Mythos.* Zürich, Leipzig und Wien 1947.
Greiner, Helmuth: *Die Oberste Wehrmachtführung 1939–1943.* Wiesbaden 1951.
Groener, Wilhelm: *Lebenserinnerungen.* Hrsg. Freiherr Hiller v. Gaertringen. Göttingen 1957.
Grün, Wilhelm: *Dietrich Eckart als Publizist.* Erster Teil: Einführung. Mit einer Ahnentafel bis 1285 und einer Dietrich-Eckart-Bibliographie von 1868 bis 1938. München 1941.
Guderian, Heinz: *Erinnerungen eines Soldaten.* Heidelberg 1951.
Gumbel, Emil Julius: *Vier Jahre politischer Mord.* Berlin 1923.
– *Verräter verfallen der Feme.* Opfer/Mörder/Richter 1919–1929. Berlin 1929.
Gun, Nerin E.: *Eva Braun-Hitler. Leben und Schicksal.* Velbert und Kettwig 1968.
Gutachten des Instituts für Zeitgeschichte (Vorrede: Paul Kluke). München: Selbstverlag des Instituts für Zeitgeschichte 1958 (= Veröffentl. des Institus für Zeitgeschichte).

Halder, Generaloberst: *Kriegstagebuch. Tägliche Aufzeichnungen des Chefs des Generalstabes des Heeres 1939–1942.* Hrsg. v. Arbeitskreis für Wehrforschung Stuttgart. 3 Bde., Stuttgart 1962, 1963 und 1964.
Hallgarten, George W. F.: *Hitler, Reichswehr und Industrie. Zur Geschichte der Jahre 1918–1933.* Frankfurt/M. 1962.
Hammann, Otto: *Der neue Kurs.* Berlin 1918.
Hammer, Hermann: »Die deutschen Ausgaben von Hitlers »Mein Kampf«. In: *Vierteljahrshefte für Zeitgeschichte 4* (1956), S. 161–178.
Hammer, Wolfgang: *Adolf Hitler – ein deutscher Messias?* München 1970.
Hanfstaengl, Ernst: *Hitler. The Missing Years.* London 1957.
– *Zwischen Weißem und Braunem Haus. Erinnerungen eines politischen Außenseiters.* München 1970.
Hannover, Heinrich und Elisabeth: *Politische Justiz 1918–1933.* Frankfurt/M. 1966.
Hansen, Reimer: »Albert Speers Konflikt mit Hitler.« In: *Geschichte in Wissenschaft und Unterricht* 10/1966, S. 596–621.
Harand, Irene: *»Sein Kampf«. Antwort an Hitler.* Wien 1935.
Hart, F. Th.: *Alfred Rosenberg. Der Mann und sein Werk.* 5. Aufl. München und Berlin 1942.
Hartung, Fritz: »Zur Geschichte der Weimarer Republik.« In: *Historische Zeitschrift* 181 (1956).
Hasse, Ernst: *Deutsche Weltpolitik.* München 1897.
Hasselbach, Ulrich von: *Die Entstehung der nationalsozialistischen deutschen Arbeiterpartei 1919–1923.* Diss. Leipzig 1931.
Hausser, Paul: *Soldaten wie andere auch. Der Weg der Waffen-SS.* Osnabrück 1966.
Heer, Friedrich: *Gottes erste Liebe. 2000 Jahre Judentum und Christentum. Genesis des österreichischen Katholiken Adolf Hitler.* München und Eßlingen 1967.
– *Der Glaube des Adolf Hitler. Anatomie einer politischen Religiosität.* München und Eßlingen 1968.
Heiber, Helmut: *Adolf Hitler. Eine Biographie.* Berlin 1960.
– (Hrsg.): *Hitlers Lagebesprechungen.* Stuttgart 1962.
– *Walter Frank und sein Reichsinstitut für Geschichte des neuen Deutschlands.* Stuttgart 1967.
– (Hrsg.): *Reichsführer! Briefe an und von Himmler.* Stuttgart 1968.
Heiden, Konrad: *Adolf Hitler.* 2 Bde., Zürich 1936.
– *Geschichte des Nationalsozialismus.* Hamburg 1932.
– *Geburt des Dritten Reiches.* 2. Aufl., Zürich 1934.
Herold, Emil: *Ein Jahr bayerische Revolution im Bilde.* München 1919, 3. unveränderte Aufl. 1937.
Herre, Paul: *Die Südtiroler Frage.* München 1927.
Herzfeld, Hans: »Die deutsche Kriegspolitik im Ersten Weltkrieg.« In: *Vierteljahrshefte für Zeitgeschichte 3* (1961), S. 224 ff.
Heß, Ilse: *Gefangener des Friedens.* Leoni am Starnberger See 1962.

Heuss, Theodor: *Hitlers Weg*. Stuttgart, Berlin und Leipzig 1932.
Hillgruber, Andreas: »Südost-Europa im Zweiten Weltkrieg. Literaturbericht und Bibliographie.« In: *Schriftenreihe der Bibliothek für Zeitgeschichte Stuttgart*. H. 1. Frankfurt/M. 1962.
– *Hitlers Strategie, Politik und Kriegführung 1940/41*. Frankfurt/M. 1965.
– *Chronik des Zweiten Weltkrieges* (zus. mit Gerhard Hümmelchen). Frankfurt/M. 1966.
– Deutschlands Rolle in der Vorgeschichte der beiden Weltkriege. In: *Die deutsche Frage in der Welt* (Hrsg. u. a. W. Conze, P. Kluke und Th. Schieder), Bd. 7, Göttingen 1967.
– *Probleme des Zweiten Weltkrieges* (Hrsg.). Neue Wissenschaftliche Bibliothek, Bd. 20. Köln und Berlin 1967.
– *Staatsmänner und Diplomaten bei Hitler. Vertrauliche Aufzeichnungen über Unterredungen mit Vertretern des Auslands*. Bd. I: 1939–1941. Hrsg. und erläutert von Hillgruber. Frankfurt/M. 1967. Bd. II: 1942 bis 1944. Hrsg. und erläutert von Hillgruber. Frankfurt/M. 1970.
Hilpert, Friedrich: *Die Grundlagen der bayerischen Zentrumspolitik 1918–1921*. München und Berlin 1941 (Diss.).
Hitler, Adolf: *Mein Kampf*. 469.–473. Aufl. München 1939. Benutzt wurden die *Mein Kampf*-Ausgaben von 1925 (I. Bd.), 1927 (II. Bd.), 1930 und 1939 (2 Bde. in einem Band, ungekürzte Volksausgaben). Sie wurden verglichen mit den Ausgaben von 1928, 1933 und 1943. Zitiert wird stets die Ausgabe von 1939. Wo sie Abweichungen von den Ausgaben von 1925 (I. Bd.) und 1927 (II. Bd.) aufweist, wird im Text oder in den Fußnoten darauf hingewiesen. Zit. als Hitler.
– *Die Südtiroler-Frage und das deutsche Bündnisproblem*. München 1926.
Adolf Hitler in Franken. Reden aus der Kampfzeit. Gesammelt und hrsg. von Heinz Preiss im Auftrage von Julius Streicher. O. J., o. O. (Vorwort: Ostern 1939).
Hitlers Zweites Buch. Ein Dokument aus dem Jahre 1928. Hrsg. vom Institut für Zeitgeschichte, eingeleitet und kommentiert von Gerhard L. Weinberg. Stuttgart 1961.
Hitler, William Patrick: »Mein Onkel Adolf Hitler.« In: *Paris Soir* vom 5. 8. 1939.
Hoegner, Wilhelm: *Die verratene Republik*. München 1958.
– *Der schwierige Außenseiter*. München 1959.
Höhne, Heinz: *Der Orden unter dem Totenkopf. Die Geschichte der SS*. Hamburg 1966 und Gütersloh 1967.
Hörbiger-Fauth, *Glazial = Kosmogonie*, Leipzig 1912 (benutzt wurde die unveränderte Neuauflage von 1925).
Höß, Rudolf: *Kommandant in Auschwitz. Autobiographische Aufzeichnungen*, hrsg. von Martin Broszat. München 1965.
Hoffmann, Heinrich: *Hitler was my Friend*. London 1955.
Hoffmann, Peter: *Widerstand – Staatsstreich – Attentat*. 2. Aufl., München 1970.

Hofmann, Hanns Hubert: *Der Hitler-Putsch, Krisenjahre deutscher Geschichte, 1920–1924*. München 1961.
Hofmiller, Josef: *Revolutionstagebuch 1918/19. Aus den Tagen der Münchener Revolution*. Leipzig 1938.
Hoßbach, Friedrich: *Zwischen Wehrmacht und Hitler 1934–1938*. 2. Aufl., Göttingen 1965.
Hubatsch, Walter: *Die deutsche Besetzung von Dänemark und Norwegen 1940*. Göttingen 1952.
Hubatsch, Walter (Hrsg.): *Hitlers Weisungen für die Kriegführung 1939 bis 1945*. Frankfurt 1962.
Humbert, Manuel: *Hitlers »Mein Kampf«. Dichtung und Wahrheit*. Paris 1936.
Hundhammer, Alois: *Geschichte des bayerischen Bauernbundes*. Diss. München 1924.

Irving, David: *Die Geheimwaffen des Dritten Reiches*. Gütersloh 1965.

Jacobsen, Hans-Adolf: *Fall »Gelb«. Der Kampf um den deutschen Operationsplan zur Westoffensive*. Wiesbaden 1957.
– *Dünkirchen*. Neckargemünd 1958.
– *1939–1945. Der Zweite Weltkrieg in Chronik und Dokumenten*. Darmstadt 1959 ff.
– *Deutsche Kriegführung 1939–1945*. Hannover 1961.
– *The Diplomacy of the Winter War. An Account of the Russo-Finnish War 1939/40*. Cambridge (Mass.) 1961.
– und Dollinger, H.: *Der Zweite Weltkrieg in Bildern und Dokumenten*. 3 Bde. München – Wien – Basel 1962/63.
– *Der Zweite Weltkrieg. Grundzüge der Politik und Strategie in Dokumenten*. Frankfurt a. M. 1964.
– *Der Zweite Weltkrieg in Dokumenten*. Frankfurt a. M. 1965.
– *Nationalsozialistische Außenpolitik 1933–1938*. Frankfurt a. M. 1968.
Jäckel, Eberhard: *Frankreich in Hitlers Europa*. Stuttgart 1966.
– *Hitlers Weltanschauung. Entwurf einer Herrschaft*. Tübingen 1969.
Jetzinger, Franz: *Hitlers Jugend. Phantasien, Lügen – und die Wahrheit*. Wien 1956.
Jochmann, Werner: *Im Kampf um die Macht. Hitlers Rede vor dem Hamburger Nationalklub von 1919*. Frankfurt/M. 1960.
– *Nationalsozialismus und Revolution. Ursprung und Geschichte der NSDAP in Hamburg 1922–1933*. Frankfurt/M. 1963.
Jung, Rudolf: *Der nationale Sozialismus – Seine Grundlagen, sein Werdegang und seine Ziele*. München 1922.

Kandl, Eleonore: *Hitlers Österreichbild*. Wien 1963. Diss.
Kanzler, Rudolf: *Bayerns Kampf gegen den Bolschewismus. Geschichte der bayerischen Einwohnerwehren*. München 1931.
Kelley, Douglas, M.: *22 Männer um Hitler*. Olten und Bern 1947.

Kempner, Robert M. W.: *Eichmann und Komplizen.* Zürich, Stuttgart, Wien 1961.
– *SS im Kreuzverhör.* München 1964.
– *Das Dritte Reich im Kreuzverhör.* München und Eßlingen 1969.
Kersten, Felix: *Totenkopf und Treue. Heinrich Himmler ohne Uniform. Aus den Tagebüchern des finnischen Medizinalrates.* Hamburg 1952.
Kessel, Eberhard: »Zur Geschichte und Deutung des Nationalsozialismus. Literaturbericht und Stellungnahme.« In: *Archiv für Kulturgeschichte.* 45. Bd. Köln und Graz 1963, S. 357–394.
Kessler, Gerhard: *Die Familiennamen der Juden in Deutschland.* Leipzig 1935.
Klages, Ludwig: *Rhythmen und Runen. Nachlaß.* Leipzig 1944.
– *Der Geist als Widersacher der Seele,* Bd. 3. Leipzig 1932.
– *Der Geist als Widersacher der Seele,* Bd. 2, 3. (verb. Aufl.). Bonn 1954.
Klampfer, Josef: *Das Eisenstädter Ghetto.* Eisenstadt 1965.
Kleist, Peter: *Zwischen Hitler und Stalin 1939–1945.* Bonn 1950.
Klemmt, Alfred: *Volk und Staat.* Berlin 1936.
Klemperer, Klemens von: *Konservative Bewegungen zwischen Kaiserreich und Nationalsozialismus.* München und Wien 1962.
Kluke, Paul: »Nationalsozialistische Europaideologie.« In: *Vierteljahrshefte für Zeitgeschichte,* Stuttgart 1955.
Koellreuter, Otto: *Grundfragen unserer Volks- und Staatsgestaltung.* Berlin 1936.
Koerber, Viktor von: *Hitler, sein Leben und seine Reden.* München 1923.
Kogon, Eugen: *Der SS-Staat. Das System der deutschen Konzentrationslager.* 1. bis 100. Tausend, Berlin 1947, 211. bis 224. Tausend, Frankfurt/M. 1965.
Kotze, Hildegard, Krummacher, F. A. u. a.: *»Es spricht der Führer«. Sieben exemplarische Hitler-Reden.* Gütersloh 1966.
Koppensteiner, Rudolf: *Die Ahnentafel des Führers.* Leipzig 1937.
Kramarz, Joachim: *Claus Graf Stauffenberg. 15. November 1907–1920. Juli 1944. Das Leben eines Offiziers.* Frankfurt/M. 1965.
Krannhals, Hanns von: *Der Warschauer Aufstand 1944.* Frankfurt/M. 1962.
Krause, Karl Wilhelm: *Zehn Jahre Kammerdiener bei Hitler.* Hamburg (1949).
Krebs, Albert: Fritz-Dietlof Graf von der Schulenburg. *Zwischen Staatsräson und Hochverrat.* Hamburg 1964.
Krebs, Albert: *Tendenzen und Gestalten der NSDAP. Erinnerungen an die Frühzeit der Partei.* Mit einem Vorwort von Hans Buchheim. Stuttgart 1959 (= Veröffentlichungen des Instituts für Zeitgeschichte in München. Quellen und Darstellungen zur Zeitgeschichte Bd. 6).
Krokow, Martin: *Vom Novemberstaat zum Großdeutschen Reich.* Breslau 1942.
Kruck, Alfred: *Geschichte des Alldeutschen Verbandes.* Wiesbaden 1954.
Krumm, Paul: *Der Sozialismus der Hitlerbewegung im Lichte der Spengler-*

schen Geschichtsforschung oder die tiefste Ursache für den Aufstieg des Nationalsozialismus in Deutschland. Geldern 1932.
Krummacher, F. A. (zusammen mit Scheurig, Bodo, Bracher, Karl Dietrich, Jacobsen, Hans-Adolf und Jäckel, Eberhard): *Die totale Verführung. Propaganda und Wirklichkeit im Dritten Reich.* Fernsehsendung des Zweiten Deutschen Fernsehens vom 4., 8. und 10. Mai 1970. Drehbuch im Besitz des Autors.
Krummacher, F. A. und Lange, Helmut: *Krieg und Frieden.* Von Brest-Litowsk zum Unternehmen Barbarossa, München und Eßlingen 1970.
Kubizek, August: *Adolf Hitler – Mein Jugendfreund.* Graz und Göttingen 1953.
Kühnl, Reinhard: *Das Dritte Reich in der Presse der Bundesrepublik.* Frankfurt/M. 1966.

Lang, Serge und Schenck, Ernst von: *Porträt eines Menschheitsverbrechers.* St. Gallen 1947.
Langbein, Hermann: *Im Namen des deutschen Volkes. Zwischenbilanz der Prozesse wegen nationalsozialistischer Verbrechen.* Wien, Köln, Stuttgart und Zürich 1963.
Lange, Karl: *Hitlers unbeachtete Maximen. »Mein Kampf« und die Öffentlichkeit.* Stuttgart 1968.
Lange-Eichbaum, Wilhelm: *Genie. Irrsinn und Ruhm* (3. Aufl.). München 1942.
Le Bon, Gustave: *Psychologie der Massen.* Übers. Rudolf Eisler. 2. Aufl. 1912 (neuere Ausgabe: Stuttgart 1951).
Lehmann-Russbüldt: *Der Kampf der Liga für Menschenrechte, vorm. Bund Neues Vaterland für den Weltfrieden 1924.* Berlin 1927.
Leiser, Erwin: *Mein Kampf, Eine Dokumentation.* Frankfurt/M. und Hamburg 1961.
Leverkuehn, Paul: *Posten auf ewiger Wache. Aus dem abenteuerlichen Leben des Max von Scheubner-Richter.* Essen 1938.
Littnanski, Eugen: *Hochverrat in Revolutionszeiten.* Bamberg und Greifswald 1926
Löwith, Karl: *Von Hegel zu Nietzsche.* 2. Aufl. Stuttgart 1950.
Ludendorff, Erich: *Der totale Krieg.* München 1936.
Luedecke, Kurt: *I knew Hitler.* London 1938.
Lurker, Otto: *Hitler hinter Festungsmauern. Ein Bild aus trüben Tagen.* 2. Aufl., Berlin 1933.

McDougall, William: *The Group Mind. A Sketch of the principles of collective Psychology.* Cambridge 1920.
Malanowski, Wolfgang: *Der Widerspruch von Tradition und Doktrin in der deutschen Außenpolitik von der Revisionspolitik zur einseitigen Liquidierung des Vertrages von Versailles.* Phil. Diss. Hamburg 1955/56.
Mann, Viktor: *Wir waren fünf.* Konstanz 1949.
Manstein, Erich von: *Verlorene Siege.* Bonn 1958.

Manvell, Roger und Fraenkel, Heinrich: *Heinrich Himmler*. London, Melbourne, Toronto, Cape Town und Auckland 1965.
Martin, Bernd: *Deutschland und Japan im Zweiten Weltkrieg*. Zürich und Frankfurt/M. 1969.
Maser, Werner: *Die Organisierung der Führerlegende. Studien zur Frühgeschichte der NSDAP bis 1924*. Diss. Erlangen 1954.
– *Die Frühgeschichte der NSDAP. Hitlers Weg bis 1924*. Frankfurt/M. und Bonn 1965. (Vom Autor ergänzte Neuausgabe *Der Sturm auf die Republik, Frühgeschichte der NSDAP*, Stuttgart 1973.)
– *Hitlers Mein Kampf*. München und Eßlingen 1966.
– *Hitler's Mein Kampf. An Analysis*. London 1970. Diese Ausgabe weicht textlich (nicht inhaltlich) erheblich von der deutschen Ausgabe von 1966 ab.
– *Adolf Hitler, Mein Kampf. Der Fahrplan eines Welteroberers. Geschichte – Auszüge – Kommentare* von Werner Maser (in Vorbereitung, erscheint München und Eßlingen März 1974).
– *Hitlers Briefe und Notizen. Sein Weltbild in handschriftlichen Dokumenten*. Düsseldorf 1973.
Matzerath, Horst: *Nationalsozialismus und kommunale Selbstverwaltung*. Bd. 29 der Schriftenreihe des Vereins für Kommunalwissenschaften e. V., Stuttgart 1970.
Max, Prinz von Baden: *Erinnerungen und Dokumente*. Stuttgart, Berlin und Leipzig 1927.
Meier-Benneckenstein, Paul (Hrsg.): *Grundfragen der deutschen Politik*, Berlin, 1939, Bd. 1.
Meinecke, Friedrich: *Die deutsche Katastrophe*. Wiesbaden 1947.
Meißner, Otto: *Staatssekretär unter Ebert-Hindenburg-Hitler. Der Schicksalsweg des deutschen Volkes von 1918 bis 1945, wie ich ihn erlebte*. 3. Aufl. Hamburg 1950.
Mend, Hans: *Adolf Hitler im Felde 1914–1918*. Dießen vor München 1931.
Meyer, Adolf: *Mit Adolf Hitler im Bayerischen Reserve-Infanterie-Regiment 16 List*. Neustadt/Aisch 1934.
Miltenberg, Weigand von: *Adolf Hitler – Wilhelm III*. Berlin 1930/31.
Möhl, Wolfgang: *Bayern in Deutschland*. Diss. Erlangen 1928.
Moeller van den Bruck: *Das Dritte Reich*. Hamburg 1931.
Mohler, Armin: *Die konservative Revolution in Deutschland 1918–1932. Grundriß ihrer Weltanschauungen*. Stuttgart 1950.
Moser, Jonny: *Von der Emanzipation zur antisemitischen Bewegung. Die Stellung Georg Ritter von Schönerers und Heinrich Friedjungs in der Entwicklungsgeschichte des Antisemitismus in Österreich (1848–1896)*. Diss. Wien 1962.
Müller, Karl Alexander von: *Deutsche Geschichte und Deutscher Charakter*. Berlin und Leipzig 1927.
– *Mars und Venus. Erinnerungen 1914–1919*. Stuttgart 1954.
Müller-Meiningen, Ernst: *Aus Bayerns schwersten Tagen*. Berlin und Leipzig 1923.

Naumann, Friedrich: *Demokratie und Kaisertum.* 4. Aufl., Berlin 1905.
Niekisch, Ernst: *Das Reich der niederen Dämonen.* Hamburg 1953.
– »Bayern«. In: *Die Weltbühne.* 5. 4. 1923–7. 6. 1923.
– *Gewagtes Leben. Begegnungen und Begebnisse.* Köln und Berlin 1958.
Niekisch, Ernst: *Hitler – ein deutsches Verhängnis.* Berlin 1932.
– Unveröffentlichte Aufzeichnungen. Zitiert als: Niekisch, Manuskript.
Noller, Sonja und Kotze, Hildegard von: *Facsimile – Querschnitt durch den Völkischen Beobachter.* München, Bern und Wien 1967.
Nolte, Ernst: »Eine frühe Quelle zu Hitlers Antisemitismus«. In: *Historische Zeitschrift.* Bd. 192 (1961), S. 584–606.
– *Der Faschismus in seiner Epoche. Die Action Française. Der italienische Faschismus. Der Nationalsozialismus.* München 1963.
– *Der Faschismus. Von Mussolini bis zu Hitler.* München 1968.
Norden, Albert: »Hinter den Kulissen des ersten westdeutschen Separatstaates.« In: *Neue Welt* (Ost-Berlin) 7 (1952) H. 4.
Noske, Gustav: *Erlebtes aus Aufstieg und Niedergang einer Demokratie.* Offenbach/M. 1947.

Oertzen, F. W. von: *Die deutschen Freikorps 1918–1923.* München 1936.
Olden, Rudolf: *Hitler the Pawn.* London 1936.
Orr, Thomas: »Das war Hitler.« Artikelserie in der Illustrierten *Revue,* 1952.

Paulus, Günter: Reichswehr und Freikorps. In: *Geschichte in der Schule* (Ost-Berlin). 3 (1950) H. 1.
Pechel, Rudolf: *Deutscher Widerstand.* Erlenbach-Zürich 1947.
Pese, Walter Werner: »Hitler und Italien 1920–1926.« In: *Vierteljahrshefte für Zeitgeschichte* 3 (1955), S. 113–126.
Phelps, Reginald: »Aus den Groenerdokumenten.« In: *Deutsche Rundschau* 76 (1950).
– Dokumente aus der »Kampfzeit« der NSDAP – 1923. In: *Deutsche Rundschau* 84 (1958), S. 459 ff. und 1034 ff.
– Before Hitler Came: »Thule Society and German Orden.« In: *Journal of Modern History,* 1936.
Picker, Henry: *Hitlers Tischgespräche im Führerhauptquartier 1941–1942.* Stuttgart 1963. Benutzt wurde die 2. Aufl. dieser Ausgabe von 1965. Hrsg. Schramm, Percy Ernst.
Picker, Henry und Hoffmann, Heinrich: *Hitlers Tischgespräche im Bild.* Hrsg. von Jochen von Lang, Oldenburg 1969.
Pitrof, Ritter von: *Gegen Spartakus in München und im Allgäu. Erinnerungsblätter des Freikorps Schwaben.* München 1937.
Plümer, Friedrich: *Die Wahrheit über Hitler und seinen Kreis.* München 1925.
Poliakov, Léon und Wulf, Josef: *Das Dritte Reich und seine Diener.* Berlin-Grunewald 1956.
– *Das Dritte Reich und seine Denker.* Berlin-Grunewald 1959.
– *Das Dritte Reich und die Juden.* Berlin-Grunewald 1955.

Pranckh, Hans Freiherr von: *Der Prozeß gegen den Grafen Anton Arco-Valley*. München 1920.
Proebst, Herrmann und Ude, Karl (Hrsg.): *Denk' ich an München. Ein Buch der Erinnerungen*. München 1966.
Pross, Harry: *Die Zerstörung der deutschen Politik. Dokumente 1871 bis 1933*. Frankfurt/M. 1959.
Pulzer, P. G. J.: *The Rise of political Anti-Semitism in Germany and Austria*. New York 1964.

Rabenau, Friedrich von: *Seeckt. Aus seinem Leben 1918–1936*. Leipzig 1940.
Rabitsch, H.: *Aus Adolf Hitlers Jugendzeit*. München 1938.
Radek, Karl: *Rosa Luxemburg, Karl Liebknecht, Leo Jogiches*. Hamburg 1921.
Rauschning, Hermann: *Gespräche mit Hitler*, Zürich, Wien und New York 1940.
– *Die Revolution des Nihilismus. Kulisse und Wirklichkeit im Dritten Reich*. 5. Aufl. Zürich, New York 1938.
– *Die Revolution des Nihilismus*. Zürich 1938.
Recktenwald, Johann: *Woran hat Adolf Hitler gelitten?* München und Basel 1963.
Redlich, J.: *Das österreichische Staats- und Reichsproblem. Geschichtliche Darstellung der inneren Politik der Habsburger Monarchie von 1848 bis zum Untergang des Reiches*. 2 Bde. Leipzig 1920/1926.
Reich, Albert: *Dietrich Eckart*. München 1934.
Reitlinger, Gerald: *Ein Haus auf Sand gebaut. Hitlers Gewaltpolitik in Rußland 1941–1944*. Hamburg 1962.
– *Die Endlösung. Hitlers Versuch der Ausrottung der Juden Europas 1939–1945*. Berlin 1961.
– *Die SS – Tragödie einer deutschen Epoche*. Wien, München und Basel 1957.
Ribbentrop, Joachim von: *Zwischen London und Moskau. Erinnerungen und letzte Aufzeichnungen*. Aus dem Nachlaß hrsg. von Annelies von Ribbentrop. Leoni am Starnberger See 1961.
Riehl, Walter: »Die deutsche nationalsozialistische Partei in Österreich und der Tschechoslowakei.« In: *Deutschlands Erneuerung*. H. 3, 1920.
Ritter, Gerhard: *Europa und die deutsche Frage*. München 1948.
– *Carl Goerdeler und die deutsche Widerstandsbewegung*. Stuttgart 1956.
Röhrs, Hans-Dietrich: *Hitler – die Zerstörung einer Persönlichkeit. Grundlagen der Feststellungen zum Krankheitsbild*. Neckargemünd 1965.
Roepke, Fritz: *Von Gambetta bis Clemenceau*. Stuttgart und Berlin 1922.
Röhm, Ernst: *Die Geschichte eines Hochverräters*. München 1933.
Rosen, Edgar R.: »Mussolini und Deutschland 1922–1923.« In: *Vierteljahrshefte für Zeitgeschichte 5* (1957), S. 17–41.
Rosenberg, Alfred: *Der Mythus des 20. Jahrhunderts*. München 1930.
– *Wesen, Grundsätze und Ziele der Nationalsozialistischen Deutschen Arbeiterpartei*. München, Januar 1923.

– *Letzte Aufzeichnungen, Ideale und Idole der nationalsozialistischen Revolution.* Göttingen 1955.

Roßbach, Gerhard: *Mein Weg durch die Zeit.* Weilburg/Lahn 1950.

Rothenbücher, Karl: *Der Fall Kahr.* Tübingen 1924 (= Recht und Staat in Geschichte und Gegenwart. Eine Sammlung von Vorträgen und Schriften aus dem Gebiet der gesamten Staatswissenschaften. H. 29).

Rothfels, Hans: *Die deutsche Opposition gegen Hitler. Eine Würdigung.* Krefeld 1949.

Rupprecht, Kronprinz von Bayern: *Mein Kriegstagebuch.* 2 Bde. München 1929.

Sagitz, Walter: *Bibliographie des Nationalsozialismus.* Cottbus 1933.

Sailer, J. B.: *Des Bayernkönigs Revolutionstage.* München 1919.

Salomon, Ernst von: *Der Fragebogen.* Hamburg 1951.

Salomon, F.: *Die deutschen Parteiprogramme.* Berlin 1932.

Sandvoss, F.: *Hitler und Nietzsche. Eine bewußtseinsgeschichtliche Studie.* Göttingen 1969. Zit. nach den Druckfahnen des Verlages (1967).

Schäfer, Wolfgang: *NSDAP. Entwicklung und Struktur der Staatspartei des Dritten Reiches.* Hannover und Frankfurt/M. 1956.

Scheidemann, Philipp: *Memoiren eines Sozialdemokraten.* 2 Bde. Dresden 1928.

Schellenberg, Walter: *Memoiren.* Köln 1956.

Schilling, Alexander: *Dr. Walter Riehl und die Geschichte des Nationalsozialismus*, Leipzig 1933.

Schlabrendorff, Fabian von: *Offiziere gegen Hitler. Nach einem Erlebnisbericht.* Bearbeitet und hrsg. von Gero v. S. Gaevernitz. Zürich 1946.

Schlottner, Erich Heinz: *Stresemann, der Kapp-Putsch und die Ereignisse in Mitteldeutschland und in Bayern im Herbst 1923.* Diss. Frankfurt/M. 1948.

Schmalix, Adolf: *Gerechtigkeit für Kapitän Ehrhardt.* Leipzig 1923.

Schmidt, Paul: *Statist auf diplomatischer Bühne 1923–1945. Erlebnisse des Chefdolmetschers im Auswärtigen Amt mit den Staatsmännern Europas.* Frankfurt/M. 1949. Zit. nach: 10. Aufl. (1964).

Schmitt, Franz August: *Die neue Zeit in Bayern.* München 1919.

Schramm, Percy Ernst: *Hitler als militärischer Führer. Erkenntnisse und Erfahrungen aus dem Kriegstagebuch des Oberkommandos der Wehrmacht.* Frankfurt/M. 1962.

Schricker, Rudolf: *Rotmord über München.* Berlin o. J.

Schubert, Günter: *Anfänge nationalsozialistischer Außenpolitik.* Köln 1963.

Schüddekopf, Otto-Ernst: *Linke Leute von rechts – Die nationalrevolutionären Minderheiten und der Kommunismus in der Weimarer Republik.* Stuttgart 1960.

Schürer, Heinz: *Die politische Arbeiterbewegung Deutschlands in der Nachkriegszeit 1918–1923.* Diss. Leipzig 1933.

Schuler, Alfred: *Fragmente und Vorträge. Aus dem Nachlaß.* Mit einer Einführung von Ludwig Klages. Leipzig 1940.

Schuler, Alfred: »Einige Gedanken über Ibsens neuestes Werk ›Baumeister Solness‹. In: *Die Gesellschaft.* Monatsschrift für Literatur, Kunst und Sozialpolitik, begründet und hrsg. von M. G. Conrad, 9. Jg., Leipzig 1893.
Schwarz, Georg: *Völker höret die Zentrale: KPD bankerott.* Berlin 1933.
Schwarz, Hermann: *Zur philosophischen Grundlegung des Nationalsozialismus.* Berlin 1936.
Schwend, Karl: *Bayern zwischen Monarchie und Diktatur. Beiträge zur Bayerischen Frage in der Zeit von 1918 bis 1933.* München 1954.
Schweyer, Franz: »Rudolf Kanzler, Bayerns Kampf gegen den Bolschewismus« (Rezension). In: *Zeitschrift für bayerische Landesgeschichte.* München, Jg. 1932.
Sebottendorff, Rudolf von: *Bevor Hitler kam.* München 1934.
Sendtner, Kurt: *Rupprecht von Wittelsbach, Kronprinz von Bayern.* München 1954.
Seraphim, Hans-Günther (Hrsg.): *Das politische Tagebuch Alfred Rosenbergs aus den Jahren 1934/35 und 1939/40.* Göttingen, Berlin und Frankfurt/M. 1956. dtv, München 1964.
Shirer, William L.: *Aufstieg und Fall des Dritten Reiches.* Bd. 1. München und Zürich 1963.
Skorzeny, Otto: *Geheimkommando Skorzeny.* Hamburg 1950.
Smith, Bradley F.: *Adolf Hitler. His Family, Childhood and Youth.* Stanford California 1967.
Sontheimer, Kurt: »Antidemokratisches Denken in der Weimarer Republik.« In: *Vierteljahrshefte für Zeitgeschichte 5* (1957), S. 42–62.
– *Antidemokratisches Denken in der Weimarer Republik. Die politischen Ideen des deutschen Nationalismus zwischen 1918 und 1933.* München 1962.
Speckner, Herbert: *Die Ordnungszelle Bayern. Studien zur Politik des bayerischen Bürgertums, insbesondere der Bayerischen Volkspartei, von der Revolution bis zum Ende des Kabinetts Dr. von Kahr.* Diss. Erlangen 1955.
Speer, Albert: *Erinnerungen.* Frankfurt/M. und Berlin 1969.
Speidel, Hans: *Invasion 1944. Ein Beitrag zu Rommels und des Reiches Schicksal.* Tübingen und Stuttgart 1961.
Spengler, Oswald: *Politische Schriften.* München 1924.
Stadtler, Eduard: *Weltrevolution = Krieg.* Düsseldorf 1937.
Staff, Ilse: *Justiz im Dritten Reich. Eine Dokumentation.* Fischer Bücherei, Februar 1964.
Stampfer, Friedrich: *Die ersten 14 Jahre der Deutschen Republik.* Offenbach 1947.
Stein, Alexander: *Adolf Hitler, Schüler der »Weisen von Zion«.* Karlsbad 1936.
Stein, George H.: *Geschichte der Waffen-SS* (Übers. aus dem Amerikanischen). Düsseldorf 1967.
Steiner, Felix: *Die Armee der Geächteten.* Göttingen 1963.
– *Von Clausewitz bis Bulganin. Erkenntnisse und Lehren einer Wehrepoche.* Bielefeld 1956.
Strasser, Otto: *Hitler und ich.* Buenos Aires o. J.

Taylor, Telford: *Die Nürnberger Prozesse. Kriegsverbrechen und Völkerrecht.* Zürich 1951.
Tobias, Fritz: *Der Reichtagsbrand. Legende und Wirklichkeit.* Rastatt 1962.
Toller, Ernst: *Deutsche Revolution.* Berlin 1933.
– *Eine Jugend in Deutschland.* Amsterdam 1933.
Tormin, Walter: *Zwischen Rätediktatur und sozialer Demokratie.* Düsseldorf 1954.
Trevor-Roper, H. R.: *The Bormann Letters. The private Correspondence between Martin Bormann and his Wife from January 1943 to April 1945.* London 1954.
– *Hitlers letzte Tage.* Ullstein Bücher, Bd. 525, Frankfurt/M. 1965.

Unger, Erich: *Das Schrifttum zum Aufbau des neuen Reiches.* Berlin 1934.

Valentin, Veit: *Geschichte der Deutschen.* Berlin und Stuttgart 1947.
Vogelsang, Thilo: *Reichswehr, Staat und NSDAP. Beiträge zur deutschen Geschichte 1930–1932.* Stuttgart 1962.
Volkmann, E. O.: *Revolution über Deutschland.* Oldenburg 1930.
Volz, Hans: *Die Geschichte der NSDAP.* Leipzig und Berlin o. J.
– *Daten der Geschichte der NSDAP.* Berlin und Leipzig 1943.

Warlimont, Walter: *Im Hauptquartier der deutschen Wehrmacht 1939 bis 1945. Grundlagen, Formen, Gestalten.* Frankfurt/M. und Bonn 1964.
Wedel, Hasso von: *Das großdeutsche Heer.* Berlin 1939.
Werner, Lothar: *Der Alldeutsche Verband. Historische Studien.* Berlin 1935.
Wheeler-Bennett, John W.: *Die Nemesis der Macht. Die deutsche Armee in der Politik 1918–1945.* Düsseldorf 1954.
Wiedemann, Fritz: *Der Mann, der Feldherr werden wollte. Erlebnisse und Erfahrungen des Vorgesetzten Hitlers im Ersten Weltkrieg und seines späteren persönlichen Adjutanten.* Velbert und Kettwig 1964.
Wieser, Friedrich: *Das Gesetz der Macht.* Wien 1926.
Willi, M.: *Hakenkreuz und Rutenbündel.* Berlin 1924.
Wolf, Dieter: *Die Doriot-Bewegung. Ein Beitrag zur Geschichte des französischen Faschismus.* Stuttgart 1967.
Wolf, G.: *Geschichte der Juden in Wien 1156–1876.* Wien 1876.
Wulf, Joseph: *Literatur und Dichtung im Dritten Reich.* Gütersloh 1963.
– *Theater und Film im Dritten Reich.* Ebenda 1964.
– *Musik im Dritten Reich.* Ebenda 1963.
– *Presse und Funk im Dritten Reich.* Ebenda 1964.
Wulz, Gustav: »Die Familie Kahr.« Abdruck aus dem *Archiv für Rassen- und Gesellschaftsbiologie,* Bd. 18, H. 3.

»Zidé a zidovské abee v Ceehách v minulosti a v pritomnosti. V dubnu 1934.« Zit. als: »Die Juden und Judengemeinden in Böhmen in der Vergangenheit und Gegenwart«, April 1934.
Ziegler, Hans Severus: *Hitler aus dem Erleben dargestellt.* Göttingen 1964.

Ziegler, Hans Severus: *Wer war Hitler?* Tübingen 1970.
Zimmermann, Werner Gabriel: *Bayern und das Reich 1918–1923*. München 1953.
Zink, Adolf von: *Gustav Ritter von Kahr, Dr. med. h. c. Festschrift zur Feier des fünfzigjährigen Bestehens des Bayerischen Verwaltungsgerichtshofes*. München, Berlin und Leipzig 1929.
Zittel, Bernhard: »Rätemodell München 1918/19.« In: *Stimmen der Zeit* 165 (1963).
Zoller, Albert: *Hitler privat. Erlebnisbericht seiner Geheimsekretärin*. Düsseldorf 1949.

Quellen und Darstellungen zur Zeitgeschichte als Veröffentlichungen des Instituts für Zeitgeschichte:

Böhme, Hermann: *Der deutsch-französische Waffenstillstand im Zweiten Weltkrieg*. I. Teil, Stuttgart 1966.
Echterhölter, Rudolf: *Das öffentliche Recht im nationalsozialistischen Staat*. Band 2. Stuttgart 1970.
Groscurth, Helmuth: *Tagebücher eines Abwehroffiziers 1938–1940* (mit weiteren Dok. Hrsg. Harold Deutsch und Helmut Krausnick unter Mitarbeit von Hildegard Kotze). Stuttgart 1970.
Loock, Hans-Dietrich: *Quisling, Rosenberg und Terboven*. Stuttgart 1970.
Weinkauff, Hermann und Wagner, Albrecht: *Die Umgestaltung der Gerichtsverfassung und des Verfahrens- und Richterrechts im nationalsozialistischen Staat*. Bd. 1. Stuttgart 1968.

Schriftenreihe der *Vierteljahrshefte für Zeitgeschichte:*

Bott, Hermann: Die Volksfeind-Ideologie. H. 18, 1969.
Geißler, Rolf: Dekadenz und Heroismus. H. 9, 1964.
Georg, Enno: Die wirtschaftlichen Unternehmungen der SS. H. 7, 1963.
Gross, Babette: Willi Münzenberg. H. 14/15, 1967.
Hüttenberger, Peter: Die Gauleiter. H. 19, 1970.
Komintern und Faschismus (Hrsg. Theo Pirker). H. 10, 1966.
Kwiet, Konrad: Reichskommissariat Niederlande. H. 17, 1968.
Latour, C. F.: Südtirol und die Achse Berlin–Rom. H. 5, 1962.
Milward, Alan S.: Die deutsche Kriegswirtschaft 1939–1945, H. 12, 1966.
Mommsen, Hans: Beamtentum im Dritten Reich. H. 13, 1967.
Petzina, Dieter: Autarkiepolitik im Dritten Reich. H. 16, 1968.
Pünder, Hermann: Politik in der Reichskanzlei. H. 3, 1962.
Schubert, Klaus von: Wiederbewaffnung und Westintegration. H. 20, 1970.
Studien zur Geschichte der Konzentrationslager (Sammel-Arbeit). H. 21, 1970.

Aufsätze (einschließlich wesentlicher Rezensionen) mit wissenschaftlichem Charakter in Zeitschriften. Die *Vierteljahrshefte für Zeitgeschichte* werden an dieser Stelle als *VHfZ.*, die *Historische Zeitschrift* als *HZ* zitiert.

Adler, H. G., »Selbstverwaltung und Widerstand in den Konzentrationslagern der SS.« In: *VHfZ*, H. 3/1960.

Auer, Johann, »Zwei Aufenthalte Hitlers in Wien.« In *VHfZ.*, 14. Jg. 1966.

Auerbach, Hellmuth, »Eine nationalsozialistische Stimme zum Wiener Putsch vom 25. Juli 1934.« In: *VHfZ.*, H. 2/1964.

Baum, Walter über Deuerlein, Ernst, »Der Hitler-Putsch, Bayerische Dok. zum 8./9. November 1923.« In: *HZ*, Bd. 201 (1965).

Baum, Walter über Hofmann, Hans Hubert, Der Hitler-Putsch. Krisenjahre deutscher Geschichte 1920–1924. In: *HZ*, Bd. 201 (1965).

Baum, Walter über Hillgruber, Andreas, Hitlers Strategie, Politik und Kriegführung 1940–1941. In: *HZ*, Bd. 205 (1967).

Baumgart, Winfried, »Zur Ansprache Hitlers vor den Führern der Wehrmacht am 22. August 1939. Eine quellenkritische Untersuchung.« In: *VHfZ.*, 16. Jg. 1968.

Bracher, Karl Dietrich, »Adolf Hitler, Bern, München und Wien 1964« *(Archiv der Weltgeschichte)*.

Broszat, Martin, »Die Anfänge der Berliner NSDAP 1926/27.« In: *VHfZ.*, H. 1/1960.

– »Zur Perversion der Strafjustiz im Dritten Reich.« In: *VHfZ.*, H. 4/1958.

Bußmann, Walter, »Zur Entstehung und Überlieferung der ›Hoßbach-Niederschrift‹.« In: *VHfZ.*, 16. Jg. 1968.

Deuerlein, Ernst, »Hitlers Eintritt in die Politik und Reichswehr.« In: *VHfZ.*, H. 2/1959.

Dickmann, Fritz, »Die Regierungsbildung in Thüringen als Modell der Machtergreifung. Ein Brief Hitlers aus dem Jahre 1930.« In: *VHfZ.*, 14. Jg. 1966.

E., T., »Die Rede Himmlers vor den Gauleitern am 3. August 1944.« In: *VHfZ.*, H. 4/1953.

Epstein, Klaus, »Der Nationalsozialismus in amerikanischer und englischer Sicht.« Beil. zur Wochenzeitung *Das Parlament*, 30. 1. 1963.

Gollwitzer, Heinz, »Gedanken zum 30. Januar.« Beil. zur Wochenzeitung *Das Parlament*, 30. 1. 1963.

Heiber, Helmut, »Zur Justiz im Dritten Reich. Der Fall Elias.« In: *VHfZ.*, H. 4/1955.

– »Aus den Akten des Gauleiters Kube.« In: *VHfZ.*, H. 1/1956.

– »Der Generalplan Ost.« In: *VHfZ.*, H. 3/1958.

Herzfeld, Hans, »Machtergreifung und Kontinuität des Imperialismus.« Beil. zur Wochenzeitung *Das Parlament*, 30. 1. 1963.

Herzfeld, Hans über Picker, Henry, Hitlers Tischgespräche im Führerhauptquartier 1941–1942. Hrsg. P. E. Schramm, Mitarbeiter Andreas Hillgruber und Martin Vogt. In: *HZ*, Bd. 205 (1967).

Hillgruber, Andreas, »Die Räumung der Krim 1944.« In: *Wehrwissenschaftliche Rundschau* ..., Berlin und Frankfurt/M., Jan. 1959.
Horn, Wolfgang, »Ein unbekannter Aufsatz Hitlers aus dem Frühjahr 1924.« In: *VHfZ.*, 16. Jg. 1968.
Krausnick, Helmut, »Denkschrift über die Behandlung der Fremdvölkischen im Osten.« In: *VHfZ.*, H. 4/1957.
– »Hitler und die Morde in Polen.« In: *VHfZ.*, H. 4/1963.
– »Legenden um Hitlers Außenpolitik.« In: *VHfZ.*, 16. Jg. 1968.
– (Hrsg. von): »Ein Brief Thomas Manns vor der Machtergreifung.« In: *VHfZ.*, 6. Jg. 1958.
– »Wehrmacht und Nationalsozialismus.« In: *Das Parlament*, 9. 11. 1955.
Lösener, Bernhard, »Als Rassereferent im Reichsministerium des Innern.« In: *VHfZ.*, H. 3/1961.
Mau, Hermann, »Die ›Zweite Revolution‹ – der 30. Juni 1934.« In: *VHfZ.*, H. 2/1958.
Mommsen, Hans über Jäckel, Eberhard, »Frankreich in Hitlers Europa. Die deutsche Frankreichpolitik im Zweiten Weltkrieg.« In: *HZ*, Bd. 207 (1968).
Morsey, Rudolf, »Hitler als braunschweigischer Regierungsrat.« In: *VHfZ.*, 8. Jg. 1960.
Nolte, Ernst, »Eine frühe Quelle zu Hitlers Antisemitismus.« In: *HZ*, Bd. 192/1961.
Phelps, Reginald H., »Hitler als Parteiredner im Jahre 1920.« In: *VHfZ.*, 11. Jg. 1963.
– »Hitlers ›grundlegende‹ Rede über den Antisemitismus.« In: *VHfZ.*, 16. Jg. 1968.
Rönnefarth, Helmuth K. G. über Hubatsch, Walther, Hitlers Weisungen für die Kriegführung 1939–1945. Dokumente des Oberkommandos der Wehrmacht. In: *HZ*, Bd. 205 (1967).
Rothfels, Hans, »Zur 25. Wiederkehr des 20. Juli 1944«, 17. Jg. 1969.
Schieder, Theodor, »Zum Problem der historischen Wurzeln des Nationalsozialismus.« Beil. zur Wochenzeitung *Das Parlament*, 30. 1. 1963.
Schramm, Percy Ernst über Heiber, Helmut, Hitlers Lagebesprechungen. Die Protokollfragmente seiner militärischen Konferenzen 1942–1945. In: *HZ*, Bd. 201 (1965).
Snell, John L., »Hitlers Erfolg. Rückblick nach 30 Jahren.« Beil. zur Wochenzeitung *Das Parlament*, 30. 1. 1963.
Wiesmayer, Peter, »Mit dem Führer auf der Schulbank.« In: *Die Zeit*, 26. 6. 1968.

Aufsatzsammlung zum Zweiten Weltkrieg in: *Bilanz des Zweiten Weltkrieges*. Oldenburg 1953. Beiträge u. a. von:
Tippelskirch, Kurt von, »Operative Führungsentschlüsse in Höhepunkten des Landkrieges«, S. 47 ff.
Kesselring, Albert, »Der Krieg im Mittelmeerraum«, S. 65 ff.
Guderian, Heinz, »Erfahrungen im Rußlandkrieg«, S. 81 ff.

Rendulic, Lothar, »Der Partisanenkrieg«, S. 99 ff.
Assmann, Kurt, »Die deutsche Seekriegführung«, S. 115 ff.
Godt, Eberhard, »Der U-Boot-Krieg«, S. 133 ff.
Kesselring, Albert, »Die deutsche Luftwaffe«, S. 145 ff.
Rumpf, Hans, »Luftkrieg über Deutschland«, S. 159 ff.
Weidemann, Alfred, »Der rechte Mann am rechten Platz«, S. 213 ff.
Schneider, Erich, »Technik und Waffenentwicklung im Kriege«, S. 223 ff.
Kehrl, Hans, »Kriegswirtschaft und Rüstungsindustrie«, S. 265 ff.
Kumpf, Walter, »Die Organisation Todt im Kriege«, S. 287 ff.
Krosigk, Graf Schwerin von Lutz, »Wie wurde der Zweite Weltkrieg finanziert?«, S. 311 ff.
Riecke, Hans-Joachim, »Ernährung und Landwirtschaft im Kriege«, S. 329 ff.
Pfeffer, Karl Heinz, »Die Deutschen und die anderen Völker im Zweiten Weltkrieg«, S. 365 ff.
Sulzmann, Rudolf, »Die Propaganda als Waffe im Kriege«, S. 381 ff.
Laternser, Hans, »Der Zweite Weltkrieg und das Recht«, S. 403 ff.
Lüdde-Neurath, Walter, »Das Ende auf deutschem Boden«, S. 421.
Arntz, Helmut, »Die Menschenverluste im Zweiten Weltkrieg«, S. 439.

Weitere Bücher, Aufsätze und Rezensionen usw. werden (mit den üblichen bibliographischen Angaben) in den Fußnoten genannt.

STAMMTAFEL

1. Hitler, Adolf
* Braunau am Inn, Vorstadt Nr. 219, 20. IV. 1889 nachm. 6 1/2 Uhr,
~ Braunau 22. IV. 1889, nachm. 3 1/4 Uhr.
† 30. 4. 1945, nachm. 3 1/2 Uhr, Selbstmord in Berlin

2. Schicklgruber, Alois
k. k. Zollbeamter,
* Strones (Nr. 13) 7. VI. 1837 vorm. 1/2 11 Uhr,
~ Döllersheim 7. VI. 1837,
1876 in Döllersheim legitimiert: Alois Hitler
† 3. I. 1903,
□ Leonding b. Linz a. D.

∞ Braunau am Inn 7. I. 1885 in 3. Ehe mit Sondergenehmigung der Katholischen Kirche

3. Pölzl, Klara
* Spital (Nr. 37) 12. VIII. 1860,
† Leonding 21. XII. 1907

4. Hüttler, Johann Nepomuk
Bauer in Spital (Nr. 36),
* Spital (Nr. 36), 19. III. 1807,
† Spital (Nr. 36), 17. IX. 1888.
Vgl. Nr. 14.

unehelich

5. Schickelgruber, Anna Maria
* Strones (Nr. 1) 15. IV. 1795,
∞ mit Johann Georg Hiedler 10. V. 1842 Döllersheim
† Kleinmotten (Nr. 4) 7. I. 1847

6. Pölzl, Johann Baptist
Bauer in Spital (Nr. 37),
* Spital (Nr. 37) 24,
~ Spital 25. V. 1828,
† Spital (Nr. 24) 9. I. 1902

∞ Spital 5. IX. 1848

7. Hüt(t)ler, Johanna
* Spital (Nr. 36) 19. I. 1830
† Spital (Nr. 24) 8. II. 1906

8. (= 28.) Hiedler, Martin
Bauer in Spital (Nr. 36),
* Walterschlag,
~ Groß-Schönau 11. XI. 1762,
† Spital (Nr. 36) 10. I. 1829

∞ Spital (um 1786)

9. (= 29.) Göschl, Anna Maria,
* Spital (Nr. 15),
~ Spital 2. XII. 1767,
† Spital (Nr. 36) 7. XII. 1854

10. Schickelgruber, Johannes
Bauer in Strones (Nr. 1),
* Strones 29. V. 1764,
† Kleinmotten (Nr. 9) 12. XI. 1847

∞ Döllersheim 5. II. 1793

11. Pfeisinger, Theresia
* Dietreichs . . .
~ Döllersheim 7. IX. 1769,
† Strones (Nr. 18) 25. XI. 1821

12. Pölzl, Laurenz
Bauer in Spital (Nr. 37),
* Spital 15. VII. 1788,
† Spital (Nr. 37) 10. IV. 1841

∞ Spital 20. II. 1827

13. Wallj (später: Walli), Juliana
* Groß-Wolfgers (Nr. 8) 25. XII. 1797,
† Spital (Nr. 37) 23. II. 1831

14. Hüttler, Johann Nepomuk
Bauer in Spital (Nr. 36),
* Spital (Nr. 36) 19. III. 1807,
† Spital (Nr. 36) 17. IX. 1888
Vgl. Nr. 4

∞ Spital 3. XI. 1829

15. Decker, Eva Maria
* Thaures (Nr. 9) 16. XII. 1792,
† Spital (Nr. 36) 28 30. XII. 1873.

16. Hiedler, Johannes
17. Neugschwandtner, Anna Maria

18. Göschl, Laurenz (gelegentl. auch Leopold gen.)
19. . . . Eva Maria

20. Schickelgrueber, Jacob
21. Sillip, Theresia

22. Pfeisinger, Johannes
23. Hagen, Gertraut

24. Pölzl, Johann
25. Ledermüller, Theresia

26. Wallj, Franz Anton
27. Stumpner, Anna Marie

28. ident. mit 8
29. ident. mit 9

30. Tecker, Joseph
31. Hinterlechner, Theresia

32. Huetler (auch Hiedler), Stephan
33. Capeller, Agnes

34. Neugeschwandtner, Johannes
35. . . . Magdalena

40. Schicklgruber, Jakob
41. Schiedl, Eva

42. Sillip, Matthias
43. Klezl, Eva Maria

44. Pfeisinger, Matthaeus
45. Hamberger, Maria

46. Hagen, Joseph
47. Reitter, Barbara

50. Ledermüller, Franz
51. . . . Elisabeth

52. Wally, Mathias
53. Höbarth, Anna Maria

54. Stumpner, Mathias
55. Kaufmann, Anna Maria

60. Döcker, Martin
61. Artner, Elisabeth

62. Hinterlechner, Philipp
63. Pollack, Maria Elisabeth

64. Huettler, Johannes
65. . . . Elisabeth

66. Capeller, Urban
67. Winter, Maria

80. Schickelgrueber, Jakob
81. Kherler, Elisabeth

82. Schiedl, Andreas
83. Knedl, Rosina

84. Sillip, Andreas
85. . . . Elisabetha

86. Klezl, Thomas
87. Koller, Elisabeth

88. Pfeisinger, Johannes
89. Leidenfrost, Catharina

90. Hamberger, Paul
91. Sillip, Ursula

92. Hagen, Johann
93. Widmann, Elisabeth

94. Reiterer, Benedikt
95. Hoßer, Sophia

100. Ledermüller, Franz
101. . . . ?

104. Weyly, Leopold
105. Fux, Magdalena

106. Höbarth, Georg
107. Heumüller, Barbara

108. Stumpner, Mathias
109. Anderl, Maria

110. Kaufmann, Matthias
111. Ambstötter, Maria

120. Döckher, Andreas
121. Döberl, Maria

122. Artner, Johann
123. Lauterböckh, Magdalena

124. Hinterlechner, Matthias
125. Fessl, Maria

126. Pollack, Simon
127. Fiechtinger, Elisabeth

128. Hiedler, Georg
129. . . . ? Maria

132. Capeller, Michael
133. Schlossner, Eva

134. Winter, Pankraz
135. . . . ? Catharina

160. Schikelgrueber, Johannes
161. . . . ? Susanna

162. Kherler, Georg
163. Probst, Anna

164. Schiedl, Johann
165. . . . ? Elisabeth

166. Gnedl, Hans
167. . . . ? Maria

172. Klezl, Thomas
173. . . . ? Christina

174. Khol(l), Johann
175. Mayr, Barbara

176. Pfeisinger, Johannes
177. Fischer, Maria

178. Leidenfrost, Christoph
179. Poyr, Justina

180. Hamberger, Georg
181. Hainzl, Elisabeth

182.
183. = 84./85.

186. Widmann, Joseph
187. Aßfall, Barbara

188. Reiterer, Gregor
189. . . . ? Ursula

190. Hoßer, Georg
191. . . . ? Barbara

200. Ledermüller, Martin
201. . . . ? Margaretha

208. Weilli, Johannes
209. Koppensteiner, Magdalena

210. Fux, Matthias
211. Minihold, Elisabeth

212. Höbarth, Jacob
213. . . . ? Lucia

214. Heymüllner, Jacob
215. Schwarzinger, Elisabeth

216. Stumbtner, Bartholomäus
217. Koppensteiner, Barbara

218. Anderler, Thomas
219. . . . ? Susanna

220. Kaufmann, Paul
221. . . . Elisabeth

222. Amstätter, Michael
223. Haan, Barbara

240. Deckher, Matthias
241. Zwettler, Eva

242. Deberl, Martin
243. Fux, Agnes

244. Artner, Martin
245. Stumbtner, Catharina

246. Lautterbeckh, Matthias
247. Arthner, Catharina

248. Hinterlechner, Gregor
249. Grassauer, Eva

250. Fessl, Matthias
251. Grimis, Ursula

252. Pollackh, Matthias
253. Müllfahrt, Christina

254. Fichtinger, Andreas
255. Haider, Elisabeth

ZEITTAFEL

1889	20. April: Adolf Hitler als Sohn des k.k. Zollamtsoffizials Alois Hitler und seiner Ehefrau Klara geb. Pölzl in Braunau/Inn (Österreich) geboren. 22. April: Adolf Hitler katholisch getauft.
1890	20. März: Bismarcks Entlassung.
1892 – 1894:	Familie Hitler in Passau.
1895	Eintritt Adolf Hitlers in die einklassige Volksschule von Fischlham bei Lambach.
1896 – 1898:	Besuch der Volksschule des Stiftes Lambach.
1898 – 1900:	Besuch der Volksschule in Leonberg bei Linz.
1900 – 1904:	Besuch der Staatsrealschule in Linz.
1903	3. Januar: Hitlers Vater in Leonding gestorben.
1904 – 1905:	Besuch der Staatsoberrealschule Steyr.
1905 – 1906:	Erste Marokkokrise. Krankheitszeit Hitlers.
1906	Mai: Erster Aufenthalt in Wien.
1907 – 1913:	Hitler in Wien.
1907	September: Aufnahmeprüfung für die Kunstakademie in Wien nicht bestanden. 23. Dezember: Hitlers Mutter in Linz gestorben.
1910	5. August: Landstreicher Reinhold Hanisch durch Hitler angezeigt.

1911	Zweite Marokkokrise.
1912	Erster Balkankrieg.
1913	Zweiter Balkankrieg. 24. Mai: Übersiedelung Hitlers nach München.
1914	28. Juni: Ermordung des österreichisch-ungarischen Thronfolgers Franz Ferdinand in Sarajewo. Ausbruch des Ersten Weltkriegs. 16. August: Hitler tritt in das 6. Rekruten-Ersatz-Bataillon des 2. bayerischen Infanterie-Regiments Nr. 16 (List) in München ein. Oktober: Hitler an der belgischen Front im Einsatz. 1. November: Beförderung zum Gefreiten. 2. Dezember: Auszeichnung mit dem Eisernen Kreuz II. Klasse.
1916	5. Oktober: Hitler im Kampfgeschehen bei Le Bargur leicht verwundet. 21. November: Tod Kaiser Franz Josephs. Nachfolger Karl I.
1917	8. - 14. März: Russische Revolution. 6. April: Kriegserklärung der USA an Deutschland.
1918	4. August: Hitler mit dem Eisernen Kreuz I. Klasse ausgezeichnet. 15. Oktober: Gasvergiftung bei La Montagne. Behandlung im Feldlazarett Oudenaarde, dann im Lazarett Pasewalk. 9. November: Revolution in Berlin. Abdankung Kaiser Wilhelms II. Ausrufung der deutschen Republik. 11. November: Waffenstillstand. Ende November: Hitler kehrt nach München zurück.
1919	29. April: Völkerbundsverfassung. 28. Juni: Unterzeichnung des Friedensvertrages in Versailles.

11. August: Weimarer Verfassung.
20. – 25. August: Tätigkeit des Aufklärungskommandos Beyschlag in Lager Lechfeld. Hitler tritt als Redner auf.
12. September: Hitler nimmt an der Monatsversammlung der Deutschen Arbeiterpartei (DAP) teil. Noch im September Eintritt in die DAP.
16. September: Briefliche Stellungnahme zur Judenfrage.
13. November: Hitlers erstes Hervortreten als Redner in einer Versammlung der DAP.

1920 24. Februar: Verkündung des Programms der DAP.
13. – 17. März: Kapp-Putsch
31. März: Entlassung Hitlers aus der Reichswehr.
August – Oktober: Hitler als Redner der (jetzt in NSDAP umbenannten) Arbeiterpartei in Salzburg und weiteren österreichischen Orten.
17. Dezember: Der »Völkische Beobachter« wird von der NSDAP erworben.

1921 3. Februar: Erste Großveranstaltung der NSDAP in München.
11. Juli: Hitler erklärt seinen Austritt aus der NSDAP, wird aber am 29. Juli zum 1. Vorsitzenden gewählt.
3. August: Gründung der Sportabteilung der NSDAP (spätere Sturmabteilung = SA).

1922 12. Januar: Wegen Störmaßnahmen gegen eine Versammlung des Bayernbundes vom 14. September 1921 wird Hitler zu drei Monaten Gefängnis verurteilt.
16. April: Vertrag von Rapallo zwischen Deutschland und der UdSSR.
24. Juni: Ermordung des deutschen Außenministers Walther Rathenau durch Rechtsradikale.
24. Juni – 27. Juli: Hitler in der Haftanstalt Stadelheim.
28. Oktober: Mussolinis Marsch auf Rom.

1923 Januar: Besetzung des Ruhrgebiets durch Frankreich und Belgien. Beginn des Ruhrkampfes.

27. – 29. Januar: 1. Reichsparteitag der NSDAP in München.
1. Mai: Aufmarsch der SA auf dem Münchner Oberwiesenfeld.
August: Hitler reist in die Schweiz.
1./2. September: Deutscher Tag in Nürnberg. Gründung des »Deutschen Kampfbundes«.
26. September: Beendigung des »passiven Widerstandes« im Ruhrgebiet.
Herbst: Höhepunkt der Inflation. Einführung der Rentenmark.
8./9. November: Hitler-Putsch in München. Verbot der NSDAP.
11. November: Verhaftung Hitlers.

1924 21. Januar: Tod Lenins. Stalin im Machtkampf mit Trotzki (bis 1927).
26. Februar – 1. April: Hitler-Prozeß in München. Hitler wird wegen Hochverrats zu fünf Jahren Haft und einer Geldstrafe von 200 Goldmark verurteilt.
16. April – 16. Juli: Londoner Konferenz. Annahme des Dawesplans.
20. Dezember: Vorzeitige Entlassung Hitlers aus der Haftanstalt Landsberg/Lech.

1925 26. Februar: Neubegründung der NSDAP. Wiedererscheinen des »Völkischen Beobachters«.
28. Februar: Tod des Reichspräsidenten Friedrich Ebert. Hindenburg wird Nachfolger.
9. März: In Bayern Redeverbot gegen Hitler erlassen.
30. April: Die Oberösterreichische Landesregierung erteilt Hitler die Auswanderungsgenehmigung.
18. Juli: »Mein Kampf« (1. Band) erscheint.
15./16. Oktober: Garantie der deutschen Westgrenze im Vertrag von Locarno.
9. November: Bildung von Schutzstaffeln (SS).

1926 3./4. Juli: 2. Reichsparteitag der NSDAP in Weimar.
8. September: Aufnahme Deutschlands in den Völkerbund.

10. Dezember: Erscheinen des 2. Bandes von »Mein Kampf«.

1927 Februar/März: Redeverbot für Hitler in Sachsen und Bayern aufgehoben.
4. – 23. Mai: Weltwirtschaftskonferenz in Genf.
19. – 21. August: 3. Reichsparteitag der NSDAP in Nürnberg.

1928 28. Mai: Reichstagswahlen (2,8 % der Stimmen für die NSDAP).
27. August: Kelloggpakt, in dem der Krieg als politisches Mittel geächtet wird, für Deutschland von Außenminister Gustav Stresemann unterzeichnet.
28. September: Redeverbot für Hitler in Preußen aufgehoben.
16. November: Hitler spricht im Berliner Sportpalast.

1929 – 1932: Weltwirtschaftskrise

1929 Young – Plan.
1. – 4. August: 4. Reichsparteitag der NSDAP in Nürnberg.
August: Die Räumung des Ruhrgebiets beginnt.
3. Oktober: Tod Gustav Stresemanns.

1930 29. März: Heinrich Brüning wird Reichskanzler.
14. September: Reichstagswahlen (18,2 % der Stimmen entfallen auf die NSDAP).

1931 18. September: Angela Raubal, Hitlers Nichte, wird tot in Hitlers Münchner Wohnung aufgefunden.
10. Oktober: Hitler von Reichspräsident Hindenburg empfangen.
11. Oktober: Zusammenschluß von Nationalsozialisten, Deutschnationalen und »Stahlhelm« zur »Harzburger Front«.

1932 25. Februar: Hitler erhält die deutsche Staatsangehörigkeit.

10. April: Wiederwahl Hindenburgs zum Reichspräsidenten.
13. April: Verbot von SA und SS. Am 14. Juni wieder aufgehoben.
30. Mai – 1. Juni: Entlassung Brünings. Franz von Papen wird Reichskanzler.
31. Juli: Reichstagswahlen (37,3 % der Stimmen entfallen auf die NSDAP).
6. November: Reichstagswahlen (31,1 % der Stimmen entfallen auf die NSDAP).
2. Dezember: Kurt von Schleicher wird Reichskanzler.

1933 30. Januar: Hindenburg beruft Hitler zum Reichskanzler.
27. Februar: Reichstagsbrand.
5. März: Reichstagswahlen (43,9 % der Stimmen entfallen auf die NSDAP).
13. März: Josef Goebbels wird Reichsminister für Volksaufklärung und Propaganda.
24. März: Ermächtigungsgesetz.
1. April: Organisierung des Boykotts jüdischer Geschäfte.
7. April: Beginn der Gleichschaltung der Länder.
2. Mai: Aufhebung der Gewerkschaften.
Juni/Juli: Selbstauflösung aller Parteien.
14. Juli: Gesetz gegen die Neubildung von Parteien.
20. Juli: Reichskonkordat mit dem Heiligen Stuhl.
31. August – 3. September: 5. Reichsparteitag der NSDAP in Nürnberg.
19. Oktober: Austritt Deutschlands aus dem Völkerbund.
12. November: Reichstagswahlen (92 % der Stimmen entfallen auf die Einheitsliste der NSDAP).

1934 Januar: Freundschaftsvertrag Deutschland – Polen.
14./15. Juni: Treffen Hitler – Mussolini in Venedig.
30. Juni: »Röhm-Putsch«.
2. August: Tod Hindenburgs. Als »Führer und Reichskanzler« wird Hitler Reichsoberhaupt.
4. – 10. September: 6. Reichsparteitag der NSDAP in Nürnberg.

1935	Januar: Rückgabe des Saargebiets an Deutschland. 16. März: Wiedereinführung der allgemeinen Wehrpflicht. 18. Juni: Deutsch-englisches Flottenabkommen. 9. – 16. September: 7. Reichsparteitag der NSDAP in Nürnberg. 15. September: »Nürnberger Gesetze« (darunter das »Gesetz zum Schutz des deutschen Blutes und der deutschen Ehre«).
1936 – 1939:	Spanischer Bürgerkrieg.
1936	7. März: Kündigung des Vertrags von Locarno. Besetzung der entmilitarisierten Rheinland-Zone durch deutsche Truppen. 1. – 16. August: XI. Olympische Sommerspiele in Berlin. 8. – 14. September: 8. Reichsparteitag der NSDAP in Nürnberg. Vierjahresplan. 25. – 28. September: Besuch Mussolinis in Deutschland. 25. Oktober: Achsenvertrag Deutschland – Italien. 25. November: Antikominternpakt Deutschland – Japan.
1937	4. März: Enzyklika Pius' XI.: »Mit brennender Sorge«. Juli: Überfall Japans auf China. 6. – 13. September: 9. Reichsparteitag der NSDAP in Nürnberg. 5. November: »Hoßbach-Niederschrift«: Hitler offenbart seinen Entschluß, gegen Österreich und die Tschechoslowakei vorzugehen.
1938	4. Februar: Reichskriegsminister von Blomberg und Oberbefehlshaber des Heeres von Fritsch entlassen. Hitler »Führer und Oberster Befehlshaber der Wehrmacht«. 13. März: Anschluß Österreichs an das Deutsche Reich. 3. – 9. Mai: Hitler bei Mussolini in Rom. 29. September: Münchner Abkommen.

1. Oktober: Einmarsch deutscher Truppen in sudetendeutsche Gebiete.
9. November: »Reichskristallnacht«.

1939 15. März: Besetzung der Tschechei. Hitler in Prag.
23. März: Einmarsch deutscher Verbände ins Memelgebiet.
22. Mai: »Stahlpakt« Deutschland – Italien.
23. August: Deutsch-sowjetischer Nichtangriffspakt.
25. August: Englisch-polnisches Bündnis.
1. September: Deutscher Angriff auf Polen.
3. September: Kriegserklärungen Großbritanniens und Frankreichs an das Deutsche Reich.
28. September: Deutsch-sowjetischer Vertrag.
8. November: Attentatsversuch auf Hitler im Münchner Bürgerbräukeller (»bestelltes« Attentat).

1940 April/Mai: Deutscher Angriff auf Dänemark, Norwegen, die Niederlande, Belgien und Frankreich.
22. Juni: Waffenstillstand mit Frankreich.
27. September: Dreimächtepakt Deutschland – Italien – Japan.
23. Oktober: Treffen Hitler – Franco.

1941 Februar: Bildung des Deutschen Afrikakorps' unter General Rommel.
6. April: Deutscher Angriff auf Jugoslawien und Griechenland.
10. Mai: Rudolf Heß fliegt nach Schottland.
4. Juni: Kaiser Wilhelm II. in Doorn (Holland) gestorben.
22. Juni: Beginn des deutschen Angriffs auf die UdSSR.
7. Dezember: Japanischer Überfall auf die amerikanische Flotte bei Pearl Harbour.
11. Dezember: Kriegserklärungen Deutschlands und Italiens an die USA.
19. Dezember: Entlassung des Generalfeldmarschalls von Brauchitsch. Hitler übernimmt den Oberbefehl über das Heer.

1942	20. Januar: »Wannsee-Konferenz« über die »Endlösung der Judenfrage«. 7./8. November: Landung der Alliierten in Nordafrika. 18. November – 2. Februar 1943: Schlacht um Stalingrad.
1943	13. Mai: Kapitulation der deutschen Heeresgruppe Afrika. 25. Juli: Sturz Mussolinis. 24. August: Himmler wird Reichsinnenminister.
1944	6. Juni: Landung der Alliierten in der Normandie. 20. Juli: Graf Stauffenbergs Attentat auf Hitler mißglückt. 25. September: Befehl zur Aufstellung des »Volkssturms«. 16. Dezember: Beginn der Ardennenoffensive.
1945	30. Januar: Letzte Rundfunkrede Hitlers. 23. April: Göring wird seiner Ämter entsetzt. 25. April: Amerikanische und russische Truppen treffen an der Elbe zusammen. 28. April: Mussolini von kommunistischen Partisanen erschossen. 29. April: Hitler heiratet Eva Braun. 30. April: Hitler und seine Frau begehen Selbstmord, ebenso Goebbels und seine Familie. 4. Mai: Kapitulation der deutschen Streitkräfte in den Niederlanden, Norddeutschland und Dänemark. 7./9. Mai: Gesamtkapitulation der deutschen Wehrmacht.

Personenregister

Ortsregister